MANUAL PARA
CONSEJEROS DE JÓVENES

Josh McDowell
Bob Hostetler

OFICINAS DE HABLA HISPANA DE CRUZADA ESTUDIANTIL Y PROFESIONAL PARA CRISTO

ARGENTINA: Casilla de Correo 160; Suc. 12; 1412 Buenos Aires, (54-114) 812-2334;816-5345;815-6355, mariob@infovia.com.ar **BOLIVIA**: Casilla 1490; Santa Cruz, (591-3) 349-055, alfa-y-omega@mail.scbbs-bo.com **BRASIL**: Caixa Postal 41582; Sao Paulo, S.P. 05422-970, (55-11) 5071-1326; 578-3593, cccbras@sti.com.br **CHILE**: Casilla de correos 9720, Santiago, (56-2) 222-2061, cenlimi@entelchile.net **COLOMBIA**: Apartado Aéreo 80936; Bogota, D.C. (57-1) 268-0234, Vidapara@latino.net.co **Colombia - CENFOL**: Transversal 39 B, Avenida Nutibara No. 79-41, Medellín, Tel./Fax (57-4) 411-1212; 250-8736, Pao@epm.net.co **COSTA RICA**: P.O. Box 2254-2100, San José, (506) 225-4873, cepccr@sol.racsa.co.cr **ECUADOR**: Apartado 17-11-04990, Quito, (593-2) 569-720, cccecu@uio.satnet.net/ armandot@uio.satnet.net **EL SALVADOR**: Apdo. 515;San Salvador, (503) 226-7669; 226-8233, cccsal@telecam.net **ESPAÑA**: Diputación 113-115 esc. D/Entlo. 3a., E-08015 Barcelona, Tel: (3493) 323-0662; Fax: (3493) 453-0915, agapespa@arrakis.es **GUATEMALA**: Apto. Postal 1784, Guatemala, C.A., (502) 4737-588, anibaldu@intelnet.net.gt **Guatemala - CENFOL**: Diagonal 20 #10-24 Zona 11, Colonia Mariscal, C.P. 01011, Guatemala, C.A., (502) 4731-996, ccminguati@c.net.gt **HONDURAS**: Apdo. 390, Tegucigalpa, (504) 232-6541, cruzada@hondudata.com **MÉXICO**: Periférico Sur # 4349, Local 15 "Plaza Imagen", Col. Jardines en la Montaña, Delegación Tlalpan, (52-5) 446-2302, cccmex@mail.giga.com **NICARAGUA**: Apartado Postal 2227, Managua, (505) 277-0930, cccnic@nic.gbm.net **PANAMÁ**: Apartado 2892; Panamá 3, (507-2) 64-1189; (507-2) 23-0232, cccipma@sinfo.net **PARAGUAY**: Casilla de Correo 2626, Asunción, (595-21) 670-303, cruzep@scc.cnc.una.py **PERÚ**: Apartado 14-010; Lima 14, (511) 346-2597; (511) 346-1890, cccperu@terra.com.pe **PUERTO RICO**: P.O. Box 880, Sábana Grande, PR 00637, Tel./Fax: (787) 873-2986, rwaxtmayer@pol.net **REPÚBLICA DOMINICANA**: Apartado Postal 1897, Santo Domingo, (809) 537-5858 / 537-5751 / 537-5650, bpm@tricom.net **URUGUAY**: Casilla de Correo 1550, Montevideo, (598-2) 401-6840, rgalizia@adinet.com.uy **VENEZUELA**: Apartado 47162, Caracas 1041 A., Tel./Fax: (58-2) 272-1215; 271-1675, cccven@true.net

CRUZADA ESTUDIANTIL PARA CRISTO
OFICINA CONTINENTAL PARA AMERICA LATINA
14050 SW 84 St., Suite 201
MIAMI, FLORIDA 33183 - U.S.A
Tel: (305) 382-3073; Fax (305) 386-1627
E-mail: pvnueva@aol.com

Campus Crusade for Christ, Int.
100 Lake Hart Drive
Orlando, FL 32832-0100
Tel: (407) 826-2000

MANUAL PARA CONSEJEROS DE JÓVENES

Una guía completa para equipar a
líderes de la juventud, pastores,
maestros y padres.

Josh McDowell
Bob Hostetler

Traducido por
Josie de Smith

Editorial Mundo Hispano

EDITORIAL MUNDO HISPANO

Apartado Postal 4256, El Paso, TX 79914, EE. UU. de A.

www.editorialmh.org

Ediciones: 2000, 2001
Tercera edición: 2002

Clasificación Decimal Dewey: 253.5
Tema: Juventud - Consejería

ISBN: 0-311-46167-0
EMH No. 46167

5 M 8 02

Impreso en Canadá
Printed in Canada

Contenido

Nota de advertencia

El manual para consejeros de jóvenes por Josh McDowell y Bob Hostetler no es un manual profesional para consejeros. Aunque se deriva de consejos y opiniones de expertos consejeros profesionales, no debe considerarse apto para tratar profesionalmente un desorden síquico del joven, ni debe permitirse que suplante (ni demore) el tratamiento de un profesional. Usted no debe dar terapia de consejería profesional al joven, a menos que sea usted un terapeuta certificado y autorizado. Hay una profesión de consejería tal como hay una profesión médica regulada por leyes estatales, y este libro de ninguna manera capacita al lector para practicar dicha profesión.

Reconocimientos

Este libro y sus autores deben mucho a la contribución y colaboración extraordinarias de muchas personas, sin las cuales llevarlo a feliz término hubiera sido imposible. Queremos agradecer a:

Dale Bellis, quien investigó los temas clave y compiló 6.700 páginas de información tomada de más de 250 fuentes.

Harry y Ginny Yates, quienes proveyeron un voluminoso material de envergadura, producto de su investigación.

Bob Evans, por su pericia técnica y su disposición desinteresada de ayudar, y a Rob Pickering, cuya ayuda técnica en un momento crítico ayudó a que este proyecto siguiera adelante.

Becky Bellis, por su análisis de secciones clave del manuscrito y su apoyo en una variedad de maneras prácticas.

Contribuyentes y autores profesionales

Stephen Arterburn y las Clínicas Minirth Meier New Life por sus valiosas ideas y supervisión editorial, y por guiarnos a recursos que fueron de mucha ayuda.

Rick Fowler, cuya ayuda experta con los capítulos sobre el manejo de trastornos y enfermedades crónicas largas fue de valor incalculable.

Robert Whitcomb, por su contribución al capítulo sobre la presión, el rechazo y el hostigamiento de los amigos del grupo.

Ken Wilgus, por su conocimiento del tema de amenazas e intentos de escaparse de la casa.

Brian Newman, por su asistencia experta con los capítulos relacionados con padres sobreprotectores y padres despreocupados.

Guy Chandler, cuya pericia contribuyó mucho al capítulo sobre abuso ritual.

Larry Stephens, por su ayuda experta con el capítulo sobre juegos de azar.

Steve Brinkerhoff, por su contribución a los capítulos sobre abandono de los estudios y bajo rendimiento académico.

Bill Riley, cuyos consejos frecuentes y de envergadura ahorraron muchos errores en las primeras etapas y ayudaron a dar forma a un modelo sabio y viable.

Y a los muchos profesionales de renombre cuyos escritos son indispensables para brindar la ayuda que aparece en este libro, entre los cuales se cuentan:

William Backus, doctor en filosofía, pastor, autor y sicólogo clínico. Sus libros incluyen: *Telling Yourself the Truth* (Diciéndote la verdad a ti mismo) y *Telling the Truth to Troubled People* (Diciéndole la verdad a las personas que tienen problemas).

Gary R. Collins, sicólogo licenciado con un doctorado en filosofía con especialidad en sicología clínica y autor del ampliamente respetado libro: *Christian Counseling: A Comprehensive Guide* (Consejería cristiana: Una guía general).

Larry Crabb, que tiene un doctorado en sicología clínica de la Universidad de Illinois. El doctor Crabb es autor de: *The Marriage Builder, Inside Out* (El constructor del matrimonio, a fondo) y otros.

Frank Minirth y Paul Meier, ambos doctores en medicina, fundadores de las clínicas Minirth-Meier y autores de más de treinta libros.

G. Keith Olson, doctor en sicología y un sicólogo cristiano muy respetado. Es autor de: *Counseling Teenagers* (Aconsejando a los adolescentes).

Introducción

Recibí una carta de un padre cristiano que me había escuchado hablar. Me contaba que él y su esposa siempre habían hecho todo lo posible por ser buenos padres. Eran miembros de una buena iglesia y siempre se habían sentido orgullosos de sus hijos. Pero me contaba que acababan de descubrir algo sobre su hija mayor, algo que desmoronó su mundo. Describía a su hija como una chica linda, a pesar de lo cual nunca había gozado de popularidad entre los varones. Hasta hacía poco.

Había empezado a salir con uno de los muchachos del equipo de fútbol y este padre acababa de enterarse de que casi desde el principio ya habían tenido relaciones sexuales. Pasó de ese jugador de fútbol a otro. ¡Al poco tiempo, ya se había acostado con todo el equipo! Este afligido padre me comentaba: "Josh, ¡se estaban pasando a mi niña como una especie de 'chica del equipo'!"

Este padre cariñoso me contó por escrito todo lo que llevaba en su corazón. Quería saber qué hacer, qué decir. Me imploraba que le diera respuestas. Pude contestarle algunas de sus preguntas, otras no, aunque traté de hacerlo.

Me es imposible contar cuántas veces me ha tocado escuchar historias similares, de primera mano, que conmoverían aun al corazón más duro. Padres, abuelos, maestros, pastores y líderes de jóvenes me confían sus frustraciones, sus temores y sus anhelos intensos y urgentes de ayudar con los problemas complejos y críticos que la juventud enfrenta en la actualidad. ¡Esa es la razón de este libro!

La juventud en crisis

La investigación revela una horrorosa estadística de lo que pasa todos los días en los Estados Unidos de Norteamérica:

- 1.000 adolescentes solteras se convierten en madres

- 1.106 adolescentes tienen un aborto

- 4.219 adolescentes contraen enfermedades venéreas

- 500 adolescentes comienzan a usar drogas

- 1.000 adolescentes empiezan a tomar bebidas alcohólicas

- 135.000 jóvenes llevan pistolas u otras armas a la escuela

- 3.160 adolescentes son asaltados; 80 son violados

- 2.200 adolescentes abandonan sus estudios

- 2.750 jóvenes ven a sus padres separarse o divorciarse

- 90 niños son tomados de la custodia de sus padres y colocados en hogares adoptivos temporarios, hogares grupales u hospicios

- 7 muchachos (entre la edad de 10 y 19 años) son asesinados

- 7 jovencitos menores de 17 años son detenidos por homicidio

- 6 adolescentes se suicidan

Muchos de los veintiocho millones de adolescentes en los Estados Unidos tienen que enfrentar problemas y crisis que la mayoría de los adultos difícilmente aguantarían. Por ejemplo, uno de cada ocho tiene un progenitor alcohólico.

Uno de cada cinco vive en la pobreza. Más de uno de cada cinco (22 por ciento) vive en un hogar con sólo uno de sus padres. Más de uno de cada cincuenta vive sin ninguno de sus padres.

Además, la investigación y la experiencia demuestran que los jovencitos que asisten a reuniones de las iglesias evangélicas no son inmunes a estos problemas. Una consulta realizada entre veintitrés líderes de jóvenes a nivel nacional involucrados en ministerios denominacionales y paraeclesiásticos, identificaron problemas que la juventud actual enfrenta como: relaciones sexuales antes del matrimonio, pornografía, abuso sexual, abuso emocional, aborto, divorcio de los padres, alcoholismo, adicción a las drogas y el suicidio.

Estos veintitrés líderes de jóvenes a nivel nacional nos ayudaron a identificar los cincuenta problemas más urgentes que la juventud actual enfrenta; problemas que varían desde los emocionales (como la soledad y la depresión) y relacionales (como el amor, relaciones con el sexo opuesto y presiones del grupo de amigos), hasta los problemas sexuales, abuso, adicciones; y otros trastornos como los problemas vocacionales (por ejemplo: cómo conocer la voluntad de Dios y cómo elegir la vocación correcta).

Cómo usar este libro

Este Manual para consejeros de jóvenes por Josh McDowell brinda un conocimiento extenso y a fondo de los problemas que la juventud enfrenta, ayudando a los padres inquietos por las vivencias de sus hijos, y a otros adultos, a adquirir una comprensión práctica de los problemas, y encontrar las reacciones apropiadas de corto y largo alcance ante cada uno.

Cada uno de los cincuenta capítulos que se presentan a continuación enfoca un problema serio que los jóvenes (y a veces los preadolescentes) enfrentan, y tiene la intención de brindar una referencia rápida para utilizar en ese caso. Un bosquejo al principio de cada tema presenta un vistazo general del contenido de ese capítulo, facilitando localizar las ideas o sugerencias específicas. Cada capítulo ha sido organizado de la siguiente manera:

Un estudio de caso inicial, presentando una ilustración del problema, sus síntomas y características en un contexto de la vida real. Muchos de los estudios de casos son adaptaciones de casos verídicos reportados en las noticias; otros están basados en estudios de casos que han tratado profesionales que trabajan con los jóvenes; algunos son una combinación de varios casos.

Una presentación general del problema y sus estragos entre los jóvenes.

Las causas y los efectos principales del problema o conflicto, según los expertos en ese campo en particular.

Una perspectiva bíblica del problema, ofreciendo orientación sobre la postura de la Biblia sobre el tema.

Los pasos y las respuestas que el pastor, líder de jóvenes, padre o maestro puede tomar a fin de prevenir o corregir el dilema. Cada uno de los cincuenta capítulos recomienda los seis pasos a tomar: escuchar, enfatizar, afirmar, dirigir, comprometer y, en los casos donde se aplica, referir.

Una lista de pasajes bíblicos citados en el capítulo y otros pasajes adicionales cuya lectura se recomienda, ayudará a tener una perspectiva bíblica del tema tratado.

La investigación, las opiniones de expertos, las recomendaciones, los antecedentes y las bases bíblicas que aquí se presentan pueden ser un recurso de valor incalculable a un padre o a otro adulto preocupado que se pregunta: "¿Qué puedo hacer?" "¿Qué debo decir?" "¿Qué necesito saber?"

Este libro ha sido estructurado con el propósito de permitir que un padre, pastor, líder juvenil, maestro u otro adulto abra el libro en la tabla de contenido, localice el capítulo que trata el problema en cuestión y, en una sola sesión de lectura, obtenga una comprensión profunda del problema y cómo responder a él.

Aparte de eso, el diseño de este libro también permitirá al lector fijarse en el bosquejo al principio de un capítulo y localizar temas específicos dentro del mismo. Además, después de leer cuidadosamente un capítulo entero, el adulto interesado puede obtener aun más conocimientos e información por medio de verificar los pasajes bíblicos recomendados al final de cada capítulo.

Los capítulos incluidos deben mucho a las opiniones expertas de muchos profesionales cristianos de reconocida trayectoria como:

William Backus, doctor en filosofía, pastor, autor y sicólogo clínico. Sus libros incluyen: *Telling Yourself the Truth* y *Telling the Truth to Troubled People.*

Gary R. Collins, sicólogo titulado que cuenta con un doctorado en filosofía con especialidad en sicología clínica. El doctor Collins es autor del libro: *Christian Counseling: A Comprehensive Guide,* el cual es ampliamente respetado.

Larry Crabb, que cuenta con un doctorado en filosofía con especialidad en sicología clínica de la Universidad de Illinois. El doctor Crabb es autor de: *The Marriage Builder, Inside Out.*

Frank Minirth, doctor en medicina, y **Paul Meier,** doctor en medicina, fundadores de las Clínicas *Minirth-Meier New Life* y autores de más de treinta libros.

Keith Olson, doctor y respetado sicólogo cristiano y autor de: *Counseling Teenagers.*

Aunque los capítulos de este libro aprovechan el consejo y la información obtenidos de las autoridades más respetadas en el campo de consejería cristiana, no tienen la intención de presentar un tratamiento completo o infalible de cada tema; ni libros enteros sobre cada problema podrían hacerlo.

Tampoco tiene este libro el propósito de suplantar, ni tampoco demorar el consejo de un cristiano capacitado en consejería e intervención en casos de crisis. No obstante, es un reconocimiento del hecho de que miles de padres, maestros, pastores y líderes juveniles se ven ya ante situaciones en las que hombres y mujeres jóvenes necesitan desesperadamente el consejo atinado.

Este libro es ofrecido a aquellos adultos que se preocupan por los jóvenes, que se sienten ineptos, que se sienten abrumados, que anhelan contar con un recurso que les ayude a ayudar a los jovencitos que se acercan a ellos. Se ofrece como una primera línea de defensa para adultos que esperan prevenir o solucionar las tragedias que con demasiada frecuencia afligen a nuestra juventud.

El manual para consejeros de jóvenes por Josh McDowell presenta una perspectiva que no se encuentra en muchos de los buenos libros en venta en librerías seculares: un enfoque bíblico centrado en Cristo para ayudar al adolescente que reconoce las duras realidades de un mundo caído, pero que también ofrece la "iluminación del conocimiento de la gloria de Dios" (2 Corintios 4:6).

Este libro también ofrece algo que no se encuentra en los muchos y excelentes libros cristianos sobre cómo aconsejar a jóvenes: una guía diseñada específicamente para ayudar a los jóvenes a reconocer sus dificultades y posibilidades de mejorar su vida desde los años adolescentes.

El tumulto físico y emocional de los años de la adolescencia siempre ha presentado múltiples problemas y desafíos. Pero la juventud actual lucha con muchos dilemas que a la mayoría de sus padres y abuelos les sería difícil aguantar. Muchos de estos jovencitos demuestran una resistencia increíble en medio de circunstancias difíciles. Algunos las manejan admirablemente, contra viento y marea. Pero otros se convierten en víctimas del peligroso camino hacia la madurez. Este libro es para todos esos jóvenes y para los adultos que se preocupan por ellos.

Cómo establecer el fundamento

En los últimos cincuenta años se han verificado cambios trascendentales en la iglesia.

Hace medio siglo existía una gran brecha entre la iglesia que se ocupaba de comprender a Dios, Jesús, la Biblia, la salvación y la santificación, y la sicología que enfocaba la conducta humana y ayudaba a hombres y mujeres a comprender y a manejar sus problemas. Muchos cristianos dudaban de los sicólogos y los sicoterapeutas, y muchos sicólogos consideraban a la religión, y en especial al cristianismo, con escepticismo o con abierta hostilidad.

Pero en las décadas de los 50 y 60 algunos cristianos, entre ellos Clyde Narramore, James Dobson, Larry Crabb, Frank Minirth y Paul Meier, empezaron a estudiar y desarrollar una perspectiva cristiana a la sicología. Empezaron a hablar de entender las premisas y técnicas de la sicología moderna usando las enseñanzas de la Biblia, no sustituyendo a la Biblia con estas premisas y técnicas sino más bien tratando de entender mejor las emociones y relaciones humanas a la luz del análisis y las soluciones bíblicos.

En la actualidad, escribe Tim Stafford en *Christianity Today* (El cristianismo de hoy), prestigiosa publicación periódica cristiana:

La sicología cristiana ha pasado a ocupar el centro de atención dentro del ambiente evangélico. Los sicólogos escriben los libros cristianos de mejor venta. Los sicólogos se destacan en los programas cristianos de televisión y radio; son ellos a quienes nos acercamos para que nos guíen en casos de problemas familiares y de desarrollo personal... Una encuesta de *Christianity Today* realizada en 1991 sugiere que es más probable que los evangélicos lleven sus problemas a un consejero y no a un pastor. (El treinta y tres por ciento buscó ayuda "profesional", mientras que un 10 por ciento la buscó de su pastor.) También los pastores se han sumado a esta corriente, sabiendo que sus congregaciones se interesan más por homilías sobre "Sanar los dolores de la criatura interior" que sobre "La mentalidad misionera del apóstol Pablo".

Palabras como adicción, autoestima y "disfuncional" son escuchadas en muchos sermones del domingo en la mañana. Los departamentos de consejería de los seminarios evangélicos están creciendo a pasos agigantados. La universidad Wheaton, bastión de la ortodoxia evangélica, está lanzando su primer programa de doctorado, no en teología ni en estudios bíblicos, sino en sicología.

A pesar de la creciente aceptación y del interés en la consejería cristiana, todavía aparecen problemas y protestas, y con razón, principalmente debido a uno de dos extremos.

Dos reacciones extremas

Algunas voces cristianas dignas del mayor respeto atacan los diversos intentos por introducir en la iglesia teorías sicológicas y técnicas de consejería. Algunos dirían: "Jesús es la respuesta. Lo único que tenemos que hacer es confiar en él y orar más, y todo se solucionará". Otros opinarían: "Dios no nos llama a entender nuestros sentimientos; nos llama a conocer y obedecer la voluntad de Dios".

Y están los que van al otro extremo. Creen que lo único que la mayoría necesita es "conectarse" con su pasado y todo se solucionará. La superación se encuentra en grupos de apoyo y en programas de Doce Pasos. Es posible que se valgan de la Biblia para apoyar sus teorías y que presenten sus teorías usando terminología "cristiana", pero un análisis cuidadoso revela que sus métodos no se distinguen de los no cristianos.

La dificultad radica en que hay algo de verdad en ambas posturas y que sus críticas se basan en temores justificados. Jesús sí es la respuesta, y la obediencia a la voluntad de Dios sí es un asunto clave; por otro lado, comprender el pasado de uno muchas veces abre los ojos, y las crisis frecuentemente sí requieren la ayuda de otros seres humanos que se interesan por uno. Pero ninguno de los dos extremos en sí mismo es bíblico, porque cada uno presenta sólo una parte del todo.

Gary R. Collins, sicólogo cristiano, escribe sobre este asunto:

> Según la Biblia, los cristianos tenemos que enseñar todo lo que Cristo nos ordenó y enseñó. Esto por supuesto incluye las doctrinas de Dios, la autoridad, la salvación, el desarrollo cristiano, la oración, la iglesia, el futuro, los ángeles, los demonios y la naturaleza humana. Pero Jesús enseñó también acerca del matrimonio, de las relaciones entre padres e hijos, la obediencia, las relaciones entre las razas y la libertad tanto para las mujeres como para los hombres. Y enseñó sobre cuestiones personales como el sexo, la ansiedad, los temores, la soledad, las dudas, el orgullo, el pecado y el desaliento.
>
> En la actualidad son todos estos temas los que llevan a la gente a buscar los servicios de consejería. Cuando Jesús trataba con personas como éstas, con frecuencia las escuchaba y aceptaba antes de estimularlas a pensar o actuar de una manera distinta. A veces le decía a la gente lo que debía hacer, pero también la guiaba a resolver sus problemas haciéndoles preguntas acertadas y bajo dirección divina.

El cristiano que anhela imitar a Jesús, nuestro Modelo en todas las cosas, no sólo reconocerá el beneficio de predicar ante grandes multitudes, sino que admitirá la sanidad que puede producirse por medio de las relaciones de uno a uno, en que escuchar atentamente y hablar sensible y bíblicamente puede producir resultados asombrosos.

El hecho de reconocer las valiosas investigaciones y técnicas sicológicas tampoco desdice el hecho de que, a la larga, la sanidad procede de Dios, como el hecho de consultar a un médico no indica una falta de fe en el amor y la habilidad soberanos de Dios. Pero así como Dios muchas veces obra maravillas por medio de cristianos capacitados en medicina, también sana emocional y mentalmente por medio de las técnicas de escuchar y comunicar que emplean los sicólogos cristianos bien fundamentados en la Biblia.

Características del aconsejamiento bíblico

Aun entre los creyentes que admiten el lugar del aconsejamiento en la iglesia se debate mucho sobre qué es el aconsejamiento auténticamente bíblico (qué es, qué no es, quién lo predica, quién lo practica, quién no lo practica). Es necesario que los muchos hombres y mujeres cristianos que sobresalen en este campo tengan un intercambio de ideas en un esfuerzo por encontrar métodos que honren a Dios y que ayuden a otros. Pero nuestro propósito ahora no es probar, desaprobar ni mejorar ninguna de esas ideas.

No obstante, hay varias premisas sobre las que se basan el contenido y las recomendaciones que se encuentran en este libro. Estas premisas se basan en los principios y enseñanzas de la Biblia, la Palabra autorizada, infalible de Dios, la fuente definitiva para un vivir sano.

1. Dios es amor (1 Juan 4:16) y Dios es verdad (Juan 14:6). Su amor lo motiva a revelarnos la verdad. "La premisa principal de la consejería cristiana", escribe William Backus, "es que la verdad libera al ser humano cuando la cree y la obedece (Juan 8:31, 32). La tarea de consejería es reemplazar creencias erróneas con la verdad".

2. Aunque no todas las crisis o los problemas son espirituales (en su causa o en su remedio), se encuentran entretejidos con las creencias espirituales y el estado espiritual de la persona. "Debido a la Caída", dice el doctor Henry Cloud, "todos estos problemas (depresión, pánico, culpa, adicciones, etc.) están relacionados con la imagen subdesarrollada de Dios dentro del alma". Cloud cree que: "La salud emocional radica en lograr una imagen correcta de Dios dentro de nosotros".

3. Un factor decisivo (e integral) para lograr la sanidad es una relación personal con el Cristo viviente. Larry Crabb dice que: "La relación con Cristo brinda recursos que son absolutamente indispensables en la solución substancial de todo problema sicológico (es decir, que no tienen una causa orgánica)". La sanidad no se puede lograr aparte de Jesucristo.

4. Las relaciones sanas son el eje de la salud mental, emocional y espiritual. Muchas de las crisis que viven los jóvenes de hoy se relacionan inexplicablemente con las relaciones con sus padres, con sus hermanos y otros parientes, con sus amigos, con sus mentores y aun con Dios. La soledad, el sentirse de poco valor, la rebeldía, la homosexualidad, el escaso rendimiento y otros problemas tienen su base en relaciones quebrantadas.

5. Es posible lograr la salud mental, emocional y espiritual. Es casi seguro que requerirá trabajo por parte del consejero y del aconsejado (y quizá por parte de otros en el círculo de la familia y amistades del aconsejado). También tendrá que incluir la obra de Dios a través del Espíritu Santo. Puede llevar mucho tiempo. Pero Dios que restauró a toda una nación (Esdras 8:35) que había sido conquistada y destrozada puede también restaurar la salud emocional del joven o la joven que se vuelve a él.

6. La meta del aconsejamiento bíblico no es lograr la felicidad sino ser más parecido a Cristo. Larry Crabb escribe: "Para muchos de nosotros nuestra primera prioridad no es ser como Cristo en medio de nuestros problemas, sino encontrar la felicidad. Yo quiero ser feliz, pero la verdad paradójica es que nunca seré feliz si me preocupo antes que nada de lograr la felicidad.

Mi meta primordial debe ser, en cada circunstancia, responder bíblicamente, poner al Señor en primer lugar, procurar comportarme como él quisiera que me comportara. La verdad maravillosa es que... si obedientemente guardo la verdad a fin de ser más como Dios y de esta manera darlo a conocer a otros, tarde o temprano uno de sus resultados será la felicidad".

7. La sanidad no ocurre sin la enseñanza bíblica acertada y la obediencia a la Palabra y a la voluntad de Dios. John F. McArthur Jr. advierte sobre los que tratan de sustituir las técnicas sicológicas en lugar de la enseñanza y comprensión bíblicas:

> Si uno es realmente un sicólogo cristiano debe ocuparse del alma en el terreno de las cosas profundas de la Palabra y el Espíritu, y no andar divagando con las superficialidades de la modificación de conducta. ¿Por qué habría el cristiano de optar por una modificación de conducta cuando cuenta con las herramientas para lograr una transformación espiritual? Esto sería como el desastre que haría un cirujano si usara un cuchillo de cortar manteca en lugar de un bisturí. El consejero más capacitado es el que con más cuidado, oración y fidelidad aplica los recursos espirituales divinos al proceso de santificación, moldeando a otro a la imagen de Jesucristo.

El hombre o la mujer que procura ayudar al joven en crisis tiene que hacer todo esfuerzo posible por desarrollar premisas y técnicas bíblicas bien fundamentadas para dicho ministerio de consuelo y comunicación. Pero más importante que

las técnicas será su total y constante dependencia del Espíritu Santo de Dios. Como ha escrito Jay Adams:

> La metodología y técnica, la habilidad y el ejercicio de los dones son todos consonantes con la obra del Espíritu Santo. La diferencia está en la actitud y motivación interior de uno: ¿hace lo que hace apoyándose en sus propios esfuerzos, dependiendo de métodos y técnicas, o admitiendo su propia insuficiencia y pidiéndole al Espíritu Santo que use sus dones y métodos? Es cierto que uno puede abusar de los dones, metodologías y técnicas; uno puede darles más importancia que al Espíritu Santo y puede usarlos para reemplazar su obra. Pero también pueden ser usados en completa sujeción a él para gloria de Dios y beneficio de sus hijos.

Que cada cristiano interesado por la juventud que usa este manual, lo haga dependiendo del Espíritu Santo y que sea para la gloria de Dios y beneficio de sus hijos.

Cómo aprender a ofrecer el consejo cristiano

Hace muchos años, un judío al borde de la vejez llamado Pablo se interesó por un joven llamado Timoteo. Durante varios años Pablo ayudó a su joven amigo a hacer frente a su timidez y a su renuencia en usar sus dones y demostrar su liderazgo en la iglesia (2 Timoteo 1:6-8; 4:12-14). Del mismo modo, un próspero evangelista cristiano llamado Bernabé tomó bajo su cuidado a Juan Marcos, su pariente, y guió al joven, a veces inconstante, hasta que éste llegó a ser un siervo respetado de la iglesia (Hechos 15:36-40; Colosenses 4:10; 2 Timoteo 4:11).

Mardoqueo aconsejaba a Hadasa, su joven prima llamada también Ester, aun después que ésta se convirtiera en reina de Persia y de Media (Ester 4:1-17). Noemí ayudó a Rut, su nuera viuda a encontrar un esposo cariñoso (Rut 3:1-18). Moisés capacitó al joven Josué, hijo de Nun, para que pudiera hacerse cargo del liderazgo del pueblo de Dios (Deuteronomio 31:1-8).

Ninguno de éstos había tomado cursos de sicoterapia. Ninguno contaba con un título de posgrado en consejería. No eran teólogos educados, pero eran versados en las Escrituras, y fueron guiados por Dios para ayudar a personas más jóvenes a superar dificultades y a cumplir el propósito amante de Dios para ellos.

En la actualidad, muchos maestros, líderes juveniles, pastores y padres se encuentran en posiciones similares. Una madre consuela a su hija jovencita que no fue invitada a una fiesta. Un maestro descubre que un estudiante está alterado y distraído debido al inminente divorcio de sus padres. Un pastor ora en silencio junto al lecho de una adolescente que intentó suicidarse. Mientras comparten un refresco, un líder de jóvenes conversa con un jovencito en su último año de secundaria sobre las opciones que el futuro le ofrece.

El adulto en tales disyuntivas puede sentirse insuficiente por su falta de conocimiento o experiencia espiritual. Pero muchos ya están cumpliendo un ministerio crucial de consolar y guiar a los jóvenes en crisis. Es posible que no tengan una formación educativa oficial para manejar dichas situaciones, pero es imposible contar cuántos creyentes se ven ante la responsabilidad de ofrecer su consejo piadoso a un joven que lo necesita.

Aptitudes necesarias para ministrar a la juventud

¿Quién puede aconsejar? Sin duda, todo ser humano que es cálido (compasivo, sensible, comprensivo) en sus relaciones, alguna vez se verá en la posición de aconsejar, ya que es natural para la gente ayudarse mutuamente, escucharse unos a otros, pedir y dar consejos.

No importa lo poco que sepamos, lo ineptos que nos sintamos, muchos de nosotros nos vemos ante interrogantes y situaciones que nuestra juventud de hoy enfrenta. Puede ser que no estemos seguros de las aptitudes necesarias para esta tarea, pero estamos totalmente convencidos de que no tenemos la capacidad de hacerla.

¿Cuáles son las aptitudes necesarias para ministrar a la juventud? ¿Qué se requiere para poder consolar y guiar al muchacho de catorce años que sufre y al de dieciocho años que busca respuestas? ¿Qué habilidades y características hemos de desarrollar y cultivar a fin de ayudar más eficazmente al joven en crisis?

La investigación muestra que el aconsejar es más eficaz cuando el consejero cuenta con tres características personales: empatía certera, calidez no posesiva, y autenticidad.

Empatía esmerada. El padre, líder de jóvenes o cualquier adulto que espera poder aconsejar eficazmente a la juventud tiene que desarrollar o cultivar una "empatía esmerada", como lo expresa el siguiente ejemplo:

Ana, de quince años, se está esforzando por contarle a su consejero lo que pasó. Hace tres días tuvo su primera experiencia sexual. Fue violada. Llena de sentimientos conflictivos y violentos, tratando de dominar unas náuseas incontrolables y sintiéndose totalmente confundida, cuenta vacilante lo que le sucedió. ¿Cómo le puede ayudar el consejero? Las palabras triviales no dan resultado. Asegurarle que "todo va a andar bien" cae en oídos sordos. Leerle pasajes de la Biblia probablemente aumente su sentido de poca valía. Y orar con ella demasiado pronto probablemente la haga sentirse aislada.

Entonces, ¿qué puede decirle el consejero? Por lo general, los comentarios iniciales de más ayuda son las expresiones empáticas que muestran comprensión: "Es terriblemente difícil expresar con palabras estos sentimientos tan fuertes". "Te da náuseas cada vez que te acuerdas de lo que te pasó". "Todo resulta tan confuso en este momento". "Tenías mucho miedo". "Te sentías tan sola, sin defensas y desvalida".

La empatía del consejero tiene un impacto curativo sobre el aconsejado, y refleja una comprensión profunda del mundo privado del aconsejado que genera un sentido de que quizá alguien realmente comprende. Quizá a alguien realmente le importe lo que le pasa.

Calidez no posesiva. Al consejero eficaz verdaderamente le importa la felicidad y el bienestar de su aconsejado. Hay una simpatía que empieza a ganarse la confianza del joven. Y, de más importancia, al ir sintiendo que es valorado y querido, el aconsejado empieza a desarrollar una base interna para sentirse de valor y amarse a sí mismo. "Si mi consejero me quiere, quizá después de todo valgo algo", dice.

Jesús dio ejemplo de este tipo de calidez aceptante, cariñosa y amante. Demostró un interés sincero en las personas con las cuales se encontraba (Mateo 8:5-13; Marcos 5:30), y sentía una auténtica preocupación y compasión por ellas (Marcos 1:41; Lucas 8:13). La gente confiaba en él, lo buscaba y le contaba sus confidencias porque la calidez de su cariño e interés por ellos los invitaba a hacerlo.

Autenticidad. El consejero auténtico es real, alguien sin prejuicios, sincero, que evita la falsedad o el asumir un papel de superioridad. La autenticidad implica espontaneidad sin impulsividad, y honestidad sin confrontaciones crueles. Significa que el que ayuda está siendo profundamente él mismo, no pensando y sintiendo una cosa y diciendo otra.

Aparte de estas aptitudes (que puede tenerlas el consejero no cristiano tanto como el cristiano), el adulto que quiere aconsejar eficazmente a la juventud también querrá desarrollar o cultivar lo siguiente:

Un espíritu humilde. Mucho daño puede hacer el consejero que es arrogante o centrado en sí mismo, que cree (o actúa como) que lo sabe todo. Un espíritu así, orgulloso y altanero, si no hace huir al joven con problemas, puede crear muchos problemas más de los que resuelve. Por otro lado, un espíritu humilde procura comprender más que ser comprendido. El consejero apoya la búsqueda del joven al ayudarle a encontrar sus propias respuestas y sentido de dirección. Un espíritu humilde enfoca el consejo alrededor de lo que piensa y siente el aconsejado. Poca atención se centra en la habilidad, pericia o sabiduría del consejero.

Estabilidad emocional. No se requiere que el consejero sea perfecto; de ser así, las iglesias y centros de consejería estarían desiertos. Pero los hombres o mujeres que esperan aconsejar eficazmente a la juventud deben ellos mismos ser emocionalmente estables. El adolescente o el joven, sea que esté o no visiblemente en una situación de crisis, no puede ser ayudado por un consejero que también está luchando por controlarse.

Relación con Jesucristo. Por muchas razones una relación personal y una dependencia del Señor Jesucristo son decisivas para quien piensa aconsejar a otros. Habrá ocasiones cuando sólo el Espíritu Santo puede proporcionar la comprensión de un problema o de su solución. Habrá momentos cuando se necesite una provisión sobrenatural de paciencia. Habrá situaciones en que la única receta es la oración y dependencia en la gracia de Dios. Por estas y muchas otras razones, una relación íntima con Cristo es indispensable para lograr un ministerio eficaz de consuelo y comunicación.

Dependencia del Espíritu Santo. Cualquier adulto que trabaja con la juventud se encontrará ante preguntas y situaciones que prueban su conocimiento y acaban con su paciencia. El hombre o mujer que se vale de sus propios recursos nunca tendrá las fuerzas necesarias para estar a la altura de la situación. Pero el que reconoce su insuficiencia, que consulta a Dios en oración y que a cada paso se vale de la sabiduría, la gracia y el poder del Espíritu será de gran bendición al joven que necesita ayuda.

Conocimiento de las enseñanzas fundamentales de la Biblia. El consejero de jóvenes no necesita un diploma del seminario (aunque no le vendría mal), pero un conocimiento de la Biblia y sus preceptos y principios básicos es de vital importancia. Si usted no sabe que en el reino de Dios es considerado de más valor y mejor servir que ser servido es muy posible que enseñará valores del mundo sin saber la diferencia. Si no ha descubierto que la disciplina tiene un lugar principal en la vida cristiana, no podrá ayudar a quienes están viviendo tales pruebas. Ser versado en la verdad bíblica es el requisito más básico para aconsejar. No obstante, es importante comprender que es necesario también tener una vida devocional significativa y fiel que incluye la oración, la lectura y el estudio de la Biblia. Una cosa es conocer la Palabra de Dios, y otra totalmente distinta es vivir y experimentar cotidianamente la Palabra en su propia vida.

Lo que antecede no son las únicas habilidades o características que asistirán al adulto al ayudar a la juventud. El buen consejero, por ejemplo, puede manejarse eficientemente careciendo mayormente de conflictos, trabas, inseguridades o problemas personales. El consejero eficaz es también compasivo, se interesa por los demás, se mantiene atento a sus propios sentimientos y motivaciones, revelándose más que escondiéndose, y conocedor del campo de la consejería.

Propósitos de ministrar a la juventud

Muchos adultos que se interesan por los jóvenes creen que el objetivo de consolar o aconsejarles es hacer que se sientan felices. Pero el objetivo de ministrar a la juventud no es la felicidad sino la salud.

1. Salud espiritual. El primer objetivo al trabajar con los jóvenes es y debe ser su salud espiritual. No podemos enfatizar demasiado lo indispensable que es una relación real, personal, lozana con Jesucristo. Un ejemplo de esto lo encontramos en el ministerio de Pablo quien escribió a los colosenses (1:28) que su interacción oral con las personas siempre tuvo la finalidad de promover la madurez cristiana.

Sólo el creyente que va madurando desarrolla más profundamente el propósito primordial de su vida: adorar y servir. Por lo tanto, el aconsejamiento bíblico adoptará como su principal estrategia la promoción de la madurez espiritual. Cuando conversamos con otros creyentes, hemos de tener siempre en cuenta el propósito de ayudarles a ser más maduros para poder agradar mejor a Dios.

2. Salud emocional. Otro propósito al ministrar a la juventud, y uno relacionado intrínsecamente con la salud espiritual, es promover la salud emocional. El doctor Henry Cloud destaca que los problemas emocionales como la depresión, el pánico y los sentimientos de culpabilidad están relacionados con "la imagen subdesarrollada de Dios en el alma". La salud emocional, cree Cloud, "descansa en el desarrollo de la imagen de Dios dentro de nosotros".

El joven que está siendo guiado a lograr madurez espiritual en Cristo puede ser ayudado también a lograr salud emocional, alcanzar una comprensión y la curación de los problemas que lo atormentan.

3. Salud en sus relaciones. Otra meta al ministrar a la juventud es promover la salud en las relaciones. Mucho del dolor y disfunción que sufre la juventud actual es el resultado de relaciones malsanas o rotas. Clave entre éstos es la relación con los padres. Una meta principal de cualquier adulto que ama a los jóvenes es lograr el restablecimiento y la restauración de las relaciones de ese joven, primero con

Dios, luego con sus padres, luego con los demás.

Técnicas a usar para ministrar a la juventud

El vocablo castellano *técnica* se deriva de la palabra griega *techne*, que significa *habilidad*. Cualquier adulto que haya trabajado con jóvenes reconocerá que se necesitan ciertas habilidades, y cualquiera que haya intentado guiar a otra persona reconocerá que como se ofrece el consejo determina en gran parte, cómo será recibido y seguido.

Gary Collins, reconocida autoridad en consejería cristiana, identifica cinco técnicas básicas que serán de utilidad a quienes deseen ofrecer consuelo y dirección a otro:

1. Prestar atención. El consejero debe tratar de dar toda su atención al aconsejado. Esto lo logrará por medio de: (a) contacto visual, mirando sin fijar la mirada como una manera de demostrar preocupación y comprensión; (b) postura, debe ser reposada y muchas veces incluye inclinándose hacia el aconsejado y (c) gestos naturales pero no excesivos ni que distraigan.

2. Escuchar. Esto incluye más que dar señales pasivas o una atención desganada a lo que dice otra persona. Escuchar eficazmente es un proceso activo. Involucra:

● Tener la habilidad de dejar a un lado los propios conflictos, parcialidades y preocupaciones a fin de poder concentrarse en lo que el aconsejado está comunicando.

● Evitar expresiones orales o no orales sutiles que muestran que uno desaprueba o que está juzgando lo que se está diciendo, aun cuando el contenido sea ofensivo.

● Usar tanto los ojos como los oídos para detectar mensajes que transmite el tono de la voz, la postura, los gestos, las expresiones faciales y otras señales aparte del habla.

● Escuchar no sólo lo que el aconsejado dice, sino notar lo que omite.

● Esperar pacientemente durante los momentos de silencio o lágrimas mientras el aconsejado se arma de valentía para compartir algo doloroso o hace una pausa para organizar sus pensamientos y recuperar su compostura.

● Mirar al aconsejado mientras éste o ésta habla, pero sin clavarle la mirada ni dejar que sus ojos se distraigan...

● Entender que puede aceptar al aconsejado aunque no apruebe sus acciones, escala de valores o creencias...

3. Responder. No se debe pensar que el consejero escuche y nada más. También debe estar listo para:

Guiar, que es la habilidad por medio de la cual el consejero poco a poco va encauzando la conversación. "¿Qué pasó después?" "Explícame que significa cuando dices que..." son preguntas breves que pueden guiar el diálogo en direcciones que brindarán información útil.

Reflexionar, que es una manera de comunicar a los aconsejados que "estamos con ellos" y que podemos entender cómo se sienten o lo que piensan. "Te debes sentir...", o "Me imagino que eso ha de haber sido frustrante", o "Seguro que eso fue divertido" reflejan lo que está sucediendo al aconsejar. Tenga cuidado de no reflexionar después de cada declaración; hágalo periódicamente... El consejero puede hacer un resumen de los sentimientos ("Eso ha de haber dolido") y/o de los temas que se acaban de cubrir ("Por todo lo que me dices parece que has tenido una racha de fracasos"). Cuando haga usted un comentario, dé al aconsejado el tiempo y la oportunidad de responder a lo que usted dijo.

Preguntar, si se hace con habilidad, puede brindar mucha información útil. Las mejores preguntas son las que requieren que la contestación tenga una o dos frases (por ejemplo: "¿Qué tipo de cosas te entristecen?" en lugar de las que pueden ser contestadas con una sola palabra: "¿Te sientes triste?").

Confrontar, que no es lo mismo que atacar o condenar con saña a otra persona. Cuando confrontamos presentamos alguna idea al aconsejado que quizá de otra manera no hubiera visto. Los aconsejados pueden ser confrontados con el pecado en sus vidas, con sus fracasos, contradicciones, excusas, actitudes perjudiciales o conducta contraproducente. La confrontación da mejores resultados cuando se hace de una manera cariñosa, amable, sin emitir juicios...

Informar, involucra dar datos a las personas que necesitan informarse. Trate de evitar dar mucha información de una sola vez; sea claro y recuerde que cuando alguien sufre responde mejor a la información que es relevante a sus necesidades y preocupaciones inmediatas...

Apoyar y alentar, son partes importantes de cualquier situación de aconsejamiento, especialmente al principio. Apoyar incluye guiar al aconsejado a analizar sus recursos espirituales y emocionales, ayudándole en cualquier problema o fracaso que surja como resultado de esta acción.

4. Enseñar. Todas estas técnicas son formatos especializados de la educación sicológica. El consejero es un educador, enseñando por medio de la instrucción, del ejemplo y guiando al aconsejado mientras éste aprende por experiencia a manejar los problemas de la vida...

5. Filtrar. El buen consejero no es un escéptico que no cree nada de lo que el aconsejado dice, pero es bueno recordar que el aconsejado no siempre dice toda la verdad y no siempre dice lo que realmente quiere o necesita... Por lo tanto, al aconsejar, trate mentalmente de ordenar las palabras del aconsejado. ¿Qué quiere preguntar realmente...? ¿Existen otros problemas aparte de los que está presentando?...

Todo esto vuelve a subrayar que el consejero necesita sabiduría y discernimiento. Algo de esto se logra por experiencia, pero los cristianos saben que las más de las veces la sensibilidad se adquiere cuando oramos, pidiendo discernimiento, dirección y una percepción precisa que viene del Espíritu Santo.

Limitaciones al ministrar a los jóvenes

El adulto que quiere consolar, alentar y ministrar a los jóvenes tiene que conocer sus limitaciones y sus obligaciones.

En cualquier esfuerzo por ayudar al joven a encarar una crisis o tomar una decisión importante, la participación de los padres del joven es imprescindible. El pastor, maestro o líder de jóvenes sabio será extremadamente sensible a la autoridad bíblica y legal de los padres sobre el joven. Cualquier intento de aconsejar o guiar a un adolescente sin el conocimiento, aprobación y/o la participación de sus padres seguramente fracasará o, en el mejor de los casos, causará problemas éticos y prácticos difíciles para el joven y para el adulto. Por lo tanto, excepto en casos donde su participación es claramente imposible o inconveniente (como en casos de abuso de parte de los padres, por ejemplo), la meta del consejero de jóvenes debe ser solucionar lo antes posible cualquier diferencia entre padres e hijos.

El aspecto confidencial de alguna información puede surgir en muchas de las circunstancias tratadas en este libro. En la mayoría de los estados y provincias las conversaciones con miembros del clero gozan de inmunidad parlamentaria, y pueden mantenerse confidenciales aun en un tribunal de justicia. Pero, para todos los demás, el aspecto confidencial de una conversación puede causar problemas.

El adolescente que se acerca a un maestro o líder juvenil buscando un consejo, las más de las veces lo hará únicamente si se siente seguro de que puede confiar en que el adulto se reservará su información personal, y los adultos responsables, desde luego, querrán ser dignos de esa confianza. No obstante, aunque el adulto debe demostrar la máxima integridad en tales situaciones, nunca debe prometer guardar un secreto sin antes escuchar todo lo que el joven tiene que decir; en algunos países estados y provincias, el adulto se verá obligado legalmente a reportar casos de abuso o de conducta ilícita, por ejemplo.

Los estados y provincias tienen distintas leyes que enfocan la obligación de ciertos profesionales (consejeros, pastores, maestros, etc.) de notificar a los padres antes de dar cualquier tratamiento a un menor. Collins escribe: "Las leyes que cubren (diversos) aspectos relacionados con el aconsejamiento varían de un lugar a otro y con frecuencia los estatutos cambian. Si usted aconseja con poca frecuencia, sin formalidades o dentro de los confines de un templo o una institución educativa, es probable que esté exento de muchas de las leyes que se aplican a consejeros profesionales. Pero si aconseja con frecuencia le conviene consultar a un abogado para determinar cómo las leyes locales pueden influir sobre su trabajo de aconsejamiento o limitarlo."

Además, quien quiera ayudar a la juventud tiene que saber los riesgos que hay en tal ministerio de consuelo y comunicación, y debe tomar medidas para reducir los riesgos de:

● **Manipulación.** Los jóvenes con problemas pueden ser expertos en manipular a los adultos. Algunos líderes de jóvenes, maestros, padres y pastores pueden encontrarse en ocasiones haciendo toda clase de cosas con y para el joven; cosas que van más allá de lo que es apropiado para su posición. Collins sugiere que uno se pregunte: "¿Me está manipulado?" "¿Me estoy pasando de lo que son mis obligaciones?" y "¿Qué quiere realmente esta [persona]?" Esto debe hacerse no sólo para proteger al adulto sino para procurar lo mejor para el joven, porque la manipulación rara vez produce resultados positivos.

● **Dependencia.** El desarrollo de una actitud de depender de la persona que se interesa por uno es con frecuencia el resultado de una relación ayudadora. El joven puede exigir más y más tiempo y atención y mostrar una creciente dependencia en su aprobación y consejo. Esta dependencia es contraria a los objetivos principales del adulto interesado en el joven que quiere lograr la salud espiritual, emocional y relacional de aquel.

● **Transferencia contraria.** Collins dice: "La transferencia contraria ocurre cuando las propias necesidades del consejero interfieren con la relación terapéutica. Cuando la sesión de aconsejamiento se convierte en una ocasión para resolver sus propios problemas, lo más probable es que los aconsejados no serán ayudados". Esto puede ser especialmente peligroso cuando la interacción es entre personas del sexo opuesto. Por esta razón, recomendamos decididamente que el pastor, pastor de jóvenes, maestro o líder juvenil limite su interacción con el sexo opuesto. Por ejemplo, a un ministro juvenil le conviene referir a las niñas lo antes posible a su esposa o a una mujer cristiana madura en el iglesia, evitando así no sólo las apariencias del mal (1 Tesalonicenses 5:22), sino también la oportunidad de caer en él (1 Corintios 10:12; 16:13).

Los siguientes consejos ayudarán a prevenir riesgos innecesarios por parte del hombre o la mujer al ministrar a los jóvenes:

● Nunca aconseje a nadie, varón o mujer a puertas cerradas; reúnanse en lugares públicos donde es posible tener una conversación "privada", como el comedor del colegio, un parque, plaza o restaurante.

● Establezca límites claros en cuanto a su compromiso, especialmente si empieza a notar una dependencia; por ejemplo: ¿Con cuánta frecuencia se está reuniendo con el joven? ¿Le dio permiso para llamarle a usted a su casa? ¿A cualquier hora? ¿Bajo qué circunstancias? ¿Con qué propósito? Dichos límites no tienen la intención de separar al adulto del joven sino ayudar a aquel a ser lo más objetivo y, por lo tanto, lo más útil posible para el joven.

● Limite su interacción con el sexo opuesto a situaciones grupales. Si debe interactuar con alguien del sexo opuesto incluya a una tercera persona de su confianza.

● Manténgase alerta para captar señales de que lo están manipulando o aprovechándose de usted (¿Está usted haciendo cosas para el joven que él mismo puede y debe estar haciendo?) y vuelva a definir los límites saludables en su relación.

● Haga que sus obligaciones y limitaciones sean claras para el joven. Puede usted decir, por ejemplo: "No, no puedo prometerte que no le contaré nada a tus padres, pero te puedo acompañar si quieres contárselo tú". No prometa lo que no puede cumplir, y no aliente esperanzas que no puede convertir en realidad.

El consejero debe mantener una actitud vigilante si va a evitar los peligros... Como ayudadores cristianos honramos a Dios haciendo lo mejor posible, pidiendo perdón cuando cometemos errores, y usando nuestras equivocaciones para aprender y como peldaños para mejorar.

El último paso en la tarea de reconocer y manejar las obligaciones y limitaciones del consejero tiene que ver con el tema de referir al joven a otro que lo pueda ayudar. En algunas ocasiones, al trabajar con los jóvenes, se verá que la crisis es tan urgente o compleja que requiere ayuda profesional. En otros momentos, los problemas de algún joven pueden parecer persistentes, pero no necesariamente de muerte. ¿Cómo puede discernir el adulto si (y cuándo) se justifica referirlo a un consejero profesional? Aunque algunos capítulos en este libro ofrecen una guía en cuanto al problema específico

que enfocan, Gary D. Bennett ofrece estas pautas generales:

¿Cuándo debe usted pedir ayuda...? Toda vez que el adolescente pida o indique de otras maneras que necesita ayuda, toda vez que sienta usted que ya no puede manejar la situación o cuando la conducta del adolescente puede tener consecuencias perjudiciales de largo alcance. Por ejemplo, tristeza crónica, problemas de conducta (por ejemplo: mentiras, robos, escaparse de su casa), sentimientos de poca valía y depresión o soledad continua pueden ser razones para referirlo a un profesional. Muchas veces unas pocas sesiones de aconsejamiento con un profesional será todo lo que se necesita.

Sandi Black, consejera para situaciones de crisis dentro de las escuelas locales y de educación media en Texas, aconseja que los jovencitos sean referidos a un consejero capacitado si se notan varios de los siguientes síntomas (o señales de repetición de algunos de estos síntomas):

Síntomas de conducta

● Ataques súbitos de furia
● Repetidos robos, engaños, mentiras
● Peleas excesivas, iniciar conflictos de poder
● Hiperactividad/nerviosismo
● Soñar despierto ("estar en la luna") excesivamente/absorto en fantasías
● Echar la culpa a otros excesivamente/irresponsabilidad
● Desafío constante a las reglas

Síntomas emocionales

● Desmejora en sus estudios, aumento de problemas en la escuela
● Sospecha y desconfianza de los demás
● Hablar de escaparse de su casa
● Preocupación con temas físicos sexuales
● Dificultades con su capacidad de atención
● Conducta excéntrica, imprevisible
● Nuevas amistades "dudosas"
● Celos excesivos de sus compañeros y de sus hermanos

- Ira, golpear objetos o a otras personas
- Cambio significativo en sus motivaciones
- Pérdida de interés en actividades de las que antes disfrutaba

Síntomas físicos

- Falta de aseo personal
- Cambio grande en su peso o aspecto
- Demasiado propenso a los accidentes
- Falta de apetito o demasiado comilón
- Trastornos relacionados con el sueño/pesadillas
- Frecuentes enfermedades, dolores de cabeza y de estómago

Tenga en cuenta que ninguna de las condiciones enunciadas, ni tampoco varias de ellas, indican en sí mismas la existencia de un grave problema sicológico. Pero, cuando son más que algunas o cuando son recurrentes, se justifica referir al joven a un profesional. Joan Sturkie y Valerie Gibson en su libro *The Peer Counselor's Pocket Book*, 1989, pp. 32, 33 ofrecen pautas sabias a seguir cuando se ha tomado la decisión de referir al adolescente al cuidado de un profesional:

1. Entérese de los recursos disponibles en su comunidad para que pueda contactar el lugar o a la persona más apropiado.
2. Consulte los recursos en su comunidad antes de referir al joven, para estar seguro de que hay plaza para él.
3. Haga saber a su aconsejado por qué cree usted que él o ella debe ser referido a un profesional y, a la vez, siga brindándole todo el apoyo que pueda.
4. Explique a su aconsejado la razón detrás de cada una de las opciones de referencia que usted ha compartido con él o ella.
5. Incluya lo más posible al aconsejado en la decisión de referirlo a un profesional. Si el aconsejado se siente dueño de la decisión es probable que sea más consecuente en cumplir con las citas programadas.
6. Anime al aconsejado a hacer su propia cita, porque es posible que usted no tenga toda la información necesaria para programarla.
7. Ayude al aconsejado a programar el transporte para llegar a su cita, y decida si alguien necesita acompañarlo.

8. Demuestre su constante interés por el aconsejado aun después de referirlo a un profesional, y esté listo para apoyarlo durante y después del periodo de sus consultas.

El padre, maestro, pastor o líder de jóvenes entendido investigará con cuidado y en oración los recursos en su comunidad y los posibles consejeros. Es posible que aun los profesionales más calificados no suplan las necesidades del adolescente confuso y perplejo ni llene los requisitos del cristiano interesado que está refiriendo al joven. Las siguientes sugerencias pueden ayudar al adulto diligente a tomar decisiones entendidas en este aspecto:

1. **Pida referencias:** Solicite recomendaciones del pastor o un amigo de confianza; alguien ecuánime que no defraude la confianza de la persona que se las pide.

2. **Consulte los directorios de profesionales cristianos:** Busque en la guía telefónica o llame a un "número de emergencia" (en algunas ciudades, los sicólogos o siquiatras cristianos con servicio para internados están a disposición por teléfono las 24 horas del día y pueden dar los nombres y números de teléfono de consejeros cristianos en la comunidad y alrededores).

3. **Haga preguntas sobre los siguientes temas al pedir una cita:**

   Aptitudes espirituales. ¿Qué quiere decir el consejero potencial al identificarse como un "consejero cristiano"?

   Aptitudes educativas y profesionales. ¿Cuenta el consejero con un diploma de posgrado de una universidad o un seminario acreditado (no sólo por el Estado) de buena reputación? ¿En qué especialidad? Esta persona... ¿tiene licencia o certificación para trabajar en este campo?

   Experiencia. ¿Cuánto hace que el consejero brinda sus servicios?... ¿Qué métodos usa? ¿Tiene un campo en que se especializa o alguna pericia en particular?

Precios. ¿Tiene tarifa única o según una escala? ¿Acepta seguro médico? ¿Cuándo se vencen los pagos por las consultas?...

4. **Preste atención a sus primeras impresiones...** ¿Se nota que los empleados del consultorio o centro de aconsejamiento son cristianos? Desde la recepcionista hasta el profesional ¿tratan a los clientes con cortesía, calidez y respeto? ¿Son los procedimientos para tomar al paciente, incluyendo los formularios a ser llenados y firmados, profesionales y a la vez claros? ¿Aseguran que se guardarán las confidencias?

5. **Haga más preguntas:** Por ejemplo, ¿tiene el consejero experiencia previa en el tratamiento de cierto problema específico?

6. **Sobre todo, ore:** Pidiendo sabiduría al tratar de localizar un consejero cristiano que ayude a llevar las cargas de la persona necesitada y a ayudar a resolver sus problemas.

Además de lo enunciado, en los Estados Unidos de América los siguientes organismos pueden ayudar al adulto interesado a localizar a consejeros profesionales cristianos de buen nombre y centros de tratamientos en su región. (A los lectores de otros países les sugerimos buscar ayuda con grupos cristianos o privados que se especializan en consejería juvenil.)

(800) NEW-LIFE
Clínicas Minirth-Meier New Life, una red nacional de centros de consejería cristianos.

(800) 883-HOPE
Centros de consejería New Hope, una red de doce centros cristianos en el este de los Estados Unidos.

(800) 5-COUNSEL
The American Association of Christian Counselors (Asociación americana de consejeros cristianos), una asociación de casi cinco mil consejeros profesionales, pastorales y laicos.

(909) 695-2277
The Christian Association for Psychological Studies (CAPS) (Asociación cristiana de estudios sicológicos), una asociación de alrededor de 2.300 sicólogos, siquiatras, consejeros, pastores, maestros, investigadores y estudiantes cristianos.

(Nota: las siglas en letra negrita son números de teléfono. El número "800" indica que las llamadas son gratis.)

PROBLEMAS

EMOCIONALES

SOLEDAD

CONTENIDO

Introducción

Maricela estaba comenzando su primer año de secundaria. Era hija única, y se crió en medio de muchas tensiones en su hogar. Su papá tenía problemas emocionales. Maricela trataba de ser comprensiva; razonaba que su papá ya tenía bastantes preocupaciones con sus propios problemas, pero muchas veces ansiaba que alguien la tratara como una persona especial. Llegó a su adolescencia dudando de si alguna vez un hombre se interesaría en ella, y menos si la amaría. Cuando empezó la escuela secundaria, sus padres se divorciaron, y ella y su mamá se mudaron a otra ciudad donde su mamá podría conseguir un buen empleo.

—Me fue difícil hacer amistades en mi nueva escuela —explicó Maricela más adelante—. En realidad, nunca conseguí tener una amiga. Y en casa, la mayor parte del tiempo mamá no estaba. Me parecía que me moría de soledad.

—Por eso me sorprendió, mejor dicho me llenó de alegría, el que Marcos me invitara a salir.

Maricela y Marcos empezaron a salir juntos. Marcos era mayor y tenía más experiencia y, al poco tiempo, empezó a presionar a Maricela para que tuviera relaciones sexuales con él. Maricela sabía de otras muchachas que ya tenían relaciones sexuales con muchachos, y esto aumentó su confusión.

—Lo seguro es que no quería volver a como estaba antes de salir con Marcos —dice ella—. Si lo hubiera perdido me hubiera sentido más sola que antes.

Marcos había llenado el vacío de la soledad en la vida de Maricela, así que más bien que perderlo, consintió en tener relaciones sexuales con él. Maricela necesitaba ser aceptada, y creía que su relación física con Marcos la haría sentir que la querían. Ella y Marcos siguen saliendo, y siguen con sus relaciones sexuales. Pero Maricela sabe que Marcos sale también con otras chicas. Y sigue sintiéndose sola.

El problema de la soledad

"La soledad", escribe Charles Durham, "es un estado mental doloroso, un sentimiento en la profundidad del alma. Puede ser levemente irritante o totalmente paralizante." El Dr. Gary R. Collins agrega:

La soledad es la dolorosa percepción de que carecemos de contactos de significancia con los demás. Incluye una sensación de vacío interior que puede estar acompañada de tristeza, desaliento, un sentido de aislamiento, inquietud, ansiedad y un intenso anhelo de ser querido o necesitado por alguien.

La soledad es un problema muy común. Existe en todas partes, entre toda clase de gente. Como destaca Durham:

Una encuesta mostró que uno de cada cuatro participantes dijeron que en las semanas anteriores a la encuesta se habían sentido solos, y uno de cada nueve reportó haberse sentido extremadamente solo la semana anterior.

Un estudio hecho por el sicoanalista Michael Whitenburgh, que dirige las clínicas para el estrés en Liverpool y Londres, Inglaterra, mostró que el mayor temor de los británicos —más que la claustrofobia, más que el temor a los insectos, más que el temor a viajar en avión— es el temor a la soledad. Y otro sicólogo, al preguntársele la relación entre la soledad y las enfermedades, respondió: "Eso es como preguntar si el *aire* tiene relación con la salud."

La soledad es muy prevalente y destructiva entre la población adulta, pero es aun más pronunciada entre la juventud. Y la soledad, especialmente para un joven, puede ser abrumadora, perturbadora y devastadora.

Se ha reportado que de todas las personas en Estados Unidos, el adolescente es el que tiene más problemas con la soledad. La adolescencia es una etapa en la vida cuando la aceptación social está en su punto máximo. Los adolescentes ya no se consideran niños, y la mayoría se está esforzando por ser más independiente de su familia. Las relaciones con grupos de amigos son extremadamente importantes, y la presión resultante puede ser tremenda. Aun cuando el adolescente viva en un ambiente familiar placentero, la soledad puede ser un gran problema si las relaciones con otros adolescentes son inadecuadas.

El resumen del sicólogo Gary Collins de las opiniones de otro sicólogo cristiano brindan conceptos importantes sobre el tema de la soledad:

El sicólogo cristiano Craig Ellison ha sugerido que hay tres clases de soledad: emocional, social y existencial. *La soledad emocional* "involucra la falta o pérdida de una relación sicológicamente íntima con otra persona u otras personas. La persona emocionalmente solitaria se siente totalmente sola y puede recobrarse sólo por medio de establecer nuevas relaciones profundas con otros". *La soledad social* es el sentido de falta de dirección, de ansiedad y vacío. La persona siente que está "afuera", marginada de la vida. En lugar de una relación profunda con un compañero específico, la persona socialmente solitaria necesita un grupo de amigos que la acepten y apoyen, y la habilidad de relacionarse con otros. *La soledad existencial* se refiere al sentido de aislamiento que ataca a la persona que está separada de Dios y que siente que la vida no tienen ningún significado ni propósito. Estas personas necesitan tener una relación madura y creciente con Dios, preferentemente dentro del entorno de una cálida comunidad de creyentes.

Las causas de la soledad

La soledad puede tener muchas y variadas causas, e identificarlas en una situación específica corresponde, por lo general, al campo del profesional altamente capacitado. No obstante, puede ser de ayuda al líder o consejero de jóvenes, conocer las posibles influencias sobre el joven que siente una soledad aguda.

✦ **Concepto bajo de sí mismo**

Estudios realizados por Levin y Stokes (1986) y Peplau y Perlman (1982) sugieren que tener un concepto bajo de sí mismo —incluyendo "evaluaciones negativas de sus propios cuerpos, la sexualidad, salud, apariencia, conducta y funcionamiento"— contribuyen a que el joven sea vulnerable a los sentimientos de soledad. (Vea también el capítulo 6: *El problema de la baja autoestima.*) Como escribe Collins: "Cuando tenemos poca confianza en nosotros mismos es difícil desarrollar amistades. La persona no puede brindar cariño sin pedir disculpas; ni puede recibir cariño sin menoscabarse a sí misma".

✦ **Relaciones familiares malsanas**

Muchos estudios sugieren que el ambiente familiar es un factor crucial en lo vulnerable que el joven es a la soledad. James J. Ponzetti, hijo, escribe:

Los estudiantes que sufren de soledad hacen mención de relaciones nocivas con sus padres y amigos de la infancia. También recuerdan menos unión familiar (Paloutzian & Ellison, 1982). Mahon (1982), Hecht y Baum (1984) notaron correlaciones significativas entre la soledad y rupturas en los patrones de afecto, lo cual sugiere que la falta de lazos cariñosos en los primeros años de vida posiblemente contribuya a la experiencia de soledad.

✦ **Factores sociológicos**

En su libro *Why Be Lonely?* (¿Por qué sentirse solo?) Carter, Meier y Minirth escriben:

Vivimos en una sociedad que tiende a promover la soledad. Nuestra sociedad es apresurada, móvil y cambiante. Cada año, en los Estados Unidos el 20 por ciento de las familias cambian de casa o van a otra ciudad. En Manhattan (un área de Nueva York), uno puede tener contacto con cientos de miles de personas en un lapso de tiempo muy breve. Aunque podemos tener contacto con miles, no hay tiempo suficiente para afianzar las relaciones, y como consecuencia la gente se siente sola.

También, debido a la televisión, hay mucho menos tiempo para la comunicación personal. Aun el poco tiempo que uno tiene para dedicar a los suyos en nuestra sociedad ambulante, lo pasamos solitariamente enfrente de una pantalla de televisión. La investigación muestra que mirar televisión en exceso también da como resultado el que se confíe menos en los demás y, por ende, promueve aun más la sensación de soledad. Nuestra sociedad cambiante también ha producido una nueva escala de valores, como el individualismo e independencia excesivos, que fomenta la soledad.

✦ **Circunstancias temporarias o cambiantes**

A veces los jóvenes se sienten solos debido a sus circunstancias: la muchacha cuyo novio la deja, el joven poco atlético cuyos mejores amigos no tienen tiempo para otra cosa que no sea los deportes, el estudiante en el primer año universitario que todavía no ha encontrado amigos; el adolescente cuya familia se ha trasladado a un nuevo vecindario dejando atrás a muchos amigos. Pero esta soledad causada por algunas circunstancias como las señaladas, muchas veces es temporal (especialmente en el caso de los jóvenes).

✦ **Actitudes**

El doctor Paul Tournier, sicólogo suizo, destaca en su libro *Escape from Loneliness* (Escapar de la soledad) que la soledad muchas veces es el resultado de:

● actitudes competitivas y polémicas por las cuales vemos la vida como un gran torneo en el cual el éxito es el premio del ganador y la competencia como una manera de vivir;

● actitudes independientes que nos hacen actuar como si fuéramos fuertes individualistas, absolutamente autónomos, independientes de Dios y de los demás;

● actitudes posesivas por las cuales nos sentimos empujados a conseguir todo lo que podemos para nosotros mismos;

- actitudes exigentes que nos hacen luchar por nuestros derechos y exigir "justicia".

✦ **Temor**

El Dr. Gary Collins escribe:

> En mi oficina tengo colgada una placa que dice: "La gente se siente sola porque construye paredes en lugar de puentes". Debemos reconocer que ésta no es la única causa de la soledad, pero a veces uno levanta barreras para mantener a distancia a los demás. Con frecuencia esto sucede por el temor a la intimidad, el temor de que a uno lo conozcan, el temor al rechazo o el temor a ser lastimado —como quizá fuimos lastimados en el pasado. La soledad es dolorosa, pero para tales personas no es menos dolorosa que el temor o la inseguridad de acercarse a sus prójimos. (Vea también el capítulo 2: *El problema de la ansiedad.*)

✦ **Hostilidad**

Algunos se sienten solos porque mantienen sentimientos de ira o resentimiento que hace que los demás se aparten de ellos y los eviten. Tal enajenación por supuesto, con frecuencia produce aun más frustración e ira, empeorando la soledad de la persona en un torbellino de emociones y reacciones contraproducentes.

✦ **Incapacidad para comunicarse**

Collins destaca que la incapacidad para comunicarse o no querer hacerlo es a veces el motivo de la soledad de la persona:

> Las roturas en la comunicación son el motivo de muchos, quizá de la mayoría de los problemas interpersonales. Cuando alguien no tiene disposición para comunicarse, o cuando no saben comunicarse honestamente, hay un persistente aislamiento y soledad aunque los afectados estén rodeados de otras personas.

✦ **Causas espirituales**

San Agustín oraba: "Nos hiciste para ti, y el corazón del hombre no descansa hasta encontrar descanso en ti." Hay soledad que resulta de la falta de una experiencia personal con Dios. El individuo abiertamente rebelde contra Dios muchas veces siente una profunda soledad existencial que sólo puede ser corregida llenando el vacío que la falta de Dios produce en cada corazón humano "hasta encontrar descanso" en el Señor. Esa misma soledad muchas veces resulta del pecado no confesado o aun de una despreocupación por el cuidado de Dios y las demandas que él nos hace.

✦ **Otras causas de la soledad**

Ellison, en su libro *Loneliness: The Search for Intimacy* (La soledad: En busca de la intimidad), da una lista de posibles causas de la soledad y de la cual hemos adaptado la siguiente lista:

- Timidez
- Sentirse incomprendido
- Conflictos no resueltos con otros
- Sentirse inútil
- Separación física de los seres queridos
- Sentirse que no encaja
- Rechazo
- Enfermedad física
- Crítica por parte de alguien influyente
- Mucha actividad sin sentido
- Muerte de un amigo o ser querido
- Anhelar una relación que no se concreta
- Rompimiento de una relación

Los efectos de la soledad

La soledad afecta al joven de muchas y variadas maneras. La siguiente exposición de los efectos de la soledad puede servir no sólo como una advertencia, sino también para capacitar al líder juvenil o al individuo interesado en los jóvenes a detectar el problema, lo cual a su vez puede llevar a una respuesta exitosa del mismo.

✦ Efectos físicos

El libro *Loneliness, The Fear of Love* (Soledad, el temor a amar) por Ira J. Tanner, enuncia algunos de los efectos físicos de la soledad:

La soledad contagia cada fibra de nuestro ser: nuestras esperanzas, ambiciones, sueños, nuestra vitalidad, nuestros anhelos y deseos, tanto como nuestros cuerpos físicos. Con frecuencia la alimentación y el sueño se ven afectados. La obesidad y la avaricia muy bien pueden ser síntomas de la soledad, aunque la pérdida de peso también puede ser identificada con la desesperación que acompaña al sentido de no ser de importancia ni valor para nadie, ni siquiera para nosotros mismos. El sufrimiento de la soledad se puede manifestar en dolores (imaginarios o reales) en el cuerpo. No es raro sentir debilidad en las piernas, producida por la pesada carga de temor que llevamos sobre nuestras espaldas. Los hombros encorvados, los extremos de los labios siempre para abajo, un caminar lento y penoso, silencio y retraimiento —todos son testimonios de esta enfermedad.

✦ Efectos espirituales

Las personas que sufren de soledad extrema se sienten con frecuencia apartadas y lejos de Dios y, quizá, hasta abandonadas por él. Carter, Meier y Minirth escriben de esto en su libro *Why Be Lonely?* (¿Por qué sentirse solo?):

Debido a nuestras imperfecciones humanas estamos propensos a no estar siempre en un estado de constante comunión con Dios. No obstante, es posible tener un sentido de firmeza y seguridad cuando existe una relación bien establecida con Dios a través de Jesucristo. Desafortunadamente, la persona que sufre de soledad se niega a tomarse de la paz interior que se encuentra en esta relación... Se siente distanciado de Dios... La persona que sufre crónicamente de la soledad espiritual o no es cristiana, o es un cristiano que no está totalmente conectado con la gracia salvadora de Dios que existe en él en la persona de Jesucristo.

✦ Concepto bajo de sí mismo

En el círculo cruel que la soledad genera, el concepto bajo de sí mismo, o el concepto de que uno no vale puede no sólo ser una causa sino también un efecto de la soledad. Los jóvenes que sufren de la soledad manifiestan tener sentimientos de vacío, desesperanza y de que no valen nada. Al empeorar su soledad sienten que nadie los ama y que no son dignos de ser amados. Consideran que el hecho de no tener amigos constituye un fracaso personal, un reflejo de lo indignos que son. Estas personas en su actitud egoísta a veces se concentran en tenerse lástima a sí mismas.

✦ Dependencia

Carter, Meier y Minirth escriben:

Las personas que tienen ataques constantes de soledad con frecuencia caen en un estilo de vida sobredependiente... La persona sobredependiente... se altera excesivamente si alguien la rechaza. Se aferra a otros, sacándoles toda su energía emocional. No se da cuenta de la fuerza potencial que tiene dentro de sí para lograr toda su potencialidad y para superar los momentos de prueba... Las personas "dependientes" tienden a seguir una progresión previsible en sus relaciones. Primero, *descartan* su propia capacidad de controlar su vida emocional. Segundo, *esperan* que los demás suplan sus necesidades. Luego, empiezan a *exigirles* a aquellos de quienes dependen. Naturalmente, esto hace que los demás se aparten de ellas y guarden su distancia. La persona dependiente vuelve entonces a estar como al principio, y por lo general sigue siempre en este círculo vicioso.

✦ Depresión y desesperación

La soledad fomenta la depresión, lo cual puede llevar a la desesperación y, en algunos casos, al suicidio. Los jóvenes muchas veces se guardan sus problemas y sentimientos, temiendo expresar cómo se sienten o no sabiendo *cómo* hacerlo, aumentando así su sensación de soledad y profundizando la desesperación que sienten. El tenerse lástima a uno mismo y la enajenación que con frecuencia caracteriza a la soledad crónica llega a ser un círculo de actitudes contraproducentes que llevan a la víctima a hundirse en lo que parece ser un pozo negro de desesperanza. (Vea también el capítulo 5: *El problema de la depresión.*)

✦ **Violencia**

El autor W. A. Sadler sugiere que la violencia es a veces el resultado de la soledad:

> Las investigaciones adicionales confirmarán esta conclusión tentativa: las personas muy solitarias, que se enojan en lugar de deprimirse, tendrán la tendencia a expresar la frustración de su soledad en formas destructivas. No creo que sea una mera coincidencia el que estamos viendo un aumento sin paralelos de violencia a la vez que la soledad se ha difundido tanto y es tan intensa.

✦ **Abuso del alcohol y las drogas**

El alcohol y las drogas con frecuencia parecen ser medios de escape atractivos para el que sufre crónicamente de la soledad, y muchos caen en el abuso de estas sustancias en un intento por "ahogar sus penas" o en un fallido intento por ganarse la amistad de otros adictos. Dicha conducta, por supuesto, no produce el resultado anhelado y suma un problema más al problema de la soledad. (Vea también los capítulos 38 y 39.)

La perspectiva bíblica del problema de la soledad

"La soledad", dijo el poeta ciego John Milton: "es lo primero que el ojo de Dios declaró no bueno". Cuando Dios observó su creación en los albores de la historia humana, declaró: "No es bueno que el hombre esté solo; le haré una ayuda idónea" (Génesis 2:18). Sabía que su máxima creación, como él mismo, desearía compañía y compañerismo.

Con la creación de Eva Dios suplió esa necesidad. Pero cuando los primeros seres humanos pecaron, se hizo una separación —por primera vez— entre ellos y Dios y entre esposo y esposa. El pecado, y con él los conflictos, el egoísmo y la soledad, hizo su aparición en el mundo. Collins escribe:

> La Biblia raramente habla de la soledad, pero se ve repetidamente, aun en la vida de gigantes de la fe como Jacob, Moisés, Job, Nehemías, Elías y Jeremías. David se quejaba en una oportunidad de que estaba solo y afligido (Salmo 25:6). Jesús, quien conoce todas nuestras "enfermedades", indudablemente se sintió solo en el Getsemaní. Juan llegó al final de su vida solo en la isla de Patmos, y el apóstol Pablo aparentemente pasó sus últimos días en la cárcel. Escribiendo a Timoteo, Pablo, ya entrado en años, menciona que sus amigos lo habían dejado, que algunos lo habían abandonado, y que necesitaba a su joven colega, diciendo: "Procura venir pronto a verme" (2 Timoteo 4:9-12).
>
> La Biblia enfoca nuestra necesidad de tener comunión con Dios y que las personas, especialmente los cristianos se amen, se ayuden, se alienten, se perdonen y se cuiden mutuamente. Una relación creciente con Dios y con otros llega a ser la base de cualquier solución al problema de la soledad.

La respuesta al problema de la soledad

Los que sufren de soledad aguda muchas veces reciben el consejo: "Cambia de trabajo, hazte socio de un club, tienes que ser positivo, tienes que ser más decidido, cásate, vuélvete a casar, viaja, cámbiate a otra casa, diviértete, busca compañía, escucha música, mira televisión, disfruta del cine, lee un buen libro, escoge un pasatiempo, dedícate a actividades culturales, amplía tus horizontes, juega, descansa más, vuelve a considerar tus metas, ofrécete para trabajar como voluntario en una causa digna. Todas estas ocupaciones pueden remediar temporalmente el dolor de la soledad, pero no lo hacen al nivel más profundo y no producen los resultados permanentes deseados".

No obstante, al ayudar a jóvenes solitarios, el líder o consejero juvenil entendido, en su lugar, tomará un curso de acción como el que sigue que puede ayudar a determinar el origen del problema y encararlo con eficacia:

ESCUCHAR. Anime al joven a hablar libremente de su soledad. Trate de ayudarlo a expresarse, haciendo preguntas como las siguientes:
- ¿Puedes describir lo que sientes y piensas?
- ¿Cuánto hace que estás luchando con estos sentimientos de soledad?
- ¿Cuándo te sientes más solo?
- ¿Cuándo te sientes menos solo?
- ¿Hay ocasiones cuando estos sentimientos desaparecen? Descríbelas.
- ¿Cuáles son las maneras en que tratas de manejar tu soledad?

Trate de evitar las preguntas que empiezan con "Por qué" ("¿Por qué te parece que te sientes solo?" "¿Por qué te rechazan los otros muchachos?") y trate de enfocar los "Qué" ("¿Qué te hace sentir mejor?") y "Cómo" ("¿Cómo crees que vas a responder cuando te vuelvas a sentir abrumado?").

EMPATIZAR. Al ir compartiendo el joven sus sentimientos de soledad, comunique su empatía e interés:
- Inclinándose hacia adelante en su silla.
- Mirándole a los ojos.
- Moviendo la cabeza para indicar que lo comprende.
- Reflexionando sobre frases clave ("Sientes que..." y "Quieres decir que...").
- Esperando pacientemente durante los períodos de silencio o llanto.

Evite decir: "Sé cómo te sientes" o contar anécdotas de su propio pasado. Trate de comunicar que el joven no está solo al sentirse como se siente.

ALENTAR. Manténgase alerta para aprovechar toda oportunidad para ofrecer una palabra de aliento sincera y veraz al joven, particularmente si existe la posibilidad de que la soledad del joven sea el resultado de un concepto bajo de sí mismo.

Collins dice: "Hay que ayudar a las personas solitarias a ver y admitir sus puntos fuertes, habilidades y dones espirituales tanto como sus debilidades. Se les debe recordar a los aconsejados que a los ojos de Dios todo ser humano es de valor y es amado, que todo pecado puede ser perdonado, que cada uno de nosotros tiene habilidades y dones que pueden ser desarrollados, con el propósito de ayudar a disminuir o a vencer los efectos de la soledad.

DIRIGIR. Con suavidad pero con firmeza dirija al joven de manera que pueda ir expresando las causas y los efectos de su soledad, guiándolo con sensibilidad para que asuma su responsabilidad.

Ellison escribe: "En definitiva, somos responsables de nuestra propia soledad. Si nos quedamos sentados esperando que una relación se componga o que podamos entablar una nueva, jamás sucederá. Si culpamos a otros por nuestra situación solitaria, lo único que lograremos es amargarnos. Si nos culpamos a nosotros mismos, lo único que lograremos es sentirnos fracasados. El primer paso para superar la soledad es hacerle frente y aceptar la responsabilidad de encararla y manejarla".

Manténgase especialmente alerta para aprovechar las oportunidades de guiarle a contestar las siguientes preguntas:

1. ¿Se debe la soledad a una situación temporal? Todos pasamos alguna vez por una situación que produce una sensación de soledad, como el alumno interno que tiene que quedarse en el colegio cuando todos los demás han salido de vacaciones. Tales episodios de soledad con frecuencia desaparecen en cuanto la situación temporaria pasa.

2. ¿Se debe la soledad a cambios de circunstancias? La vida tiene la costumbre de sorprendernos —o desilusionarnos— con cambios súbitos que nos hacen perder el equilibrio. Un buen amigo va a vivir a una ciudad lejana. Mamá y papá anuncian que se van a divorciar. El abuelo a quien el adolescente le contaba todo, muere. Sus tres mejores amigos han empezado a hacer cosas en que el adolescente solitario no puede participar, y ahora lo están haciendo a un lado.

Estas situaciones por lo general son más difíciles de superar que las temporales. Nos vemos obligados a acostumbrarnos a algo que no nos resulta fácil. Tenemos que pasar por el dolor de perder a alguien. Tenemos que encontrar nuevos amigos y tratar de cultivar nuevas relaciones. Y eso no es fácil.

3. ¿Se debe la soledad a algo dentro del mismo joven? Quizá sea tímido por naturaleza. Quizá siente una inseguridad interior que hace que sea difícil entablar amistades. Ciertas características de su personalidad pueden alejar a los demás. Quizá su capacidad social sea malísima. Aunque este tercer tipo de soledad puede ser el más difícil de resolver, puede —en cuanto se ha identificado— ser encarado con honestidad y con un esfuerzo sincero.

Y, de más importancia, no deje de incluir una dirección espiritual. Indíquele al joven que aunque el creyente no está exento de sentir soledad, no puede superarla sin tener una relación personal, creciente con Jesucristo. Conduzca al joven a Cristo y a la iglesia local. Si éste es cristiano, enfoque su atención en los recursos de la oración y comunión con Dios al adorar a Dios privada y corporativamente. Ore con él o ella, pidiendo el consuelo y la dirección de Dios en la batalla que libra con la soledad.

COMPROMETER. En cuanto se haya identificado la causa principal de la soledad, motive la participación del joven para desarrollar un plan de acción a fin de superar su soledad. Guíelo a establecer metas específicas (por ejemplo: ajustando sus expectativas de alguna manera en particular o atreviéndose a arriesgarse en áreas específicas). Dicho plan de acción debe incluir pasos pequeños o manejables, debe ser específico y medible, debe ser razonable y práctico y debe expresarse positivamente ("Invitaré a un amigo a un concierto este fin de semana" en lugar de "No me voy a quedar en mi habitación todo el fin de semana").

REFERIR. Si la soledad de la persona parece persistir o empeorar, especialmente si su conducta puede llegar a calificarse de excéntrica o si empieza a hablar de suicidarse, refiéralo lo antes posible a un consejero profesional cristiano.

Pasajes bíblicos citados en este capítulo

- Génesis 2:18
- Salmo 25:16
- Timoteo 4:9-12

Otros pasajes bíblicos para leer

- Números 11
- 1 Reyes 18, 19
- Salmo 37:1-4, 23, 24
- Salmo 68:5, 6
- Salmo 102
- Eclesiastés 4:9-12
- Isaías 26:3
- Juan 8:29; 14:1-27
- Timoteo 4:16-18

ANSIEDAD

Introducción

A los dieciocho años Melisa, con la aprobación de sus padres, salió de su casa para asistir a una universidad a unos cuatrocientos kilómetros de su pueblo. Vivía con una amiga en un internado. Durante la primera semana hizo amistad con varias compañeras y todo parecía irle bien. Pero faltando cuatro días para que empezara la primera rueda de exámenes finales, Melisa dejó de ir a clase.

—No aguanto más —le explicó a su amiga—. Los profesores son demasiado exigentes. Cada uno se cree que su curso es el único que una está tomando. No puedo mantenerme al día con todo. Creo que no estoy aprobando ninguna materia. Ni siquiera he ido a la clase de matemáticas en tres semanas; sé que el profesor me odia. Trató de contener las lágrimas y se secó la nariz con el dorso de la mano.

—Ya ni quiero andar por los pasillos de la universidad por miedo de encontrarme con uno de mis profesores.

—¿Qué vas a hacer? —preguntó su amiga.

—No sé. No puedo volver a casa; si papá se entera me mata —dijo entre sollozos—. Se cree un hombre de negocios importante y poderoso, se volvería loco si supiera que su única hija no aprobó su primer año de universidad.

Melisa sacó una caja del ropero y empezó a llenarla de fotos y "posters".

—¿A dónde vas? —preguntó ahora su amiga.

Melisa levantó la cabeza y miró a su amiga. Sus ojos estaban llenos de lágrimas. Trató de secarlas con los dedos, pero los ojos se le volvían a llenar. Se encogió de hombros y dijo:

—No sé. Me quedaré aquí un par de días más. Quizá pueda encontrar trabajo y hospedaje. Entonces no me veré obligada a contarle a papá.

—Alguna vez tendrás que hacerlo, Melisa.

Melisa sacudió violentamente la cabeza.

—No —contestó—. No puedo. Jamás.

Temblándole las manos, tironeó de un "poster" para sacarlo de la pared. Se le rompió y, furiosa, lo estrujó y tiró al cesto de basura.

El problema de la ansiedad

El doctor Gary R. Collins lo llama "la emoción oficial de nuestra época", y los doctores Frank Minirth y Paul Meier lo llaman "la causa básica de la mayoría de los problemas siquiátricos".

Es triste tener que reconocer que también entre los jóvenes cunde la ansiedad. La sicóloga Mary Pipher caracteriza a los adolescentes diciendo que regularmente "les agobia la ansiedad". Escribe ella: "Los tipos de desafíos que enfrentan... sencillamente son demasiado difíciles para ellos. Todas las maneras que los adolescentes menores tienen a su alcance para dar prueba de que ya son mayores son cosas que los conducen a su propia destrucción como: el alcohol, las drogas, la actividad sexual y el cigarrillo. Los niños que recién están descartando sus libros de historietas y sus juguetes tienen que encarar cuestiones que, en esta etapa de su desarrollo, no están capacitados para enfrentar".

El estrés y la ansiedad se convierten en una manera de encarar la vida para muchos jóvenes de la actualidad. El doctor G. Keith Olson escribe:

> Junto con el enojo y el sentimiento de culpabilidad, la ansiedad y el temor son factores de importancia en la vida de muchos adolescentes... La ansiedad puede definirse como la experiencia de intranquilidad, aprensión, miedo, temor o agitada preocupación que no se entiende claramente... La ansiedad, el temor y la preocupación forman un complejo sistema de emociones que dificulta el poder diferenciarlos con claridad. Su tendencia es sobreestimar lo negativo o los aspectos amenazadores de una situación, a la vez que quita la atención de los aspectos positivos o tranquilizadores. La persona se queda sintiéndose intranquila, preocupada, agitada, irritable y nerviosa.

Las causas de la ansiedad

"Las causas de la ansiedad son muchas", escriben Minirth y Meier. "Puede ser el resultado de conflictos inconscientes. Puede ser aprendida por el ejemplo, como ser, identificarse con sus padres que sufren de ansiedad. Puede surgir de conflictos en la niñez. Puede aparecer por problemas situacionales del presente. Puede resultar del hecho de sentirse ansioso porque se nota ansioso. Puede tener su origen en el temor a la inferioridad, la pobreza o la mala salud".

Collins enuncia cinco causas generales de la ansiedad: amenazas, conflicto, temor, necesidades no suplidas y diferencias individuales.

✦ Amenazas

Collins describe las amenazas que producen ansiedad, diciendo: "las que brotan de un peligro percibido, una amenaza al sentimiento que uno tiene de ser de valor, la separación e influencias inconscientes..." Por ejemplo, la ansiedad puede ser causada por un rechazo u hostigamiento por parte de sus compañeros de grupo, la posibilidad de que sus padres se divorcien, la perspectiva de no aprobar una materia en la escuela, o cualquier amenaza real o percibida.

✦ Conflictos

Existen tres clases de conflictos que producen ansiedad, según Collins:

> (a) ...un conflicto causado por la tendencia a querer lograr dos metas deseables pero incompatibles (como la opción entre un trabajo fascinante en el verano o tomar unas soñadas vacaciones con la familia), que serían agradables. Tomar una decisión de este tipo es frecuentemente difícil y a veces produce ansiedad.
>
> (b) ...un deseo tanto de hacer como de no hacer algo. Por ejemplo: alguien puede estar indeciso en cuanto a poner fin a un noviazgo que parece no llegar a nada. Romper la relación puede dar más libertad y oportunidades, pero también ser una experiencia traumática, dolorosa para ambas partes. La toma de tales decisiones puede producir mucha ansiedad.

(c) ...aquí hay dos alternativas, ambas pueden ser desagradables: como aguantar un dolor *versus* someterse a una operación quirúrgica lo cual podría calmar el dolor.

✦ Temores

"Los temores pueden surgir en respuesta a una variedad de situaciones", escribe Collins. "Distintas personas le tienen miedo al fracaso, al futuro, a lograr el éxito, al rechazo, a la intimidad, a los conflictos, a la falta de sentido en su vida (denominado a veces ansiedad existencial), a las enfermedades, a la muerte, a la soledad y a una cantidad de otras posibilidades reales o imaginadas. A veces estos temores se acentúan en la mente y generan una ansiedad extrema, muchas veces sin que haya ningún peligro real".

✦ Necesidades no suplidas

"Hace muchos años que los sicólogos y otros escritores han tratado de identificar las necesidades básicas del ser humano", escribe Collins. Cita la conclusión de Cecil Osborn en el sentido que seis necesidades son fundamentales:

- supervivencia (la necesidad de tener una existencia continua)
- seguridad (económica y emocional)
- sexo (como una expresión de amor; como un ser sexual)
- significado (llegar a ser alguien; ser de valor)
- satisfacción (lograr metas que satisfacen)
- sentido de individualidad (seguro de su identidad).

Si no suplimos estas necesidades, cree Osborne, estaremos ansiosos, "en el aire, con miedo y muchas veces frustrados..."

✦ Diferencias individuales

"Es sabido, por supuesto, que las personas reaccionan de diferentes maneras a situaciones que producen ansiedad", escribe Collins. "Algunas casi nunca sienten ansiedad, algunas casi siempre parecen estar muy ansiosas, muchas navegan entre estos dos extremos. Ciertas personas sienten ansiedad en una amplia gama de situaciones. Estas diferencias pueden ser por la sicología, la personalidad, la sociología, la fisiología o la teología de la persona".

Sicología. "La mayor parte del comportamiento se aprende como resultado de la experiencia personal o la enseñanza de los padres y de otras personas. Cuando hemos fracasado y tenemos que empezar de nuevo, cuando hemos sido heridos en el pasado, cuando otros han exigido más de lo que podemos dar, cuando hemos visto ansiedad en otros (por ejemplo: el niño que aprende a sentirse ansioso cuando hay truenos porque así se sentía su madre)... todas estas son reacciones sicológicas que estimulan la ansiedad".

Personalidad. "Puede ser que algunas personas sienten más temores o son más nerviosas que otras. Algunas son más sensibles, egocéntricas, hostiles o inseguras que otras".

Sociología. "Un ex presidente de la Asociación Americana de Sicología sugirió cierta vez que las causas de la ansiedad están en nuestra sociedad: inestabilidad política, movilidad que altera nuestro sentido de arraigo, escala de valores, normas morales y creencias religiosas cambiantes, etc".

Fisiología. "Tener una enfermedad puede estimular la ansiedad, pero también lo puede hacer un desequilibrio en la dieta, una disfunción neurológica y factores químicos en el cuerpo".

Teología. "Las creencias influyen mucho sobre el nivel de ansiedad. Si uno considera a Dios todopoderoso, amante, bueno y en control total del universo (lo cual enseña la Biblia), entonces puede haber confianza y seguridad en medio de las dificultades... Pero no se debe dar por hecho que el inconverso necesariamente sufre más ansiedad que el creyente. (Algunos cristianos, por ejemplo, se preocupan tanto de complacer a Dios que su teología aumenta su ansiedad.) Ni se debe llegar a la conclusión de que la ansiedad siempre refleja la falta de fe. Las causas de la ansiedad son demasiado complejas como para explicarlas tan simplísticamente. No obstante, lo que creemos o no creemos sí contribuye a las diferencias individuales en la medida en que sentimos ansiedad".

✦ **Creencias falsas**
No sólo lo que uno cree contribuye a la experiencia de ansiedad; el doctor G. Keith Olson identifica creencias falsas específicas que considera como causas principales de la ansiedad entre los jóvenes:

Muchos adolescentes... creen una o más de las siguientes creencias falsas:

1. Es imprescindible que todos en mi comunidad me amen y tengan un buen concepto de mí.

2. Tengo que ser perfectamente competente y rendidor para ser de valor.

3. Es una catástrofe terrible cuando las cosas no resultan como yo quiero.

4. La infelicidad es causada por circunstancias externas, y no tengo ningún control sobre ellas.

5. Las cosas peligrosas o temibles son motivo de gran preocupación, y tengo que pensar continuamente en que son una posibilidad.

6. Es más fácil evitar ciertas dificultades y obligaciones propias que enfrentarlas.

7. Tengo que depender de otros, y tengo que contar con alguien más fuerte en quien puedo apoyarme.

8. Las experiencias y los acontecimientos del pasado son los factores determinantes de mi conducta actual; no puedo borrar ni alterar la influencia de mi pasado.

9. Debo alterarme por los problemas o preocupaciones de los demás.

10. Siempre existe una solución correcta o perfecta para cada problema, y tengo que encontrarla en todos los casos porque si no las consecuencias serán desastrosas.

Los padres y líderes de jóvenes posiblemente reconozcan estas creencias falsas como características del adolescente. Tales creencias pueden, ciertamente, dar lugar a mucha ansiedad.

Los efectos de la ansiedad

La ansiedad a veces produce efectos beneficiosos; puede motivar a alguien, por ejemplo. Pero sentir demasiada ansiedad puede producir efectos graves, aun paralizantes.

✦ **Efectos físicos**
Es ampliamente sabido que mucho estrés y ansiedad puede producir úlceras, aun en el joven. Pero existen otros posibles efectos físicos de la ansiedad: dolores de cabeza, sarpullidos, dolores de espalda, malestares del estómago, falta de aire, problemas para dormir, fatiga y pérdida del apetito. Además, los cambios en la presión arterial, tensión muscular y los cambios digestivos y químicos causados por la ansiedad pueden, si pasan a ser crónicos, ser gravemente perjudiciales.

✦ **Efectos sobre la conducta**
"Cuando aumenta la ansiedad", escribe Collins, "la mayoría de las personas inconscientemente se apoyan en conductas o pensamientos que alivian el dolor de la ansiedad y los capacita para aguantarla". Dichas reacciones pueden incluir buscar alivio en el sueño, las drogas o el alcohol o tratar de negar la realidad o profundidad de la ansiedad. Algunos pueden volverse desagradables cuando en general no lo son, echándole la culpa a los demás por sus problemas o "explotando" a la menor provocación.

✦ **Efectos espirituales**

Escribe Collins:

La ansiedad nos puede motivar a buscar ayuda divina que de otro modo no buscaríamos. Pero la ansiedad también nos puede apartar de Dios en el momento cuando más lo necesitamos. Cargadas de preocupaciones y agobiadas por las presiones, aun las personas religiosas se encuentran con que les falta tiempo para orar, que les es difícil concentrarse en la lectura de la Biblia, que tienen menos interés en los cultos de la iglesia, se impacientan y a veces se amargan por el aparente silencio del cielo.

✦ **Efectos sicológicos**

Es con razón que la ansiedad es considerada "el fenómeno sicológico más acentuado de nuestra época". La ansiedad puede producir increíbles desórdenes, como:

Desorden de ansiedad por alguna separación. Este efecto sicológico se manifiesta en una preocupación miedosa a separarse de uno de sus padres o de alguien cuya influencia le es importante.

Desorden de evasión en la adolescencia. Olson describe esta conducta diciendo que se da "cuando el adolescente anhela relaciones cálidas, íntimas y afectuosas con sus familiares, pero evita todo lo posible el contacto con extraños", incluyendo sus amigos.

Reacciones de fobia. Estas reacciones incluyen el miedo a estar con gente y en situaciones de las cuales sería difícil escapar (agorafobia), el miedo a lugares cerrados (claustrofobia), el miedo a las alturas (acrofobia) y diversas fobias sociales.

Anorexia nerviosa y bulimia. Estos de-sórdenes alimenticios se caracterizan por la ansiedad que uno siente por su peso y apariencia física. (Ver los capítulos 42 y 43.)

Desórdenes en los movimientos. Los "tic" musculares involuntarios pueden estar relacionados con la ansiedad.

La perspectiva bíblica del problema de la ansiedad

Collins puntualiza que la Biblia habla de la "ansiedad" de dos distintas maneras: para significar una preocupación innecesaria y para indicar una intranquilidad justificada. Se explaya ofreciendo un resumen inteligente de la perspectiva bíblica sobre la ansiedad:

En el Sermón del monte, Jesús enseñó que no debemos afanarnos (preocuparnos) por la comida, la ropa o el futuro. Tenemos un Padre celestial, dijo Jesús, que conoce nuestras necesidades y las suplirá (Mateo 6:25-34). "Por nada estéis afanosos", leemos en Filipenses. Por el contrario, el creyente debe presentar sus peticiones a Dios, con una actitud de agradecimiento, esperando recibir "la paz de Dios, que sobrepasa todo entendimiento" (Filipenses 4:6, 7). Podemos entregar nuestras ansiedades al Señor sabiendo que él tiene cuidado de nosotros (1 Pedro 5:7).

Por el contrario, *la ansiedad como expresión de una preocupación legítima* no es condenada ni prohibida. Aunque Pablo podía escribir que no estaba afanoso (es decir, preocupado) por la posibilidad de sufrir azotes, frío, hambre o peligro, dijo que sí estaba afanado (es decir, sentía cuidado) por el bienestar de las iglesias. Esta inquietud sincera con respecto a los demás, dice Pablo, "se agolpa sobre mí cada día" (2 Corintios 11:28), y tenía el mismo efecto sobre Timoteo pues no había otro como él "que se interese por vosotros" (Filipenses 2:20).

Por lo tanto, según la Biblia, no hay nada malo en reconocer y tratar de manejar realísticamente los problemas identificables de la vida. Hacer caso omiso al peligro es necio y malo. Pero es malo también, al igual que perjudicial, estar paralizado por una preocupación excesiva. En este caso, la preocupación debe ser entregada a Dios en oración, pues él puede librarnos del temor o ansiedad paralizante, y liberarnos para manejar con realismo las necesidades y el bienestar tanto de nuestro prójimo como los nuestros.

La respuesta al problema de la ansiedad

Tratar de ayudar a la persona que sufre de ansiedad aguda es una tarea difícil, pero puede ser beneficioso seguir los siguientes consejos:

ESCUCHAR. Invite al joven a hablar sobre sus temores y ansiedades, en la medida que sea capaz de expresarlos. Cuídese, cuanto pueda, de no interrumpir ni descartar las ansiedades del joven. El que sufre de ansiedad aguda no se conforma con afirmaciones como: "¡Oh, eso no es motivo para preocuparte!" Considere ayudar al joven a expresarse, valiéndose de preguntas como las siguientes:

- ¿Cuáles son las cosas que más te preocupan? ¿Qué cosas te dan más miedo?

- ¿Cuáles de tus preocupaciones parecen ser preocupaciones innecesarias?

- ¿Cuáles parecen ser preocupaciones legítimas?

- ¿Hay momentos en particular cuando te sientes más ansioso o nervioso? ¿Algunos lugares en particular? ¿Cuando estás con ciertas personas?

- ¿Tienes momentos cuando esos sentimientos desaparecen? ¿Cuándo?

- ¿Has tratado de encarar tus sentimientos o de superarlos? ¿Cómo?

EMPATIZAR. Uno de los mayores desafíos al tratar de guiar a alguien que sufre de ansiedad aguda es la tendencia de contagiarse de la ansiedad. El ansioso tiende a contagiar a los demás. No obstante, percibir su propia ansiedad (aun si es causada por el joven a quien está tratando de ayudar) puede ayudarle a comprender mejor lo que el adolescente o preadolescente está sintiendo. Siendo un adulto interesado en el joven puede expresar su empatía:

- Asintiendo con la cabeza.

- Mirándole a los ojos.

- Inclinándose hacia adelante en la silla para indicar interés y cuidado.

- Hablando en un tono tranquilizador.

- Escuchando cuidadosamente lo que el otro comunica en forma verbal y no verbal.

ALENTAR. La Biblia dice claramente: "El perfecto amor echa fuera el temor" (1 Juan 4:18). El doctor Jay Adams escribiendo sobre este pasaje afirma: "El enemigo del temor es el amor; entonces, la manera de quitarse el temor es ponerse el amor... El temor y el amor obran a la inversa. A más temor, menos amor; a más amor, menos temor".

El líder de jóvenes, pastor, padre o maestro que quiere ayudar al joven a superar la ansiedad podrá a veces ir logrando su cometido sencillamente por un cuidadoso, consecuente y sincero aliento al joven en el sentido de que es valorado y amado. Collins escribe: "Demostrar amor... presentar (al joven) el amor de Cristo (vea: Hebreos 13:6) y ayudarle a sentir el gozo de amar a otros, pueden ayudar a desechar el temor y la ansiedad".

DIRIGIR. La meta del líder de jóvenes o de los padres no debe ser eliminar toda ansiedad de la vida del joven. Eso sería imposible. La meta ha de ser ayudar al joven a capacitarse para sobrellevar la ansiedad. Esto se puede hacer:

1. Ayudando al joven a admitir su ansiedad, comprender su causa y proponerse (con el apoyo de terceros) a aprender cómo sobrellevarla.

2. Desafiando al joven a entregar sus temores a Dios y encontrar seguridad y paz al saber que Dios cuida de él (1 Pedro 5:7).

3. Instando al joven que piense en sus prójimos en lugar de pensar en sí mismo. "Cuando un individuo deja de concentrarse en sus propios problemas al ayudar a otros", dicen Minirth y Meier, "su ansiedad disminuye."

4. Entregando al joven a Dios en oración. Barry Applewhite, pastor y autor, escribe: "La oración brinda un verdadero alivio de la ansiedad y debe ser nuestra reacción natural en el momento que la ansiedad empieza a aumentar".

5. Guiando al joven a enfocar lo eterno, no lo temporal. Animarle a no desalentarse sino a reconocer que "nuestra momentánea y leve tribulación produce para nosotros un eterno peso de gloria más que incomparable" (2 Corintios 4:16-18).

COMPROMETER. Consiga toda la participación posible del joven, al organizar un plan de acción para manejar el estrés y la ansiedad, como las diez técnicas sugeridas por Minirth y Meier en su libro *Happiness Is a Choice* (La felicidad es una opción):

1. Escuchar música cristiana (1 Samuel 16:23).

2. Hacer suficiente ejercicio físico. —Lo ideal sería tres veces por semana.

3. Dormir lo suficiente (Salmo 127:2). La mayoría necesitamos ocho horas de sueño por noche.

4. Hacer todo lo posible por resolver el temor o problema causante de la ansiedad. Examinar distintas alternativas o posibles soluciones y probar una.

5. Hablar con un amigo de confianza por lo menos una vez por semana sobre nuestras frustraciones.

6. Tener suficientes actividades recreativas —idealmente dos o tres veces por semana.

7. Vivir un día a la vez (Mateo 6:34). Es probable que el 98 por ciento de las cosas por las cuales sentimos ansiedad o preocupación nunca sucederán. Aprender a vivir un día a la vez es un arte que puede ser cultivado.

8. Imaginarse lo peor que podría pasar. Luego considerar por qué eso, después de todo, no sería tan malo.

9. No aplazar lo que uno tiene que hacer. Demorar lo que tenemos que hacer causa más ansiedad.

10. Ponerse un límite de tiempo para sus preocupaciones.

REFERIR. Si usted no es el padre del joven, aproveche la primera oportunidad posible para informar e involucrar a los padres; este compromiso, como lo hemos explicado al principio de este libro, es de trascendental importancia. Si el joven vacila en querer involucrar a mamá o papá, trate de averiguar por qué. Considere la posibilidad de hacer preguntas como:

● ¿Te gustaría que yo hable con tus padres?

● ¿Prefieres hacerlo tú?

● ¿Quieres que te acompañe?

Si la ansiedad del joven aumenta a pesar de los esfuerzos sinceros e inteligentes del líder de jóvenes o del progenitor del joven, puede ser necesario que el joven y sus padres consideren la posibilidad de consultar a un consejero cristiano profesional, especialmente si la ansiedad ha avanzado tanto que produce desórdenes o ataques de pánico.

Pasajes bíblicos citados en este capítulo

- Mateo 6:25-34
- Filipenses 4:6, 7
- 1 Pedro 5:7

- 2 Corintios 4:16-18
- 2 Corintios 11:28
- Filipenses 2:20
- 1 Juan 4:18
- Hebreos 13:6
- 1 Samuel 16:23
- Salmo 127:2

Otros pasajes bíblicos para leer

- Salmo 131:1-3
- Salmo 139:1-23
- Proverbios 12:25
- Lucas 12:22-26

SENTIMIENTO DE CULPABILIDAD

CONTENIDO

Introducción

Andrés tenía siete años cuando cierta mañana muy fría salió de su casa para tomar el bus escolar... sin su abrigo. Su mamá le gritó que esperara, pero no hizo caso. Luego, su papá empezó a llamarle, pero Andrés estaba concentrado en el bus que se acercaba y no quería perderlo.

Ya en su asiento miró por la ventanilla, y vio a su papá que corría con el abrigo de Andrés en sus manos. De pronto pisó un charco helado, resbaló y cayó pegándose en la cabeza en el cemento de la acera.

Las heridas sufridas por su papá fueron graves, fue llevado enseguida al hospital donde, por complicaciones derivadas de su caída, falleció once días después.

Después del accidente de su papá Andrés, que antes había sido un chico inteligente y alegre, se convirtió en un niño torpe y malhumorado. A los diez años casi se mata cuando cruzaba la calle enfrente de su casa sin fijarse que venía un auto. A los trece, empezó a sufrir largos ataques de depresión. A los quince trató de quitarse la vida.

La mamá de Andrés había llorado durante años la muerte de su esposo y se afligía por el cambio que notaba en su hijo. Sabía que el muchachito sufría muchísimo, pero no entendía por qué. Fue un tremendo golpe descubrir, después de asistir a sesiones de aconsejamiento con su hijo, que éste había vivido la mayor parte de su vida sintiéndose culpable de la muerte de su padre.

El problema del sentimiento de culpabilidad

"El sentimiento de culpabilidad es una realidad inevitable de la existencia humana", escribe el doctor Keith G. Olson en su libro *Counseling Teenagers* (Cómo aconsejar al adolescente). Es también una realidad inevitable de la adolescencia. La sicóloga Jane Marks dice: "Los niños... tienden a creer que son responsables de lo que sucede a su alrededor." Esta tendencia a veces se lleva a la adolescencia. Si en su presencia le pasa algo malo a un amigo, es muy posible que sientan que en cierta forma es culpa de ellos. Si sus padres discuten o se pelean, es probable que los niños se sientan culpables. Si pasan a un mendigo en la calle, pueden sentirse culpables de su condición. Agréguese a esto el agudo, y muchas veces irrazonable, sentimiento de culpabilidad que viene como consecuencia de los errores que cometen, y el resultado es una portentosa mezcolanza espiritual y emocional.

Olson describe el sentimiento de culpabilidad como:

> ...una realidad muy dolorosa, destructora que juega un papel importante en muchos de nuestros trastornos síquicos, emocionales y físicos. Quentin Hyder, siquiatra cristiano, describe de la siguiente manera la compleja emoción que es el sentimiento de culpabilidad: "Es en parte el conocimiento desagradable de que se ha hecho algo malo. Es en parte temor al castigo. Es vergüenza, arrepentimiento o remordimiento. Es resentimiento y hostilidad para con la persona en una posición de autoridad contra quien se ha hecho lo malo. Es el sentimiento de que uno vale poco o es inferior. Lleva al aislamiento, no sólo de los demás, sino de uno mismo, debido a la discrepancia entre lo que uno realmente es y lo que a uno le gustaría ser. Esto produce soledad y retraimiento. Por lo tanto, el sentimiento de culpabilidad es en parte depresión y en parte ansiedad".

Olson agrega que muchas veces el cristiano tiene más dificultad que el inconverso en sobrellevar el sentimiento de culpabilidad, particularmente el que es legalista en su teología práctica. Bruce Narramore afirma:

> Es sorprendente con cuánta constancia la iglesia ha enseñado que los sentimientos de culpa de los hijos de Dios proceden de Dios. Creo que la razón por la cual la iglesia ha igualado los sentimientos de culpa con la voz de Dios se debe a que no ha sabido distinguir entre tres tipos de sentimiento de culpabilidad y los métodos que Dios usa para tratar a cristianos y no cristianos. Una rápida mirada a estas diferencias ayudará a aclarar el problema.
>
> La *culpa civil* o *legal*, significa la violación de la ley humana. Es una condición o estado más bien que un sentimiento o emoción. Podemos ser culpables de violar la velocidad máxima en una carretera, por ejemplo, aunque no nos sintamos culpables.
>
> El *sentimiento de culpabilidad teológico*, por otra parte, se refiere a la violación de las normas divinas o las leyes divinas. La Biblia indica que cada uno de nosotros es teológicamente culpable; "todos pecaron y no alcanzan la gloria de Dios" (Romanos 3:23). Pero el sentimiento de culpabilidad teológico no es un sentimiento ni una emoción. Es una condición o un estado en que nos encontramos por el cual somos menos perfectos de lo que Dios tiene la intención que seamos, pero no necesariamente va acompañado de los aspectos emotivos del sentimiento de culpabilidad. Bíblicamente, todos estamos en un estado continuo de culpabilidad teológica... Pero esto no significa que nos *sentimos* culpables.
>
> El *sentimiento de culpabilidad sicológico* es la experiencia punitiva, dolorosa, emotiva que generalmente llamamos sentimiento de culpabilidad. A diferencia del tipo legal y del teológico, el sentimiento de culpabilidad sicológico sí es un sentimiento emotivo.

Resulta obvio que el sentimiento de culpabilidad sicológico es el tipo que aflige a muchos jóvenes, a veces en alto grado. El sentimiento de culpabilidad sicológico, aunque puede acompañar al sentimiento de culpabilidad legal o teológico, es muy subjetivo. El doctor Gary Collins destaca que este sentimiento de culpabilidad subjetivo puede ser fuerte o débil, apropiado o inapropiado. Puede ser beneficioso, motivándonos a "cambiar nuestra conducta o pedirle perdón a Dios y a otros. Pero los sentimientos de culpa pueden también ser influencias destructivas, inhibitorias que amargan la vida."

Las causas del sentimiento de culpabilidad

Collins, en su libro *Christian Counseling* (Aconsejamiento cristiano), trata ampliamente las causas del sentimiento de culpabilidad (es decir, el sicológico), citando lo aprendido en el pasado y las expectativas poco realistas, un complejo de inferioridad y las presiones sociales, el desarrollo defectuoso de la conciencia y las influencias sobrenaturales.

✦ Lo aprendido en el pasado y las expectativas poco realistas

"Las normas individuales de lo que es correcto o incorrecto, o bueno o malo por lo general se desarrollan en la niñez", escribe Collins y agrega:

> Para algunos padres las normas son tan rígidas y tan altas que el niño rara vez las alcanza. Hay pocos elogios o palabras de aliento porque los padres nunca están conformes. Al contrario, al niño lo recriminan, lo juzgan, lo critican y lo castigan con tanta frecuencia que lo obligan a sentirse como un fracaso total. En consecuencia, se recrimina, critica y menoscaba a sí mismo, teniendo persistentes sentimientos de culpa, todo porque el niño ha aprendido un conjunto de normas imposibles de cumplir. A veces también, estas "normas" vienen de iglesias que creen en el logro de una "perfección sin pecado".
>
> Al ir creciendo, los hijos adquieren las normas de sus padres y las teológicas. Esperan ser ellos mismos perfectos, adoptan

normas que nunca pueden cumplir y caen en sentimientos de culpa y de autorecriminación.

✦ El complejo de inferioridad y las presiones sociales

"Es difícil determinar si el complejo de inferioridad genera sentimientos de culpa, o si los sentimientos de culpa producen un complejo de inferioridad...", escribe Collins. No obstante, "la presión social es... el origen de innumerables sentimientos de culpa."

✦ El desarrollo defectuoso de la conciencia

Collins continúa, diciendo: "En las primeras etapas de la vida el niño... aprende sobre la culpa. Cuando el hogar es cálido, previsible y seguro, y cuando se coloca más énfasis en la aprobación y el dar aliento que en el castigo y la crítica; entonces, el niño sabe lo que significa sentir que es perdonado. Pero cuando el ejemplo paterno es malo y/o la enseñanza moral es punitiva, crítica, basada en el miedo y exigente, entonces el niño se convierte en un ser lleno de ira, rígido, crítico y abrumado por un permanente sentimiento de culpabilidad".

✦ Las influencias sobrenaturales

Antes de la caída, parece ser que Adán y Eva no tenían conciencia, ni conocimiento del bien y del mal ni sentimiento de culpabilidad. Escribe Collins:

> Pero inmediatamente después de su desobediencia, se dieron cuenta que habían hecho lo malo y trataron de esconderse de Dios (Génesis 3:8). El sentimiento de culpabilidad teológica y el sentimiento subjetivo de culpa habían hecho su aparición en la creación de Dios.
>
> Como el resto de la Biblia lo demuestra, las normas de Dios son elevadas y el ser humano se engaña si pretende no tener pecado (1 Juan 1:8-10). Por lo tanto, la percepción de culpabilidad puede ser por la persuasión del Espíritu Santo (Juan 16:8, 13: 14:26).

El doctor Dwight Carlson destaca que el sentimiento de culpabilidad puede basarse en creencias válidas y ciertas (como el que es el resultado de la persuasión del Espíritu Santo), pero también puede ser el resultado de creencias falsas (como: "la creencia de que soy estúpido, que no valgo nada, o que soy feo, o que tengo que ser perfecto", que pueden surgir debido a las otras causas mencionadas ya por Collins). Pero en cualquiera de los dos casos —ya sea que el sentimiento de culpabilidad sicológico se base en creencias ciertas o falsas— puede ser igualmente perjudicial.

Los efectos del sentimiento de culpabilidad

Existe una diferencia, por supuesto, entre los efectos de la culpabilidad objetiva (legal y teológica) y los efectos de la culpabilidad subjetiva (sicológica). La culpabilidad legal puede resultar en un proceso judicial y castigo; la culpabilidad teológica, sin el perdón a través de la expiación hecha por Jesucristo da como resultado el juicio y la muerte. En cambio, la culpabilidad subjetiva puede resultar en varias consecuencias distintas. Bruce Narramore detalla las cinco reacciones principales del sentimiento de culpabilidad: condenación, rebelión, negación y racionalización, confesión y auténtico arrepentimiento.

✦ Condenación
Bruce Narramore escribe:

> Supongamos que los demás... te menoscaban, amenazan rechazarte y, en general, te hacen saber que opinan que no aciertas en nada. O sea que te hacen sentirte inmensamente culpable. Tu reacción natural a este sentimiento de culpabilidad puede ser darte por vencido y coincidir con su evaluación negativa. Puedes pensar: *Tienen razón. Realmente no acierto en nada.* Al coincidir con su evaluación participas en la condenación de ti mismo.

Es típico que el joven que reacciona de esta manera al sentimiento de culpabilidad parezca hosco y melancólico. Puede con frecuencia bajar la cabeza al conversar y mostrarse incapaz de mirar a los demás a los ojos. Puede inconscientemente (o en casos extremos conscientemente) castigarse a sí mismo teniendo frecuentes "accidentes" o aumentando de peso. Esta autocondenación puede también incluir "una incapacidad de relajarse, de aceptar elogios, inhibición sexual, no animarse a rechazar las demandas que sobre él hacen los demás y el evitar actividades recreativas". También puede llevar a una profunda depresión y aun a intentos de suicidio.

✦ Rebelión
Narramore continúa diciendo:

> Algunos... en cuanto los han hecho sentirse culpables... se rebelan. Alguien les puede decir: "Eres un fracaso". Su reacción será: *¡Ya verás hasta qué punto puedo serlo!* Y empezarán a actuar de manera que todo ande peor. Son como el hijo del pastor que me contaba que muchas veces se rebelaba contra su padre y la iglesia. Durante una sesión con él, con inmensa satisfacción me contó como, en una borrachera con sus amigos, levantó la botella en un brindis y exclamó: "¡Al cuerpo de diáconos!"
>
> Otros no se rebelan tan abiertamente. Son como la persona casada que se resiste pasivamente. Cuando su pareja la amenaza, regaña o trata de hacerla sentirse culpable, su reacción es resistirse con indolencia. Se demora al prepararse para salir, descuida sus tareas en la casa o se ocupa de actividades descuidando a la familia. Desafortunadamente, esta rebelión pasiva produce más enojo y sentimiento de culpabilidad y complica el problema. (Vea también el capítulo 23: *Rebeldía*.)

El joven que reacciona de esta manera a la culpabilidad sicológica puede tener este tipo de rebelión contra sus padres, la iglesia, maestros o adultos en general. A veces la rebeldía es peor contra alguien en posición de autoridad, ya sea por sus palabras, actitud o ejemplo.

✦ **Negación y racionalización**
Escribe Narramore:

> Otra forma de reaccionar a los sentimientos de culpa es negarlos por medio de racionalizar usando excusas para justificar nuestros fracasos y nuestros pecados. Decimos cosas como: "En comparación con los demás, no soy tan malo." "Así soy yo" o "Soy humano como todos"... A veces escondemos nuestro sentimiento de culpabilidad transfiriendo nuestros pecados a otros. Encontramos en ellos pecados y debilidades que estamos escondiendo dentro de nosotros mismos. Al enfocarnos en los demás evitamos tener que reconocer nuestros fracasos.

El joven que trata de encarar su sentimiento de culpabilidad negando y racionalizándolo puede demostrarlo siendo extremadamente crítico, especialmente de sus padres y hermanos. Puede mantener firmemente su inocencia a pesar de que su responsabilidad por alguna acción o actitud es evidente a todos.

✦ **Confesión**
Narramore escribe:

> La confesión es la cuarta reacción típica al sentimiento de culpabilidad. Cuando nos sentimos culpables nos gustamos menos, nos sentimos separados de Dios y tememos su castigo o juicio. Por lo tanto, aprendemos a admitir nuestro error a fin de sentir alivio. Pedimos perdón para superar nuestro sufrimiento síquico. A primera vista parece ser una solución positiva. La confesión es como una varita mágica; instantáneamente nuestros sentimientos de culpa desaparecen y nos sentimos mejor en cuanto a nosotros mismos, aceptados por Dios y libres de castigo.
> Pero, ¿qué de las motivaciones que originan nuestra confesión? ¿Nos dolió de veras que lastimamos a alguien? ¿Nos arrepentimos de hacer lo malo, o fue que sencillamente estábamos tratando de librarnos de los desagradables sentimientos de culpa?... En estos casos, en realidad no estamos sintiendo el arrepentimiento del que habla la Biblia.

El joven que reacciona al sentimiento de culpabilidad de esta manera, puede tener la tendencia de disculparse profusamente por alguna acción que muy pronto vuelve a cometer. Se le oye decir con frecuencia: *"Ya dije que lo siento"*. Puede tener la tendencia a lamentarse no por lo que hizo mal, sino porque lo descubrieron.

✦ **Arrepentimiento auténtico**
Cuando el sentimiento de culpabilidad del joven es el resultado de un sentimiento auténtico (que resulta de creencias ciertas en lugar de creencias falsas), puede reaccionar con un arrepentimiento auténtico y encontrar perdón.

Los efectos de los sentimientos de culpa no son todos negativos. Algunos han aprendido a aceptar sus errores, a dejar que les sea una enseñanza, a confesarlos a Dios y a otros y a descansar satisfechos en la seguridad de que "si confesamos nuestros pecados, él es fiel y justo para perdonar nuestros pecados y limpiarnos de toda maldad" (1 Juan 1:9).

La perspectiva bíblica del sentimiento de culpabilidad

"En cuanto hemos reconocido los efectos perjudiciales de los sentimientos de culpa", dicen Bruce Narramore y Bill Counts, "estamos libres para recurrir a una alternativa constructiva". Esa "alternativa constructiva" es la clave para conocer el concepto bíblico de la culpabilidad. Collins destaca:

> En la actualidad, cuando alguien habla de la culpabilidad se refiere por lo general a los sentimientos de culpa subjetivos, pero la Biblia nunca lo hace en este sentido. Las palabras que usualmente se traducen como "culpa" o "culpable" se refieren a la culpabilidad teológica que describimos anteriormente. La persona es culpable, en el sentimiento bíblico, cuando ha quebrantado la ley de Dios. Por lo tanto, en la Biblia hay poca diferencia entre culpa y pecado (L. R. Keylock, "Guilt" [Culpabilidad] en *The Zondervan Pictorial Encyclopedia of the*

Bible [Enciclopedia ilustrada de la Biblia Zondervan], 1975, 2:852).

Esto tiene implicaciones importantes... La Biblia no habla de sentimientos de culpa; y en ninguna parte siquiera implica que hemos de motivar a las personas por medio de hacerlas sentirse culpables... Pero ¿cómo podemos guiarles al arrepentimiento sin generar mucho sentimiento de culpabilidad? Para encontrar la respuesta, tenemos que comprender el concepto de la tristeza constructiva y el perdón divino.

La tristeza constructiva, según lo explican Narramore y Counts, es lo opuesto al sentimiento de culpabilidad sicológico. Como ejemplo, citan las palabras de Pablo en 2 Corintios 7:8-10:

Porque si bien os causé tristeza con la carta, no me pesa, aunque entonces sí me pesó, porque veo que aquella carta os causó tristeza sólo por un tiempo. Ahora me gozo, no porque hayáis sentido tristeza, sino porque fuisteis entristecidos hasta el arrepentimiento; pues habéis sido entristecidos según Dios, para que ningún daño sufrierais de nuestra parte. Porque la tristeza que es según Dios genera arrepentimiento para salvación, de que no hay que lamentarse; pero la tristeza del mundo degenera en muerte.

Narramore y Counts consideran este pasaje como una ilustración de la diferencia entre el sentimiento sicológico de culpa y la tristeza constructiva. Siguen diciendo:

Pablo habla de la "tristeza del mundo" (literalmente: "congoja") y de la "tristeza que es según Dios". Dice que la tristeza del mundo no produce nada positivo. Lleva a la muerte. Por el contrario, la "tristeza que es según Dios" es provechosa. Lleva al arrepentimiento... El *sentimiento sicológico de culpa* (la "tristeza del mundo") produce una infelicidad causada por uno mismo. La

	SENTIMIENTO SICOLÓGICO DE CULPA	TRISTEZA CONSTRUCTIVA
Persona enfocada en primer lugar	Uno mismo	Dios y el prójimo
Actitudes o acciones enfocadas en primer lugar	Transgresiones del pasado	Perjuicios causados a otros o nuestras acciones futuras correctas
Motivaciones para cambiar (si las hubiera)	Evitar sentirse mal (sentimientos de culpa)	Ayudar al prójimo, promover nuestro crecimiento o hacer la voluntad de Dios (sentimientos de amor)
Actitudes hacia nosotros mismos	Enojo y frustración	Amor y respeto en combinación con una sana preocupación
Resultado	a) Cambio exterior (por motivaciones incorrectas) b) Estancamiento debido al efecto paralizador del sentimiento de culpabilidad c) Más rebelión	Arrepentimiento y cambio basados en una actitud de amor y respeto mutuos

De: Freedom from Guilt *(Libres de culpa)*, Narramore y Counts (Santa Ana, Calif: Vision House, 1974).

tristeza constructiva (la "tristeza que es según Dios") produce un cambio positivo en la conducta... Nuestro sentimiento (sicológico) de culpa se centra mayormente en... nosotros mismos y... en nuestros fracasos. La tristeza constructiva se centra más en las personas a quienes hemos perjudicado.

Narramore y Counts ilustran en el cuadro de la página anterior la diferencia entre el sentimiento sicológico de culpa y la tristeza constructiva.

La respuesta al problema del sentimiento de culpabilidad

Sería raro que el joven que está luchando con sus sentimientos de culpa se beneficie del sermoneo o consejo de "deja de sentirte culpable" o "simplemente confiesa tus pecados y ya". Pero el joven puede enfrentar y resolver su sentimiento de culpabilidad con la ayuda del líder de jóvenes, sus padres o consejero que se interesa por él. El adulto que quiere ayudar y no es uno de los padres del joven, ha de informar e involucrar a éstos enseguida. Tanto los padres como otros adultos pueden ayudar al joven que enfrenta sentimientos de culpa, por medio de cuidadosa y sensiblemente guiarlos a través de un curso de acción como el siguiente:

ESCUCHAR. Escuche con cuidado, no sólo a lo que el joven dice (aunque esto es de vital importancia), sino también a sus acciones. Anímelo a hablar de lo que le preocupa, quizá usando, para empezar, las siguientes preguntas sugeridas por Collins:

- ¿Cuáles eran las expectativas de sus padres en cuanto a lo bueno y lo malo?

- ¿Eran tan altas las normas que el niño nunca podía alcanzarlas?

- ¿Qué pasaba cuando fracasaba?

- ¿Qué experiencias tiene el joven en relación con el perdón?

- ¿Era acusado, criticado y castigado con frecuencia?

- ¿Qué enseñaba la iglesia sobre lo bueno y lo malo?

- ¿Dichas enseñanzas tenían una base bíblica?

- ¿Se le hacía sentirse culpable (al joven) cuando era niño?

- ¿Qué cosas le hacen sentirse culpable ahora? Sea específico.

- ¿Muestra alguna... de las reacciones... descritas anteriormente?

EMPATIZAR. Conviene que el padre, líder de jóvenes o consejero que quiere ayudar al joven a aceptar sus sentimientos de culpa, examine primero sus propias experiencias con miras a usarlas como una oportunidad, no de sermonear, sino de comprender los sentimientos y pensamientos del joven. Esta identificación empática puede mostrarse mejor por medio de:

- Escuchar cuidadosa, paciente y profundamente (sin estar ansioso por hablar, arribar a conclusiones o dar consejos).

- Observar las emociones, el lenguaje corporal —y lo que el joven puede estar revelando.

- Evitar expresiones acusatorias.

- Hablar (al principio) sólo para asegurarse de que está oyendo y entendiendo correctamente.

ALENTAR. Olson escribe:

El adolescente que sufre de un sentimiento subjetivo de culpa por lo general es muy sensible a la posibilidad de que los demás lo condenen o juzguen. En realidad, muchas veces es lo que está esperando que suceda. Requiere una gran dosis de valentía para que exprese sus sentimientos de culpa. No hay nada que estimule más este delicado proceso que el hecho de que el consejero se muestre auténticamente comprensivo, abierto, compasivo, dispuesto a aceptar y sin intención de emitir juicios. Esta actitud da la seguridad de que: "No me interesa evaluar tu conducta ni juzgar tu moralidad. Lo que me interesa es poder ayudar a establecer y lograr tus propias metas".

DIRIGIR. Aunque puede llevar bastante tiempo, al líder de jóvenes o padre sabio le conviene ofrecer dirección al joven que sufre de sentimientos de culpa, siguiendo quizá lo que sugiere Collins:

> Primero, se le debe ayudar a volver a examinar sus normas sobre lo bueno y lo malo. Muchas veces la gente se siente culpable de cosas que la Biblia no dice que sean pecado.
> Segundo, el joven debe aprender a preguntar: "¿Qué espera *realmente* Dios de mí?" El nos conoce perfectamente. Sabe que somos mero polvo y reconoce que pecaremos mientras estamos sobre esta tierra (1 Samuel 16:7; Salmo 103:14; 139:1-4; 1 Juan 1:8). Dios no espera perfección, sino un esfuerzo sincero por hacer su voluntad tal como la comprendemos y de la mejor manera que podamos. Dios no se interesa tanto por lo que hacemos, sino por quienes somos y lo que seremos. El, que es compasivo, también nos ama incondicionalmente y nos perdonará nuestros pecados sin exigirnos expiaciones ni penitencias. La expiación y la penitencia ya no hacen falta porque Cristo ya ha pagado por los pecados humanos "una vez para siempre, el justo por los injustos, para llevarnos a Dios" (1 Pedro 3:18).
> Esto es teología básica relevante y práctica que puede revolucionar y liberar a la persona. La solución definitiva para los sentimientos de culpa es honestamente admitir la culpa, confesar el pecado a Cristo y, a veces a otros (1 Juan 1:9; Santiago 5:16). Luego, creer que somos perdonados y aceptados por Dios. El nos ayudará a aceptarnos, amarnos y a perdonarnos a nosotros mismos y a los demás.

Cuando el joven ha desarrollado una comprensión de lo que Dios realmente espera, el adulto interesado en él puede guiarle a investigar si sus sentimientos de culpa son constructivos o destructivos. Si es un sentimiento teológico de culpabilidad, hay que animar cariñosamente al joven a confesar su pecado, arrepentirse y confiar que Dios perdona su pecado y lo limpia del sentimiento de culpabilidad que lo acompaña (1 Juan 1:9).

Por último, hay que ayudar al joven a considerar las maneras de contrarrestar cualquier sentimiento de culpabilidad que pueda seguir teniendo o que pueda surgir en el futuro. El padre, pastor, maestro o líder de jóvenes puede guiarlo a través de los tres pasos del siguiente proceso:

1. Identifica enseguida el motivo del sentimiento de culpabilidad. Si lo haces a un lado o lo niegas, será mucho más difícil de solucionarlo. Hay que tratarlo como a un virus gripal; procura identificarlo enseguida y empezar inmediatamente con el tratamiento.

2. Ocúpate inmediatamente de los sentimientos que la culpa genera.
   a. Ora; pídele a Dios que te ayude a encarar y solucionar dichos sentimientos.
   b. Lee pasajes bíblicos que ayudan; deja que la Palabra de Dios (Salmo 32; Isaías 43:25; Hebreos 8:12; 1 Juan 1:9) te muestre la solución a dichos sentimientos.
   c. Recurre a un amigo de confianza o a un mentor; exprésale lo que sientes.
   d. Háblale a tus tentaciones (o al Tentador) como le hablarías a un perro desobediente.

3. Evita y prepárate para el próximo ataque.
   a. Identifica las cosas o personas que generaron los sentimientos de culpa.
   b. Planifica técnicas preventivas para mantenerte lejos de esa persona o

para evitar esa actividad o para hacer algo diferente la próxima vez que te encuentres en una situación similar.

c. Toma nota de tus prácticas y progreso. Reconoce (y aprende de) tu vulnerabilidad y tus victorias; esfuérzate por disminuir lo primero y multiplicar esto último.

COMPROMETER. Por supuesto que un plan de acción, como el recién sugerido, no tiene ningún valor si no lo adopta el joven. El padre u otro adulto puede sugerir, empujar, insistir y aconsejar, pero a menos que el joven se decida (y, al menos hasta cierto punto) a trazar el "plan" propio, tendrá poco éxito.

El líder de jóvenes puede ayudar al joven a: establecer metas razonables, adoptar una teología correcta, adoptar nuevas actitudes y comportamientos bíblicos, desarrollar hábitos que promuevan la esperanza y el éxito en lugar del desaliento y el fracaso. Pero a menos que el joven mismo tome las decisiones importantes, no logrará librarse del sentimiento de culpabilidad.

REFERIR. Si en algún momento el joven se pone violento o con actitudes suicidas (o parece estar llegando a ese punto), o si tiene síntomas de un trastorno sicológico grave, el consejero de jóvenes o el adulto interesado en él debe notificar inmediatamente a sus padres. También quizá quiera consultar (con el permiso de los padres) o involucrar a un consejero cristiano profesional.

Pasajes bíblicos citados en este capítulo

● Romanos 3:23

● Génesis 3:8

● 1 Juan 1:8-10

● Juan 16:8, 13; 14:26

● 2 Corintios 7:8-10

● 1 Samuel 16:7

● Salmos 103:14; 139:1-4

● 1 Pedro 3:18

● Santiago 5:16

● Salmo 32

● Isaías 43:25

● Hebreos 8:12

Otros pasajes bíblicos para leer

● Salmos 51 y 130

● Isaías 55:7

● Efesios 4:32

● Lucas 12:22-26

IRA

CONTENIDO

Introducción

Carlos era el mejor jugador de su equipo de fútbol, pero el entrenador no lo había llamado a jugar aunque el partido ya iba por el segundo tiempo y su equipo, los Tiburones, perdían 2 a 0. Miró las gradas y entre los espectadores vio a su mamá y a su padrastro. Siguió buscando entre el público y finalmente vio a su papá mirando el partido desde el otro extremo de la cancha. Carlos se acercó al entrenador.

—Vamos, sea bueno. Déjeme jugar. Le prometo que no volveré a faltar a las prácticas.

El entrenador gruñó al ver que su equipo perdía otra oportunidad de meter un gol.

—Mire, mi papá vino al partido. No me ha visto jugar en toda la temporada.

El entrenador sacudió la cabeza y respondió:

—Lo siento, Carlos. Tú conoces los reglamentos. Ya tendrás tu oportunidad.

Carlos dio media vuelta para retirarse, pero rápido como un rayo volvió a enfrentar al entrenador y, como un sargento dando órdenes le gritó:

—¡Al diablo con sus reglamentos! ¿Y sabe qué? ¡Al diablo con todo el equipo! Por mí, ¡que revienten todos!

Continuó gritando insultos violentos y arremetió a puñetazos contra el sorprendido entrenador. El primer puñetazo le dio en la nariz que empezó a sangrar mientras él y Carlos, forcejeando cayeron al suelo. El entrenador trataba de sujetarlo, pero Carlos seguía pegando y pateando totalmente fuera de control.

Fue su padrastro quien finalmente lo levantó del suelo, mientras seguía pateando y forcejeando. El partido se había detenido y todos miraban asombrados la escena que se desarrollaba al costado de la cancha. Carlos seguía con sus insultos tratando de librarse de su padrastro cuando su papá se le acercó y le dio una bofetada.

—¿Qué te pasa? —le gritó, agregando una serie de malas palabras. La cara le ardía, y aunque no había levantado los brazos, tenía las manos tensamente cerradas, listas para atacar.

—Súbete a mi auto ahora mismo —gritó agregando más malas palabras.

El papá de Carlos le clavó la mirada a su ex esposa y a su marido y luego se dirigió al entrenador que se estaba limpiado la cara con una pañuelo ahora empapado de sangre.

—Lo siento —dijo tratando de mantener su compostura—. Esto no debió haber sucedido.

Volviendo a mirar a su ex esposa agregó:

—Es que al muchacho no le enseñan buenos modales.

El problema de la ira

La ira es una emoción muy común durante la adolescencia. A veces es comprensible y previsible; otras veces es una sorpresa y un shock para todos, incluyendo a los mismos individuos airados. Aunque los cambios de humor extremos y la inestabilidad emocional son naturales en la adolescencia, los ataques de furia y la conducta agresiva pueden ser indicativos de que la ira del joven ha alcanzado un nivel malsano y no está siendo manejada correctamente. El sicólogo Gary R. Collins escribe:

La ira se presenta en diversos grados de intensidad —desde el sentirse un poco molesto hasta la furia violenta... Puede esconderse o mantenerse en el interior o expresarse abiertamente. Puede ser de corta duración, apareciendo y desapareciendo rápidamente, o puede persistir durante décadas tomando la forma de amargura, resentimiento u odio. La ira puede ser destructiva, especialmente cuando persiste y se manifiesta en una conducta agresiva, que no perdona o es vengativa... La ira, expresada abiertamente, deliberadamente escondida de los demás o expresada inconscientemente, es el origen de una cantidad de problemas sicológicos, físicos y espirituales.

El doctor Les Carter expone tres maneras en que, por lo general, las personas tienden a encarar la ira: represión, expresión y liberación:

La represión es una forma de negación. Si la persona niega que está enojada, no siente la obligación de buscar una solución. El problema está resuelto (temporariamente). Naturalmente, éste es un método peligroso de encarar la ira. La represión puede tener sus compensaciones inmediatas, pero a la larga, la ira reprimida es generalmente muy poderosa y amarga. Al reprimirla, uno la empuja de la conciencia a la subconciencia. Allí puede nutrirse y empeorar sin que uno se dé cuenta...

Expresarla es otra manera en que se puede encarar la ira. La ira no siempre se expresa verbalmente. Puede expresarse a través de la conducta. Más de la mitad de la comunicación se lleva a cabo por medios no verbales. Las expresiones no verbales de la ira pueden incluir una mirada severa, un portazo, ignorar a alguno, llorar o dar una mirada fría.

La ira liberada se refiere a la ira que se descarta, se deja ir. No se ha de confundir con la ira reprimida. La ira reprimida simplemente se empuja dentro de la mente subconsciente. Pero cuando se libera la ira, la persona ha tomado una decisión consciente de que ya no necesita estar enojado y por lo tanto la deja a un lado. Uno puede desarrollar la habilidad de liberar la ira sólo después de haber aprendido algo del arte de expresar la ira.

El problema que tienen muchos adolescentes y jóvenes es que tienden a reprimir su ira (particularmente si sus padres o iglesias les han enseñado que la ira es siempre mala) o nunca han aprendido a expresarla correctamente. Y, por supuesto, muy pocos jóvenes (o adultos) han aprendido a liberar su ira cuando ésta se justifica. En consecuencia, la amargura, furia e ira van aumentando hasta explotar en peleas, calumnias y otras formas de malicia (vea Efesios 4:31).

A fin de ayudar al joven a entender y superar su ira, el líder de jóvenes o padre sabio buscará primero comprender las causas que la originaron y sus efectos, al igual que una perspectiva bíblica sobre la materia.

Las causas de la ira

Existen muchas razones por las cuales la ira domina la vida de la gente. La ira surge debido a muchas distintas emociones y sucesos. Algunas de las principales y significativas son la frustración, el aislamiento, las ofensas o amenazas de ofensas, la injusticia, el temor o la ira como una reacción aprendida.

✦ Frustración
Hay probablemente pocas veces en la vida

cuando el nivel de frustración de una persona puede igualarse a la frustración que se siente durante la adolescencia. El joven está en una "etapa activa, llena de energía, expansiva y expresiva del desarrollo humano". En consecuencia, es muy probable que sienta frustración.

La frustración sucede cuando el avance hacia el logro de una meta es bloqueado o interrumpido. Collins sugiere que "el grado de frustración que uno siente depende de la importancia de la meta, el tamaño de los obstáculos y la duración de la frustración". Las muchas metas y pasiones de la juventud: tener novio o novia, conseguir una licencia de conducir, tener un auto para manejar, y aun el que lo dejen llegar tarde a casa; y la intensidad con que el adolescente anhela tales cosas hacen que sea candidato para sentir frustración y, por ende, ira.

✦ **Aislamiento**
Durante la primera adolescencia la aceptación e involucración dentro de un grupo de amigos es de vital importancia para que haya una adaptación sana... El joven es extremadamente sensible a cualquier indicación de rechazo o aislamiento de su grupo o de sus mejores amigos. Dicho aislamiento genera no sólo sentimientos de soledad, sino cuestionamientos serios y profundamente sentidos de su propia identidad; de que, básicamente, es adecuado y, definitivamente, de valor como ser humano... Y cuando el joven se siente profundamente aislado, es normal esperar que reaccione con ira. Esta puede expresarse externamente o puede ser encauzada internamente hacia el abuso autodestructivo y riesgoso de drogas y aun hacia el suicidio.

✦ **Ofensas o amenazas de ofensas**
La ira también surge como una reacción a una ofensa física o emocional. Cuando un compañero de equipo le da un codazo en la nariz al jugador contrario —sea que haya sido o no a propósito— éste reaccionará con enojo. Cuando uno de sus

padres menoscaba al jovencito el resultado es la ira, aunque sea reprimida. Cuando papá cancela un largamente esperado paseo para ir de pesca con su hija, ella puede sentirse lastimada, lo cual causará ira. Cuando al joven se le insulta, es objeto de burlas, es humillado, ignorado o amenazado reaccionará con ira, ya sea que la exprese o no.

✦ **Injusticia**
El joven tiende a ser muy idealista y se aferra a su escala de valores, imponiéndosela a los demás. Es particularmente sensible a cualquier violación de su código ético y escala de valores porque dichas violaciones simbólicamente representan una intrusión en su autonomía en desarrollo. Son también sensibles a injusticias percibidas por parte de sus padres, maestros, funcionarios, pastores y otras personas en posición de autoridad.

Es muy probable que el joven reaccione con ira ante una injusticia, ya sea una contra él, contra uno de sus amigos y aun contra algún extraño. La injusticia "es una de las razones más justificadas para sentir ira (quizá la única razón válida), sin embargo, es una de las menos comunes". No obstante, debido a su extremada sensibilidad, puede ser más común entre los jóvenes.

✦ **Temor**
También el temor puede dar lugar a la ira entre los jóvenes. El temor a no ser elegido para integrar el equipo deportivo, a ser reprobado en una materia en la escuela, a lo que los otros chicos comentan sobre él, a no ser invitado a una fiesta, a pasar vergüenza en la clase de gimnasia son ejemplos de los miles de preocupaciones y temores que pueden generar un alto grado de frustración e ira.

✦ **Una reacción aprendida**
En muchos casos la ira puede ser una reacción aprendida. El joven puede haber aprendido de sus padres u otros familiares o de la sociedad, maneras incorrectas

de manejar y expresar la ira. Puede haber aprendido cómo guardar rencor, dejar que la amargura aumente hasta convertirse en furia, resentir u odiar a quienes son diferentes o que no concuerdan con él.

Los efectos de la violencia en los medios de difusión masiva presentan ejemplos dignos de imitar, especialmente cuando se presentan en una forma atractiva, poderosa y prestigiosa, tienen mucho poder como ejemplos a ser imitados. Al observar y escuchar a otros, uno aprende a enojarse con más facilidad y a demostrar más agresividad.

Los efectos de la ira

La ira, u hostilidad, es un factor importante en la formación de muchas enfermedades graves y es la causa principal de la tristeza, depresión, ineficacia, enfermedad, accidentes y pérdida de tiempo en el trabajo y de pérdida de ganancias en la industria. De hecho, sea cual fuere el problema (conflictos matrimoniales, alcoholismo,... la rebeldía de un niño, enfermedades nerviosas o físicas) la eliminación de la hostilidad es el factor clave en su solución.

Los efectos de la ira son muchos: relaciones quebrantadas, deterioro físico, pérdidas financieras, etc. Collins resume los efectos de la ira describiendo cuatro efectos que puede tener sobre una persona, las maneras como puede alternar de una situación a otra: retraimiento, introversión, ataque a otros y enfrentamiento de las razones de la ira.

✦ Retraimiento
Quizá sea ésta la manera más fácil pero menos eficaz de manejar la ira. El retraimiento puede tomar varias formas:

- salir de la habitación, tomarse unas vacaciones o apartarse físicamente de la situación que causa ira;

- eludir el problema por medio de meterse de lleno en el trabajo o en otras actividades, por medio de pensar en otras cosas o por medio de escaparse al mundo de la televisión o de las novelas;

- tapando el problema con las bebidas alcohólicas o las drogas: conducta que se puede usar también para desquitarse del que causó la ira;

- negando consciente o inconscientemente que sentimos ira.

✦ Introversión
A veces la ira se guarda y no se expresa. Por afuera hay calma y sonrisas, pero por dentro uno está que arde de ira. Pero la ira interior puede ser una fuerza poderosa que se expresa de las siguientes maneras:

- síntomas físicos que pueden variar desde un leve dolor de cabeza hasta úlceras, alta presión o ataques al corazón;

- reacciones como la ansiedad, el temor o los sentimientos de tensión y depresión;

- intentos inconscientes de perjudicarse uno mismo (como puede notarse en una propensión a los accidentes, en una tendencia a cometer errores o aun en el suicidio);

- pensamientos caracterizados por la lástima de sí mismo, especulaciones de venganza u obsesión con las injusticias que uno está sufriendo;

- luchas espirituales...

✦ Ataque a otros
Escribe Collins que "los libros de sicología muchas veces describen la tendencia común humana de echarle la culpa a algún inocente por las cosas que no andan bien". Agrega que la persona llena de ira puede "verbal, física o cognoscitivamente atacar a alguna persona mayormente inocente pero fácil de acusar. A veces hasta puede haber una acción ilícita o criminal contra víctimas inocentes."

✦ Enfrentamiento de las razones de la ira
Las razones que motivan la ira pueden

ser enfrentadas, dice Collins, de una manera ya sea destructiva o constructiva.

Las reacciones destructivas... puede incluir las agresiones verbales y físicas, ridiculizar, el cinismo, negarse a cooperar o meterse en cosas que perjudicarán o avergonzarán a otra persona. Beber y fracasar en la escuela... por ejemplo, a veces son en realidad maneras sutiles de desquitarse de los padres...

Es de mucha más ayuda encararla admitiendo la ira, tratando de ver sus causas, y luego hacer lo posible por cambiar la situación que produce ira o verla desde otra perspectiva. Esta es una manera más construcitva de enfrentarla y de reducirla, y algunos sólo pueden hacerlo con la ayuda de un consejero.

La perspectiva bíblica del problema de la ira

William Backus, autor de numerosos libros que enfocan la ira y otros temas, ofrece una perspectiva bíblica perspicaz y concisa sobre la ira:

> Para aprender cómo aplicar la verdad en contra de la ira, empezamos con las Escrituras. La palabra de verdad por medio de la cual Dios nos dio un nuevo nacimiento con el cual empezar es una fuente confiable de poder al controlar y manejar los impulsos y sentimientos de ira. Por ejemplo:
>
> "Por su propia voluntad, él nos hizo nacer por la palabra de verdad, para que fuéramos como primicias de sus criaturas. Sabed, mis amados hermanos: Todo hombre sea pronto para oír, lento para hablar y lento para la ira; porque la ira del hombre no lleva a cabo la justicia de Dios. Por lo tanto, desechando toda suciedad y la maldad que sobreabunda, recibid con mansedumbre la palabra implantada, la cual puede salvar vuestras almas" (Santiago 1:18-21).
>
> "Por lo tanto, habiendo dejado la mentira, hablad la verdad cada uno con su prójimo, porque somos miembros los unos de los otros. Enojaos, pero no pequéis; no se ponga el sol sobre vuestro enojo, ni deis lugar al diablo" (Efesios 4:25-27). "Pero

el fruto del Espíritu es... dominio propio" (Gálatas 5:22, 23).

De estos pasajes y otros en la Biblia podemos aprender las siguientes verdades sobre cómo ayudar a los jóvenes a manejar su enojo:

1. Es posible enojarse sin pecar, ya que la ira es una emoción creada por Dios, para ciertos propósitos de adaptación. Jesús mismo en algunas ocasiones se enojó —es claro, sin pecar.

2. Se debe enseñar al aconsejado a resolver las cuestiones que generan el enojo en cuanto notan que sienten ira (antes de que baje el sol, como les dice Pablo a los efesios). Perpetuar la ira y no resolverla da oportunidad al diablo para lograr ventajas.

3. No toda ira es sin pecado. Algunos enojos humanos pueden inhibir y demorar la justicia de Dios en la conducta de uno.

4. Esa ira pecaminosa es irracional y no tiene sentido, no logra nada más que contiendas y debe ser resuelta inmediatamente por medio de la aplicación de la verdad.

5. El dominio propio es la cuestión principal aquí. El ideal cristiano es: "Desarrollar dominio propio en todo, especialmente en cuestiones relacionadas con la ira".

(Backus sugiere considerar estas) verdades sobre la ira, que se relacionan con los pasajes citados:

1. Algo de enojo ha de ser expresado a la persona cuya conducta lo provocó. Aquí, hablando la verdad en amor, tratamos de involucrar a la otra persona para cambiar los elementos en nuestra relación que nos causan dificultades.

2. Algo de enojo no debe ser expresado, sino manejado dentro de nosotros mismos. Aquí, diciéndonos la verdad a nosotros mismos, procuramos eliminar nuestros sentimientos y reacciones de ira remplazándolos con actitudes y conductas más agradables a Dios y eficaces.

3. El Espíritu Santo muchas veces nos guiará a hacer ambas cosas, diciéndonos la verdad a nosotros mismos hasta no sentir más enojo, amargura y resentimiento a fin de poder hablar eficazmente la verdad a la persona cuya conducta nos causa los problemas.

La respuesta al problema de la ira

Ayudar al joven que lucha con la ira puede ser una tarea difícil y larga. Pero, es posible hacerlo, especialmente si se tienen en cuenta las siguientes pautas:

ESCUCHAR. Cuídese de no causar una frustración más (e ira) por no escuchar. Preste atención a lo que el joven dice (verbalmente y en modos no verbales) sobre lo que siente. Ayúdelo a admitir cómo se siente. Ir derrumbando la negación y otras defensas que impiden que el joven admita el enojo que siente es muchas veces la primera meta.

Admitir tal cosa puede ser una amenaza, especialmente para quienes sienten enojo hacia un ser querido y para los que creen que toda ira es mala. Puede ser de ayuda mencionar que la ira es una emoción común, dada por Dios, de la que, la mayoría de las personas, pierden periódicamente el control... Si el aconsejado persiste en negar su ira, aun después de haber escuchado las evidencias, quizá admita la *posibilidad* de que siente ira.

EMPATIZAR. A el líder de jóvenes, padre, pastor o maestro sabio le conviene preguntarse: "¿Alguna vez he reprimido mi enojo o lo he expresado incorrectamente?" "¿Manejo siempre la ira en una forma bíblica?" "¿Cuándo fue la última vez que sentí ira?" "¿Qué cosas necesito superar?"

Preguntas como éstas pueden ser un chequeo de las actitudes duras o juzgadoras que ayuden al adulto interesado en el joven a empatizar con las luchas de éste.

Recuerde también que la empatía puede ser comunicada en algunas de las maneras más simples. Al escuchar, recuerde:

- Inclinarse levemente hacia adelante en su silla.

- Hacer contacto visual.

- Mover afirmativamente la cabeza para indicar que entiende.

- Reflexionar sobre frases clave ("Sientes..." "Quieres decir que...").

- Esperar pacientemente en los momentos de silencio o lágrimas.

ALENTAR. Recuerde en todo momento que puede ser muy humillante para alguien, sea cual fuere su edad, admitir que ha sentido enojo, que lo ha manejado incorrectamente y/o ha perdido el dominio propio. En consecuencia, los esfuerzos por ayudar al joven a enfrentar y superar su ira deben ir saturados con palabras de aliento y aprecio (reconociendo el valor de la persona, de sus atributos, acciones y actitudes).

DIRIGIR. Un paso importante al ayudar al individuo enojado es dirigirle para que considere las razones de la ira (dialogando sobre las raíces de la amargura [Hebreos 12:15] que causan resentimiento, ira, etc.). ¿Con quién está enojado? ¿Qué le está haciendo enojar? ¿Cuál de las causas mencionadas anteriormente es la más pertinente?

Otro paso, cuando ya la causa de la ira ha sido identificada, es instar al joven a enfrentar el dolor que está causando su ira, invitar a Dios a compartir el dolor que está sintiendo y pedirle que esté con él al tratar de superar el dolor.

Además, Ross Campbell ofrece consejos prácticos dirigidos principalmente a los padres, pero que pueden ser aprovechados por los líderes de jóvenes y otros:

Si usted quiere *enseñar* al joven el camino por el que debe andar. Primero, elógielo por las maneras apropiadas en que expresa enojo. Luego puede hablarle de *una de las maneras inapropiadas* en que lo está haciendo (por ejemplo: insultos), pidiéndole que las corrija. Escoja el mejor momento...

En algunos casos es imposible resolver el enojo, como por ejemplo cuando no se tiene acceso a la persona que lo está provocando. En esos casos, el joven tiene que aprender maneras correctas de ventilar su ira, como: hacer ejercicio físico, conversar sobre la misma con una persona madura, usar una distracción como ser una actividad de la cual disfruta, o pasar un momento a solas para relajarse.

Otra manera de enseñar al joven a encarar su propio enojo es enseñarle el arte de prevenir *congnoscitivamente* ciertos tipos de ira. Se llama a esto "el arte de la evaluación" que incluye aprendiendo a hacerse preguntas como: "¿Qué me está haciendo enojar tanto?" "¿Me estoy apurando demasiado al emitir un juicio?" "¿Se justifica realmente mi enojo?" y "¿qué puedo hacer para cambiar la situación a fin de aplacar mi enojo?"

Una enseñanza paciente y sensible siguiendo los lineamientos sugeridos puede ayudar al joven a aprender cómo expresar o descargar su enojo correctamente, de una manera bíblica.

COMPROMETER. Una de las maneras más eficaces de concretar la participación del joven en la resolución del problema de la ira es que el joven debe desarrollar su propio plan para superar la ira. Sugerimos el siguiente plan adaptado del libro de Walters: *Anger: Yours and Mine and What to Do About It* (Ira: La tuya y la mía y qué hacer con ella):

1. ¿Estoy enojado?
Identifique cualquier conducta activa o pasiva que indique ira.

2. ¿Por qué estoy enojado?
Evalúe lo que está causando el enojo, amargura o resentimiento.

3. ¿Lo resuelvo o no?
Reflexione sobre si necesita expresar su enojo (correctamente) y buscar una resolución y reconciliación.

4. ¿Puedo aplicar "primeros auxilios"?
¿Puede algo de lo siguiente ayudarme a expresar o a soltar la ira?

Pedir la ayuda de Dios
1. Reconozca que Dios está en control de todo.
2. Ore con agradecimiento y alabanza.
3. Ore pidiendo paz en su corazón.
4. Lea, memorice o medite en las Escrituras.
5. Ore por la persona que está provocando la ira.

Control humano premeditado
6. Evalúe el caso.
7. Contrólese.
8. Recuerde que sentir enojo es normal.
9. Distánciese del conflicto.
10. Use música.
11. Encauce su energía hacia actividades productivas
12. Haga algo de lo cual disfruta.
13. Hable con un amigo.
14. Háblese a sí mismo.
15. Ría.
16. Llore.
17. Escríbalo.
18. Relájese.

REFERIR. Algunos sentimientos de ira del adolescente pueden tener raíces tan profundas y complejas que requieren la pericia de un consejero cristiano profesional. Esté atento para reconocer dichos síntomas y esté dispuesto y listo para valerse de los servicios de un profesional si existe la más leve indicación de que el historial o la condición del joven los requiere. (Si usted no es uno de los progenitores del joven, recuerde que debe avisar a los padres lo antes posible y el referirlo a un profesional debe hacerse con el consentimiento de ellos.)

Pasajes bíblicos citados en este capítulo

- Efesios 4:31

- Santiago 1:18-21

- Efesios 4:25-27

- Gálatas 5:22, 23

Otros pasajes bíblicos para leer

- Salmos 4:4-8; 37:7, 8

- Proverbios 12:16; 14:29; 15:1; 16:32; 29:11

- Marcos 3:1-5

- Juan 2:12-25

- Colosenses 3:8

- Santiago 1:19, 20

DEPRESIÓN

CONTENIDO

Introducción

Melisa, de diecisiete años, había estado saliendo con Bruno durante ocho meses cuando él "rompió" con ella, por teléfono. A los pocos días Melisa se encontraba comiendo a la mesa donde tantas veces había comido con Bruno. Sus amigas la acompañaban.

—Yo digo que andas mejor sin él —opinó Analía.

—Sí —coincidió Clarita—. Al fin y al cabo se la pasaban peleando.

—Dicen que Nadia y Néstor acaban de "romper" —dijo Julia con una entusiasta sonrisa—. Siempre te gustó él, ¿no es cierto?

Melisa no contestó. Se levantó y se retiró sin decir palabra.

"No entienden", pensó. "Ellas han salido con muchos muchachos". Pero para ella Bruno era todo, y hasta se había ilusionado con casarse con él. Cuando habían empezado a salir juntos Melisa había decidido hacer todo lo que Bruno esperaba de ella. Había bajado un poquito de peso y empezado a vestir pensando en él. Hacía todo lo posible para complacerlo; si él daba la más leve indicación de que algo que ella hacía o decía le complacía, se esforzaba por seguir haciéndolo o diciéndolo.

Cuando sus relaciones se fueron haciendo más íntimas, ella decidió darle a Bruno todo; empezaron sus relaciones sexuales a los seis meses de estar de novios.

Cuando Bruno rompió sus relaciones con ella Melisa no lo podía creer. Lloró y le rogó que no la dejara. Le dijo que ella cambiaría; que haría cualquier cosa que él quisiera. Pero él se negó a todo. La primera reacción de ella fue de enojo. "Después de todo lo que he hecho para hacerlo feliz", pensó. Luego su enojo se introvirtió: "Hice todo lo que pude, pero no fue suficiente. No valgo absolutamente nada. Nunca conseguiré que un hombre me ame. No merezco que ningún hombre me ame."

En el transcurso de las siguientes semanas Melisa empezó a pasar más y más tiempo sola en su habitación. Rara vez salía con sus amigas, prefiriendo en cambio quedarse en casa, escuchar música y quedarse entre las cuatro paredes de su dormitorio. Le resultaba difícil comer y, después de algunas semanas de casi no poder dormir, empezó a dormir la mayor parte del día, tanto en la escuela como en su casa. Empezó a faltar mucho a clase y sus calificaciones se vinieron abajo. Cuando sus padres la enfrentaron sobre su conducta, se encogió de hombros. "No me importa nada", fue su única respuesta.

"No entiendo" —le dijo su mamá al pastor de la iglesia. "Parece otra persona. Ya no es la misma de antes".

El problema de la depresión

En el pasado se creía que la depresión era un problema exclusivo del adulto, pero es el estado común de muchos adolescentes y preadolescentes. "Los investigadores y clínicos admiten ahora que la depresión ocurre frecuentemente entre los niños (Evans, Reinhart, y Succop, 1980; French y Berbin, 1979) y los adolescentes (Friedrich, Reams, y Jacobs, 1982; Seigel y Griffin, 1984; Teri, 1982a, 1982b)".

Aunque es difícil medir cuántos adolescentes sufren de depresión, las conclusiones sugieren que una proporción considerable de jóvenes sufre de fuertes sentimientos de infelicidad y desesperación. Un estudio afirma que: Cada año se identifica como clínicamente deprimidos a casi el 5 por ciento de todos los adolescentes.

Es una condición compleja y peligrosa que muchas veces es imposible de describir y definir. Esto es, en parte, porque se usa el término depresión para referirse a distintas cosas: una tristeza general, una depresión momentánea, sentirse humillado después de un fracaso o un período de estrés o inestabilidad emocional. Aun los profesionales en el campo de la salud mental han luchado durante años por arribar a una definición clara.

El *Diccionario de la Real Academia Española* da la siguiente definición: "Síndrome caracterizado por una tristeza profunda motivada por la inhibición de todas las funciones síquicas". Otra definición es: "una enfermedad siconeurótica o sicótica caracterizada especialmente por la tristeza, inactividad, dificultad en el razonamiento y la concentración, una aumento o disminución significativo del apetito y del sueño, sentimientos de abatimiento y desesperanza y, a veces, con tendencias suicidas".

El siquiatra John White, en su libro *The Masks of Melancholy* (Las máscaras de la melancolía) brinda en el siguiente cuadro, algo de clarificación que puede ser útil en cuanto a las formas que toma la depresión:

Las enfermedades depresivas son de dos tipos: *depresiones primarias* o depresiones *secundarias*. Las depresiones

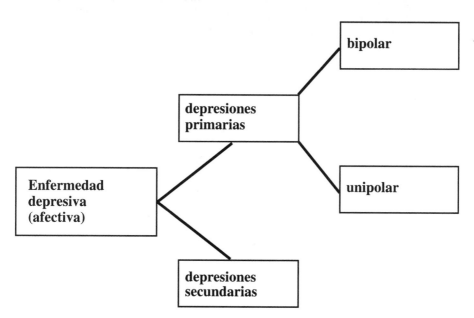

Tomado de: *The Masks of Melancholy* por John White.

secundarias ocurren en el curso de alguna otra enfermedad o condición, como ser: el alcoholismo. Las depresiones primarias, dice White: "son trastornos del ánimo que no están asociados a ninguna otra forma de enfermedad mental o física".

Las depresiones primarias también se pueden categorizar de dos maneras: *bipolar* y *unipolar.* La *depresión bipolar,* enfermedad que antes se denominaba psicosis maniática depresiva, se caracteriza por estados de ánimo que alternan entre la tristeza y la felicidad. La *depresión unipolar,* por el contrario, es una caída a una oscuridad emocional aliviada (si es que se puede) únicamente por la restauración a estados de ánimo normales. "Para ameritar la descripción como enfermedad depresiva", dice White, "todas estas condiciones deben durar un mes como mínimo y, por lo general, duran mucho más [a veces duran años]".

La depresión en la adolescencia, a diferencia de la que experimentan y demuestran los adultos, puede ser aun más difícil de categorizar e identificar. Escribe el doctor Ross Campbell:

> En el joven adolescente, la depresión es difícil de identificar porque sus síntomas son diferentes de los síntomas clásicos de la depresión en el adulto. No hay señales externas de depresión. La depresión leve en el adolescente se manifiesta en fantasías, estar abstraído o en tener pesadillas cuando duerme. La depresión leve se detecta únicamente sabiendo de alguna forma, la manera de pensar y el contenido de los pensamientos del niño. Son pocos los profesionales que pueden captar la depresión en esta etapa.
>
> En el caso de una depresión moderada, también, el adolescente actúa y habla normalmente. Pero el contenido del hablar del adolescente se ve afectado, concentrándose principalmente en temas deprimentes como la muerte, problemas mórbidos y crisis. Dado que muchos adultos en la actualidad parecen tener siempre pensamientos pesimistas, la depresión del adolescente puede pasar desapercibida...
>
> En la gran mayoría de los casos, sólo cuando sufre de una depresión grave se

nota que el adolescente está deprimido. La depresión en el adolescente es difícil de detectar porque éste sabe "disimularla: es decir, puede aparentar estar bien cuando se siente absolutamente desdichado. A esto se le suele llamar *depresión sonriente.* Este es un frente que los adolescentes emplean inconscientemente... principalmente cuando están con otra gente. Cuando el adolescente deprimido está solo, se quita un poco la máscara.

Esto es de ayuda a los padres. Si podemos observar a nuestros adolescentes en los momentos cuando creen que nadie los ve, es posible que podamos identificar la depresión.

La depresión del joven también puede ser difícil de reconocer porque muchas veces se la confunde o puede ir acompañada de otras cosas, como ser el síndrome premenstrual en las jovencitas.

Las causas de la depresión

"Dado que los jovencitos se hallan en transición entre la niñez y la adultez", escribe el doctor G. Keith Olson, "no es de sorprender que... mucha de la depresión entre los adolescentes se relaciona con las dificultades propias de su desarrollo... Un poco de depresión en la adolescencia es bastante normal, probablemente más que en cualquier otra etapa de desarrollo (excepto quizá la vejez)".

Aun así, la depresión puede ser extremadamente compleja y sus causas numerosas y variadas. Factores biológicos, ambivalencia, rechazo de/a sus padres, abuso, pensamientos negativos, estrés de la vida, ira y sentimiento de culpabilidad se cuentan entre las causas que pueden motivar la depresión en el adolescente.

✦ Factores biológicos

Collins escribe:

> La depresión muchas veces tiene una base física. En el nivel más sencillo, sabemos que la falta de sueño, de ejercicio físico, los efectos secundarios de las drogas, enfermedades físicas o una dieta

inadecuada pueden causar depresión. Miles de mujeres sienten depresión como parte de un síndrome mensual premenstrual y algunas sufren de depresión posparto luego de dar a luz un hijo. Otras influencias físicas, como una disfunción neuroquímica, tumores cerebrales o trastornos glandulares son causantes más complicados de la depresión.

Existe evidencia de que la depresión es hereditaria y puede tener un origen genético. Esto es difícil de demostrar conclusivamente; los informes de las investigaciones a veces se contradicen. Otra investigación ha conectado la depresión con los componentes químicos del cerebro que con frecuencia pueden alterarse con drogas antidepresivas.

✦ Ambivalencia
Tim LaHaye escribe:

Algunos siquiatras, como el doctor Ostow consideran el sentido de ambivalencia como "la causa precipitante más común de la depresión". Define a la ambivalencia como "el sentido de estar atrapado, es decir, imposibilitado de remediar una situación intolerable".

Collins se refiere a esto como "incapacidad aprendida" y dice: "Cuando aprendemos que nuestras acciones son inútiles a pesar de lo mucho que nos esforzamos, que no hay nada que podamos hacer para aliviar el sufrimiento, alcanzar una meta o lograr un cambio, entonces una reacción común es la depresión. Surge cuando nos sentimos incapaces y dejamos de esforzarnos".

✦ Rechazo paterno o materno
Los investigadores Joan Robertson y Ronald Simons dijeron que, según un estudio que hicieron: "La percepción de que sus padres los rechazaban se asocia significativamente tanto con la depresión como con el concepto bajo de sí mismos, teniendo esta última una fuerte relación con la depresión". Sus conclusiones concuerdan con estudios anteriores (Brown y Harrins 1978; Brown et al., 1986) en el sentido de que los jóvenes que sienten o

experimentan el rechazo de sus padres son más propensos a sufrir de depresión (vea también el capítulo 17: *Padres despreocupados.*)

✦ Abusos
K. Brent Morrow y Gwendolyn T. Sorell están entre los investigadores que han estudiado y encontrado una conexión entre la depresión y el abuso, especialmente el abuso físico y sexual. Su conclusión fue que "la gravedad del abuso era el indicador más potente de la autoestima, depresión y conducta negativa en las víctimas de incesto" (vea el capítulo 34: *Abuso sexual* y el capítulo 35: *Otras formas de abuso.*)

✦ Pensamientos negativos
Los hábitos mentales del joven y sus maneras de pensar pueden hacerle susceptible a la enfermedad de la depresión. Collins cita al siquiatra Aaron Beck, quien dice que las personas deprimidas muestran modalidades de pensamientos negativos en tres áreas:

Primera, ven al mundo y las experiencias de la vida negativamente. La vida es considerada como una sucesión de cargas, obstáculos y fracasos en un mundo que "se va al diablo". *Segunda*, muchas personas deprimidas tienen un concepto negativo de sí mismas. Se sienten deficientes, inadecuadas, de ningún valor e incapaces de conducirse adecuadamente. Esto a su vez lleva a culparse a sí mismas por lo que pasa y a tenerse lástima. *Tercera*, estas personas ven al futuro de una manera negativa. Al mirar hacia adelante vislumbran continuas dificultades, frustraciones y desesperación.

✦ Estrés
Muchos investigadores y autores mencionan al estrés como el factor primordial en la depresión. Cuando alguien enfrenta sucesos estresantes en su vida que parecen abrumadores o amenazantes, es posible que una reacción sea la depresión. Tales sucesos en la vida del adolescente pueden incluir la ruptura de una relación

intensa con uno de sus compañeros; discordias familiares, separación de los padres, divorcio o muerte de uno de sus progenitores; un embarazo no deseado o aborto, y cualquier evento que incide negativamente sobre la autoestima del adolescente como: ser expulsado de la escuela, no ser elegido como integrante de un equipo deportivo, fracasar en los estudios, o no recibir una invitación a una actividad social popular.

✦ **Ira**

El joven que no ha aprendido cómo manejar y expresar eficazmente su enojo o no ha ideado maneras de hacerlo será más propenso a sufrir de la enfermedad de la depresión. Los doctores Minirth y Meier escriben:

> Repetidamente, en la literatura sobre el tema, se describe la depresión como ira que se ha guardado en el interior. En la gran mayoría de los casos la ira se ve perfectamente en las expresiones faciales, en el tono de la voz y en los gestos del individuo deprimido. Con frecuencia sienten un enojo intenso, pero por lo general no lo reconocen.

El joven puede estar enojado con un amigo o ser querido que ha muerto, o con un padre abusador, o con su propia incapacidad. Si le han enseñado (sus padres, iglesia, maestros, etc.) que la ira es siempre mala, el joven puede reprimir su enojo en lugar de resolverlo (vea también el capítulo 4: *Ira.*)

✦ **Sentimiento de culpabilidad**

Escribe Collins:

> No es difícil entender por qué el sentimiento de culpabilidad puede llevar a la depresión. Cuando alguien siente que ha fracasado o que ha hecho algo malo, surge el sentimiento de culpabilidad al cual se agrega la autocondenación, la desesperanza y otros síntomas de depresión. El sentimiento de culpabilidad y la depresión aparecen tantas veces juntos que es difícil determinar cuál ocurre primero. Quizá, en la mayoría

de los casos, el sentimiento de culpabilidad aparece antes que la depresión pero a veces la depresión hace que uno se sienta culpable (porque no puede vencer su desesperación). En ambos casos empieza un círculo vicioso (vea también el capítulo 3: *Sentimiento de culpabilidad.*)

Los efectos de la depresión

Los efectos de la depresión parecen un catálogo de trastornos físicos y sicológicos. Entre los efectos, están los físicos y emocionales, poca capacidad de atención y/o estar distraído, reacciones enmascaradas, retraimiento, conducta suicida y tendencias depresivas al llegar a adulto.

✦ **Efectos físicos**

Minirth y Meier catalogan algunas de las ramificaciones físicas de la depresión:

> La depresión clínica incluye síntomas físicos... Estos cambios bioquímicos tienen diversos resultados físicos: los movimientos corporales del individuo deprimido por lo general disminuyen. La calidad de su *sueño* se ve afectada... Al principio, en lugar de falta de sueño, quizá duerme demasiado. Con frecuencia, su *apetito* se ve afectado. O come demasiado o no lo suficiente (por lo general, no lo suficiente). Entonces, puede tener o *una pérdida o un aumento de peso* significativo. Puede sufrir de diarrea, pero con más frecuencia de *constipación*. En la mujer, el ciclo menstrual puede suspenderse totalmente durante meses o puede ser irregular. Con frecuencia se pierde interés en el sexo. El individuo deprimido puede sufrir de *dolores de cabeza* causados por la tensión, o quejarse de sentir una presión en la cabeza.
> Además de sus *movimientos corporales lentos*, puede tener una postura encorvada y parecer atontado. Puede tener trastornos gastrointestinales. Puede tener un metabolismo lento. Puede sufrir de *sequedad en la boca*. Es bastante común tener un *pulso rápido* y palpitaciones cardíacas. Estos cambios sicológicos asustan a la mayoría produciendo hipocondría (preocupación desmedida por las enfermedades físicas).

✦ **Efectos emocionales**

Mientras que el joven puede tener los síntomas clásicos de la depresión del adulto, como se acaba de mencionar, puede haber también algunos efectos emocionales, como los que describen Minirth y Meier:

> Uno de los síntomas principales de la depresión es el sentimiento de tristeza (o malhumor). El individuo que sufre de depresión tiene una expresión facial triste. Se le ve deprimido. Llora con frecuencia o tiene ganas de hacerlo. Baja la vista y su mirada es triste. Tiene la comisura de los labios caída. Arruga la frente. Se le ve cansado, desanimado y desalentado. Sus facciones parecen tensas. Al aumentar la depresión gradualmente pierde interés en su apariencia personal.

✦ **Poca capacidad de atención: distraído**

Campbell sugiere:

> En la depresión leve del adolescente, el primer síntoma que generalmente se nota es la disminución en el lapso de atención... Su mente se distrae de lo que quiere enfocar y se distrae cada vez más. Está cada vez más desatento. Esta disminución de su lapso de atención se nota por lo general cuando el adolescente trata de hacer sus tareas escolares. Le es más y más difícil mantener la atención en lo que tiene que hacer. Y parece que cuanto más se esfuerza, menos logra. Como es natural, esto lo lleva a la frustración, y se culpa a sí mismo de ser "estúpido" y "bobo".

✦ **Reacciones encubiertas**

Los investigadores Marion Ehrenberg, David Cox y Ramond Koopman destacan que el adolescente por lo general no expresa su depresión directamente sino por medio del uso de "máscaras" o "equivalencias depresivas". Collins señala las siguientes "reacciones enmascaradas".

● acciones agresivas y explosiones de ira

● conducta impulsiva, incluyendo los juegos de azar, las bebidas alcohólicas, la violencia, acciones destructivas o relaciones sexuales impulsivas

● propensidad a tener accidentes

● trabajo compulsivo

● problemas sexuales.

Otras reacciones enmascaradas pueden incluir la delincuencia, fobia escolar o malas calificaciones.

✦ **Retraimiento**

Campbell escribe:

> En este triste estado, el adolescente puede retraerse de sus amigos y compañeros. Y para peor, no se separa sencillamente de ellos sino que lo hace con tanta hostilidad, beligerancia y antipatía que los convierte en sus enemigos. Como resultado, el adolescente se queda muy solo. Y como ha antagonizado tanto a sus buenos amigos, se asocia con elementos malos que pueden andar en drogas y/o en problemas.

✦ **Conducta suicida**

Muchos estudios relacionan la depresión del adolescente con la conducta suicida (incluyendo Carlson y Cantwell, 1982; Crumley, 1979; Pfeffer, Zuckerman, Plutchik y Mizruchi, 1984; Simons y Murphy, 1985). Collins escribe:

> No toda la gente deprimida intenta suicidarse pero mucha sí, con frecuencia en un sincero intento por escapar de la vida. En otros, los intentos de suicidio son un pedido inconsciente de ayuda, una oportunidad para vengarse o un gesto manipulador con el objeto de influenciar en alguien con quien está ligado emocionalmente... Mientras que algunos planean con cuidado su acto autodestructor, otros manejan alocadamente, beben en exceso o encuentran otras maneras de jugar con la muerte (vea también el capítulo 9: *Pensamientos, tendencias y amenazas de suicidio*).

✦ Tendencias depresivas al llegar a adulto

Uno de los efectos de más largo alcance de la depresión en el adolescente es la bien documentada tendencia de que éstos tengan serios episodios de depresión al llegar a adulto. El joven que no resuelve exitosamente sus problemas de depresión durante su adolescencia será más propenso a tener más problemas de esta índole como adulto.

La perspectiva bíblica de la depresión

La Biblia se refiere a la depresión, como "el alma abatida" y, en el Salmo 42 captamos la agonía en las palabras: "Mi alma está abatida dentro de mí" y "¿Por qué te abates, oh alma mía...?"

Aun cuando la Biblia no enfoca el tema de la depresión en sí, los salmos incluyen muchos versículos que aparentemente fueron escritos por un alma humana en las profundidades de esta emoción humana. Minirth y Meier sostienen que: "La Biblia registra los síntomas de depresión de hombres como Job, Moisés, Elías, David y Jeremías."

Collins hasta sugiere que el Señor Jesús mismo, aunque perfecto y sin pecado, luchó con la depresión los días anteriores a su crucifixión. Su agonía en el jardín de Getsemaní se describe de la siguiente manera en la Biblia Amplificada:

> Empezó a mostrar congoja y angustia mental y estaba profundamente deprimido. Luego le dijo a Pedro, a Santiago y a Juan: Mi alma está muy triste y profundamente acongojada, tanto que casi me muero de pena (Mateo 26:37b, 38a).

Collins resume la perspectiva bíblica de la depresión, diciendo:

> Tales ejemplos... muestran el realismo que caracteriza a la Biblia. Pero esta desesperación realista se contrasta con una esperanza cierta. Cada uno de los creyentes que cayeron en la depresión, ultima-

damente la vencieron y tuvieron un gozo nuevo y permanente. El énfasis bíblico no es tanto en la desesperación humana sino en la creencia en Dios y la seguridad de una vida abundante en el cielo, si no es posible en la tierra.

La Biblia no dice que la depresión sea siempre pecaminosa; pero sí recalca la posibilidad de ser librado de la depresión:

> ¿Por qué te abates, oh alma mía,
> y te turbas dentro de mí?
> Espera a Dios, porque aún le he de alabar.
> ¡El es la salvación de mi ser, y mi Dios! (Salmo 42:5).

La Palabra de Dios es realista y directa al referirse a la depresión en la vida del creyente, pero también aclara muy bien que la voluntad de Dios es: "Que el Dios de esperanza os llene de todo gozo y paz en el creer, para que abundéis en la esperanza por el poder del Espíritu Santo" (Romanos 15:3).

La respuesta al problema de la depresión

"La mayoría de la gente no se libra de la depresión instantáneamente", señala Collins. "El camino hacia la recuperación es largo, difícil y está lleno de fluctuaciones en el ánimo que suceden con especial intensidad cuando hay desilusiones, fracasos o separaciones". Aun así, con paciencia, el líder de jóvenes, pastor, maestro o padre puede ayudar al joven a superar un episodio de depresión empleando una estrategia como la siguiente:

ESCUCHAR. En el tratamiento de la depresión el joven necesita lo antes posible poder expresar o, de alguna manera, dar rienda suelta a sus sentimientos de ira, culpa e inseguridad. Si se repri- men, bloquearán todo esfuerzo por salir de la depresión hasta que renuncien a ellos... La tarea del consejero es alentar dicha expresión, aceptarla y trabajar con el fin de ayudar al joven a encauzar esta energía liberada en direcciones constructivas". Esto puede lograrse por medio de:

● *La oración*, tanto al prepararse para hablar con el joven y en el momento de guiarle (cuando ella o él esté listo) a hablar honesta y fervientemente a Dios sobre su depresión y buscar su ayuda para superarla.

● *Incitación paciente* a que el joven hable (sin forzarlo).

● *Preguntas que demuestran interés:* "¿Cuándo te sientes más deprimido?" "¿Pasas mucho tiempo solo?" "¿Qué haces, por lo general, cuando empiezas a sentirte deprimido?"

● *Frecuentes palabras tranquilizantes y consoladoras.*

● *Estar alerta para captar cualquier evidencia de ira, dolor, concepto bajo de sí mismo, etc.*

EMPATIZAR. El padre o la madre, el líder de jóvenes o el consejero querrá empatizar con el joven que sufre de depresión, o sea tratar de "caminar" con él, como lo expresan los autores Don Baker y Emery Nester. Pero, en el caso de una persona deprimida, es necesaria una palabra de advertencia:

> Debido a los sentimientos de incapacidad del aconsejado, probablemente cifrará esperanzas poco realistas en el consejero para que éste catalice una cura mágica... La expresión de incapacidad, dependencia y necesidad son motivadas parcialmente por los deseos conscientes o inconscientes de que el consejero se haga cargo de él... El aconsejado [puede sentir] una fuerte dependencia hacia el consejero.

Por lo tanto, el adulto tendrá que tener mucho cuidado de empatizar con el joven sin permitir que se desarrolle una malsana dependencia.

ALENTAR. Olson escribe:

> La presencia del apoyo y aliento del consejero es de vital importancia al trabajar con el joven deprimido. La completa aceptación del [joven] es una de las mejores maneras de comunicar apoyo. El optimismo realista del consejero en el sentido de que "hay una luz al final del oscuro túnel de la depresión" resulta muy alentador para el aconsejado que se siente absolutamente desalentado. Y cuando el joven deprimido logra algo o muestra alguna mejora, se le debe elogiar y dar palabras de aliento.

DIRIGIR. David A. Seamands, en su libro *Healing for Damaged Emotions* (Sanidad para las emociones dañadas), sugiere varias direcciones en que el adulto interesado puede guiar al joven deprimido:

1. Que evite estar solo. Anímele a estar con otras personas. Esta es una de las áreas principales en que tiene una opción definitiva en relación con sus depresiones.

2. Que busque la ayuda de otros. Que le cuente a alguien de confianza lo que siente. Que pida a personas amigas que le ayuden a luchar contra su estado de ánimo. Que procure estar con gente y situaciones que generan gozo.

3. Que cante. La música fue el único remedio eficaz para los estados de depresión del rey Saúl (1 Samuel 16:14-23). Que use la música inspiradora para manipular sus estados de ánimo.

4. Que alabe y de gracias. Pablo no les dijo a los tesalonicenses: "Dad gracias cuando tengan ganas"; les dijo: "Dad gracias *en todo*" (1 Tesalonicenses 5:18). Que deje que Dios ministre a sus estados de ánimo por medio de enfocarse en él.

5. Que se apoye mucho en el poder de la Palabra de Dios. Dios puede usar cualquier porción de las Escrituras para ministrarle durante los momentos de depresión. A través de los siglos su pueblo ha comprobado que los salmos son los más beneficiosos. De los 150 salmos, hay 48 que tienen respuestas para la depresión: 6, 13, 18, 23, 25, 27, 31, 32, 34, 37, 38, 39, 40, 42, 43, 46, 51, 55, 57, 62, 63, 69, 71, 73, 77, 84, 86, 90, 91, 94, 95, 103, 104, 107, 110, 116, 118, 121, 123, 124, 130, 138, 139, 141, 142, 143, 146 y 147. Sugerimos que los lea en voz alta.

6. Que descanse confiado en la presencia del Espíritu de Dios. El salmista repetidamente declara el secreto de la liberación de la depresión. Se animaba a sí mismo diciendo: "Espera a Dios, porque aún le he de alabar. ¡El es la *salvación de mi ser*, y mi Dios!" (Salmo 42:5). La presencia de Dios es la razón para tener esperanza y el medio de conseguir liberación.

COMPROMETER. Al igual que en otras muchas situaciones en que el adulto quiere influenciar al joven (o a cualquier otro), es imperativo que consiga la decisión y participación del joven en su propia recuperación en lugar de sencillamente predicarle o aconsejarle. Don Baker y Emery Nester ofrecen algunas maneras específicas de conseguir la cooperación del joven:

Anime a la persona deprimida a involucrarse en alguna actividad nueva. Ayúdele a elegir cosas que siempre ha querido hacer pero para las cuales nunca ha tenido tiempo... Busque una actividad disponible geográfica y financieramente. Da mejor resultado si ocupa mucho de su tiempo. Debe estar dentro de la capacidad del individuo. La jardinería, pintura, fotografía o un deporte aeróbico como correr o nadar son frecuentemente actividades que caben dentro de los criterios mencionados.

REFERIR. Si hubiera cualquier posibilidad de que el joven deprimido sea un peligro para sí mismo o para otros, tome medidas inmediatas para obtener la intervención de un consejero profesional. Esté atento a indicadores como:

● conversación sobre suicidio

● evidencias de un plan de acción "bien pensado" para realmente suicidarse

● sentimientos de desolación y/o falta de sentido a la vida

● indicaciones de un sentimiento de culpabilidad y de que no vale nada

● estrés reciente en su ambiente (como el divorcio de sus padres, una muerte en la familia, etc.)

● incapacidad para sobrellevar el estrés

● preocupación desmedida por las enfermedades físicas

● preocupación por el insomnio

● evidencias de desorientación o una actitud desafiante

● tendencia a ser dependiente e insatisfecho al mismo tiempo

● un cambio súbito e inexplicable a un estado de ánimo alegre (lo que frecuentemente significa que la decisión de intentar suicidarse ha sido tomada)

● conocimiento sobre los métodos más eficaces de suicidio (un balazo, drogas y monóxido de carbono dan mejor resultado; cortarse las venas en los brazos es menos exitoso, etc.)

● antecedentes de intentos de suicidio anteriores. (Los que lo han intentado antes, muchas veces vuelven a intentarlo.)

No vacile en preguntar al joven directamente si alguna vez ha contemplado suicidarse, y tome seriamente su respuesta.

Por último, referirlo a un siquiatra o médico puede justificarse en algunos casos (con permiso de los padres). Como destaca Collins:

Los consejeros que no son médicos quizá quieran contactar a un siquiatra u otro médico que pueda recetar remedios (antidepresivos) para aliviar temporalmente al aconsejado deprimido. También, si el aconsejado tiene síntomas físicos, es de extrema importancia que se lo refiera a un médico versado en sicología.

Pasajes bíblicos citados en este capítulo

- Mateo 26:37b, 38a

- Romanos 15:13

- 1 Samuel 16:14-23

- 1 Tesalonicenses 5:18

- Salmos 6, 13, 18, 23, 25, 27, 31, 32, 34, 37, 38, 39, 40, 42, 43, 46, 51, 55, 57, 62, 63, 69, 71, 73, 77, 84, 86, 90, 91, 94, 95, 103, 104, 107, 110, 116, 118, 121,123, 124, 130, 138, 139, 141,142, 143, 146, 147

Otros pasajes bíblicos para leer

- Génesis 15

- 1 Reyes 19

- Salmo 119:25

- Jonás 4

- 2 Corintios 4:1-18

- Filipenses 4:4-8

- 1 Pedro 5:7

CONCEPTO BAJO DE SÍ MISMO

CONTENIDO

Introducción

Néstor se crió con padres buenos que lo querían. Pero su papá no podía comunicar cariño aparte de proveer el sustento de la familia. Nunca le dio a Néstor un abrazo. Nunca le dijo que lo quería y que estaba orgulloso de él. La mamá de Néstor era dominante, controladora y posesiva. Siendo el mayor de tres hijos, el muchacho se desvivía por ganarse la aceptación, el amor y la aprobación de sus padres. Se convirtió en "el nene de mamá"; ya en el colegio secundario eso es lo que le llamaban. Y, peor todavía, Néstor tenía un temor secreto: que alguien descubriera que de noche orinaba la cama. Hasta los quince años nunca pasó una noche en casa de un amigo, lo que incidió sobre su sentido de soledad e inferioridad. Se sentía malquerido, incompetente y totalmente inútil.

Sus años universitarios se caracterizaron por una grave soledad y tiempos de mucha depresión. A veces caía en una depresión casi suicida. No tenía amigos íntimos. Tenía miedo de que alguien supiera lo pequeño y cobarde que se sentía por dentro. Estaba seguro de que nadie podría tenerle afecto, porque no podía tenerse afecto a sí mismo.

El verano de su penúltimo año en la universidad, Néstor escuchó por primera vez el mensaje del evangelio de Cristo. Aceptó a Cristo con el sentir de que por fin su vida se transformaría completamente. Pero nada pareció cambiar. Su sentido de soledad e inferioridad no desaparecieron. Como resultado, se sentía más infeliz que antes. Sabía que tenía a Cristo, pero su vida seguía siendo prácticamente la misma.

A veces sus luchas con su autoestima defectuosa eran abrumadoras, pero todo eso cambió cuando Néstor fue a un campamento cristiano en que conoció a un consejero que le dio esperanza de que podía ser diferente. Después de una breve sesión con él una tarde, la vida de Néstor empezó a cambiar espectacularmente.

En los años desde aquel verano, Dios ha obrado para curar su dolor, soledad, ira y sentido de inferioridad. Ha dedicado muchas horas a tratar de entenderse. Ha orado, estudiado la Biblia y buscado el consejo de muchas personas. Ha logrado mucho, y todavía le queda mucho por lograr. Pero ahora Néstor es distinto. Néstor está aprendiendo a tenerse afecto a sí mismo.

El problema del concepto bajo de sí mismo

Tanto los jovencitos como los adultos enfrentan un desafío totalmente nuevo, con profundas implicaciones para su futuro. El desafío es poder contestar las preguntas: "¿Quién soy?" "¿A dónde voy?" "¿Cuál es mi lugar?"

✦ Tres áreas funcionales

La labor principal de la adolescencia es la reevaluación del yo. Esta reevaluación se vale de las experiencias e influencias pasadas, al igual que de los mensajes que recibe de sus padres, maestros, amigos y de la sociedad en general. Todo esto se combina afectando tres áreas funcionales dentro de su autoestima:

El área de su apariencia personal. Muchos padres han observado que una cosa típica de la adolescencia es la incapacidad de pasar delante de un espejo sin detenerse. Con frecuencia los jóvenes se preocupan mucho por su apariencia personal; se preocupan por su cabello, su cutis, su ropa y su peso. Cualquier imperfección, por pequeña que sea, es muy importante para el joven, y cualquier crítica de su apariencia personal es probable que afecte para siempre el concepto que tiene de sí mismo.

El área de su actuación. La estima que se tiene el adolescente se va formando también según él y otros consideran sus habilidades en desarrollo y su inteligencia. "Soy terrible en matemáticas, seguro que soy tonto". "Soy un desastre en el deporte; soy tan torpe". "No pasé el examen, no puedo hacer nada bien". Tales experiencias y sentimientos pueden contribuir a una autoimagen deficiente.

El área de posición social o económica. La estructura social en que vive y se desenvuelve (bien o mal) el joven puede ser compleja e inflexible. Se le mide según a quiénes quiere o valora, quiénes lo quieren y valoran a él, si goza de popularidad, qué clase de auto tiene (y *si* maneja), la posición de sus padres, dónde vive, etc. Aunque todo esto puede parecerles trivial a los padres o al líder de jóvenes, pueden ser de muchísima influencia en la estima que el adolescente tiene de su propio valor e importancia.

✦ Tres claves en la formación de un concepto del "yo"

Las áreas de influencia descritas se unen para ayudar a formar el concepto del "yo" que el joven retiene en su mente y corazón. Este concepto consiste en tres elementos esenciales:

Sentirse "aceptado".
Sentirse "aceptado" es la percepción de ser querido, cuidado y disfrutado... Nuestro sentimiento de ser aceptado se establece fundamentalmente en la infancia. Los niños desarrollan el sentido de ser parte de su ambiente cuando los padres cariñosos anticipan sus incomodidades y afectuosamente les brindan lo que necesitan.

Sentirse que vale.
Sentirse de valor es sentir que "Soy bueno" o "Cuento para algo" o "Tengo razón". Nos sentimos de valor cuando actuamos como debemos. Verificamos que valemos cuando percibimos las actitudes positivas de los demás hacia nosotros y su aprobación sincera de nuestras acciones. Cuando los demás no nos dan su aprobación sino que nos critican, sentimos que ya no valemos.

Sentirse competente.
Este es el sentido de ser suficiente, de ser valiente o de tener esperanza, de ser lo suficientemente fuerte como para llevar a cabo lo que corresponde en las situaciones que la vida depara diariamente... Sentirse verdaderamente competente es reconocer tanto las habilidades como las debilidades de uno... Sentirse competente empieza a desarrollarse en los años de la preadolescencia, pero se va convirtiendo en una actitud más fija hacia el final de la adolescencia. El sentido de ser competente se ve afectado positivamente por los éxitos y negativamente por los fracasos.

Todos —niños, adolescentes, al igual que los adultos— quieren sentirse aceptados, merecedores y competentes. Desafortunadamente, la llegada a la adolescencia muchas veces hace estragos con esos sentimientos. "Los muchachos con frecuencia experimentan una disminución de su autoestima al entrar en sus años adolescentes", escribe Bruce Bower. "La ciencia social ha documentado esta tendencia —muchas veces más pronunciada entre las niñas— a lo largo de los últimos 20 años".

Causas del concepto bajo de sí mismo

Es peligroso simplificar demasiado los diversos factores que contribuyen a la autoimagen de la persona. De hecho, muchos científicos sociales todavía discuten la validez de varios elementos como su causa. No obstante, aunque no todos los factores pueden ser presentados aquí, varios son de tanta influencia que tienen que ser mencionados.

✦ Abuso

Varios estudios han documentado que existe una correlación directa entre el abuso infantil y un concepto bajo de sí mismo. De hecho, K. Brent Morrow y Gwendolyn Sorell afirman en su estudio que "la gravedad del abuso era el componente más poderoso que incidía sobre la autoestima" (vea también el capítulo 34: *Abuso sexual* y el capítulo 35: *Otras formas de abuso*).

La conexión del abuso con la autoestima no se limita al abuso sexual, ni siquiera al abuso físico. El sicólogo Irwin Hyman estima que el "50 por ciento al 60 por ciento de los jóvenes en la actualidad muestran algún tipo de estrés como resultado del maltrato emocional en la escuela", tal como comentarios sarcásticos de los maestros, o acciones disciplinarias que tienen como fin avergonzar a los niños ante sus compañeros. Mary Beth Marklein reportó en el periódico *USA Today*

que "muchos expertos en salud mental dicen que tácticas como las expresiones despreciativas, burlonas o sarcásticas pueden quitarle al niño su autoestima".

✦ Rechazo de los padres

Los investigadores Joan Robertson y Ronald Simons reportan que, según un estudio realizado por ellos: "Percibir el rechazo de los padres tenía una conexión significativa tanto con la depresión como con el concepto bajo de sí mismo."

Los jóvenes criados en un ambiente familiar donde había un exceso de críticas, menoscabos, desprecios (o de negligencia o falta de atención) por parte de los padres tienen más probabilidad de problemas al verse ante la tarea adolescente de reconocer su valor y de determinar su lugar en el mundo (vea el capítulo 16: *Padres sobreprotectores* y el capítulo 17: *Padres despreocupados*).

✦ Razonamiento equivocado

Los autores Bruce Narramore y Robert S. McGee se cuentan entre los muchos que destacan que los jóvenes que tienen un concepto bajo de sí mismos con frecuencia demuestran suposiciones incorrectas y razonamientos equivocados. Algunas de estas suposiciones y estos conceptos perjudiciales son:

Tengo que alcanzar ciertas normas a fin de sentirme bien conmigo mismo. Dichas normas pueden ser las de los padres, maestros o amigos, o pueden ser reacciones contra las normas de esas personas (como la jovencita que determinó que nunca compraría ropa usada porque sus padres siempre lo hacían). McGee destaca que quienes aceptan esta creencia responden en una de dos maneras. O se convierten en "esclavos del perfeccionismo, obligándose a alcanzar metas [y basando] su autovalorción en su habilidad de lograr una meta", o pierden la esperanza de lograr alguna vez algo bueno o de sentirse bien en cuanto a sí mismos. "Debido a sus fracasos pasados, son rápidos en interpretar sus fracasos del presente como un reflejo acertado de su falta de méritos. Temiendo fracasos adicionales, se dan por vencidos y dejan de esforzarse".

Tengo que contar con la aprobación de ciertas personas para poder sentirme bien en cuanto a mí mismo. La aceptación de esta premisa falsa lleva a los jóvenes a ceder a la presión de sus amigos en un esfuerzo por lograr su aprobación. Pueden hacerse socios de ciertos clubes, frecuentar ciertos grupos de personas o probar las drogas y el alcohol en un esfuerzo por ganarse la aprobación de personas que influyen sobre ellos. Algunos harían casi cualquier cosa para ganarse la sonrisa de una muchacha en particular, o una muestra de aprobación de un maestro o líder de jóvenes, porque basan lo que valen en lo que los demás opinan de ellos.

Los que fracasan no son dignos de ser queridos y merecen ser castigados. Narramore escribe: "Nos apropiamos de las actitudes y acciones correctivas de nuestros padres de la misma manera en que nos apropiamos de sus metas, ideales y expectativas. Al grado que nuestros padres se valieron de la presión, el temor, la vergüenza o el sentimiento de culpabilidad para motivarnos, nosotros [desarrollamos una premisa falsa que afirma]: *Cuando no logro mis metas o expectativas, necesito que me presionen, avergüencen, atemoricen o castiguen".* Porque los años adolescentes incluyen tantos fracasos, esa premisa puede devastar el sentido de autoestima del joven.

Soy lo que soy. No puedo cambiar; soy un caso perdido. McGee escribe: "Cuando los fracasos del pasado, la insatisfacción con la apariencia personal o los malos hábitos dominan tanto nuestra mente que se convierten en la base de nuestra autovaloración, la cuarta creencia falsa se cimienta en nuestras vidas... Si encontramos excusas para nuestros fracasos con demasiada frecuencia o durante demasiado tiempo, pronto veremos que nuestra personalidad se ha pegado a ellos."

Por último, se ha dicho que, por lo menos hasta cierta medida, el bajo concepto del yo que caracteriza a los años juveniles con frecuencia se resuelve exitosamente con el correr del tiempo y el desarrollo de sus habilidades, capacidades e inteligencia. No obstante, la autoestima es un elemento tan crucial para la salud física, mental y espiritual que el padre, líder de jóvenes, pastor o maestro sabio no dejará pasar la oportunidad de ayudar al adolescente a madurar en esta área al igual que en otras.

Los efectos del concepto bajo de sí mismo

✦ **Actitudes equivocadas**
Uno de los efectos más profundos de una autoimagen deficiente puede notarse en la actitud que la persona desarrolla hacia su mundo. Los que tienen una autoimagen deficiente tienen un concepto temeroso, pesimista del mundo y de su habilidad de hacer frente a sus desafíos. Consideran las situaciones nuevas o inesperadas como amenazas contra su felicidad y seguridad personal, aparentemente planeadas como ataques contra ellos personalmente. Ven que el mundo se les viene encima, empujándolos y aplastándolos. Estas personas tienden a recibir lo que la vida les depara sin desafiarlo o intentar cambiarlo. Se consideran víctimas, atrapadas sin salida en un ambiente hostil, como lo muestra la siguiente ilustración:

Por el contrario, quienes tienen una autoestima sana ven al mundo como un desafío a ser enfrentado, una oportunidad de poner en práctica su fuerza personal y su confianza en Cristo. Dichas personas creen que pueden tener un impacto sobre su mundo por medio de Cristo, y que por la gracia de Dios pueden cambiar eficazmente su ambiente. Esta actitud es la que muestra la siguiente ilustración:

Las personas que tienen una autoimagen débil o deficiente funcionan en la vida en base a estos factores y motivaciones que perciben:

1. Concepto pesimista de la vida
2. Falta de confianza en sus habilidades sociales
3. Extremadamente sensibles a las opiniones de los demás
4. Cohibidos por su apariencia
5. Ven a los demás como una competencia a ganar, no como amigos a disfrutar
6. Un sentido de masculinidad o feminidad por medio de conquistas sexuales
7. Un esfuerzo por llegar a ser algo o alguien en lugar de estar tranquilos y disfrutar de quienes son
8. Un concepto del presente como algo que hay que dejar de lado en lugar de centrarse en los logros del pasado y sueños para el futuro
9. Temor a Dios o creer que no se interesa en ellos o que está enojado con ellos
10. La costumbre de estar siempre pensando en conversaciones o situaciones pasadas, preguntándose qué habrá querido decir la otra persona
11. Opiniones que censuran y enjuician a los demás

12. Postura defensiva en la conducta y las conversaciones
13. Actitud de resentimiento
14. Uso del enojo como una defensa para no sentirse lastimado
15. Tendencia a desarrollar relaciones demasiado absorbentes
16. Incapacidad de aceptar elogios
17. Hábitos y conductas contraproducentes
18. La costumbre de dejar que otros lo lleven por delante
19. Temor a estar solo
20. Temor a la intimidad porque puede llevar al rechazo o a una relación sofocante
21. Dificultad en creer o aceptar el amor de Dios o el de otra persona
22. Dependencia de las posesiones materiales para sentir seguridad
23. Incapacidad de expresar sus sentimientos
24. La costumbre de menoscabarse
25. Esperar o preocuparse ante el temor de que sucederá lo peor
26. Tendencia a ir con la corriente y evitar una conducta independiente
27. Conducta perfeccionista detallista
28. Preferencias de formas de adoración rígidas, legalistas y ritualistas
29. Interpretación de su mundo como algo hostil y abrumador
30. Adjudicar la culpa a otros por situaciones o sentimientos no deseados o negativos
31. Necesidad de mucha estructura y control externo en la vida
32. Conciencia desmedidamente sensible

Tomemos nota de que una autoimagen deficiente no es la única causa de los factores mencionados. Puede haber muchas otras causas. Por ejemplo, muchas de las tendencias listadas pueden ser causadas también por el pecado no confesado o la rebelión. Además, alguien que sufre de una autoestima extremadamente deficiente no necesariamente demostrará todos —ni siquiera la mayoría— de dichos factores.

✦ Calidad de las relaciones

El concepto bajo de sí mismo también afecta la calidad de las relaciones de la persona. "De todos los problemas con la autoestima", sugiere la revista *Psychology Today* (Sicología Hoy) "este puede ser el peor: las personas que la tienen entablan relaciones que tienden a perpetuarla... Según William B. Swann, Jr., doctor en filosofía, profesor de sicología en la Universidad de Texas, las personas con conceptos negativos de sí mismas prefieren a la gente —y aun la buscan— que también las evalúan negativamente".

✦ Problemas en la intimidad matrimonial

No es de sorprender, entonces, que una autoimagen deficiente es también una de las causas principales de los problemas en la intimidad matrimonial. Si uno no se acepta sanamente, ¿cómo puede esperar que su pareja lo haga? No puede, y por eso empieza a ponerse una careta, y el hombre o la mujer que se casa con usted se casa con la careta, no con quien es realmente usted. Cuando así sucede, la careta se hace más y más grande y, generalmente, cualquier intimidad que pudo haber en el inicio de la relación, desaparece.

✦ Logros, sentido de satisfacción y de realización limitados

El concepto bajo de sí mismo tiene muchas consecuencias, obstaculizando los logros, el sentido de satisfacción, de realización y de bienestar en la escuela, el trabajo, el tiempo libre y en el matrimonio y otras relaciones.

La perspectiva bíblica del concepto bajo de sí mismo

Muchos cristianos se sienten incómodos ante la noción de reconocer cualquier mérito propio. Están totalmente en contra de la idea de amarse o aceptarse. Por sus antecedentes teológicos, o quizá por otras consideraciones, se ven constantemente como gusanos insignificantes para ser pisoteados, pecadores sin valor que sólo merecen el infierno. Les cuesta combinar la idea de una autestima buena con lo que han aprendido de la Biblia. Citando Romanos 12:3: "nadie tenga más alto concepto de sí que el que deba tener; más bien, que piense con sensatez, conforme a la medida de la fe que Dios repartió a cada uno" dicen: "¿Ve? Uno no debe tener un buen concepto de uno mismo".

La sicología secular contemporánea encuentra contradictorio ese razonamiento teológico. El autor Rollo May ha dicho:

En los círculos donde se predica el autodesprecio, por supuesto nunca explican por qué uno habría de ser tan mal educado e inconsiderado que obliga a los demás a aguantar su compañía si él mismo la considera tan cargosa y matadora. Y, además, la multitud de contradicciones nunca se explican adecuadamente en una doctrina que aconseja que odiemos el "yo" y amemos a todos los demás, con la obvia expectación de que ellos nos amarán a nosotros, odiosas criaturas que somos; o que cuanto más nos odiamos, más amamos a Dios quien cometió el error, en un momento de distracción, de crear a esta criatura despreciable que soy "yo".

En Romanos 12:3 Pablo no dice que no debemos tener un buen concepto de nosotros mismos. Dijo que no debemos tener un concepto más alto de nosotros mismos de lo que *realmente somos*. En otras palabras, tenemos que ser realistas y bíblicos en nuestras opiniones de nosotros mismos. Por eso Pablo agregó que pensemos "con sensatez".

El verbo *pensar* en griego significa "pensar o sentir de cierta manera acerca de alguien". En Romanos 12:3 significa formar una opinión, un juicio o un sentir acerca de uno mismo. La enseñanza de Pablo es que formemos nuestra opinión o nuestro concepto de nosotros mismos como resultado de una evaluación realista de nosotros mismos.

Los que creen que debemos negar el "yo" no reconocen que la humanidad es de gran valor para Dios. Pero este valor no procede de lo que hemos logrado ser, sino de lo que Dios ha hecho por nosotros y en nosotros. Somos pecadores caídos, aun así, fuimos creados a la imagen de Dios. De hecho, fuimos la corona de su creación, lo cual da a toda la humanidad un valor intrínseco. Y los cristianos son confirmados por Pablo como "hechura de Dios" (Efesios 2:10), y como su *poeima* (en el griego), su poema, su obra de arte. Sin lugar a dudas, la humanidad tiene valor ante Dios individualmente y como raza.

El valor propio no es una idea extraña a las Escrituras. Está entretejida en el corazón del proceso redentor de Dios. El que nos compró por precio sabe nuestro verdadero valor. El precio que pagó por nosotros es Jesús (vea: 1 Corintios 6:20; 1 Pedro 1:18, 19). Si nos pusiéramos etiquetas de precio, cada una diría "Jesús". Tenemos "el valor de Jesús" a los ojos de Dios porque eso es lo que pagó por nosotros por medio de la muerte de Jesús en la cruz para pagar por nuestros pecados. Esa es la declaración de Dios sobre lo que valemos.

No obstante, es importante reconocer que tenemos este valor intrínseco por lo que Dios ha hecho y por quien nos hizo que fuéramos. No es un valor adquirido por nosotros, ni algo que hicimos o no hicimos para merecerlo. En Efesios 1:18 Pablo escribió sobre nuestro valor intrínseco al reafirmar que somos de Cristo.

Es así que vemos que la Biblia da validez al concepto del valor propio sin repudiar la pecaminosidad humana. Durante miles de años filósofos y teólogos han luchado por comprender estos dos aspectos de nuestra naturaleza. Por un lado, el ser humano, creado a la imagen de Dios tiene gran valor, un valor intrínseco. Por otro lado, el ser humano es un ser caído, pecador que ha sido responsable de los sucesos más crueles de la historia. La dignidad y el valor de la humanidad, en contraste con su pecaminosidad, egocentrismo y orgullo constituyen la gran contradicción de la historia.

Pero la gracia de Dios se muestra en que, aunque la gente sea pecadora, Dios la considera lo suficientemente valiosa como para "comprarla de vuelta", aun cuando el precio es algo increíblemente precioso: la sangre de Jesús (vea Lucas 15). Esta es la única solución para la paradoja de la naturaleza humana, una paradoja para la cual la sicología secular no ha encontrado una explicación. Sólo por medio de la intervención amante de Dios pueden reconciliarse las dos naturalezas de la humanidad.

La respuesta al problema del concepto bajo de sí mismo

La autoimagen deficiente no se forma ni tampoco se templa o corrige de la noche a la mañana. El líder de jóvenes, pastor, maestro o padre puede ofrecer una ayuda vital al joven que vive con una autoimagen débil o malsana, siguiendo un curso de acción como el siguiente:

ESCUCHAR. Algunos jovencitos no saben lo que es tener a un adulto que los escuche. Sus padres no los escuchan, sus pastores no los escuchan, sus maestros no los escuchan... Es importante desarrollar la costumbre de escuchar detenidamente al joven que tiene un concepto bajo de sí mismo. Escuche sus declaraciones en que se autocritica; escuche los adjetivos negativos que usa para describirse; escuche lo que dice de su familia, sus padres, su niñez, sus amigos, su escuela y cómo lo tratan los demás. El solo hecho de que alguien lo escucha tiene un efecto saludable sobre el joven.

Use preguntas como las siguientes para hurgar suavemente las ideas, actitudes y el concepto que el joven tiene de sí mismo:

● ¿Cómo te describirías a ti mismo?
● ¿Crees que eres una persona de valor?
● ¿Alguna vez te describes con términos que te menoscaban?
● ¿Te parece que le caes bien a los demás?

- ¿Te aprecias a ti mismo?
- ¿Qué crees que opinan de ti tus padres? ¿tus maestros? ¿tus amigos? ¿otros?
- ¿Qué cosas te hacen sentirte bien contigo mismo?
- ¿Qué cosas te hacen sentirte mal contigo mismo?

Esfuércese, a medida que el joven habla, a escuchar no sólo sus palabras sino a captar los sentimientos que expresa. Y "escuche" también su lenguaje corporal.

Trate también de convencer al joven de que Dios *siempre* escucha y que el ingrediente más importante y eficaz de un concepto sano de uno mismo es conocerle a él, sentir su amor y su comunión.

EMPATIZAR. Esmérese por empatizar con el joven. Examine su propio concepto de sí mismo. ¿Cuáles han sido sus peores dificultades? ¿Tiene todavía dificultades con su autoestima? ¿Qué le ha ayudado a aceptarse a sí mismo?

También procure comunicar calidez y empatía por medio de:

- Inclinarse hacia adelante en su silla para comunicar interés.
- Hacer contacto visual con el joven sin clavarle la vista ni dejar que su mirada se distraiga.
- Evitar una expresión de sorpresa, desaprobación, discrepancia o de emitir juicios sobre lo que dice.
- Esperar pacientemente en los momentos de silencio o lágrimas.
- Guiar la conversación preguntando: "¿Y después qué pasó?" o "Dime qué quieres expresar al decir..."
- Reflejar lo que expresó el joven diciendo: "Te has de sentir..." o "Parece que estás diciendo..."

ALENTAR. David Seamands dice: "Algunos padres tienen miedo de confirmar y alentar a sus hijos. Creen que si elogian demasiado a sus hijos, éstos serán engreídos u orgullosos... Pero los padres corremos mucho más peligro de perpetuar el temor al fracaso de nuestros hijos que de que sean erradamente orgullosos".

Sea usted padre, madre, líder de jóvenes, pastor o maestro, la confirmación de lo positivo en ellos es importante para el desarrollo de su autoestima. Confírmelo por quien es y lo que hace; trate de "sorprender" al joven haciendo algo correcto o algo bien, y asegúrese de que el comentario de usted sobre eso sea sincero.

DIRIGIR. El adulto que desea influir sobre el joven que tiene dificultades con un concepto bajo de sí mismo debe, en un momento oportuno, compartir con sensibilidad la verdad bíblica sobre la importancia del joven en Cristo. Algunos jóvenes, al oír por primera vez que son de inestimable valor a los ojos de Dios, han tomado de la verdad de la Palabra de Dios una seguridad y confianza que les ha cambiado la vida.

Además, el adulto interesado en el joven, debe procurar contrarrestar las cosas que pueden hacer que su autoestima sea deficiente. Tony Campolo, autor cristiano, sugiere dos énfasis principales al guiar al niño en formas que promueven una autoestima sana:

Ayude al joven a desarrollarse en un aspecto en que sea especial, excepcional y mejor que otros. Algunos padres han hecho esto brindando a sus hijos lecciones de música, o anotándolos en clases de drama, otros enfocando en sus hijos el desarrollo de sus habilidades atléticas. Debe ser usted muy sensible a los talentos y dones especiales del niño y luego aprovecharlos al máximo a fin de que el niño los desarrolle lo más posible. Así, el niño se siente especial y eso lo capacita para tener un sentido de ser de valor al llegar a la edad de la juventud.

Los pastores, líderes de jóvenes y maestros también pueden hacer esto al observar con cuidado al joven por quien están preocupados a fin de determinar qué oportunidades de capacitación le pueden ofrecer. ¿Se le puede guiar para que dirija al grupo juvenil en un culto? ¿Se le puede enseñar con miras a que un día enseñe una clase de escuela dominical? ¿Existe un área de responsabilidad —aunque sea pequeña— que le permita demostrar que puede ser responsable y llevar a cabo una tarea bien hecha?

Campolo sigue diciendo:

Segundo, el grupo juvenil de la iglesia puede dar al joven un sentido de que pertenece y que es aceptado. Muchas veces el que no es aceptado en el contexto más grande de la escuela pública puede encontrar una confirmación de su valor en este pequeño cuerpo de creyentes. Los padres necesitan estar dispuestos a cambiar de iglesia, de ser necesario, cuando los hijos llegan a la adolescencia a fin de encontrar una iglesia con un grupo juvenil [o empezar un grupo tal] que supla la necesidad de confirmación que necesitan.

COMPROMETER. Motive al joven mismo para que analice maneras en que puede mejorar su autoimagen. Los padres pueden darle forma de proyecto. Los líderes de jóvenes pueden usar la tarea de reconstruir la autoestima como base de una sesión de estudio bíblico o de discipulado en que el joven participe. Tim Hansel sugiere los siguientes pasos hacia una autoestima sana:

1. Acéptate
2. Conócete
3. Sé tú mismo
4. Ámate
5. Olvídate de ti mismo

Motive al joven a analizarse para lograr cada paso, con ideas como las siguientes:

1. No hables de ti mismo negativamente ("Soy tan torpe", etc.), porque tiendes a convertirte en lo que tú crees que eres.

2. Compórtate con seguridad (pero no agresivamente) aun en situaciones amenazantes y cuando no te sientes con ganas de hacerlo.

3. Cuando fracasas, admítelo y confiésalo a Dios, y luego niégate a condenarte a ti mismo. "Ninguna condenación hay para los que están en Cristo Jesús" (Romanos 8:1).

4. Sé tan amable contigo mismo como lo eres con cualquier otra persona.

5. No te compares con otros. Eres una persona singular. Dios disfruta de ti en tu singularidad; ten una actitud similar hacia ti mismo.

6. Concéntrate y medita en la gracia, el amor y la aceptación de Dios, no en las críticas de los demás.

7. Júntate con amigos que son positivos, que disfrutan de ti y que disfrutan de la vida.

8. Empieza a ayudar a otros a verse como Dios los ve, por medio de aceptarles, amarles y animarles. Dáles el respeto que se merecen como una de las creaciones humanas singulares de Dios.

9. Aprende a reír; búscale la gracia a la vida y sé parte de ella.

10. Sé realista en lo que esperas de los demás, teniendo en cuenta los talentos, dones, habilidades y potencialidad específica de cada uno.

11. Relájate y quédate tranquilo. Si Jesús sin pecado se preparó treinta años para un ministerio de tres años, quizá Dios no esté tan apurado contigo como te parece que lo está.

12. Haz lo correcto y lo agradable a los ojos de Dios. Cuando nuestras vidas reflejan el carácter de Dios somos mucho más felices; obedecer a Dios nos hace sentirnos bien acerca de nosotros mismos.

13. Sé positivo (ver: Filipenses 4:8). Fíjate cuánto tiempo puedes durar sin decir algo negativo de otra persona o situación.

14. Guía a otros con tu influencia y sabia dirección en lugar de hacerlo con un poder autocrático.

15. Ama según el ejemplo del amor *agape* de Dios y equilibra el amor estableciendo límites.

REFERIR. En casos extremos, cuando la autoestima de la persona está tan dañada que resulta, por ejemplo, en una grave depresión o en una falta total de reacción a los consejos o a los ofrecimientos de ayuda, puede ser necesario involucrar a un consejero cristiano profesional. Si usted no es el padre o la madre del joven, es indispensable involucrar a los padres y contar con su consentimiento para referirlo a un profesional.

Pasajes bíblicos citados en este capítulo

- Romanos 12:3
- 1 Corintios 6:20
- Efesios 2:10
- Efesios 1:18
- Lucas 15
- Filipenses 4:8
- 1 Pedro 1:18, 19

Otros pasajes bíblicos para leer

- Salmos 91; 116:15
- Efesios 1:1-14
- 1 Pedro 1:18, 19

ANTE LA MUERTE

Introducción

Ana había vivido más de la mitad de su vida en Africa, donde sus padres eran misioneros en Zimbabwe. Dos meses antes de cumplir los trece años, ella y su hermano y sus padres regresaron a los Estados Unidos para dos meses de descanso.

Al llegar a la ciudad de Oklahoma, Ana y su familia se sometieron a los exámenes médicos acostumbrados. Todos parecían gozar de perfecta salud... pero no fue así con Ana. El doctor descubrió que tenía el bazo mucho más grande de lo normal. Ordenó otras pruebas que dieron como resultado que Ana sufría de leucemia, una forma de cáncer que afecta la sangre y la médula de los huesos.

El doctor explicó que el tipo de leucemia que sufría Ana era bastante raro, y que por lo general se descubre mucho antes. También explicó a la familia los tratamientos disponibles pero agregó que Ana quizá no se recobraría de su enfermedad.

—¿Voy a morir? —preguntó Ana a su mamá, reflejando el temor en su mirada.

La madre de Ana, que también estaba tratando de hacer frente al diagnóstico, respiró muy hondo procurando controlar lo que sentía.

—No sé, Ana —contestó—. No sé.

Vaciló apenas un instante antes de agregar:

—Pero es posible que sí.

Ana no pudo disimular el golpe que le causaba la respuesta y cerró fuertemente los ojos.

Ana, su papá, su mamá y su hermano formaron un apretado círculo en el consultorio del doctor, llorando, con los brazos entrelazados como si trataran de levantar una barrera contra la enfermedad que amenazaba la vida de la jovencita.

El problema de encontrarse ante la muerte

La mayoría pensamos en la muerte y en morir como algo que le sucede a los adultos, especialmente a los ancianos. Pero con frecuencia también el joven tiene que enfrentar la posibilidad de morir.

En el cuadro al pie de la página se encuentran las causas principales de la muerte entre los jóvenes en los Estados Unidos de América, según un resumen estadístico realizado en dicho país.

Se puede ver, al estudiar la lista, que aunque muchos niños y adolescentes mueren inesperadamente (es decir, como resultado de un accidente u homicidio), muchos otros tienen que enfrentar la realidad de su propia mortalidad y la posibilidad de que morirán jóvenes (por ejemplo: como resultado de una enfermedad del corazón, cáncer o el SIDA).

Estos jóvenes se encuentran ante la necesidad de hacer frente a un problema muy "adulto" (en algunos sentidos, el problema máximo) cuando todavía distan de serlo. Un proceso que muchas veces va acompañado de muchos resultados profundos y difíciles.

Los efectos de encontrarse ante la muerte

El joven ante la perspectiva de su propia muerte, sentirá, como cualquiera, una amplia gama de variados (y a veces volátiles) sentimientos. La principal reacción muy posiblemente sea un sufrimiento abrumador, extremadamente similar al sufrimiento que uno siente cuando pierde a un ser querido —excepto, es claro, que en el caso del joven su aflicción es por la proximidad de su propia muerte.

✦ Las cinco etapas del sufrimiento

La ampliamente aclamada obra de Elizabeth Kubler-Ross ha reflejado las cinco etapas del sufrimiento, como las explican los autores Joan Sturkie y Siang-Yang Tan:

1. Negación—La persona puede negarse a creer que está muriendo. La duración de esta etapa puede variar, siendo más larga para algunos que para otros. Es una etapa temporaria, pero puede volver a aparecer en cualquier momento.

2. Ira—El joven puede cuestionar lo que está pasando. Cuando no aparece la respuesta, puede explotar con ira hacia lo injusto de toda la situación. A la vez, puede sentirse culpable por sentir esa ira.

3. Negociación—Esto por lo general es un intento por demorar la muerte... El moribundo con frecuencia no cuenta a nadie lo que le está pasando. El negociar por lo general se hace en secreto, con Dios.

4. Depresión—Cuando el desahuciado enfrenta la realidad de su muerte, con frecuencia cae en la depresión. Puede ser cuando los síntomas de la enfermedad incurable ya no pueden ignorarse...

CAUSAS PRINCIPALES DE MUERTE ENTRE JÓVENES EN LOS ESTADOS UNIDOS

ENTRE LOS 5 Y 14 AÑOS
1. Accidentes
2. Cáncer (incluye leucemia)
3. Anomalías congénitas
4. Homicidios e intervenciones legales
5. Enfermedades del corazón
6. Pulmonía e influenza

ENTRE LOS 15 Y 24 AÑOS
1. Accidentes
2. Homicidios e intervenciones legales
3. Suicidios
4. Cáncer (incluye leucemia)
5. Enfermedades del corazón
6. Infecciones del SIDA (HIV)

5. Aceptación—Cuando el desahuciado va superando los sentimientos y conflictos que han aparecido, puede ahora estar listo para aceptar el hecho de que la muerte se acerca.

Muchos otros efectos físicos tanto como emocionales y sicológicos se presentarán en los diversos (o todos) puntos a través de las cinco etapas del sufrimiento.

✦ **Efectos físicos**
Los síntomas físicos del sufrimiento descritos por Erich Lindemann se aplican no sólo al que sufre por la pérdida de un amigo o ser querido, sino también a la persona que se encuentra ante su propia muerte. El doctor G. Keith Olson menciona otros como:

- Respiración laboriosa caracterizada por los suspiros y estrechez en la garganta.

- Sentirse físicamente exhausto y no tener fuerza ni aguante físicos.

- Síntomas digestivos, incluyendo una alteración en el sentido del gusto, pérdida del apetito, producción salival insuficiente y una sensación de vacío en el estómago.

Otros síntomas físicos pueden incluir insomnio (o dormir mucho más de lo acostumbrado), dolores de cabeza y un llanto incontrolable y muchas veces inesperado.

✦ **Efectos emocionales**
Verse ante la posibilidad de una muerte inminente puede causar trastornos mentales, incluyendo estos efectos emocionales:

Temor. El temor, por supuesto, es una reacción muy probable ante la perspectiva de morir. Pero el joven temerá no sólo el hecho de la muerte (aunque eso será ciertamente un factor importante que a veces puede llegar a ser abrumador); puede también (lo cual es muy natural) temer lo que le sucederá cuando su enfermedad empeore. Puede temer al dolor que la acompañará. Hasta puede temer el efecto que su muerte tendrá sobre los demás. (Vea también el capítulo 2: *Ansiedad.*)

Sentimiento de culpabilidad. Aunque el joven puede saber, cognoscitivamente, que la enfermedad o condición que amenaza su vida no es culpa suya, la incapacidad de aceptar un suceso o diagnóstico inexplicable puede llevarle a sentirse en cierta forma culpable, pensando: "Habré hecho algo para merecer esto" o "Debí haber sido una hija más buena" o aun a veces: "Si hubiera leído más la Biblia Dios no me hubiera hecho esto." Estas reacciones de culpabilidad, dice Olson, "representan un intento por volver a sentirse en control de la vida después que le ha asestado un golpe doloroso y desconcertante". (Vea también el capítulo 3: *Sentimiento de culpabilidad.*)

Impotencia. La perspectiva de la muerte como resultado de una enfermedad o condición grave probablemente deje al enfermo (al igual que a los que lo rodean) sintiéndose impotente ante su situación, y Olson destaca que "uno de los sentimientos más inaceptables para el joven es sentirse impotente ante una situación. Para luchar contra este sentimiento peligroso, el joven con frecuencia trata de asumir un sentimiento de responsabilidad por lo que ha pasado. De esta manera, con frecuencia escoge sentirse culpable antes que impotente".

Resentimiento. Muchas veces el joven ante la perspectiva de una enfermedad incurable o la muerte expresará resentimiento, particularmente hacia los que están más cerca suyo y que más le ayudan. Puede resentir a sus amigos o hermanos porque no tienen que ir al hospital, aguantar los tratamientos y morir jóvenes. Al empeorar la enfermedad, puede resentir el hecho de que necesita la ayuda de sus familiares. Mary Beth Moster, autora de *When the Doctor Says It's Cancer* (Cuando el médico dice que es cáncer) escribe:

"El problema de aceptar ayuda está fuertemente ligado con el intenso anhelo del paciente de ser 'normal' y de no ser diferente de los demás. Porque puede haber momentos cuando depende totalmente de la ayuda de otros, su concepto de sí mismo puede sufrir grandes daños".

Duda. Una reacción común entre los que sufren una enfermedad incurable y se ven ante la muerte es preguntarse: "¿Por qué?" Olson escribe:

A veces hacemos la pregunta porque realmente buscamos una respuesta. Creemos que si entendemos la razón entonces, de alguna manera, el dolor será más fácil de aguantar. Pero en otras ocasiones nuestra pregunta es más retórica. Es un grito de protesta que no quiere más que ser oído. Los pastores y consejeros laicos, al igual que muchos consejeros profesionales, por lo general sienten la necesidad de dar una respuesta a la pregunta llena de sufrimiento: "¿Por qué?" Una técnica mejor al aconsejar es enfocar el futuro en lugar de querer dar una respuesta a algo que no la tiene. Una respuesta útil podría ser: "¿Cómo vas a encarar esto...?"

Lo antedicho no incluye, por supuesto, todos los efectos que sufrirá el joven ante la muerte, pero quizá sean los más prevalentes y profundos.

La perspectiva bíblica sobre la muerte

La Biblia es directa al referirse a la muerte. La presenta con realismo, a veces incluyendo horrendos detalles. La palabra de Dios presenta la muerte como la experiencia universal de la humanidad. "Somos como el agua derramada en la tierra, que no se puede recoger" (2 Samuel 14:14). Describe a Job en su anhelo de morir, el negociar de Ezequías tratando de demorar la muerte, el sufrimiento de Jesús ante una muerte cruel (y la carga de los pecados de otros que también sufriría al morir), y a Pablo enfrentando la muerte reflexivamente y con esperanza. Pero la clave, para ellos y para nosotros, era la perspectiva bíblica sobre la muerte.

Mary Beth Moster comparte algunas ideas importantes:

La Biblia enseña que el espíritu humano no muere. "Entonces Jehovah Dios formó al hombre del polvo de la tierra. Sopló en su nariz aliento de vida, y *el hombre llegó a ser un ser viviente*" (Génesis 2:7).

Dios creó al hombre perfecto y eterno y, aunque el pecado destruyó su perfección, su espíritu sigue siendo eterno.

Debido a la santidad de Dios el hombre pecador no puede pasar la eternidad con él. Permitirlo sería totalmente contrario a la naturaleza santa de Dios. Por lo tanto, quien peca está *apartado* de Dios durante su vida física y separado de Dios por toda la eternidad. Nos referimos a este estado como "muerte espiritual".

Cada uno de nosotros merece experimentar la muerte espiritual, porque nadie puede alcanzar las normas de perfección de Dios. "Porque todos pecaron y no alcanzan la gloria de Dios" (Romanos 3:23).

La buena noticia es que Dios nos amó tanto que envió a su Hijo para morir por nosotros y pagar el castigo de nuestros pecados.

Cuando uno confía en Jesucristo como su Salvador personal, "nace de nuevo". El nacimiento espiritual lo transfiere del estado de muerte espiritual al estado de vida espiritual. Dios mismo comienza a vivir en ese creyente en la persona del Espíritu Santo. En consecuencia, el cristiano puede estar seguro (no sólo tener la esperanza) de que si muere irá inmediatamente a estar con Cristo (2 Corintios 5:8)...

¿Qué hay más allá de la tumba para el creyente?

Joseph Bayly, un hombre que vio morir a tres de sus hijos, escribió sobre el cielo en *The View from a Hearse* (Una perspectiva desde el coche fúnebre):

No puedo dar pruebas de la existencia del cielo. Acepto su realidad por fe, basado en la autoridad de Jesucristo: "En la casa de mi padre muchas moradas hay. De otra manera, os lo hubiera dicho".

El caso es que si yo fuera un mellizo en la matriz, dudo que pudiera dar pruebas a mi hermano de la existencia de la tierra. Este probablemente objetaría que la idea de una vida más allá de la matriz es ridícula, que la matriz es la única vida que jamás conoceríamos.

Si tratara de explicarle que los terrestres viven en un ambiente mucho más amplio y que respiran aire, sería aun más escéptico. Después de todo, el feto vive en agua; ¿quién se imaginaría que pudiera vivir en un universo de aire? A él, esa transición le parecería imposible.

Tendría que suceder el nacimiento para probarle la existencia de la tierra al feto. Un poco de dolor, un oscuro túnel, un primer aliento y, luego, ¡un mundo inmenso! Pasto verde, olas, lagos, el océano, caballos (¿podría un feto imaginarse un caballo?), el arco iris, caminar, correr, deslizarse en una tabla sobre las olas, patinar en el hielo. Con suficiente espacio para no tener que empujar, y un universo más allá...

Como el feto, no podemos tener idea de lo que hay del otro lado del túnel en el cielo. Pero por la Biblia, la Palabra de Dios podemos saber esto:

- El cielo es un lugar de descanso (Apocalipsis 14:13).

- El cielo es un lugar donde no hay dolor, llanto ni tristeza (Apocalipsis 21:4).

- El cielo es un lugar de gozo absoluto en presencia del Señor (Hechos 2:28).

- Aunque seremos transformados, reconoceremos a nuestros seres queridos (Mateo 17:3, 4; Pedro reconoció a Moisés y a Elías).

- El cielo será más hermoso de lo que podemos imaginar (Apocalipsis 21 y 22).

- En el cielo estaremos cómodos y seguros, porque será nuestro *hogar* (Juan 14:2).

La respuesta al joven que se encuentra ante la muerte

El joven que enfrenta la realidad de su propia muerte puede estar en un estado mental y emocional delicado. El líder de jóvenes, padre o consejero sensible puede serle de más ayuda siguiendo un curso de acción como el siguiente:

ESCUCHAR. Sea usted el padre o la madre u otro adulto amigo, lo mejor que puede hacer es escuchar al joven. Gary R. Collins ofrece estas pautas llenas de discernimiento:

Hágale saber al joven que expresar sus sentimientos es bueno y aceptable, pero no lo presione a hacerlo.

Espere arranques de llanto, ira, ensimismamiento; pero aun así hágale saber que usted está a su disposición.

Sea un escucha receptivo, cuidadoso... El sentimiento de culpabilidad, de ira, confusión y desesperación serán expresados tarde o temprano y necesitan ser escuchados por el que ayuda en lugar de ser condenados, acallados o desestimados.

EMPATIZAR. Olson escribe:

Aconsejar al moribundo... hace que el consejero enfrente sus propias actitudes hacia la muerte. ¿Hemos aceptado nuestra propia mortalidad? ¿Cuáles son nuestras propias reacciones emotivas ante la posibilidad de que podemos enfermarnos de gravedad o sufrir un accidente fatal?... ¿Cómo consideramos la muerte espiritual, sicológica y fisiológicamente? Los sentimientos no resueltos por parte del consejero con respecto a la muerte probablemente causen... problemas en su aconsejamiento...

El consejero tiene que tener una gran capacidad de sentir empatía y la habilidad de comunicarla al que se encuentra ante la muerte... ¿Estamos nosotros, como consejeros, viviendo nuestras vidas como si deliberadamente ignoráramos lo inevitable de nuestra propia muerte? El aconsejamiento exitoso relacionado con la muerte requiere que el consejero esté consciente de su propia mortalidad.

A LENTAR. Olson escribe:

Un ingrediente esencial... es una aceptación cándida de los sentimientos, pensamientos y arranques emotivos expresados por [el joven]. Muchos se azoran ante la angustia insondable que surge [en esas circunstancias]. No hay lugar para trivialidades como: "Ya lloraste demasiado. Es hora que te controles"; [y] "No te preocupes tanto. Estoy seguro de que todo saldrá bien". Este tipo de comentarios... pueden perjudicar más que ayudar al aconsejado, especialmente en el caso de los jóvenes que tienden a reprimir sus sentimientos. En cambio, el ambiente con el consejero tiene que ser cálido y lleno de apoyo... El joven no necesita ser arrasado o sofocado por el cariño, sino que necesita verse rodeado de él.

D IRIGIR. La mayor parte de la ayuda que un padre, pastor u otro adulto puede ofrecer al joven que enfrenta la muerte es escuchar, empatizar y alentar. También pueden ayudarle en las siguientes áreas:

• Orar por el joven y consolarle con la Palabra de Dios, cuidándose de no sermonearle.

• Guiarle con sensibilidad para que se valga del recurso de Dios que es la oración, guiar al joven para que se acerque a Dios, confiarle sus cosas, confiar en él y buscar en él la fuerza que necesita.

• Ayudar al joven a tomar decisiones, particularmente las que se relacionan directamente con su condición.

• Brindar ayuda práctica: llevarlo en auto al consultorio médico, darle libros que ayudan, etc.

Además, Collins sugiere algunas medidas útiles, las cuales ofrece en el contexto de prevenir un sufrir malsano, pero que hemos adaptado para aplicarlas a quienes aconsejan al joven ante la muerte:

1. Desarrollar actitudes sanas en el hogar. Cuando los padres son francos y honestos en cuanto a la muerte, los niños aprenden que éste es un asunto a ser encarado honestamente y conversado con franqueza. Los conceptos equivocados entonces pueden ser corregidos, y surgen oportunidades naturales para contestar preguntas. Probablemente sea cierto que el joven nunca puede estar preparado para la muerte, pero una actitud franca en casa facilita la comunicación y... que los diálogos sobre la muerte sean más naturales.

2. Anticipar la muerte y aprender sobre ella. Educar sobre la muerte es un énfasis relativamente nuevo pero que va aumentando. En escuelas, iglesias y otros lugares se está aprendiendo cómo hablar de la muerte (incluyendo la muerte propia), y a dialogar sobre cómo el enfermo incurable enfrenta la muerte, la tristeza y otros.

3. Anticipar la tristeza. Cuando alguien cae enfermo de muerte, sus familiares y amigos por lo general simulan que todo andará bien, y no se habla de "partir". Cuando el paciente y sus familiares pueden hablar de las posibilidades de una muerte inminente y pueden ser sinceros con respecto a su tristeza, el proceso subsecuente de dolor tendrá menos posibilidades de ser patológico...

4. Entendimiento teológico... La Biblia dice mucho acerca de la muerte, el significado de la vida, la realidad de la promesa de vida eterna con Cristo para el creyente y el dolor de la pérdida de un ser querido. Estas verdades deben ser enseñadas y entendidas antes de que la muerte ocurra.

Dichas medidas no "resolverán" los problemas de la persona que enfrenta la muerte, por supuesto; sólo la eternidad resolverá el problema de la muerte. No obstante, pueden ayudar al joven a entender mejor y a poder sobrellevar la perspectiva de su propia muerte.

COMPROMETER. Es importante motivar la participación del joven, aun la del que se encuentra ante la posibilidad de morir, en su propio futuro, no importa lo breve o incierto que sea ese futuro. En cuanto sea práctico (dejando tiempo suficiente para expresarse y descargarse) guíe al joven a tomar algunas decisiones, como: qué tratamientos y/o remedios tomará o no tomará, lo que quiere decirles a sus familiares y amigos, proyectos no terminados o metas no alcanzadas que quiere completar, aun cómo serán sus exequias. La decisión más importante a tomar, por supuesto, es estar seguro de que el joven está preparado para la eternidad, habiéndole entregado su vida a Cristo para ser salvo.

REFERIR. El líder de jóvenes, pastor o maestro deben tener el cuidado de trabajar en colaboración con los padres del joven, y todos los adultos interesados en él deben ser sensibles a la posible contribución que un consejero profesional cristiano podría hacer a la habilidad del joven de hacer frente a la perspectiva de morir, al igual que la posibilidad de que los que rodean al joven (padres, hermanos, amigos íntimos) también se beneficiarían de la consulta con un consejero profesional. Tal intervención es más eficaz entre más pronto se inicie.

Pasajes bíblicos citados en este capítulo

- 2 Samuel 14:14
- Génesis 2:7
- Romanos 3:23
- 2 Corintios 5:8
- Apocalipsis 14:13; 21:4
- Hechos 2:28
- Mateo 17:3, 4
- Apocalipsis 2 y 22
- Juan 14:2

Otros pasajes bíblicos para leer

- Salmos 23:4; 116:15
- Proverbios 14:32
- Romanos 14:8
- 1 Corintios 15
- Filipenses 1:21

EL DOLOR ANTE UNA PÉRDIDA

Introducción

Gustavo, de catorce años, Jonatán y Tulio, de quince, se acomodaron apretadamente en el asiento trasero del pequeño auto. Marcos tomó el asiento del frente y Mario, que acababa de obtener su licencia de conductor dos semanas antes, tomó su lugar detrás del volante.

Los cinco amigos y compañeros de escuela partieron rumbo a una fiesta sorpresa de cumpleaños de otro amigo. Desde la carretera que salía del pequeño pueblo donde vivían tomaron un camino de campo hacia el oeste. Iban cada vez a mayor velocidad. De pronto, la llanta de la derecha se salió del camino; Mario hizo girar rápidamente el volante hacia la izquierda. El coche patinó y cruzó el camino, estrellándose contra un poste telegráfico y se dio vuelta quedando al revés, con el techo totalmente hundido.

En algún momento, los que estaban sentados adelante, fueron despedidos del coche y sufrieron lesiones leves. Jonatán, Tulio y Gustavo, aprisionados contra la parte trasera del auto al patinar y chocar, murieron aplastados al desplomarse el techo por el peso del vehículo.

La escuela y todo el pueblo se espantaron al recibir la noticia. Las tres víctimas, todos excelentes alumnos, eran queridos por todos. Sus familias eran activas en los eventos escolares y del pueblo. Sus amigos, compañeros de clase, maestros y entrenadores lloraban abrazándose el lunes por la mañana después del accidente. Algunos caminaban por los pasillos como en un trance. Otros se sentían enfermos.

Las autoridades escolares pusieron consejeros a disposición del alumnado durante el lunes y el martes; excusando a los alumnos de sus clases; se les permitió juntarse en la sala de actos, para hablar con consejeros y amigos durante todo el tiempo que fuera necesario. La reacción compasiva de la escuela fue apreciada por los amigos y familiares de los muchachos pero, a pesar de todo, el dolor que tantos sentían era abrumador.

—Somos un pueblo muy unido —le dijo el director de la escuela secundaria al periódico local—, y nos va a llevar mucho tiempo para que se nos pase este dolor.

El problema del dolor ante una pérdida

La muerte toca a muchos adolescentes y jóvenes. Muchos sufren la experiencia de la muerte de un abuelo. Algunos pierden a uno de sus padres como consecuencia del cáncer u otra enfermedad. Algunos tienen que enfrentar la pérdida de un hermano o hermana. Otros tienen que lidiar con la muerte de un amigo, un compañero de escuela o un maestro.

El dolor que produce la muerte de un amigo o ser querido siempre es difícil, pero puede serlo aun más para el jovencito. En medio de una etapa de la vida caracterizada por la confusión y las crisis hormonales, sicológicas, emocionales, espirituales y relacionales, el joven es más vulnerable al impacto sicológico de una pérdida.

El sicólogo Gary R. Collins describe ese dolor de esta manera:

> El dolor es una respuesta importante y normal ante la pérdida de un objeto o persona que uno aprecia. Es una experiencia de carencia y ansiedad que puede exteriorizarse física, emocional, cognoscitiva, social y espiritualmente. Cualquier pérdida puede producir dolor: divorcio, jubilación, amputación, muerte de un animalito doméstico o de una planta, partida de un hijo a la universidad o de un pastor a otra iglesia, mudarse de un vecindario lleno de amigos, vender el auto, perder una casa o un objeto valioso, perder en un concurso o en una competencia deportiva, perder la salud y aun la pérdida de confianza o entusiasmo. Las dudas, la pérdida de la fe, la disminución de la vitalidad espiritual de uno o la incapacidad de encontrarle sentido a la vida pueden producir una tristeza y vaciedad que indican el dolor. Es seguro que siempre que una parte de la vida es quitada, hay dolor.
>
> No obstante, la mayoría de las discusiones sobre el dolor tienen que ver con la pérdida de un ser querido o de alguien que era importante para uno. La muerte, por supuesto, le sucede a todos y los que quedan atrás sufren. Tal sufrimiento nunca es fácil... Como cristianos nos consolamos con la certidumbre de la resurrección, pero esto no quita el vacío y el dolor de verse forzado a dejar partir a alguien que uno ama. Cuando sufrimos una pérdida por medio de la muerte nos encontramos ante una situación absoluta, inalterable, irreversible: no hay nada que podamos hacer para cambiar esa relación.

El dolor ante la pérdida de un ser querido puede ser devastador. Y a veces lo es más para el joven, tanto por la reacción de los demás como por su propia edad y relativa inmadurez. Los autores Joan Sturkie y Siang-Yang Tan describen el dilema que enfrentan muchos jóvenes en su dolor:

> Muchas veces los adultos se olvidan de considerar que el joven se siente afligido... Por alguna razón, los adultos piensan que los jóvenes no sienten el dolor tanto como ellos. Por supuesto, esto no es así. Desafortunadamente, lo que empeora el dolor es que el joven muchas veces no tiene a nadie dispuesto a escucharle sobre lo que siente. Si el padre muere en la familia, la mamá recibe el consuelo de muchos adultos que quieren ayudar, escuchar y estar a su disposición. Pero muchas veces se pasa por alto al hijo o la hija, especialmente si todavía no es adulto.

El joven que tiene que enfrentar la muerte de un amigo o ser querido se ve ante la difícil tarea de tratar de sobrellevar un problema "de adultos" cuando él mismo dista mucho de serlo. Aunque la experiencia del dolor es una parte natural de la vida que toda persona tarde o temprano tiene que encarar, el joven o puede estar experimentando por primera vez este dolor, valiéndose de recursos emocionales y espirituales que todavía pueden ser inmaduros, y mecanismos de defensa que todavía no ha desarrollado para nada.

En general, los consejeros profesionales coinciden en que, aunque el dolor es natural, comprensible y necesario, no siempre es sano. El dolor normal, que puede ser bastante intenso, muchas veces incluye: "aflicción intensa, sufrimiento, soledad, ira, depresión, síntomas físicos y cambios en sus relaciones personales, todo lo cual compone un período de carencia y transición que puede durar hasta tres años, o aun más".

Un dolor normal, que a veces es extremadamente penoso —y hasta explosivo— sigue un curso bastante previsible y lleva finalmente a la restauración del bienestar mental y emocional. La ampliamente aclamada obra de Elizabeth Kubler-Ross identifica las cinco etapas del dolor, como las explican Sturkie y Tan:

1. Negación. La persona puede negarse a creer que la muerte ha ocurrido. La duración de esta etapa puede variar, siendo más larga para unos que para otros. Es una etapa temporaria, pero puede aparecer después en cualquier momento.

2. Ira. El joven puede cuestionar por qué ocurrió la muerte. Cuando la respuesta no es clara, puede explotar con ira contra la aparente injusticia de todo el asunto.

3. Negociación. Esto es por lo general un intento por posponer una muerte inminente o negociar un acuerdo que disminuirá la pena del dolor o la realidad de la separación... El negociar por lo general se lleva a cabo en secreto, con Dios.

4. Depresión. Cuando la persona enfrenta la realidad de la muerte, con frecuencia se deprime...

5. Aceptación. Cuando la persona va resolviendo los sentimientos y conflictos que han surgido, puede ahora estar preparada para aceptar la realidad de la muerte.

Pero el dolor patológico generalmente difiere del dolor normal en lo profundo que es (los síntomas del dolor son mucho más intensos), en su duración (dura mucho más) y a lo que lleva (no lleva a la salud mental y emocional sino a más problemas sicológicos). Los siquiatras V. D. Volkan y D. Josephthal destacan tres procesos clave sobre los que se basa el dolor patológico:

1. División en fragmentos es el proceso por el cual el "joven da su consentimiento intelectual a la muerte, a la vez que reacciona en sus emociones y conducta como si nada hubiera ocurrido. Esto permite al joven evitar el proceso del dolor causado por la muerte.

2. Internalización es el proceso por el cual el deudo busca "preservar su relación con el occiso, internalizando a la persona que ha perdido y centrándose en su presencia interna". Este proceso niega la realidad y lo irrevocable de la muerte.

3. Externalización es el proceso por el cual la persona que sufre, se obsesiona con un objeto asociado con el muerto, como ser una foto o una prenda de vestir, que sirve para posponer la necesidad de admitir y superar la pérdida.

Collins destaca varios factores que tienden a contribuir al dolor patológico:

- *Creencias* (la falta de fe)
- *Antecedentes y personalidad* ("Las personas que son inseguras, dependientes, incapaces de controlar o expresar sus sentimientos y propensos a la depresión muchas veces tienen más dificultad en sobrellevar su dolor".)
- *Ambiente social* (Las actitudes de la sociedad hacia la muerte que incitan la negación y la rápida disposición del dolor —ya sea que se comunique por parte de una familia, región, tradición ética o de la sociedad en general— pueden influir mucho sobre la habilidad del que sufre de sobrellevar el dolor.)
- *Circunstancias relacionadas con la muerte* (Una muerte prematura o una muerte trágica. La relación íntima con el que murió y otras circunstancias pueden intensificar el proceso del dolor y provocar una reacción patológica.)

Las causas y efectos del dolor ante una pérdida

Al ir el joven (o cualquier persona) encarando y superando las etapas del dolor, puede verse ante una variada gama de emociones y otros efectos del proceso. Los efectos del dolor a ser tratados aquí no se limitan al dolor que produce una muerte; muchos serán sentidos cuando ocurre una pérdida de cualquier clase (la pérdida por el corte de una relación romántica, por ejemplo). Estos efectos pueden ser intensos pero, no obstante son normales y generalmente sanos.

✦ Efectos físicos

Los síntomas físicos del dolor descritos por Erich Lindemann (autor de una ampliamente reconocida serie de entrevistas, libros y artículos sobre el dolor) son explicados por el doctor G. Keith Olson como sigue:

- Respiración laboriosa caracterizada por suspiros y estrechez en la garganta
- Sentirse físicamente exhausto y no tener fuerza ni aguante físicos
- Síntomas digestivos, incluyendo una alteración en el sentido del gusto, producción salivar insuficiente y una sensación de vacío en el estómago.

Otros síntomas pueden incluir insomnio (o dormir mucho más de lo acostumbrado), dolores de cabeza y un llanto incontrolable, muchas veces inesperado.

✦ Efectos emocionales

Temor. El temor y la ansiedad son reacciones comunes durante el proceso del dolor. La ansiedad de vivir en el futuro sin el que ha fallecido refleja la dependencia y la inseguridad de la persona. Los temores relacionados con la propia mortalidad también deben ser encarados durante el periodo de duelo. El joven puede también temerle a los cambios que pueden resultar a causa de sus papeles cambiantes: el varón que ahora tiene que ser "el hombre de la casa", el hermano menor que ahora es el mayor, etc. (Vea también el capítulo 2: *Ansiedad.*)

Sentimiento de culpabilidad. Los indivi-duos que sufren por la pérdida de un ser querido pueden tener un profundo sentimiento de culpabilidad. Algunos se sienten culpables por experiencias del pasado o por la falta de contacto con el muerto. Otros se sienten culpables por no haber podido prevenir la muerte. Algunos hasta se echan la culpa de la muerte. Estas reacciones de culpabilidad representan un intento por volver a sentirse en control de la vida después de haber recibido un golpe tan doloroso y desconcertante. (Vea también el capítulo 3: *Sentimiento de culpabilidad.*)

Sentimiento de impotencia. La muerte es irreversible; los que quedaron atrás muchas veces tienen una aguda percepción de su impotencia de prevenirla o darle marcha atrás. Uno de los sentimientos más inaceptables para el joven es sentirse impotente ante una situación. Para luchar contra este amenazante sentimiento, el joven con frecuencia trata de hacerse cargo de lo que ha pasado. De esta manera, es común que se escoja el sentimiento de culpabilidad sobre el de impotencia.

Ira. Sentir enojo es una reacción normal y frecuente ante la pérdida de un amigo o de un ser querido. Puede ir dirigido al que murió por haberse muerto, por "abandonar" al joven. Puede ir dirigido a otros —particularmente a adultos— que no hicieron lo suficiente para impedir la muerte. Puede ir dirigido a Dios por dejar que suceda una cosa tan dolorosa. (Vea también el capítulo 4: *Ira.*)

Soledad. El profundo sentimiento de haber sido abandonado lleva a un intenso sentido de soledad. Estar solo por propia voluntad es una cosa. Verse forzado a estarlo por eventos externos es otra muy distinta. Esto último es mucho más conducente a sentirse solo. Mientras que algunos jóvenes reaccionan al dolor con ira, otros se encierran en sí mismos. Los jóvenes que se aíslan están en peores condiciones que los que expresan su enojo abierta y agresivamente. (Vea también el capítulo 1: *Soledad.*)

Dudas. Una reacción común ante la muerte es preguntar: "¿Por qué?" Es natural en estas circunstancias buscar una explicación, un poco de entendimiento de las posibles razones de su pérdida. Pero, usualmente, la respuesta satisfactoria es difícil o imposible de encontrar. Esta falta de respuestas puede generar dudas; uno puede dudar del amor de Dios, de la sabiduría de Dios y aun del hecho de que exista. Por más auténticas que sean las preguntas —y las dudas—, la mayoría de las personas que sufren reciben menos ayuda de las explicaciones teológicas e intelectuales que del consuelo y el confortamiento sensible de los demás.

Alivio. Cuando la muerte llega después de un período de incapacidad o enfermedad, el deudo con frecuencia reacciona con un sentido de alivio; la agonía de la espera ha terminado. El alivio también puede sentirse si el fallecido era abusador, hostil o controlador; la agonía de la relación ha terminado. Estos sentimientos de alivio son bastante normales en algunas circunstancias, pero pueden generar o empeorar también los sentimientos de culpabilidad.

Estos efectos emocionales y físicos no son los únicos efectos que acompañan y caracterizan el dolor, pero quizá sean los más prevalentes y profundos.

La perspectiva bíblica del dolor ante una pérdida

Collins ofrece ideas sobre la perspectiva bíblica del dolor en su libro *Christian Counseling* (Aconsejamiento cristiano):

> La Biblia es un libro realista que describe las muertes y el subsecuente dolor de muchas personas. En el Antiguo Testamento leemos que contamos con la presencia y el consuelo de Dios al andar "en valle de sombra de muerte" (Salmo 23:4); leemos las descripciones de personas en aflicción en momentos de pérdidas y dificultades (Salmos 6:5-7; 137:1, 5, 6; 2 Samuel 12); aprendemos que Dios fortalece

> a los que sufren (Salmo 119:28); y nos presenta al Mesías como "varón de dolores, y experimentado en el sufrimiento... Ciertamente él llevó nuestras enfermedades y sufrió nuestros dolores" (Isaías 53:3, 4).

En el Nuevo Testamento, diversos pasajes tratan sobre la muerte y el dolor. Estos presentan la influencia de Jesucristo.

1. Cristo ha cambiado el significado del dolor. Existen muchas personas que sienten dolor sin tener ninguna esperanza para el futuro. Para ellas, la muerte marca el final de una relación —para siempre.

Pero el cristiano no cree eso. En los dos pasajes más claros sobre el tema (1 Corintios 15 y 1 Tesalonicenses 4), aprendemos que "si creemos que Jesús murió y resucitó, de la misma manera Dios traerá por medio de Jesús, y con él, a los que han dormido" (1 Tesalonicenses 4:14). Podemos alentarnos "los unos a los otros con estas palabras" (1 Tesalonicenses 4:18), convencidos de que en el futuro "los muertos serán resucitados sin corrupción; y nosotros seremos transformados..." (1 Corintios 15:52-54).

Para el cristiano la muerte no es el final de la existencia; es la entrada a la vida eterna. El que cree en Cristo sabe que "estaremos siempre con el Señor". La muerte física sigue estando con nosotros porque el diablo tiene "el dominio sobre la muerte", pero por la crucifixión y la resurrección, Cristo ha vencido a la muerte y ha prometido que el que vive y cree en Cristo "no morirá para siempre" (1 Tesalonicenses 4:17; Hebreos 2:14, 15; 2 Timoteo 1:10; Juan 11:25, 26).

El conocimiento de esta verdad es un consuelo, pero no elimina el intenso sufrimiento del dolor ante la pérdida de un ser querido ni la necesidad de recibir consolación. Al tratar en cierta ocasión el tema de la muerte, Pablo animó a sus lectores a no desalentarse ni deprimirse ya que la persona que está ausente en el cuerpo está presente con el Señor (2 Corintios 4:14—5:8). Animó a los creyentes a permanecer firmes y constantes, haciendo la obra del Señor ya que dicho trabajo no será en vano (1 Corintios 15:58) cuando tenemos la seguridad de la resurrección.

2. *Cristo ha demostrado la importancia del dolor.* Al principio de su ministerio Jesús predicó su Sermón del monte y habló del sufrimiento: "Bienaventurados los que lloran", dijo, "porque ellos serán consolados" (Mateo 5:4). Llorar era algo que se daba por sentado. Aparentemente era algo que se consideraba positivo ya que se incluye en la lista de un grupo de cualidades deseables como la mansedumbre, misericordia, pureza del corazón y paz...

Cuando murió Lázaro, Jesús estaba apesadumbrado y profundamente emocionado. Aceptó, sin comentarios, la aparente ira de María, la hermana de Lázaro, y lloró con los que lloraban su muerte. Jesús sabía que Lázaro estaba a punto de ser levantado de los muertos, pero el Señor aun así sintió dolor (Juan 11). También se retiró y sintió dolor cuando supo que Juan el Bautista había sido decapitado (Mateo 14:12-21). En el jardín de Getsemaní Jesús se sentía "muy triste, hasta la muerte" (Mateo 26:38), quizá su dolor era anticipatorio más que intenso, pero similar al que sintió David cuando veía morir a su hijito (2 Samuel 12:15-23).

Aun para el cristiano, entonces, el dolor es normal y saludable.

El dolor, al igual que la muerte, es una parte natural e ineludible de la experiencia humana. Sentir un profundo dolor, estar abrumado por el sufrimiento, sentir total desesperanza en respuesta a una pérdida es completamente normal, saludable y dentro del plan y la creación de Dios. Como dijo "el predicador": "Todo tiene su tiempo, y todo lo que se quiere debajo del cielo tiene su hora: Tiempo de nacer y tiempo de morir... tiempo de llorar y tiempo de reír; tiempo de estar de duelo y tiempo de bailar" (Eclesiastés 3:1, 2, 4).

La respuesta al problema del dolor ante una pérdida

El dolor es una experiencia triste y difícil para el más maduro entre nosotros; y puede serlo muchísimo más para el joven. Pero las siguientes medidas pueden ayudar al padre, maestro, pastor u otro adulto interesado en ayudar a aconsejar al adolescente que su-fre la pérdida de alguien que quiere. El adulto que no es uno de los padres debe, por supuesto, avisar e involucrar a los padres en el ministerio de ayudar al joven a superar su dolor.

ESCUCHAR. El joven que sufre no estará buscando, ni se conformará con respuestas convenientes, fáciles para aliviar cada interrogante de su corazón dolorido. Lo que quiere, y lo que necesita es alguien dispuesto a andar a su lado, que hable poco y que escuche más. Gary D. Bennett ofrece estas pautas llenas de discernimiento:

Apruebe el llanto como una manera legítima de exteriorizar sentimientos, no como una señal de debilidad. Las frases como: "Contrólate" y "Sé valiente" deben evitarse. Es mejor quedarse callado y apoyar, que decir algo que interfiera con el proceso del dolor.

Aunque los amigos de Job han sido muy criticados y pueden haber sido más un obstáculo que una ayuda, vale la pena recordar que cuando se enteraron de la muerte de los hijos y las hijas de Job "se sentaron en tierra con él por siete días y siete noches. Y ninguno de ellos le decía una sola palabra, porque veían que el dolor era muy grande" (Job 2:13).

EMPATIZAR. El padre o líder que espera ayudar al joven a través del proceso del dolor tiene que examinar sus experiencias —y reacciones— en relación con la muerte. ¿Tiene conciencia el adulto de su propia mortalidad? Olson dice: "La comprensión empática, una de las dinámicas más sanadoras en cualquier relación de aconsejamiento, es particularmente importante cuando se aconseja al que ha perdido a un ser querido... Y expresiones empáticas que demuestran comprensión, cariño y apoyo tienen un impacto sanador significativo".

Dios llama al cristiano a gozarse con los que se gozan y a llorar con los que lloran (Romanos 12:15), y de llevar a otros al "Dios de toda consolación, quien nos consuela en todas nuestras tribulaciones. De esta manera, con la consolación con que nosotros mismos somos consolados por Dios, también nosotros podemos consolar a los que están en cualquier tribulación" (2 Corintios 1:3-5). Compartir el dolor y ofrecer consuelo con sensibilidad es una de las maneras más sencillas y más efectivas en que cualquiera puede ofrecer ayuda en los momentos de dolor.

ALENTAR. Olson escribe:

Un ingrediente esencial en el aconsejamiento exitoso en casos de dolor [por la pérdida de un ser querido] es una aceptación cándida de los sentimientos, pensamientos y arranques emotivos expresados por [el joven]. Muchos se azoran ante la angustia insondable que surge del dolor. El ambiente con el consejero tiene que ser cálido y lleno de apoyo. El joven no necesita ser arrasado o sofocado por el cariño, sino que necesita verse rodeado de él.

El ministerio de la oración es una manera clave de brindar aliento y consuelo al joven que sufre. Ore por él; deje que lo escuche orar por él; permita que su cariñoso interés y estima lleguen al joven por medio de escucharle a usted rogar por él en oración.

DIRIGIR. La mayor parte de la ayuda que un padre, pastor u otro adulto puede ofrecer al joven que sufre por una pérdida es escucharle, empatizar con él y alentarlo. No obstante, algunas medidas directivas útiles podrían incluir:

● Ayudar al joven a hacer frente a su pérdida. Esto puede hacerse animándole a que hable de la pérdida, preguntando quizá: ¿Cómo sucedió?, ¿Dónde estabas cuando recibiste la noticia?, ¿Dónde sucedió?, ¿Quién te dio la noticia? (Si la pérdida era por muerte) ¿Cómo fueron las exequias?

● Ayude al joven a identificar y expresar sus sentimientos. Los sentimientos típicos asociados con una pérdida incluyen ira, sentimiento de culpabilidad, ansiedad y frustración. Recuerde que la mayoría de las personas no identifican ni expresan sus sentimientos cuando se les pregunta directamente sobre ellos. Más bien, busque facilitar la expresión de sentimientos respondiéndole al joven: "Comprendo cómo puedes sentir ira" o "Realmente lo sientes mucho, ¿no es cierto?"

● Ayudar al joven a acercarse al Dios de toda consolación. Aliéntelo a depender de él y de sus recursos sin límites. No sermonee ni obligue al joven, pero recuérdele suavemente que "Dios es nuestro amparo y fortaleza, nuestro pronto auxilio en las tribulaciones" (Salmo 46:1).

● Ayudar al joven a aprender a vivir con la pérdida. Guíe la conversación a través de las dificultades que enfrenta ahora como resultado de la pérdida y valiéndose de los diversos métodos que se usan en la resolución de problemas (ponerse en el lugar de otro, jugando al "qué pasaría si", listando los pro y los contra, etc.) Trate de encauzar su atención para que no piense tanto en el pasado (la pérdida misma) sino en el futuro (¿Qué hay que hacer ahora?).

● Dar al joven tiempo para sufrir. El dolor lleva tiempo. Esté preparado para los momentos más difíciles del proceso:
— los primeros tres meses después de haber sufrido la pérdida
— el primer aniversario de la pérdida (en casos de muerte)
— feriados y días especiales.

● Ayudar al joven a examinar y admitir las reacciones incorrectas a la pérdida; por ejemplo, ensimismarse o recurriendo al uso del alcohol o las drogas como un mecanismo para sobrellevar el sufrimiento. Guíelo a considerar modos apropiados de sobrellevar el dolor en lugar de aquellos mecanismos.

● Brindar apoyo constante al joven. Ayude con las muchas adaptaciones que surgen después de una pérdida: cambios en las relaciones, horarios, etc.

COMPROMETER. Como ya se ha sugerido, una manera de ayudar al joven que sufre algún tipo de dolor puede ser que piense y responda a la pregunta: "Y ahora, ¿cómo vas a sobrellevar esto...?" El adulto interesado puede ayudar a facilitar una expresión sana del dolor motivando la participación del joven en tomar decisiones como: ¿Asistirá a las exequias? ¿Participará en las exequias? ¿Puede ayudar a otros que están sufriendo (cónyuge, familiar o amigo del fallecido)? Dichas actividades pueden ser muy curativas en el proceso del sufrimiento.

REFERIR. Aunque los padres y otros adultos amigos deben estar involucrados en ayudar al joven a encarar y sobrellevar su dolor, muchas veces se necesitan otros recursos. Olson aconseja:

> Porque la adolescencia es una etapa de la vida caracterizada por tanta confusión y transición, cuando el jovencito ha perdido a un familiar querido o a un amigo íntimo, es conveniente recurrir al aconsejamiento. Puede tener los síntomas o no. No obstante, recuerde que la gravedad de los síntomas no siempre es una indicación válida de la necesidad de una intervención por parte de un consejero. En unas pocas sesiones el consejero puede asistir al jovencito que sufre a ir superando las etapas del proceso del sufrimiento. El consejero puede jugar un papel decisivo escuchando, apoyando e interesándose con empatía al ir el joven adaptándose a un futuro sin la presencia del difunto.

Pasajes bíblicos citados en este capítulo

● Salmo 23:4

● Salmos 6:5-7; 137:1, 5, 6

● 2 Samuel 12

● Salmo 119:28

● Isaías 53:3, 4

● 1 Corintios 15

● 1 Tesalonicenses 4

● Hebreos 2:14, 15

● 2 Timoteo 1:10

● Juan 11:25, 26

● 2 Corintios 4:14—5:8

● Mateo 5:4

● Juan 11

● Mateo 14:12-21; 26:38

● Eclesiastés 3:1, 4

● Job 2:13

● Salmo 46:1

Otros pasajes bíblicos para leer

● Salmo 116:15

● Juan 14:1-4

● 2 Corintios 1:3-7

9

PENSAMIENTOS, TENDENCIAS Y AMENAZAS DE SUICIDIO

CONTENIDO

Introducción

Lorena, de catorce años, había sido bautizada unos meses antes en una pequeña iglesia cerca de su casa. Al bautismo asistieron unas sesenta personas, casi la mitad de ellas familiares de Lorena.

Pero al poco tiempo, Lorena dejó de asistir al templo. El pastor y su esposa la visitaron varias veces, pero no pudieron convencerla de que volviera. Toda la iglesia estaba preocupada por ella, pero nadie sospechaba la verdadera razón de su ausencia. Lorena estaba embarazada.

Como un mes antes de que su embarazo llegara a término, Lorena ordenó su habitación y le escribió una nota a su mamá:

"Me preguntaste muchas veces
si yo estaba bien y yo siempre
te decía que sí, pero no era así.
Lo siento, mamá.
Tengo demasiados problemas.
Estoy tomando la salida fácil".

Lorena salió de su casa ese día antes de que su mamá volviera del trabajo. Caminó hasta las vías del tren cerca de su casa, se puso de rodillas entre las vías y cruzó los brazos sobre su vientre mientras el tren se acercaba a toda velocidad.

El conductor del tren, un señor que tenía una hija también de catorce años, dijo después que para cuando vio a Lorena ya era demasiado tarde para detener el tren. La vio allí de rodillas antes de morir.

El problema de pensamientos, tendencias y amenazas de suicidio

El suicidio es la segunda causa de la muerte entre los adolescentes y jóvenes. El especialista y conferencista juvenil Jerry Johnston escribe:

> Según el Instituto Nacional de Salud Mental dieciocho jóvenes por día se suicidan en los Estados Unidos. Cada ochenta minutos un joven más toma el paso de suicidarse. Qué pesadilla es pensar que, en nuestro país, más de cien jóvenes por semana se quitan la vida. En el transcurso de un año, el total llega a la abrumadora suma de 6.500 vidas perdidas...
>
> Fuentes dignas de crédito afirman que ¡más de mil jóvenes por día intentan suicidarse sin éxito! Casi un jovencito por minuto trata de suicidarse.

El doctor David Elkind reporta:

> Un sondeo reciente entre 1.986 adolescentes registrados en *Who's Who Among American High School Students* (Quién es quién entre los estudiantes de las escuelas secundarias americanas) descubrió que el 30 por ciento de estos jóvenes habían considerado suicidarse, 4 por ciento lo habían intentado y 60 por ciento manifestó conocer a alguien de su edad que había intentado suicidarse o que se había quitado la vida.

Pero las estadísticas no lo dicen todo. Muchos de los suicidios ni se incluyen en las estadísticas mencionadas debido a diversos factores. El doctor G. Keith Olson destaca:

> Hay muchos más suicidios exitosos cada año que se cuentan como otras causas de muerte porque se desconoce el intento o la motivación de la víctima. Un porcentaje elevado de accidentes en que se involucra a un solo coche es en realidad suicidio... Algunas personas enfermas mueren sólo porque dejan de tomar sus medicamentos. Otras "juegan con la muerte" participando en ocupaciones o deportes de alto riesgo (por ejemplo: tirarse de un avión y no

abrir el paracaídas hasta el último momento...) y tener hábitos peligrosos (como: fumar, beber demasiado y abuso de drogas). Y, por último, Marvin E. Wolfgang ha estudiado una forma de suicidio que es principalmente característica de los adolescentes y jóvenes adultos. El "homicidio precipitado por la víctima" ocurre cuando una persona provoca o pone a otra persona en la posición de tener que matarlo.

Más importante, quizá, es que las estadísticas solas no reflejan la tragedia del suicidio entre los adolescentes, ni sus proporciones epidémicas. No se puede medir la tragedia humana de las vidas prometedoras perdidas en un instante; de padres, hermanos y amigos soportando un dolor y tristeza indecibles y de familias y comunidades desgarradas.

David Elkind destaca que muchas veces es difícil identificar a los jóvenes que contemplan suicidarse en parte porque "con frecuencia son renuentes a revelar los problemas que están viviendo o sus pensamientos interiores. Desafortunadamente, muchos jóvenes también disimulan sus tristezas y temores interiores de manera que ni sus padres ni sus amigos más íntimos tienen idea de que están sufriendo y considerando la posibilidad de suicidarse.

"No obstante", dice Elkind, "aunque muchos jóvenes muchas veces no dan indicios de un próximo intento de suicidio, otros sí los dan". Algunos de estos indicativos que pueden alertar al padre, madre, maestro, líder de jóvenes, pastor o amigo, incluyen:

- Intentos anteriores de quitarse la vida
- Amenazas de suicidarse
- Hablar de la muerte
- Prepararse para morir (ordenar sus cosas, regalar sus pertenencias, etc.)
- Depresión
- Cambio súbito de conducta (fingir, comportamiento violento, etc.)

- Melancolía
- Retraimiento
- Síntomas somáticos (insomnio, dormir todo el tiempo)
- Fatiga
- Aumento en la toma de riesgos
- Redactar una nota suicida

Aunque no siempre es posible reconocer las señales de tendencias suicidas o prevenir que un joven considere suicidarse o que realmente lo haga, familiarizarnos con las causas y los factores que precipitan el suicidio entre los jóvenes puede significar la diferencia entre la vida y la muerte.

Las causas de los pensamientos, tendencias y amenazas de suicidio

✦ Factores relacionados con la sociedad

"Existe cada vez más consenso", dice Bill Blackburn, autor de *What You Should Know about Suicide* (Lo que debe saber sobre el suicidio), en cuanto a las causas más generales del suicidio entre los jóvenes y adolescentes:

- el clima moral cambiante,
- la alta movilidad en la sociedad actual,
- el aumento en la cantidad de divorcios,
- el frecuente abuso del alcohol y otras drogas,
- la glorificación de la violencia en los medios de difusión masiva,
- la facilidad con que puede conseguirse un arma de fuego y
- la ya elevada cantidad de suicidios."

Blackburn sigue diciendo:

¿Qué factores permanecen firmes y seguros para los jóvenes en los potencialmente difíciles años de la juventud? Dos fuentes de apoyo son: una sociedad donde las pautas morales son firmes y una familia de la cual uno puede depender aunque ya se está apartando de ella. ¿Pero qué pasa si las reglas de la sociedad siempre cambian y la moralidad es objeto de controversia en lugar de ser una base digna de confianza? ¿Qué si la familia se muda a cientos o miles de kilómetros de distancia de sus parientes, o si su madre y su padre se divorcian y ve solo a uno de ellos regularmente? Las fuentes de apoyo se convierten en fundamentos tambaleantes.

Cuando los fundamentos tambalean, algunos jóvenes se dan al alcohol y a las drogas buscando consuelo. Esto, sumado a las nociones románticas sobre la muerte que puede tener el joven, en una sociedad que glorifica la violencia, y fácil acceso a los medios para suicidarse, forman una combinación poderosa y letal que resulta en la muerte de más y más jóvenes. Por último, el suicidio engendra al suicidio. Un intento de suicidio o uno exitoso, planta la idea de muerte por la propia mano en el pensamiento de otros [y] el suicidio de un familiar especialmente, empuja a otros integrantes de la familia hacia la aceptación del suicidio como una opción.

✦ Factores personales

Pero además de los factores relacionados con la sociedad están los factores personales. ¿Por qué tratan los jóvenes de quitarse la vida? Las siguientes son algunas de las razones:

Ruptura familiar. Muchos investigadores han intentado encontrar una conexión entre alguna ruptura familiar; divorcio, mudanza, etc., y la depresión y el suicidio entre los jóvenes. Aunque los resultados son a veces contradictorios, en el sentido de que una ruptura familiar aumenta el estrés del joven, su sentido de separación y, quizá, el rechazo por parte de los padres, puede ser un factor que contribuye no sólo a la depresión sino también al suicidio. (Vea también el capítulo 19: *Divorcio de los padres*.)

Depresión. "El joven que sufre de depresión clínica puede tener una tendencia a suicidarse", escribe la autora Marion Duckworth, y los eruditos concuerdan. (Vea también el capítulo 5: *Depresión*.) Ella cita su propia experiencia:

Recuerdo haber escrito en mi propio diario cuando era adolescente y estaba enojada con mi mamá: "Mamá se arrepentiría si yo estuviera muerta". Pero para el joven gravemente deprimido el pensamiento de suicidarse es continuo, y si no se le presta pronta ayuda puede llegar a convencerse de que es la única salida.

Escape. Blackburn escribe:

La mayoría de las personas con tendencias suicidas quieren escaparse de lo que consideran una situación intolerable. La consideración de la situación varía con cada persona, y muchas otras en situaciones similares no consideran el suicidio como una opción. Dos ingredientes importantes para los que empiezan a pensar en quitarse la vida son: desesperanza y un razonamiento defectuoso. Estos dos se entrelazan: parece no haber esperanza de resolver la situación, pero la razón por la cual no la hay es que la persona suicida no está razonando con cuidado o con claridad. A veces esto se debe a una enfermedad mental.

El suicida puede estar intentando escaparse de una enfermedad dolorosa e incurable, o de un castigo, o de una humillación, o sencillamente de sus cargas mentales y emocionales.

Pérdida. Para algunos, la muerte de un padre, amigo íntimo u otro ser querido parece ser demasiado dolorosa para aguantarla. En esos momentos, el joven que sufre puede pensar en el suicidio: a veces sencillamente en un esfuerzo por dar fin a un sufrimiento y dolor inaguantables (vea también el capítulo 8: *El dolor ante una pérdida*) y, otras veces, como destaca Blackburn, para volver a estar con un amigo o ser querido en la muerte:

Volver a reunirse con la persona amada, siguiéndolo por las puertas de la muerte es

uno de los más antiguos y persistentes motivos para suicidarse. El ritual hindú "Suttee" requería que la viuda sacrificara su vida en la hoguera fúnebre de su marido. En la cultura japonesa "Junshi" es una forma de suicidio para quienes quieren reunirse con un líder o amo en la muerte. "Shinju", practicado por las clases bajas del Japón, es una forma de suicidio doble en que los "enfermos de amor" pueden estar unidos en la muerte. Aunque no se ha ritualizado en la sociedad occidental, ésta es todavía una fuerte motivación para muchos suicidas.

Sentimiento de culpabilidad. También los sentimientos de culpa contribuyen con frecuencia a las tendencias suicidas. (Vea también el capítulo 3: *Sentimiento de culpabilidad*.) Olson escribe:

El suicidio es muchas veces el intento del individuo de asumir control sobre el castigo por pecados u otras faltas por las cuales se siente culpable. Cuando no ha recibido castigo de la sociedad, los amigos o la familia, el individuo escoge ser víctima de su propio castigo. Con demasiada frecuencia el suicidio se convierte en el castigo definitivo.

Atención. Blackburn escribe:

Un intento de suicidio llama la atención como pocas otras cosas pueden hacerlo. Los demás se asustan, se sienten culpables, preocupados, desconcertados. Cuando antes no le hacían caso a la persona, ahora la llenan de atenciones.

En un caso así, el intento es muchas veces un grito desesperado, no sólo para conseguir atención sino también para que le ayuden. Puede ser la manera en que el joven diga: "Sufro, estoy desesperado, no sé cómo sobrellevar esto y necesito ayuda. Por favor, ¡alguien préstame atención!" Pero, trágicamente, el grito pidiendo ayuda a veces va demasiado lejos y es fatal.

Manipulación. Blackburn ofrece también estas ideas sobre esta motivación:

Aunque semejante a los intentos por conseguir atención, esta razón para intentar el suicidio es para lograr más que la atención. Hay un objetivo o acción específica que la persona busca. El anhelo es obtener una reacción que de otra manera parece imposible de lograr. El intento de suicidio puede ser la carta triunfadora que se juega después cuando ya las demás se han jugado.

La manipulación por medio de un intento de suicidio es usada por los hijos contra los padres, esposos contra esposas, novias contra novios, empleados contra sus compañeros y contra sus jefes.

Venganza. Olson destaca:

Con frecuencia los jóvenes se sienten tan abrumados por haber sido lastimados por alguien, que su deseo de lastimarlos también anula su deseo de vivir. El suicidio como venganza va dirigido generalmente hacia un amante, progenitor o figura paterna o materna.

Impulsividad. Los años de la juventud muchas veces se caracterizan por la experimentación e impulsividad. El joven puede demostrar indiferencia por su vida y seguridad, y también a veces expresa una fascinación por lo desconocido, incluyendo la muerte. La mezcla volátil de curiosidad, impulsividad y sentimiento de ser invencible que existe en el corazón y mente del joven puede dar lugar a una propensión peligrosa a acciones suicidas.

Expresión de amor. Tanto Olson como Blackburn, al igual que muchos otros, atribuyen algunos suicidios entre los jóvenes a su anhelo por expresar amor. Dice Olson:

Los sentimientos amorosos en los adolescentes y jóvenes adultos son muchas veces extremadamente intensos y leales. El corte de una relación romántica, un divorcio o la muerte del ser querido asesta un golpe destructor al rechazado o al sobreviviente. Sus emociones quedan paralizadas, sus percepciones se distorsionan y sus esperanzas para el futuro son destruidas. Su enfoque total es en el objeto de su amor perdido. Su última expresión es una torcida proclamación de su amor, el máximo sacrificio de sus vidas.

Los efectos de los pensamientos, tendencias y amenazas de suicidio

Es obvio que el efecto principal y abrumador del suicidio de un adolescente es la pérdida de una vida joven, con todas sus promesas y potencialidades. Pero pocos jóvenes que contemplan el suicidio se dan cuenta de los efectos traumáticos que un suicidio puede tener sobre los que lo rodean, principalmente el dolor y el plantar semillas de destrucción.

✦ Dolor ante una pérdida

El suicidio de un amigo o familiar invariablemente causa un profundo dolor y cuestionamientos que rodean a pocas de las otras experiencias en la vida. Los padres se castigan a sí mismos por no haber podido prevenir la tragedia, los amigos se sienten abandonados y a veces traicionados, los pastores se preguntan si hubieran podido hacer o decir algo diferente, y los maestros desean haber podido reconocer las señales, si es que las hubo.

Don Baker escribe:

Cientos de veces he observado distintos grados de desintegración matrimonial, y en numerosas ocasiones he visto las secuelas de un suicidio devastador. Inevitablemente los vivos nunca culpan al muerto —culpan a los vivos— se culpan a sí mismos.

Las repercusiones emocionales del suicidio entre los sobrevivientes son profundas —quizá el equivalente emocional y sicológico de Hiroshima— y persistentes, afectando sus vidas durante años, décadas y, aun, en el caso de los más cercanos a la víctima, el resto de sus vidas. (Vea también el capítulo 8: *El dolor ante una pérdida*.)

✦ Semillas de destrucción

El suicidio no sólo destruye a la persona que se quita la vida, también planta semillas de destrucción en las vidas de los que lo rodean: padres, hermanos, amigos y compañeros de escuela. El *Journal of the American Medical Association* (Revista de la Asociación Médica Americana) reporta "un aumento en el promedio de conducta suicida en los parientes más cercanos de los que intentaron suicidarse". En otras palabras, los más cercanos a la víctima de un suicidio corren más riesgo que otros de intentar quitarse la vida. Algunos investigadores creen que esto puede deberse a factores genéticos (y puede ser que sí), pero puede indicar también una mayor disposición entre aquellos cuyos seres queridos se han suicidado, de considerar el suicidio como una opción viable.

Algunas comunidades han sufrido lo que la policía llama "suicidios en grupo". Jerry Johnston cuenta:

> En el condado de Jefferson, Estado de Colorado, Estados Unidos de América, se suicidaron dieciocho jóvenes entre enero de 1985 y junio de 1986. ¡Dieciocho muertes en dieciocho meses! Una escuela secundaria en Omaha, Estado de Nebraska, se ganó el dudoso apodo de Escuela de Suicidios cuando tres estudiantes que apenas se conocían se quitaron la vida en un lapso de cinco días. Cuatro más intentaron suicidarse pero sobrevivieron. En Plano, Texas, once suicidios entre jóvenes en dieciséis meses dejaron estupefacta a la ciudad.

Como dice Blackburn: "El suicidio tiene un efecto como de ondas. A veces estas ondas se convierten en un oleaje como el de las mareas que inunda a la familia y a otros a su alrededor".

La perspectiva bíblica del problema de los pensamientos, tendencias y amenazas de suicidio

La Biblia contiene muchos relatos de individuos que se vieron frente a grandes dificultades y que soportaron grandes cargas. El salmista declaró: "He sido azotado todo el día, empezando mi castigo por las mañanas" (Salmo 73:14), y Job se lamentaba: "Perezca el día en que nací... ¿Por qué no morí en las entrañas, o expiré al salir del vientre?" (Job 3:3, 11).

Las Escrituras hasta contienen una cantidad de relatos de suicidios. Sansón se quitó la vida a la vez que causó la muerte de todos los filisteos en el templo de Dagón (Jueces 16:29, 30). El rey Saúl se lanzó sobre su propia espada antes que caer prisionero de los filisteos (1 Crónicas 10:4, 5). Ajitofel, uno de los consejeros del rey David, "después de poner en orden su casa, se ahorcó y murió" (2 Samuel 17:23). Cuando Zimri, rey de Israel, vio que su ciudad real había caído en manos de sus enemigos, prendió fuego a su palacio con él dentro y murió entre las llamas (1 Reyes 16:18). Y, es claro, Judas, uno de los doce discípulos, traicionó a Jesús y después se ahorcó (Mateo 27:5).

En ninguno de esos casos suaviza ni presenta al suicidio como algo romántico y, menos aún, lo aprueba. Al contrario, la Biblia repetidamente recalca la santidad de la vida humana y la convicción de que es al Señor a quien le corresponde darla y quitarla: "Jehovah hace morir y hace vivir. El hace descender al Seol y hace subir" (1 Samuel 2:6).

En vista de dichos principios, el suicidio no es de ninguna manera la voluntad del Señor. El que dijo "En el mundo tendréis aflicción, pero ¡tened valor; yo he vencido al mundo!" (Juan 16:33b), quiere que sus hijos se acerquen a él para encontrar esperanza, fuerza y un sentido de propósito en lugar de dar fin a sus vidas en su desesperación.

Pero, ¿es el suicidio el pecado que no tiene perdón? No es el acto específico lo que Jesús identificó en Mateo 12:31 como el pecado que no tiene perdón. Pero, la persona que se suicida ¿finaliza su vida con un pecado que, por ser lo último que hizo, no puede confesar y no puede ser perdonado?

Baker y Nester proponen una respuesta para esa pregunta:

Muchos creen que el suicidio es el pecado definitivo para el cual no hay perdón... Esto es obviamente un malentendido en cuanto al evangelio de la gracia de Dios. El único pecado que realmente le impide a uno estar en la presencia de Dios es el pecado de la incredulidad, de no creer personalmente en la obra de Cristo. La cuestión no es no poder confesar el suicidio como pecado.

El perdón de Dios me da una posición como su hijo y se encarga de todos mis pecados: pasados, presentes y futuros. Si la salvación dependiera de confesar cada pecado cometido como creyente, ¡nadie calificaría! Todos hemos pecado en formas que ignoramos o que no nos importaban lo suficiente como para confesarlo individualmente.

Dios no demanda que haya dos pagos: primero el de la sangre de su Hijo, y, luego nuevamente el pago de la mía.

El final desafortunado y triste de alguien por su propia mano no anula el efecto de la gracia de Dios en su vida. Las víctimas del suicidio que son hijos de Dios son almas redimidas en la presencia de su Padre celestial.

La respuesta al problema de los pensamientos, tendencias y amenazas de suicidio

Si algún joven ha intentado suicidarse (o lo está pensando seriamente o está amenazando hacerlo), su obligación es tanto urgente como sencilla: lleve al joven inmediatamente a un hospital que atienda estos casos o a una sala de emergencia; es absolutamente necesario obtener una evaluación profesional. Si no lo hace y el joven intenta quitarse la vida, puede usted ser considerado responsable ante la ley.

La siguiente respuesta tiene como objetivo ayudar al pastor, líder de jóvenes, maestro o padre a brindar su consejo al joven que ha admitido pensar en el suicidio (en contraste con alguien que lo ha intentado o que ha amenazado hacerlo). Si en cualquier momento durante el proceso de orientación, nota o sospecha que el joven puede estar contemplando el suicidio, no lo deje solo hasta que se encuentre bajo el cuidado de un profesional en el campo de la salud mental.

Si en cualquier momento tiene usted razón para creer que el joven ha tenido pensamientos pasajeros sobre el suicidio (pero en realidad no ha intentando ni amenazado suicidarse), siga observando al joven para intervenir con extremo cuidado y oración. Blackburn aconseja no tratar de "sacudirlo", ni avergonzarlo, ni caer en argumentaciones o discusiones filosóficas, ni tratar de "leerle los pensamientos o sicoanalizar" al joven.

En lugar de ello, el padre o líder juvenil con discernimiento puede ayudar empleando una estrategia como la siguiente:

ESCUCHAR. "Siempre tome seriamente cualquier indicación de que el individuo está pensando en el suicidio", escribe Duckworth. Nunca descarte, se burle o desafíe lo que el joven dice acerca de contemplar o intentar el suicidio. "Más concretos sus planes", continúa Duckworth, "más peligrosa la situación y más la necesidad de actuar inmediatamente. ¿Tienen un arma escondida en alguna parte? ¿Han practicado hacerle nudos a una soga? Aun si sus planes no son concretos [recuerde que] los jóvenes son notoriamente impulsivos". Escuche cuidadosa, sensible, pacientemente... y no se arriesgue.

EMPATIZAR. Blackburn sugiere:

El poder principal que uno tiene al tratar con una persona suicida es su relación con él y la manera como demuestra su interés y preocupación... Use con discernimiento ese poder para impedir el posible suicidio.

Las maneras de aprovechar al máximo su relación pueden incluir:

● Hacer todo lo posible por estar a su disposición, especialmente en momentos de crisis

- Mantenerse en contacto para estar al tanto de la condición y del progreso del joven
- Orar por el joven (dejando que escuche sus oraciones)

ALENTAR. Puede ser tentador tratar de contradecir la estimación del joven en cuanto a lo mal que andan las cosas, la mala suerte que tiene, etc. Aunque su desesperanza y razonamiento defectuoso tienen que ser encarados, es de primordial importancia que todo lo que el adulto diga y haga sea presentado en una forma que confirme fuertemente su valor como persona, como hijo de Dios, como alguien valorado y querido por su familia o amigos, como un individuo con capacidades, dones y una potencialidad inmensurable.

DIRIGIR. Los siguientes imperativos, tomados de la obra de Marion Duckworth, Jay Adams y Bill Blackburn pueden ser de utilidad al tratar de guiar al joven con tendencias suicidas:

1. Cultive la relación. El mejor recurso que cualquier padre u otro adulto tiene para ayudar al joven suicida es una relación sana con él. Dedíquese a cultivar su relación con el joven y a ayudarle a entablar relaciones fuertes, sinceras con otros.

2. Desarrolle su autovalía. Los padres y [otros] pueden aliviar la lucha por aceptarse a sí mismo por medio de usar constantemente todo método posible para enseñar a los niños... dos cosas: quiénes son y cómo cultivar un sentimiento de ser alguien con el cual se sientan cómodos. Reforzar los éxitos del niño, ofreciendo cariñosas muestras de que es querido y aceptado y manteniendo abierto el diálogo sobre las cosas que el niño enfrenta.

3. Infunda esperanza. Las personas suicidas necesitan esperanza. Son preeminentemente personas sin esperanza. Infundir esperanza por medio de exponer

al joven al Dios de esperanza (y a una manera de mirar a la creación, las leyes naturales, etc. con esperanza), cultivando un sentido de maravilla ante el hecho de que son hijos de Dios, respondiendo al joven como un individuo con una personalidad singular y dones singulares, resolviendo las diferencias entre los padres e incluyendo las influencias positivas de familiares y parientes en la vida del joven.

4. Fomente la comunicación. Un porcentaje preocupante de jóvenes cristianos dice que no puede hablar con sus padres sobre las cosas realmente importantes de la vida. Haga saber al joven que puede decir lo que quiera y no será condenado por ello. Respete sus opiniones no importa las que sean.

5. Enseñe técnicas para sobrellevar las dificultades. Es difícil creer en uno mismo —o en el futuro— cuando el mundo de uno se está desintegrando. Muchos jóvenes carecen de las técnicas que pueden ayudarles a sobrellevar los múltiples problemas y presiones que enfrentan en el hogar, la escuela y en su círculo de amigos. Entre las sugerencias de Marion Duckworth tenemos las siguientes:

- Dar importancia a las relaciones
- Establecer límites claros
- Ser ejemplo de las maneras apropiadas de resolver problemas
- Comunicar sabiduría con discernimiento y tacto
- Adentrarse en el mundo del adolescente y permitirle experimentar el mundo tal cual es, sin ilusiones

6. Enfoque los recursos a su disposición. La mayoría de las personas suicidas no se dan cuenta de los recursos a su disposición para ayudarles a sobrellevar sus problemas. Sin argumentaciones, sino con una disposición de explorar con suavidad, ayude a la persona a identificar claramente la naturaleza de los problemas que encara y sus alternativas... Con algo de persistencia... puede quizá encender una chispa de esperanza.

7. Desarrolle un plan de acción. Dé forma a un conjunto de pasos prácticos concretos que ayuden al joven y sus circunstancias. Uno de estos pasos debe ser el de desarrollar el hábito de tener comunión regular, honesta con Dios, tanto en privado como en conjunto. Un plan de acción útil puede también incluir negociar cambios en la rutina en el hogar y la familia, evitar ciertos ambientes y compañeros, dedicarse a un "pasatiempo" o recreación nuevo o favorito, integrando un grupo juvenil en la iglesia, comenzando una relación con alguien que pueda ser su mentor, etc.

COMPROMETER. Haga todo lo posible por motivar la propia participación del joven en tratar de prevenir un intento de suicidio. Quizá la manera más eficaz de hacerlo es animarle a hacer un contrato con usted. Este puede ser un contrato verbal o por escrito que estipula que:

- El joven acuerda ponerse en contacto con usted o con otra persona (nombrada en el contrato) si empieza a pensar en el suicidio.

- El joven acuerda no dejar de esforzarse, aunque no logre ponerse en contacto con usted, hasta que los dos hayan podido conversar sobre sus pensamientos suicidas.

- El adulto acuerda responder a todo llamado o mensaje inmediatamente de recibirlo y se tomará el tiempo para conversar sin sentirse molesto o impaciente.

- El adulto acuerda no dejar solo al joven hasta que ambos se sientan seguros de que la crisis ha pasado.

REFERIR. En cuanto ha sido determinado que un joven corre el riesgo de suicidarse, es imperativo que haya una intervención definitiva de aconsejamiento. Consulte inmediatamente con los padres del joven y consiga ayuda profesional. La Asociación Americana de Suicidiología recomienda:

> La regla cardinal para la prevención del suicidio es ésta: HAGA ALGO. Si alguien que usted conoce ha intentado suicidarse y no ha recibido cuidado profesional: CONSIGA AYUDA. Si alguien que usted conoce amenaza poner fin a su vida: CONSIGA AYUDA. Si alguien que usted conoce ha sufrido un cambio drástico en su vida y empieza a preparar su testamento o a regalar sus pertenencias: CONSIGA AYUDA. No espere para ver si aparecen otros indicativos. No decida pensarlo por un tiempo. Actúe hoy. Mañana puede ser demasiado tarde".

Conseguir ayuda puede significar contactar al médico de la familia o llevar al joven a un hospital, llamar a un centro de crisis de suicidio, involucrar a las agencias de servicio a la niñez o que atienden las crisis de los problemas mentales o consultar a un sicólogo o siquiatra cristiano profesional. Sea como fuere: CONSIGA AYUDA.

Pasajes bíblicos citados en este capítulo

- Salmo 73:14

- Job 3:3, 11

- Jueces 16:29, 30

- 1 Crónicas 10:4, 5

- 2 Samuel 17:23

- 1 Reyes 16:18

- Mateo 27:5

- 1 Samuel 2:6

- Juan 16:33b

- Mateo 12:31

Otros pasajes bíblicos para leer

- Salmo 6:4-9

- Salmo 13:2-6

- Salmo 34:18

- Salmos 18, 25, 27, 71, 91, 130, 139

- Salmo 73:28

- Salmo 143:7-11

- 1 Pedro 5:7

Otros recursos de los cuales valerse

Investigue los recursos disponibles en su comunidad. Vea en la Guía Telefónica bajo "Suicidio", "Crisis", "Salud mental" o "Consejería juvenil" y averigüe qué servicios ofrecen. Consulte a pastores, médicos y siquiatras que puedan darle información sobre cómo proceder y dónde recurrir, especialmente en casos de emergencia. Averigüe en las oficinas de la policía, los centros de salud mental, las clínicas y los hospitales que ofrecen atender estos casos.

LAS

RELACIONES

CON OTROS

EL AMOR VERDADERO

CONTENIDO

Introducción

Ricardo y Gloria empezaron a salir juntos cuando ambos tenían dieciséis años. Ella era una morochita linda y pequeña; él era rubio y jugaba al tenis. Nunca habían salido antes con alguien del sexo opuesto. En el último año de la secundaria empezaron a soñar con casarse. Pero Ricardo guardaba un secreto que nunca le había contado a Gloria.

La pareja muchas veces salía con Justo y su novia Amelia. Los cuatro parecían tener un lazo especial, una amistad que se fue profundizando no sólo entre Ricardo y Justo sino entre los cuatro. Ricardo y Gloria se casaron a los veintidós años, en cuanto él se recibió de la universidad; Justo y Amelia se habían casado el verano antes.

Aunque ahora las parejas raramente se encontraban, seguía existiendo un lazo que Gloria, Amelia ni Justo conocían, hasta que Ricardo, a los ocho meses de casados, le anunció a Gloria que la iba a dejar. Le explicó que siete años atrás, más o menos en la época en que habían empezado a salir juntos, se había enamorado de Amelia, la chica que ahora era esposa de su mejor amigo.

—Te quiero —le dijo a Gloria, pero Amelia es el amor de mi vida... siempre lo ha sido.

Ricardo nunca había salido con Amelia. Nunca le había expresado su amor.

—Pero ahora lo voy a hacer —dijo—. No espero que deje a Justo. Es que sencillamente tengo que decirle lo que siento, en persona. Y tengo que estar cerca de ella. No puedo vivir sin ella.

El problema de encontrar el amor verdadero

Todos lo quieren. Sin él, la vida sería, aun en el mejor de los casos, incompleta y, en el peor de los casos, desesperante. El anhelo por dar y recibir amor late en el corazón de todos, tanto hombres como mujeres.

La gente trata de descubrir el amor de muchas distintas maneras: el amor verdadero, el amor real, un amor que es fuerte y profundo, un amor que dura para siempre. No obstante, la búsqueda del amor ha causado más angustia y sufrimiento, más divisiones y resentimientos que todas las enfermedades y guerras en la historia de la humanidad.

Muchos son los adolescentes y jóvenes que luchan por comprender qué es el amor y cómo encontrarlo. Muchos están dispuestos a dar casi cualquier cosa a fin de sentir amor, particularmente de parte de alguien del sexo opuesto. Para la mayoría de jóvenes el amor *es* el eje de la vida. No obstante muchos —demasiados— tienen que sufrir desencantos y las consecuencias de errores trágicos porque carecen de un entendimiento claro de lo que el amor es y no es.

Las causas que impiden encontrar el amor verdadero

El especialista juvenil y autor Jerry Johnson en su libro *Going All The Way* (Recorriendo todo el camino) (Waco, TX.: Word, 1998) nos presenta el siguiente caso:

> Sandra tiene diecisiete años, y su cabello es color de miel. Está en el penúltimo año de la secundaria, siempre obtiene buenas calificaciones y parece bien adaptada. Pero las experiencias de Sandra distan de ser buenas... Desde que empezó a tener relaciones sexuales a los trece años, Sandra se ha acostado con siete u ocho novios además de muchos otros con quienes ha salido una sola vez.
>
> Al escuchar sobre sus experiencias, enseguida percibí pesar y soledad en su voz. Desde su perspectiva, el futuro era gris,

empañado por las experiencias que ella sabía no debían haber sucedido. Proyectaba su frustración expresando que hubiera querido que las cosas fueran distintas, al recordar los momentos con muchachos cuyos nombres ahora trataba de olvidar. Cada uno se había llevado un pedacito de su corazón.

Pero eso es cosa del pasado. Eso terminó y lo único que le queda son los malos recuerdos. Ha dado tanto, tan ligeramente.

Luego, para mi sorpresa, Sandra sonrió y dijo:

—Todo eso ha cambiado ahora. Mi novio y yo tenemos una relación verdaderamente especial. Tenemos relaciones sexuales regularmente y es maravillosamente romántico. Lo quiero muchísimo y sé que él me ama a mí. Nuestro amor es distinto del de los demás.

Después de un instante de un silencio reflexivo le pregunto:

—¿De veras? ¿Cuánto hace que son novios?

—Dos meses.

Quedé atónito ante la realidad de que Sandra no se daba cuenta de lo que estaba diciendo realmente. Su anhelo más profundo, a pesar (o quizá debido a) de las otras relaciones, es tener la experiencia de un verdadero amor. Pero... qué pronto ha olvidado a los otros muchachos que ella creía eran *su* verdadero amor. El amor presente es siempre el verdadero amor para una chica como Sandra.

✦ El joven adolescente no sabe lo que es el amor verdadero

Cuántos adolescentes y jóvenes están cometiendo errores trágicos, algunos de ellos repitiéndolos vez tras vez. Con mucha frecuencia la razón detrás de dichos errores es el hecho de que los adolescentes (como muchos adultos) no saben realmente lo que es el amor; confunden el verdadero amor con otras experiencias y emociones. En consecuencia, no tienen una base sobre la cual evaluar las relaciones que entablan y las decisiones que toman en busca del verdadero amor.

Las clases de "educación sexual" de muchas escuelas enseñan a los chicos los mecanismos del sexo; hasta les enseñan cómo ponerse los preservativos. Los cantantes de rock y actores de TV hacen anuncios para prevenir a los muchachos a fin de que practiquen lo que ellos llaman "sexo seguro". Pero los políticos, las escuelas públicas y los cantantes y actores populares *no* les dicen a los jóvenes lo que más necesitan y quieren oír —y lo que es más efectivo en salvarlos del desencanto y las enfermedades venéreas— y esto es el discernimiento bíblico y realista de lo que es el *verdadero amor*: lo que es y lo que no es.

✦ Lo que no es el amor verdadero

El amor verdadero no es lo mismo que la lascivia. Jon Bon Jovi, cantante de "rock" hizo una observación perspicaz al decir: "Los cantos de hoy son de lascivia, no de amor." La lascivia y el amor con frecuencia se confunden en nuestras mentes, nuestra música, nuestras películas, nuestras revistas y, de hecho, en toda nuestra sociedad. Pero el amor es muy diferente a la lascivia. El amor da; la lascivia toma. El amor valora; la lascivia usa. El amor dura; la lascivia se acaba.

El amor verdadero no es lo mismo que el romance. A algunas parejas les embarga la emoción cuando se besan. Algunos muchachos dicen palabras que hacen que su novia se sienta tan bien. Algunas muchachas pueden hacer que un muchacho se sienta más alto y fuerte que nadie sencillamente por mirarlo a los ojos. Cenas a la luz de una vela, música romántica, bailes lentos y un cielo lleno de estrellas pueden hacer que un momento sea especial. El romance es maravilloso, pero no es amor. El romance es un sentimiento; el verdadero amor es mucho más.

El amor verdadero no es lo mismo que la infatuación. La infatuación es fascinación con —un intenso interés en— alguien del sexo opuesto. ¡Puede hacer que el joven o la joven se sienta sin aliento, en las nubes, débil o confuso como en un sueño y loco de la cabeza! La autora

Joyce Huggett describe la infatuación como:

> ...usualmente muy "centrado en mí" en lugar de "centrado en el otro". Te enamoras de alguien, te engañas a ti mismo pensando que estás perdidamente enamorado de esta persona alrededor de la cual giran tus sueños, te crees listo para renunciar a tu interés en ti mismo y darte al bienestar de esta otra persona. Después, una mañana, te despiertas para descubrir que la euforia se ha evaporado durante la noche. Y, lo que es más, te encuentras que has caído cautivo de estos mismos sentimientos por *otra* persona.

Cuando la gente habla de "estar enamorado" o de "amor a primera vista", por lo general se refiere a una infatuación. La infatuación puede ser un sentimiento abrumador, pero no es verdadero amor.

El amor verdadero no es lo mismo que las relaciones sexuales. Muchos jóvenes (al igual que muchos adultos) confunden la intensidad sexual con la intimidad del amor. Pero son dos cosas distintas. El amor es un proceso, la relación sexual es un acto. El amor se aprende, el acto sexual es instintivo. El amor requiere constante atención, la relación sexual no implica ningún esfuerzo. El amor lleva tiempo para desarrollarse y madurar; el acto sexual no requiere tiempo para desarrollarse. El amor requiere una interacción emocional y espiritual, el acto sexual requiere sólo una interacción física. El amor profundiza la relación con otros, el acto sexual (funcionando sin amor) apaga la relación.

El amor verdadero no es lo mismo que la lascivia, el romance, la infatuación o el acto sexual.

✦ Lo que es el amor verdadero

"¿Cómo puedo saber si estoy enamorado?" La pregunta es importante para el joven. Ocupa un lugar crítico y de gran importancia en los corazones y los pensamientos de los jóvenes. La pregunta se hace más difícil de contestar por el hecho de que pocas personas —jóvenes *o* adultos— saben lo que *es* el verdadero amor.

Así como muchos confunden el amor con la lascivia, el romance, la infatuación o el acto sexual, muchos también ignoran que existen realmente tres clases de "amor", tres maneras de comportarse que rutinariamente la gente clasifica como "amor":

Amor si... El primer tipo es el único que muchas personas han conocido. Es lo que yo llamo *amor si...* Es el amor que se da o se recibe cuando se reúnen ciertas condiciones. Uno tiene que hacer algo para ganarse este tipo de amor:

"Si eres un niño bueno, papi te querrá..."

"Si obtienes buenas calificaciones..."

"Si llenas mis expectativas como amante..."

"Si tienes relaciones sexuales conmigo..."

El *amor si...* se ofrece a cambio de algo que el que ama quiere. Su motivación y su propósito es básicamente egoísta.

Muchas jóvenes no conocen otro tipo de amor que el que dice: "Te querré si te entregas sexualmente". De lo que no se dan cuenta es que ese amor que esperan ganar de alguien cediendo a sus demandas sexuales es un amor barato que no puede satisfacer y que nunca vale lo que cuesta.

El *amor si...* nunca "da puntada sin hilo". Mientras las condiciones se cumplen, las cosas andan de maravilla. Cuando hay reticencia —de cumplir las expectativas, de tener relaciones sexuales, de tener un aborto— el amor se acaba.

Muchos matrimonios se rompen porque se basan en este tipo de amor. Cuando las expectaciones dejan de cumplirse, el *amor si...* con frecuencia se convierte en un desencanto o resentimiento y, trágicamente, las personas en cuestión nunca se dan cuenta del porqué.

Amor porque... Este segundo tipo de amor es el *amor porque...* En este tipo de amor la persona es amada por algo que es, tiene o hace. Este tipo de amor refleja actitudes, a veces no expresadas, como:

"Te amo porque eres tan hermosa".

"Te amo porque eres tan adinerado".

"Te amo porque me brindas seguridad".

"Te amo porque tienes tanta gracia".

Este amor puede parecer bastante bueno. Queremos ser amados por lo que somos y hacemos, ¿no es verdad? Es mucho mejor que el tipo de "amor si...". Este último tiene que ser constantemente merecido, y requiere mucho esfuerzo. Tener a alguien que nos ame por quienes somos y lo que hacemos parece menos exigente, menos condicional.

Pero, ¿qué pasa cuando aparece alguien que es más hermosa?, ¿o más gracioso?, ¿o más adinerado? ¿Qué pasa cuando pasa el tiempo y envejecemos o cuando perdemos una posición prestigiosa? Si cosas como éstas son las razones para que alguien nos ame, ese amor es temporario y flojo.

Existe otro problema con el *amor porque...* Radica en el hecho que la mayoría de nosotros somos dos tipos de personas; mostramos nuestra "persona pública", la que todos conocen, pero muchas veces escondemos nuestra "persona privada", la persona que somos en la profundidad de nuestro ser que pocos, si acaso algunos, realmente conocen. El hombre o la mujer que es amado *porque* tiene cierta característica o cualidad posiblemente tendrá temor de dejar que el otro sepa cómo realmente es interiormente... por miedo de que, si supiera la verdad, sería menos aceptado, menos amado o quizá totalmente rechazado. Mucho del amor que conocemos en nuestras vidas es de este tipo, incierto e inestable.

Amor ¡y punto! El tercer tipo de amor es tan poco común como es hermoso. Es amor sin condiciones. Este amor dice: "Te amo a pesar de lo que quizá seas en tu interior. Te amo no importa lo que pueda cambiar en ti. No puedes hacer nada para apagar mi amor. Te amo ¡Y PUNTO! *Amor ¡y punto!* no es un amor ciego. Puede saber mucho de la otra persona. Puede conocer sus defectos y sus fallas, pero aun así la acepta totalmente sin exigir nada a cambio. No hay forma de ganarse este tipo de amor. Ni tampoco puede dejar de ser. No impone condiciones. *Amor ¡y punto!* es distinto de *amor si...* en el sentido que no requiere que se reúnan ciertas condiciones antes de que el amor se dé. *Amor ¡y punto!* es distinto de *amor porque...* en el sentido de que no surge de alguna cualidad atractiva de la persona a quien se ama. *Amor ¡y punto!* es un relación que se da. Se trata de dar. Las otras dos clases de amor tratan de *obtener* algo.

La perspectiva bíblica al problema de encontrar el amor verdadero

Amor ¡y punto! es el único amor real, el único amor verdadero, el único amor bíblico. Según la Biblia, el amor verdadero se evidencia cuando la felicidad, salud y el desarrollo espiritual de otra persona es tan importante como los propios. La Palabra de Dios contiene el mandamiento: "Amarás a tu prójimo como a ti mismo"; no nos ordena amar a nuestro prójimo *más* que a nosotros mismos. Tenemos que amar a *Dios* más que a nosotros mismos, pero tenemos que amar a nuestro prójimo, novio, novia, o cónyuge *como* nos amamos a nosotros mismos.

Efesios 5:28 nos ayuda a entender aun mejor la naturaleza del amor: "De igual manera, los esposos deben amar a sus esposas como a sus propios cuerpos. El que ama a su esposa, a sí mismo se ama". ¿Qué significa amar nuestros propios cuerpos como la Biblia lo ordena? El próximo versículo lo explica: "Porque nadie aborreció jamás a su propio cuerpo; más bien, lo *sustenta* y lo *cuida*, tal como Cristo a la iglesia" (énfasis agregado).

¿Se da cuenta? La definición de Dios del verdadero amor significa nutrir y cuidar,

es decir, proteger (cuidar) y proveer lo necesario (nutrir) para lograr la felicidad, salud y el desarrollo espiritual de otra persona; de la misma manera que usted protege y provee lo necesario para lograr la propia felicidad, salud y desarrollo espiritual.

Por lo tanto, el amor verdadero no explotará ni abusará emocional o físicamente a otra persona, ya que eso no la nutre ni cuida su felicidad, salud y crecimiento espiritual.

El amor verdadero no presiona al novio o novia para tener una relación sexual fuera del matrimonio, porque eso no lo o la protege; más bien, provee lo necesario para lograr su felicidad, salud y desarrollo espiritual.

El amor verdadero no insistirá en que la otra persona se aparte de otras amistades sanas, porque eso no protege ni provee lo necesario para lograr la felicidad, salud y el desarrollo espiritual de esa persona.

Los autores Stacy y Paula Rinehart definen el verdadero amor usando el término bíblico *agape*. Escriben:

> El amor *agape* es una reacción incondicional a la persona total: "Te amo a pesar de" las debilidades que veo en ti. Es una preocupación por el bienestar de alguien sin el deseo de controlarlo, de recibir su agradecimiento o de disfrutar del proceso. Va más allá teniendo "una disposición de dar cuando el ser amado no puede reciprocar, ya sea por enfermedad, fracaso o sencillamente en un momento de debilidad. Es un amor que puede reparar los lazos rotos por la infidelidad, la indiferencia o los celos". El mejor ejemplo de este tipo de amor es Dios mismo. "Porque de tal manera amó Dios al mundo, que ha dado..." (Juan 3:16).

La respuesta al problema de encontrar el amor verdadero

El líder de jóvenes, pastor, maestro o padre puede ayudar al joven o a la joven a comprender el amor bíblico siguiendo el siguiente plan:

ESCUCHAR. Anime al joven a expresar con palabras su concepto del amor. Haga preguntas como las siguientes:
- ¿Qué es amor verdadero?
- ¿Alguna vez has estado "enamorado"?
- Según tu opinión, ¿cómo se puede saber si uno está enamorado?
- Según tu opinión, ¿cómo se siente uno cuando está enamorado?

EMPATIZAR. Tenga en cuenta el fervor y sentido de urgencia que demuestran los jóvenes al hablar de temas relacionados con el amor. Hablar del amor probablemente no sea un ejercicio principalmente intelectual o educativo para el joven; más bien, será encarado con la intensidad y el sentido de urgencia que la mayoría de los adultos reservan para situaciones de vida o muerte. El adulto que empatiza se cuidará de no descartar los sentimientos del joven sobre este tema y lo tomará en serio y hablará con él sobre esto con sumo cuidado.

ALENTAR. Los errores trágicos que cometen muchos jóvenes son el resultado de, no sólo no saber cómo brindar un amor verdadero, sino también de no recibir un amor incondicional que lo acepta y alienta (particularmente del padre o la madre). Los padres y otros adultos que se interesan por los jóvenes deben esforzarse por comunicarles su aceptación, aliento, afecto y aprecio en toda oportunidad posible.

DIRIGIR. Aproveche toda oportunidad posible para ser un ejemplo del concepto bíblico del amor ante los jóvenes a su alrededor; déjelos verle amar a alguien cuya felicidad, salud y desarrollo espiritual son tan importantes para usted como los propios. Ore con los jóvenes sobre sus vidas amorosas; anímeles a incluir a Dios al buscar el amor verdadero. Aproveche "momentos enseñables" (programas de televisión, relaciones "novelescas" en la escuela, conducta de parejas en público, etc.) para comunicar al joven el concepto bíblico del amor de manera que sepan lo que deben buscar en sus relaciones facilitándoles el poder reconocerlo cuando ocurre. Comparta el contenido de este capítulo, no una sino repetidas veces.

COMPROMETER. Consiga la participación del joven para evaluar relaciones, usando las siguientes doce preguntas propuestas por Barry St. Clair y Bill Jones a fin de determinar si una relación refleja un amor bíblico maduro:

1. ¿Conocemos ambos a Jesús personalmente? (Vea también el capítulo 11: *Salir en pareja.*)

2. ¿Ocupa Jesucristo el primer lugar en nuestra relación?

3. ¿Podemos ser honestos el uno con el otro?

4. ¿Nos aceptamos el uno al otro completamente?

5. ¿Contamos con la aprobación de nuestros padres?

6. ¿Ejercemos control sobre nuestra vida sexual?

7. ¿Tenemos la misma escala de fe y valores?

8. ¿Podemos manejar nuestras diferencias?

9. ¿Podemos aguantar estar separados?

10. ¿Somos realmente amigos?

11. ¿Somos "personas íntegras"?

12. ¿Estoy dispuesto a asumir un compromiso para toda la vida?

REFERIR. Las actitudes sanas sobre el amor no pueden desarrollarse plenamente en una clase de escuela dominical ni tampoco en un retiro juvenil de fin de semana; requieren la inclusión y el compromiso constante de los padres del joven y de otros adultos importantes para él. La colaboración entre las principales influencias en la vida de los jóvenes es imprescindible para lograr el desarrollo de conceptos y convicciones fuertes, sanos sobre el amor.

Pasajes bíblicos citados en este capítulo

- Mateo 19:19

- Marcos 12:31

- Lucas 10:27

- Efesios 5:28

- Juan 3:16

Otros pasajes bíblicos para leer

- Juan 15:13

- 1 Corintios 13:1-13

- 1 Timoteo 1:5

- 1 Juan 3:11-20; 4:7-21

SALIR EN PAREJA

CONTENIDO

Introducción

—¡Qué afortunada eres! —le dijo Diana, de catorce años, a su amiga Mica en el salón de jóvenes de la iglesia mientras esperaban que empezara la clase.

—¿Por qué? —respondió Mica.

—Porque César te invitó a salir.

—Es simpático, ¿no?

—¡¿Simpático?! Más bien di que el chico es perfecto.

Ante este comentario, ambas no pudieron aguantar la risa.

—¡Qué afortunada eres! —volvió a decir Diana, poniéndose seria—. Mis padres todavía no me dejan salir en pareja.

—Ya sé —contestó Mica—. Los padres a veces son imposibles.

—Dicen que hasta que cumpla los dieciséis no salgo con nadie.

—¡Dos años más! ¡Qué horror!

—¡Ya lo creo! —exclamó Diana mirando alrededor del salón para ver si alguien había escuchado. Bajó la voz y continuó:

—Dicen que aun entonces sólo me dejarán salir en pareja pero si vamos en grupo.

Las dos miraron simultáneamente hacia la puerta por la que entraba César, con sus esplendorosos diecisiete años.

—¡Qué afortunada eres! —volvió a repetir Diana mientras ella y Mica miraban embelesadas a César.

El problema de salir en pareja

Pocas cosas hay que ocasionen más tensión entre padres y jóvenes —y en los jóvenes mismos— que los muchos peligros y decisiones relacionados con el proceso de salir en pareja.

Los jóvenes dedican una gran cantidad de tiempo, pensamientos y energía a las presiones y posibilidades de salir en pareja. Hablan de quién "anda" con quién, quién quiere salir con quién y quién nunca logrará salir con quién.

No obstante, resulta irónico pensar que aunque muchos jóvenes dedican tanto tiempo y esfuerzo al "juego de salir en pareja", pocos están preparados para las nuevas tensiones y opciones que salir en pareja presentan. Salir en pareja se puede convertir en el sello de aceptación, una evidencia de que el joven vale o que es atractivo. La autora Ana B. Cannon dice:

> Muchos adolescentes salen en pareja porque sus amigos empiezan a hacerlo. Algunos buscan amor, seguridad o apoyo en el hecho de salir así. Otros hacen valer sus derechos a ser independientes saliendo a donde quieren y con quien les plazca. Muchos... salen en pareja porque eso es lo que se espera de ellos.

Las causas del problema de salir en pareja

Una gran cantidad de adolescentes se exponen a peligros y desencantos porque empiezan a jugar "el juego de salir en pareja" a ciegas, ignorando las muchas decisiones que se deben tomar en esas circunstancias, los muchos peligros que le acechan, y la ventaja de tener planes concretos al salir en pareja.

✦ **Decisiones relacionadas con salir en pareja**

Al joven promedio nunca se le ocurriría salir con alguien del sexo opuesto sin antes tomarse el tiempo para prepararse delante del espejo; pero ese mismo joven comienza su experiencia de salir en pareja con poco o nada de reflexión sobre las muchas decisiones que deben tomar —padres *y* jóvenes— al salir en pareja.

Las siguientes preguntas deberían ser contestadas por los jóvenes antes de estar en condiciones de salir en pareja:

● ¿Cede con frecuencia a la presión de sus compañeros de grupo?

● ¿Se siente más atraído a los de su misma edad?

● ¿Piensa salir en pareja como amigos en lugar de buscar el noviazgo?

● ¿Ha prometido el jovencito mantenerse sexualmente puro?

● ¿Cuenta el joven con el permiso de sus padres para salir en pareja?

● Lo que el jovencito piensa de sí mismo ¿se basa en que sale o no en pareja?

● ¿Tiene la capacidad de resistirse a la gratificación inmediata en otras áreas?

● ¿Demuestra una preferencia por querer lograr una satisfacción y realización futura (a diferencia de una gratificación inmediata) en otras áreas?

Las respuestas negativas a las preguntas anteriores deben alertar al joven (o al adulto que se interesa en él) en cuanto a las áreas en que necesita desarrollar más madurez espiritual y emocional antes de salir en pareja.

El factor edad. "¿A qué edad puede empezar a salir en pareja?" Esta pregunta ha generado muchos conflictos en los hogares. Algunos padres creen que sus hijos deben tener cierta edad antes de hacerlo. Algunos muchachos creen que nacieron listos para salir en pareja; otros creen que pueden empezar a salir en cuanto son adolescentes.

Pero la edad cronológica pocas veces es el indicador digno de confianza de que un joven esté preparado para salir en pareja. El factor decisivo es si él o ella tiene la suficiente madurez espiritual y emocional para encarar las muchas decisiones y los muchos peligros de salir en pareja. Algunos pueden ser lo suficiente maduros a los quince o dieciséis; otros probablemente deberían esperar.

"Mi novio me lleva varios años", le escribió una jovencita al autor Barry Wood, "y mis padres no quieren que salga con él. ¿La edad tiene algo que ver con quién sale uno?" Aunque una diferencia de cinco años puede no tener importancia cuando es alguien de veinticinco años que sale con alguien de treinta, por ejemplo, puede causar graves problemas para una muchacha de catorce años que sale con un joven de diecinueve. La razón es que la adolescencia es una etapa de cambios físicos, emocionales y espirituales grandes; algunos cambios hasta pueden suceder tan rápidamente que el adolescente no está preparado para manejarlos. Y, por supuesto, una vez más la cuestión principal no es tanto la edad cronológica como la madurez espiritual y emocional. De cualquier manera, deben evitarse las diferencias de más de un año o dos hasta pasar la adolescencia.

Salir con alguien de otra raza. Aunque muchos libros sobre el noviazgo ignoran el tema, salir con alguien de otra raza es una cuestión que muchos jóvenes tienen que enfrentar. Y aunque en muchas culturas (e iglesias) todavía no se aceptan los noviazgos entre jóvenes de distintas razas, la respuesta bíblica es clara: "Ya no hay judío ni griego [es decir, ninguna división racial]... porque todos vosotros sois uno en Cristo Jesús" (Gálatas 3:28). Jesús derribó las barreras raciales entre samaritanos y judíos (Juan 4:1-10), entre cananeos y judíos (Mateo 15:21-28) y entre romanos y judíos (Lucas 7:1-10). Los jóvenes cristianos tienen

que estar apercibidos de las implicaciones sociales de una relación con alguien de otra raza, pero el color no es una barrera para las relaciones que honran a Dios.

Salir en pareja como "misionero". ¿Está bien que un joven cristiano salga con alguien que no lo es? ¿Puede usar esta circunstancia para testificar de Cristo? La Palabra de Dios contesta preguntas como éstas muy directamente en 2 Corintios 6:14 donde el apóstol Pablo ordenó a los cristianos: "No os unáis en yugo desigual con los no creyentes. Porque ¿qué compañerismo tiene la rectitud con el desorden? ¿Qué comunión tiene la luz con las tinieblas?"

La advertencia de Pablo se aplica no sólo al noviazgo; se refiere a cualquier "yugo" de un cristiano con un inconverso. Se aplica a compromisos en el mundo de los negocios, por ejemplo, tanto como los compromisos románticos como el noviazgo y el matrimonio. Barry Wood habla sobre el mandato de Pablo:

> ¿Qué tiene en común el creyente con el no creyente? Hay muchas áreas de intereses que pueden tener en común... Pasatiempos, música, deportes, política, intereses intelectuales, son todos elementos que pueden fomentar el compañerismo entre cristianos y no cristianos. Pero, ¿puede usted pensar en siquiera un valor o interés eterno que tienen en común? No, no puede. En las áreas verdaderamente importantes como la voluntad de Dios, la ética de Dios, el reino de Dios, la escala de valores de Dios para la familia y las relaciones matrimoniales, se dará cuenta que son ustedes dos casi extraños. Y es en estas áreas que existen el amor y el matrimonio. Aquí es donde se lleva a cabo la verdadera comunicación.

Esto no significa que el creyente no pueda disfrutar de compañerismo con un inconverso, divertirse con inconversos, compartir un helado con inconversos o jugar a la pelota con inconversos. Pero el joven o la joven que se relaciona románticamente con un inconverso está cruzando una línea de protección y provisión que la Palabra de Dios ha trazado.

✦ Peligros de salir en pareja

Los adolescentes que se están preparando para empezar a salir en pareja tienen no sólo que enfrentar las muchas decisiones a tomar, sino que también deben saber de los peligros. Algunos de estos son examinados eficazmente por Les John Christie en su libro *Dating and Waiting: A Christian View of Love, Sex, and Dating* (Noviando y esperando: Un concepto cristiano del amor, sexo y noviazgo):

Aislamiento. Está el peligro de aislarte de tus amigos. Relacionarte con los de tu mismo sexo es tan importante como relacionarte con los del sexo opuesto. Pero al salir en pareja, a veces los viejos amigos se dejan a un lado, y estos son amigos que a lo mejor necesitarás más adelante, especialmente si la relación con tu pareja se corta. También existe el peligro de olvidar otras relaciones importantes en tu vida como hermanos, hermanas y padres.

Razones equivocadas. Está también el peligro de salir con alguien por razones equivocadas, como querer impresionar a tus amistades,... para vengarte de alguien, o hacerlo para darle celos a alguien. En un caso así, estás meramente usando a tu pareja, y en realidad no la quieres como persona.

Muchas relaciones de parejas se basan en el poder, no en el cariño. La persona que menos ama es la que tiene más poder [en la relación]. Algunos prefieren el poder al amor; así que retienen su amor... Salir en pareja se convierte en un juego para tener poder. La otra persona queda colgando como un *yo-yo*. Se está usando el amor para obtener poder y prestigio...

Obsesión. Otro peligro es que te obsesiones tanto con la idea de salir con alguien que, dentro del grupo juvenil de la iglesia hablas únicamente con los que te parecen probabilidades como pareja, y dejas a un lado a los demás. Esto se aplica tanto a los mucha-chos como a las mucha-chas...

Otros peligros. Está también el peligro de sentirte atrapado en cuanto empiezas a salir con alguien... Está el peligro de que te lastimen o lastimes a alguien. Están también los peligros de confundir una atracción emocional y física con el amor verdadero y el peligro de perder tu control sobre tus instintos sexuales..." (Vea el capítulo 10: *El amor verdadero.*)

Demasiados adolescentes —especialmente los que empiezan muy jóvenes a salir en pareja— no están para nada preparados para enfrentar los peligros de tal relación y, como resultado, se exponen innecesariamente a lo peor que la experiencia de salir en pareja tiene para ofrecer.

✦ Pautas al salir en pareja

La mayoría de las salidas en pareja distan de ser divertidas porque están llenas de trucos sensuales y juegos sexuales. Aun cómo se habla de las salidas lo demuestra. "¿Llegaron a algo?" "¿Te acostaste con él (o con ella)?" Para que las experiencias en pareja sean divertidas y que merezcan la pena, tienen que evitar tanto las trampas como los trucos. El joven cristiano puede lograrlo si determina reflexivamente tres cosas: sus propósitos, sus normas y límites, sus planes y actividades al salir en pareja.

Propósitos. Aunque parezca mentira, pocos son los adolescentes que se detienen a pensar cuál es su propósito al salir en pareja. Es claro, responder a la atracción básica hacia una persona del sexo opuesto es la razón fundamental por la cual muchos muchachos salen en pareja; como lo es la presión intensa que sienten por parte de otros. Pero aparte de responder a esas influencias, la mayoría de los jóvenes no formulan ni evalúan sus propósitos al salir en pareja.

Tener una vida social; divertirse con otros, conocerlos mejor y disfrutar de la compañía de otras personas, aprender cómo compartir intereses que tienen en común y desarrollar su habilidad de conversar y relacionarse bien con otros. Salir en pareja es una manera de aprender más acerca de uno mismo, y una manera de desarrollar más perspicacia en percibir las necesidades y los sentimientos de otra persona, y por percibirlas responder con la acción.

Seleccionar novio o novia. La progresión natural es de una salida intrascendente a una amistad, al noviazgo, al compromiso y al casamiento. Salir en pareja sirve para cultivar y afinar los gustos de uno y mejorar la habilidad de reconocer el carácter y la personalidad que mejor coincide con la de uno.

Es importante entender claramente el propósito que uno tiene al salir en pareja. Debe resultar obvio, por supuesto, que la exploración y experimentación sexual no son propósitos sanos para ello; por otro lado, el propósito social, y aun la selección de un novio o novia son propósitos válidos.

Normas y límites. El joven que tiene la madurez suficiente para empezar a salir en pareja tendrá la madurez suficiente para empezar a establecer sus normas y límites para sus salidas en parejas, y aun para dialogar sobre esas normas con su pareja. Los padres y otros adultos interesados deben ayudar a guiar al joven a contestar preguntas como las siguientes:

● ¿Debo limitar mis salidas en pareja a salir acompañado de otra pareja?

● ¿Debo limitarme a frecuentar lugares públicos?

● ¿Qué maneras de tocar y de interactuar son aceptables?

● ¿Qué tipos de actividades evitaré o me negaré a aceptar?

Si las preguntas como éstas son contestadas *antes* de que llegue la tentación, se evitarán muchos problemas, malentendidos y errores más adelante.

Las normas para salir en pareja deben incluir una clara determinación sobre

dónde poner los límites en este cuadro de la progresión de la expresión e intimidad físicas:

Besuqueo:
 Tomarse las manos
 Abrazos
 Besos breves (como a un hermano)
 Besos prolongados
Caricias:
 Besos franceses (incluyendo la última etapa del besuqueo —oídos, cuello, etc.)
 Senos cubiertos
 Senos descubiertos
Caricias avanzadas:
 Genitales cubiertos
 Genitales descubiertos
 Sexo oral
 Genital a genital
 Coito

El mejor lugar para establecer los límites en esta progresión es después de los besos breves. La gran mayoría de parejas cuya relación es de salir juntos, sea cual fuere su edad, no puede avanzar mucho más allá de ese punto sin entrar en problemas. El joven o la joven que quiere establecer normas sanas hará bien en empezar con éstas.

Planes y actividades. El paso final para dar forma a pautas cristianas bien fundadas, útiles para salir en pareja es planear. Una opción es salir en grupo. Ann B. Cannon escribe:

Salir en grupo ha sido una práctica popularizada ya por varios años. En grupo los muchachos y las muchachas se reúnen para realizar diferentes actividades sin formar parejas. El grupo decide a dónde ir y qué hacer, y todos van juntos. Cada uno paga sus propios gastos. A muchos jóvenes les gusta salir en grupo porque quita la presión sexual de salir con una sola persona.

Otra consideración es planear el ambiente en que dos personas pueden llegar a formar una amistad. Ir al cine la primera vez que salen es contraproducente; brinda entretenimiento pero no interacción. Mejor sería jugar al minigolf, ir al zoológico o pasear por un lugar interesante. Tales actividades brindan bastantes temas de conversación y permiten que ambos descubran lo que al otro le gusta o le disgusta y algo de su vida. Otras buenas actividades para planear al salir pueden incluir:

● juegos de mesa/rompecabezas
● deportes sencillos como ping pong, o minigolf
● deportes acuáticos
● un paseo por el vecindario, el centro, etc.
● observar a la gente en un lugar público
● cocinar juntos una comida
● andar en patines/patinar en el hielo
● emprender juntos un proyecto como: hacer carteles para anunciar una actividad de los jóvenes, limpiar y adornar el salón juvenil, y muchas más...
● ir a caminar por un parque, a la montaña o a otros lugares...
● grabar juntos un video en casa
● hacer y remontar un barrilete o cometa
● caminar bajo la lluvia
● organizar una fiesta para los amigos
● mirar fotos de sus familias
● ir de paseo en bus por toda la ciudad
● asistir a un remate o venta pública

Una clave más para planificar las actividades al salir en pareja es determinar o anticipar las posibles reacciones a situaciones que pueden surgir, como:

● ¿Cuánto dinero necesitaré?
● ¿Me alcanzará el dinero que tengo?
● ¿Qué haré si mi pareja quiere pasar a "mayores"?
● Si mi pareja me lleva a algún lugar donde no quiero ir, ¿qué haré?
● ¿Bajo qué circunstancias pondré fin a la salida o a la relación?
● ¿Cómo reaccionaré si los que me acompañan empiezan a portarse indebidamente (bebiendo alcohol o drogándose, por ejemplo?

● ¿Cómo evaluaré si la salida fue un éxito?

Algunos padres ayudan a sus hijos en este sentido de planificar la salida acordando que si el jovencito o la jovencita llama a casa en cualquier momento y dice sencillamente: "Vengan a buscarme *ahora*", el padre o la madre responderá sin dilación y sin pedir detalles. Otros recalcan a sus hijos la importancia de asegurarse de que mamá y papá sepan (1) con quién está, (2) dónde está y (3) a dónde piensa ir.

La respuesta al problema de salir en pareja

¿Está el joven o la joven en condiciones de salir en pareja? ¿Lo está haciendo con discernimiento? ¿Se expone innecesariamente a los peligros y trampas del "juego de salir en pareja"? El padre, madre o líder de jóvenes sensible puede ayudar al joven a contestar preguntas como éstas empleando las siguientes estrategias:

ESCUCHAR. Tómese el tiempo para *hablar* con el joven acerca de salir en pareja y realmente escuche lo que di-ce. Trate de discernir si ya posee la ma-durez emocional y espiritual para empe-zar a salir y para hacerlo con inteligencia y piedad. Repase con él los principales conceptos sugeridos en este capítulo. Consiga que conteste las preguntas que aparecen en este capítulo a fin de evaluar su madurez y si está en condiciones de salir en pareja.

EMPATIZAR. Recuerde su propia adolescencia y la importancia que las relaciones con los muchachos y mu-chachas de su edad tenían para usted. Tenga el cuidado de reconocer la urgen-cia e importancia que las cuestiones re-lacionadas con salir en pareja tienen para la mente y el corazón del joven. Procure también comprender las necesidades emocionales y espirituales que el joven espera suplir con esas salidas. Sean o no realistas esas esperanzas, es de vital importancia para ayudar a un padre, madre o líder juvenil ver las cosas como las ve el joven.

ALENTAR. Sucede con demasiada frecuencia que el joven usa el salir en pareja para tratar de llenar necesidades que no son suplidas en otras relaciones; por ejemplo, con mamá y papá. Si los padres no están llenando "el tanque de amor" (su necesidad innata de ser amado y aceptado), el joven será más vulnerable a las presiones, peligros y placeres de salir en pareja; por el contrario, las relaciones con el sexo opuesto serán mucho más fáciles de manejar si el joven recibe aliento, afecto y aprecio de los demás —particularmente de sus padres.

DIRIGIR. Los padres, pastores, líderes de jóvenes o maestros pueden ayudar al joven que está llegando a la etapa de salir en pareja por medio de:

● Orar por el joven

● Orar con él o ella específicamente sobre esta cuestión

● Dialogar sobre las decisiones que enfrentará al salir en pareja

● Informarle de los peligros de salir en pareja y

● Ayudarle a formular pautas con propósito para sus salidas en pareja por medio de un sensible y diálogo que lo lleve a compartir con él o ella el contenido de este capítulo.

COMPROMETER. El padre, madre u otro adulto interesado querrá motivar la participación del joven a fin de evaluar sus hábitos relacionados con salir en pareja por medio de hacer un "contrato" o plan tomando en cuenta las sugerencias dadas en este capítulo.

REFERIR. El maestro, el pastor o el líder de jóvenes tiene que involucrar a los padres del o la joven en el proceso de ayudarlos a encarar las presiones relacionadas con salir en pareja. De la misma manera, los padres harán bien en aceptar el apoyo de los líderes de jóvenes, de los maestros de la escuela dominical y otros adultos interesados. En ciertas situaciones, particularmente en las que el joven ya ha demostrado hábitos peligrosos al salir en pareja, puede ser de ayuda que los padres consulten a un consejero cristiano profesional que pueda ofrecer consejos bien fundados y bíblicos.

Pasajes bíblicos citados en este capítulo

● Gálatas 3:28

● Juan 4:1-10

● Mateo 15:21-28

● Lucas 7:1-10

● 2 Corintios 6:14

Otros pasajes bíblicos para leer

● Salmo 119:9-11

● 1 Corintios 15:33

● Colosenses 3:17

● 2 Timoteo 2:22

● 1 Pedro 5:8-10

12

ESCOGER AL CÓNYUGE ADECUADO

Introducción

Tenía diecinueve años y estaba en su primer año de universidad. Nunca en su vida se había sentido tan confundida como ahora. Caro estaba sentada con una amiga mayor que siempre la aconsejaba bien. Doblaba y desdoblaba una carta de su novio, que estaba en otra universidad a más de trescientos kilómetros. Cuando había tomado el sobre, viendo de quién venía, pensó que él le estaba escribiendo para romper con ella, para decirle que salía con otra muchacha. Pero ésta no era la razón de su carta. Él le había escrito para declararse formalmente.

"Sé que debería hacer esto en persona", había escrito, "y realmente es lo que quisiera hacer. Pero no sé cuándo volveremos a vernos".

La carta continuaba proponiendo que se casaran a fin del año escolar y que ella se inscribiera en la universidad de él para continuar su segundo año.

—¿Qué piensas hacer? —le preguntó su amiga.

—No sé —contestó Caro.

—¿Lo quieres?

—Sí —contestó Caro sin vacilación. Luego bajó la mirada y empezó a doblar otra vez la carta—. Pero...

Su amiga esperó mientras Caro seguía doblando y desdoblando nerviosamente la carta.

—Es que sencillamente no sé si sería el esposo adecuado para mí —dijo por fin.

—No tienes que contestarle ya —sugirió su amiga—. Podrías llamarle por teléfono y decirle que no estás lista para darle una respuesta todavía.

—No le puedo hacer eso —dijo Caro—. No puedo.

—Bueno —dijo lentamente su amiga—, ¿qué vas a hacer?

Caro levantó nuevamente la vista y miró desesperadamente a su amiga. Los ojos se le llenaron de lágrimas y empezó a llorar.

—No sé —sollozó.

El problema de escoger al cónyuge adecuado

Las dos decisiones más importantes de la vida del hombre y de la mujer que por lo general se encaran y se toman —para bien o para mal— durante la juventud son: seguir o no seguir a Cristo y con quién casarse.

El problema de escoger a "la persona adecuada" con quien casarse puede ocasionar una lucha intensa —y no poca confusión— en la mente del joven o la joven. El autor Tim Stafford expresa el dilema en estos términos:

La cuestión de "la persona adecuada" es particularmente importante para los que no creen en el divorcio —que se quieren casar una vez, para toda la vida. Si tienen dudas, ¿cómo pueden resolverlas? ¿Cómo pueden saber con seguridad que han encontrado a la persona correcta? Aun cuando la persona no está considerando casarse, cuando ve a alguien por primera vez puede pensar: ¿El [ella] es para mí?

De los cientos que conoces del sexo opuesto, ¿cómo puedes saber cuál es para ti? ¿Te lo dirá algún sexto sentido? ¿Sencillamente "lo sabrás", como dicen algunos? ¿Temblarás por dentro? ¿O será por algún análisis racional, usando la computadora para que escoja tu pareja o por una clarificación de valores, que te revelará la persona adecuada para ti?

Muchos jóvenes ven los divorcios y matrimonios infelices a su alrededor y se preguntan si pueden aspirar a algo mejor. Observan a parejas disparejas y se preocupan de que ellos también pueden equivocarse al elegir su pareja. Son testigos de relaciones en que reina el abuso y tienen miedo de terminar siendo víctimas de una mala decisión.

De hecho, la investigación demuestra que aunque el 90 por ciento de adolescentes que asisten a la iglesia creen que la intención de Dios es que el matrimonio dure para toda la vida, menos de la mitad (48 por ciento) dicen que quieren "tener un matrimonio como el de mis padres".

Y el 43 por ciento cree que "es muy difícil tener un matrimonio exitoso" en esta época.

En tal ambiente, muchos jóvenes están intensamente preocupados de poder escoger el cónyuge adecuado. La motivación de muchos es no repetir "el error" de sus padres. No quieren ser una estadística más del divorcio. Anhelan vencer la corriente que los quiere arrastrar. Quieren encontrar un amor verdadero y permanente en el matrimonio. Pero tienen miedo de equivocarse.

Las causas del problema de escoger al cónyuge adecuado

Muchos jóvenes cometen errores en su noviazgo y matrimonio, y algunos de sus errores son trágicos. Pero, con frecuencia, dichos errores no son por no haber encontrado a la persona correcta, sino por otras causas.

✦ No ser la persona correcta

Los adolescentes y jóvenes adultos pueden cometer el error de estar buscando y orando por conocer al [o la] que "es para mí", pero prestan poco o nada de atención a ser ellos mismos "la persona correcta". El joven que no se ha entregado al Señor, que no está obedeciendo la voluntad de Dios revelada en su Palabra (vea el capítulo 48: *Cómo conocer la voluntad de Dios*), que no se esfuerza por convertirse en una persona cariñosa que puede amar al [o a la] que "es para mí", está perdiendo el tiempo si espera que Dios le presente al que será el cónyuge adecuado.

Es aquí donde tantos jóvenes vacilan. En lugar de orar y ocuparse de llegar a ser el joven o la señorita que está preparado para asumir un compromiso de por vida delante de Dios, buscan desesperadamente un cónyuge en cada salida en pareja, y de esta manera experimentan un desencanto.

✦ Buscar a la persona incorrecta

Similarmente, algunos jóvenes y señoritas buscan al que "es para mí" sin darse cuenta de que en realidad están buscando al que no es para ellos. Se hacen una composición mental de cómo será el [o la] que "es para mí". La lista con frecuencia empieza con dotes físicas, encanto personal y seguridad en sí mismo, modales impecables y también puede incluir características espirituales y sociales.

A veces (con frecuencia sin darse cuenta) las muchachas se imaginan que el que "es para mí" será "igual que mi papi". Los varones pueden dar forma a una lista de cualidades de una novia del pasado o del objeto de una infatuación adolescente.

Al hacerlo, por supuesto, muchos jóvenes crean una imagen de "mi hombre ideal" o "la mujer perfecta" que es tan idealista o romántica que les puede cegar a otras posibilidades a su alrededor. Esto no quiere decir que el joven no ha de buscar ciertas cualidades en su posible cónyuge, sino sencillamente que dichas cualidades deben reflejar metas realistas, piadosas.

✦ Tener motivaciones incorrectas

Las equivocaciones en el noviazgo y matrimonio son muchas veces el resultado de motivaciones poco aconsejables, y hasta impías. Aun los adolescentes y jóvenes adultos cristianos buscan con frecuencia un cónyuge por razones incorrectas. Los autores Barry St. Clair y Bill Jones presentan varias de estas razones incorrectas para casarse:

Pánico cuando los demás se casan. "Todos mis amigos se están casando así que es mejor que yo también me case". [Algunos jóvenes se sienten marginados al ver que sus amigos y compañeros se casan.]

Síndrome de solterona. "Siempre la amiga de la novia, nunca la novia". [Algunos se sienten como que son los únicos que quedan sin casarse y, las mujeres particularmente, tienen miedo de quedarse solas

después de que todos "los buenos partidos" se han casado con otras.]

La gran huida. Algunos se casan para escaparse de un hogar infeliz...

En pleno choque emocional. Con frecuencia la gente se casa después del corte doloroso de una relación. Tratan de llenar un vacío emocional o de vengarse...

El juego de presionar. Cuando los padres de la pareja presionan constantemente para que se casen, con frecuencia lo hacen. O cuando uno de la pareja presiona al otro, con frecuencia se casan... [Se casan por obligación y presionados, no por amor.]

Llena mis necesidades. Muchos se casan primordialmente para suplir sus propias necesidades en lugar de hacerlo para suplir las necesidades de su cónyuge. Estas necesidades pueden girar alrededor del concepto que uno tiene de sí mismo, sexo, emociones, finanzas u otras. A veces hay necesidades profundamente arraigadas, como la necesidad de sentir que uno vale o de convertirse en alguien de importancia.

Crisis ante un embarazo. Una cantidad incontable de parejas se casan cada año por la crisis que produce un embarazo. En algunas situaciones, esto es lo mejor, pero no en la mayoría de los casos.

La perspectiva bíblica sobre el problema de escoger al cónyuge adecuado

"El éxito en la vida no consiste tanto en casarse con la persona que lo hará feliz", dice Charles Swindoll, el renombrado autor y profesor de Biblia, "sino en escaparse de los muchos que podrían hacerle infeliz".

✦ Tres preguntas clave

Las palabras de Swindoll contienen un agudo discernimiento. Muchos jóvenes agonizan al tener que elegir al futuro cónyuge adecuado y, por supuesto, ésta es una decisión de suma importancia. Pero prestar cuidadosa atención a tres preguntas a la luz de lo que la Biblia enseña puede ser de ayuda.

1. ¿Hay una sola persona que sea "para mí"? Tim Stafford escribe:

Es mi convicción que si Dios te ha llamado para ser casado, sí tiene una sola persona para ti. Creo que puedes estar absolutamente seguro de encontrarla por medio de caminar a la luz de Dios. Y podrás decir con certidumbre: "Esta mujer [o este hombre] es el único para mí".

Algunos creyentes no ven las cosas exactamente así. Algunos dirían que Dios no tiene una persona en particular designada para ti. Dirían que podrías casarte con una de varias personas. Quizá tengan razón.

Stacy y Paula Rinehart, autores de *Choices: Finding God's Way in Dating, Sex, Singleness, and Marriage* (Opciones: Encontrando el camino de Dios en el noviazgo, sexo, soltería y matrimonio), sugieren que sería más realista decir "que uno debiera casarse con *una* persona adecuada en lugar de *la* persona adecuada". Escribe:

Es evidente que estamos atrapados en una tensión entre verdades. Dios está en control, como Job dijo: "Reconozco que tú todo lo puedes, y que no hay plan que te sea irrealizable" (Job 42:2). Pero también es verdad que Dios nos da la libertad de tomar decisiones sabias dentro de los límites morales prescritos por él. La Biblia dice que el creyente puede casarse únicamente con otro creyente [2 Corintios 6:14] lo cual, en cierto sentido es muy limitador (descarta a gran parte del mundo) y, en otro sentido, es muy amplio (hay muchos creyentes). Desde dentro del cuerpo de cristianos, entonces, hemos de tomar una decisión espiritualmente sabia. No podemos hacer caso omiso de la soberanía de Dios ni de nuestra responsabilidad.

2. ¿Cómo sé que he encontrado a la persona que "es para mí"? Al igual que muchas decisiones, la elección de un cónyuge afectará el resto de la vida de la persona, en realidad el resto de la vida de dos personas. Y, como sucede con cualquier intento por discernir la voluntad de Dios, debe ser considerada en oración y con la Biblia. El joven o la joven que contempla comprometerse y casarse debe ciertamente aplicar el proceso de comprender y seguir la voluntad de Dios en esta decisión tan importante. (Vea el capítulo 48: *Cómo conocer la voluntad de Dios*.)

Pero el interrogante sigue en pie: Cuando el joven ha buscado sinceramente la dirección de Dios en cuanto a la elección de su cónyuge, ¿cómo sabe si ha tomado la decisión correcta? Tim Stafford ofrece una perspectiva útil:

Así que aunque sepas que hay alguien para ti, ¿cómo te ayuda saberlo? ¿Cómo puedes estar seguro de quién es? *Sabes que alguien es para ti el día que ambos están frente del juez y dan el "Sí"*. Hasta ese día probablemente no lo sabrás por seguro. Después de ese día, la cuestión ya está decidida, para siempre...

Parece un truco. Quieres saber quién es para ti a fin de poder simplificar tu decisión. En cambio, la decisión se convierte en algo con más exigencias. Tomas la decisión por tu propia cuenta, y cuando la has tomado oyes que la puerta se cierra detrás tuyo. Tu decisión se ha convertido de pronto en la decisión de Dios.

Creo que encontramos frustración porque no queremos encarar las difíciles realidades del matrimonio, y de nosotros mismos. Queremos reducir el matrimonio mayormente a la cuestión de encontrar una combinación correcta de personalidades, como encontrar la llave correcta para una cerradura. Comparamos a posibles cónyuges con una lista de cualidades ideales para ver si califican.

Creo firmemente que la compatibilidad es importante. Pero no es el criterio más importante para un matrimonio exitoso. El enfoque principal de Dios no es la compatibilidad, sino la respuesta a una pregunta que va al quid de la cuestión en el matrimonio: *¿Puedes "dar el sí" y ser consecuente con ese "sí" para toda la vida?* Si puedes, has *encontrado* al [o la] que "es para ti", y también has pasado a *ser* el que "es para" tu cónyuge.

3. ¿Cómo me preparo? En cuanto el joven está seguro de haber encontrado a *alguien* con quien pasar el resto de su vida, los próximos pasos son, por supuesto, el compromiso y el matrimonio.

La mayoría de las parejas conversan sobre el matrimonio antes de que haya una declaración formal. Pero nada debe darse por hecho. Ambos integrantes de la pareja tienen que asegurarse de que cada uno entiende y coincide con la intención de casarse, y deben coincidir en un período de compromiso, previo al casamiento, que les resulte cómodo a los dos. Barry St. Clair y Bill Jones ofrecen estos útiles consejos sobre este aspecto:

¿Cuánto debe durar el compromiso? Distintas parejas tienen diferentes necesidades, pero hay dos pautas que ayudan:

El compromiso debe ser lo suficientemente largo como para completar la preparación. Dos grandes eventos necesitan preparación: la ceremonia de casamiento y la vida en común después de la ceremonia. Planificar el casamiento por lo general lleva de tres a seis meses, dependiendo de la cantidad de invitados...

El compromiso debe ser lo suficientemente corto como para evitar problemas. Durante el tiempo del compromiso aumenta la tentación sexual. Cuanto más largo el compromiso, más grande es la presión... Una duración de tres a doce meses da un buen entorno.

La respuesta al problema de escoger al cónyuge adecuado

El padre, la madre, el pastor o el líder de jóvenes con discernimiento puede ayudar al joven o a la joven a prepararse para su compromiso y matrimonio con una estrategia como la siguiente:

ESCUCHAR. Dele al joven o a la joven el tiempo que necesita para hablar de sus relaciones, y escuche atentamente. Trate de captar una perspectiva útil de las ideas que tiene sobre noviazgo, matrimonio y la voluntad de Dios.

EMPATIZAR. Trate de ver las cosas desde el punto de vista del joven. Recuerde su propia adolescencia ¿en qué sentido era usted como este joven? ¿En qué se parecen los dilemas del joven a los que usted tenía? Aproveche toda oportunidad para comunicar su empatía y comprensión.

ALENTAR. Muchos jóvenes tentados a casarse por las razones equivocadas son motivados, por lo menos en parte, por un sentido de inseguridad. Por lo tanto, puede ser muy provechoso alentarles con cuidado y sinceridad asegurándoles que son hijos preciosos de Dios que son de infinito valor para él. Hágales saber que usted disfruta de la compañía de ellos, diciéndoles lo que encuentra encantador y de valor en ellos. (Sea específico.)

DIRIGIR. Ofrezca dirección, quizá compartiendo el contenido de este capítulo y también ayudando al joven a evaluar sus motivaciones y su preparación para el matrimonio haciendo preguntas como las siguientes:

- ¿Ambos son creyentes? (Vea 2 Corintios 6:14.)
- ¿Han buscado la voluntad de Dios en la Biblia? (Vea el capítulo 48: *Cómo conocer la voluntad de Dios.*)
- ¿Se aman con un amor bíblico? (Vea 1 Corintios 13; (Vea el capítulo 10: *El amor verdadero.*)
- ¿Aprueban sus padres? (Vea Exodo 20:12.)

Estas preguntas contienen los requisitos bíblicos básicos mínimos para el creyente que está contemplando piadosamente la posibilidad de contraer matrimonio. Otras preguntas, como las que presenta Tim Stafford en su libro *Worth the Wait* (La espera que vale la pena), pueden ayudar aun más a clarificar la profundidad de una relación:

1. ¿Se ayudan mutuamente a acercarse más a Dios?

2. ¿Pueden dialogar aunque tengan puntos de vista diferentes?

3. ¿Pueden jugar juntos?

4. ¿Pueden trabajar juntos?

5. ¿Tienen amigos mutuos?

6. ¿Se sienten orgullosos uno del otro?

7. ¿Están en el mismo nivel intelectual?

8. ¿Tienen intereses en común?

9. ¿Comparten la misma escala de valores?

10. ¿Se sienten cómodos en cuanto a cómo toman decisiones juntos?

11. ¿Se ayudan el uno al otro emocionalmente?

12. ¿Se tienen confianza mutua absoluta?

13. ¿Son más creativos y tienen más energía gracias a su pareja?

14. ¿Pueden aceptar y apreciar a la familia de su pareja?

15. ¿Tienen relaciones pasadas que no han resuelto?

16. ¿Tienen control sobre su sexualidad?

17. ¿Han pasado bastante tiempo juntos? [Stafford sugiere: "un año de verdadera cercanía es lo mínimo".]

18. ¿Han discutido y se han perdonado?

19. ¿Han conversado sobre todas las áreas de su vida futura?

20. ¿Han tenido aconsejamiento prematrimonial?

COMPROMETER. De poco o nada vale que un adulto interesado —y aun uno de mucha confianza— le diga al joven lo que necesita saber acerca de escoger el cónyuge adecuado. Procure en cambio (o además) cultivar un sentido en el joven de "apropiarse" de estas ideas; estimúlele a desarrollar sus propias convicciones y a arribar a sus propias conclusiones, basándose en la Biblia, que le guiarán a seleccionar un cónyuge *para toda la vida.*

REFERIR. El aconsejamiento prematrimonial por parte del pastor o de un consejero cristiano profesional se recomienda para cada pareja que piensa casarse. Este aconsejamiento debe constar de múltiples sesiones a lo largo de varios meses.

Pasajes bíblicos citados en este capítulo

- Job 42:2

- 2 Corintios 6:14

- 1 Corintios 13

- 1 Tesalonicenses 4:3

- Exodo 20:12

Otros pasajes bíblicos para leer

- Génesis 2:18-24

- Proverbios 5, 18, 19; 18:22

- Eclesiastés 9:9

- Efesios 5:21-28

- Hebreos 13:4

SOLTERÍA

Introducción

No era como si nunca hubiera tenido oportunidades. Susana era popular y linda. Había tenido amistades entre los muchachos. Era divertida y en la foto del último año de la secundaria alguien había escrito: "Seguramente tendrás una docena de hijos".

Pero Susana se recibió de la universidad a los veintidós años sin anillo de casamiento, sin anillo de compromiso, sin siquiera tener novio.

Fue entonces que empezaron los comentarios:

—¿Por qué estás esperando tanto para casarte?

—¿Cómo es que nadie te ha podido conquistar todavía?

—¿No te parece que es hora de que asientes cabeza y te cases?

—Acuérdate de que pasa el tiempo y la juventud queda atrás.

—Quizá es hora de que te dejes de buscar a tu Príncipe Azul y te conformes con el príncipe que sea.

Susana sabía que algunos se preguntaban si le pasaría algo. Sabía también que las intenciones de sus amigos y familiares eran buenas, pero se empezó a cansar de sus preguntas y comentarios de su soltería. Y dos jóvenes se le habían declarado, pero ella los había rechazado.

—Sé que muchos piensan que soy medio rara porque sigo siendo soltera. Pero no quiero casarme porque alguien crea que debo hacerlo. Quiero casarme si encuentro a alguien a quien amar el resto de mi vida. Estoy dispuesta a esperar para siempre, si fuera necesario, para encontrar esa clase de amor.

El problema de la soltería

Muchos jóvenes pasan su niñez y adolescencia pensando, soñando y planificando casarse. Se imaginan con quién se casarán, cómo será la vida de casados y cuántos hijos tendrán. Y, para la gran mayoría de los jóvenes, en su futuro hay un matrimonio. Las siguientes estadísticas son de los EE. UU. de A., pero probablemente no difieran mucho de los países de habla hispana. Según el Departamento de Censos, 68 por ciento de las mujeres se habrá casado antes de los veintinueve años. El 81 uno por ciento se habrá casado antes de los treinta y cuatro años y el 88 por ciento para los treinta y nueve años de edad.

Sin embargo, la cantidad de hombres y mujeres que nunca se casan está aumentando. "En los últimos 20 años", escribe Stephanie Brush, "el porcentaje de mujeres entre los 20 y 44 años que nunca se ha casado se ha duplicado, aumentando de 6 por ciento al 13 por ciento de la población femenina adulta". Clifford y Joyce Penner ofrecen un perfil de este creciente grupo demográfico:

> Están las que se ven temporariamente solteras. Este es el grupo menor de veinticinco años que ha terminado la escuela secundaria, se ha ido de casa para trabajar o ir a la universidad y espera que formará su propio hogar. Muchas entre los veinticinco y treinta y cinco años de edad están dedicadas a sus metas profesionales sin darle mucha importancia al matrimonio. Después están las solteras que pensaban casarse pero nunca lo hicieron... El grupo de las que nunca se han casado incluye a algunas que escogieron no hacerlo (aun cuando tuvieron la oportunidad) o algunas que escogieron la soltería para dar su energía al llamado de Dios.

La cantidad creciente de personas sin parejas que nunca se han casado combinada con adultos que quedan solos después de una muerte o un divorcio está llegando a los sesenta y cinco millones y sigue aumentando.

Aunque hay una aceptación creciente de (y comodidad con) la soltería y la vida de soltero en la sociedad occidental, muchos hombres y mujeres todavía sienten pánico ante la posibilidad de quedarse solteros. Allen Hadidian, pastor de solteros, escribe de una mujer que se quejaba de su soltería: "¡Me estoy poniendo tan vieja! ¡No aguanto! ¿Qué voy a hacer?" Cuando él le preguntó cuántos años tenía, ella respondió: "Dieciocho".

Ese pánico no es extraño entre hombres y mujeres solteros, aun los que todavía no han cumplido veinte años o los que ya los han cumplido pero ni siquiera han cumplido los veinticinco. Los adolescentes y jóvenes adultos anhelan sentir intimidad, ser de alguien y muchos temen que nunca podrán tener esas experiencias. Algunos se impacientan, especialmente cuando ven que sus amigos se comprometen y se casan. Algunos se deprimen, convencidos de que nunca serán verdadera y profundamente amados; otros, aunque están dispuestos a aceptar de buena gana su soltería, sea temporaria o permanente, consideran que su situación es de segunda categoría y que ellos son de segunda clase.

Las causas de la soltería

✦ **Circunstancias**
Muchos jóvenes, tanto mujeres como hombres, son solteros debido a sus circunstancias. Quizá estén estudiando, o en una carrera que les deja poco tiempo libre para entablar relaciones. Quizá sean tímidos, o sus obligaciones familiares (hacia sus padres o hijos, por ejemplo) pueden dificultar el que conozcan personas nuevas. Quizá no han encontrado aún el que "es para mí". Una mujer soltera escribió: "He vivido en un estado de soltería por tanto tiempo, creo, porque valoro tanto la institución del matrimonio. Y he visto a demasiadas personas tratarla como si fuera alguna clase de ensayo".

La ansiedad e incertidumbre que muchas veces rodea al soltero se debe a veces, según Carolyn Koons, a una "falta de desarrollo en la información que concierne a los solteros y sus estilos de vida, combinada con los interrogantes del soltero sobre sus metas, necesidades e identidad". Koons continúa diciendo:

> Algunos [solteros] temen que su soltería será para toda la vida, inclinándose hacia la falacia de que "el pasto es siempre más verde en la casa del vecino". La soltería debe considerarse como una temporada en la vida. Una temporada puede ser imprevisible, sin una duración específica y con diversas oportunidades. Y sí, es verdad que para algunas, puede durar toda la vida.

✦ Por voluntad propia

Otros son solteros porque quieren serlo. Quizá hayan determinado conscientemente esperar a terminar su carrera antes de casarse. Quizá se sientan perfectamente bien viviendo solos; quizá les gusta la libertad de poder ir a donde quieren, cuando quieren. La sicóloga doctora Angela Neal dice: "Las personas que tienen un auténtico sentimiento de sí mismas, que son seguras de sí mismas y que tienden a saber lo que es importante para ellas... tienen más probabilidad de quedarse solteras."

Por otro lado, Don Clarkson, trabajador social clínico, sugiere que muchas personas que se deciden por la soltería lo hacen por temor, como el temor al compromiso, o a la dependencia, o el temor a ser abandonado. "Esto no quiere decir que las personas solteras no sean felices", dice, pero "una de las cuestiones de más peso en las relaciones es el temor a ser dependientes y a que luego se les abandone". Le puede resultar más cómodo a algunas personas esconder sus temores y quedarse solteros, dice él, que arriesgar exponer viejas heridas y tener que enfrentar temores muy arraigados.

Los efectos de la soltería

Hemos de enfatizar aquí que la soltería no es necesariamente un problema, excepto para el soltero que quiere casarse o que deja que las reacciones de terceros les haga sentirse que es de segunda clase. Existen claras ventajas tanto como desventajas en la soltería.

✦ Ventajas de la soltería

Da oportunidad para desarrollar profundidad de carácter y personalidad. El autor Gien Karssen cita a Nel, una trabajadora social holandesa quien dice:

> Con frecuencia la gente piensa negativamente de la soltería, pero ésta tiene también sus ventajas. Tienes oportunidad de desarrollar tu propia personalidad. Si te casas y tienes hijos, puede ser que no tengas tiempo para eso.

Facilita el desarrollo de amistades profundas. Hadidian dice: "Pocos perciben la medida en que las amistades pueden contribuir a suplir profundas necesidades que antes se asociaban con el matrimonio". Las personas solteras muchas veces pueden entablar y cimentar amistades profundas y duraderas con gente de ambos sexos en una cantidad y de un tipo que raramente se encuentra en las personas casadas.

Da oportunidad de tener más privacidad. Las mujeres y los hombres solteros por lo general pueden disfrutar de más privacidad que las personas casadas. Pueden pensar, trabajar, dormir y crear sin interrupciones en un ambiente que ellos mismos han escogido.

Permite tener más libertad. La persona soltera puede ser más móvil en una sociedad muy móvil. Tiene más libertad para aprovechar nuevas oportunidades de empleos, de tomar decisiones sin tener que consultar con alguien, de dedicarse a una variedad de intereses. No tiene que acomodar sus horarios o sus hábitos a las demandas de un cónyuge o un hijo.

Da oportunidad de vivir con más sencillez. Reginald K. Brown, abogado californiano afirma que "lo que hace que la vida de soltero sea buena es su simplicidad. La vida es menos complicada". Y los autores Stacy y Paula Rinehart destacan que "cuando la persona soltera decide comprar un auto, por lo general tiene que tomar en consideración únicamente sus propios deseos y necesidades. Por otro lado, teniendo familia uno puede pasar horas discutiendo sobre esa misma compra. Existen más personas y más factores para considerar. El matrimonio también introduce a la persona en una gama de relaciones (los familiares y parientes de ambos integrantes de la pareja) que puede ser una bendición tremenda o, en momentos, un absorbente dolor de cabeza".

✦ Desventajas de la soltería

A pesar de lo antedicho, la soltería no es todo felicidad y luz. Tiene sus desventajas para la persona que se queda soltera.

Puede fomentar la soledad. Aunque no todos los solteros se sienten solos, muchos mencionan la soledad como uno de sus mayores problemas. "Al conversar con personas solteras", escriben Clifford y Joyce Penner, "especialmente los que han sido solteros durante años, les escuchamos hablar del hambre que sienten de tener una conexión vital" con alguien, especialmente alguien del sexo opuesto. (Vea también el capítulo 1: *Soledad.*)

Puede ir acompañada de sentimientos de disociación y rechazo. "La mayor parte de la sociedad", escriben Clifford y Joyce Penner, "con la excepción de esas colecciones cosmopolitas de personas solteras en nuestras grandes ciudades, está diseñada para gente casada y para familias". Las personas solteras muchas veces se sienten marginadas por los matrimonios, compañías e iglesias debido a su soltería.

Puede generar frustración y presiones sexuales. Esto no es decir que el matrimonio excluye las frustraciones sexuales, pero "la falta de realización física y sexual... es un problema constante para muchas personas solteras. Algunos luchan con su frustración sexual cada día o quizá cada hora, mientras que otros sólo ocasionalmente".

Otras luchas de la soltería. Muchos solteros también luchan "buscando una identidad en el contexto de una sociedad de casados, teniendo una tendencia a pensar desmedidamente en sí mismos, desarrollando la costumbre de hacer todo solos y con la presión externa, o crítica, o la incomprensión de sus familiares y amigos".

La perspectiva bíblica del problema de la soltería

"Jesús nunca se casó", escribe Fred Hartley, y era normal. Pablo posiblemente nunca se casó, y era normal. Seguramente que Juan el Bautista era soltero, y era normal. La historia está llena de hombres y mujeres normales que nunca se casaron. Tenemos que entender que *uno es un número entero"*.

De hecho, un pasaje que muchas veces se pasa por alto en la Palabra de Dios aclara bien que la soltería tiene muchas ventajas para el hombre y la mujer de Dios:

> Pero con respecto a los que son solteros, no tengo mandamiento del Señor, aunque les doy mi parecer como quien ha alcanzado misericordia del Señor para ser fiel. Pues, a causa de la presente dificultad, bien me parece que al hombre le sea bueno quedarse como está. ¿Estás ligado a esposa? No procures desligarte. ¿Estás libre de esposa? No busques esposa. Pero también, si te casas no pecas; y si la soltera se casa, no peca; aunque aquellos que se casan tendrán aflicción en la carne, y yo quisiera evitárosla.
>
> Pero os digo esto, hermanos, que el tiempo se ha acortado. En cuanto al tiempo que queda, los que tienen esposas sean como si no las tuvieran; los que lloran, como si no lloraran; los que se alegran,

como si no se alegraran; los que compran, como si no poseyeran; y los que disfrutan de este mundo, como si no disfrutaran de él. Porque el orden presente de este mundo está pasando.

Quisiera, pues, que estuvieseis libres de ansiedad. El no casado se preocupa de las cosas del Señor, de cómo agradar al Señor; pero el casado se preocupa de las cosas de la vida, de cómo ha de agradar a su esposa, y su atención está dividida. La mujer no casada, o soltera, se preocupa de las cosas del Señor, a fin de ser consagrada tanto en cuerpo como en espíritu. En cambio, la casada tiene cuidado de las cosas de la vida, de cómo ha de agradar a su esposo. Esto digo para vuestro provecho; no para poneros restricción, sino para que viváis honestamente, atendiendo al Señor sin impedimento (1 Corintios 7:25-35).

Barry St. Clair y Bill Jones ofrecen una perspectiva útil y concisa relacionada con este pasaje:

Se ahorran aflicción

Sin menoscabar el matrimonio, estar casado tiene sus problemas. El apóstol Pablo dice: "aquellos que se casan tendrán aflicción en la carne, y yo quisiera evitárosla" (1 Corintios 7:28). Ocuparse de una sola persona es más fácil que ocuparse de una familia entera...

Libres para ministrar

Las personas solteras tienen mucho más tiempo libre para dedicar a la obra del Señor. Pablo destaca que el Señor viene pronto y la oportunidad de ganar a otros para Cristo es cada vez más breve: "El tiempo se ha acortado... y este mundo está pasando" (1 Corintios 7:29-31). Cuando te casas, el tiempo que puedes dedicar a ministrar a otras personas disminuye drásticamente.

Libres de preocupaciones de familia

Cuando uno se casa, según Pablo, uno "se preocupa" (1 Corintios 7:32-34). Para los casados, una de las mayores preocupaciones es el bienestar de su familia.

¿Se están supliendo las necesidades físicas?... Atender las necesidades físicas de tu cónyuge y de tus hijos es mucho más complicado (y más costoso) que atender solamente las tuyas.

¿Qué del bienestar espiritual de tu familia? Invertimos muchas horas en ayudar espiritualmente a nuestras esposas y a nuestros hijos. Estos necesitan atención constante para desarrollarse en el amor de Jesús y para seguirle.

El bienestar de tu familia también requiere preocupación. El esposo y la esposa se afanan por suplir las necesidades emocionales mutuas. Es obligación de los padres "llenar" a sus hijos de amor, atención y brindarles mucho de su tiempo. Y lo que los papás invierten es prácticamente nada en comparación con lo que las mamás invierten...

En 1 Corintios 7:35, Pablo da un resumen de las ventajas de la soltería. Dice que la soltería te capacita para vivir "atendiendo al Señor sin impedimento". Desafortunadamente, muchos solteros no consideran esto como un llamado prioritario... pero según 1 Corintios 7:7, la soltería es un don de Dios tal como lo es el matrimonio. Es bueno ser casado y también lo es ser soltero. Debido a que siendo soltero puedes dedicarte a Cristo sin distracciones, lo sabio es considerar si Dios quiere que te cases antes de empezar a considerar con quién quiere Dios que te cases.

La respuesta al problema de la soltería

La persona joven soltera que se siente cómoda con su soltería puede necesitar ayuda en áreas prácticas como: integrar o formar un ministerio de solteros cristianos. Pero mayormente la persona soltera que necesita la intervención cariñosa de un adulto será la que no acepta del todo su soltería o que se siente desalentada por ella. El padre, madre, pastor o líder juvenil sabio puede alentar a los solteros y solteras para que acepten y tengan éxito en su soltería aplicando una estrategia como la siguiente:

ESCUCHAR. Demuestre su interés y preocupación escuchando atentamente lo que el joven le cuenta. Ayúdele no sólo a expresar sus temores y preocupaciones, haga también preguntas con el fin de hacerlo pensar y facilitar el diálogo sobre el porqué de esos temores y preocupaciones. Cuídese también de no censurar sus comentarios; hacerlo puede impedir que siga exteriorizando sus pensamientos y sentimientos.

Preguntas como las siguientes pueden ser útiles:

- ¿Qué es lo que más/menos te molesta de ser soltero?

- ¿Te parece que hay ventajas en esto de "no tener compromisos"? En caso afirmativo, ¿cuáles?

- ¿Qué necesidades esperarías suplir en una relación romántica?

- ¿Qué cosas cambiarían en tu vida si entablaras una relación seria?

- Una relación seria, ¿te haría sentir distinto en cuanto a ti mismo? ¿Cómo?

- ¿Te parece que tu soltería es temporaria o permanente?

- ¿Hay algo que harías diferente si supieras que tu soltería es temporaria? ¿Si supieras que es permanente? De ser así, ¿qué?

Las respuestas a estas preguntas pueden indicar que el origen de los problemas del joven no es solamente el hecho de que es soltero, sino que pueden incluir otras cuestiones como: tener un concepto bajo de sí mismo o experimentar la soledad. (Vea también los temas: capítulo 6: *Concepto bajo de sí mismo* y el capítulo 1: *Soledad*.)

EMPATIZAR. Ubíquese donde está el joven, no donde usted piensa que está o desearía que estuviera. Trate de ver las cosas a través de los ojos de él o de ella; algunos de los temores y preocupaciones pueden parecer totalmente irracionales

hasta que el adulto amigo empatiza con la persona joven y ve las cosas desde la perspectiva de éste. Trate también de comprender las necesidades emocionales y espirituales que hacen que el joven se sienta alterado ante la perspectiva de su soltería. Comunique su empatía por medio de:

- Escuchar atentamente y sin emitir juicios.

- Inclinarse hacia adelante en su silla para indicar interés y preocupación.

- Hacer contacto visual.

- Hacer gestos alentadores (moviendo la cabeza como diciendo "continúa").

- Hablar calmadamente.

- Reflexionar sobre afirmaciones clave ("Dices que..." y "Eso te habrá hecho sentir...")

- Demostrar paciencia durante los momentos de llanto o silencio.

ALENTAR. "Reconozca el valor del individuo a los ojos de Dios y de usted", aconseja Dan Lundblad, pastor de adultos solteros y director de un centro de aconsejamiento. Aproveche toda oportunidad para alentarlo haciéndole saber cuánto lo estima, asegurándose de "separar el valor del individuo de sus errores y desilusiones", comunicando que estos últimos no desdicen lo primero. Cuídese de ofrecer elogios vacíos, pero procure con sus palabras y acciones comunicar respeto, estima y aprecio por el joven o la joven.

DIRIGIR. Padres, pastores, líderes de jóvenes o maestros pueden ayudar al joven que se siente incómodo o que está desalentado con su soltería, encauzando sus energías hacia cuatro áreas sugeridas por Dick Purnell, quien escribe:

Como soltero, tuve mis altibajos. Pero descubrí que ciertas cosas me mantenían en buen camino.

La primera era la *Palabra de Dios*. Me dio un fundamento fuerte para mi vida. Aprendí a depender de la verdad, no importa lo que sentía o las circunstancias que tenía que enfrentar... La Biblia se convirtió en el libro guía para mi vida.

La segunda era *Dios mismo*. Tener comunión con el Señor era una fuente de alegría y consuelo. La oración se convirtió para mí en una conversación con el Dios que yo amaba... Abierta y honestamente aprendí a contarle mis pensamientos y sentimientos. Era el único amor que yo tenía y derramaba mi alma ante él...

La tercera cosa eran *mis amigos*. La amistad me brindó compañeros cariñosos. Se convirtieron en mi "familia". Cuando viajaba, encontraba amigos y pasaba el tiempo libre con ellos. Cuando regresaba a casa, mis compañeros de departamento y los hombres en mi grupo de estudio bíblico... me alentaban muchísimo.

La cuarta es *ministerio*. Nada hay que dé más satisfacción que suplir las necesidades ajenas. La meta de mi vida no era casarme y formar un hogar. Era glorificar a Dios con mis talentos... Involucrarme en la vida de los demás cambió mi enfoque en mí mismo hacia un enfoque en mi prójimo.

La última era *actividades interesantes*. Estas amplían la mente de la persona y hacen que la vida sea divertida. Ser soltero me dio el tiempo para dedicarme a una variedad de pasatiempos y deportes.

COMPROMETER. Haga todo esfuerzo posible por conseguir la participación de la persona en trazar un plan para encarar las cuestiones que lo incomodan o lo desalientan en lo que a su soltería se refiere. Por supuesto que usted querrá ayudarle a resolver el problema, pero evite la tentación de ser el único que piensa y actúa, esto debe hacerlo el otro. Pida las opiniones y consejos del joven. Reconozca sus logros. Ayúdele a concentrarse en mejorar, no en tratar de ser perfecto. Y fomente un espíritu de apoyo y colaboración en el ministerio entre este joven y otros solteros.

REFERIR. "Aprenda a reconocer sus limitaciones", escribe Lundblad, "y, de ser necesario, refiera al o a la joven a un consejero, sicólogo o siquiatra más calificado. Si un aconsejamiento prolongado es lo indicado, refiéralo lo antes posible para que el individuo pueda desarrollar una relación de aconsejamiento con alguien que trabajará con él por un buen tiempo". Esto debe hacerse únicamente con el conocimiento y la colaboración del padre o la madre, y debe ser facilitado por medio de apoyo continuo de padres u otros adultos interesados.

Pasajes bíblicos citados en este capítulo

- 1 Corintios 7:7

- 1 Corintios 7:25-35

Otros pasajes bíblicos para leer

- Salmos 38:9; 62:7, 8; 142:4, 5; 145:17-20

- Proverbios 3:5, 6

- Hebreos 4:15

14

LA PRESIÓN DEL GRUPO DE AMIGOS

Introducción

Para Randy, la edad de trece años fue la peor. El y su familia se mudaron a otra ciudad el verano antes de que Randy empezara su segundo año de secundaria.

Quizá se hubiera negado a tomar el cigarrillo que le ofrecieron camino de la escuela a casa, si hubiera estado en su escuela anterior. Pero quería tener amigos aquí, así que tomó el cigarrillo y los tres nuevos amigos que se ganó con él. Pero tuvo la precaución de dejar que el cigarrillo se fuera consumiendo entre los dedos, excepto cuando notaba que los otros lo observaban.

Cuando los nuevos amigos de Randy se enteraron de que sus padres trabajaban, dejándolo solo por varias horas después de la escuela, empezaron a acompañarlo a casa o a llegar después de clase. Los padres de Randy no le dejaban traer amigos a la casa cuando ellos no estaban, pero él se aseguraba de que todos se fueran a tiempo para poder ordenar la casa antes de que llegaran sus padres.

Una tarde Darío, el chico que le había ofrecido aquel primer cigarrillo, trajo botellas de cerveza al aparecerse en la puerta de la casa de Randy. Randy ya se sentía inquieto por como se iban presentando las cosas, pero no quería decirle nada a Darío, así que él y sus amigos fumaron y tomaron cerveza en la casa hasta que Randy les rogó que se fueran, advirtiéndoles que sus padres llegarían pronto.

Randy pudo limpiar todo vestigio de que habían estado tomando, pero la casa tenía olor a humo de cigarrillo. Sus padres le acusaron de fumar, lo cual él negó y generó una acalorada discusión. Su papá lo castigó y le prohibió salir.

Dos días después, cuando todavía estaba castigado, la policía detuvo a Randy por robar una zapatería. Sus amigos, que lo habían presionado para que hiciera la gracia de salir de la zapatería usando un par de zapatos caros, habían desaparecido en cuanto el empleado lo detuvo.

El problema de la presión del grupo de amigos

Preocupa la proporción de jóvenes de la iglesia —provenientes de hogares cristianos muy activos en la iglesia— que practican conductas incorrectas, inmorales y hasta ilícitas. Una encuesta entre 3.795 adolescentes en iglesias evangélicas de Canadá y EE. UU. de A., publicada en el libro Es bueno o es malo, escrito por Josh MdDowell y publicado por esta editorial revela que:

- Dos de cada tres (66 por ciento) le han mentido a un padre, maestro u otro adulto.

- Seis de cada diez (59 por ciento) le han mentido a sus compañeros.

- Casi la mitad (45 por ciento) miraba MTV (un canal de TV para adultos) por lo menos una vez por semana.

- Uno de cada tres (36 por ciento) había copiado en un examen.

- Casi uno de cada cuatro (23 por ciento) había fumado un cigarrillo o usado otro producto de tabaco.

- Uno de cada cinco (20 por ciento) había intentado lastimar físicamente a alguien.

- Uno de cada 9 (12 por ciento) se había embriagado.

- Casi uno de cada diez (8 por ciento) había usado drogas ilícitas, no recetadas.

Y más de la mitad (55 por ciento) se ha prestado a las caricias de los pechos, genitales y/o ha tenido relaciones sexuales antes de cumplir los dieciocho años.

Mucho de este tipo de comportamiento se ve influenciado por la presión de los amigos del grupo. No en todos los casos, por cierto, pero en la mayoría sí. El adolescente enfrenta muchísima presión de actuar de ciertas maneras, de hablar de ciertas maneras, de vestirse de ciertas maneras, de integrase a ciertos grupos y de probar ciertas cosas, y cualquier divergencia de lo que es considerado como la cosa "normal" o popular para hacer puede resultar en ser objeto de burlas y rechazo. (Vea el capítulo 15: *El rechazo y el hostigamiento de los amigos del grupo.*)

El doctor Bruce Narramore escribe:

Pocas cosas hay que atemoricen más a los padres que la posibilidad de la presión de los amigos. Observamos a los adolescentes en nuestro vecindario o en las escuelas locales y temblamos. Escuchamos el chirrido de las llantas cuando aceleran de golpe en medio del tránsito. Vemos una pandilla de jovencitos mal vestidos pasando el tiempo en una esquina favorita. Notamos algunas muchachas vistiendo ropa seductora o escuchamos sus conversaciones plagadas de malas palabras. Y también oímos cuentos de fiestas desenfrenadas y lo fácil que es conseguir drogas en la escuela...

Hasta los adolescentes de "buenas" familias nos preocupan. Especulamos sobre sus normas morales, su consagración, sus actitudes hacia personas en posición de autoridad y su sentido de responsabilidad —o falta de él. Y especulamos sobre su música, ropa y otras modas. Sabemos, nos guste o no, que lo que los amigos de nuestros jóvenes dicen y hacen pronto los influenciará tanto o más de lo que nosotros decimos... Pero puede ser que el joven esté tan preocupado por la presión de sus amigos como lo están sus padres... Esteban, un muchacho de dieciséis años que cursa la secundaria lo expresó así: "Mis amigos quieren hacer cosas que yo sé no son cristianas, y es difícil no seguirles la corriente. Supongo que esto significa que mis amigos no son buenos para mí, pero saberlo no hace que las cosas sean más fáciles de enfrentar. A nadie le gusta ser 'el raro' ". Lali, una vivaracha muchachita de catorce años, agregó: "Sé que es tonto, pero termino haciendo cosas que nunca haría si estuviera sola. Me contagio del entusiasmo de los demás y no me detengo a pensar".

Las causas del problema de la presión del grupo de amigos

La presión de los amigos puede ser tanto negativa como positiva. Los grupos juveniles de la iglesia, los amigos creyentes y hermanos mayores, por ejemplo, pueden ejercer una presión positiva. Pueden "presionar" al joven a actuar compasivamente ante alguien que sufre. Pueden "presionarlo" a asistir al estudio bíblico. Hasta pueden "presionarlo" a pensar en lo que Cristo pide de sus vidas.

Pero la presión de los amigos puede ser también negativa, y esta presión negativa es la que preocupa a muchos padres, maestros, pastores y líderes de jóvenes. Las causas de la presión negativa son diversas y pueden ser difíciles de identificar en una situación específica. No obstante, los factores que contribuyen a la situación pueden ser categorizados como influencias externas e influencias internas.

✦ Influencias externas

Los jóvenes siempre han sido influenciados por la presión de sus amigos, pero las presiones modernas, dice Sharon Scott, exdirectora de un programa de intervención juvenil del Departamento de Policía de Dallas, Texas, EE. UU. de A., "pueden ser más fuertes que el niño que no tiene la preparación para poder tomar acción a fin de prevenir o evitar problemas". Ella dice: "estilos de vida super técnicos reducen la calidad de la interacción del adulto con sus hijos a la vez que aumentan los mensajes e invitaciones negativos a los niños". Ella identifica la influencia de los medios de difusión, los cambios en la estructura familiar y cambios en la sociedad y sus expectativas:

De los medios de difusión, los niños aprenden más a una edad más precoz y,

por supuesto, imitan lo que ven. Los medios de difusión también refuerzan la presión de los amigos: Si quieres tener una buena personalidad y ser popular, tienes que usar pantalones de cierta marca o usar cierto dentífrico...

Nuestros hijos no sólo están siendo bombardeados con mensajes y oportunidades externas que escapan a su control, pero en muchos casos no reciben en su casa el refuerzo suficiente para resistir las presiones negativas. El aislamiento, como el que producen el teléfono y la televisión en el cuarto de los niños, y la falta de tiempo para la comunicación familiar, para trabajar juntos en familia y para jugar en familia están en su máximo apogeo. Nuestra tecnología ha aumentado nuestra movilidad y nuestro aislamiento tanto fuera como dentro del hogar.

Además de las influencias mencionadas, investigaciones de la sicología revelan constantemente la falta de unidad familiar como el factor clave en la vulnerabilidad del joven a la presión de sus amigos.

El jovencito que no se siente comprendido y apreciado en casa, cuyos padres se pelean, cuyos hermanos lo tratan mal, cuyos padres "están siempre trabajando" o cuyos padres son indiferentes (vea el capítulo 17: *Padres despreocupados*), o demasiado absorbentes (vea el capítulo 16: *Padres sobreprotectores*), tendrá la inclinación a tratar de llenar sus necesidades de aceptación y aprobación por medio de sus malos amigos, cueste lo que cueste.

✦ Influencias internas

La encuesta entre 3.795 jóvenes cristianos, que citáramos antes, demuestra que los padres no están entre los principales consejeros a los cuales sus hijos (entre los once y diecinueve años) se acercan para contarles sus cosas y buscar su consejo.

Aunque la mayoría de los jóvenes que participaron en la encuesta (73 por ciento) vivían en hogares estables con sus dos padres y testificaron que el ambiente en su hogar era positivo (62 por ciento), sólo uno de cada cuatro (26 por ciento) dijo que buscaba con frecuencia el consejo de su padre y, dos de cada cinco (40 por ciento) dijo que buscaban con frecuencia el consejo de su mamá.

El sicólogo Bruce Narramore dice que entre los doce y diecisiete años la cantidad de tiempo que el adolescente promedio pasa con papá o mamá disminuye a la mitad. Resulta obvio que los años de la adolescencia son de aguda susceptibilidad a las opiniones, actitudes e influencias de los amigos, más que de los padres.

Pero esto es parte de un desarrollo perfectamente natural, y aun deseable. Narramore hasta lo llama "un proceso dado por Dios" y escribe:

> La Biblia dice que todo niño un día dejará a su madre y su padre para relacionarse con una pareja (Génesis 2:24). Los amigos son un paso en esa dirección. Durante años... los niños han basado su identidad en su relación con sus padres. Lo que sus padres decían y hacían era mayormente lo que aceptaban como correcto o veraz o apropiado. Pero los cambios físicos e intelectuales que se ponen en marcha al llegar a la pubertad los van presionando hacia la adultez. En un sentido, los amigos sirven como una especie de parada intermedia entre la dependencia de la infancia y la independencia y la interdependencia del adulto.

Otra presión interna que hace que el joven sea más susceptible a la presión de sus amigos es la de tener un concepto bajo de sí mismo. El adolescente que se considera sin inteligencia, sin popularidad y sin atractivo es más vulnerable a la presión de sus amigos porque su anhelo por sentir aceptación y aprobación lo impulsa a lograrlas por medio del conformismo. El joven con un concepto bajo de sí mismo también tiende a escoger amigos y compañeros que reflejan o refuerzan esa imagen que tienen de sí mismos, entre ellos: perdedores, drogadictos y amigos que los dominan u hostigan.

Los efectos del problema de la presión del grupo de amigos

Los padres y otros adultos que trabajan con los jóvenes conocen muy bien los efectos de la presión de los amigos. Aun los jóvenes mismos tienden a saber bastante bien cuáles son esos efectos. Pero la mayoría enfoca las consecuencias observables: un arresto, un accidente automovilístico, consumo de drogas, etc. Estas consecuencias visibles de la presión de los amigos abarcan apenas uno de cinco principales resultados. Otros efectos incluyen experimentación, temor y frustración, depresión y confusión.

✦ Experimentación
La presión de los amigos impulsa al joven a "hacer experimentos" con actitudes y conducta que de otra manera no intentaría. Para muchos jóvenes (y adultos), su primera bocanada de humo de un cigarrillo, su primer trago de alcohol, su primera exposición a un material pornográfico y su primer intento de robar en una tienda es motivada por la presión de sus amigos. Como dijera Lali, aquella muchachita de catorce años, la presión de sus amigos la llevaba a hacer cosas "que nunca haría si estuviera sola".

✦ Temor y frustración
Al adolescente no le gusta ser vulnerable a la presión de sus amigos. No disfruta de que lo persuadan a hacer cosas arriesgadas. Teme ser descubierto por sus padres o por otras autoridades, y siente frustración por su incapacidad de controlarse y de controlar lo que lo rodea. Como Randy, el muchacho cuya historia es la introducción de este capítulo, muchas veces no quiere hacer lo que sus amigos le empujan a hacer, pero se siente atrapado: da su conformidad para recibir aceptación, pero resulta en frustración porque rara vez logra la aceptación que anhela.

✦ Depresión
Repetir los intentos de "ir con la corriente" (lo cual tiende a no dar satisfacción

sino frustración) con frecuencia sume al joven en la depresión. Se sienten más solos, más incapaces y más desesperanzados que antes porque se dan cuenta de que sus esfuerzos por lograr aceptación no dan resultado. Un subsecuente sentido de impotencia, agregado a un ya agudo sentido de no valer para nada, puede producir depresión. Esta depresión puede manifestarse en una conducta malhumorada o en ira y agitación.

✦ **Confusión**
Sharon Scott cuenta la anécdota de un jovencito inteligente y disciplinado que cursaba su sexto grado y que soñaba con ser astronauta. Pero, desafortunadamente, sus altas calficaciones y esfuerzos por complacer a su maestra le ganaron las burlas de los otros alumnos en su clase. La amenaza a su "necesidad natural de ser querido" lo llevó a dejar de participar en clase y a contestar mal a propósito las preguntas en los exámenes. Scott escribe:

> Este chico... bajó sus normas y redujo sus probabilidades de lograr la meta que antes anhelaba tanto alcanzar. Se sentía deprimido y confundido, porque se le presentaba una opción imposible entre alcanzar sus metas personales o lograr la aprobación de sus amigos por medio de ser como ellos.

Los jóvenes que caen ante la presión de sus amigos pueden sentirse confundidos y aislados por la esperanza ilusoria que ofrece "ir con la corriente".

✦ **Consecuencias**
La mayoría de los adultos y jóvenes reconocen los resultados visibles de la presión de los amigos del grupo. Pero pocos reflexionan más allá de las consecuencias más evidentes e inmediatas, para ver la verdadera decisión que involucra, como el autor y conferencista Bill Sanders sugiere. Propone que ceder a la presión negativa de sus amigos invariablemente involucra una decisión sobre cómo:

1. Actuará
2. Terminará
3. Será tratado por este grupo y otros

Si decides fumar, decides: perder ocho años de tu vida, toser, tener mal aliento, dientes amarillos y más probabilidad de contraer cáncer.

Si decides abandonar tus estudios en realidad decides: tener un trabajo de baja remuneración, horas largas de trabajo duro, ignorancia en muchas áreas y la probabilidad de amistades que tampoco han podido avanzar.

Si te decides por el crimen, en realidad te decides por la falta de respeto, posible encarcelamiento, una vida de estar mirando siempre por sobre el hombro.

La presión del grupo de amigos promete aceptación y aprobación al joven, pero es una promesa vacía.

La perspectiva bíblica sobre el problema de la presión del grupo de amigos

La presión de los amigos es natural y comprensible. Puede ser positiva o negativa. Y es inevitable. No sólo los jóvenes la enfrentan cada día, sino que sus padres, pastores y maestros también. Es válido suponer que aun Jesús tuvo que luchar con la presión de sus amigos, pero sin caer; la Biblia dice que "fue tentado en todo igual que nosotros, pero sin pecado" (Hebreos 4:15).

Aun así, la presión de los amigos —la tentación de contemporizar en nuestras actitudes o acciones— debe ser combatida. El doctor James Dobson escribe:

> Las Escrituras hablan claramente de los peligros de contemporizar. Dios en su sabiduría sabía que la presión social podía impedirnos hacer lo bueno, y habló con firmeza en su contra. Romanos 12:2 advierte: "No os conforméis a este mundo; más bien, transformaos por la renovación de vuestro entendimiento, de modo que comprobéis cuál sea la voluntad de Dios, buena, agradable y perfecta". Esa es la versión Reina-Valera Actualizada. Ahora

veamos lo que dice *La Biblia al Día:* "No imiten la conducta ni las costumbres de este mundo; sean personas nuevas, diferentes, de novedosa frescura en cuanto a conducta y pensamiento. Así aprenderán por experiencia la satisfacción que se disfruta al seguir al Señor".

Otro versículo (1 Juan 3:13) lo afirma aun más incisivamente. Dice: "Y no os maravilléis, hermanos, si el mundo os aborrece".

Se hace evidente al leer estos versículos (y muchos otros), que Dios no quiere que sigamos los caprichos del mundo que nos rodea. Espera que nos digamos a nosotros mismos: "Voy a controlar mi conducta, mi mente, mi cuerpo y mi vida. Seré como mis amigos en cuestiones que no importan, como ser: vestir ropa de moda cuando es conveniente. Pero cuando se trata de ser moral y obedecer a Dios, aprender en la escuela y mantener mi cuerpo limpio y sano, entonces no dejaré que nadie me dicte lo que debo hacer. Si se quieren reír de mí, que se rían. No reirán por mucho tiempo. No voy a dejar que *nada ni nadie* me impida vivir una vida cristiana. En otras palabras: "¡No contemporizaré y no me conformaré a este mundo!"

La respuesta al problema de la presión del grupo de amigos

¿Cómo puede el líder de jóvenes, padre, maestro o pastor ayudar al joven a manejar la presión de sus amigos? La tarea puede variar de un adolescente a otro, pero empezará con oración y con una dependencia humilde de Dios. La presión del grupo de amigos es un desafío para todos y, tanto el joven como el adulto que lo quiere, tiene que reconocer que la fuerza de voluntad no es la respuesta, ni lo son las técnicas ingeniosas; sino que una dependencia humilde en Dios y su dirección y poder es el primer y más importante paso hacia la superación de este problema. Otros pasos seguramente incluirán:

ESCUCHAR. Algunos adolescentes ceden con pocas ganas a la influencia de sus amigos (por lo menos en algunos aspectos) porque no creen que mamá, papá u otros adultos realmente le escuchen. Es de crucial importancia, especialmente en los primeros años de la adolescencia, cuando depender de los amigos llega a su apogeo, que el joven o la joven tenga un padre, una madre y la influencia positiva de otro adulto que le escuchen activa y atentamente.

Usted puede ayudar al jovencito a hablar de la presión que experimenta haciendo preguntas como las siguientes:

- ¿Tienes amigos que te presionan para bien o para mal?

- ¿Has dejado de presentarte a algún certamen en la escuela o en algún deporte por temor a que se burlen de ti?

- ¿Hay cosas que haces (o no haces) debido a la presión de tus amigos? ¿Qué cosas?

- ¿Te sientes presionado alguna vez a burlarte de alguien o a ser malo con alguien para quedar bien con tus amigos?

- ¿Te comportas distinto con tu familia y amigos en el templo que con tus otros amigos en la escuela?

- ¿Sientes que puedes dialogar con tus padres sobre las cosas en general? ¿Sobre las que te sientes presionado a hacer?

- ¿Hablas alguna vez con Dios sobre las cosas que te sientes presionado a hacer, decir o ser? ¿Por qué o por qué no?

Estas preguntas pueden llevar a otras maneras de ayudar al joven a hablar de la presión de sus amigos y los efectos que tiene sobre él. Mientras el joven habla, sea cuidadoso en escuchar atentamente, no sólo a su comunicación verbal sino la no verbal y las emociones que puede haber detrás de lo que dice.

EMPATIZAR. No sea demasiado rápido para evaluar o criticar la forma como el joven está reaccionando a la presión de sus amigos; después de todo ¿cómo reacciona usted a la presión de sus amigos? ¿Contemporiza en ciertas formas a fin de ser aceptado en el trabajo? Una evaluación honesta de su propia respuesta a la presión de sus semejantes puede ayudarle a ser sensible y comprensivo al ver los esfuerzos del joven por encajar bien en su ambiente.

Además, su empatía puede ser comunicada por medio de:

● Reconocer y admitir los sentimientos del joven sin censurarlos.

● Su lenguaje corporal (inclinándose un poquito hacia adelante en la silla, evitando cruzarse de brazos, asintiendo con la cabeza, haciendo contacto visual, etc.).

● Reflexionar sobre afirmaciones que dijo (por ejemplo: "A ver si entendí bien lo que dijiste. Dijiste...").

● Esperar pacientemente en los momentos de silencio o lágrimas.

ALENTAR. Como el resto de nosotros, los adolescentes tienen en su interior un "tanque" que hay que llenar a fin de que puedan combatir la presión de sus amigos. Los padres y adultos que lo quieren pueden ayudar al joven a superar la presión de sus amigos llenando ese tanque con aceptación, aprobación, aliento y afecto.

"El joven que se siente bien en cuanto a sí mismo", dice Scott, "tendrá más fuerza y seguridad interior para resistir los golpes del a veces áspero mundo que lo rodea. Alentarle por sus esfuerzos, y elogiarlo por sus éxitos son herramientas importantes para usar al levantar su autoestima".

Aliéntelo por medio de:

● Proporcionar un "puerto seguro" en casa contra las críticas y burlas de las cuales el joven puede ser objeto en otras partes.

● Reforzar el conocimiento del joven en cuanto a su valor a los ojos de Dios. (Vea el capítulo 6: *Concepto bajo de sí mismo.*)

● Elogiar sinceramente al joven, sus capacidades y cualidades.

● Brindar abundantes oportunidades para que el joven se haga competente en algo y se sienta seguro de sí mismo. Por ejemplo, si no es bueno en los deportes, considere la posibilidad de tomar lecciones de equitación o de aprender cómo arreglar un auto; si la joven tiene complejo por su apariencia con el aparato de ortodoncia en los dientes, aliéntele para que aprenda a jugar bien al baloncesto o a tomar fotografías para que se sienta bien respecto a otras áreas de su vida.

● Alentar activamente las amistades y relaciones *positivas* con sus amigos que refuercen las buenas cualidades del joven y que sean buenos ejemplos de las actitudes y habilidades que a él le pueden faltar.

DIRIGIR. Además de escuchar, empatizar y alentar, también ofrezca sugerencias y dirección al joven sobre cómo contrarrestar la presión del grupo de amigos. Dé más importancia y anime al joven a acercarse a Dios, a crecer en su relación con él y a depender de él; porque él es "nuestro pronto auxilio en las tribulaciones" (Salmo 46:1). También, Alison

Bell (escribiendo para la revista *Teen*) ofrece estas veinte sugerencias:

1. **Haz preguntas.** Por ejemplo, si un amigo te presiona para que fumes, pregúntale por qué fuma, cuánto hace que fuma, si no le importa que su aliento huela a cenicero. "Hacer preguntas pone a la otra persona a la defensiva", explica Richard Mills, sicólogo consultor del Distrito Escolar Unificado de Los Angeles, California.

2. **Contesta que no, con convicción.** Mira al otro a los ojos, luego di no, con fuerza y con autoridad. Cuanto más seguro estés en tu negativa, menos te molestarán los demás.

3. **Refuerza el No con una afirmación positiva.** Por ejemplo, si estás rechazando un ofrecimiento de fumar marihuana, di algo como: "Me gusta mi cerebro tal como está, gracias".

4. **Sé repetitivo.** No vaciles en declarar tu posición repetidamente...

5. **Practica decir que No.** Practica decir que no en ambientes seguros, como cuando tu hermano mayor te pregunta si te gustaría pasarte el sábado por la tarde lavando la ropa.

6. **Apártate de la zona de presión.** Deja el lugar... Emprende la retirada.

7. **Evita encontrarte en situaciones estresantes.** Si sabes que servirán alcohol o drogas en una fiesta, haz otros planes. O, si vas a salir con un muchacho, evita estar a solas con él... en cualquier parte donde te pueda presionar a una intimidad que no deseas.

8. **Usa el sistema de "compañeros".** Encuentra un amigo que comparta tu escala de valores y apóyense mutuamente.

9. **Confronta al líder del grupo que te hostiga.** La mejor manera de manejar a alguien que procura intimidarte es agarrarlo cuando los dos están solos y explícale lo que sientes y pídele que te deje tranquilo o tranquila.

10. **Considera las consecuencias de ceder.** Tómate un momento para pensar en las consecuencias de tus acciones.

11. **Busca personas que sean un buen ejemplo.** ¿Has notado que los jóvenes que realmente son populares y exitosos en tu escuela son los que no tienen miedo de expresar lo que les gusta y no les gusta?...

12. **No caigas en la trampa de "todos lo hacen".** La verdad es que no todos lo hacen...

13. **Busca apoyo.** Conversa sobre cualquier presión que estés pasando con otros amigos que están pasando lo mismo....

14. **Sé tu mejor amigo.** Recuerda de cuando en cuando que eres especial y descarta cualquier comentario negativo hacia ti mismo.

15. **Encuentra maneras de destacarte.** Desafíate para desempeñarte lo mejor que puedas... Enfoca tu atención en seguir tus metas personales en lugar de las metas de algún grupo.

16. **No presiones a otros.** Presta atención a cualquier manera sutil de presionar que estés practicando...

17. **¡Habla claro!** Combate la presión de tus amigos poniéndote del lado del débil... Apoyar las opiniones de otros reflejará que piensas por ti mismo.

18. **Cuidado con tu humor.** Ten conciencia de que el mal humor que tienes puede afectar tu sensibilidad...

19. **Evalúa tus amistades.** Si tus amigos te insisten en que hagas algo que no te sientes cómodo en hacer, recuerda que los verdaderos amigos te quieren por quien eres, no por lo que ellos quieren que seas.

20. *Encuentra nuevos amigos.* Si te has dado cuenta de que a tus amigos no les importa lo que es mejor para ti, busca nuevos amigos que compartan tu escala de valores y tus intereses...

COMPROMETER. Consiga la participación del joven para combatir la presión del grupo de amigos, quizá usando la técnica que Scott recomienda en su libro *PPR: Peer Pressure Reversal* (PAI: Presión de los amigos a la inversa):

1. **Fíjate cómo es el lugar.** (Nota e identifica cualquier problema.)

2. **Toma una buena decisión.** (Entiende y escoge las consecuencias.)

3. **Actúa a fin de evitar problemas.** (Toma medidas eficaces.)

REFERIR. Aproveche todos los recursos a su disposición. Como en cualquier aspecto del desarrollo del jovencito, la participación entusiasta y sensible de los padres es imprescindible. Los padres de los jóvenes que tienen el problema de la presión de sus amigos pueden beneficiarse mucho de grupos de apoyo y de la interacción amistosa con los padres de otros adolescentes. El jovencito que tiene el problema de la presión de sus amigos puede beneficiarse en una iglesia activa y un grupo juvenil que le abre sus brazos. Los padres quizá quieran considerar también la posibilidad de consultar a un consejero cristiano profesional para obtener más ayuda.

Pasajes bíblicos citados en este capítulo

- Génesis 2:24

- Hebreos 4:15

- Romanos 12:2

- 1 Juan 3:13

- Salmo 46:1

Otros pasajes bíblicos para leer

- Proverbios 2:20; 13:20; 24:1, 2

- 1 Corintios 15:33

- Efesios 5:1-7

- 1 Timoteo 4:12

- Hebreos 11:24-26

EL RECHAZO
Y EL HOSTIGAMIENTO DE
LOS AMIGOS DEL GRUPO

CONTENIDO

Introducción

La mamá de Norma lloraba en silencio; tenía el diario de su hija abierto sobre sus rodillas. No había sido su intención leerlo, pero era como si el diario la hubiera estado llamando, allí, sin llave, sobre el escritorio de Norma. Pensó en cuánto había cambiado ésta últimamente, y esperaba que el diario le diera algún indicio de las razones.

Lo que leyó la tomó por sorpresa, le quitó el aliento y le revolvió el estómago. El diario de Norma describía cosas —cosas sexuales— muy difíciles para una madre.

La mamá sabía que la mudanza de su pueblo a la ciudad había sido dura para Norma; el cambio la había dejado sin amigos y, en una escuela nueva, quizá demasiado vulnerable como para resistir la presión de sus amigos. Pero nunca hubiera sospechado hasta dónde llegaría su hija para que la aceptaran y aprobaran.

Se esforzó por actuar como si todo anduviera bien cuando llegó su hija de la escuela.

—¿Cómo te fue hoy? —preguntó.

Norma masculló una respuesta mientras se sentaba en la cocina para comerse un bocado.

—Tenemos que hablar.

—Tengo que llamar a Yoli.

—Lo siento, Norma, pero esto no puede esperar. Es que... leí tu diario.

—¡¿Leíste qué?! —Norma le clavó los ojos a su madre, sin disimular su enojo. Se puso colorada y recriminó airada la conducta increíble de su madre.

Norma por fin se calmó y los ojos de su madre se llenaron de lágrimas. Bajó la mirada al decir:

—¿De veras... creías... que esos chicos no te brindarían su amistad si no hacías lo que ellos están haciendo?

—Te crees que soy una criatura. Ni te imaginas cómo son las cosas. No sabes. No sabes.

Norma empezó a llorar también, pero entre sollozos contó del rechazo y la crueldad de sus compañeros, de sus miradas odiosas y chistes despiadados, de cómo la atropellaban y empujaban, de estar sentada sola en su banco sintiéndose hostigada por todos.

—No aguantaba más, mamá —lloró—. Sencillamente quería que me aceptaran.

El problema del rechazo y el hostigamiento de los amigos del grupo

Desde que los padres han criado hijos, los problemas de influencias destructivas fuera del hogar han sido encarados con protestas y enojo por los padres que aman a sus hijos. La mayoría de los padres protegen a sus hijos mientras éstos los necesiten, pero muchos se sienten incapaces de darles lo que necesitan para resistir los insistentes ataques de la tentación y la presión social.

A pesar de los mejores intentos de los padres, muchos jovencitos son rechazados y hostigados. Este rechazo y hostigamiento por parte de ciertos amigos puede suceder por diversas razones: creencias religiosas, apariencia personal, no coincidir con el grupo, uso de drogas, negarse a usar drogas, buenas (o malas) calificaciones en la escuela, poco deportista, someterse a las personas en posición de autoridad, conformarse a las pautas de los adultos, manera de hablar, defectos físicos y prácticamente cualquier conducta, palabra, pensamiento o acción que a uno lo cataloga como algo diferente de las normas sociales aceptadas por un grupo. Algunos han llamado a esto, y con razón, "la tiranía de las normas".

Aun las distintas maneras de vestir entre distintos grupos de jóvenes pueden llevar al desprecio y a la burla. Lo que está de moda y es aceptable entre algunos puede parecerles infantil a otros.

La presión varía desde agresiones físicas hasta agresiones contra la persona misma, desde marginar al joven distinto hasta exigir que sea una copia exacta de lo que son los demás en el grupo de amigos. Debido a lo voluble que son las emociones del joven, estas agresiones pueden durar mucho tiempo o sencillamente desaparecer sin ninguna razón aparente.

Desde siempre los padres han aconsejado a sus hijos que se resistan a la presión adversa de sus amigos. Pero, simplemente decirles que se resistan es una solución simplista a un problema complejo, uno arraigado en la autoimagen y en el concepto que el jovencito tiene de sí mismo sumados a las complicaciones de su desarrollo normal. El impacto sobre su vida puede ser grave y puede durar mucho tiempo. El joven recuerda por largo tiempo la vergüenza y el dolor del rechazo de sus amigos, su abandono y graves perjuicios causados por tratar de adaptarse.

El hecho de que los jóvenes formen grupos basados en el lenguaje que usan, la música que escuchan y la ropa que visten prueba que su necesidad de sentirse seguros domina su vida. Sus frágiles egos quedan destrozados por su fracaso social y traumatizados por los dolorosos recuerdos de su rebeldía. Muchas veces las razones del rechazo y del conformismo forzado poco tienen que ver con la personalidad del joven, pero mucho que ver con las apariencias... algunas de las cuales escapan a su control.

Al ver la necesidad de que los jovencitos tengan un buen concepto de sí mismos y estén seguros de sí mismos durante la adolescencia, muchos padres tratan de "impermeabilizar" a sus hijos contra las presiones de sus amigos por medio de acciones disciplinarias. Estos padres bien intencionados procuran capacitar a sus adolescentes para vencer las fuerzas que quieren apropiarse de su mente, voluntad y emociones. Aunque no existe mucha investigación en esta área, los resultados son desalentadores y no garantizan que el adolescente pueda manejar bien la presión de sus amigos aunque hayamos tomado medidas preventivas. Al contrario, la investigación demuestra que:

> ...para cuando llegan a la escuela secundaria, no importa lo intactas que estén a los 11 años, algunas muchachas habrán perdido parte de su vitalidad y del buen concepto que tenían de sí mismas, su resistencia y su perspectiva, al percatarse que, a fin de tener amigos, tienen que renunciar a algunas verdades primordiales acerca de sí mismas.

Aun nuestros hijos relativamente intactos corren peligro. La presión de contemporizar es enorme, y puede costarle caro aun al adolescente más sano. A veces una conducta incomprensible en un muchacho que antes era bien educado puede ser explicada y comprendida únicamente a la luz de su necesidad de ser aceptado y de adaptarse a su grupo de amigos. El precio de la entrada muchas veces cuesta más de lo que uno puede pagar. La investigación muestra que la aceptación social es un factor crítico al querer pronosticar los problemas emocionales futuros. El rechazo de sus amigos puede lastimar tanto a los jovencitos que contribuye a los sentimientos de insuficiencia, soledad y tendencias crónicas que causan depresión.

Las causas del problema del rechazo y el hostigamiento de los amigos del grupo

Muchos son los factores que contribuyen al problema del rechazo y al hostigamiento por parte de los amigos. A fin de comprender plenamente las causas, uno tiene que examinar a los adolescentes que son vulnerables a este problema separadamente de los que participan en el problema.

✦ El jovencito vulnerable

Los jovencitos que tienden a ser más vulnerables a este problema pueden ser desde el adolescente aparentemente sano hasta los que ya desde hace años han sido identificados por pastores, líderes de jóvenes y maestros como jóvenes de alto riesgo. Los jovencitos vulnerables que parecen ser bastante sanos y estar intactos por lo general, al observarlos más detenidamente, muestran señales de los déficit emocionales que han sabido guardarse. Estos son difíciles de identificarlos por medio de una evaluación superficial, excepto cuando sufren de algún estrés. Con frecuencia los jovencitos vulnerables tienen en común varios factores que

los hacen susceptibles a las influencias de los demás.

Factores familiares. La familia del adolescente que tiene problemas de rechazo y hostigamiento de sus amigos muchas veces tiene problemas ella misma. Puede ser por divorcio, conflictos matrimoniales, alcoholismo, autoritarismo y dificultades en general que le impiden brindar un ambiente seguro y cariñoso para los hijos.

El jovencito vulnerable sujeto a una disciplina autoritaria tiende a someterse y a seguir ciegamente sin objeciones y sin razonar a cualquier líder que percibe.

Factores sociales. El adolescente más vulnerable a las presiones y el rechazo por lo general se encuentra en una de dos categorías: o se halla socialmente aislado, o se está relacionando con grupos de su edad que también son vulnerables a la presión. Estos jovencitos son considerados incompetentes y desabridos, y muchas veces son objeto de una atención negativa. Al relacionarse con los demás, les cuesta mantener sus relaciones, no saben resolver sus conflictos y son menos propensos a buscar contactos sociales por sus antecedentes de fracaso social. El estudiante con problemas de aprendizaje es especialmente susceptible a estos sentimientos de fracaso.

Concepto de sí mismo. Un alto concepto de sí mismo es uno de los mejores aislantes contra la presión negativa de los amigos. Los jóvenes seguros de sí mismos, con un sano sentido de identidad y una estimación adecuada de sí mismos por regla general saben discernir mejor en cuanto al conformismo social. Tienen más capacidad de ser independientes en sus razonamientos que los que son inseguros de sí mismos y de su lugar en la vida.

Fuerza de carácter. El joven que muestra carencias en las siguientes áreas dando pruebas de debilidad de carácter, es más propenso a practicar conductas en grupo sin evaluarlas con cuidado:

• Son impulsivos.

• Demuestran poca tolerancia ante las frustraciones.

• Tienen poca habilidad para adaptarse y sobrellevar los cambios.

• Tienen poca habilidad para tolerar sentimientos tanto negativos como positivos.

• Tienen habilidad limitada para pensar en términos de causa y efecto.

• Tienen habilidad limitada para establecer relaciones auténticas con sus amigos.

• Tienen alguna distorsión en su sentido de la realidad.

✦ **El jovencito que participa**
Algunos de los jovencitos que participan en rechazar y hostigar (lo opuesto a las víctimas) pueden ser identificados a una temprana edad pues tienden a ser, ellos mismos, objetos de la disciplina escolar. Estos adolescentes pueden ser muy agresivos al intimidar e influenciar a los demás, otros son más astutos y ejercen influencia con más disimulo, salvándose de la atención de sus superiores. Los siguientes factores son elementos que tienen en común los que intimidan agresivamente y los que lo hacen con disimulo.

Factores familiares. Las familias de los jóvenes que son dominantes, tanto agresiva como disimuladamente, por lo general se caracterizan por un liderazgo autoritario, dominante e intimidante. La intimidación se expresa en amenazas de golpearlos y de abandonarlos a fin de forzar a los demás en la familia a obedecer

y a resignarse. Los adolescentes que usan tácticas similares parecen haberse identificado con el padre agresivo y ahora quieren perseguir a otros como los persiguen a ellos. De esta manera, el círculo vicioso de dominación va pasando de una generación a otra.

Los adolescentes que son más agresivos son los que han encontrado una manera de acomodarse en su familia sin sufrir castigos. Estas familias también pueden caracterizarse por los pocos límites que impone y por una estructura familiar caótica. Esto puede impedir que los hijos practiquen dominio propio y hagan suya la escala de valores de otros, lo que inhibe su interés por el bienestar de los demás. En el hogar caótico el joven aprende que, ante todo, tiene que valerse por sí mismo; por lo que desarrolla una perspectiva más egocéntrica de las necesidades ajenas.

Factores sociales. Los adolescentes que dominan e influyen en otros son, por regla general, encantadores, egocéntricos y tienen habilidades sociales que los capacitan para convencer y persuadir a otros de que acepten sus puntos de vista. Parecen tener una capacidad misteriosa de evaluar a los demás y encontrar maneras de ganárselos. Muchas veces son considerados populares y atractivos por la mayoría de los otros jovencitos.

Los que dominan por medio de la intimidación física tienen generalmente habilidades sociales limitadas, no son queridos por los demás y tienen problemas con sus superiores.

Concepto de sí mismo. Estos jóvenes ocultan un fuerte complejo de inferioridad. Hay que analizarlos muy de cerca para descubrirlo. Con frecuencia lo disimulan muy bien y niegan sus carencias en este sentido. Muchas veces menoscaban a otros adolescentes para sentirse mejor ellos en lugar de tener que aguantar el dolor y sufrimiento necesarios para resolver el problema que el bajo concepto de sí mismo produce.

Superficialmente, estos jovencitos parecen seguros de sí mismos y felices. Pero es una postura exagerada, una defensa que los protege de la verdad. También se caracterizan por estar constantemente cambiando de amigos al sentir la necesidad de ganarse nuevos amigos para suplirles nuevas fuerzas emocionales cuando los amigos de antes ya no despiertan su interés. Los jovencitos que son más intimidantes tienen un concepto bajo de sí mismos y son inmaduros, son superficiales en sus relaciones, y por lo general tienen temor de arriesgarse y de tener relaciones auténticas con sus amigos. Usan la intimidación para distraer la atención de las debilidades que perciben en sí mismos.

Fuerza de carácter. Estos jóvenes tienen las mismas debilidades de carácter mencionadas anteriormente para los jovencitos vulnerables.

Los efectos del rechazo y el hostigamiento de los amigos del grupo

El líder de jóvenes o consejero notará que los siguientes efectos del rechazo y hostigamiento por parte de los amigos son complejos y requieren cuidadosa atención para evaluar correctamente la mejor manera de ayudar. Algunos de los síntomas serán sin duda consecuencia de cuestiones que sólo se relacionan tangencialmente al problema del hostigamiento y el rechazo.

✦ Depresión
El adolescente que experimenta rechazo y hostigamiento expresará que se siente solo, desesperado e inútil. Puede decir cosas como: "Me quiero morir." En su desesperanza puede volverse autodestructivo y justifica sus acciones en que obviamente arriesga la vida diciendo: "¿Qué más da lo que me pueda suceder? Nadie me extrañará".

Los jóvenes, con frecuencia expresarán su depresión con acciones en lugar de palabras. Pueden parecer enojados o agitados en lugar de describir con palabras su confusión interior. Debe prestarse especial atención a las siguientes expresiones de depresión: condiciones extremas en su temperamento, como el mal humor, la ira, la irritación o la tristeza; demostraciones irracionales de sus sentimientos; una intensidad desmedida que no coincide con el ambiente; comentarios que demuestran odio; imaginación y preocupación cada vez más deprimente; disminución en el rendimiento escolar y mal genio que dura semanas. (Vea el capítulo 5: *Depresión*.)

La presión de los amigos, en los casos más extremos, ha llevado a los adolescentes a hacer pactos suicidas. Aunque esto es poco común, cuando ocurre es usualmente incitado por un líder que ejerce poder e influencia sobre los demás. Los integrantes del grupo tienen en común problemas personales en las áreas ya explicadas. Otra consideración a tener en cuenta es el caso de amigos cercanos del adolescente que han intentado suicidarse o que lo han logrado. Este adolescente corre mayor riesgo de intentar suicidarse que los que no eran amigos tan cercanos. (Vea el capítulo 9: *Pensamientos, tendencias y amenazas de suicidio*.)

✦ Aislamiento social
Los adolescentes que han sido hostigados por sus amigos muchas veces dejan de esforzarse por suplir por medio de sus amigos de su misma edad su necesidad de afecto, de ser aceptados y de amar. Para sobrellevar este tipo de carencia, el joven a veces se vuelca a lo que considera "objetos" menos peligrosos, como un intenso romance, o se dedica a amigos menos riesgosos: los animales.

El aislamiento que sienten puede ser profundo, y deja a los adolescentes sin los medios (sus amigos) para lograr una transición normal entre la niñez y la adultez. Además, los deja con las cicatrices de sentirse inadecuados, indignos y malqueridos. Estos sentimientos pueden llevar a malas decisiones en cuanto a sus parejas y futuras amistades.

✦ Afiliación a una pandilla

Aunque muchas veces se niegan a admitir las necesidades que hacen que afiliarse a una pandilla sea atractivo, muchos, si no la mayoría de los jovencitos que integran una pandilla, lo hacen por motivos de seguridad personal, por querer ser parte de un grupo y por tener un sentido de familia. No han podido encontrar maneras de suplir estas necesidades en el proceso normal más sano de relacionarse con sus amigos. Es así que han renunciado a desarrollar una auténtica autonomía y madurez en aras de sentirse poderosos e incluidos en un grupo. En el momento sienten que tienen un nuevo poder sobre sus vivencias y una clara comprensión de quién es bueno y quién es malo.

Esto ayuda a simplificar un mundo complejo para un adolescente confundido y lleno de enojo. Pero, el comportamiento criminal asociado con las pandillas, la oposición de sus integrantes a dejar que uno de ellos deje la pandilla y la negación general de las necesidades los prepara mal para una vida productiva al llegar a ser adultos.

✦ Uso de drogas

Muchos adolescentes optan por usar drogas como una manera de sobrellevar sentimientos dolorosos que resultan de la presión negativa, hostigamiento y el rechazo de sus amigos. Mitigan su dolor personal con drogas en lugar de arriesgarse a ser vulnerables en una percepción realista de sus problemas. A veces caen en un grupo que consume drogas.

Los jóvenes necesitan un amigo cariñoso que los reprenda cuando se desenfrenan, que los anime cuando están desanimados, que les ayude cuando están débiles y que sea paciente con ellos siempre (1 Tesalonicenses 5:14). En cambio, escogen algo ilusorio que les quite más rápida y fácilmente el dolor, pero a un precio terrible.

Las drogas tienen una cualidad seductora que aumenta el sentido en el joven de que no necesita a nadie, protegiéndolo así del temor de que puede llegar a ser dependiente si admite que necesita de otros. Este sentido de omnipotencia es casi hipnótico y deja al adolescente impotente para resistirse. Con frecuencia un tratamiento especializado es lo que se requiere para rescatarlo de las drogas.

La investigación ha demostrado que la influencia de los amigos es diferente en el caso de los distintos tipos de drogas. Las drogas socialmente más aceptables, como el alcohol y la marihuana, parecen tener más influencia al ser usadas por los amigos. (Vea el capítulo 38: *Uso y abuso del alcohol;* y el capítulo 39: *Uso y abuso de las drogas.*)

Pero esta influencia muchas veces se malinterpreta. Los amigos rara vez venden drogas con un bombardeo de palabras sino más bien con una influencia sutil, al sugerir que es aceptable y popular.

También se han documentado las influencias positivas con amigos que están expuestos a las drogas. La investigación demuestra que los jovencitos que frecuentan a amigos que no usan drogas tienen mucho menos probabilidad de usarlas ellos mismos.

✦ Actividad sexual

En los últimos años en una escuela secundaria en el sur de California unos adolescentes varones competían entre sí para ver quién podía "hacerlo" con más muchachas. Esto representa algunos de los peores efectos de la presión de los amigos. Al ir conociéndose los detalles de ese grupo, se fue haciendo evidente que esta competencia suplía necesidades agudas de sentirse de valor e incitaba a sus integrantes a aprovecharse de muchachas débiles e inseguras de sí mismas.

En otros casos, el contacto sexual es el precio a pagar para tener una amistad entre los adolescentes. Es un precio alto, pero es un ejemplo del poder que tienen unos sobre otros cuando las condiciones son disparejas; es decir, cuando los jóvenes "depredadores" se aprovechan de los que son más débiles que ellos; cuando los placeres sexuales sustituyen al verdadero amor. (Vea el capítulo 28: *Relaciones sexuales prematrimoniales*.)

✦ Estrés

El estrés ataca a muchos niños el primer día que van a la escuela sin mamá y papá. Al ir creciendo, también crecen sus niveles de estrés. Empiezan a preocuparse por sus calificaciones, el resultado de sus exámenes, los deportes y sus relaciones con los demás.

El estrés es el resultado normal de cualquier circunstancia que amenaza (o que se percibe como una amenaza) nuestro bienestar. Dado que los amigos son una parte importante de la disminución del estrés y de "compartir el estrés", es im-portante que el grupo de amigos sea sano y de apoyo y no egocéntrico, quitando a sus integrantes los beneficios de ir madurando juntos.

Los jóvenes vulnerables a la presión y al rechazo de sus amigos muchas veces descubren que los únicos grupos que los incluyen les causan grandes perjuicios al usarlos para su propio beneficio. En lugar de un apoyo mutuo y de recibir y dar aliento, se les usa como "chivos expiatorios" para echarles la culpa y proyectarse de mil maneras.

Esto genera muchísimo estrés en los adolescentes que sufren la ambivalencia de querer ser aceptados pero descubren que el precio muchas veces significa renunciar a su integridad.

La perspectiva bíblica sobre el rechazo y hostigamiento por parte de los amigos del grupo

Una de las verdades fundamentales de la Biblia sobre los hijos y la familia se encuentra en Génesis 2:24:

> Por tanto, el hombre dejará a su padre y a su madre, y se unirá a su mujer, y serán una sola carne.

En esta referencia va incluida la naturaleza protectora y educativa de los padres que preparan al hijo para que pueda dejar su hogar paterno como es debido y formar su propio hogar. Los adolescentes vulnerables a la presión, hostigamiento y el rechazo de sus amigos casi siempre vienen de hogares donde falta esta preparación. Esto puede ser el resultado de muchas cosas: discordia familiar, conflictos matrimoniales, pérdidas importantes y el temperamento del hijo. Los beneficios de una familia intacta son claros al ir brindando una preparación adecuada para que los hijos asuman exitosamente su lugar como adultos en el cuerpo de Cristo y en el mundo en general.

Cuando el hogar brinda las conexiones emocionales y espirituales apropiadas, el adolescente puede evaluarse como Pablo lo describe en Romanos 12:3:

> Digo, pues, a cada uno de vosotros, por la gracia que me ha sido dada, que nadie tenga más alto concepto de sí que el que deba tener; más bien, que piense con sensatez, conforme a la medida de la fe que Dios repartió a cada uno.

Quienes ayudan a los jóvenes podrán ayudarles inmensamente si les guían a desarrollar una estimación cabal de sí mismos... no demasiado alta ni demasiado baja. Los jóvenes tienen que saber que fuimos creados a la imagen de Dios, como lo dice Génesis 1:26. Esa relación creada por Dios es el único lugar donde el joven puede realmente descubrir quién es. Sólo Dios puede librarlo de la esclavitud del pecado y llevarlo a tener la experiencia de una nueva vida en Cristo (2 Corintios 5:17).

La Biblia también explica en Romanos 12:1, 2 una manera como el joven puede hacer frente y superar el conformarse al mundo y, por ende, a las seducciones de sus amigos:

> Así que, hermanos, os ruego por las misericordias de Dios que presentéis vuestros cuerpos como sacrificio vivo, santo y

agradable a Dios, que es vuestro culto racional. No os conforméis a este mundo; más bien, transformaos por la renovación de vuestro entendimiento, de modo que comprobéis cuál sea la voluntad de Dios, buena, agradable y perfecta.

Es por fe que nos ofrecemos a nosotros mismos como un sacrificio santo y renovamos nuestro entendimiento para resistir la conformidad al mundo. Pero, al ayudar a los jóvenes tenemos que comprender que están pasando por una etapa de desarrollo que exige un toque personal de relación, de manera que puedan tener la experiencia del amor del Cristo encarnado por medio de sus padres, pastores u otros que los aman, sin ser condescendientes al representar auténticamente la mente de Cristo.

La respuesta de la Biblia al rechazo y al hostigamiento se encuentra en una relación personal con Cristo. Esta se pone en práctica cotidianamente, por medio de la oración y la comunión con creyentes cariñosos que apoyan el desarrollo del joven dentro del plan singular que Dios ha diseñado para cada uno.

La respuesta al problema del rechazo y el hostigamiento de los amigos

Los padres y los líderes de jóvenes que dedican tiempo a los jovencitos no pueden menos que observar los estragos de la presión de los amigos y la crueldad del hostigamiento y el rechazo. Estos adolescentes serán lastimados y perjudicados profundamente. Recuerde qué importante es no restarle importancia a su dolor, sino darles la oportunidad, en una relación cariñosa, de expresarse sin echarles en cara su conducta ni la de sus amigos. Los siguientes pasos serán de gran ayuda:

ESCUCHAR. Escuche atentamente al joven. Trate de ayudarle a identificar su dolor sin hacerle demasiadas preguntas.

Recuerde que le dará vergüenza expresarse sobre algunos temas. Asegúrese de no juzgar a los que hostigan o rechazan hasta haberse conectado personalmente con el jovencito a quien está ayudando. Más bien que destacar la crueldad de sus amigos, pregúntele cómo se sintió al ser marginado, hostigado o rechazado. No se sorprenda si le cuesta admitir su aislamiento y su desconcierto social.

EMPATIZAR. Los jóvenes necesitan saber que a usted le importa el dolor que sienten. Muchas veces están convencidos de que en realidad nadie sabe cómo se sienten. Pero apreciarán sus esfuerzos si pueden empezar a ver que usted los comprende, aunque tengan pocas experiencias, o ninguna, en común.

Cuídese de ponerse a contar sus propias vivencias para tratar de acercarse demasiado pronto. Los adolescentes son un tanto egocéntricos y no están seguros de que los adultos realmente los comprenden. Serán más receptivos si usted admite que entiende algo de lo que están pasando pero que necesita de la ayuda de ellos para entenderlos mejor. A veces decir lo que usted cree que ellos están pasando les ayudará a conectarse con usted. Una afirmación como: "Comprendo lo importante que era para ti adaptarte..." les puede ayudar a ver que les está entendiendo.

ALENTAR. Asegúrese de subrayar cuánto vale el joven. No responderá a palabras de aliento superficiales; él necesita percibir que usted lo estima. Esto sucederá a medida que vea que a usted no le avergüenza lo que le cuenta. Sentirá su aprobación al notar su disposición de proteger su valor al brindarle usted una relación incondicional. También sentirá su valor si percibe que usted respeta sus opiniones sobre las opciones que tienen.

Recuerde que los adolescentes son muy cautelosos de hacerse vulnerables al expresar sus necesidades. Sienten que no pueden seguir dependiendo de los adultos y temen dar esa impresión. Aunque tienen razón en querer ser independientes, también necesitan comprender qué interdependientes somos todos.

DIRIGIR. Esta parte de la interacción será una de las más delicadas. Dando por sentado que ha podido lograr una relación relativamente buena con el joven, ahora debe usted:

● Animar al jovencito a acercarse a Dios en oración y escucharle por medio de su Palabra; recuerde que una relación sana con Dios es un recurso invaluable, irremplazable en los momentos difíciles (Salmo 46:1).

● Ofrezca los recursos disponibles, pero hágalo de una manera que no sea paternalista y condescendiente.

● Guíelo para que exprese abiertamente su temor de no ser aceptado, enojo hacia sus amigos que lo lastiman, sentimientos de incompetencia, y el dilema que enfrentan al volver a estar con la gente y en los lugares donde el riesgo de ser lastimado es alto.

● Anímelo para que defina pasos firmes para mantener alejados a sus malos amigos, y ayúdele a conocer y dominar técnicas y estrategias útiles, que pueden incluir como:

Evitar situaciones potencialmente problemáticas. Pregúntele: "¿Qué puedes hacer la próxima vez que empiece a surgir este problema?"

Programar respuestas eficaces para suavizar la situación. Pregúntele: "¿Cómo reaccionaste anteriormente? ¿Se te ocurren otras maneras mejores de reaccionar, cosas para decir o formas de actuar?"

Contrarrestar activamente los sentimientos destructivos. Pregúntele: "¿Existen algunas relaciones o intereses que te

parece que pueden ser de ayuda (p. ej. entablar nuevas amistades, desarrollar nuevos intereses y actividades escolares, etc.?"

Darse a sí mismo. Pregúntele: "¿Se te ocurre alguna manera de distraerte de tus problemas por medio de hacer algo por alguien o de ayudar a alguno?"

Conseguir un apoyo positivo. Pregúntele: "¿Con quiénes te sientes cómodo por saber que te valoran? ¿Cómo puedes pasar más tiempo con ellos? ¿Qué situaciones te hacen sentirte más seguro de ti mismo? ¿Se te ocurren maneras de conseguir más de este apoyo positivo?" (Vea también el capítulo 14: *La presión del grupo de amigos.*)

COMPROMETER. Trate de mejorar el concepto que el joven tiene de sí mismo por medio de conseguir su participación para resolver sus problemas. Ayude al joven a descubrir las causas que lo han hecho vulnerable, pero guíelo también a encontrar maneras sanas de suplir su necesidad de amor, aceptación, ser parte de un grupo y comprensión. Es probable que no le sea posible simplemente evitar toparse con los jóvenes que le causan problemas, sino que necesitará encontrar amigos que lo valoran y con quienes se puede sentir seguro. Ayúdele a hacer una lista de las personas a las que puede recurrir. El joven no podrá sencillamente resistir las influencias destructivas sin alternativas sanas que las reemplacen.

REFERIR. El joven involucrado en drogas y pandillas casi siempre requiere que se le refiera (con el permiso de los padres) a un profesional cristiano.

El joven deprimido que piensa en quitarse la vida o amenaza suicidarse también requiere atención inmediata. Muchas iglesias tienen grupos juveniles eficaces que pueden ser de muchísima ayuda.

El joven que ha sido lastimado por el rechazo y el hostigamiento de sus amigos necesita un grupo juvenil seguro, cariñoso con el cual conectarse. Los grupos juveniles de la iglesia son excelentes para brindar seguridad ante las necesidades sociales del joven. La investigación ha validado el hecho de que los muchachos involucrados en actividades creativas y que se llevan bien con los demás son menos propensos a experimentar los problemas antes mencionados.

Casi siempre es imprescindible que la familia se involucre en el proceso de cuidar y dar cariño al adolescente. Anime a los padres para que asistan a clases para padres; esto les ayudará a crear un ambiente de crecimiento y desarrollo para sus hijos.

Pasajes bíblicos citados en este capítulo

- 1 Tesalonicenses 5:14

- Génesis 1:26, 2:24

- Romanos 12:1-3

- 2 Corintios 5:17

Otros pasajes bíblicos para leer

- Salmos 9:9-14; 66:16-20; 119:81-88

- Isaías 53:1-12

- Mateo 5:10-16, 44-48

- Juan 15:20

- Romanos 12:14

- Efesios 5:1-7

- 1 Timoteo 4:12

- Hebreos 11:24-26

- 1 Pedro 2:4-10

PROBLEMAS

FAMILIARES

PADRES SOBREPROTECTORES

CONTENIDO

Introducción

Lisa podría pasar por una chica de veinte o veintiún años, aunque tenía apenas trece. Medía 1,58 m. de altura, con cabello oscuro largo, un cuerpo muy desarrollado y ojos vivaces que proyectaban una gran personalidad y seguridad en sí misma. Sus padres observaban alarmados cómo se iba desarrollando físicamente y en su personalidad, un desarrollo de esperarse en alguien mucho mayor que su hijita. Y se preocupaban cada vez más por ella.

No es que Lisa nunca les diera a sus padres motivo para preocuparse. Empezó a interesarse en los varones mucho antes que sus amigas. El año cuando terminaba su cuarto grado escolar, sus padres empezaron a reaccionar a la creciente independencia de Lisa limitando cada vez más su libertad. Justo cuando las amigas de Lisa empezaban a recibir más privilegios y libertad de sus padres, la mamá de Lisa dejó de trabajar para quedarse con ella; Lisa estaba convencida de que era para no quitarle la vista de encima.

Para cuando cumplió los trece años, Lisa ya había ideado un sistema para poder hacer cosas que le prohibían y burlarse de las reglas de sus padres. Descubrió, por ejemplo, que si pedía permiso para pasar la noche con una amiga de la iglesia, papá y mamá le daban permiso; después convencía a esa amiga de que salieran a pasear para encontrarse con los muchachos.

Los padres de Lisa sentían que estaban tratando de nadar contra la corriente contra la voluntad de Lisa y sus anhelos; Lisa creía que si sus padres se tomaban tanto trabajo para impedir que se viera con varones, habría algo sumamente placentero que no querían que ella descubriera. Pero, poco a poco, los padres de Lisa lograron controlar su conducta al grado que dejó de tramar maneras de burlar sus reglas. Dejó de ingeniárselas para encontrarse con muchachos. Es más. Dejó de ir de compras, dejó de interesarse en la ropa y hasta dejó de bañarse.

El problema de los padres sobreprotectores

"Durante mis años de sicóloga escolar", dice la doctora Bernice Berk, "he visto muchos padres sobreprotectores. Aunque resulta claro que no quieren serlo, su preocupación por su hijo les impide dejarle hacer las cosas que es perfectamente capaz de hacer".

Una de las principales tareas de los padres es, por supuesto, alentar el sentido de seguridad y las capacidades del niño lo suficiente como para prepararlo para dejar el hogar y funcionar independiente de mamá y papá al llegar a la adultez. Pero la sobreprotección es indecisión o incapacidad de hacerlo.

No siempre es fácil reconocer la sobreprotección, pero puede notarse de varias maneras:

● Los padres no le dan nada de libertad al joven, excepto para ir al templo y ¡quizá ni al templo!

● Los padres se relacionan con el jovencito en una manera muy similar a como lo hacían cuando éste tenía ocho o diez años.

● Los padres seleccionan las llamadas telefónicas de sus hijos o las escuchan.

● Los padres constantemente niegan su permiso para que el joven haga cosas consideradas apropiadas para su edad.

● Los padres demuestran su determinación de proteger a su hijo de todo mal.

● Los padres supervisan aun los detalles más insignificantes de la vida del adolescente.

● Las acciones y decisiones de los padres parecen concebidas para fomentar la dependencia, no la independencia.

● Las reglas de los padres se aplican rígidamente y son igualmente no negociables.

● Los padres parecen tener dificultad en confiar en el joven.

Lo antedicho, por supuesto, son medidas muy subjetivas de la sobreprotección. Aun el padre más razonable, por ejemplo, alguna vez no dará permiso para que su hijo o hija haga algo que otros padres consideran apropiado. Pero, por lo general, las tendencias mencionadas son características de los padres sobreprotectores.

Las causas que llevan a que los padres sean sobreprotectores

Existe una variedad de razones por las cuales los padres responden de una manera sobreprotectora. Esta conducta puede ser debido a una o más de las siguientes causas:

✦ **Temor**
El temor es un factor común entre los padres sobreprotectores. El mundo actual es un lugar temible en el cual educar a los hijos, y muchos padres se preocupan de que sus hijos sean susceptibles a los peligros que ven en los noticieros de la TV. Pero a veces el temor de los padres sobreprotectores es irracional. "Aunque una cierta cantidad de temor por la seguridad de los hijos es normal y sana", dice Berk, "dejar que los temores exagerados impidan al joven participar en actividades normales con sus amigos puede ser perjudicial".

✦ **Conducta rebelde de otro hijo**
La sobreprotección puede también ser la secuela de un sentido de fracaso con otro hijo (generalmente mayor). Por ejemplo, Linda ya le había demostrado a sus padres que era digna de confianza y que podían dejarla pasar la noche con sus amigas en

la casa de una de ellas. Pero porque la primera vez que su hermana mayor fumó marihuana fue cuando pasó la noche con sus amigas, los padres de Linda no la dejaban hacerlo porque temían que seguiría en los pasos de su hermana mayor. Linda era muy distinta de su hermana mayor pero, a pesar de ello, tuvo que pagar por la conducta de su hermana.

✦ **El pasado de los padres**
Si uno o ambos padres tuvieron progenitores negligentes o inoperantes, es posible que ahora reaccionen siendo demasiado protectores. Muchas de las cosas que hacemos como padres son por lo general un reflejo de —o una reacción contra— la forma como fuimos criados. Igualmente, si uno o los dos padres fue rebelde en su niñez o adolescencia, puede reaccionar determinando que impedirá que su hijo lo sea.

✦ **Mala conducta o defectos del hijo**
Si el padre considera a su hijo inmaduro, incapaz o limitado por alguna carencia física, mental o del desarrollo, puede reaccionar siendo demasiado protector. Es verdad que en cierta forma existe la necesidad de proteger a un hijo así; pero el padre sobreprotector por lo general se valdrá de un control contraproducente y de la manipulación, en lugar de un apoyo y aliento sano basados en la comprensión de las potencialidades del niño de desarrollarse y madurar. Por supuesto que los padres tienen que tomar precauciones con ciertos niños, pero aun así tiene que haber un equilibrio entre asegurarse de su seguridad y dejarles intentar cosas nuevas y desarrollar sus capacidades.

✦ **Falta de relaciones**
Muchos padres pretenden establecer reglas sin antes establecer una auténtica relación con sus hijos. Mamá y papá ven su papel de padres principalmente como el de un policía o de un juez; recalcan las reglas y miden a ver lo bien que andan según las reglas que han establecido y lo bien que sus hijos se adhieren a esas reglas. Muchos padres, sin saber cómo dar forma y conservar una auténtica relación, pueden apoyarse en la buena conducta de un hijo para fortalecer sus propias necesidades relacionales, una sustitución deficiente e insatisfactoria.

✦ **Hijo único, muerte de un hijo, hijo adoptivo**
Los padres de hijos únicos pueden tender a ser sobreprotectores, quizá más que los que tienen dos o más hijos. Los padres que tienen un solo hijo pueden centrarse excesivamente en las necesidades de ese hijo y tener (consciente o inconscientemente) miedo de perderlo. Con frecuencia los padres que han perdido un hijo por algún accidente o enfermedad, pueden tener un temor similar; el padre puede empezar a desarrollar temores irracionales en cuanto a sus demás hijos lo cual fomenta una conducta sobreprotectora. Algo similar puede suceder con padres adoptivos que pueden sentir que no se merecen el hijo por lo que sobrecompensan con una conducta protectora.

✦ **Carencias y necesidades de los padres**
A veces las madres que se sienten insatisfechas con las relaciones con sus cónyuges compensan su dolor dedicándose obsesivamente a un hijo. (Esto puede suceder también con los papás, aunque es menos común.) Algunos padres son demasiado protectores en un esfuerzo por suplir sus propias necesidades emocionales; temen que si pierden al hijo su propia necesidad de amor no será satisfecha. También pueden creer que están protegiendo al joven de la indiferencia de su padre (o su madre).

Los efectos sobre los hijos de la sobreprotección por parte de los padres

"¿Puede la sobreprotección hacer daño al

niño?", pregunta la doctora Berk. "Ya lo creo", dice, contestando su propia pregunta. "Los niños aprenden no de nuestras experiencias sino de las de ellos mismos. Necesitan tener oportunidades de tomar riesgos razonables, de cometer errores y de vivir con las consecuencias de sus propias acciones. La sobreprotección por parte de un progenitor interfiere con el proceso normal de aprendizaje".

El siquiatra Michael Liebowitz va al extremo de decir que "la sobreprotección hace aflorar lo peor en los muchachos". Los efectos de la conducta sobreprotectora por parte de los padres varía según la personalidad del hijo, el grado de conexión o distancia de su progenitor y la gravedad de la conducta sobreprotectora.

✦ Enojo, depresión, rebelión

Cuando los hijos se sienten controlados por uno de sus padres, la reacción más natural es el enojo (vea el capítulo 4: Ira). Pueden reprimir su enojo por temor a la reacción de su mamá o su papá, pero el enojo estará presente. La ira puede guardarse adentro y convertirse en depresión o puede exteriorizarse y expresarse como rebelión. (Vea el capítulo 5: *Depresión;* y el capítulo 23: *Rebeldía.*)

✦ Aumento en su sentido de dependencia

Algunos hijos de padres sobreprotectores llegan a los veinte años (o más) y no pueden demostrar madurez e independencia. El hijo puede casarse (el "unirá" de Génesis 2:24), pero nunca cortar su dependencia de su mamá y su papá (el "dejará" de Génesis 2:24); algunos hasta vivirán al lado de mamá y papá —o muy cerca de ellos. Es triste que la conducta sobreprotectora de los padres ha atrofiado el desarrollo emocional del joven.

✦ Trastornos alimenticios

Hay una variedad de factores que contribuyen a los trastornos alimenticios como anorexia (matarse de hambre), bulimia (comer demasiado y después purgarse) y comer compulsivamente. Para muchos hijos de padres muy dominantes, comer se convierte en una manera de controlar sus sentimientos negativos. La bulimia y la anorexia se convierten en "herramientas" que el joven usa para volver a tener un sentido de control sobre su propia vida. (Vea el capítulo 42: *Anorexia nerviosa;* y el capítulo 43: *Bulimia.*)

✦ Trastornos causados por el pánico

El doctor Michael Liebowitz, director de la unidad sobre trastornos causados por el pánico de la Universidad de Columbia, ha observado que "una proporción inusualmente elevada de pacientes que sufren de pánico, reportan haber tenido padres sobreprotectores en su niñez". Debido a que el temor es la raíz de la conducta sobreprotectora de los padres, el niño lo capta y puede desarrollar un trastorno causado por la ansiedad o uno más grave de pánico. La agorafobia (el temor irracional de dejar su "lugar") es una posibilidad en algunos hijos de padres sobreprotectores.

✦ Concepto bajo de sí mismo

Los padres no quieren tener hijos orgullosos o arrogantes, pero los padres sobreprotectores con frecuencia cometen el error opuesto enseñándoles inconscientemente que ellos (los hijos) son incapaces de cuidarse solos o de tomar sus propias decisiones. El joven desarrolla el sentimiento de que es incompetente (en sus habilidades) e inadecuado (en su "yo"). (Vea el capítulo 6: *Concepto bajo de sí mismo*).

✦ Retraimiento emocional

La manera en que aprendemos a relacionarnos con nuestros amigos es una tarea importante en nuestro desarrollo a lo largo de nuestras vidas. Cuando un niño es sobreprotegido, usualmente sus amigos se limitan a personas que sus padres conocen bien y merecen su confianza; por lo general existe poca oportunidad de desarrollar habilidades sociales en diversos ambientes, lo cual muchas veces producirá inseguridad, incitando al joven a retraerse de otros amigos que sus padres no conocen y ser "el solitario".

✦ **Desarrollo espiritual retrasado**
Los padres sobreprotectores enseñan a sus hijos a apoyarse en su mamá y su papá. Esto puede llevar al joven a depender menos —o nada— de Dios. Estos padres pueden enseñar verdades acerca de Dios y su hijo puede tener un buen fundamento sobre la fe cristiana. Pero el padre dominante socava la relación del joven con Dios (quizá sin darse cuenta) tratando de ser Dios para él.

La perspectiva bíblica del problema de los padres sobreprotectores

La Biblia en 1 Juan 4:18 ofrece una perspectiva clara sobre cómo ser padres:

> En el amor no hay temor, sino que el perfecto amor echa fuera el temor. Porque el temor conlleva castigo, y el que teme no ha sido perfeccionado en el amor.

La motivación del progenitor sobreprotector es el temor, que puede indicar falta de confianza en Dios, falta de confianza en el joven o en ambos. Por cierto que Dios, nuestro Padre celestial, tiene suficiente razones para no confiar en *nosotros*, pero nosotros no tenemos razón para no confiar en él ni en nuestros hijos.

Dios puede estar perfectamente justificado en tratar de controlarnos y de protegernos de toda equivocación, de toda mala decisión y de todo pecado que podamos cometer, pero valora nuestro crecimiento tanto como nuestra seguridad. Dios anhela que sus hijos respondan con buena disposición y amor a la libertad que les ha dado, pero no los obliga a hacerlo.

De igual manera, los padres (y otros adultos) tienen que reconocer que, a medida que sus hijos van creciendo y madurando, tienen que darles más autonomía. Hacerlo puede significar renunciar a cierta medida de seguridad a cambio de un crecimiento sano hacia la independencia.

Es claro que puede ser difícil saber justamente dónde y cómo lograr ese equilibrio. A los hijos se les ordena honrar a sus padres (Exodo 20:12), pero los padres no deben exasperar a sus hijos (Efesios 6:4). Esto no debe interpretarse en el sentido de darle cualquier cosa y todo lo que quiere, pero puede ser una pauta útil: ¿Están las acciones de los padres fomentando un desarrollo y madurez sanos en el hijo, o simplemente lo están exasperando? El padre con buen discernimiento buscará brindarle a su hijo dos cosas: *raíces y alas*.

La respuesta al problema de los padres sobreprotectores

El adulto interesado en ayudar en estos casos tiene una doble tarea: apoyar y animar al joven y también (cuando sea práctico) ayudar y tranquilizar a los padres.

ESCUCHAR. El primer paso es escuchar los problemas y frustraciones del joven. Puede hacer preguntas como las siguientes:

● ¿Cuándo empezaste a sentir por primera vez esto (hacia tus padres)?

● ¿Las cosas han mejorado o empeorado a medida que fuiste creciendo?

● (Si el joven tiene hermanos) ¿Tus hermanos sienten lo mismo? ¿Cómo describirías sus sentimientos?

● ¿Has tratado alguna vez de dialogar con tus padres sobre esto? En caso afirmativo, ¿con qué resultado?

No se apure en defender a los padres, pero tampoco los critique. Deje que el joven descubra que existe (por lo menos) un adulto que se interesa por lo que piensa y siente. Sencillamente escucharle es un paso gigante que ayuda y sana.

EMPATIZAR. Mientras el joven habla de su frustración con sus padres, cultive un ambiente de empatía hacia él por medio de:

● Asentir con la cabeza.

● Hacer contacto visual.

● Inclinarse hacia adelante en la silla para demostrar interés y preocupación.

● Hablar en un tono tranquilo.

● Escuchar atentamente a su comunicación verbal y no verbal.

● Reflejar afirmaciones o gestos clave como: "Me parece que estás diciendo que..." y, "Estás muy enojado por eso, ¿verdad?"

También considere la posibilidad que el joven pueda sentirse culpable por su enojo hacia su mamá y su papá. Ayúdele a admitir los sentimientos malos y buenos que tiene hacia sus padres por el comportamiento de ellos.

ALENTAR. Procure alentar el sentimiento de que el joven es de valor sin socavar el lugar que Dios ha dado a los padres en la vida de él. El autor Dick Foth escribe: "Necesitamos oír una y otra vez que somos valorados y de valor. Algo profundo sucede en nuestro interior cuando alguien nos dice: 'Sencillamente estar contigo es una alegría' o 'Cuando entras en la habitación siempre pasa algo emocionante' 'Me encanta tu sonrisa'." Demuestre su aprecio por el joven no sólo con palabra sino también con acciones.

DIRIGIR. Ayude al joven a considerar dentro de un marco bíblico, las siguientes opciones:

● Guíelo hacia una relación salvadora con Jesucristo o (en caso del que ya es creyente) hacia una relación más profunda con él, el Señor de la vida, salud y paz.

● Estimule al jovencito a acercarse a Dios en oración y a confiar en él para darle los recursos que le faltan.

● Es posible que el joven ya sepa que la orden de Dios es honrar a su padre y a su madre; ayúdele a tener "una lluvia de ideas" sobre cómo puedo honrarlos (y, quizá, comprenderlos mejor) a la vez que sigue viendo acertadamente sus propias habilidades y posibilidades.

● Guíe al joven a dar comienzo a un diálogo respetuoso, no amenazante, si es posible, con su mamá y su papá; una manera de lograrlo puede ser con el método sugerido por Ron Hutchcraft: que el joven escriba una carta (o una serie de cartas) para expresar su cariño y aprecio por sus padres y luego respetuosamente exprese sus preocupaciones, frustraciones y aun sus propuestas para resolver sus diferencias con ellos. (Vea el capítulo 18: *Padres inconversos*.)

● Tenga una "lluvia de ideas" sobre maneras en que el joven puede dar pruebas a su mamá y a su papá de que es capaz y digno de confianza y ayúdele a trabajar para lograr esas metas.

COMPROMETER. Trate de conseguir que el joven participe en las actividades de los jóvenes de la iglesia ya que seguramente este es un ambiente que los padres sienten que es bastante seguro. Entable y mantenga buenas relaciones tanto con los padres como con el adolescente con miras a animar a la mamá y al papá para que permitan al joven probar nuevas experiencias, y prueben un nuevo grado de independencia bajo su supervisión. Ayude al joven a apuntar hacia una mejor, aunque no perfecta, relación con sus padres.

REFERIR. Si en algún momento usted, siendo el adulto interesado en el joven, ve que la salud o el bienestar a largo plazo del joven está en peligro (por una depresión aguda, trastornos causados por el pánico o trastornos alimenticios, etc.), debe animar a los padres a consultar a un consejero profesional cristiano calificado para encarar estos problemas específicos usando una perspectiva bíblica.

Pasajes bíblicos citados en este capítulo

● Génesis 2:24

● 1 Juan 4:18

● Exodo 20:12

● Efesios 6:4

Otros pasajes bíblicos para leer

● Proverbios 17:9

● Filipenses 4:5

● Romanos 14:13

PADRES DESPREOCUPADOS

CONTENIDO

Introducción

Tanto Marcos como Delia eran creyentes. Se conocieron en el grupo de jóvenes de la iglesia. Ambos tenían dieciséis años cuando empezaron a salir en pareja. Ambos estaban en el mismo año de la secundaria y ambos eran buenos alumnos (aunque Delia por lo general recibía calificaciones más altas que Marcos). ¡Tenían algunas cosas en común! Pero no todo.

Marcos era el mejor jugador de baloncesto de su escuela y había sido elegido para integrar el equipo regional. Cuando se ganó el trofeo como el jugador más valioso del campeonato del distrito, con una amplia sonrisa caminó hacia el centro de la cancha para aceptar el trofeo con un porte que proyectaba el hecho de que pensaba que se merecía el premio, y más. No miró al público para encontrar a sus padres porque sabía que no estaban... como siempre.

Delia no lo podía entender. Ella jugaba en el equipo de hockey, y sus padres nunca se perdían un partido. De hecho, casi nunca se perdían las prácticas. Se interesaban muchísimo en todo lo que ella hacía.

Y no eran sólo los eventos deportivos que los padres de Marcos se perdían. Su papá era un hombre de negocios que viajaba mucho y su mamá era enfermera, muy respetados en la comunidad. Pero la mayoría de las mañanas Marcos se iba a la escuela sin haber visto a sus padres, y por lo general se las arreglaba para hacerse su propia comida. A veces Marcos le comentaba al líder de jóvenes de la iglesia que si se muriera probablemente sus padres no descubrirían su cuerpo hasta que empezara a apestar.

El problema de los padres despreocupados

La despreocupación puede tomar muchas formas y presentarse en distintos niveles de gravedad. La mayoría de los eruditos consideran que la despreocupación es la falta de atención a las necesidades básicas de un niño o joven (que son: casa, comida, ropa, atención médica, asistencia a la escuela, etc.).

La forma más grave por supuesto, es cuando un niño ha sido dañado físicamente o muere por falta de alimentos, supervisión o atención médica; un informe de la Comisión Nacional para la Prevención del Abuso Infantil en los Estados Unidos de América muestra que 1.299 niños perdieron la vida en 1993 como resultado del descuido o el abuso. (Vea el capítulo 35: *Otras formas de abuso*.)

Algunos adolescentes sufren debido a un tipo de descuido que no se nota a primera vista y que no es tan fácil documentarlo. Las autoridades escolares y del estado quizá no considerarían el caso de Marcos (presentado en la Introducción) como uno de descuido o abuso. No obstante, el tipo de falta de atención que sufre, la aparente falta de interés e involucración de parte de sus padres, lenta pero indefectiblemente perjudicará dramáticamente su vida.

Muchos pastores y líderes de jóvenes consideran el desinterés e indiferencia de los padres como un problema principal entre los jóvenes. Setenta por ciento de los líderes nacionales en Estados Unidos encuestados en preparación para este libro califican el problema de los padres despreocupados como "muy alarmante" y el 30 por ciento de esos líderes lo califican como una "crisis".

Las causas de la despreocupación por parte de los padres

Ser padres es una obligación difícil. Ya de por sí es difícil manejar las muchas demandas de la vida sin tener hijos; muchos se encuentran con que darle la atención y el cuidado apropiado a uno o más hijos —encima de las ya muchas obligaciones del matrimonio y el trabajo— es una tarea casi imposible. Aunque muchos tienen un éxito admirable en esto, muchos otros —por diversas causas— no lo tienen.

✦ Pobreza

La mayoría de los expertos coinciden en que la causa más generalizada de descuido es la pobreza. De la misma manera, la pobreza está presente en muchos casos en que los niños sufren por falta de atención o aparente indiferencia.

Muchas causas relacionadas con la pobreza aumentan la posibilidad de negligencia y falta de atención, por ejemplo: hogares con uno solo de los padres, muchos hermanos, falta de educación y falta de un ejemplo adecuado que hubiera permitido el desarrollo de habilidades eficaces para la tarea de ser padres. Además, existe un sentimiento general de pérdida de la esperanza en los barrios pobres. También, los padres muchas veces carecen del conocimiento o la voluntad de cumplir, con propósito, sus obligaciones de padre. Pero, los padres de bajos recursos no son los únicos que tienen este problema.

✦ Vida "estilo locomotora"

Por lo general, las necesidades básicas de alimento, casa, escuela y ropa de los jovencitos de hogares de clase media y alta son suplidas. Pero estos muchachos muchas veces sufren por otros tipos de descuido; pueden estar hambrientos por recibir atención, afecto, y desean ver que sus padres se interesan por ellos. Las familias de clase media y alta con frecuencia sufren porque sus vidas son al "estilo locomotora" en que los padres parecen una locomotora a todo vapor, tratando de ganarle al reloj mientras que frenéticamente tratan de cumplir con las demandas de sus carreras, iglesias y comunidades, mientras que sus hijos terminan por sentirse como si fueran el paisaje que va pasando, borroso y sin recibir nada de atención.

En el mundo acelerado en que vivimos ambos padres a veces sienten la presión de tener que trabajar tiempo completo, y algunos muchachos se las tienen que arreglar solos después de la escuela y, a veces, hasta ya entrada la noche. Estas circunstancias pueden causar que el joven se sienta solo y, no pocas veces, con temor, y puede también brindarle la oportunidad de hacer cosas inconvenientes y malsanas.

✦ **Desintegración familiar**
El divorcio y ser el único progenitor genera mucho estrés por parte de los padres. El dolor y la ira que puede sentir el padre o la madre como resultado del divorcio puede eclipsar la necesidad que su hijo tiene de expresar su sufrimiento por la pérdida de su familia. Muchas veces, después del divorcio, uno de los padres queda solo para asumir todas las responsabilidades que antes cumplían los dos. A la vez, puede haber más obligaciones financieras, el comienzo de una nueva carrera, nuevos estudios y/o nuevas relaciones, todo lo cual distrae al padre y hace que prestarle la atención debida al hijo parezca imposible. (Vea el capítulo 19: *Divorcio de los padres.*)

Estar solo como padre puede ser una tarea abrumadora. En estos casos es muy difícil que ese padre solo o esa madre sola encuentre un equilibrio adecuado entre sus propias necesidades (que pueden ser muy agudas después de una muerte o un divorcio) y las necesidades de sus hijos. Muchos padres solos le prestan una atención admirable a las necesidades de sus hijos. Pero, con demasiada frecuencia, se descuidan las necesidades emocionales —atención, apoyo y afecto— al jovencito. (Vea el capítulo 20: *Vivir en una familia con un solo progenitor.*)

✦ **Muchos hijos**
No es difícil entender cómo tener muchos

hijos puede dificultar el que los padres dediquen su interés y atención a cada uno. Siendo una de cinco hijos, Tania nunca recibía la atención individual de sus padres. Ambos estaban muy ocupados con sus trabajos y tratando de no atrasarse con las cuentas que pueden aumentar fácilmente con una familia numerosa. Los padres de Tania nunca tenían tiempo ni interés por asistir a ninguna de sus actividades escolares o deportivas y, en realidad, hacían todo lo posible por desalentarla en participar en actividades fuera de la escuela que costaban dinero, diciéndole que hacerlo les era una carga financiera muy pesada. Tania sentía que más la querían cuando menos tenían que gastar en ella.

✦ **Preocupaciones de los padres por escalar en la sociedad**
Los padres tienden a descuidar a sus hijos si están preocupados con cualquier otra cosa, especialmente con avanzar socialmente. La mamá y el papá de Marcia estaban absortos por diversas actividades sociales, y ambos pugnaban constantemente por avanzar. A Marcia la dejaban al cuidado de una tía, la hermana de la mamá, de veinte años. Los padres de Marcia no sabían que su hija y su tía fumaban marihuana todas las tardes. Como la mamá y el papá por lo general no llegaban hasta las 8 ó 9 de la noche, tenían tiempo de librarse de las evidencias, aunque las consecuencias emocionales en la vida de Marcia eran fáciles de ver... para el que quisiera verlas.

✦ **Enfermedad mental**
La esquizofrenia, depresión maniática, depresión posparto y depresión clínica son algunos de los trastornos que pueden llevar a la desatención de los hijos por parte de los padres. Cuando un progenitor sufre de una de estas enfermedades y no se está haciendo los tratamientos adecuados, esto puede afectar su habilidad de prestar atención a los hijos.

✦ **Egoísmo**

La sociedad actual empuja a hombres y a mujeres a "tenerlo todo" y a "lograr todo a tu manera": a ganar un sueldo elevado, mandar a los hijos a una escuela privada, hacer ejercicio todos los días, tomarse unas vacaciones en las Bahamas y, en medio de todo, tener una familia feliz. Los padres que caen en esta mentalidad de "querer tenerlo todo", por lo general descuidan las necesidades emocionales de sus hijos, prefiriendo (consciente o inconscientemente) dar prioridad a sus propias "necesidades" en lugar de atender las necesidades de sus hijos.

✦ **Ignorancia en cuanto a cómo ser buenos padres**

Los hijos no llegan a este mundo con un manual que enseñe cómo criarlos. Casi todos los padres primerizos admiten que nada los hubiera podido preparar para las demandas que acompañan a la paternidad o a la maternidad. Algunos (particularmente aquellos cuyos progenitores fueron un ejemplo de estilos y habilidades sanos en el cumplimiento de sus obligaciones como padres) luchan, se esfuerzan y por fin logran desarrollar habilidades que no sólo suplen las necesidades físicas de sus hijos sino también las emocionales. Desafortunadamente, muchos padres creen que cumplen su deber si mantienen financieramente a su familia.

Los efectos del problema de tener padres despreocupados

El joven cuyos padres parecen no preocuparse o ser indiferentes con él estará propenso a sentirse lastimado, frustrado, enojado (a veces resultando en amargura o cólera) y a sentirse inseguro y solo. Las reacciones como éstas pueden producir muchos y diversos efectos.

✦ **Concepto bajo de sí mismo**

Cuando un padre descuida a su hijo (o cuando éste percibe su indiferencia), el joven puede desarrollar un sentido de que no vale nada. Marcos, el de la introducción, quizá pareció muy seguro de sí mismo al recibir el trofeo, pero su conducta probablemente escondía un críticamente bajo concepto que tenía de sí mismo. Compensaba la indiferencia de sus padres hacia los triunfos de él con una máscara de logros y arrogancia. (Vea el capítulo 6: *Concepto bajo de sí mismo.*)

✦ **Malas calificaciones en la escuela**

Existe una relación fuerte entre el interés de los padres y el trabajo escolar del adolescente. Cuando los padres no le prestan atención, es muy probable que las calificaciones en la escuela bajen. (Vea el capítulo 45: *El rendimiento por debajo o por encima de lo esperado.*)

✦ **Falta de criterio al seleccionar a sus amigos**

Los padres despreocupados pueden ser los últimos en saber que su hijo ha escogido un grupo malo con el cual andar. El joven que siente que sus padres son indiferentes y que lo descuidan probablemente esté desesperado por ser aceptado, con frecuencia encuentra esa aceptación en formas incorrectas y con malas compañías. (Vea el capítulo 14: *La presión del grupo de amigos.*)

✦ **Habilidad social deficiente**

Los niños empiezan sus primeros pasos sociales en la familia y su seguridad y habilidades con las cuales relacionarse con el resto del mundo tienen que desarrollarse allí. Cuando los padres no están a su disposición o no se interesan en él, el desarrollo social del jovencito probablemente no sea lo que debiera ser.

✦ **Incapacidad de establecer lazos afectivos**

Establecer lazos afectivos es imprescindible en el desarrollo y crecimiento humano. Cuando el muchacho no ha establecido lazos afectivos con sus padres a lo largo de su vida, por medio de su interacción y toque personal puede retrasarse en su habilidad de poder establecerlos con otros. Esta carencia se expresará en las amistades, el noviazgo, el matrimonio y también en sus relaciones con sus propios hijos.

✦ Conducta rebelde

El jovencito que siente que sus padres lo descuidan tratará de llamar la atención, y juzgará que una atención negativa es mejor que nada de atención. Cuando la atención negativa obtiene los resultados deseados, ésta continuará. El joven puede rebelarse encontrando una manera (su corte de pelo, aretes, malas palabras, etc.) de avergonzar a sus padres delante de los amigos o colegas de éstos, o caerá en actividades ilegales (faltando a la escuela, andando con pandillas, etc.). (Vea el capítulo 23: *Rebeldía*.)

✦ Problemas con las drogas y el alcohol

El jovencito que es descuidado por sus padres es más propenso a caer en el abuso del alcohol y las drogas. Un investigador reporta: "Los adolescentes menores que llegan de la escuela a una casa vacía tienen el doble de probabilidades que los que son supervisados por adultos de usar alcohol, marihuana y cigarrillos." (Vea el capítulo 38: *Uso y abuso del alcohol;* y el capítulo 39: *Uso y abuso de las drogas*.)

✦ Actividad sexual

El adolescente que siente que sus padres son indiferentes o despreocupados con él, tiene tanto la motivación (buscando intimidad, atención, etc.) y la oportunidad (mucho tiempo libre y actividades sin supervisión) para expresar sus frustraciones y buscar la satisfacción de sus necesidades por medio de su conducta sexual. (Vea el capítulo 28: *Relaciones sexuales prematrimoniales*.)

La perspectiva bíblica sobre los padres despreocupados

Deuteronomio 6:6, 7 brinda un ejemplo de lo que debe hacer un padre piadoso:

Estas palabras que yo te mando estarán en tu corazón. Las repetirás a tus hijos y hablarás de ellas sentado en casa o andando por el camino, cuando te acuestes y cuando te levantes.

Este ejemplo que Dios ofrece es el ejemplo de una relación. Dios ordena a los padres que mantengan a sus hijos (1 Timoteo 5:8), pero también ordena enseñarles y hacerlo dentro de una relación: sentados, caminando, al acostarse y al levantarse. Esa atención a la relación padres e hijos es, por supuesto, lo opuesto a la de los padres que descuidan a sus hijos.

Jesús nos ofrece un ejemplo de lo que significa querer y dar atención a los niños. Cuando un montón de niños se juntaron alrededor de Jesús, muchos empujados por sus padres, los discípulos querían echarlos, porque según ellos Jesús tenía asuntos "adultos" más importantes que atender; pero Jesús dijo: "Dejad a los niños venir a mí, y no les impidáis; porque de los tales es el reino de Dios" (Marcos 10:14).

Dios no desconoce las muchas demandas y conflictos que surgen en vivir y trabajar y ser padres. Seguramente fue por esa razón que dio mandamientos en su Palabra de que los hijos honren a sus padres (Exodo 20:12) y que los padres no exasperen a sus hijos (Efesios 6:4). Pero la oración del adulto interesado en los jovencitos ya sea pastor, maestro, líder de jóvenes o padre, debe ser que el Señor cumpla en cada familia la promesa hecha a Israel en Malaquías 4:6, cuando prometió hacer "volver el corazón de los padres a los hijos, y el corazón de los hijos a los padres".

La respuesta al problema de los padres despreocupados

El adolescente que sufre por la indiferencia y la desatención de sus padres puede necesitar desesperadamente que un adulto demuestre interés en él y le brinde su apoyo. Este cariño y cuidado nunca remplazará la atención que el joven anhela recibir de su mamá y su papá, pero sí le puede ser de mucha ayuda, particularmente si ese adulto responde al joven de las siguientes maneras:

ESCUCHAR. El joven que se siente desatendido por sus padres a menudo anhela que alguien sencillamente le escuche; quiere sentir que algún adulto se interesa por él y por su bienestar. Escuchar con atención y paciencia puede ser muy positivo para este joven. Preguntas como las siguientes pueden estimularle para que hable, siempre que se pregunten con sensibilidad, sin empujar:

● ¿Cuándo fue la primera vez que te sentiste así?

● ¿Las cosas han empeorado o mejorado?

● ¿Tus hermanos sienten lo mismo que tú?

● ¿Alguna vez has hablado de esto con tus padres? Si no, ¿por qué no? En caso afirmativo, ¿con qué resultado?

Asegúrese de escuchar los sentimientos del jovencito tanto como sus palabras. Escuche (sin emitir juicios) procurando discernir si realmente los padres son indiferentes o si ésta es la percepción del joven (en cualquier caso, el dolor es real). Escuche atentamente para captar cualquier indicación de descuido o abuso físico. (Estos deben ser reportados inmediatamente a las autoridades; vea la página 13 bajo *"Cómo aprender a ofrecer el consejo cristiano".*)

EMPATIZAR. Camine al lado del joven; figuradamente, quítese los "zapatos adultos" por un momento y camine en los "tenis" del joven. Trate de ver las cosas desde su punto de vista. No se apure en arribar a conclusiones ni a ofrecer "soluciones" fáciles. En cambio, tómese el tiempo para ver las cosas a través de los ojos del joven y de sentirlas con el corazón de él. Procure comunicar su empatía por medio de:

● Estar a disposición del joven

● Hacer contacto visual

● Inclinarse levemente hacia adelante en su silla cuando están hablando

● Asentir con la cabeza para indicar que entiende o comprende lo que dice

● Reafirmar las afirmaciones clave ("Sientes.." y "Quieres decir que...")

● Esperar pacientemente en los momentos de silencio o llanto.

ALENTAR. "En lo muy profundo", dice el autor Dick Foth, "todos queremos creer que somos simpáticos, dignos de ser amados y valiosos para otro ser humano"; el adolescente cuyos padres no se ocupan (o parecen no ocuparse) de él probablemente jamás lo haya sentido. Una de las necesidades más hondas que seguramente tiene es de que le confirme que vale; una de las mejores maneras en que un adulto puede ayudar a un joven en estas condiciones es confirmarle que vale. Esto significa, dice Foth, "que yo te digo a ti cómo te veo en términos cualitativos, no por lo que haces, sino por quien eres y lo que significas para mí... ¿Cómo alentamos eficazmente a otra persona en este sentido? ¿Es con palabras, acciones o brindándoles nuestro tiempo? La respuesta incluye las tres".

DIRIGIR. Con sensibilidad dirija de la siguiente manera al joven cuyos padres los descuidan o son indiferentes:

1. **Ofrezca esperanza.** Muéstrele cómo lo ve Dios; muéstrele que él cree en el joven y en su futuro (Jeremías 29:11).

2. Llévelo a establecer una relación con el Señor. Suavemente guíelo hacia una relación más profunda con el Dios que siempre está a su disposición y que siempre tiene tiempo para darle.

3. Oriéntelo hacia grupos positivos de amigos y a una comunidad (un grupo de jóvenes de la iglesia) que no descuiden sus necesidades emocionales. Si tiene necesidades materiales, oriéntelo hacia los recursos que le serán de ayuda en esos aspectos también.

4. Involúcrelo en ayudar a otros. La atención constructiva se consigue más a menudo por medio de dar que de tomar, por medio de servir en lugar de ser servido. Anime al joven a ayudar a sus hermanos o amigos que también pueden estar sintiendo que los descuidan y que no los quieren.

COMPROMETER. Consiga la colaboración del joven mismo teniendo con él una "lluvia de ideas" y planificando maneras de encarar la falta de atención real o percibida. ¿Sería conveniente que el joven le expresara estos sentimientos a sus padres, verbalmente o por escrito? ¿Puede el jovencito sugerir maneras concretas de acercarse a sus padres? Guíelo a sugerir maneras prácticas sobre cómo padres e hijos pueden hacer cambios a fin de mejorar las cosas.

REFERIR. Tenga en cuenta que solucionar los problemas de relaciones lleva tiempo, hay que tener paciencia y persistencia. Tanto el adulto interesado en el joven como éste mismo tienen que estar dispuestos a trabajar en esto todo el tiempo que sea necesario. Una prioridad

del pastor, líder juvenil o maestro ha de ser involucrar a los padres en estos asuntos lo antes posible.

El adulto debe también mantenerse atento a la posible necesidad y oportunidad de referir al joven y a sus padres a un consejero cristiano competente que pueproveerles aconsejamiento familiar.

Pasajes bíblicos citados en este capítulo

- Deuteronomio 6:6, 7

- 1 Timoteo 5:8

- Marcos 10:14

- Exodo 20:12

- Efesios 6:4

- Malaquías 4:6

- Jeremías 29:11

Otros pasajes bíblicos para leer

- Deuteronomio 31:6

- 1 Samuel 2:12-36

- 1 Reyes 1:5, 6

- Salmo 27:10

- Filipenses 4:19

PADRES INCONVERSOS

Introducción

Sus amigos la llamaban Nico. Sus padres la llamaban Nicolasa. Nico aceptó a Jesucristo como su Salvador personal a los trece años cuando una amiga la invitó a una fogata del grupo juvenil. Esa noche, Nico sintió como que se le había quitado un peso gigantesco de encima; por primera vez en su vida se sentía limpia, como si todos sus problemas hubieran desaparecido. Cuando llegó a su casa empezó a descubrir que sus problemas recién empezaban.

Con gran emoción le contó a sus padres la noticia de su salvación cuando la recibieron a la puerta. Esperaba que ellos se sintieran tan emocionados como ella. Esperaba que la felicitaran. No esperaba que estuvieran enojados.

—¿Sabes qué hora es? —le preguntó su papá, lanzándole una mirada furiosa—. ¡Son casi las once! ¿Qué estuvieron haciendo todo este tiempo en esa fogata?

Nico no entendía la reacción de su padre y respondió también enojada, corrió a su habitación y cerró la puerta de un portazo.

Durante las semanas y los meses siguientes Nico empezó a crecer como creyente con la ayuda de sus amigos del grupo juvenil. Nunca se había sentido tan "en casa" con nadie como se sentía con sus amigos creyentes, y nunca se había sentido menos "en casa" que en su propio hogar con sus padres.

La mamá y el papá de Nico no mostraban ningún interés en la nueva vida de ella. Es más, parecían empeñados en atrofiar su crecimiento espiritual y su asistencia al templo a cada paso. Habían descubierto que el peor castigo que le podían dar era no dejarla ir a las reuniones juveniles.

Nico y sus padres parecían distanciarse cada vez más hasta el punto de que cuando Nico los invitó a una cena para los padres patrocinada por los jóvenes de la iglesia, para sus adentros se alegró de que rechazaran la invitación. Invitó entonces a la hermana Patricia, su maestra de la escuela dominical, para asistir en lugar de sus padres. Después de todo, razonaba Nico, esta hermana era más como una madre que su propia madre.

El problema de los padres inconversos

El adolescente y sus padres enfrentan muchos obstáculos y dificultades al tratar de entenderse y relacionarse mutuamente. Enfrentan pugnas por el poder, cortes en la comunicación, desacuerdos y actitudes desafiantes por ambas partes. Puede ser difícil teniendo padres creyentes. Puede ser aun peor para el adolescente creyente cuyos padres no lo son.

Una encuesta realizada en 1994 de 3.700 jóvenes que asisten a las reuniones de la iglesia mostró que, aunque tres cuartos (74 por ciento) de ellos dicen tener una relación de bastante o mucha confianza con su papá (los encuestados incluyen hijos tanto de padres creyentes como inconversos), apenas la mitad (51 por ciento), afirma que su papá le demuestra frecuentemente su cariño. Un porcentaje más alto (88 por ciento) dice tener una relación de bastante o mucha confianza con su mamá, y dos tercios de ellos (68 por ciento) afirman que su madre les demuestra frecuentemente su cariño.

El estudio indica también que los padres no se encuentran entre los principales consejeros a quienes los jovencitos les cuentan sus cosas o a quienes buscan para recibir un consejo. Sólo uno de cada cuatro (26 por ciento) dice que frecuentemente busca el consejo de su padre y dos de cada cinco (40 por ciento) buscan el de su madre.

Estas cantidades reflejan las opiniones y prácticas de hijos de padres creyentes e inconversos. La experiencia de muchos pastores, maestros y líderes de jóvenes sugiere que para muchos jovencitos creyentes cuyos padres no lo son, es más difícil llevarse bien con sus padres o contarles sus cosas. De hecho, el 96 por ciento de líderes juveniles cristianos a nivel nacional identifican la desunión entre adolescentes creyentes y padres no creyentes como un problema "importante" o "muy importante" que los jovencitos enfrentan.

Mario y sus padres discutían con frecuencia sobre la participación del muchacho en las actividades de la iglesia. Sus padres opinaban que estaba perdiendo demasiado tiempo en muchas reuniones, y le decían a menudo que estaban preocupados por algunas cosas que estaba aprendiendo en dicha iglesia.

Luisa aceptó a Cristo como su Salvador personal en una reunión de estudiantes; varias de sus amigas cristianas le invitaron a ir al templo con ellas pero sus padres no la querían llevar. Le daba vergüenza decirles por qué no iba, y resentía la actitud de sus padres.

Esteban vivía con su madre divorciada que lo mantenía a él y a su hermanita trabajando en un bar. A medida que se iba activando más en la iglesia, más avergonzado y crítico se sentía con respecto a su madre. Ella, a su vez, consideraba las convicciones cristianas y la iglesia de su hijo como una amenaza. La mayor parte del tiempo, Esteban y su mamá se hablaban sólo lo imprescindible y, aun así, era generalmente con amargura y hostilidad.

Estos problemas y conflictos no son raros entre adolescentes creyentes y sus padres inconversos. Aun en las familias donde los padres apoyan las convicciones y actividades del joven, surgen tensiones y dificultades que crean una situación difícil para padres e hijos.

Las causas de las dificultades con padres inconversos

El joven y sus padres a menudo tienen dificultades en sus relaciones cuando tanto padre como hijo están en la misma condición espiritual. Estas dificultades pueden empeorar cuando el hijo de inconversos acepta a Cristo. Las razones pueden parecer obvias pero, aun así, deben ser consideradas.

En 2 Corintios 6:14, el apóstol Pablo ordenó a los creyentes: "No os unáis en yugo desigual con los no creyentes". El mandato, es claro, parece referirse a relaciones románticas, sociales y laborales; no sugiere que el hijo creyente de padres inconversos deba, en alguna forma, separarse de ellos. Hacerlo sería contradecir a Exodo 20:12: "Honra a tu padre y a tu madre", y Efesios 6:1: "Hijos, obedeced en el Señor a vuestros padres, porque esto es justo".

A pesar de esto, después de dar el mandato de 2 Corintios 6:14, Pablo pasa a hacer una serie de preguntas retóricas que pueden recalcar algunas de las causas de las divisiones y diferencias entre el joven creyente y sus padres que no lo son. Pablo pregunta:

> Porque, ¿qué compañerismo tiene la rectitud con el desorden? ¿Qué comunión tiene la luz con las tinieblas? ¿Qué armonía hay entre Cristo y Belial? ¿Qué parte tiene el creyente con el no creyente? ¿Qué acuerdo puede haber entre un templo de Dios y los ídolos? Porque nosotros somos templo del Dios viviente (2 Corintios 6:14b-16a).

✦ **Diferencias irreconciliables entre el creyente y el inconverso**

Las palabras de Pablo enfatizan las diferencias irreconciliables que existen entre el creyente y el inconverso, aun cuando sean integrantes de una misma familia. Los autores Stacy y Paula Rinehart relacionan este pasaje con el noviazgo, pero lo que dicen también describe el abismo que existe entre un hijo creyente de un padre que no lo es:

● *"¿Qué compañerismo tiene la rectitud con el desorden?"* Estas son fuerzas fundamentalmente antagónicas que no pueden llegar a una unión verdaderamente compatible.

● *"¿Qué comunión tiene la luz con las tinieblas?"* No puede haber un auténtico compañerismo entre dos personas que viven bajo dos distintas condiciones espirituales, destinadas a un final espiritual distinto.

● *"¿Qué armonía hay entre Cristo y Belial [Satanás]?"* Cada persona... es controlada por un poder diferente, y la armonía es inalcanzable.

● *"Qué parte tiene el creyente con el no creyente?"* La ciudadanía, intereses y herencia del creyente trasciende este mundo. Para el no creyente este mundo es la única realidad que entiende. Por lo tanto, existe poca base para compartir las cuestiones más fundamentales de la vida.

● Por último, *"¿Qué acuerdo puede haber entre el templo de Dios y los ídolos?"* El templo de Dios, el creyente mismo y los ídolos son incompatibles; no puede haber un propósito común. *(Los autores resumen esta comparación en la gráfica al final de la página.)*

✦ **No es una excusa para desobedecer**

La realidad de esta diferencia entre creyente e inconverso no sugiere que un hijo debe intentar liberarse de la autoridad de

	INCONVERSO	CREYENTE
Destino	Juicio eterno	Vida eterna
Origen de su poder	La carne	El Espíritu Santo
Origen del control	Satanás	Dios
Estado	Oscuridad	Luz
Condición	Muerto en pecado	Vivo en Dios
Lealtad	Adora a dioses falsos	Adora al Dios verdadero

Tomado de *Choices: Finding God's Way in Dating, Sex, Singleness, and Marriage* (Encontrando el camino de Dios en el noviazgo, sexo, soltería y matrimonio) por Stacy y Paula Rineheart.

sus padres, ni justifica un comportamiento irrespetuoso o rebelde por parte del hijo. Tampoco se debe interpretar que sugiere que es imposible lograr una relación cariñosa, armoniosa entre un hijo creyente y sus padres que no lo son. Pero sí recalca los obstáculos relacionales que tanto padres como hijos enfrentan en tal situación. Y puede arrojar luz sobre lo que Jesús quiso decir:

> El que ama a padre o a madre más que a mí no es digno de mí, y el que ama a hijo o a hija más que a mí no es digno de mí. El que no toma su cruz y sigue en pos de mí no es digno de mí (Mateo 10:37, 38).

Los efectos del problema de tener padres inconversos

La desunión entre creyentes e inconversos en la misma familia, particularmente entre padres no creyentes e hijos creyentes puede producir una amplia gama de efectos. El adulto interesado en ayudar al adolescente creyente que tiene problemas de relación con un progenitor debe procurar no sólo conocer estos efectos sino también dárselos a conocer al jovencito.

Es probable que los padres inconversos reaccionen de una de las siguientes cuatro maneras ante la noticia de la decisión del adolescente de seguir a Cristo: con indiferencia, desconcierto, amenazas o celos.

✦ Indiferencia
Algunos padres se encogerán de hombros ante la noticia de la experiencia espiritual de su hijo. Pueden recibir la noticia con la misma pasividad con que escuchan el recuento de la última película o la infatuación de su hija con un actor de TV. Pueden considerar la nueva vida del jovencito como otra ocurrencia pasajera de la adolescencia, o simplemente como otra cuestión en que el padre y el hijo no coinciden. Esta reacción puede resultar en que el joven se siente malquerido o insignificante y, entonces, puede él

mismo reaccionar con enojo, retraimiento o de mil otras maneras.

✦ Desconcierto
Algunos padres pueden reaccionar con desconcierto, expresado o no, a la decisión del jovencito de seguir a Cristo. Quizá no comprenden lo que dice sobre su "nueva vida y por qué su hijo necesitaba nacer de nuevo". Su concepto del cristianismo y la salvación puede ser de "hacer el bien" o ir a las reuniones de la iglesia, por lo que pueden realmente sentirse desconcertados ante la experiencia de su hijo. Esta reacción puede causar frustración, ira o desconcierto en el joven a quien se la hace más difícil que nunca comunicarse con sus padres.

✦ Amenazas
Algunos padres pueden sentirse amenazados ante el cambio que perciben en su hijo. Pueden temer perder su autoridad y sentir que las nuevas convicciones de su hijo constituyen implícitamente un rechazo de su propia religión o un juicio contra ellos y su manera de vivir. Esta reacción puede causar que los padres reaccionen con ira o que se vuelvan más estrictos y también puede llevar al joven a sentirse rechazado, hostigado o incomprendido.

✦ Celos
Algunos padres, al enterarse del perdón que acaba de encontrar su hijo o del testimonio de su gozo reaccionan con celos. Pueden estar celosos, queriendo secretamente tener una experiencia similar pero por orgullo personal no desean "seguir" los pasos de su hijo; o pueden estar celosos del pastor, el líder de jóvenes, la iglesia, o aun de Dios, quien de pronto ocupa un lugar importante en la vida de su hijo. Esta reacción puede llevar a una conducta aparentemente irracional por parte de los padres la cual, a su vez, mueve al joven a sentirse frustrado, desilusionado o deprimido.

De ninguna manera son éstas las únicas reacciones que puede tener un padre, pero son las reacciones básicas que pueden causar conflictos de muchos distintos tipos entre el adolescente creyente y sus padres inconversos.

La perspectiva bíblica sobre la relación con padres inconversos

El adolescente creyente ha pasado de la oscuridad a la luz. Si sus padres no son creyentes, están en la oscuridad con respecto a la salvación de su hijo y de su nueva vida en el Espíritu, nuevas prioridades, nueva perspectiva. Pero aun así, siguen siendo los padres y el jovencito sigue siendo su hijo.

Jim Craddock ofrece una perspectiva inteligente y bíblica para el jovencito que tiene problema de relación con sus padres inconversos:

Tanto en el Antiguo como en el Nuevo Testamentos, la Biblia nos guía a honrar a nuestros padres:

> *Honra a tu padre y a tu madre, para que tus días se prolonguen sobre la tierra que Jehovah tu Dios te da* (Exodo 20:12).
> *Honra a tu padre y a tu madre (que es el primer mandamiento con promesa) para que te vaya bien y vivas largo tiempo sobre la tierra* (Efesios 6:2, 3).

¿Qué significa *honrar* a nuestros padres? Hay muchos conceptos erróneos en este sentido. Algunos jóvenes creen que si sus padres no están totalmente felices con lo que ellos dicen y hacen, no han honrado a sus padres. Pero... tú no eres el responsable de la felicidad de tus padres. Esto es entre ellos y el Señor. El contentamiento y la felicidad de ellos no debería descansar sobre tus hombros. Ellos necesitan depender del Señor, no de ti, para lograr su sentido de seguridad y significado.

Aunque no seas responsable de la felicidad de tus padres, sí eres responsable de desarrollar separadamente tu propia identidad y luego brindarles tu cariño. Luego, tienes que dejarlos reaccionar en

la manera que quieran hacerlo. A veces apreciarán lo que dices y haces; otras veces no. Sin embargo, necesitas hacer lo que el Señor quiere que hagas ya sea que ellos lo aprecien o no.

Una declaración muy útil en *The Search for Significance* (En busca de significado) (McGee) da objetividad y perspectiva con respecto a la honra debida a los padres. Al ir desarrollando nuestra propia identidad y luego tratar de honrarles, hemos de recordar: *Sería lindo que mi padre y mi madre tuvieran un buen concepto de mí, pero de no ser así, todavía soy amado profundamente, perdonado totalmente, agradable y absolutamente aceptado por Dios.*

Recuerda que no eres responsable de la felicidad de ellos, pero sí eres responsable de actuar de una manera que agrade a Dios. Si tus padres están contentos contigo, maravilloso. Si no, confórmate con el hecho de que obedeciste y agradaste a Dios. Después de todo, él es Señor, y él merece nuestro primer afecto y obediencia.

La consagración a Jesucristo no es una excusa para desobedecer; a fin de cuentas, Dios mismo colocó a esos padres en una posición de autoridad. (Vea Romanos 13:1, 2.) Pero la fidelidad del creyente al Señor debe llevarlo a colocar sus prioridades en una perspectiva correcta. El joven cristiano debe procurar relacionarse bien con sus padres en el Espíritu de Cristo, quien se sometió a la autoridad de su Padre (Lucas 2:51).

La respuesta para el problema de los padres inconversos

El adolescente creyente que está tratando de sobrellevar las diferencias y discordias con su padre o padres inconversos es responsable de la manera como los trata; *no* es responsable de la manera como su mamá y su papá lo tratan a él. Jim Craddock, fundador de un ministerio de aconsejamiento bíblico, dice: "Muchas personas esperan que si tratan de distinta manera a sus padres estos cambiarán y a su vez las tratarán a ellas de manera distinta". Esto puede ser así después de un tiempo pero, por otro lado, puede que no... Puedes orar por la reacción de ellos. Puedes amarlos y tratar de hacer todo a la perfección, pero aun así es posible que ellos nunca cambien su conducta hacia ti; ¡pero *tú* sí puedes cambiar!" El líder juvenil, maestro o pastor sensible a esta realidad, debe hacérsela comprender al jovencito cristiano por medio de poner en práctica los siguientes pasos:

ESCUCHAR. El doctor Norm Wakefield destaca dos componentes clave de un escuchar constructivo. Aconseja escuchar no sólo a las palabras de la persona sino escuchar también "los sentimientos que se están expresando" demostrando su comprensión. También recomienda evitar la "tendencia de moralizar, ordenar, criticar o burlarse de lo que el interlocutor está tratando de decir".

EMPATIZAR. Haga todo esfuerzo posible por acercarse al joven con comprensión, compasión y empatía. "Cuando empatizamos con otros", dice Wakefield, "tratamos de identificarnos con sus sentimientos, conflictos y emociones y tratamos de relacionarnos con ellos cariñosamente. Quizá no necesariamente estemos de acuerdo con su conducta o tren de vida, pero lloremos 'con los que lloran' " (Romanos 12:15).

ALENTAR. Todo joven se beneficiará de una aceptación y del aliento sincero, particularmente si viene de un adulto en posición de influencia. El joven que está tratando de sobrellevar un conflicto con un padre inconverso puede necesitar aun más aliento. Aproveche toda oportunidad posible para comunicar el sincero afecto y estima que siente por él como persona de valor por quien Jesús dio su vida. Trate de que haga suyas las palabras de McGee, citadas anteriormente: *Sería lindo que mi padre y mi madre tuvieran buen concepto de mí, pero de no ser así, todavía soy amado profunda-*

mente, perdonado totalmente, completamente agradable y absolutamente aceptado por Dios.

DIRIGIR. Craddock propone cinco principios sumamente útiles que pueden ayudar al joven cristiano a responder a sus padres inconversos:

Considérate a ti mismo como un vencedor, no como una víctima. Hay gente que ha experimentado situaciones familiares extraordinariamente trágicas... Sean cuales fueren nuestros antecedentes, Cristo puede traer luz en medio de la oscuridad y propósito en medio del dolor. Puede darnos esperanza y confianza porque su gracia es más grande que nuestro dolor. Porque somos sus hijos podemos ser vencedores en lugar de víctimas (Romanos 8:35, 37). Si nos vemos como víctimas siempre estaremos a la defensiva, echándole la culpa a los demás. Si nos vemos como vencedores tendremos un profundo sentido de propósito y gratitud, sabiendo que Dios usa las dificultades para fortalecer nuestro carácter...

Considera a tus padres como personas, no como villanos. La verdad es que muy pocos son los padres que lastiman intencionalmente a sus hijos. La gran mayoría... trata a sus hijos en la misma forma como los trataron sus propios padres... Muchos de ellos están profundamente lastimados. Necesitan nuestra comprensión y nuestro perdón, no nuestra crítica y condenación.

Desarrolla un sano sentido de independencia. Algunas personas basan toda su identidad en la opinión que tienen sus padres sobre quiénes son ellas... Pero, al ir madurando, necesitan desarrollar su propia identidad... No establecer este tipo de objetividad (la habilidad de ver tanto lo bueno como lo malo en los padres) nos impide establecer un sano sentido de distancia e independencia de ellos. En cambio, nos centramos en ellos y actuamos de acuerdo con sus deseos, con la esperanza de asegurarnos su bendición y aprobación. Esto no sólo es contraproducente para nuestro desarrollo humano, sino que también atrofia nuestro crecimiento espiritual. Después de todo, cuando permitimos que nuestro mundo gire alrededor de nuestros padres, en esencia les servimos a ellos en lugar de servir al Señor.

Toma decisiones piadosas. Hasta no empezar a desarrollar nuestra nueva identidad en Cristo, no tenemos otra alternativa que sencillamente tratar de defendernos lo mejor posible y retraernos de los que nos lastiman. Pero cuando nos damos cuenta de que Cristo es nuestro protector, y que es la fuente completa de nuestra seguridad y significado, entonces decidimos actuar en una forma que es buena para nosotros y para los demás, y que honra a Dios... La transición puede ser difícil pero la vida es una serie de decisiones. ¿Nos decidiremos por vivir según el retraimiento y la venganza, o según la verdad de las Escrituras y el poder del Espíritu de Dios?

Prepárate. Fortalécete con la verdad de manera que cuando hables con tus padres puedas recordar que eres amado profundamente, perdonado totalmente, completamente agradable y absolutamente aceptado por el Señor, no importa lo que ellos (y los demás) piensen de ti. Entonces podrás tomar la decisión correcta de amar, perdonar y aceptarlos no importa lo que la reacción de ellos y las emociones tuyas sean.

Responder a los padres puede ser muy difícil. No seas ingenuo con respecto a las dificultades. Pídele a Dios su sabiduría y poder, y estate listo para [encararlas].

COMPROMETER. No trate simplemente de aconsejar al jovencito sobre lo que debe o no debe hacer; consiga la participación de él. Consiga que planifique y participe activamente en determinar cómo encarará las dificultades con sus padres, guiándole a apuntar hacia una mejora, no una perfección. Ron Hutchcraft recomienda una manera de conseguir la participación del joven:

Una y mil veces he visto familias transformadas por una idea bastante sencilla. Funciona así: Un integrante de la familia toma la decisión consciente de tomarse el tiempo para sentarse y escribir una carta a otro integrante de su familia. Hasta puede mandarla por correo para que el cartero la entregue.

En la carta puede expresar su cariño, su aprecio por su bondad, sus esperanzas, sus frustraciones y su perdón, si necesita perdonar. Siempre debe tratar de ser transparente, pero dentro de un marco de amor y aliento para la otra persona.

Por lo general, una carta se expresa mejor, se escucha mejor y se recuerda mejor.

REFERIR. Tenga en cuenta que la solución de los problemas relacionales lleva tiempo; hay que tener paciencia y persistencia. El adulto debe también mantenerse atento para referir al joven y a sus padres a un consejero competente que pueda proveerles aconsejamiento familiar.

Pasajes bíblicos citados en este capítulo

- 2 Corintios 6:14-16
- Exodo 20:12
- Efesios 6:1-3
- Mateo 10:37, 38
- Romanos 13:1, 2
- Lucas 2:51
- Romanos 12:15
- Romanos 8:35, 37

Otros pasajes bíblicos para leer

- Deuteronomio 31:6
- Salmo 27:10
- Proverbios 20:11; 23:22; 30:17
- Lucas 12:51-53
- Filipenses 4:19
- Colosenses 3:20

DIVORCIO DE LOS PADRES

CONTENIDO

Introducción

Magda, de catorce años, entró como un torbellino a la oficina de su consejero en la escuela, dejó caer sus libros ruidosamente y se desplomó sobre una silla al lado de la puerta. Se cruzó de brazos y le lanzó una mirada furiosa al consejero.

—¿Qué te pasa, Magda? —preguntó el consejero. Era un hombre joven, de 38 años, que había dejado su puesto de profesor de ciencias para ocupar esta posición. Se sentó en un rincón del escritorio y se dispuso a escuchar.

Al no recibir respuesta a su pregunta agregó:

—Hasta hace poco, el concepto que tenían de ti tus profesores era buenísimo. Pero parece que últimamente te has vuelto muy contestona, tus calificaciones han bajado muchísimo en apenas dos semanas y parece que con todo el mundo te peleas.

Magda se quedó callada. Fijó su mirada en un cuadro en la pared detrás del consejero y siguió en silencio.

—Y ahora te mandan a mi oficina porque empezaste a los empujones con Valeria Arias. Yo creía que Valeria era tu mejor amiga.

Magda cerró la boca con más fuerza y siguió con la mirada fija en la pared. Había decidido no decir ni una palabra. Ya le era bastante difícil tener que enfrentar lo que le pasaba sin tener que explicarle a todo el mundo por qué sus padres se habían separado. No quería que nadie lo supiera. No sabía hasta cuándo se podía guardar su secreto. Pero lo intentaría.

El problema del divorcio de los padres

En 1900, año en que el porcentaje de casamientos en los Estados Unidos era de 9,3 (por cada 1.000 personas), el porcentaje de divorcios era de 0,7 (por cada 1.000 personas). En otras palabras, a principios del siglo XX, el porcentaje de divorcios era de 8 por ciento de los casamientos de ese mismo año (vea la Tabla 19). En esa época, en nuestros países de habla hispana, el divorcio no existía y el porcentaje de separaciones matrimoniales era probablemente más bajo que los mencionados.

En nuestra cultura occidental, el porcentaje de divorcios ha ido aumentando lentamente (pero consistentemente) durante la primera mitad del siglo XX. Un país tras otro ha ido incorporando el divorcio en sus leyes de modo que sólo unos pocos todavía no lo reconocen.

Es digno de notar, como ejemplo de lo que puede llegar a pasar debido a las tendencias sociales de este siglo, que en los últimos años de la década de 1960, los divorcios en los Estados Unidos empezaron a aumentar a un nivel que se aproximaba (y a veces sobrepasaba) el 5% por cada 1.000 personas, índice mucho mayor que la mayoría de los países del mundo (vea la Tabla 19B). Por algunos años el índice de divorcios era 50 por ciento del total de casamientos en el mismo año, un cambio gigantesco en apenas medio siglo.

La cantidad de divorcios sigue a un nivel alarmante, especialmente cuando consideramos los efectos que tiene sobre la juventud.

Los efectos del problema del divorcio de los padres

Muchos especialistas han realizado estudios relacionados con los efectos del divorcio sobre los hijos, identificando una amplia gama de resultados y reacciones, tanto de corto como de largo alcance.

Aunque los profesionales especialistas en salud mental creen que el divorcio (y la consecuente separación entre el hijo y uno de sus padres) es más traumático en algunas edades que en otras, ninguna edad es buena para el joven que tiene que soportar el divorcio de sus padres.

El joven puede reaccionar de muchas distintas maneras a la noticia de que sus padres se van a divorciar, negándolo, sintiendo vergüenza, creyéndose culpable, con ira, temor, alivio, inseguridad y un concepto bajo de sí mismo, dolor, depresión, aislamiento, soledad y otros efectos.

✦ Negación

Una reacción común al dolor (especialmente al dolor mental y emocional) es negarlo. Algunos jovencitos pueden reaccionar al divorcio de sus padres actuando como si no estuviera sucediendo, o diciéndose a sí mismos que no se divorciarán. No le cuentan nada a sus amigos, o dicen que el papá está en viaje de negocios. Este tipo de negación a menudo sigue durante mucho tiempo, aun después de que el divorcio se haya concretado y se ha comenzado otro tren de vida mientras el joven sigue con la terca esperanza de que su mamá y su papá pronto se volverán a juntar.

Otro tipo común de negación se manifiesta en el joven que se niega a admitir que está alterado de alguna manera por el divorcio. Esta reacción con frecuencia se caracteriza por un intento de "encogerse de hombros" o de negarse a hablar del asunto porque "no es para tanto". Es una reacción de indiferencia que indica que el joven no puede o no quiere hacer frente a lo que está pasando en su familia. La negación también puede ser de otras formas, por ejemplo: idealizar al padre ausente, o jactarse con frecuencia de la separación de sus padres con el objeto de disimular su propia ansiedad.

El adulto interesado en ayudar al joven tiene que saber que la negación es un mecanismo defensivo malsano. El joven que se vale de la negación lo hace muchas

veces inconscientemente, para protegerse
y conservar cierto grado de estabilidad en
su vida.

Tabla 19
Casamientos y divorcios en los EE. UU. de A.

Año	Cantidad de casamientos	Porcentaje (2)	Cantidad de divorcios (1)	Porcentaje (2)
1900	709.000	9,3	55.751	,7
1905	842.000	10,0	67.976	,8
1910	948.166	10,3	83.045	,9
1915	1.007.595	10,0	104.298	1,0
1920	1.274.476	12,0	170.505	1,6
1925	1.188.334	10,3	175.449	1,5
1930	1.126.856	9,2	195.961	1,6
1935	1.327.000	10,4	218.000	1,7
1940	1.595.879	12,1	264.000	2,0
1945	1.612.992	12,2	485.000	3,5
1950	1.667.231	11,1	385.144	2,6
1955	1.531.000	9,3	377.000	2,3
1957	1.518.000	8,3	381.000	2,2
1958	1.451.000	8,4	368.000	2,1
1959	1.494.000	8,5	395.000	2,2
1960	1.523.000	8,5	393.000	2,2
1961	1.548.000	8,5	414.000	2,3
1962	1.577.000	8,5	413.000	2,2
1963	1.654.000	8,8	428.000	2,3
1964	1.725.000	9,0	450.000	2,4
1965	1.800.000	9,3	479.000	2,5
1966	1.857.000	9,5	499.000	2,5
1967	1.927.000	9,7	523.000	2,6
1968	2.069.258	10,4	584.000	2,9

Tabla 19 (continuación)
Casamientos y divorcios en los EE. UU. de A.

Año	Cantidad de casamientos	Porcentaje (2)	Cantidad de divorcios (1)	Porcentaje (2)
1969	2.145.438	10,6	639.000	3,2
1970	2.158.802	10,6	708.000	3,5
1971	2.190.481	10,6	773.000	3,7
1972	2.282.154	11,0	845.000	4,1
1973	2.284.108	10,9	915.000	4,4
1974	2.229.667	10,5	977.000	4,6
1975	2.152.662	10,1	1.036.000	4,9
1976	2.154.807	10,0	1.083.000	5,0
1977	2.178.367	10,1	1.091.000	5,0
1978	2.282.272	10,5	1.130.000	5,2
1979	2.341.799	10,6	1.181.000	5,4
1980	2.406.708	10,6	1.182.000	5,2
1981	2.438.000	10,6	1.219.000	5,3
1982	2.495.000	10,8	1.180.000	5,1
1983	2.444.000	10,5	1.179.000	5,0
1984	2.487.000	10,5	1.155.000	4,9
1985	2.425.000	10,2	1.187.000	5,0
1986	2.400.000	10,0	1.159.000	4,8
1987	2.421.000	9,9	1.157.000	4,8
1988	2.389.000	9,7	1.183.000	4,8
1989	2.404.000	9,7	1.163.000	4,7
1990	2.448.000	9,8	1.175,000	4,7
1991	2.371.000	9,4	1.187.000	4,7
1992	(3) 2.362.000	9,2	1.215.000	4,7

1. Incluye anulaciones.

2. Por cada 1.000 personas. Los porcentajes de divorcios para 1941-46 se basan en una población que incluye las fuerzas armadas en el extranjero. Los porcentajes de casamientos se basan en una población que excluye a las fuerzas armadas en el extranjero.

3. Provisional.

Fuente: *Boletín Mensual de las Naciones Unidas*, junio 1993.

Tabla 19B.
Índices generales de casamientos y divorcios en algunos países (por cada 1.000 personas)

País	Porcentaje de casamientos			Porcentaje de divorcios		
	1991	1990	1989	1991	1990	1989
Australia	6,6	6,8	7,0	n.h.	2,49	2,46
Austria	5,6	5,8	5,6	n.h.	2,11	2,03
Bélgica	6,2	6,6	6,4	n.h.	n.h.	n.h.
Canadá	n.h.	7,1	7,3	n.h.	n.h.	n.h.
Checoslovaquia	6,7	8,4	7,5	2,39 {1}	2,61	2,54
Dinamarca	6,0	6,1	6,0	n.h.	n.h.	2,95
Finlandia	4,7	4,8	5,1	n.h.	n.h.	2,89
Francia	4,9	5,1	5,0	n.h.	1,87	1,87
Alemania	6,3	6,5	6,7	n.h.	1,94	2,04
Grecia	6,0	5,8	6,0	n.h.	n.h.	n.h.
Hungría	5,9	6,4	6,3	n.h.	2,40	2,40
Irlanda	4,8	5,0	5,1	n.h.	n.h.	n.h.
Israel	6,5	7,0	7,0	n.h.	1,29	1,29
Italia	5,5	5,4	5,4	n.h.	0,48	0,53
Japón	6,0	5,8	5,8	n.h.	1,27	1,28
Luxemburgo	6,7	6,2	5,8	n.h.	n.h.	2,27
Países Bajos	6,3	6,4	6,1	1,88 {1}	1,90	1,90
Nueva Zelanda	6,8	7,0	6,9	2,70 {1}	2,70	2,58
Noruega	n.h.	5,2	4,9	n.h.	2,40	2,18
Polonia	6,2	6,7	6,8	0,91 {1}	1,11	1,24
Portugal	6,8	7,3	7,4	1,01 {1}	0,93	0,98
España	5,6	5,5	5,6	0,59 {1}	n.h.	n.h.
Suecia	4,6	4,7	12,8	2,20 {1}	2,26	2,22
Suiza	6,8	6,9	6,8	n.h.	1,96	1,91
Reino Unido	6,5	6,8	6,1	n.h.	2,88	2,86
Estados Unidos	9,4	9,8	9,7	4,73 {1}	4,70	4,70
Yugoslavia	n.h.	6,3	6,7	n.h.	0,81	0,96

1. Provisional.
n.h. no hay información.

Fuentes: Indices de casamiento: Naciones Unidas,
Boletín mensual de junio 1993. *Indices de divorcios: Naciones Unidas,
Anuario demográfico 1991.*

✦ Vergüenza

"Sobre todo, me da vergüenza", dijo una joven llamada Vera a Anne Clair y H. S. Vigeveno, autores de *No One Gets Divorced Alone* (Nadie se divorcia solo). "Vergüenza de estar viviendo en esa casita miserable, y vergüenza de que mis padres se hayan divorciado. No le conté a nadie".

Tener vergüenza y sentirse molesto son reacciones comunes de los niños y jovencitos ante el divorcio de los padres. A algunos les da tanta vergüenza que ni le cuentan a sus mejores amigos lo que pasa en su familia... aun cuando los padres de esos amigos también son divorciados o se están divorciando.

Estos jovencitos por lo general se sienten avergonzados porque interpretan que el divorcio es indicación de que algo anda mal en su familia. No sólo tienen que enfrentar a sus amigos en la escuela y el vecindario, sino que también tienen que verse con la iglesia (de la cual pueden tener razón al temer que los juzguen y censuren). Si sus padres han sido líderes de la iglesia, el jovencito puede tener aun más vergüenza al ver a sus padres tratando de mantener sus posiciones o teniendo que renunciar a ellas.

✦ Sentirse culpable

Los niños menores a menudo dan mucha importancia a un solo episodio en su intento inmaduro de determinar la causa del divorcio de sus padres. Quizá recuerden una discusión a gritos entre su mamá y su papá, o la noche que su mamá lloró sola en la mesa, creyendo que esa debe ser la razón por la cual se están divorciando.

Con frecuencia los episodios más memorables para el niño son los que se relacionan con él: el desacuerdo sobre quién lo llevaría a la clase de piano, o la vez cuando su papá le gritó por jugar en la calle. En consecuencia, los niños a menudo se culpan a sí mismos por el divorcio de sus padres. El estudio de un sicólogo de niños afirma que "casi tres cuartos de los niños de seis años que estudiamos se adjudican la culpa del divorcio de sus padres".

Lo mismo sucede (aunque quizá a un nivel más sofisticado) entre los jovencitos. Pueden creer que sus peleas con sus hermanos llevaron a su mamá y su papá a tomar la decisión de divorciarse. Pueden pensar que sus luchas por independizarse o que su rebelión adolescente contribuyeron a la ruptura. Pueden sentirse responsables porque sus calificaciones han bajado, sus arranques de cólera o el no haberle hecho ver a uno de sus padres que los quieren. En algunos casos, los padres u otros adultos le han dicho al jovencito que su actitud o conducta contribuyó o causó el divorcio de sus padres.

El jovencito que se culpa de la ruptura de sus padres, también puede sentir la necesidad apremiante y urgente de lograr la reconciliación de su mamá y su papá. Pueden preferir esto de cargar con la responsabilidad a lo que ven como alternativa: un sentido de total impotencia. (Vea el capítulo 3: *Sentimiento de culpabilidad*.)

✦ Ira

La ira se encuentra entre las reacciones más comunes al divorcio de los padres. El jovencito puede estar furioso sencillamente porque el divorcio trastorna el ambiente familiar, creando desorden donde antes había orden. El joven puede sentir enojo porque resiente tener que estar separado de uno de sus padres. Sus sentimientos de haber sido abandonado pueden generar ira, o resentimiento por el hecho de ser distinto de sus amigos que todavía tienen familias intactas.

El joven puede ser víctima del resentimiento de uno de sus padres hacia el otro. Decir cosas como: "Eres igual que tu padre". "¿Por qué dejas que tu madre te trate así?", puede hacer arder la caldera de la ira en el jovencito.

Aun en el mejor de los casos, la turbulencia y actividad que rodea al divorcio puede hacer que los padres tengan menos tiempo y presten menos atención a la familia, lo que ocasiona reacciones que nacen de la frustración y de la ira de los hijos. Y el divorcio de seguro va acompañado de muchos nuevos resentimientos y frustraciones entre los padres que se divorcian lo que, agregado al desafecto que ya existía, hace que la vida sea más estresante para los hijos.

Las circunstancias físicas y financieras también pueden causar enojo. Si como resultado del divorcio la familia se tiene que mudar dejando el vecindario, la escuela y la iglesia que le son familiares, o si se tienen que conformar a vivir en lugares que distan de ser ideales, el joven puede reaccionar con enojo. El adolescente puede enojarse porque su mamá tiene que empezar a trabajar (o trabajar más horas), quitándole a su madre y a su padre durante largas horas.

El joven expresará su ira de diversas maneras. Puede reprimirla o negarla y aun sentirse culpable porque siente ira. Puede descargarla identificándose con otros (por ejemplo: un personaje en una película violenta). Puede descargarla simbólicamente por medio de una conducta pasiva y agresiva (por ejemplo: lastimándose o lastimando a otros "accidentalmente", después de lo cual efusivamente procurará arrepentirse y enmendar el mal que hizo). Puede proyectar su enojo hacia terceros, viendo enojo en las palabras y conductas de éstos.

Los jovencitos que reprimen su ira pueden sufrir de un aumento de estrés, tener ataques de ansiedad con sudores, falta de aire, temblores, irritaciones de la piel y aun un estado de pánico grave e irracional. Pueden tener pesadillas de noche y/o una grave depresión o malhumor durante el día. (Vea el capítulo 4: *Ira;* y el capítulo 5: *Depresión.*)

El propósito principal de la ira, según el doctor Richard A. Gardner, es quitar el motivo de la irritación y frustración. Cuando va dirigida a una amenaza física es útil y protege; la ira dirigida a los padres que se divorcian (o a algo más nebuloso como el divorcio mismo u otras circunstancias) crea muchos más problemas de los que soluciona. La ira que no ha sido superada puede llevar a la cólera (una reacción más violenta) y también a la furia (una reacción irracional que es todavía más violenta).

✦ Temor
Como la ira, el temor es también una reacción común y elemental al divorcio de los padres. Bowlby (1969) declara que la pérdida de cualquiera a quien el infante ama produce una reacción instintiva de temor. Esa misma pérdida en niños mayores, como una pérdida debido al divorcio, también producirá temor.

Los jovencitos, además de tener una reacción instintiva, por su edad y grado de madurez mental, tienen temores más tangibles; por ejemplo: sobre dónde vivirán, a cuál escuela irán y dónde pasarán sus vacaciones. Pueden temer las reacciones de sus amigos, familiares y la iglesia. Pueden temer que uno o ambos padres los abandonen y "perder" a sus abuelos.

Los jovencitos también pueden reaccionar retrayéndose o siendo menos comunicativos con sus padres y/o amigos. Pueden reprimir o negar sus temores. Pueden sentirse tan frustrados por sus temores que reaccionan con ira y empiezan a atacar emocionalmente a sus padres y a otros. Pueden tener pesadillas y ser propensos a estar distraídos. Algunos hasta pueden tener ataques de ansiedad o de pánico. (Vea también el capítulo 2: *Ansiedad.*)

✦ Alivio
Algunos adolescentes de hecho se sienten aliviados cuando sus padres anuncian que se van a divorciar. Ese alivio puede ser por distintos factores, pero por lo general se relaciona con las condiciones en que vivían antes del divorcio (y que pueden haber contribuido al mismo).

"Cualquier cosa es mejor que esas constantes peleas" dicen algunos.

"No veo la hora que se vaya" afirman otros.

"Me imaginaba que tarde o temprano se separarían. Nunca se llevaron bien" comentan an otros.

Estas expresiones de alivio pueden ser una forma de negación (ya tratada antes en este capítulo) para disimular el dolor del joven. Algunos pueden hacer comentarios como estos para "vengarse" de sus padres por el dolor que les causan. Pero en otros casos, son un expresión sincera y exacta de lo que sienten.

Los divorcios, por lo general, son el resultado de meses, quizá años de problemas y errores. Los hijos rara vez ignoran esos problemas y errores. Han oído las discusiones entre sus padres, han visto el abuso, han sido ellos mismos víctimas del abuso o hasta pueden estar enterados de la infidelidad de uno de sus padres. En consecuencia, para muchos jovencitos, la perspectiva del divorcio es bien recibida como promesa inmediata de paz y armonía.

✦ **Inseguridad y baja autoestima**
Los hijos de padres divorciados son especialmente vulnerables a los sentimientos de inseguridad y a tener un concepto bajo de sí mismos. Las circunstancias que llevaron al divorcio, el proceso del divorcio y las condiciones que por lo general resultan del divorcio a menudo arrasan con el sentido de valor del joven.

Muchas veces los hijos razonan que su propia existencia fue la causa del divorcio de sus padres: "Si yo no hubiera nacido", suponen, "quizá mamá y papá todavía estarían juntos". O pueden creen que si su mamá y su papá de alguna manera hubieran tenido un hijo diferente o mejor, el matrimonio se hubiera salvado.

Tales actitudes, aunque irrazonables a un adulto objetivo, son intensamente reales y razonables a muchos hijos del divorcio, teniendo un efecto perjudicial sobre el concepto que tienen de sí mismos.

Aun si no se culpa del divorcio de sus padres, el hijo pequeño o el joven puede sentirse diferente o que vale menos que sus amigos cuyas familias están intactas. Porque al haber un divorcio uno de los padres se aparta mayormente de la vida cotidiana del joven y, por las circunstancias relacionadas con el divorcio, a menudo les es difícil a los padres brindar su atención y afecto a los hijos. Por eso, las víctimas más jóvenes del divorcio se sienten abandonadas o "rechazadas" porque no son dignas de ser amadas.

Muchos también se sienten "marcados" por su iglesia o vecinos porque su familia se ha desintegrado, y aceptan el estigma como una prueba de que no valen nada. Esto puede ocurrir también (o puede ser interpretado así por el joven) por la conducta de uno de sus progenitores (alcoholismo, promiscuidad, abuso), que puede asestar un golpe mortal al concepto que el joven tiene de sí mismo. Cambios en la posición financiera o los apuros económicos pueden ser, para la mente juvenil, evidencias de que no valen.

Las circunstancias después del divorcio también pueden amenazar el sentimiento de seguridad y el concepto de sí mismo del joven. (Vea el capítulo 6: *Concepto bajo de sí mismo.*)

Si los padres están procurando "hacer arreglos" para que alguien cuide y supervise a sus hijos, si uno de los padres es inconstante en visitarlo o aportar para su mantenimiento, si le hace sentir al hijo que es una molestia para su mamá y su papá, puede creer: "No hago más que causar problemas; no valgo nada para ellos."

Dichas situaciones, porque a menudo fomentan inseguridad e inciden sobre el concepto que el jovencito tiene de sí mismo, producen también una vasta gama de otros síntomas sicológicos.

✦ **Dolor**
Después del divorcio, niños, jóvenes y adultos por igual a veces pasan por etapas de dolor muy parecidas a las que uno pasa cuando muere un ser querido. Es claro que el dolor que resulta del divorcio generalmente no es tan extremo como el causado por la muerte por varias razones: la separación (aun cuando uno de los padres se va de la casa) no es irrevocable,

el divorcio rara vez ocurre tan repentinamente como a menudo ocurre la muerte, y el divorcio (que por cierto es cosa seria y perturbadora) no siempre produce trastornos (emocionales y demás) al mismo nivel que la muerte.

Pero el dolor es igualmente real, y muchas veces intenso, para los hijos del divorcio. El dolor es un proceso sano, que provee un período de transición y adaptación ante la pérdida. El proceso del dolor normalmente incluye cuatro etapas, identificadas por Kubler-Ross así: negación, ira, negociación y aceptación. (Vea el capítulo 8: *El dolor ante una pérdida*.) En el caso del divorcio, estas etapas pueden ser menos pronunciadas, pero de cualquier manera, por lo general sí aparecen.

Aunque relativamente pocos jovencitos exteriorizan su dolor, es posible que haya momentos cuando demuestren tristeza, melancolía y desgano. Sus emociones pueden ser muy volátiles y les es difícil expresar lo que sienten. Puede ser que no relacionen entre su dolor y el divorcio de sus padres, y quizá necesiten ayuda para guiarles a identificar las razones de los cambios en sus sentimientos y conducta.

✦ **Depresión**

A menos que la noticia del divorcio ocasione sentimientos de alivio debido a conflictos y trastornos familiares anteriores, la mayoría de los jovencitos reciben con tristeza la noticia de que sus padres se divorcian y, ocasionalmente, tendrán sus momentos de tristeza al ir adaptándose a las nuevas condiciones de su vida.

Pero la depresión es un período prolongado de tristeza, muchas veces intensa que se caracteriza por:

- apatía
- pérdida del apetito
- pérdida de interés y concentración en sus estudios
- pérdida de la habilidad de disfrutar de actividades recreativas
- pérdida de la habilidad de disfrutar de sus amigos
- impotencia

- desesperanza
- irritabilidad
- autocrítica obsesiva
- retraimiento

(Vea también el capítulo 5: *Depresión*.)

Otros síntomas pueden incluir períodos de extremo aburrimiento y poco aguante cuando se está frustrado y los casos graves pueden caracterizarse por fantasías autodestructivas y amenazas de suicidio. (Vea el capítulo 9: *Pensamientos, tendencias y amenazas de suicidio*.)

Esta depresión puede durar varias semanas o meses. Puede durar aun más si existen circunstancias aparte del divorcio mismo (como ira reprimida o sentido de culpa o la aflicción prolongada del progenitor que lo tiene a su cargo) que contribuyen a la depresión. Aunque cierto grado de depresión es natural y comprensible entre los hijos del divorcio, la depresión prolongada no es una reacción sana.

✦ **Aislamiento y soledad**

Los hijos del divorcio —particularmente los adolescentes— a menudo tienen un sentimiento de aislamiento como resultado de la decisión de sus padres. Pueden sentirse algo alejados de uno o ambos padres. Pueden sentirse alienados de su iglesia, aun cuando no hayan sentido una reacción mala por parte de los miembros y líderes de la iglesia. Pueden sentirse, de pronto, distanciados de sus amigos. Pueden sentirse abandonados y rechazados por Dios mismo, y se preguntan con frecuencia cómo es que Dios permitió que le sucediera esto a su familia.

Como corolario de ese sentimiento de aislamiento, muchos jovencitos tienen ataques de extrema soledad. Pueden sentirse sin amigos, sin esperanza y solos. Pueden creer que nadie entiende lo que están pasando o lo que están sintiendo. Pueden retraerse físicamente encerrándose en su habitación, pueden retraerse emocionalmente dándose a las fantasías o a la melancolía, o a ambas. (Vea el capítulo 1: *Soledad*.)

✦ Otros efectos

Los muchos turbulentos sentimientos que el niño o el adolescente puede tener cuando sus padres se divorcian, pueden crear otros problemas de largo alcance que, en mayor o menor grado, surgen de las emociones y reacciones ya tratadas en este capítulo. Estos incluyen: problemas escolares, problemas de conducta, actividad sexual, abuso de sustancias dañinas y amenazas e intentos de suicidio.

Problemas escolares. Thomas Ewin Smith (1990), como resultado de un estudio descubrió que los hijos adolescentes de madres solteras demuestran tener menos aspiraciones escolares que los hijos que viven con sus dos progenitores biológicos. Además, Shin (1978) y Hetherington, Camara y Featherman (1981) han documentado el hecho de que los hijos de las familias que cuentan con padre y madre tienen mejores calificaciones y logros más altos en la escuela que los hijos de familias con un solo progenitor.

Esto puede suceder por muchos factores: es más difícil que los estudiantes se concentren cuando hay problemas de familia, las calificaciones que van bajando puede ser una manera de conseguir atención o expresar rebelión y, cuando hay un solo progenitor, a éste le es más difícil controlar las tareas escolares, etc.

Los problemas escolares también pueden ser una secuela de uno o más de los problemas y emociones ya mencionados a lo largo de este tema. (Vea el capítulo 44: *Abandono de los estudios;* y el capítulo 45: *El rendimiento por debajo o por encima de lo esperado.*)

Problemas de conducta. Algunos jovencitos experimentan problemas de conducta después de la separación o divorcio de sus padres. Pueden empezar a fumar o beber. Pueden empezar a faltar a la escuela. Pueden tener dificultad en llevarse bien con los demás. Pueden terminar siendo irrespetuosos con sus maestros y con los líderes de la iglesia.

Dicha conducta es a menudo una expresión de ira o confusión, una reacción a los trastornos emocionales que sienten pero que no pueden expresar adecuadamente, por su situación familiar.

Actividad sexual. Investigadores sugieren que a la larga, probablemente experimenten una mayor actividad sexual y promiscuidad. Por ejemplo, indica que los estudiantes universitarios cuyos padres son divorciados son más activos sexualmente que sus compañeros que vienen de hogares intactos. Esto se aplica especialmente a los varones de padres divorciados, que tienden a favorecer las relaciones sexuales "recreativas" en lugar del noviazgo serio, y son más propensos a haber tenido más de cuatro parejas sexuales para cuando inician su carrera universitaria.

Tal actividad puede ser el resultado de seguir el ejemplo de los estereotipos culturales que sugieren cómo se debe comportar un hombre frente las seducciones transitorias que la TV y el cine presentan", como dice el investigador Robert Billingham de la Universidad de Indiana, EE. UU. de A. Billingham también sugiere que estas modalidades de actividad sexual pueden ser —a sabiendas o no— el fruto del ejemplo de madres solteras que tienen muchas relaciones de poca duración. (Vea también el capítulo 28: *Relaciones sexuales prematrimoniales.*)

Abuso de sustancias dañinas. La investigación ha descubierto una conexión entre el divorcio de los padres y el abuso de drogas, alcohol y tabaco. Reportan una correlación entre el uso del alcohol, marihuana y tabaco y la ausencia del padre en el hogar. Tal conducta puede ser sencillamente el resultado del descuido por parte de los padres o una expresión de ira o rebelión. Puede ser la acción del joven que se siente rechazado en su hogar y busca la aprobación y aceptación de sus amigos y conocidos. (Vea el capítulo 38: *Uso y abuso del alcohol;* y el capítulo 39: *Uso y abuso de las drogas.*)

Amenazas e intentos de suicidio. En ocasiones, la depresión y desesperación del joven ante la desintegración de su familia llega al punto de amenazar o intentar suicidarse. Puede que considere el suicidio como una manera de evitar el dolor y sufrimiento que siente por la desintegración de la familia. Puede tener la esperanza de volver a contar con el amor de su mamá y su papá si intenta quitarse la vida.

El suicidio puede ser también (en la imaginación del jovencito) una manera de expresar cuánto le han lastimado sus padres, una manera de que "se arrepientan". Sean cuales fueren los pensamientos y sentimientos que motivan la amenaza o el intento, lo que dice y hace debe ser tomado en serio y tratado inmediatamente. (Vea el capítulo 9: *Pensamientos, tendencias y amenazas de suicidio.*)

Los efectos de largo alcance del divorcio de los padres pueden también incluir el temor a la traición, el temor a asumir compromisos, la incapacidad de entablar amistades buenas y duraderas y un resabio de amargura hacia uno o ambos padres.

La perspectiva bíblica del divorcio de los padres

En los primeros días de la vida humana, Dios trazó un plan hermoso para la humanidad. "Dijo además Jehovah Dios: 'No es bueno que el hombre esté solo; le haré una ayuda idónea'." (Génesis 2:18). Entonces Dios creó al hombre y a la mujer, que se complementaban física, emocional, intelectual y espiritualmente.

Después del relato de la creación del ser humano sobre esta tierra, la Biblia agrega uno de los más antiguos preceptos de las Escrituras:

> Por tanto, el hombre dejará a su padre y a su madre, y se unirá a su mujer, y serán una sola carne (Génesis 2:24).

Dios en muchas maneras, en su Palabra, explica más y amplía aquel primer precepto relacionado con el matrimonio.

Jesús, hablando del compromiso que existe en el matrimonio, agregó: "Lo que Dios ha unido, no lo separe el hombre" (Marcos 10:9). El apóstol Pablo, bajo la inspiración del Espíritu Santo, escribió: "A los que se han casado mando, no yo, sino el Señor: que la esposa no se separe de su esposo... y que el esposo no abandone a su esposa" (1 Corintios 7:10, 11). Resulta claro que Dios quiso que las relaciones matrimoniales y familiares fueran fuertes, cariñosas y duraderas de manera que reflejaran la unidad del mismo Dios. (Vea: Deuteronomio 6:4.)

La unidad es parte de la naturaleza y del carácter de Dios. El es uno. Y es esa la unidad que anhela que reflejemos en nuestros matrimonios y relaciones familiares. Cuando la Biblia dice que el hombre "se unirá a su mujer, y serán una sola carne" (Génesis 2:24), está afirmando que el matrimonio debe reflejar la naturaleza de Dios.

Pero claro, no siempre es así y, más específicamente, el niño o el adolescente no puede ser el que mantenga la unión matrimonial de sus padres. Los hijos no causan el divorcio. Tampoco pueden impedirlo, ni espera Dios que lo hagan. Pero sí, ordena a los hijos (tengan la edad que tengan) "Honra a tu padre y a tu madre" (Exodo 20:12) además: "Hijos, obedeced en el Señor a vuestros padres, porque esto es justo" (Efesios 6:1). El divorcio y la desintegración familiar pueden dificultar el obedecer los mandamientos de Dios, pero no los invalidan.

Por último, Dios dice claramente en su Palabra que las víctimas de los hogares desintegrados son de especial preocupación para él. El Salmo 68:5 dice: "Padre de los huérfanos y juez de las viudas es Dios en su santa morada", y el Salmo 10:14 declara: "Ciertamente tú ves la vejación y la provocación; las miras para dar la recompensa. A tus manos se acoge el desdichado; tú eres el amparo del huérfano".

Dios no condena a aquellos cuyos padres o cónyuges los han dejado; no es sordo al clamor doloroso de aquellos cuyas familias han sido destrozadas por el divorcio. Y tampoco deben serlo su pueblo.

La respuesta al problema del divorcio de los padres

El líder juvenil, consejero o maestro puede ayudar a los jovencitos a superar la tragedia del divorcio implementando el siguiente plan:

ESCUCHAR. Deje que el joven hable libremente de sus problemas, sentimientos, pensamientos y sufrimientos. No lo tantee para saber más detalles del divorcio de sus padres, sino busque la expresión de sus propios pensamientos y sentimientos ante esa situación. Quizá las preguntas más importantes para hacer en esta circunstancia son:

● ¿Qué crees que está pasando?
● ¿Cómo te hace sentirte?

Estas preguntas pueden ayudar al joven a centrarse en cuestiones pertinentes: los hechos (lo que realmente está pasando) y lo que siente en relación con esos hechos.

EMPATIZAR. Al escuchar, trate de ver las cosas a través de los ojos del joven. Póngase en su lugar: ¿cómo se sentiría usted en esta misma situación? Tal empatía puede ayudarle a comprender las reacciones del joven a su situación. Recuerde que puede proyectar una cálida empatía al:
● Escuchar atentamente a la comunicación verbal y no verbal.
● Asentir con la cabeza.
● Hacer contacto visual.
● Inclinarse levemente hacia adelante en la silla para indicar interés y preocupación.
● Hablar en tonos tranquilizantes.
● Reflejar las afirmaciones clave:

"Así que lo que estás diciendo es...", o gestos: "Parece que eso te hace enojar bastante".

ALENTAR. Resista la tentación de decirle al joven que sus sentimientos y acciones son ridículos o infundados. Dele lugar para reconocer y expresar sus sentimientos. Puede decir algo así: "Lo que estás pasando seguro que te da bastante miedo. Yo sé que yo tendría miedo al no saber qué va a pasar ahora que mis padres se divorcian. Tú, ¿qué sientes?" Trate de comunicar el hecho de que lo que siente es lógico y comprensible y que usted lo acepta aun cuando siente temor o enojo. Aliéntele confirmando su validez como persona. Hágalo no sólo por medio de lo que le dice sino también con su fidelidad en orar por él.

DIRIGIR. El adulto que se interesa por el joven debe tener en cuenta varias prioridades al ofrecer su apoyo y consejos al joven cuyos padres se están divorciando.

1. Aliente al joven a depender de Dios. Guíele hacia la relación que necesita tener con Jesucristo si no es creyente. Si lo es, anímele para que ore más y dependa más de Dios porque Dios promete sanar, guiar y dar "consuelo" a los quebrantados y contritos (Isaías 57:18).

2. Trate de guiar al joven a diferenciar entre cómo se siente en cuanto al divorcio y lo que opina del divorcio, llevándole a evaluar por sí mismo la *lógica* de sus sentimientos. No le reste importancia a éstos porque son reales y poderosos, pero trate de guiarle, no sólo a entenderse y expresarse, sino también a encauzar sus sentimientos de acuerdo con lo que él objetivamente sabe que es cierto.

3. Dialogue con el joven con el propósito de que comprenda la diferencia entre las cosas sobre las cuales uno tiene control y las cosas sobre las cuales uno no lo tiene. Por ejemplo: uno tiene control sobre el hecho de pegar o no a su hermano. Pero no tiene control sobre el hecho de *tener* un hermanito. Uno puede ahorrar para el día de necesidad, pero no tiene control sobre cuándo ese día vendrá. Ayude al joven a identificar el divorcio de sus padres como una de esas cosas sobre las cuales los hijos —sean de la edad que sean— no tienen control.

COMPROMETER. Consiga la colaboración y participación del joven en reconocer y pensar en cosas que puede hacer para aplacar el dolor del divorcio de su mamá y su papá. Centre la atención de él o ella en cosas constructivas que están dentro de su capacidad, y anímelo a llevarlas a cabo (por ejemplo, llamándole por teléfono varias veces por semana).

REFERIR. Procure facilitar la comunicación y cooperación entre el joven y sus padres. Considere la posibilidad de recomendar (a padres e hijo) que consulten con un consejero profesional que pueda ofrecerles consejos bíblicos mientras usted sigue brindando su apoyo y dirección.

Pasajes bíblicos citados en este capítulo

- Génesis 2:18, 24
- Marcos 10:9
- 1 Corintios 7:10, 11
- Deuteronomio 6:4
- Exodo 20:12
- Efesios 6:1
- Salmos 68:5; 10:14
- Isaías 57:18

Otros pasajes bíblicos para leer

- Salmos 27:10; 147:3
- Isaías 57:15
- Mateo 5:31, 32
- Lucas 16:18
- 1 Corintios 7:1-17

20

FAMILIA CON UN SOLO PROGENITOR

Introducción

Hacía casi seis meses que los padres de Daniel se habían divorciado, pero muchas cosas habían cambiado en ese corto tiempo. Daniel, de quince años, y su mamá, de treinta y siete, habían tenido que dejar la casa donde habían vivido toda la vida para mudarse a un departamento pequeñísimo al otro lado de la ciudad. Daniel había tenido que cambiar de escuela al empezar su segundo año de secundaria. Siempre había obtenido calificaciones excelentes pero ahora estaba reprobando la mayoría de las materias. No es que se estuviera rebelando ni nada así; es que sencillamente ya no tenía ganas de estudiar.

Cuando llegó a su casa con las calificaciones del primer trimestre, la mamá de Daniel explotó.

—¿Se puede saber qué te pasa? ¡No hay excusa para estas calificaciones! —gritó. No estaba acostumbrada a ser la que disciplinaba en la familia, pero estaba decidida a salir adelante aunque estuviera sola.

Daniel se encogió de hombros y dijo:

—No es para tanto, mamá. Ya vas a ver cómo enseguida las subo.

—¡Ya lo creo que lo harás! ¡Empezando ahora mismo! Tendrás todo el tiempo que necesites para estudiar porque quedas castigado en casa por dos semanas.

—¿Qué? ¡No hablas en serio!

—Sí, muy en serio. Ahora vete a tu habitación y ocúpate de las tareas de la escuela.

—¡Jamás! Ya sabes que voy al partido con Carlos.

—No vas a ninguna parte —dijo la mamá señalando hacia la habitación de Daniel.

Pero éste tomó su chaqueta colgada en el gancho cerca de la puerta y se dispuso a salir. Su mamá le bloqueó la salida, con sus brazos cruzados con firmeza.

—¡No me puedes impedir que salga, mamá! —dijo él, empujándola hacia un lado y alcanzando la puerta. Ella le dio un empujón para retirarlo de la puerta. El dio media vuelta y le lanzó un puñetazo en la cara, derribándola.

Daniel salió como una tromba dejando a su madre en el suelo del pequeño departamento, llorando y frotándose el ojo que ya se la estaba hinchando y poniendo negro.

El problema de vivir en una familia con un solo progenitor

Las separaciones y los divorcios están en constante aumento. Aunque las siguientes estadísticas son de los EE. UU. de A., reflejan el rumbo que va tomando la familia en nuestra cultura occidental. Según la periodista Barbara Dafoe Whitehead, después de la Segunda Guerra Mundial, "más del 80 por ciento de los niños se criaban en una familia con sus dos padres casados. Para 1980, sólo el 50 por ciento pasaría toda su niñez en una familia intacta. Si las tendencias actuales continúan, menos de la mitad de los niños nacidos hoy vivirán continuamente con su mamá y su papá durante toda su niñez. La mayoría de los niños pasarán varios años en una familia con un solo progenitor".

El que haya un solo progenitor en casa puede ser por divorcio, abandono, muerte o porque la mujer tiene un hijo fuera del matrimonio. Sean cuales fueren las circunstancias de la familia, el padre o la madre que se encuentran solos tienen que enfrentar "demasiadas decisiones sin poder consultar al otro cónyuge. Esto es demasiado trabajo para una sola persona... Eso les traerá demasiadas tensiones y frustraciones".

El padre o la madre sola y sus hijos enfrentan desafíos y muchos obstáculos, algunos inmediatos y otros que van apareciendo con el correr del tiempo. Entre estos se encuentran: dificultades económicas al igual que problemas escolares del hijo, problemas de conducta y actividad sexual.

✦ Problemas económicos

"Para la gran mayoría de las madres solas", escribe Whitehead, "el entorno económico termina siendo angosto, variando desde precario hasta desesperado. La mitad de las madres solas en los EE. UU. de A. viven dentro del índice de pobreza" (a diferencia de una entre diez en las parejas casadas).

✦ Problemas escolares

Thomas Ewin Smith (1990) descubrió que los hijos adolescentes de madres solas demuestran un "autoconcepto escolar" más bajo que los que viven con sus dos progenitores. Otra investigación indica que los hijos de familias con dos progenitores obtienen mejores calificaciones y logran más en sus estudios que los hijos en las familias con un solo padre (Shin [1978]; Hetherington, Camara y Featherman [1981]). Tal disparidad puede ser el resultado de muchos factores: es más difícil que los muchachos se concentren en sus estudios cuando hay problemas en la familia, las calificaciones bajan y le es más difícil controlar sus tareas escolares, etc. (Vea los capítulos 44 y 45 que tratan asuntos educativos.)

✦ Problemas de conducta

Algunos jovencitos tienen problemas de conducta después de la separación o el divorcio de los padres. Pueden empezar a fumar, a tomar, a faltar a la escuela, a tener dificultades en llevarse bien con otros, a faltarle el respeto a sus maestros de escuela y a los líderes en la iglesia. Tal conducta es a menudo una expresión de ira o confusión, y una reacción a los trastornos emocionales que sienten —pero que no pueden expresar adecuadamente— debido a su situación familiar.

✦ Actividad sexual

La investigación sugiere que el divorcio puede también, a la larga, favorecer un índice más alto de actividad sexual y promiscuidad. Whitehead afirma que "las hijas de familias con un solo progenitor también corren un mayor riesgo que las de familias con dos padres, de tener relaciones sexuales precoces, de casarse en la adolescencia, de quedar embarazadas siendo adolescentes, de tener un hijo fuera del matrimonio y de divorciarse".

Y se ha visto que los estudiantes universitarios cuyos padres son divorciados son más activos sexualmente que sus compañeros que vienen de hogares estables. Esto se aplica especialmente a los varones de padres divorciados que tienden a favorecer las relaciones sexuales "recreativas" en lugar del noviazgo serio, y son más propensos a haber tenido más de cuatro parejas sexuales para cuando inician su carrera universitaria.

Pero hemos de subrayar que, aunque adaptarse a vivir en una familia con un solo progenitor puede crear problemas complejos y desafíos considerables, no sella el destino del jovencito. Como dice Nicholas Zill: "Aunque pertenecer a una familia dividida aumenta significativamente los riesgos que el joven adulto corre de tener dificultades sociales, emocionales o escolares, no predestina dichas dificultades".

Los muchos cambios y desafíos de vivir en una familia con un solo progenitor pueden producir una cantidad de efectos que exigen la atención del adulto interesado en el joven.

Los efectos de vivir en una familia con un solo progenitor

Sean cuales fueren las circunstancias por las cuales el hogar tiene un solo progenitor —ya sea por la muerte de uno de los padres, por divorcio o por otra causa— algunos de los efectos que muy probablemente sufrirá el jovencito incluyen: vergüenza, sentirse culpable, rechazo, ira, inseguridad, un concepto bajo de sí mismo y retraimiento.

✦ Vergüenza
Es muy común que el jovencito que vive en una familia con un solo progenitor sienta vergüenza. Puede estar avergonzado porque sus padres se divorciaron, interpretando que es una indicación de que algo anda mal en su familia. También pueden creer que hasta cierto grado, él es responsable de la separación de sus padres. Puede sentirse avergonzado por lo que considera una conducta inapropiada de parte de sus padres después del divorcio (por ejemplo: que papá sale con una mujer joven) y por los cambios abruptos

en su manera de vivir (por ejemplo: mudarse a otra casa con mamá).

✦ Sentimiento de culpabilidad
Cuando el establecimiento de la familia con un solo progenitor es por divorcio, muchos jovencitos se sienten culpables. Ronald P. Hutchcraft escribe:

> La investigación demuestra que los hijos del divorcio tienden a adjudicarse la culpa, o por lo menos parte de la culpa, del fracaso de la relación entre sus padres. Dicen: "Bueno, quizá exigí demasiado; quizá gastaron demasiado dinero en mí. Muchas veces yo era el tema de sus discusiones".

Aun cuando la familia tiene un solo progenitor debido a una muerte, el adolescente o preadolescente "puede creerse responsable de la muerte", escribe el autor Clyde C. Besson, "y tal responsabilidad genera sentimiento de culpabilidad".

Algunos muchachos inconscientemente prefieren cargar con esa responsabilidad antes de lo que ellos consideran la alternativa —un sentimiento de total impotencia. (Vea también el capítulo 3: *Sentimiento de culpabilidad*.)

✦ Rechazo
"Uno de los sentimientos más profundos que tiene el joven", escribe Besson, "es el rechazo. Ya sea que el progenitor lo haya dejado al morir o al divorciarse, el hijo se siente rechazado". El adolescente es extremadamente sensible al rechazo expresado o percibido, y puede abrigar sentimientos de rechazo porque el progenitor que le queda, luchando mucho y solo con las demandas de ser padre, está fuera de casa la mayor parte del tiempo o, en ocasiones se tiene que perder eventos importantes para el hijo. El jovencito puede saber intelectualmente, que su mamá (o su papá) está haciendo todo lo que puede, pero emocionalmente el sentimiento de rechazo puede persistir.

✦ Ira
Besson, fundador de Christian Growth

Ministries (Ministerios para el crecimiento cristiano), escribe:

> En medio de su confusión, los hijos sentirán ira. En el caso de la muerte de un progenitor, encontrará que tiene un sentimiento de enojo, sintiendo que le han defraudado y que se le ha quitado el apoyo y el amor de ese padre. En el caso de divorcio, el hijo sentirá ira hacia ambos padres..., y particularmente hacia el padre que se ha ido. Pero a menudo, no expresará su ira al progenitor que falta, sino al que quedó a cargo de él. Aun en el caso que el padre o la madre se vaya y nunca vuelva, la ira se expresará al progenitor que queda. (Vea también el capítulo 4: *Ira*.)

✦ Inseguridad y concepto bajo de sí mismo

Ya sea que la familia tenga un solo progenitor por la muerte o el divorcio, el joven de tal familia puede ser especialmente vulnerable a los sentimientos de inseguridad y de poco valor propio. (Vea el capítulo 6: *Concepto bajo de sí mismo*.)

Las circunstancias que llevaron al divorcio, el proceso del divorcio y las condiciones que por lo general resultan del divorcio, a menudo arrasan con el sentido de valía del adolescente.

Puede sentirse diferente y que vale menos que sus amigos cuyas familias están intactas; puede sentirse "marcado" por su iglesia o vecinos porque su familia se ha desintegrado, y acepta la situación como una prueba de que no vale nada.

La baja autoestima puede ocurrir también (o puede ser interpretado así por el joven) por la conducta de uno de sus progenitores (alcoholismo, promiscuidad, abuso), que puede asestar un golpe mortal al concepto que el joven tiene de sí mismo.

Los cambios en la posición financiera o por apuros económicos pueden ser, para la mente juvenil, evidencias de que no vale.

✦ Retraimiento

"Cuando las relaciones nos han herido", escribe Hutchcraft, "tenemos la tendencia de dar un paso atrás, no hablar, ni demostrar amor y las cosas dejan de importarnos".

También dice Hutchcraft que los jóvenes en familias con un solo progenitor, son particularmente susceptibles a este retraimiento. Se pueden sentir algo alejados de uno o de ambos progenitores. Pueden sentirse alienados de su iglesia aun cuando no hayan sentido una reacción mala o enjuiciamientos por parte de los miembros y líderes. Pueden sentirse, de pronto distanciados de sus amigos. Pueden sentirse abandonados y rechazados por Dios mismo, y se preguntan con frecuencia: "¿Cómo es que Dios permitió que le sucediera esto a mi familia?"

Como consecuencia de ese sentimiento de aislamiento, muchos adolescentes y jovenes tienen ataques de extrema soledad. Pueden sentirse sin amigos, sin esperanza y muy solos. Pueden creer que nadie entiende lo que están pasando o lo que están sintiendo. Pueden retraerse físicamente, encerrándose en su habitación; y emocionalmente, dándose a las fantasías y a la melancolía.

La perspectiva bíblica de la familia con un solo progenitor

La receta de Dios para la creación y el mantenimiento de la familia aparece en el relato de la creación:

> Por tanto, el hombre dejará a su padre y a su madre, y se unirá a su mujer, y serán una sola carne (Génesis 2:24).

Dios ordenó que los hijos nacerían de la unión de un hombre con su esposa y que de allí en adelante, madre y padre colaborarían en la crianza de sus hijos.

Dios creó a los seres humanos como hombre y mujer por varias razones, entre las cuales está la clara ventaja de tener un papá y una mamá en un ambiente familiar estable y cariñoso. Como ha dicho Whitehead: "la organización social que ha dado pruebas de ser la más exitosa en asegurar la supervivencia física y en promover el desarrollo social del niño es la unidad familiar encabezada por la madre y el padre biológicos".

Los creyentes tenemos que reconocer el plan de Dios y el ideal de él, tenemos también que admitir el hecho de que ese ideal no siempre se logra. Un niño es concebido fuera del matrimonio, un padre muere, mamá y papá se divorcian, y el hogar termina teniendo un solo progenitor.

Aunque el hogar con un solo progenitor no es lo ideal, no es una situación imposible de sobrellevar. Según los indicios, ¡Jesús fue producto de un hogar con un solo progenitor! María, la madre de Jesús, aparentemente quedó sola en algún momento después de que Jesús cumpliera los doce años porque José no vuelve a aparecer en los relatos de los Evangelios después de ese punto (Lucas 2:41-52).

Timoteo, el joven discípulo de Pablo, quizá haya sido también producto de un hogar con un solo progenitor. En su segunda carta a Timoteo, Pablo se refiere a la "abuela Loida" y a la "madre Eunice" de su amigo, pero no menciona a su padre (2 Timoteo 1:5).

Dios declaró ser: "Padre de los huérfanos y juez de las viudas" (Salmo 68:5). Dios ama también a los que no tienen padres o cónyuges. Lo dijo claramente en pasajes como los siguientes:

No afligirás a ninguna viuda ni huérfano (Exodo 22:22).

Cuando siegues tu mies en tu campo y olvides en el campo una gavilla, no regresarás para tomarla. Será para el forastero, para el huérfano y para la viuda; a fin de que Jehovah tu Dios te bendiga en toda la obra de tus manos (Deuteronomio 24:19).

Aprended a hacer el bien, buscad el derecho, reprended al opresor, defended al huérfano, amparad a la viuda (Isaías 1:17).

No extorsionéis a la viuda, al huérfano, al extranjero y al pobre; ni ninguno piense en su corazón mal contra su hermano (Zacarías 7:10).

La Biblia también nos proporciona otro modelo para la unidad —además de la familia tradicional— que puede darnos algunas respuestas para los que vienen de familias desintegradas.

La Biblia manda a los esposos:

Amad a vuestras esposas, así como Cristo amó a la iglesia y se entregó a sí mismo por ella... El que ama a su esposa, a sí mismo se ama. Porque nadie aborreció jamás a su propio cuerpo; más bien, lo sustenta y lo cuida, tal como Cristo a la iglesia, porque somos miembros de su cuerpo (Efesios 5:25-30).

La voluntad de Dios es que la unidad de él se exprese en la familia; pero también ha escogido revelar su unidad en la institución que es la iglesia: su cuerpo. Así como el hombre y la mujer han de dejar a su padre y a su madre y llegar a ser una sola carne (vea: Efesios 5:31), así Cristo ha llegado a ser uno con la iglesia: su cuerpo.

Pablo, el apóstol, dijo que "grande es este misterio", al referirse a la unidad de Cristo y la iglesia. La persona que confía en Cristo como su Salvador es adoptado en una familia viva cuyo fin es reflejar la unidad de Dios mismo. Jesucristo prometió enviar el Espíritu Santo a fin de que podamos tener unidad, "para que todos sean una cosa... para que seamos perfectamente unidos" (Juan 17:21-23).

El progenitor que ha quedado solo y que activa en una iglesia local, puede tener la experiencia —y exponer a sus hijos a esta experiencia— de ser integrantes de una familia viva, lozana que puede compensar, en algunas formas, la pérdida de un esposo, esposa, padre o madre:

"Porque por un solo Espíritu fuimos bautizados todos en un solo cuerpo, tanto judíos como griegos, tanto esclavos como libres; y a todos se nos dio a beber de un solo Espíritu... pero Dios ordenó el cuerpo, dando más abundante honor al que le faltaba; para que no haya desavenencia en el cuerpo, sino que todos los miembros se preocupen los unos por los otros. De manera que si un miembro padece, todos los miembros se conduelen con él; y si un miembro recibe honra, todos los miembros se gozan con él. Ahora bien, vosotros sois el cuerpo de Cristo, y miembros suyos individualmente" (1 Corintios 12:13 y 24-27).

Dios quiere que cada uno suframos cuando otro sufre, que nos regocijemos cuando otro se regocija y que llevemos las cargas de los otros. Muchas familias divididas han encontrado un alto grado de sanidad y estabilidad emocional y un gran sentido de ser aceptadas al sentir en carne propia la unión que la unidad de la iglesia brinda.

La respuesta al problema de la familia con un solo progenitor

El pastor, maestro, líder de jóvenes, padre o madre sensible puede ayudar al joven a adaptarse y a sobrellevar su situación de vivir con un solo progenitor implementando un plan como este:

ESCUCHAR. Los adolescentes de familias con un solo progenitor necesitan sentirse con la libertad de expresar lo que sienten, escribe Besson, especialmente en dos áreas: necesitan "la libertad de expresar sus sentimientos sobre el padre que falta" y "la libertad de expresar sentimientos negativos sin que los condenen". Si el joven se expresa groseramente, el adulto puede pedirle que se exprese debidamente, pero no deje el adulto de escuchar atentamente para ver qué sentimientos han dado lugar a las palabras del joven.

EMPATIZAR. No sea demasiado rápido para juzgar o corregir las reacciones del joven, ni para ofrecer una solución fácil. Para empezar, tómese el tiempo para simplemente relacionarse con él. Sienta lo que él siente. Llore con él. Consuélelo. Hágale saber que usted se interesa y se preocupa por él.

ALENTAR. Comuníquele al joven que usted lo acepta, y confirme su buena opinión de él. Recuerde que se puede estar sintiendo rechazado y aislado. El primer paso hacia la sanidad y la mejoría puede ser que él sepa que alguien cree en él, que alguien piensa que vale algo. Recuérdele al joven (particularmente por medio de orar con él y por él) que tanto Dios como usted lo valoran y lo aprecian muchísimo. Muchas personas que están pasando por circunstancias difíciles necesitan este tipo de aliento —la confirmación de su propio valor y sus capacidades— más que ninguna otra cosa.

DIRIGIR. Algunas de las siguientes ideas pueden ser de utilidad al padre o al adulto interesado en guiar al joven que lucha con las muchas adaptaciones que tiene que hacer en su familia que ahora tiene un solo progenitor:

1. Aliente al joven a depender de Dios. En su situación de contar con un solo progenitor en su familia, ayúdele a aprender a acercarse a Dios para recibir consuelo y tener comunión con él cuando las otras relaciones fracasan. Dios es realmente "padre de los huérfanos" que puede fortalecer y sostener al joven en medio de los muchos desafíos y dificultades de la vida.

2. Aconseje que mantengan las rutinas o tradiciones que se puedan. Esto puede darle sentido de seguridad en los momentos de transición; aliente la conservación de rutinas relacionadas con irse a la cama, horas de comida, ir a la escuela, etc.

3. Anime al joven a participar en las actividades juveniles de la iglesia. El grupo juvenil sano y entusiasta puede ser una parte importante de la vida del joven, especialmente para el de una familia con un solo progenitor. Los líderes de jóvenes necesitan la colaboración de los padres que han quedado solos, y éstos necesitan de ellos.

4. Procure que el jovencito encuentre substitutos para el padre o la madre que falta. Guíe al jovencito que vive con su madre solamente a relacionarse con hombres cristianos que puedan contribuir a su formación como varón; ayude a la adolescente que vive con su papá a identificar a hermanas de la iglesia que pueden tener respuestas para su preguntas y brindarle una dirección constante. Trate de desarrollar una fuerte "red de conexión" de las familias con "tíos" y "tías" adoptivos que les sirvan de ejemplo en lo que a relaciones entre ambos sexos se refiere.

5. Ofrezca esperanza. Los hijos de padres divorciados o separados y los muchachos en familias con un solo progenitor enfrentan más obstáculos que muchos otros jovencitos, pero la mayoría terminan bastante bien. *Si* terminan sus estudios, en su mayoría *no* demuestran un nivel alto de sufrimiento emocional y *no* caen en problemas de conducta. Ayude al joven a comprender que existen razones para que tenga esperanza, particularmente si confía en Dios y es apoyado por cristianos cariñosos y comprensivos.

COMPROMETER. Hay muchas cosas que no se pueden cambiar en la familia con un solo progenitor. La mamá y el papá probablemente no vuelvan a juntarse; las cosas nunca volverán a ser como antes. El pastor, padre, madre, maestro o líder de jóvenes puede ayudar consiguiendo la colaboración y participación del joven a fin de que identifique las cosas que él o ella sí puede cambiar, las cosas que él o ella puede mejorar, y lo que debe hacer para lograr esos cambios. Enfoque la atención del joven en cosas constructivas que están dentro de lo que puede hacer, y anímelo a seguir adelante con ellas. Esas cosas podrían incluir:

- Cuidar mejor la relación con el progenitor ausente.

- Escribir en un diario sus pensamientos y sentimientos.

- Ayudar a sus hermanos menores.

- Integrarse a un grupo de apoyo en la iglesia u otra institución.

- Buscar apoyo en amistades sanas con chicos de su misma edad, por ejemplo, entre los jóvenes de la iglesia.

REFERIR. Jim Smoke aconseja: "Si el joven no vuelve a encaminarse en su desarrollo y crecimiento normal dentro del lapso de un año después del divorcio u otra causa que precipitó su condición, quizá necesite el cuidado y ayuda especial de un consejero profesional... Si sus modalidades negativas siguen después de unos meses, busque ayuda. Unas pocas palabras dichas por un profesional capacitado muchas veces ayudan al joven a superar su condición." Referirlo a un profesional, por supuesto, sólo se hará con el permiso de su progenitor (y, preferiblemente con su participación).

Pasajes bíblicos citados en este capítulo.

- Génesis 2:24
- Lucas 2:41-52
- 2 Timoteo 1:5
- Exodo 22:22
- Deuteronomio 24:19
- Salmo 68:5
- Isaías 1:17
- Zacarías 7:10
- Efesios 5:25-31
- Juan 17:21, 23
- 1 Corintios 12:13, 24-27

VIVIR CON PADRASTROS O EN UNA FAMILIA MIXTA

CONTENIDO

Introducción

Mireya tenía dieciséis años cuando sus padres se separaron porque su papá estaba teniendo relaciones amorosas con Cuca, una mujer de veinticinco años. Después de la separación, Mireya y sus dos hermanos se fueron a vivir con su papá porque su mamá no se sentía capaz de criarlos sola. Al año, el papá se casó con Cuca, quien se vino a vivir con ellos. Este era el primer matrimonio de ella.

Como el papá de Mireya en ese entonces tenía unos cincuenta años, por su edad Cuca tenía más en común con Mireya que con el papá de ésta. Cuca decía que quería ser "amiga" de Mireya más bien que asumir el papel de madre... Al poco tiempo del casamiento, ella y Mireya empezaron a prestarse la ropa, se contaban sus secretos (incluyendo cuestiones personales entre Cuca y el papá de Mireya) y a veces se divertían haciéndose pasar por hermanas.

Pero la luna de miel duró poco para los tres. Mireya empezó a quejarse de que su padre tomaba partido a favor de su esposa y no de su hija cuando había diferencia de opiniones. Mireya se resentía amargamente cuando su papá y Cuca salían algún sábado por la noche y no podía entender por qué no podía salir con ellos, ya que Cuca y ella eran tan buenas amigas... A los dos meses del segundo casamiento de su padre empezaron las discusiones muy seguido entre Cuca, Mireya y su papá. Pocos eran los asuntos que no terminaban en una batalla campal. Resultaba evidente que Mireya estaba furiosa con su papá por haber elegido a "una muchacha casi de su edad" para casarse, relegándola a ella a un segundo plano. Y tenía celos de la intimidad de Cuca con su papá, celos que empeoraban porque Cuca hacía alardes de la relación con el padre de Mireya, bajo la pretensión de contarle cosas íntimas a una mejor amiga.

El problema de vivir con padrastros o en una familia mixta

El que un progenitor se vuelva a casar y el cambio resultante en las relaciones y la complejidad de las mismas, puede hacer estragos en la mente y emociones de un niño o de un adolescente. Puede encender reacciones que ni el joven mismo comprende del todo.

En los últimos años la cantidad de gente que se vuelve a casar y de "familias mixtas" ha aumentado vertiginosamente. Tomemos como ejemplo los Estados Unidos de América donde el 40 por ciento de todos los casamientos no son el primero para uno o los dos cónyuges. Uno de cada tres —sesenta millones de adultos y veinte millones de niños— es padrastro, madrastra, hijastro o hermanastro. Uno de cada cinco niños menores de dieciocho años es un hijastro.

Para el año 2000, las familias con padrastros, etc. (en que uno solo de los cónyuges tiene hijos de una relación anterior) y las familias complejas (en que ambos cónyuges tienen hijos de una relación anterior) constituirán la familia tipo.

La familia mixta presenta un gran desafío, según Virginia Rutter, escribiendo para la revista *Psychology Today* (Sicología de hoy). "Hay lazos que tienen que ser mantenidos en una red de emociones conflictivas. Existen ambigüedades en relación con el sentido de identidad, especialmente en los primeros años".

Estas adaptaciones son más difíciles, es claro, para los muchachos. "Sienten una pérdida al integrar una familia con un padrastro o madrastra, etc.", escribe Rutter. "Eso certifica que su familia original ya no existe". Aunque el hecho de que el padre o la madre se vuelvan a casar causa problemas para todas las edades, la formación de una familia mixta es "mucho más difícil para los niños de 9 a 15 años".

La investigadora Mavis Hetherington, profesora de sicología en la Universidad de Virginia, EE. UU. de A. atribuye esto al hecho que "los jovencitos de 9 a 15 años están lidiando con su propia independencia, y aquí viene uno de afuera que interfiere. Y están lidiando con su propio despertar sexual, y no quieren creer que su mamá sea un ser sexual. Es muy difícil mantener esa noción cuando ella vuelve a casarse". Estas se cuentan entre las razones, advierte Hetherington, por las cuales "los muchachos responden muy negativamente, en reacción al hecho de que su madre se volvió a casar siendo ellos muy pequeños todavía".

Aunque la investigación muestra que "los varones parecen pasarla mejor que las muchachas con sus padrastros y madrastras", los jovencitos de ambos sexos a veces enfrentan una variedad de adaptaciones difíciles y emociones volátiles durante y en las primeras etapas de la formación de una familia mixta. La investigación muestra constantemente que los hijos del divorcio y de los que se vuelven a casar tienen el doble de problemas que los de familias intactas.

Aun así, muchos padres e hijos de familias mixtas se adaptan muy bien. La investigación de Hetherington indica que el 80 por ciento de los hijos de padres divorciados y de los que se vuelven a casar no tienen problemas de conducta a pesar de todos los desafíos y dificultades (en comparación con el 90 por ciento de los hijos de familias de primeras nupcias).

Pero, una cosa es sumamente clara. Adaptarse a los desafíos y complejidad de una familia mixta es algo que los padres y los que trabajan con los jóvenes tienen que encarar, particularmente ante el hecho de que cada semana se van formando miles de nuevas familias mixtas.

Los efectos de vivir con padrastros o en una familia mixta

Las familias mixtas y las relaciones con padrastros, madrastras y hermanastros, pueden formarse por una variedad de razones, como ser: un progenitor vuelve a casarse después de la muerte de su cónyuge, o vuelve a casarse después de un divorcio, o se casa una mujer soltera que ya tiene un hijo. Pero sean cuales fueren las circunstancias precipitantes, las familias mixtas rara vez son ideales. Algunas son familias felices y sanas, pero muchas sufren algunos de los siguientes efectos de volver a casarse y de la complejidad de las relaciones familiares.

✦ **Dolor**

Como ya lo hemos mencionado, la formación de una familia mixta señala la "muerte oficial" de la familia original para el niño o jovencito. El doctor Kevin Leman, consejero familiar, destaca que ésta es la "destrucción de una de las más preciosas posesiones en todo el mundo —el hogar y la familia original de la persona—"; puede producir dolor y las etapas resultantes de negación, ira, negociación, depresión y aceptación. (Vea el capítulo 8: *El dolor ante una pérdida*.)

✦ **Ira**

El joven que está sufriendo por la pérdida de su familia original (o aun su familia más reciente) puede quedarse "estancado" en una de las etapas del dolor, y el doctor Leman hace hincapié en una reacción común al formarse una familia mixta.

> La ira es la etapa más peligrosa del dolor porque la persona se puede estancar allí por mucho tiempo. Es común que los integrantes de la familia mixta escondan su dolor pero, tarde o temprano, aparece cuando "no aguantan más".

Y Harold Bloomfield, autor de *Making Peace in Your Stepfamily* (Haciendo las paces en tu familia mixta), dice que "el dolor reprimido es una de las razones por las cuales las familias mixtas tienen tan a menudo el problema de los arranques de ira y de constantes disputas." (Vea también el capítulo 4: *Ira*.)

✦ **Sentimiento de culpabilidad**

Los padres no son los únicos que luchan con su sentimiento de culpabilidad después del divorcio y de otros factores que contribuyen a la formación de una familia mixta; muchos hijos en esa situación también luchan con su sentimiento de culpabilidad. Leman sugiere que "[los] hijos se sienten culpables, creyendo: 'Si me hubiera portado mejor, mami y papi no se habrían divorciado' ". Agrega que aunque todos los muchachos son susceptibles a tales sentimientos, los hijos mayores e hijos únicos tienen la tendencia de creer que ellos hubieran podido hacer más para mantener junta a la familia original. (Vea el capítulo 3: *Sentimiento de culpabilidad*.)

✦ **Pérdida del sentido de estar en control**

Un factor importante que incide sobre las dificultades relacionadas con la formación y el funcionamiento de familias mixtas es la pérdida del sentido de estar en control, un proceso que puede haber empezado cuando ocurrió la muerte o el divorcio del progenitor. El joven puede sentir que ha perdido su lugar en la familia. Puede sentir que ya no cuenta con la atención de su papá. Puede pensar que su mamá se volvió a casar sin consultarle. Puede sentir que sus hermanastros han invadido su "territorio". Puede resentir los privilegios o la atención que el padrastro, madrastra o hermanastros tienen. Los cambios como estos pueden dejar al joven con la sensación de que ya no tiene control sobre su propia vida y a veces esto lleva a reacciones que se manifiestan en su conducta (como berrinches y aun actos de delincuencia).

✦ **Estrés**

El sicólogo James Bray de la Facultad de Medicina Baylor en EE. UU. de A., dice que los hijastros manifiestan sentir un alto grado de estrés. Las conclusiones de sus estudios sugieren que la amplia gama de adaptaciones que tienen que enfrentar los hijastros —por ejemplo: un nuevo adulto en la casa, nuevos hermanos en la familia, "conflictos entre su lealtad a sus nuevos padres y a los anteriores, mudarse a otra casa e ir a otra escuela dejando atrás a sus viejos amigos, nuevo nivel económico (a veces seguro, otras veces incierto) y la reorganización de las rutinas del hogar", pueden dar como resultado un alto grado (aunque a menudo temporario) de estrés.

✦ Soledad y depresión

La formación y el funcionamiento de una familia mixta puede causar que el joven y el adolescente se sientan solos y marginados, a veces mucho más que si tuvieran una familia con un solo progenitor.

Un estudio realizado entre hijos de padres divorciados, dirigido por Judith Wallerstein, sicóloga clínica, descubrió que casi la mitad de los jovencitos que participaron en el estudio decían que se sentían marginados de sus familias mixtas.

Otro estudio importante informa que más "hijos en familias mixtas dijeron que se sentían solos o deprimidos con más frecuencia que los hijos con un solo progenitor o de familias intactas". (Vea el capítulo 1: *Soledad;* y el capítulo 5: *Depresión.*)

✦ Los padres se ocupan menos de los hijos

Los jovencitos de familias mixtas a veces tienen que hacer frente al hecho de que sus padres se ocupan menos de ellos y los apoyan menos. Barbara Dafoe Whitehead afirma:

> Los estudios sugieren que aunque tengan el tiempo, los padres en las familias mixtas no dedican tanto tiempo a los hijos como los padres de familias intactas y aun los padres solos. Una encuesta realizada en 1991 por una comisión nacional para la niñez en Estados Unidos de América demuestra que era menos probable que los padres en las familias mixtas dijeran estar involucrados en actividades que requieren mucho tiempo como, por ejemplo: entrenar el equipo deportivo del hijo, acompañarlo en excursiones escolares o ayudarle

con sus proyectos de la escuela. Según la investigación de McLanahan, los hijos en las familias mixtas informan aspiraciones educativas más bajas de parte de sus padres y niveles más bajos de atención de sus padres a las tareas escolares.

✦ Riesgo de abuso sexual

Uno de los efectos potenciales más graves y perturbadores de volver a casarse y formar una familia mixta es el riesgo de caer en el abuso sexual. (Vea el capítulo 34: *Abuso sexual;* y el capítulo 35: *Otras formas de abuso.*) Leslie Margolin y John L. Craft dicen:

> En un reciente estudio... los investigadores encontraron que es cuatro veces más probable que... padrastros, hombres que tienen la custodia temporaria y padres adoptivos... abusen sexualmente de los niños a su cuidado que sus padres biológicos. De la misma manera, era tres veces más probable que las "madres" no biológicas abusaran sexualmente de los niños bajo su cuidado que las madres biológicas.

La perspectiva bíblica sobre vivir con padrastros o en una familia mixta

Jesús fue hijastro. Pocas personas se detienen a considerar esta realidad, pero el hombre que ayudó a María a criar a Jesucristo hasta llegar a adulto no era su padre biológico (Mateo 1:18-25).

Moisés también fue hijastro. Aunque su madre natural fue su nodriza, se crió como el hijo adoptivo de la hija del Faraón (Exodo 2:1-10).

La receta de Dios para la familia es: "el hombre dejará a su padre y a su madre, y se unirá a su mujer, y serán una sola carne" (Génesis 2:24), produciendo hijos y colaborando juntos para criarlos. Los mandamientos de Dios sobre el matrimonio y la familia tienen la intención de reflejar un principio universal y eterno: *unidad.* A los ojos de Dios, la unidad es el elemento central de la relación matrimonial.

De manera similar, Dios diseñó a la familia como una unidad; un círculo intacto de relaciones, fuertes, cariñosas y duraderas; la unidad primaria de la sociedad humana (vea Núm. 1); una salvaguardia contra la soledad (Salmo 68:6); una defensa contra la pobreza y aflicción (1 Timoteo 5:4-8) y un ambiente propicio para criar y educar a los hijos (1 Timoteo 3:4).

La unidad es parte de la naturaleza y el carácter de Dios. El es uno (Deuteronomio 6:4). Y es esa unidad la que él anhela que reflejemos en nuestras relaciones matrimoniales y de familia. Cuando la Biblia dice que el hombre y la mujer se unirán "y serán una sola carne" (Génesis 2:24), está diciendo que el matrimonio debe reflejar la naturaleza de Dios.

Cuando los padres obedecen el mandato divino: "Sed fecundos y multiplicaos" (Génesis 1:28), la familia también debe reflejar la unidad que Dios valora.

Pero, aunque los creyentes hemos de reconocer el plan de Dios y su ideal, también tenemos que reconocer que no siempre se logra. Un niño es concebido fuera del matrimonio. Un padre muere. La mamá y el papá se divorcian. Un progenitor vuelve a casarse. Se forma un nuevo hogar, desafiando viejas lealtades y creando nuevas rutinas.

Aunque la familia mixta puede ser una situación desafiante y difícil tanto para padres como para hijos, *sí puede* reflejar la unidad de Dios, aun si nació del quebranto. Después de todo, Dios mismo es un padre adoptivo. No sólo acepta en su familia a los que se acercan a él con arrepentimiento y fe sino que los adopta como sus hijos.

> Pero a todos los que le recibieron, a los que creen en su nombre, les dio derecho de ser hechos hijos de Dios, los cuales nacieron no de sangre, ni de la voluntad de la carne, ni de la voluntad de varón, sino de Dios (Juan 1:12, 13).

> Pues no recibisteis el espíritu de esclavitud para estar otra vez bajo el temor,

> sino que recibisteis el espíritu de adopción como hijos, en el cual clamamos: "¡Abba, Padre!" (Romanos 8:15).

> Y seré para vosotros Padre, y vosotros me seréis hijos e hijas, dice el Señor Todopoderoso (2 Corintios 6:18).

> Y por cuanto sois hijos, Dios envió a nuestros corazones el Espíritu de su Hijo, que clama: "Abba, Padre" (Gálatas 4:6).

No hay respuestas fáciles para los jovencitos que luchan con los muchos ajustes y complejidades de sus familias mixtas. Estas, como las personas que las componen, son expresiones imperfectas de los ideales de Dios. Pero sea como fuere que se haya formado la familia mixta, Dios está a su disposición para curar a los quebrantados de corazón y para ayudar a lograr unidad donde hay discordia.

La respuesta al problema de vivir con padrastros o en una familia mixta

El pastor, maestro, líder juvenil, padre o madre sensible a las necesidades del jovencito o jovencita, puede ayudarle a adaptarse y sobrellevar su situación en una familia mixta implementando un plan como el siguiente:

ESCUCHAR. En medio de los problemas y traumas de acostumbrarse a una familia mixta, muchos adolescentes se quedan con la impresión de que nadie les escucha. Piensan que no se tiene en cuenta lo que están sintiendo. Muchas veces necesitan, más que nada, que alguien les escuche, alguien que les dé la libertad de expresar lo que sienten sin interrumpirlos y sin emitir juicios. El pastor, maestro o líder de jóvenes puede facilitar el que se expresen valiéndose de preguntas y frases como las siguientes:

- Cuéntame qué es lo que te está molestando.

- ¿Cuánto hace que sientes esto?

- ¿Las cosas han mejorado o empeorado?

- ¿Cómo se sienten los demás en tu familia?

- ¿Has conversado de esto con tus padres? Si no, ¿por qué no? En caso afirmativo, ¿con qué resultado?

El adulto interesado también hará bien en "escuchar" detenidamente a la comunicación no verbal del joven tanto como a lo que dice con sus palabras.

EMPATIZAR. Tómese el tiempo que sea necesario con el joven y bríndele el consuelo apropiado. Recuerde que puede comunicar empatía por medio de:

- Escuchar atentamente.

- Asentir con la cabeza.

- Hacer contacto visual.

- Inclinarse hacia adelante en la silla.

- Hablar en tonos tranquilizantes.

- Reflejar las afirmaciones y los gestos clave.

Resista la tentación de rebajar las preocupaciones del joven ("Seguramente las cosas no han de andar tan mal") o de aumentarlas ("Yo no sé cómo aguantas a ese hombre"). En cambio, trate sencillamente de ver las cosas a través de los ojos del joven mientras le escucha, se duele con él y llora con él.

ALENTAR. Aproveche toda oportunidad posible para crear un ambiente de aceptación, aprecio y aliento. Cubra al joven con sus oraciones, tanto cuando están juntos como cuando están separados. Contrarreste con abundantes dosis de aliento el rechazo que puede sentir ante su situación en una familia mixta. Sature cada conversación con palabras de esperanza también; después de todo, ¡un magnífico 80 por ciento de hijastros parecen estar sobrellevando bien su situación familiar!

DIRIGIR. La gran dificultad del hijo que trata de adaptarse a una situación de familia mixta (y que, puede usted estar seguro, el joven mismo siente agudamente) es que es relativamente impotente para lograr un cambio, o eso cree. Pero, aunque es obvio que los padres o padrastros están en mejor posición para influir sobre la familia, el adulto interesado puede guiar al joven para ayudarle a adaptarse a su situación, valiéndose de algunas de las siguientes ideas:

1. Aliente al joven a depender de Dios. Ayude al adolescente que integra una familia mixta a acercarse a Dios para recibir su consuelo y compañerismo cuando carece de otras relaciones. El Señor es un padre cariñoso que puede darle fuerzas y sostenerle en medio de sus muchas dificultades y desafíos en la vida.

2. Identifique las causas de las dificultades. ¿El joven siente dolor? ¿Está enojado? ¿Se siente culpable? ¿Está reaccionando al sentido de que ya no está en control? ¿Siente que lo descuidan? ¿Está celoso? Guíe al adolescente a expresar sus sentimientos y actitudes con miras a identificar los motivos principales de sus problemas.

3. Ayude al joven a enfrentar la realidad. Algunos hijos en familias mixtas tienen fantasías de que sus padres biológicos volverán a juntarse o que pronto volverá a tener "una familia de verdad", libre de las tensiones de vivir en una familia mixta. El joven debe darse cuenta de que esas cosas no pasarán. Más bien, debe mirar de frente a su situación actual y sobrellevarla de la mejor manera posible; así tendrá más posibilidad de adaptarse bien. Trate de lograr esto haciendo preguntas cuidadosamente (en lugar de *decirle* directamente cómo es la realidad): "¿Te parece que eso es realista?" "¿Qué te hace pensar eso?" "¿Qué metas más realistas puedes adoptar para ti y tu familia?"

4. Estudien la mejor manera de "negociar" la dificultad. En la familia mixta, como en cualquiera, hay que tomar y dar. Ayude al joven a considerar las maneras de "negociar" con sus padres y/o hermanos en áreas que enfoquen las causas de su problema; por ejemplo: acordando pedir permiso antes de tomar prestado algo o respetando el deseo de privacidad del hermano por medio de siempre llamar a la puerta de su habitación cuando está cerrada.

5. Incluya al progenitor y al padrastro o madrastra. El pastor, líder juvenil o maestro debe considerar la conveniencia de pedirle al joven permiso para incluir a su progenitor y padrastro o madrastra al encarar la situación. El adulto interesado puede a veces facilitar la comunicación y "negociación" entre padre e hijo. Dicho proceso, enfocado con cautela y oración, muchas veces puede encaminar a la familia mixta en la dirección debida.

COMPROMETER. Evite la tentación de dejar que el joven denomine a padrastros o hermanastros como "los malos" y a sí mismo como "el bueno". Involúcrelo en un proceso que lleve al perdón, la reconciliación y la planificación constructiva. Anime al joven a apuntar hacia una mejora, no una perfección, de la situación (y que contribuya a ella).

REFERIR. El padre, madre, pastor, maestro o líder de jóvenes debe estar atento para captar la necesidad de ayuda profesional. Si los esfuerzos del adulto interesado en él no dan muestra de ser eficaces, o si la situación empeora o se deteriora, se debe animar a padres e hijos a consultar a un consejero cristiano profesional mientras se sigue brindando todo el apoyo posible.

Pasajes bíblicos citados en este capítulo

- Mateo 1:18-25

- Exodo 2:1-10

- Deuteronomio 6:4

- Génesis 1:28; 2:24

- Números 1

- Salmo 68:6

- 1 Timoteo 3:4; 5:4-8

- Juan 1:12, 13

- Romanos 8:15

- 2 Corintios 6:18

- Gálatas 4:6

Otros pasajes bíblicos para leer

- Exodo 20:12

- Levítico 19:3

- Salmos 27:10; 68:5, 6; 147:3

- Proverbios 23:22

- Isaías 57:15

- Efesios 6:1-3

- Colosenses 3:20

22

RIVALIDAD ENTRE HERMANOS

Introducción

Durante años Sabrina y Miguel, su hermano mayor, eran amiguísimos. Jugaban juntos a las mil maravillas. Paseaban juntos en bicicleta. Se llevaban mejor entre ellos que con su hermana mayor.

Pero todo eso cambió cuando Sabrina tenía unos catorce años. Sus intereses empezaron a cambiar. Ya no le resultaba divertido andar con Miguel; en cambio, se sentía más atraída hacia su hermana. De pronto, veía que tenía más en común con ella que con Miguel.

Fue más o menos por ese tiempo que Miguel empezó con los insultos.

—Me llamaba "mocosa", después "gusano inútil". Me caía de lo peor, y yo no sabía por qué me trataba de esa manera. De pronto dejó de ser mi mejor amigo. Si se daba cuenta de que algo me molestaba, me seguía aguijoneando sobre el asunto hasta que me ponía a llorar —dice Sabrina—. Me dolía muchísimo. No sabía por qué nos estaba pasando eso. Me sentía totalmente confundida.

El problema de la rivalidad entre hermanos

La experiencia de Sabrina no es rara. Los hermanos y hermanas pueden ser los mejores amigos o los peores enemigos; o ambos, dependiendo de las circunstancias, la hora del día y el humor que tienen. Los hermanos pueden ser admirablemente cariñosos entre ellos o pueden ser de lo más crueles.

Los problemas entre hermanos pueden tomar diversas formas, como rivalidades, disputas o abuso.

✦ Rivalidad

La rivalidad es natural, quizá inevitable, entre hermanos. Es el espíritu de celos o competencia entre hermanos (o hermanastros) en la familia. Por ejemplo, Marcos, de trece años, se pone pesado al tratar de ser parte del círculo de amistades de su hermana mayor, principalmente porque está celoso de la atención que le da a sus amigas (que antes le daba a él).

La rivalidad entre hermanos puede ser un factor devastador en las relaciones familiares, pero también puede ser un factor positivo. José, de dieciséis años, es el mejor jugador del equipo de fútbol de su escuela, principalmente porque Joel, su hermano mayor, lo había sido y José siempre luchaba por ser igual que su hermano. "La interacción con los hermanos es... una manera de aprender a negociar, contemporizar, convertirse en muchachos con metas y lograr y mostrar respeto hacia sus amigos dice Wanda Draper, especialista en desarrollo infantil y profesora de siquiatría en la Universidad de Oklahoma, EE. UU. de A.

✦ Disputas entre hermanos

Pero la rivalidad entre hermanos puede ser destructiva en lugar de constructiva cuando empieza a generar disputas entre ellos. Andrés, de quince años, no se perdía la oportunidad de asustar a su hermano menor: fastidiándolo diciendo que era gordo, haciéndole llorar enfrente de otras personas y luego burlándose de él porque era un llorón y, también, provocando peleas sin razón.

✦ Maltrato recibido de un hermano

Las relaciones entre hermanos a veces pueden degenerarse hasta convertirse en conductas y modalidades que constituyen un verdadero maltrato. La doctora Annaclare van Dalen define el maltrato recibido de un hermano como "un asalto emocional y/o físico que hace que la víctima se sienta mal acerca de sí misma".

Los hermanos tienen más probabilidad de maltratar a alguien si ellos mismos han sido víctimas del maltrato; al hacer a un hermano (por lo general menor), lo mismo que le hicieron a ellos, vuelven a sentirse poderosos. Tal fue la experiencia de Alicia con su hermano Iván:

> Nunca se habían llevado bien, y el verano cuando él cumplió los 16 años y ella los 14 fue una pesadilla. Alicia explica: "Era un tipo lleno de cólera, muy desdichado en la escuela y no tenía muchos amigos".
>
> Ese verano estaban solos en casa durante el día. Iván parecía una bomba a punto de explotar... En cierta ocasión, sin provocación, persiguió a Alicia con un bate de béisbol. Alicia estaba totalmente aterrorizada: "Después que me arrodillé y encogí en el suelo delante de él, me dijo 'Está bien, está bien', luego se calmó y se retiró." En otra oportunidad, dice Alicia: "Estaba tratando de fastidiarme, a ver hasta dónde podía llegar antes de que perdiera los estribos, así que se lanzó hacia mí con un cuchillo grande de la cocina. Corrí y cuando quedé atrapada contra la pared, se me vino encima riendo, después desvió el cuchillo".

Van Dalen afirma que: "Las disputas son un esfuerzo por procurar solucionar las diferencias; en casos de maltrato, se trata de un hermano procurando ser más poderoso que el otro". El maltrato puede variar desde insultos y darle miedo a un hermanito hasta amenazar, destruir las pertenencias del hermano o rasguñarlo, pegarle o patearlo.

Las causas de la rivalidad entre hermanos

La rivalidad entre hermanos tiene que ver con muchas cosas. Hasta cierto punto es sencillamente el resultado natural de tener muchos hijos en la familia, cada uno tratando de ganarse más atención y afecto. También puede ser causada por el orden en que nacieron, el trato preferencial de un hijo por parte de los padres y muchos otros factores, incluyendo:

✦ **Celos**
"Las causas detrás de este conflicto", escribe el defensor de familias y autor James Dobson, "son los puros celos y la competencia". Celos de los talentos, amigos, la apariencia personal, calificaciones, los privilegios dentro de la familia, la atención de los padres, etc., con frecuencia generan un sentido de rivalidad, muchas veces llevando a las disputas y el abuso entre hermanos. Tales sentimientos pueden tener sus raíces en sucesos y actitudes que ninguno de los hermanos recuerda o percibe pero, aun así, son una realidad.

✦ **Comparaciones malsanas y desfavorables**
Escribe el doctor Dobson:

> El conferencista Bill Gothard ha afirmado que la raíz de los sentimientos de inferioridad es la comparación. Concuerdo... Esto se aplica especialmente en tres áreas. *Primera,* los jovencitos son extremadamente sensibles en cuanto a su atractivo físico y sus características corporales. Resulta extremadamente erróneo elogiar a un hijo a expensas de otro... *Segunda,* el tema de la inteligencia es otro aspecto sensible... *Tercera,* los niños (y especialmente los varones) son muy competitivos con respecto a sus habilidades atléticas.

✦ **Papeles cambiantes**
La adolescencia es, por supuesto, una etapa de muchos cambios. El cuerpo del jovencito o jovencita empieza a madurar, él o ella empieza a desarrollar nuevos intereses y, con mucha frecuencia, su papel en la familia también pasa a una dimensión diferente. El adolescente tiene más obligaciones en la casa; cambia de escuela o empieza a trabajar. Sus relaciones con sus amigos pueden profundizarse o ampliarse con los del sexo opuesto, por ejemplo.

Tales cambios tienen sus ramificaciones dentro de la familia. El hermanito puede sentir que lo descuidan; la hermanita puede ponerse celosa. O el hermano mayor se va de casa para ir a la universidad, cambiando la composición de la familia. Dichos cambios pueden generar o aumentar los sentimientos de rivalidad entre hermanos.

✦ **Estrés**
Las rivalidades entre hermanos pueden ser graves en los casos de estrés en una situación de familia. Una trabajadora social describe cómo sucede esto:

> Cuando existe algo que genera tensión o conflicto —ya sea tensiones en el matrimonio de los padres, abuso padre/hijo o un padre alcohólico— y no se solucionan, un hijo puede empezar a descargar la frustración que siente hacia sus padres en su hermano más débil o menor.

Las rivalidades, las disputas o los maltratos pueden ir dirigidos a alguien —o algo (como ser una circunstancia indeseable)— que no es el hermano: éste a menudo es sencillamente el blanco conveniente hacia el cual lanzar el estrés y las frustraciones.

✦ **Egoísmo y dificultad en compartir**
Se da desde cuando el infante no quiere compartir sus juguetes con su hermanita, hasta cuando la adolescente discute con su hermana porque siempre "te estás poniendo mi ropa". Parte de la rivalidad y las disputas entre hermanos se debe al egoísmo por tener que compartir sus recursos (como el tiempo de sus padres o dinero para comprar cosas especiales).

Las situaciones como éstas pueden ser constructivas ayudándoles a aprender "cómo defender sus derechos, cómo competir sin ser hostiles y cómo resolver conflictos por medio de negociar y contemporizar". Pero también pueden ser destructivas, generando enemistades y lastimando a los involucrados.

✦ Desear más atención

Aun entre los jóvenes (y entre los adultos también), las disputas entre hermanos muchas veces son una manera de manipular a los padres. James Dobson escribe:

> Discutir y pelear dan la oportunidad para que los hermanos "atraigan" la atención de los adultos. Alguien ha escrito: "Algunos muchachos prefieren que los busquen por asesinato a que no los busquen para nada." Hacia ese fin, un par de hermanos puede acordar tácitamente molestar a sus padres hasta que reaccionen, aun cuando esa reacción sea de enojo.

Los efectos de la rivalidad entre hermanos

✦ No siempre es perjudicial

La rivalidad entre hermanos casi siempre es motivo de preocupación para los padres y de alteración para los jóvenes involucrados. Pero no siempre es perjudicial. Draper dice que:

> La gran mayoría de los hermanos que discuten cuando son jóvenes, a la larga dejan de hacerlo y son amigos. Lo que hay que recordar es que éste es sencillamente otro aspecto normal del desarrollo, y a la mayoría de los padres les conviene dar un paso atrás y dejar que sus hijos desarrollen la habilidad de manejar la situación.

✦ Destruye la autoestima

Pero cuando la rivalidad entre hermanos y las disputas son particularmente graves, pueden destrozar el concepto que el joven tiene de sí mismo, cosa que puede perdurar al ser adulto. Nancy siempre se tenía que aguantar la hostigación de parte de Nidia, su hermana mayor. Nidia constantemente la llamaba "fea", "torpe" y "estúpida". Aunque hoy Nancy es una mujer adulta refinada, realizada, hermosa y madre de tres niños, sigue luchando con su complejo de incapacidad e inferioridad, especialmente después de que la visita su hermana mayor.

✦ Varios efectos negativos

Además, el maltrato recibido de un hermano produce muchos de los mismos resultados de cualquier maltrato: sentimiento de culpabilidad, desconfianza, agresividad, habilidades sociales deficientes, inseguridad y un concepto bajo de sí mismo. (Vea el capítulo 35: *Otras formas de abuso.*)

Las cicatrices físicas y emocionales del maltrato recibido de un hermano no son menos serias porque vinieron de parte de un hermano; al contrario, pueden dejar una huella permanente y trágica.

La perspectiva bíblica sobre la rivalidad entre hermanos

La Biblia no contiene ningún discurso o indicación sobre la rivalidad entre hermanos. Pero, como siempre, presenta un concepto honesto y penetrante de las relaciones familiares, incluyendo las que son entre hermanos.

La primera familia humana, según el relato en Génesis, estaba plagada de rivalidades, disputas y maltratos entre hermanos: Caín mató a su hermano Abel en un ataque de celos (vea Génesis 4:8). Los hermanos de José le tenían tantos celos que se pusieron de acuerdo para venderlo como esclavo (vea Génesis 37:12-36). Abimelec, hijo de Jerobaal, mató a setenta de sus hermanos para poder ser rey de Siquem (vea Jueces 9:5). Absalón ordenó la muerte de Amón, su medio hermano (vea 2 Samuel 13:29). Salomón ordenó la muerte de Adonías, su medio hermano (1 Reyes 2:25). Joram mató a todos sus hermanos al ascender al trono de Judá (2 Crónicas 21:4).

La Biblia clara y directamente presenta los trágicos resultados de las rivalidades, disputas y el maltrato entre hermanos. Además, pone en claro que la raíz de las rivalidades entre hermanos, los celos, son no sólo inaceptables sino también indeseables.

Porque desde adentro, del corazón del hombre, salen los malos pensamientos, las inmoralidades sexuales, los robos, los homicidios, los adulterios, las avaricias, las maldades, el engaño, la sensualidad, la *envidia*, la blasfemia, la insolencia y la insensatez *(Marcos 7:21, 22, énfasis agregado)*.

Andemos decentemente, como de día; no con glotonerías y borracheras, ni en peleas y *envidia (Romanos 13:13, énfasis agregado)*.

Pero me temo que quizás, cuando llegue, no os halle tales como quiero, y que yo sea hallado por vosotros tal como no queréis. Temo que haya entre vosotros contiendas, *celos*, iras, enojos, disensiones, calumnias, murmuraciones, insolencias y desórdenes *(2 Corintios 12:20, énfasis agregado)*

Ahora bien, las obras de la carne son evidentes. Estas son: fornicación, impureza, desenfreno, idolatría, hechicería, enemistades, pleitos, *celos*, ira, contiendas, disensiones, partidismos *(Gálatas 5:19, 20, énfasis agregado)*.

La Biblia no prohíbe por capricho los celos y la envidia; al contrario, el propósito de Dios al querer apartar a su pueblo de tales acciones es para evitar sus resultados indeseables:

Porque donde hay *celos* y contiendas, allí hay desorden y toda práctica perversa *(Santiago 3:16, énfasis agregado)*.

Pablo receta el antídoto bíblico para los celos:

El amor tiene paciencia y es bondadoso. El amor no es *celoso*. El amor no es ostentosos, ni se hace arrogante *(1 Corintios 13:4, énfasis agregado)*.

Las rivalidades entre hermanos, aunque sean bastante naturales en las relaciones familiares, son igualmente un componente indeseable y potencialmente perjudicial de esas relaciones que el padre, maestro, líder de jóvenes o pastor con discernimiento tratará de solucionar.

La respuesta al problema de la rivalidad entre hermanos

Alguien ha dicho que la única forma segura de evitar rivalidades entre hermanos es tener un solo hijo. Dicha solución puede causar gracia, pero no ayuda. Hay maneras de disminuir el tipo de guerras entre hermanos que atormenta a tantos jóvenes y que preocupa a tantos padres. Las siguientes medidas pueden ser de ayuda a padres, maestros, pastores y otros adultos interesados en solucionar la rivalidad entre hermanos adolescentes o jóvenes:

ESCUCHAR. Con frecuencia la necesidad más grande que siente la persona que sufre es que alguien se tome el tiempo para escuchar e interesarse en ella. Deje que el joven exprese sus sentimientos honesta y abiertamente. Resista la tentación de corregirlo diciendo cosas como: "No digas eso de tu hermano" o "No te lo hace con malas intenciones". Deje que el joven se exprese sin censurarlo o corregirlo.

En cuanto sea posible y con constancia, ayúdele a valerse de la oración, recordándole que, aun cuando nadie a su alrededor le escucha o parece interesarse en él, Dios sí escucha y se interesa en él (Salmo 34:15-18). Aliéntelo para que dependa del Señor y de sus recursos.

EMPATIZAR. Faber y Mazlish, coautores de *Siblings Without Rivalry* (Hermanos sin rivalidades) sugieren que:

Intelectualmente, las rivalidades entre hermanos no son difíciles de entender pero, emocionalmente, muchos tenemos dificultad en aceptar... los sentimientos hostiles entre los jovencitos. Quizá comprenderíamos mejor estos sentimientos si tratáramos de ponernos en el lugar de ellos.

Quizá algunos padres o líderes juveniles recuerden problemas con sus hermanos en su propia niñez; quizá puedan empatizar al reconocer y aceptar sus propios celos e inseguridades. Encarar con empatía las diferencias entre hermanos será de inmensa ayuda.

ALENTAR. El padre, pastor, maestro o líder juvenil sabio estará atento a cualquier oportunidad que se le presente para brindar sus palabras de aliento y de confirmación de que el joven vale. Puede decir:

- Me gusta tu compañía porque...

- Me caes bien porque...

- Tienes una sonrisa hermosa (voz, sentido de humor, etc.)

- Qué talentoso eres en... (matemáticas, piano, etc.)

- Te quiero.

Tenga en cuenta también esta sugerencia:

Recuerde... que los hermanos no siempre están peleando. Puede ser que la mayor parte del tiempo sean muy buenos amigos. Es muy importante tomar nota y elogiarlos cuando realizan algo considerado para el otro. Trate de reconocer esas cosas.

DIRIGIR. Existen dos direcciones importantes en que el líder de jóvenes, padre, pastor o maestro puede ayudar al joven a solucionar la rivalidad con sus hermanos.

1. Dentro del adolescente mismo. Se debe alentar al jovencito para que examine sus propios sentimientos. ¿Por qué hay ese espíritu de rivalidad? ¿Contribuye

él a ese espíritu? (Recuerde que aun José tuvo su parte en los celos de su hermano (vea Génesis 37:1-11). ¿Qué puede hacer él o ella para suavizar la(s) causa(s) de la rivalidad?

En el caso de maltratos recibidos de un hermano, no debe vacilar en informárselo a sus padres (a pesar de las amenazas e intimidaciones de su hermano) y seguir haciéndolo abiertamente hasta que el maltrato cese y se haga algo para que no suceda en el futuro.

2. En el hogar. Las siguientes tácticas pueden ser de utilidad a los padres o tutores para prevenir o solucionar las rivalidades entre hermanos:

- *Ayude a los jovencitos a expresarse.* Ayúdelos a usar palabras que expresen sus sentimientos; a decir: "Me da la impresión de que ya no tienes tiempo para mí", por ejemplo, en lugar de sabotear las amistades de un hermano mayor.

- *Tenga cuidado de no echarle leña al fuego de los celos normales entre hermanos.* Resista el deseo de compararlos, especialmente en las tres áreas ya mencionadas (apariencia física, inteligencia y habilidades deportivas). Felicite y aprecie a cada hijo sin mencionar a sus hermanos. Y *nunca* diga: "¿Por qué no puedes ser como tu hermana?"

- *Trate a cada hijo singularmente en lugar de tratarlos a todos igual.* Los hijos esperan que los padres los traten a todos igual, y los padres por lo general reaccionan tratando de dar pruebas de que son justos. Cada hijo es singular, tiene intereses, dones y personalidad diferentes. Los padres deben programar un tiempo para estar a solas con cada hijo tanto como para estar juntos en familia. Procure amar a todos sus hijos por igual, y trátelos singularmente, disfrutando de sus puntos fuertes y ayudándoles a superar sus puntos débiles individuales.

● *Establezca un marco de respeto*, como es, prohibir los adjetivos denigrantes. El doctor Dobson ofrece varios ejemplos que ha usado en su propia familia:

a. Ningún hermano puede burlarse despectivamente de su hermano. ¡Y punto!

b. La habitación de cada hermano, o parte de la habitación si los hermanos la comparten es su territorio privado.

c. No se le permite al hermano mayor provocar a su hermano menor.

d. No se le permite al hermano menor fastidiar al hermano mayor.

e. Los hermanos no están obligados a jugar juntos cuando prefieren estar solos o con sus amigos.

f. Mediamos cualquier conflicto verdadero lo más pronto posible, teniendo cuidado en ser imparciales y extremadamente justos.

● *Intervenga cuando las peleas entre hermanos ya no pueden ser ignoradas.* Hágalo en una forma que no les dé una solución "servida en bandeja de plata"; más bien, enséñeles cómo negociar y resolver sus conflictos en el futuro.

COMPROMETER. Consiga la colaboración del joven en la resolución de los problemas con sus hermanos. Aliéntelo a decidir: "¿Qué voy a hacer la próxima vez? ¿Cómo puedo impedir el conflicto antes de que empiece? ¿De qué manera diferente encararé los desacuerdos? ¿Cómo puedo negociar, contemporizar y resolver mejor las cosas?" Si el jovencito mismo se traza un plan para contrarrestar las rivalidades con sus hermanos, estará más conforme con él y será más probable que lo lleve a cabo.

REFERIR. El pastor, maestro o líder de jóvenes tiene que ser sensible a la situación en el hogar del joven y a la necesidad de avisar a los padres y animarlos a buscar una solución. En los casos graves (particularmente cuando entra en juego el maltrato por parte de un hermano), es imprescindible referirlo (con la colaboración y el permiso de los padres) a un consejero cristiano profesional.

Pasajes bíblicos citados en este capítulo

● Génesis 4:8

● Génesis 37:12-36

● Jueces 9:5

● 2 Samuel 13:29

● 1 Reyes 2:25

● 2 Crónicas 21:4

● Marcos 7:21, 22

● Romanos 13:13

● 2 Corintios 12:20

● Gálatas 5:19, 20

● Santiago 3:16

● 1 Corintios 13:4

● Salmo 34:15-18

● Génesis 37:1-11

REBELDÍA

Introducción

Víctor era un muchachito de catorce años que a duras penas aprobaba las materias en la escuela. Pertenecía a una familia que dependía totalmente de la escala de valores cristianos. Sus padres eran bien vistos por todos y ocupaban posiciones de liderazgo en su iglesia y comunidad.

Pero su adolescencia se caracterizaba por un espíritu de rebelión contra sus padres. Andaba mal en la escuela deliberadamente, diciendo que lo que enseñaban no le servía para nada. Tomaba bebidas alcohólicas periódicamente y le parecía que "no había nada de malo" en llegar borracho a la casa con el único propósito de mostrar a sus padres que podía violar sus normas de conducta.

Llegó a un punto en su adolescencia cuando anunció su liberación de las enseñanzas cristianas y declaró que no estaba seguro de que Dios existiera.

Llegó a ser un adulto sintiendo mucho desprecio por sus padres. Pero cuando ya se las arreglaba solo, descubrió que sus conceptos tan rebeldes de la vida no eran tan válidos como lo había creído. A los veintidós años, Víctor estaba dispuesto a volver a examinar las enseñanzas que sus padres le habían inculcado desde muy niño. Finalmente, sin dinero, sin escuela, espiritualmente vacío y con fama de irresponsable entre sus amistades, Víctor estaba listo para aprender de sus errores... después de haber causado casi una década de problemas y sufrimientos a sus padres.

El problema de la rebeldía

Para algunos padres y líderes juveniles, la frase "rebeldía y adolescencia" puede parecer redundante. A veces, pareciera que adolescencia y juventud es sinónimo de rebeldía.

Mario llega de la escuela y su madre lo recibe preguntando: "¿Qué tal te fue hoy?" El da media vuelta y responde de mala manera: "¿Ya empiezas a molestar?"

Hace tiempo que el modo de vestir de Graciela molesta a sus padres, pero han tratado de disimularlo. Pero cuando llegó a casa un sábado por la tarde con tres aretes en una oreja y cuatro en la otra más uno pequeñito de plata a un costado de la nariz, ¡ya no pudieron callar su disgusto!

Julia sencillamente no quiere ir a la escuela. Sus padres la han puesto en penitencia, pero ella se escapa y se pasa unos días en casa de sus amigas. La escuela también ha querido tomar sus medidas, pero ella dice que no le importa y que prefiere andar todo el día en la calle o en casa de sus amigas.

Roberto, cuyo padre es diácono de la iglesia, no sólo se niega a ir a los cultos con su papá y su mamá; un día se las arregló para que lo arrestaran... por arrojar un ladrillo y romper uno de los ventanales del templo. Le explicó a la policía que él y sus amigos sencillamente andaban "buscando algo para hacer" ese sábado por la noche.

Estos ejemplos pueden ser inconsecuentes para los padres que soportan ataques físicos sobre su persona e insultos y observan a sus hijos involucrarse en conductas peligrosas y destructivas de mucha mayor escala.

Según la doctora Grace Ketterman, la conducta que un padre puede interpretar como rebeldía cabe dentro de tres categorías:

> Cuando los padres son demasiado estrictos, *los hijos se rebelan para llamar la atención* al hecho de que ya no son niños. Pero la misma mala conducta es mucho más común en los hijos cuyos padres son

terriblemente inconstantes. Yo califico las acciones de estos jóvenes como conducta para probar, porque en realidad no se están rebelando. Sólo están tratando de ver si a sus padres les importa lo que hacen y pueden impedírselo. *La mala conducta es muy similar,* pero la causa es totalmente opuesta. Los padres estrictos tienen que ser más flexibles. Los padres inconstantes tienen que ser más consecuentes y establecer ciertas normas. *La tercera condición es la que yo llamo conducta loca,* que se da en algunos jovencitos en un intento por escapar de su dolor emocional. Muchos muchachos tienen su propia variedad de dolor: su hogar se ha desintegrado, ha perdido a uno de sus padres, etc., por lo que exteriorizan sus sentimientos, y sus acciones son interpretadas como rebeldía.

Las causas de la rebeldía

La rebeldía del adolescente ocurre por muchos y variados factores. En algunos casos es sencillamente una expresión torpe de su desarrollo a veces inseguro hacia la madurez. Pero en muchos casos la rebelión del adolescente brota de diversas raíces, entre las cuales pueden contarse una mala relación con sus padres, poco esfuerzo por comunicarse, una necesidad de que lo controlen, una falta de límites y expectativas, una expresión de ira y agresividad y la ausencia de un ejemplo honesto y vulnerable.

✦ **Mala relación con los padres**
Una regla sin una buena relación lleva a la rebeldía. Los padres pueden considerarse a sí mismos como estrictos o indulgentes, pero no importa si las reglas que esperan que el adolescente observe son muchas o pocas, la clave radica en la relación de los padres con el joven.

El padre puede conseguir que su hijo pequeño "se porte bien" aplicando una serie de reglas fijas; la mamá o el papá puede controlar a un niño estableciendo un orden estricto. Pero con el jovencito, a menudo las cosas son distintas. Cuando los padres tratan de hacer cumplir sus reglas sin primero establecer una buena y auténtica relación con sus hijos, siembran semillas de rebeldía. A veces será una rebelión externa fácil de detectar, pero otras veces será una rebelión interior, en que el joven aparenta ser obediente pero para sus adentros va desarrollando todo tipo de resentimientos y agravios, al igual que un concepto malsano y bajo de sí mismo.

✦ Un esfuerzo por comunicarse

La rebeldía es muchas veces una proyección del esfuerzo del adolescente por comunicar lo que piensa, siente o necesita. El doctor William Lee Carter ilustra acertadamente esta realidad:

> Hace unos años estaba enseñando una clase de estudiantes secundarios en la escuela dominical... uno de los muchachos en la clase leyó Colosenses 3:8, que dice: "Pero ahora, dejad también vosotros todas estas cosas: ira, enojo, malicia, blasfemia y palabras groseras de vuestra boca." En cuanto terminó, otro muchachito adolescente, que tenía fama de rebelde, dijo impulsivamente: "Si dejo de hacer todas esas cosas, nadie me escucha. Nadie me toma en serio si no recurro a todo eso para expresar lo que siento."

Aunque pocos son los jóvenes que perciben la raíz de su rebeldía con la claridad de aquel muchacho —y aunque rara vez comunican lo que consciente o subconscientemente tienen la intención de comunicar— muchos igualmente se rebelan con la esperanza de que alguien les escuche y comprenda sus sentimientos y necesidades.

✦ Una necesidad de sentir que tiene control

Todos —los adultos inclusive— necesitan sentir que hasta cierto punto tienen control sobre sus vidas. Esta es una de las razones por las cuales nos alteramos tanto ante homicidios sin razón que los noticieros reportan, ante ladrones que se robaron algo de nuestra propia casa y ante la muerte de un amigo o ser querido; nos quitan el sentido de tener control sobre lo que nos sucede.

El adolescente —adulto en formación— posee la misma necesidad de sentir que tiene control sobre su vida. Puede reaccionar positivamente a las pautas y los límites establecidos por sus padres, pero el joven que empieza a sentir que sus padres controlan todo lo que él dice o hace puede reaccionar con posturas destinadas a quitarse de encima ese control (por ejemplo, llegando siempre a casa después de la hora que ellos imponen). Si los padres hacen el intento de ejercer control por medio de amenazas, coerción o represión física, el joven puede creer que lo están forzando a rebelarse o a renunciar al control que tiene sobre su propia vida.

✦ Falta de límites y expectaciones

El doctor G. Keith Olson, autor de *Counseling Teenagers* (Aconsejando a los adolescentes), escribe:

> Los adolescentes criados en hogares demasiado tolerantes... pueden ser tan rebeldes como los de hogares estrictos, aunque generalmente por razones diferentes. Los jóvenes de hogares demasiado tolerantes pueden rebelarse contra la falta de códigos y expectaciones. En los ambientes de los dos tipos de hogares es probable que durante años haya existido en la familia la costumbre de desalentar, de no animar ni dar sentido de dirección con la consecuente autocrítica. Para cuando estos niños lleguen a la juventud, por lo general ya tienen serias dudas sobre su propio valor y sobre el hecho de ser aceptados.

✦ Una expresión de ira y agresividad

Algunos sicólogos e investigadores han conectado la rebelión a "los impulsos agresivos que se han introvertido". El joven puede sentir ira contra sus circunstancias (divorcio de sus padres, muerte de uno de sus padres, etc.), o contra alguien en particular (un padre ausente, un pariente que lo maltrata, etc.) o aun contra Dios. Esta ira, por lo general reprimida, puede llevar a impulsos o acciones rebeldes. (Vea también el capítulo 4: *Ira*.)

✦ La falta de un ejemplo honesto, vulnerable

Ronald P. Hutchcraft escribe:

> Los muchachos no sienten mucho respeto por los padres que "nunca se equivocan". Los padres que nunca se equivocan, nunca piden disculpas, o nunca piden perdón... parecen inalcanzables... Otra razón por la que el adolescente rechaza la autoridad de sus padres es que no cree que sus padres le dan un buen ejemplo. Sienten que sus padres esperan de ellos lo que ellos mismos no practican. Quieren que sus padres sean buenos ejemplos para ellos; que les muestren por medio de sus propias vidas cómo ellos, como hijos, deben vivir y reaccionar a diversas situaciones.

Los efectos de la rebeldía

Como ya se ha dicho, es casi seguro que todos los jóvenes se rebelan de una manera u otra. Los pensamientos y la conducta rebeldes no sólo son comunes, son también naturales. Estas tendencias rebeldes hasta pueden ser beneficiosas ayudando al joven a avanzar hacia su independencia, y ayudando a sus padres a adaptarse a las expectaciones y costumbres de sus hijos. Pero una rebeldía prolongada puede ser tanto peligrosa como perjudicial para padres e hijos.

✦ Actividades peligrosas

La rebeldía que se expresa en la delincuencia (alcoholismo, abuso de drogas, vandalismo, etc.) acarrea muchos peligros para el joven. Los riesgos de este tipo de rebeldía son muchos, como bien lo dice la autora Linda Peterson:

> Sin duda recuerda usted sus propios problemas de adolescente: las discusiones con sus padres sobre la ropa, los amigos, el estado de su habitación, sus tareas escolares, su futuro. Los padres y jóvenes siguen con lo mismo. Pero ahora, el costo es mayor... Los adolescentes de hoy escuchan "rock" como: "Antes la quería pero ahora la tuve que matar", del conjunto Guns N' Roses. Los muchachos de quince

años van a "beber todo lo que puedo" en sus fiestas; la marihuana es cinco o diez veces más potente que hace 15 años, y las consecuencias de las relaciones sexuales "al paso" pueden ser mortales.

✦ Depresión

En su libro *Teenage Rebellion* (Rebeldía del adolescente), Carter escribe:

> La actitud antipática, arrogante, tan típica de la mayoría de los jóvenes rebeldes sugiere cualquier cosa menos depresión. Pero una de las reglas básicas de la conducta humana es que la expresión excesiva de los sentimientos, a menudo constituye un fuerte indicador de una incomodidad emocional interior más grave. Tal es el caso del adolescente rebelde.
>
> *Insatisfacción* frecuentemente se da como una sinónimo del término depresión. Los adolescentes rebeldes con frecuencia se sienten insatisfechos con distintos aspectos de sus vidas. Una jovencita dijo: "No le puedo decir cuántas cosas andan mal en mi vida. No me puedo llevar bien con mis padres. En casa siempre estoy metida en líos. En la escuela mis profesores me tratan como si fuera antipática. Me tratan como una delincuente juvenil... Sé que no voy a ninguna parte en la vida, pero no sé qué hacer. En realidad, ni estoy segura de querer saber qué hacer."
>
> Otras personas la caracterizan como egocéntrica, consentida, arrogante, difícil de manejar, y por cierto que ha demostrado todas esas características. Pero el adjetivo que describe sus sentimientos no es arrogante, sino deprimida. (Vea también el capítulo 5: *La Depresión*.)

✦ Aislamiento

El adolescente rebelde también experimenta un sentido de aislamiento como resultado de sus actitudes y acciones. Termina sintiéndose aislado de sus padres, sus maestros, los líderes de la iglesia y de la sociedad en general, aun de sus amigos. Su conducta y porte a menudo hace que la gente trate de eludirlo, y todas estas reacciones rara vez pasan desapercibidas para el joven rebelde. La muchacha citada por Carter en la sección anterior manifestó también: "Los únicos muchachos que querían salir conmigo eran los que siempre andaban metidos en líos, igual que yo". Irónicamente, este sentimiento de aislamiento muchas veces lleva a más —no menos— rebeldía.

✦ **Sentimiento de culpabilidad**

El adolescente rebelde con frecuencia está lleno de sentimientos de culpabilidad. Sabe lo malo de sus acciones. Sabe el dolor que le causa a sus padres y a otros que lo quieren. Muchas veces comprende que su conducta también es desobediencia contra Dios. Pero no pone fin a su conducta rebelde. Puede ser que está empecinado a no ceder ante sus padres.

Puede ser que tiene miedo de mostrar señales de debilidad o vulnerabilidad. O sencillamente puede ser que no tiene la capacidad de hacer frente a las verdaderas causas de su rebelión. En consecuencia, frecuentemente niega su sentimiento de culpabilidad y, al hacerlo, se hace susceptible a que aumente. (Vea también el capítulo 3: *Sentimiento de culpabilidad*.)

✦ **Ansiedad y temor**

Carter escribe:

> Aunque lo reconozcan o no, los jóvenes rebeldes tienen miedo de muchas cosas... Pueden temerle al resultado final de sus acciones rebeldes. Muchos también tienen miedo de no poder superar sus modos belicosos y de encontrarse en perennes problemas con los demás. Algunos temen que nunca podrán relacionarse bien con los demás... La ansiedad puede expresarse de las siguientes maneras:
>
> ● Frecuentes quejas de enfermedad, incluyendo dolores de cabeza, de estómago y trastornos en el sueño.
>
> ● Sentimientos de pánico como resultado de expresiones emocionales descontroladas.
>
> ● Preocupaciones poco realistas u opiniones irracionales sobre los demás.

● Expresiones emocionales intensas que sobrepasan lo que la situación amerita.

● Ser insensible a los sentimientos ajenos por miedo a dañarse aun más emocionalmente.

● Dar por hecho que siempre sucederá lo peor.

● Guardar las emociones al punto que la tensión corporal es incómoda.

Aunque esta lista de las reacciones no es exhaustiva en cuanto a los posibles efectos de la rebeldía, sí ilustra la potencialidad desagradable y destructiva de la rebeldía del adolescente, no solo para los padres, sino para el adolescente mismo.

La perspectiva bíblica de la rebeldía

La Biblia es bastante directa al presentar los efectos de la rebeldía juvenil. El ejemplo clásico, por supuesto, es el de la rebeldía de Absalón contra su padre, el rey David, que aparece en 2 Samuel 15.

Una mirada a la niñez y adolescencia de Absalón nos muestra las semillas de la rebeldía. Era el producto de la poligamia (2 Samuel 3:3) y de un contexto familiar turbulento. Su juventud se caracterizó por la tragedia y el homicidio (2 Samuel 13). Estaba enemistado con su padre (2 Samuel 14:28) y empezó un incendio en un intento por manipular un encuentro con su padre (2 Samuel 14:29-33).

Pero la reconciliación de Absalón con David, su padre, fue de corta duración. Su respuesta al perdón que le otorgó su padre fue encabezar un ejército contra David en un esfuerzo por obtener el poder. La rebelión de Absalón tuvo éxito al forzar a David a huir de la ciudad capital, pero terminó con la muerte de Absalón (2 Samuel 18:1-18). El resultado de la rebeldía de Absalón contra su padre fue su propia destrucción.

La Palabra de Dios presenta claramente cuál es la conducta apropiada de los hijos; no sólo los hijos adolescentes y jóvenes sino los hijos adultos también hacia sus padres. Deuteronomio 27:16 proclama: "¡Maldito el que trate con desprecio a su padre o a su madre!" Y Proverbios 15:20 dice: "El hijo sabio alegra al padre, pero el hombre necio menosprecia a su madre".

Deuteronomio 21:18-21 expresa una dura receta para curar la rebeldía contra la autoridad de los padres:

> Si un hombre tiene un hijo contumaz y reblede, que no obedece la voz de su padre ni la voz de su madre, y que a pesar de haber sido castigado por ellos, con todo no les obedece, entonces su padre y su madre lo tomarán y lo llevarán ante los ancianos de su ciudad, al tribunal local. Entonces dirán a los ancianos de la ciudad: "Este hijo nuestro es contumaz y rebelde. No obedece nuestra voz; es un libertino y un borracho." Entonces todos los hombres de su ciudad lo apedrearán, y morirá. Así quitarás el mal de en medio de ti, y todo Israel lo oirá y temerá.

A algunos padres, esta reacción puede parecerles dura (¡y a otros tentadora!), pero la Palabra de Dios pone en claro que la relación padre-hijo es algo muy serio:

> Hijos, obedeced en el Señor a vuestros padres, porque esto es justo. "Honra a tu padre y a tu madre (que es el primer mandamiento con promesa) para que te vaya bien y vivas largo tiempo sobre la tierra." Y vosotros, padres, no provoquéis a ira a vuestros hijos, sino criadlos en la disciplina y la instrucción del Señor (Efesios 6:1-4).

Los hijos tienen que obedecer; pero los padres tienen que relacionarse con ellos de manera que fomente la obediencia en lugar de incitar a la rebeldía.

Un ejemplo más de las Escrituras debe ser notado. Lucas 2:41-52 ofrece la única muestra que tenemos de la adolescencia de Jesús. Relata la visita de Jesús y sus padres a Jerusalén, cuando tenía doce años, para celebrar la Pascua.

Iban sus padres todos los años a Jerusalén, para la fiesta de la Pascua. Cuando cumplió doce años, subieron ellos a Jerusalén conforme a la costumbre de la fiesta. Una vez acabados los días de la fiesta, mientras ellos volvían, el niño Jesús se quedó en Jerusalén; y sus padres no lo supieron. Suponiendo que él estaba en la caravana, fueron un día de camino y le buscaban entre los parientes y los conocidos. Como no le encontraron, volvieron a Jerusalén buscándole. Aconteció que después de tres días, le encontraron en el templo, sentado en medio de los maestros, escuchándoles y haciéndoles preguntas. Todos los que le oían se asombraban de su entendimiento y de sus respuestas. Cuando le vieron, se maravillaron, y su madre le dijo:

—Hijo, ¿por qué has hecho así con nosotros? He aquí, tu padre y yo te buscábamos con angustia. Entonces él les dijo:

—¿Por qué me buscabais? ¿No sabíais que en los asuntos de mi Padre me es necesario estar?

Pero ellos no entendieron el dicho que les habló. Descendió con ellos y fue a Nazaret, y estaba sujeto a ellos. Y su madre guardaba todas estas cosas en su corazón. Y Jesús crecía en sabiduría, en estatura y en gracia para con Dios y los hombres.

Este pasaje muestra a Jesús a la edad de su *bar—mitzvah*, que inicia su largo y lento camino desde la dependencia de la niñez a la independencia de la adultez. Aunque ese camino le causaba no poca consternación a sus padres, Jesús pudo afirmar su creciente independencia a la vez que seguía obedeciendo a sus padres (Lucas 2:51).

La respuesta al problema de la rebeldía

Olson advierte que "aconsejar a jóvenes rebeldes y posiblemente delincuentes es una tarea muy difícil, lenta y muchas veces frustrante... Aun en el mejor de los casos, el éxito puede ser marginal. Los consejeros harán bien en mantener una activa vida de oración y comunión. El contacto constante con Dios dará poder y discernimiento a los adultos para trabajar con estos jóvenes especiales". Aunque intentar ayudar y guiar al adolescente rebelde es un desafío, lo siguiente puede ayudar al sensible y paciente líder de jóvenes, maestro, pastor o padre:

ESCUCHAR. Préstese al diálogo. Deje que el joven exprese abiertamente sus sentimientos y que hable sin usted interrumpirlo ni emitir juicios. Los jóvenes rebeldes no están acostumbrados a que alguien realmente les escuche; esperan críticas, comentarios triviales, versículos bíblicos y sermones. Sorpréndalo escuchando de verdad, y escuche con la vista además de los oídos. Trate de captar lo que dice sin palabras; observe sus ojos, sus gestos y su postura. Use lo que capta para ayudarlo a expresar mejor lo que siente.

EMPATIZAR. "Mi manera característica de encarar problemas de conducta", dice Carter, "es considerar las cuestiones desde el punto de vista del adolescente. Aunque es probable que no coincida con él en todos los aspectos enfocados, comprender su punto de vista me brinda información invaluable que tarde o temprano puedo utilizar para brindar respuestas beneficiosas". Trate de ver las cosas a través de los ojos del joven.

Procure comunicar su comprensión y empatía por medio de:

● Estar a disposición del joven.

● Escuchar a fin de comprender.

● Hacer contacto visual.

● Inclinarse levemente hacia adelante en su silla para escuchar.

● Asentir con la cabeza para demostrar su aprobación.

● Reflejar declaraciones clave ("Así que lo que estás diciendo es que..." "Esto te habrá hecho sentir...")

● Esperar pacientemente durante los momentos de silencio, enojo o lágrimas.

ALENTAR. Muchos padres y otros adultos temen que expresar su cariño y aprecio al adolescente rebelde podría interpretarse como un visto bueno a su conducta. Sucede lo contrario, confirmar que creemos que vale y que lo apreciamos es una de las claves para poder llegar al joven.

Podemos expresar aprecio por la honestidad, la disposición a dialogar, la inteligencia, sonrisa, voz, etc. del joven rebelde. Pero preparémonos para que dichas expresiones sean recibidas con desconfianza y con intentos de manipularnos. Aun así, pase lo que pase, aprovechemos toda oportunidad que se presente para comunicarle al adolescente nuestra aceptación sincera.

DIRIGIR. Es poco probable que el joven rebelde admita su necesidad de ayuda ni que responda a ella cuando se le brinda. Pero el adulto sensible y con discernimiento quizá pueda ofrecer su ayuda de las maneras siguientes:

1. Ayude al joven a identificar y expresar las razones de su rebeldía. Lleve la conversación con paciencia de modo que comprenda las verdaderas causas (que pueden serles una sorpresa a ambos). Esto puede llevar mucho tiempo —meses, aun años— pero necesario.

2. Investigue con el joven qué circunstancias harían que la rebeldía fuera innecesaria. La respuesta más probable es, por supuesto: "Cuando mis padres confíen en mí", o "Cuando mi mamá y mi papá dejen de ser tan mandones conmigo". Pero ayúdele a profundizar un poco más y ser más específico que eso. ¿Bajo qué circunstancias la rebeldía sería innecesaria?

3. Involucre a los padres. Marshall Shelley cita a un pastor que ha dicho:

"Estamos viendo con más y más frecuencia que necesitamos que toda la familia sea incluida en el aconsejamiento. Tratar solamente al que ha llamado a nuestra puerta, o únicamente al que todos señalan, por lo general no es de ninguna ayuda".

4. Persevere apuntando a un "acuerdo negociado". Ayude al joven, a sus padres y a otros adultos que son importantes para él, a que dialoguen sobre lo siguiente:

a. *Identificar las cosas negociables y las que no lo son.* Por ejemplo, no son negociables el no tener relaciones sexuales antes del matrimonio y el uso de drogas; el padre cariñoso no puede dar su aprobación ni permitir tales conductas. Pero la hora para llegar a casa de noche, ciertos estilos musicales o maneras de vestir pueden ser negociables.

b. *Aclarar las expectaciones.* Los padres y adolescentes necesitan ser explícitos en lo que esperan. Padre: "Cata, espero que estés en casa para las once; no las once y media ni siquiera las once y diez." Joven: "Papi, no espero que estés en todos los partidos de baloncesto en que juego, pero me parece que por lo menos podrías ir a los que se juegan aquí cerca."

c. *Establecer reacciones específicas a sus conductas.* Los padres predisponen a sus hijos a rebelarse reaccionando a la conducta de éstos con enojo o con rencor. Estableciendo reacciones específicas a ciertas conductas, los padres y los jovencitos pueden a veces evitar el resentimiento y la amargura. Si ambas partes saben que faltar a la escuela sin permiso resultará en una penitencia durante un período específico, o que escaparse de casa resultará en que los padres llamen a la policía, el castigo no siempre procede de padres furiosos sino que es claramente una decisión (aunque mala) que el joven mismo está tomando.

d. *Bosquejar un plan de largo alcance para solucionar las raíces de la rebeldía.* Recuerde que encarar la rebeldía del joven por lo general es un proceso largo y muchas veces frustrante. Los padres y otros adultos que se interesan por el joven pueden ayudar a largo plazo estableciendo algunos planes de largo alcance, como los que sugiere William Lee Carter:

● Demuéstrele a su adolescente, con sus palabras y conducta, que usted comprende su punto de vista.

● Mantenga las críticas a un mínimo y úselas sólo después que haya usted escuchado activamente.

● Retírese de las discusiones, pero manténgase firme en sus decisiones.

● Sea receptivo a otros conceptos. No insista en tener siempre la razón.

● Asegúrese de que es el momento preciso cuando dice cosas negativas pero necesarias.

● Guárdese de tratar de dominar emocionalmente al joven. No lo logrará.

● Dele a su adolescente "voz y voto" en el proceso de la toma de decisiones.

● Mantenga sus comentarios breves.

● Deje que el adolescente viva con las consecuencias de su conducta.

● Demuestre su disposición a acercarse a su hijo en lugar de esperar que él se acerque a usted.

COMPROMETER. Tenga en cuenta que no se puede obligar al joven a que se someta a sus padres; éste tiene que convencerse de que la rebeldía no es la mejor manera de reaccionar a lo que sea que le falta (o que necesita) en la vida. El joven tiene que convertirse en un participante activo al tratar de solucionar los factores principales que contribuyen a su rebeldía, y eliminar las necesidades percibidas que generan tal conducta. Esto, por supuesto, puede ser un proceso largo (aun de toda la vida).

REFERIR. En casos de rebeldía extrema, particularmente la que involucra el uso de alcohol y drogas (vea el capítulo 38: *Uso y abuso del alcohol;* y el 39: *Uso y abuso de las drogas*), el escaparse de casa (vea el capítulo 24: *Amenazas e intentos de escaparse de la casa*), relaciones sexuales prematrimoniales (vea el capítulo 28: *Relaciones sexuales prematrimoniales*) y otras conductas peligrosas, se debe involucrar lo antes

posible (con permiso de los padres), a un consejero cristiano calificado.

Pasajes bíblicos citados en este capítulo

● Colosenses 3:8

● 2 Samuel 3:3; 13; 14:28-33; 18:1-18

● Deuteronomio 27:16; 21:18-21

● Proverbios 15:20

● Efesios 6:1-4

● Lucas 2:41-52

Otros pasajes bíblicos para leer

● Exodo 20:12; 34:6, 7

● Levítico 19:3; 20:9

● Lucas 15:11-32

● Colosenses 3:20

24

AMENAZAS E INTENTOS DE ESCAPARSE DE LA CASA

Introducción

Andrea se crió en Fond du Lac, en el estado de Wisconsin, EE.UU. de A., una población de 37.000 habitantes sobre el lago Winnebago.

—Era una muchacha inteligente —dijo Stan Hodges refiriéndose a Andrea, su hijastra.

—Y era un alumna excelente —agregó la mamá de Andrea.

—Es decir, hasta el primer año de la secundaria.

—Al principio —dijo la mamá —empezó a faltar a la escuela con unas amigas. No eran muchachas malas. Pero al poco tiempo Andrea empezó a escaparse de casa por la noche y se iba a la casa de sus amigas, quedándose levantada hasta muy tarde charlando y escuchando música.

—Probamos de todo, pero nada dio resultado —dijo la mamá.

Por fin, su mamá y su padrastro, viendo que no podían controlar a Andrea y preocupados por su influencia sobre su hermano y dos hermanitas menores, dejaron que las autoridades tomaran cartas en el asunto y la pusieran al cuidado de una familia entrenada para estos casos.

Andrea se fue de la casa de esa familia, pero al poco tiempo la encontraron y la pusieron en un albergue donde conoció a Melisa, otra muchacha que se había escapado de su casa. Se hicieron muy amigas. Después de dos meses en el albergue, ella y Melisa volvieron a escaparse. Para cuando se descubrió que faltaban, ya habían llegado "a dedo" a la ciudad de Milwaukee.

Melisa llevó a Andrea a una casa en la que había vivido, donde abundaban las prostitutas, los drogadictos y muchachos que se habían escapado de sus casas.

Melisa al poco tiempo se fue, pero Andrea se quedó. Con su rostro y cuerpo bonito conseguía la atención de los hombres —muchos de ellos el doble o triple mayores que ella— que jugaban a las cartas, tomaban cerveza y fumaban marihuana en dicho lugar.

Pero el 12 de septiembre de 1995, la mamá y el padrastro de Andrea recibieron una llamada telefónica. Andrea había aparecido muerta en el cuarto 113. Un muchacho de diecinueve años, drogado, le había disparado un tiro en la cabeza.

Andrea, al morir, ¡tenía apenas catorce años!

El problema de las amenazas e intentos de escaparse de la casa

Millones de adolescentes se escapan de sus casas cada año. Por ejemplo, en los Estados Unidos de América se cuentan en más de un millón por año, y en Canadá se estima que lo hacen unos doscientos mil. La edad promedio de estos jovencitos es de catorce años.

"Por lo menos la mitad de los jovencitos que se escapan de casa", escribe Gary D. Bennett, "se quedan en el pueblo o vecindario donde viven, muchos de ellos se van a casa de algún amigo o pariente. La mayoría de las escapadas parecen ser mal planeadas, lo que indica una conducta impulsiva, y la mayoría vuelve a casa dentro de la semana. Por lo general, el tiempo fuera de casa aumenta con la edad".

Keith Wade, supervisor de programas de un albergue de menores que se escapan de sus casas en una ciudad de los Estados Unidos de América, agrega: "Hay una modalidad en la conducta del que se escapa de casa... Cuando lo hace por primera vez es durante una noche, quedándose generalmente con alguien cercano, como un amigo o pariente. Pero al seguirse escapando van más lejos y se quedan más tiempo."

Wade observa que el problema no sólo se va poniendo más serio y generalizado; también va incluyendo a muchachos cada vez menores. "La edad promedio de los de ahora es de 14 y era de 16 cuando empecé... Esto es una disminución de 18 meses en la edad promedio en cinco años, lo cual es importante... Antes era raro ver aquí a uno de trece años, ahora es común."

Wade dice que también ha visto un cambio en los problemas de los jovencitos que se han escapado de casa, tanto antes como después de empezar su "conducta de huidas". "Ahora tienen problemas más graves. Cuando yo empecé a trabajar aquí, la joven típica que veíamos era por problemas de comunicación en el hogar y quizá algo de maltrato. Ahora estamos viendo algunos que ya han estado hospitalizados por depresión o por intentos de suicidio".

Los muchachos que huyen de su hogar en la actualidad poco o nada se parecen al personaje de la historieta Daniel el Travieso, con su bolsa atada en la punta de un palo que lleva sobre el hombro. Es un trágico problema cada vez más común y frecuente.

✦ Tres categorías

Dice el doctor James Oraker: "Mi experiencia sugiere que los adolescentes que se escapan de la casa caben dentro de una de tres categorías: el que huye, el que echan de la casa o el que simplemente está aburrido". Explica:

El que huye se está escapando de una situación que ya no puede tolerar. Los conflictos son de tal magnitud que los integrantes de la familia ya casi no se aguantan... La presión aumenta hasta que el joven finalmente se va de la casa.

Otro tipo que huye es el que vive una vida doble. Con una conforma a sus padres, pero con la otra vida, secreta, viola lo que los padres quieren. Los padres empiezan a sospechar y a hacer preguntas. Cada vez resulta más difícil acordarse de la excusa que dio. El joven teme que sus padres lo descubrirán y se va de casa antes de que la situación "explote".

El que es echado de la casa por lo general fue rechazado de niño. Durante la adolescencia el rechazo se va haciendo más y más directo y evidente... Para escapar, el joven puede empezar a andar a la deriva; se va de la casa sin resistencia alguna o le dicen que se vaya para bien de la familia...

Por último, está el que sencillamente está aburrido. Lo que yo capto de estos jóvenes es: "No hubo grandes conflictos. Mis padres y yo sencillamente acordamos que la casa es una especie de 'lugar para aterrizar' para todos, así que decidí hacer lo que los demás están haciendo, andar de vago. Me pongo a observar a la gente y a ver lo que pasa en otras partes del país". Es difícil ayudar a estos jovencitos porque no quieren ayuda... Algunos de ellos no se comprometen con nada y están desesperados por sentir cariño. Esta categoría de jóvenes que se escapan de casa posiblemente sea la más frustrante con la cual trabajar.

Las causas de las amenazas e intentos de escaparse de la casa

Los factores que contribuyen a esta conducta incluyen el maltrato, aislamiento, rebeldía, la percepción de que no tienen control sobre su situación y el temor.

✦ Maltrato

"Los jóvenes no huyen por divertirse o para tener una aventura", dice Wade. "La mayoría no huye hacia nada. Huyen de algo, por lo general del maltrato emocional, físico o sexual. O sencillamente del desamparo. Son víctimas al huir y con frecuencia siguen siéndolo a donde vayan".

Un estudio realizado entre adolescentes y jóvenes adultos en un albergue en Toronto, Canadá, para jóvenes que han huido de sus casas, mostraba que el 86 por ciento de los encuestados decían haber sufrido algún tipo de maltrato físico en sus casas antes de escaparse.

✦ Aislamiento

"Huir es un intento por resolver un problema", dice Oraker. El problema, afirma él es comúnmente por "aislamiento, fuertes sentimientos de separación o rechazo que explotan por dentro... El aislamiento es por lo general un problema familiar que se va plasmando durante años". Sugiere que muchos jóvenes que se escapan de su casa están haciendo lo que sencillamente sus padres han estado haciendo durante años, excepto que su mamá y su papá pueden haberse estado "escapando" a sus trabajos, dándose a la bebida, o si

son padres cristianos, a las reuniones de la iglesia.

✦ Rebeldía

Las reglas sin buenas relaciones llevan a la rebeldía... y el hecho de escaparse de casa a menudo es una expresión de rebeldía. (Vea el capítulo 23: *Rebeldía*.) La madre de una muchachita que se fue de su casa decía que a su hija "no le gustaban las reglas. Habrá sido por eso que se fue". El padrastro estuvo de acuerdo: "Teníamos reglas para todos los muchachos, ninguno las respetaba ciento por ciento, pero ella hacía todo lo posible para que viéramos que no quería seguirlas. No la podíamos controlar en ninguna parte".

Una sana relación entre padres e hijos no garantiza que el joven no se escapará de la casa, pero sí ayudará a suavizar la tendencia a oponerse a las reglas y rebelarse contra ellas, lo cual a su vez puede prevenir que caiga en la "conducta de huir".

✦ Percepción de que no tiene control sobre su vida

Billy Best se fue de su casa a fines de 1994 para escapar de los dolorosos tratamientos de quimioterapia a que lo sometían porque tenía cáncer. Sus padres adoptivos, que habían ido a un estudio bíblico, llegaron de vuelta a casa la noche del miércoles 26 de octubre, para encontrarse con una nota que había dejado. "Se sentía como que no tenía control sobre nada", explicó su papá. "Básicamente le habíamos dicho: 'Vas a quimioterapia' y punto". El caso recibió la atención de la prensa y terminó bien cuatro semanas después, cuando Billy volvió a su casa después de acordar con sus padres que estudiarían la posibilidad de tratamientos menos dolorosos.

El adolescente, al igual que el adulto, necesita tener un sentido de que ejerce control sobre su vida. Puede reaccionar positivamente a las pautas y los límites correctos que sus padres determinan, pero el jovencito que empieza a sentir que sus padres —o alguien o algo— tiene el control sobre todo lo que dice o hace puede reaccionar quitándose de encima el control de sus padres y escapándose de casa.

✦ Temor

El doctor Oraker describe a una joven que había huido de su casa como ejemplo del temor que a veces es un factor en la decisión del jovencito de escaparse de casa. (Vea también el capítulo 2: *Ansiedad*.) Escribe:

> Estaba "fuera de compás" con su familia y la sociedad. Tenía profundos temores personales de fracasar y de no llegar a nada. Para ella, las drogas, sus actividades sexuales y el escaparse de casa eran maneras de sobrellevar esos temores.

✦ Otras razones

Otras posibles razones para que el joven huya de su casa, según Gary D. Bennett, incluyen:

- Evitar sentir que no lo quieren.

- Escapar de una "situación".

- Evitar un castigo.

- Seguir a sus amigos.

- Buscar atención.

- Aliviar sus problemas emocionales.

- Demostrar lo que siente hacia sus padres, hermanos u otras personas "importantes" para él.

- Encontrar una relación familiar de significancia (a menudo el joven puede estar "suelto" o sin raíces).

- Evitar desilusionar a sus padres cuando siente que ha hecho algo que les desagrada.

- Intentar controlar; amenaza escaparse a fin de manipular a su progenitor.

- Poner a prueba su independencia y demostrar que se puede arreglar solo sin la supervisión de sus padres.

Los efectos de las amenazas e intentos de escaparse de la casa

Huir de casa rara vez —o nunca— resuelve los problemas. Al contrario, irse de casa marca simplemente el comienzo de más problemas.

✦ Dificultades para sobrevivir

Bennett escribe:

> Sobrevivir llega a ser un dilema crítico para muchos, ya que la mayoría de los episodios relacionados con la huida de casa suceden sin ser planeados. El alimento se obtiene mendigando o robando. Si no se consigue un albergue con los amigos, entonces el joven duerme en algún zaguán, en la calle, bajo un puente, etc. Cuando se le acaba el dinero, por lo general le es imposible encontrar trabajo porque es menor de edad y no tiene los conocimientos, ni la madurez, ni cumple con los requisitos legales para que le den trabajo.

La realidad de la "conducta de huida" y de la vida en la calle hace que estos jovencitos sean extremadamente vulnerables a ser explotados y maltratados.

✦ Vulnerabilidad a la explotación y al maltrato

La revista noticiosa canadiense *Mclean's* reporta:

> Muchos adolescentes que han huido de sus casas terminan siendo figuras trágicas. Un informe interno de la policía que fue dado al público en septiembre de 1990 decía que la reclutadora de un culto satánico local albergaba a muchachas que se habían escapado de sus casas y las ponía a trabajar como prostitutas.

Luego, a fines de octubre, el Proyecto Víctimas Juveniles logró hacer una investigación en conjunto con agencias sociales y la policía de Winnipeg sobre presuntos maltratos de muchachos de la calle por parte de hombres asiáticos, y emitió su informe. Los integrantes del proyecto identificaron a 183 muchachas, algunas de apenas 10 años, que habían sido maltratadas sexualmente por hasta 100 hombres...

Por lo general, los hombres recogían a las muchachas de lugares frecuentados por ellas en el centro y las llevaban a sus casas donde les daban drogas y alcohol y, en muchos casos, las violaban después que estaban demasiado drogadas como para negarse. Aun así, algunas de las muchachas iban gustosamente con los hombres, negándose a reportar los ataques. "Los hombres suplían las necesidades de las muchachas a su nivel básico: albergue, alimento, ropa y compañía", afirmaba el informe. "Las víctimas consideraban que era un precio bajo a pagar por la atención que recibían".

✦ Conducta criminal

Además de un aumento en la explotación y el maltrato, la "conducta de huida" a menudo va acompañada de una conducta criminal. Bennett escribe:

Los problemas con la ley son inevitables porque huir de casa y la necesidad de sobrevivir crean circunstancias que llevan a una conducta ilícita. El adolescente en estas condiciones puede ser acusado de infracciones como: conducta escandalosa, posesión y uso de alcohol y otras drogas, vagancia o robo.

✦ Otros efectos

Los jóvenes en estas circunstancias también tienen el problema de la desnutrición y mala salud. Muchas veces están llenos de sentimientos de culpabilidad, vergüenza y de poca valía. Son susceptibles a ataques de depresión. Su desarrollo sicológico por lo general se atrofia y muchas veces caen presa de un círculo vicioso de dependencia y víctima que puede ser muy difícil de romper.

La perspectiva bíblica de las amenzas e intentos de escaparse de la casa

El joven más famoso de todos los tiempos que se escapó de su casa fue el hijo pródigo, el personaje del cual contó Jesús en Lucas 15:11-24, dice así:

Un hombre tenía dos hijos. El menor de ellos dijo a su padre: "Padre, dame la parte de la herencia que me corresponde." Y él les repartió los bienes. No muchos días después, habiendo juntado todo, el hijo menor se fue a una región lejana, y allí desperdició sus bienes viviendo perdidamente. Cuando lo hubo malgastado todo, vino una gran hambre en aquella región, y él comenzó a pasar necesidad. Entonces fue y se allegó a uno de los ciudadanos de aquella región, el cual le envió a su campo para apacentar los cerdos. Y él deseaba saciarse con las algarrobas que comían los cerdos, y nadie se las daba. Entonces volviendo en sí, dijo: "¡Cuántos jornaleros en la casa de mi padre tienen abundancia de pan, y yo aquí perezco de hambre! Me levantaré, iré a mi padre y le diré: 'Padre, he pecado contra el cielo y ante ti. Ya no soy digno de ser llamado tu hijo; hazme como a uno de tus jornaleros'." Se levantó y fue a su padre. Cuando todavía estaba lejos, su padre le vio y tuvo compasión. Corrió y se echó sobre su cuello, y le besó. El hijo le dijo: "Padre, he pecado contra el cielo y ante ti, y ya no soy digno de ser llamado tu hijo". Pero su padre dijo a sus siervos: "Sacad de inmediato el mejor vestido y vestidle, y poned un anillo en su mano y calzado en sus pies. Traed el ternero engordado y matadlo. Comamos y regocijémonos, porque este mi hijo estaba muerto y ha vuelto a vivir; estaba perdido y ha sido hallado". Y comenzaron a regocijarse (Lucas 15:11-24).

La historia que contó Jesús puede aplicarse a todos nosotros, tanto adultos como jóvenes. "Todos nosotros nos descarriamos como ovejas; cada cual se apartó por su camino" (Isaías 53:6). Todos hemos huido en un momento u otro del amor de Dios, de sus mandamientos y de su voluntad. Pero él, como el padre del hijo pródigo que se mantenía en constante espera, también nos esperó y recibió generosamente aun antes de que pudiéramos terminar de expresarle nuestra contrición.

Oraker comenta:

> Al principio, el hijo pródigo creía que estando solo, se las arreglaría mejor. Para él, libertad era apartarse de su familia. Pero pronto se encontró en la esclavitud, esclavo de su necesidad de sobrevivir y de su amo. De la misma manera, el joven que busca su libertad en la calle puede casi de la noche a la mañana convertirse en un esclavo para sobrevivir, esclavo de la amargura, las drogas, el egocentrismo y la inseguridad. El orgullo que lo hizo abandonar su hogar será el que lo lleve hasta tocar fondo.
>
> Los padres también se pueden convertir en esclavos del control que ejercen o las restricciones que imponen como una manera de conservar la paz en la familia. Aun después que el joven ha huido de casa, los padres por lo general se niegan a admitir que se han equivocado. Siguen negando la parte que les corresponde e ignorando que en la mayoría de las crisis la culpa la tienen las dos partes.

El relato del hijo pródigo, y su padre que lo esperó y aceptó, puede ayudarnos a valorar cómo Dios nos acepta y nos restaura cariñosamente y quizá, nos anime a imitarlo en nuestras relaciones con adolescentes y jóvenes adultos "pródigos".

La respuesta a las amenazas e intentos de escaparse de la casa

No es siempre posible prever la "conducta de huida" en el joven. El padre sabio o el adulto interesado en ayudar deben estar atentos a las posibles causas de dicha conducta (maltrato, aislamiento, rebeldía, descontrol y temor) antes de que la situación haga crisis. Además, porque el adolescente huye primero a la casa de un amigo o pariente, a veces es posible prevenir otros episodios solucionando las

razones de dicha conducta en cuanto empieza a ser evidente. Algunas de las siguientes sugerencias pueden ayudar al padre, pastor, líder de jóvenes o maestro interesado a acercarse al jovencito que ha dado o está dando muestras de querer escaparse de la casa.

ESCUCHAR. William Best, el padre adoptivo de Billy Best, reconoce que ha aprendido una valiosa lección debido a la huida de Billy: escuchar. "Uno tiene que realmente comprender por lo que están pasando", dijo. Deje que el joven hable —extensamente— sobre las razones por las cuales quiere irse de su casa. Evite la tentación de contestar o argumentar sobre lo que dice; criticar o corregir acabará con lo comunicación y puede impedir que el adulto interesado descubra la verdadera razón (o razones) de esta conducta. Algunas preguntas útiles podrían ser:

- ¿Cuándo fue la primera vez que pensaste en irte de tu casa?

- ¿Qué es lo que te hace querer escaparte?

- ¿Puedes recordar cuando todavía no pensabas en irte? ¿Qué cosas eran distintas entonces?

- ¿En qué forma crees que irte te beneficiará?

- ¿Qué cosas te parece deben cambiar para que puedas dejar de pensar en irte de tu casa?

EMPATIZAR. "Mi manera característica de encarar problemas de conducta", dice William Lee Carter, "es considerar las cuestiones desde el punto de vista del joven. Aunque es probable que no coincida con él en todos los aspectos enfocados, comprender su punto de vista me brinda información invaluable que tarde o temprano puedo utilizar para brindar respuestas beneficiosas". Procure ver las cosas a través de los ojos del joven sin tomar partido donde hay desacuerdos.

ALENTAR. Bennett escribe: "En cualquiera de las etapas en que uno se involucra en el retorno del adolescente, aliento y protección debe ser el mensaje que recibe, nunca temor a que lo disciplinen". Procure comunicarle su amor, aceptación y estima incondicionales, como las del padre del hijo pródigo.

DIRIGIR. La intervención exitosa en el problema de "conducta de huida" debe incluir al joven y a su familia. Oraker brinda un bosquejo acertado y práctico para ayudar a la familia y al joven propenso a esta conducta:

>*Paso 1: Encontrar un árbitro aceptable a todos los integrantes de la familia.* Como reina la desconfianza y cada uno se siente denigrado por el otro, la persona elegida para ayudar debe ser aceptable a todas las partes. Puede ser un vecino, un maestro, un pastor, un amigo sensible en quien todos confían...

>*Paso 2: Hablar abiertamente del problema.* El árbitro sensible empezará a investigar el problema e identificar la parte que le corresponde a cada persona. Al lograr esto, empezará a haber comprensión y el rompecabezas está en vías de solución. Este paso lleva tiempo y energía, pero, si se lleva a cabo correctamente, proveerá un fundamento adecuado sobre el cual puede trabajar la familia en el Paso 3.

>*Paso 3: Comprometerse con un plan.* En cuanto ha comenzado a haber comprensión y la crisis ha sido resuelta, deben iniciarse planes para llegar a una solución permanente del problema. El árbitro capacitado ayudará a seguir este plan:
>(1) obtendrá de cada integrante de la familia sugerencias que ayuden a resolver el problema.
>(2) ayudará a la familia a concretar un plan de acción, que incluya la escritura de un contrato para que lo firme cada integrante de la familia.

>(3) conseguirá de cada uno la promesa de adherirse al plan.
>(4) proveerá las herramientas necesarias para implementar el plan, por ejemplo: asignar derechos y obligaciones específicos a cada individuo.
>(5) establecerá un procedimiento de evaluación para medir su éxito o fracaso, por ejemplo: tener semanalmente reuniones de familia para dialogar sobre los adelantos logrados.

Un último —pero crítico— factor al encarar la "conducta de huida" es animar a la familia y al joven a que se acerquen a Dios, que acepten a Jesucristo como su Salvador y que dependan de él a fin de obtener gracia y poder para encarar y corregir los problemas... No puede haber sanidad y solución si no se incluye a Dios en el proceso.

COMPROMETER. Oraker también sugiere conseguir la participación de padres e hijos en la resolución del problema. "Desarrollen una estrategia familiar sin un árbitro", escribe. "Las metas del arbitraje son superar el momento de crisis, iniciar las soluciones y capacitar a la familia dándole las herramientas para que logren su propio desarrollo. Así, el árbitro puede retirarse habiendo enseñado a la familia nuevas habilidades para seguir relacionándose sin su ayuda."

REFERIR. No crea que el problema se ha resuelto porque el joven regresó a su casa. Es probable que lleve meses, quizá aun años, para superarlo totalmente. También puede requerir la intervención de un consejero cristiano profesional, particularmente si se sigue repitiendo el problema.

Pasajes bíblicos citados en este capítulo

• Lucas 15:11-24

• Isaías 53:6

Otros pasajes bíblicos para leer

- Exodo 20:12; 34:6, 7

- Levítico 19:3; 20:9

- Oseas 14:1-9

- Isaías 57:18

- Efesios 6:1-4

- Colosenses 3:20

PROBLEMAS

SEXUALES

LASCIVIA

CONTENIDO

Introducción

Pablo se dejó caer en la silla plegadiza en la oficina del líder de jóvenes, que estaba llena de libros, cajas y equipo del último campamento juvenil.

—¡No aguanto más!

—¿Qué pasa? —preguntó calmadamente Samuel, el líder de los jóvenes.

—Hombre... me está volviendo loco.

—¿Qué es lo que te está volviendo loco? —preguntó Samuel, acomodándose en su sillón y descansando sus enormes pies sobre el escritorio lleno de papeles.

Pablo miró furtivamente a su alrededor, saltó de la silla y cerró la puerta de la oficina antes de volver a su asiento. Intentó varias veces empezar a hablar, pero cada vez se cortaba. Por fin, sentado en el borde de la silla le dijo a Samuel que tenía que prometerle no decirle a nadie el secreto que estaba por contarle. La sonrisa de Samuel se hizo más cautelosa y se puso más serio.

—En la escuela mi compañera de banco se llama Amanda —empezó a explicar Pablo—, y tiene... en fin... usted sabe... un cuerpo divino.

Miró con valentía a su consejero cuya expresión no había cambiado. Pablo bajó la vista y la clavó en sus manos que tenía muy apretadas sobre sus rodillas.

—Y viera la ropa que usa... ¿qué puedo decir?... es una hermosura.

Pablo suspiró y siguió diciendo:

—Conversamos y todo, pero en realidad no somos lo que se puede decir "amigos", pero no hago más que pensar en ella todo el día. Volvió a mirar a Samuel, pero bajó nuevamente la vista. Siguió explicándole que de día andaba "en las nubes" pensando en ella y que de noche la soñaba. Y que sus sueños eran explícitos y eróticos.

—Me paso todo el tiempo pensando en ella e imaginándomela desnuda y... bueno... usted sabe.

Pablo dejó de hablar y empezó a comerse las uñas mientras le lanzaba miradas furtivas a Santiago. Y volvió a hablar con un dejo de desesperación:

—No sé... ¿Le parece que estoy enfermo o algo así?

El problema de la lascivia

Los años de la adolescencia se caracterizan por el comienzo de la pubertad y los problemas que la acompañan, incluyendo entender y encauzar su despertar sexual. Las muchachas y los muchachos adolescentes y jóvenes tienen muchos pensamientos y sentimientos que son tanto nuevos como perturbadores. Empiezan a notar el desarrollo físico y la atracción del sexo opuesto, desarrollan una fascinación intensa por los temas románticos y sexuales y, por primera vez, sienten excitación sexual, pero que puede ser inocente, y lascivia, que no lo es. El doctor Gary Collins explica el tema de la lascivia de esta manera:

Es difícil dar una definición exacta de lascivia. Seguramente no ha de referirse a los deseos sexuales dados por Dios ni al sentirse atraídos hacia personas sexualmente estimulantes. Dios no nos ha dado necesidades e intereses sexuales que luego condena como lascivia. Lascivia es el deseo específico por el cuerpo de otra persona.

El doctor William Backus define a la lascivia como "el ensayo imaginario de una conducta sexual pecaminosa" y escribe:

La lascivia necesita ser... cuidadosamente definida. Uno se encuentra con muchas personas que se sienten culpables por deseos que no son, en sí, lascivia... Es por lo tanto, importante... entender que la lascivia no es el simple impulso o deseo sexual. Una persona puede notar que encuentra atractiva y deseable a otra persona sin cometer el pecado de la lascivia. De la misma manera como uno considera que el auto o la casa de alguien es atractivo y deseable sin cometer el pecado de la codicia, el simple deseo no es lascivia.

La lascivia va mucho más allá de la simple percepción del deseo y voluntariamente se obsesiona, se da a las fantasías y a soñar despierto con hacerle el amor a un objeto ilícito. Este ensayo mental de una conducta depravada es quizá la raíz de la cual nacen las actividades sexuales pecaminosas que se cometen.

Como escribiera el apóstol Santiago: "Cada uno es tentado cuando es arrastrado y seducido por su propia pasión. Luego la baja pasión, después de haber concebido, da a luz el pecado; y el pecado, una vez llevado a cabo, engendra la muerte" (Santiago 1:14, 15).

Las causas del problema de la lascivia

La lascivia brota del corazón humano pecaminoso, por supuesto. Es una herencia de la Caída. Pero existen factores que contribuyen a hacer que la lascivia sea un problema crítico para el adolescente, y sin duda un problema más grave que lo que lo era para la juventud de hace apenas una o dos generaciones.

✦ **Consideraciones fisiológicas**
Los jóvenes no sólo están pasando por diversos cambios hormonales en su cuerpo, la mayoría de ellos no están preparados para las oleadas y sorpresas hormonales que ocurren como parte natural de la fisiología de la adolescencia. Todavía les falta aprender cómo controlar y encauzar sus impulsos sexuales y las frecuentes, y a veces agudas, sensaciones físicas que experimentan los pueden dejar confundidos y asustados.

✦ **Influencias del ambiente**
Los adolescentes de la actualidad viven en una cultura obsesionada con el sexo, con la atracción sexual y con la satisfacción sexual. Los programas de televisión, el cine, anuncios en las revistas, carteles en la calle y avisos comerciales al igual que los estilos de ropa muchas veces son descarados en su intento por despertar la sexualidad del público. En la etapa cuando los impulsos sexuales son más intensos y la necesidad de contar con la aprobación de sus amigos es imprescindible, los adolescentes muchas veces ceden a

tales presiones del ambiente para satisfacer sus deseos sexuales por medio de la lascivia y por encuentros sexuales reales provocados por la lascivia.

✦ Curiosidad

La adolescencia es la época de investigación y descubrimientos, y el despertar de su sexualidad va muchas veces acompañado de una gran curiosidad que aviva el deseo de responder a los nuevos impulsos. La curiosidad no es mala, por supuesto, pero a menudo pone leña al fuego de la lascivia en el adolescente que naturalmente está ansioso por probar cosas nuevas y diferentes.

✦ Búsqueda de una identidad

Los años de la adolescencia se caracterizan por una búsqueda de la propia identidad, un esfuerzo por descubrir "¿Quién soy y cuál es mi lugar?" La sexualidad de uno es parte de esa mezcla, es claro, y para algunos adolescentes las fantasías lascivas se convierten en una savia que calma sus temores e inseguridades.

✦ Búsqueda de intimidad

Como todos, los adolescentes quieren ser amados. Quieren sentir la intimidad y cercanía de otros. Este deseo natural de intimidad lleva a muchos adolescentes a tener fantasías lascivas, particularmente los que se sienten solos, malqueridos y rechazados.

Los efectos del problema de la lascivia

Aunque hay muchas influencias poderosas que hacen que los jovencitos sean vulnerables a la lascivia, no se debe descartar como una experiencia inofensiva de la adolescencia. Los efectos de la lascivia son serios y deben ser entendidos para poder evitarlos.

✦ Culpabilidad

La lascivia, como todo pecado, acarrea una verdadera culpabilidad moral, una culpabilidad basada en hechos reales, el resultado invariable de desobedecer a Dios. Aunque la lascivia no siempre va acompañada de un sentimiento de culpabilidad por parte de la persona que comete el pecado, puede generar un sentimiento abrumador de "suciedad" en algunos, y sentido constante y molesto de incomodidad moral en otros. (Vea el capítulo 3: *Sentimiento de culpabilidad*.)

✦ Atrofia espiritual

Collins escribe:

> La Biblia condena y describe como pecado a la lascivia y otras formas de relaciones sexuales fuera del matrimonio... Si esta forma de inmoralidad sexual continúa, la vitalidad e influencia espiritual de cierto disminuirán. El pecado debe ser confesado y abandonado si uno quiere crecer espiritualmente y evitar la atrofia espiritual.

✦ Cometer pecados sexuales

Como ya se ha dicho, la lascivia "es quizá la raíz de la cual nacen las actividades sexuales pecaminosas que se cometen". La persona que anida el hábito de la lascivia en su corazón, le abre la puerta al Tentador. Algunos sugieren que el pecado de la lascivia siempre precede al pecado del adulterio, de fornicación y de las aberraciones; lo cierto es que hace al joven más vulnerable a cometer esos y otros pecados sexuales.

✦ Adicción sexual

El joven que permite que dominen los pensamientos y sentimientos lascivos en su mente y corazón está estableciendo los antecedentes para la adicción sexual. Las fantasías lascivas aumentan el deseo de la persona de tales estímulos, hasta que el joven se convierte en un adicto de la fascinación y/o el alivio que el estímulo visual le da. Con frecuencia, esto va seguido de un aumento de estos pensamientos y conductas que empujan al joven hacia la pornografía y, quizá, a poner en práctica sus pensamientos lascivos.

(Vea el capítulo 27: *Pornografía;* y los otros capítulos en esta sección: *Problemas sexuales.*)

La perspectiva bíblica del problema de la lascivia

Jesús presentó su concepto de la lascivia en el Sermón del monte cuando dijo:

> Habéis oído que fue dicho: *No cometerás adulterio.* Pero yo os digo que todo el que mira a una mujer para codiciarla ya adulteró con ella en su corazón (Mateo 5:27, 28).

Jesús no dijo que la lascivia fuera lo mismo que el adulterio. Pero sí dijo que la lascivia —el cometer adulterio en el corazón en lugar del cuerpo— era un pecado sexual.

Collins, en su libro *Christian Counseling* (Aconsejamiento Cristiano), adapta un ensayo preparado por cuatro seminaristas que da algunas perspectivas útiles que pueden aplicarse aquí a la lascivia:

1. Dios nos creó como seres sexuales. El atractivo sexual y los sentimientos sexuales son buenos, y no son pecaminosos.

2. Hemos de tener un profundo respeto por cada persona. Todas las personas, mujeres y hombres, son creados a la imagen de Dios. Las personas son para ser amadas; las cosas son para ser usadas. Usar a otra persona es violar su personalidad convirtiéndola en un objeto.

3. Los cristianos tienen que tomar en serio las directivas de Dios sobre la expresión de la sexualidad. Cualquier cosa que se hace contrariamente a la voluntad de Dios, como la revela específicamente la Biblia, es pecado. La Biblia nos da muchas advertencias fuertes y severas sobre el mal uso de la sexualidad: Proverbios 5:1-20; Efesios 4:19, 20; Colosenses 3:5; 1 Corintios 6:9-11. No obstante, en el contexto correcto, el amor físico es hermoso.

4. Dios quiere que su pueblo viva una vida santa. Los suyos deben ser un reflejo de su carácter perfecto. El principio guiador de la vida de cada cristiano debe ser: "hacedlo todo para la gloria de Dios" (1 Corintios 10:31b).

5. Los pecados sexuales pueden ser perdonados cuando la persona se acerca a Cristo con arrepentimiento. Sean fantasías o acciones lascivas, estimulación sexual que defrauda a otra persona, o relaciones sexuales de cualquier clase fuera del matrimonio, Dios no quiere que su pueblo cargue con su culpabilidad. Nos perdona libremente en base a nuestra fe en Jesús y su acto redentor por nosotros en la cruz.

6. Dios, por medio del Espíritu Santo, es la fuente de poder personal, práctico para ayudarnos a guiar y controlar nuestra sexualidad. El sexo no es un *impulso* del cual somos esclavos. En cambio, es un apetito que alimentamos, ya sea ilícita o espiritualmente (en el contexto del matrimonio). La decisión es nuestra y Dios nos ayuda en el camino limpiándonos a cada paso de las actitudes y acciones incorrectas (1 Juan 1:9; 1 Corintios 6:11).

La respuesta al problema de la lascivia

¿Cómo puede el líder de jóvenes, pastor, padre o maestro ayudar al joven que sufre el problema de la lascivia? La victoria debe empezar —y continuar— con la oración, por supuesto, y con un plan como el siguiente:

ESCUCHAR. Collins afirma que escuchar con sensibilidad "es un punto de partida básico para todo aconsejamiento, pero a veces se olvida cuando nos vemos frente a problemas sexuales". Sigue diciendo:

> Por medio de escuchar, proyectamos nuestro deseo de comprender y nuestra disposición de ayudar con el verdadero problema del aconsejado. Es apropiado hacer preguntas clarificadoras (siempre y

cuando éstas son con la intención de aumentar nuestra comprensión y no de satisfacer nuestra curiosidad). Trate de evitar dar consejos, sermonear, expresar opiniones y aun de citar pasajes bíblicos, por lo menos hasta que haya obtenido usted una perspectiva clara del problema.

Preguntas como las siguientes pueden ser útiles:

● ¿Cuándo notaste que empezabas a tener este problema?

● ¿En qué ocasiones parece mejorar o empeorar?

● ¿Cuándo (bajo qué circunstancias) luchas más con este problema?

● ¿Has tratado de solucionarlo por tu cuenta? ¿Cómo? ¿Con qué resultados?

EMPATIZAR. Backus enfatiza la necesidad de reconocer nuestros propios deseos pecaminosos antes de ayudar a los que luchan con pecados sexuales, y escribe:

> Debe usted identificar sus propios sentimientos, pensamientos, fantasías y deseos depravados. Pueden ser o no ser sexuales. Pero son pecaminosos. Franca y honestamente admítalos... Deje que el Espíritu Santo le convenza y reciba el perdón de Dios... Casi todos hemos sentido alguna forma de lascivia.

Reconocer sinceramente nuestro propio pecado nos puede ayudar a empatizar con el joven y acercarnos a él con compasión y comprensión. El padre sabio o adulto interesado no tiene que contarle al joven sus propias luchas en este sentido sino mantenerse enfocado en tratar de solucionar las de éste.

ALENTAR. Que el adolescente admita y dialogue sobre sus pensamientos y sentimientos lascivos puede ser tarea difícil. Es muy probable que se

sienta extremadamente cohibido, culpable y quizá avergonzado. En consecuencia, es importante que el adulto que desea ser útil evite ciertas actitudes y acciones; por ejemplo:

● No proyecte enjuiciamientos, culpabilidad o desilusión.

● No sermonee; cuídese especialmente de usar expresiones como: "Lo que tendrías que hacer es..."

● No sea paternalista ni exprese conmiseración ("Me da tanta lástima que te esté pasando esto").

● No engañe ni amenace.

En su defecto, el adulto interesado debe adoptar una actitud de aliento hacia el joven. Aproveche toda oportunidad posible para confirmar su valor y el aprecio que usted siente por él. Ayude al joven a comprender que los deseos sexuales son normales, que son más intensos en la adolescencia, y que aprender a controlarlos y encauzarlos es uno de los desafíos principales en la juventud. El adulto interesado debe, por medio de sus acciones y actitudes, comunicarle tres mensajes primordiales:

● Eres normal
● Eres de valor
● Eres amado

DIRIGIR. Collins escribe:

> El aconsejamiento es siempre más eficaz cuando enfocamos lo específico. A veces el aconsejado necesita apoyo y sugerencias prácticas para... huir de la tentación... No es de ayuda aconsejar demasiado pronto, pero tampoco lo es mantenerse en una postura que no ofrece un rumbo práctico a tomar e ignora las claras enseñanzas de la Biblia.

El padre, pastor, maestro o líder de jóvenes puede sugerir algunos de los siguientes rumbos para combatir la lascivia:

1. Presta mucha atención a tu vida devocional. "La comunión con Dios", dice Erwin W. Lutzer, "es el mejor freno para la lascivia".

2. Evita las tentaciones. Evita los puestos de venta de revistas, los juegos de video, las películas, los sitios de internet, los programas de televisión y otras cosas o personas que inducen a la lascivia. Como dice Efesios 4:27: "Ni deis lugar al diablo".

3. Memoriza pasajes de la Biblia para combatir la tentación (por ejemplo: Efesios 4:27; Santiago 1:14, 15; Santiago 4:7; 1 Pedro 5:8, 9; Hebreos 4:15, 16 y Hebreos 12:2).

4. Rinde cuentas. Establece una relación con alguien en quien confías para rendirle cuentas. El acuerdo será que se reunirán semanalmente para contestar honestamente preguntas como las siguientes:

- ¿Qué tal anda tu vida devocional?

- ¿Qué tal anda tu vida mental?

- ¿Tienes algún pecado en tu vida?

5. Acostúmbrate a empezar a orar en cuanto te ataca una tentación. La tentación pierde su poder si se identifica inmediatamente y se combate enseguida con la oración.

6. Busca actividades que compensen. Actividades como una ducha fría, correr durante quince minutos, jugar al tenis o algún otro deporte pueden encauzar los pensamientos por un camino sano.

7. Identifica los momentos cuando eres vulnerable y traza planes para superarlos. Por ejemplo, si uno tiene el problema de la lascivia justo antes de irse a la cama, el ejercicio físico vigoroso antes de acostarse o quedarse levantado hasta más tarde puede hacer que se canse lo suficiente como para quedarse dormido enseguida y resistir la tentación.

8. Cuando caes, confiesa tu lascivia como pecado, arrepiéntete delante de Dios y pídele que te perdone ahora y te dé la victoria en el futuro.

COMPROMETER. "Recuerde que las personas siempre responden mejor", escribe Collins, "cuando el deseo y motivación para cambiar viene de adentro. En lugar de decirle al aconsejado lo que debe hacer, anímelo a pensar en distintos cursos de acción que podrían dar resultado. Destaque los peligros o problemas que quizá el aconsejado no ve, y luego anímelo a decidirse por una de las alternativas que no viola la enseñanza bíblica. Si dicha acción no resuelve o reduce el problema ayude al aconsejado a encontrar otra alternativa y siga brindando dirección, apoyo y aliento hasta que la situación mejore".

REFERIR. Esté atento a la posibilidad de que sería mejor que el joven recurriera al aconsejamiento cristiano profesional. Collins nuevamente enuncia varias consideraciones útiles:

Debe considerarse la posibilidad de referir al aconsejado a un profesional cuando éste parece tener problemas sexuales más complicados de lo que el consejero puede manejar. Cuando sus problemas sexuales van acompañados de depresión y/o ansiedad considerable, cuando hay mucho sentimiento de culpabilidad o autocondenación, cuando el aconsejado tiene una conducta y una manera de pensar extremadamente perturbadas... cuando el consejero está demasiado escandalizado o cohibido para seguir aconsejando, o cuando siente una atracción sexual fuerte y persistente hacia el aconsejado.

Aunque puede ser difícil que el joven acepte que lo refieran a un profesional, se le debe mostrar que su líder de jóvenes o consejero considera que es mejor que el aconsejamiento continúe con un consejero profesional cristiano.

Pasajes bíblicos citados en este capítulo

- Santiago 1:14, 15

- Mateo 5:27, 28

- Proverbios 5:1-20

- Efesios 4:19, 20

- Colosenses 3:5

- 1 Corintios 6:9-11; 10:31

- 1 Juan 1:9

- Efesios 4:27

- Santiago 4:7

- 1 Pedro 5:8, 9

- Hebreos 4:15, 16; 12:2

Otros pasajes bíblicos para leer

- Génesis 39:1-12

- Proverbios 6:20-32

- 1 Tesalonicenses 4:3-7

- 1 Pedro 4:1-7

- 1 Juan 2:15-17

26

MASTURBACIÓN

CONTENIDO

Introducción

C arlos nunca le había contado a nadie su secreto. Había empezado cuando tenía doce o trece años, y fue casi por accidente. Había escondido una revista pornográfica debajo de las cobijas en su cama, y estaba mirando las fotos usando una linterna cuando de pronto sintió una sensación nueva, extraña, que le gustó y, a la vez, le asustó. Al ratito, sintió otra sensación nueva.

Al principio creyó que se había orinado en la cama. Después, al darse cuenta de que no, Carlos se asustó. Tenía miedo porque pensaba que le pasaba algo anormal; hasta tenía miedo de irse a dormir por temor de que le volviera a pasar. No sabía qué hacer. Pero sí sabía una cosa: no se lo podía contar a su mamá o a su papá.

En los meses y años siguientes la masturbación se convirtió en un hábito para Carlos. Le gustaba y hasta la planeaba, escondiéndose con cuidado en algún lugar solitario donde nadie pudiera descubrir su secreto. Sabía que sus compañeros se burlarían de él si lo supieran porque hablaban del tema todo el tiempo.

Para cuando Carlos cursaba el penúltimo año de secundaria era una obsesión para él. Pensaba en eso todo el día. Al menor estímulo buscaba alivio por medio de masturbarse, como un drogadicto desesperado por su próxima "dosis".

Trataba de convencerse de que su secreto no tenía nada de malo, pero a veces se sentía tan sucio y culpable que casi no aguantaba. Y sabía que se moriría de vergüenza si alguien se enterara de lo que hacía cuando estaba solo.

El problema de la masturbación

La masturbación, lo que el sicólogo cristiano Gary R. Collins llama "autoestimulación de los genitales al punto de orgasmo", es un problema común en la adolescencia. Es motivo de bromas, de cuchicheos y de preocupación entre los jóvenes. También se practica a un grado que sorprendería a muchos entre los adultos.

Los estudios demuestran que la mayoría de los jóvenes se han masturbado en algún momento durante su vida. Hay estudios que indican que el 60 por ciento de los hombres y 40 por ciento de las mujeres manifiestan haberse masturbado en el lapso del último año. El porcentaje es aun más elevado en el caso de los jóvenes.

Aunque la masturbación no desparece después de la adolescencia, la práctica parece ser más prevalente entre los jóvenes (el doctor Gary Collins dice: "La frecuencia de la masturbación disminuye después de la adolescencia y de casarse"), especialmente entre adolescentes varones. El doctor G. Keith Olson, autor de *Counseling Teenagers* [Aconsejando a los adolescentes], explica:

> Al llegar a la pubertad el varón adolescente puede eyacular, y la masturbación desde ese momento en adelante es para lograr un orgasmo. Las emisiones nocturnas y la masturbación son las dos maneras más comunes en que el adolescente varón alivia sus crecientes tensiones sexuales ya que el trato carnal heterosexual no es una opción aprobada...
>
> La masturbación ha sido un problema mucho más prevalente en los varones que en las niñas por dos razones principales: Primera, las adolescentes menores y medianas por lo general no tienen una necesidad fuerte del alivio sexual genital. Su estímulo sexual puede satisfacerse durante más tiempo con ser abrazadas y acariciadas. Sus sensaciones más fuertes de estímulo genital empiezan con caricias más eróticas, y especialmente con la penetración genital. Una segunda razón por la cual la masturbación es un problema

menor para las jovencitas adolescentes es que sus sanciones contra la masturbación han sido más severas.

El tema de la masturbación es motivo de gran confusión y conflicto entre los jóvenes, y de mucho debate y desacuerdo entre los creyentes. Algunos lo condenan absolutamente como pecado; otros dicen "que no es un problema grande para Dios". El padre, pastor, maestro o líder de jóvenes ha de usar discernimiento al encarar el problema con cuidado, tratando de entender sus causas y efectos al igual que la perspectiva bíblica del problema antes de procurar ayudar al joven que tiene dificultades en este aspecto.

Las causas del problema de la masturbación

La adolescencia es una etapa de monumentales revoluciones físicas y emocionales. Los cambios por los que pasan todos los jovencitos con frecuencia los toman desapercibidos y los confunden, y muchas veces no están capacitados para comprenderlos y manejarlos. Aunque se aplica a todos los adolescentes, existen algunos factores que hacen que la masturbación sea un problema más serio para algunos jóvenes.

✦ **Cambios fisiológicos**
Algunos muchachos parecen pasar por los cambios fisiológicos de la adolescencia antes y más intensamente que otros. Los autores Barry St. Clair y Bill Jones describen estos cambios diciendo que es sentirse "como el radiador de un auto. Cuanto más se calienta el motor, más presión va habiendo en el radiador, hasta que finalmente explota". Las presiones y los impulsos que llevan a muchos jóvenes a masturbarse son una parte natural y normal del desarrollo.

✦ **Conceptos malsanos e ignorantes de la sexualidad**
Además, a algunos muchachos se les ha

educado con el concepto de que cualquier percepción de sus cuerpos —especialmente, percepción sexual— es algo "malo". Sus padres quizá les dieron una palmada en las manos cuando se investigaban los genitales siendo infantes, o quizá sus padres evitaron todo diálogo sobre la pubertad.

Mamá y papá pueden haber proyectado que el sexo y la sexualidad son "sucios" o "perversiones". O el joven puede haber captado esas impresiones en otras partes. Pero tener un concepto malsano e ignorante de la pubertad y la sexualidad deja a algunos muchachos desprovistos de la preparación que necesitan para hacer frente a los impulsos y estímulos sexuales de la adolescencia.

✦ Rumores y secretos

Por último, los rumores y secretos que tantas veces rodean al tema llevan a muchos jovencitos a considerar que las presiones e impulsos que a menudo llevan a la masturbación son "raros"o "perversiones". En consecuencia, evitan contarles a sus padres, amigos o líderes de la iglesia sus problemas, en el momento cuando no están capacitados para manejar ellos mismos las cosas.

Aunque muchos creyentes consideran la masturbación como un alivio inofensivo, los efectos potenciales de esta costumbre ameritan una seria consideración del tema.

Los efectos del problema de la masturbación

A lo largo del tiempo los adolescentes han cuchicheado entre ellos que los efectos de la masturbación incluyen la locura y la ceguera, granitos en la cara o que hace caer el cabello. Otros alegan que está relacionada con las enfermedades mentales, tuberculosis y epilepsia. Todo esto, por supuesto, es mentira. Los verdaderos efectos de la masturbación son menos dramáticos (aunque quizá igual de perjudiciales).

✦ Sentimiento de culpabilidad

El estudio antes mencionado realizado entre adultos, incluye el resultado de que alrededor de la mitad de los hombres y mujeres que dijeron haberse masturbado manifestaron también que se habían sentido culpables de hacerlo. Aunque Olson no siempre considera la masturbación como un pecado, dice: "Los fuertes sentimientos de culpabilidad y ansiedad que acompañan a la masturbación crean problemas para muchos adolescentes". (Vea el capítulo 3: *Sentimiento de culpabilidad;* y el capítulo 2: *Ansiedad.*)

✦ Obsesión

Algunos jóvenes, dice el doctor Jay Adams: "están tan enredados en el problema de la masturbación que casi no pueden pensar en otra cosa que en el sexo todo el día". Sigue diciendo:

> Y cuanto más se masturban, más dependen de ella, más la quieren, más la alimentan y más y más son atrapados por ella. Quedan atrapados en un gran círculo vicioso. La masturbación puede llegar a controlarlos con tanta tenacidad que les quita las energías, les quita la mente de sus estudios y los pone a pensar en el sexo dondequiera que están y con cualquier persona con quien se encuentren.

"La conducta obsesiva que gira alrededor de la masturbación y las fantasías sexuales", escribe el doctor Janes Oraker, "es sicológicamente destructiva porque aleja más y más al individuo de la realidad, hasta que la verdad misma es una extraña para la persona".

✦ Egocentrismo

St. Clair y Jones escriben:

> Control es la habilidad de negarse a complacerse uno mismo con el fin de complacer a otro. La masturbación complace únicamente a una persona: a ti. Pablo le dice a Timoteo que se crea mucho estrés cuando los seres humanos son "amantes de sí mismos... y amantes de los placeres más que de Dios" (2 Timoteo 3:2, 4).

La masturbación es totalmente egocéntrica y genera más egocentrismo.

✦ Considerar a otros como objetos

Como la masturbación tantas veces incluye visiones y fantasía, puede dar como resultado la transformación de las personas en cosas. Cuando la masturbación hace que otra *persona* sea considerada como un *objeto* que es usado para tener un orgasmo, se ha dado comienzo a un peligroso proceso mental. Randy Alcorn escribe:

La masturbación puede llegar a ser un hábito obsesivo y esclavizante que alimenta y vuelve a alimentar el fuego de la lascivia y rebaja a las personas a la posición de un objeto sexual. Puede llegar a enredarse con la compulsión obsesiva por la pornografía, y puede llevar a fantasías y deseos cada vez más perversos y aun a posibles agresiones contra personas del sexo opuesto.

✦ Concepto bajo de sí mismo

La masturbación —y el control que ejerce sobre la persona— es uno de los muchos factores que pueden causar que el concepto del adolescente que está tratando de encontrar su propia identidad se tambalee y aun caiga. Los adolescentes que se masturban a veces no sólo odian lo que hacen sino también a sí mismos; tienen vergüenza de lo que hacen, se sienten incapaces de controlar sus impulsos, y su autoestima resulta perjudicada por su conducta secreta. (Vea el capítulo 6: *Concepto bajo de sí mismo.*)

La perspectiva bíblica del problema de la masturbación

La Biblia no aprueba ni condena la masturbación. En realidad, ni la menciona. Algunos pasajes han sido interpretados en el pasado como relatos y condenas de la masturbación (como Génesis 38:4-10, en que Onán es condenado por desobedecer a Dios y por negarse a tener hijos en nombre de su hermano muerto), pero esos pasajes en realidad se refieren a la homosexualidad u otras formas de desobediencia o inmoralidad. *(Vea por ejemplo, Romanos 1:24; 1 Corintios 6:9 y 1 Tesalonicenses 4:3.)*

St. Clair y Jones ofrecen ideas útiles para diferenciar entre el alivio natural y la masturbación. Explican:

Cuando una persona pasa por la pubertad, madura sexualmente... Como resultado, tiene fuertes sentimientos y tensiones sexuales.

Muchos varones tienen eyaculaciones nocturnas, llamadas a veces "sueños mojados"... El semen líquido puede salir por el pene mientras duerme... Si el semen no se emite por medio de la masturbación o el acto carnal, las eyaculaciones nocturnas son inevitables.

La Biblia habla de esos "sueños mojados" en Levítico 15:16:

Cuando alguien tenga emisión de semen, lavará con agua todo su cuerpo y quedará impuro hasta el anochecer.

Y en Deuteronomio 23:9-11:

Cuando salgas en campaña contra tus enemigos, cuídate de toda cosa mala. Si hay en ti algún hombre que no está puro debido a una emisión nocturna, saldrá del campamento y no entrará en él. Y sucederá que antes del anochecer se lavará con agua, y una vez que el sol se haya puesto podrá entrar en el campamento.

Estos pasajes, que antes se tomaban como referencias a la masturbación, se interpretan ahora como referencias a eyaculaciones nocturnas, una reacción inevitable de una función corporal natural, una que no puede ser controlada por el individuo. Por supuesto, estas eyaculaciones no son pecado. No es el alivio físico que se logra con la masturbación lo que la hace pecaminosa, porque el mismo alivio ocurre inocentemente en las eyaculaciones nocturnas; es la lascivia que a menudo facilita el acto de masturbarse lo que la hace mala. El doctor Jay Adams dice: "En un niño pequeño la masturbación puede ser exploratoria, pero pronto se agregan las fantasías sobre relaciones sexuales con parejas sexuales imaginarias".

Si eso sucede —si la masturbación incluye fantasear sobre relaciones sexuales ilícitas— entonces es pecaminosa, porque la lascivia es pecado (Mateo 5:27, 28). (Vea el capítulo 25: *Lascivia*.)

La respuesta al problema de la masturbación

Los padres u otros adultos pueden creer que escasean las oportunidades de conversar sobre masturbación con el adolescente. Pero la oportunidad a veces hay que buscarla. Si el tema no se ha tocado para la media adolescencia, entonces existe una buena posibilidad de que el jovencito (especialmente el varón) ya esté luchando con el problema de la masturbación. El siguiente bosquejo puede ayudar al padre, pastor, maestro o líder de jóvenes a tratar el tema con sensibilidad y eficacia:

ESCUCHAR. Invite al joven a hablar abierta y honestamente de sus impulsos y luchas sexuales. Asegúrele que lo que le dice es confidencial. Inicialmente, hable sólo para facilitar que hable el joven, nunca para expresar su sorpresa, agravio, condena o repugnancia. Haga preguntas que tengan el propósito de darle información útil ("¿Cuánto hace que luchas con esto?"), no para satisfacer su curiosidad.

EMPATIZAR. Es muy fácil para los padres y otros adultos olvidar su propia adolescencia y menoscabar los problemas de los jovencitos. Pero aunque la masturbación a menudo va siendo menos después de la adolescencia, las pasiones y deseos sexuales continúan. Recuerde sus propias debilidades y luchas en estas áreas y aprovéchelas para dar forma a una perspectiva compasiva con respecto a las dificultades que el joven enfrenta. Comprenda que es muy probable que al adolescente le dé vergüenza hablar de estos temas con un adulto, y aun más si se siente incómodo con su conducta sexual. El adulto sensible (del mismo sexo que el joven) puede proyectar su cálida empatía por medio de:

● Ponerse cara a cara con el joven (saliendo de detrás del escritorio, por ejemplo si están en una oficina).

● Inclinarse hacia adelante en su silla para demostrar interés.

● Tocarlo apropiadamente (un toque consolador en el brazo, por ejemplo, o poner una mano sobre el hombro).

● Hacer contacto visual sin mirarlo fijo ni dejar que la mirada se distraiga.

● Reflejar las declaraciones del joven diciendo "Sientes..." o "Interpreto que estás diciendo que..."

● Esperar pacientemente durante los momentos de silencio y de lágrimas.

ALENTAR. El joven que lucha con su sexualidad puede sentirse incómodo consigo mismo, con su aspecto físico y con sus deseos. Puede odiar sus sentimientos sexuales. Hasta puede odiarse a sí mismo. Necesita que le aseguren con frecuencia que es normal, que vale y que es apreciado.

Frases como las siguientes pueden dar seguridad al joven que lucha con sus problemas:

● No eres el único que enfrenta esto...

● Tus sentimientos son normales.

● El mero hecho de que hables de esto conmigo muestra que eres valiente.

● Me gusta la manera como tú...

● Te quiero.

DIRIGIR. "La masturbación puede disminuir", escribe Collins, "por medio de la oración, de una sincera disposición a dejar que el Espíritu Santo mande y controle la vida, dedicarse a actividades que beneficien a otros y evitando los materiales sexualmente estimulantes (por ejemplo: fotos, novelas eróticas o el acceso a sitios pornográficos en el internet), la práctica de darse a fantasías sexuales perjudiciales, y un reconocimiento de que el pecado (incluyendo la lascivia) es perdonado por Dios cuando es confesado con sinceridad y arrepentimiento".

Con delicadeza y sensibilidad guíe al joven a establecer la estrategia que mejor le ayudará en su situación específica. Lo siguiente ha sido adaptado del proceso de diez pasos recetado por St. Clair y Jones para superar la masturbación:

1. Sé honesto con Dios. Reconoce que los pensamientos lascivos que te llevan a la masturbación son un pecado contra Dios. Sé honesto en cuanto a tu pecado y pide que seas limpiado y decide dejarlo.

2. Planta una estaca. Una "estaca" es un punto fijo que marca el comienzo de un viaje. Decide si quieres complacer a Dios más de lo que te quieres complacer a ti mismo y decídete a hacer tuyas estas palabras: "Andad en el Espíritu, y así jamás satisfaréis los malos deseos de la carne" (Gálatas 5:16).

3. Enchúfate al poder. Reconoce que no puedes ganar esta batalla con tu propio poder. Sólo por medio de Jesucristo viviendo en ti puedes cambiar tus deseos y hábitos. Empieza ahora mismo a dedicar cada día un momento regular y constante con el Señor.

4. Renueva tu mente. Este problema empezó en tu mente, así que deja que Dios te la cambie. La manera en que Dios renueva tu mente es al compenetrarte en la Biblia. Es allí donde se encuentran los pensamientos de Dios. Anhela que los pensamientos de él sean los tuyos. Lee cada día un capítulo de la Biblia. Memoriza un versículo por semana.

5. Enfoca tu vista. Aparta tus ojos de cualquier cosa que te estimule sexualmente. Es obvio que no puedes vivir en un monasterio, así que tus ojos verán objetos sexualmente estimulantes. Pero no sigas mirándolos, especialmente los materiales pornográficos, las novelas de TV o las películas no aptas para menores.

6. Controla tu cuerpo. Cuando sientes que tu cuerpo va a explotar si no te alivias un poco de la presión sexual, manténla bajo control por medio del ejercicio físico, haciendo el bien a otros, o dedicándote a actividades físicas divertidas (como andar en bicicleta o jugar al baloncesto).

7. Sincérate con un amigo. Pídele a alguien de tu mismo sexo, que sea espiritualmente maduro, que te haga rendir cuentas de tus actos. Consigue que te pregunte regularmente si estás evitando la lascivia.

8. Evita las situaciones tentadoras. No mires una segunda vez a la persona vestida sensualmente, y no leas revistas ni mires programas en TV o en el internet que te estimulan sexualmente. Mantente en guardia cuando estás solo, especialmente donde es fácil sentirte tentado.

9. Sigue adelante a pesar de tus fracasos. Si fracasas, no te desanimes. Te llevó tiempo formar este hábito, te llevará tiempo quitártelo. Si caes, no te revuelques en el polvo; más bien levántate, sacúdete el polvo por medio de confesar inmediatamente tus pecados y de recibir, por fe, el perdón de Dios. Pero no te acostumbres a aceptar trivialmente tus fracasos.

10. Empéñate en la victoria total. No tienes que pecar. No tienes que dejar que el radiador se recaliente. Al ofrecerte a Dios (en lugar de ofrecerle al pecado como instrumento de maldad), tu energía sexual se canalizará para hacer de ti un hombre o mujer poderoso para Dios. Confía en Cristo. Obedécele. El te dará la victoria.

COMPROMETER. Consiga la colaboración activa del joven para diseñar su propio programa y plan específico, incluyendo las acciones paso a paso, que le servirán como una programación o guía para su conducta. Por ejemplo, si su mayor problema con la masturbación ocurre justo después de acostarse antes de quedarse dormido, puede decidir hacer ejercicios físicos vigorosos o quedarse levantado hasta más tarde para tener más sueño y dormirse más pronto al acostarse. Deje que el joven sugiera sus propias "tareas", lo cual agregará un sentido de realización, seguridad y recompensa al ir avanzando.

REFERIR. En cuestiones sexuales especialmente, es crítico que sea un adulto del mismo sexo el que ofrezca consuelo y dirección (si una maestra está preocupada por un jovencito, por ejemplo, debe involucrar a un hombre para que lo aconseje). Ofrecer consuelo a un joven del sexo opuesto es peligroso para el adulto tanto como para el joven.

Además, el adulto sabio sabrá que los problemas sexuales pueden ser particularmente tenaces y tienen la posibilidad de perjudicar la relación matrimonial en el futuro si no se solucionan pronto y con eficacia. Permanezca atento por si necesita referir al joven a un profesional, como sugiere Collins:

Debe considerarse la posibilidad de referir al aconsejado a un profesional cuando éste parece tener problemas sexuales más complicados de lo que el consejero puede manejar. Cuando sus problemas sexuales van acompañados de depresión y/o ansiedad considerable, cuando hay mucho sentimiento de culpabilidad o autocondenación, cuando el aconsejado tiene una conducta y una manera de pensar extremadamente perturbadas... cuando el consejero está demasiado escandalizado o cohibido para seguir aconsejando, o cuando siente una atracción sexual fuerte y persistente hacia el aconsejado.

Pasajes bíblicos citados en este capítulo

- 2 Timoteo 3:2, 4

- Génesis 38:4-10

- Romanos 1:24

- 1 Corintios 6:9

- 1 Tesalonicenses 4:3

- Levítico 15:16

- Deuteronomio 23:9-11

- Mateo 5:27, 28

- Gálatas 5:16

Otros pasajes bíblicos para leer

- Job 31:1

- Proverbios 6:20-32

- Filipenses 4:8

- 1 Tesalonicenses 4:3-7

- 1 Juan 2:15-17

PORNOGRAFÍA

CONTENIDO

Introducción

Marcos, de once años, estaba en la casa de su amigo Tito donde iba a pasar la noche, cuando éste le contó de una pila de revistas que había en el sótano. Se pasaron varias horas ese día hojeando revistas con fotos a todo color de mujeres desnudas y semidesnudas en poses. Marcos nunca había visto algo así y a medida que pasaban los días pensaba más y más en las revistas de Tito. En los próximos meses, aprovechó toda oportunidad posible para visitar a su amigo y a la pila secreta de mujeres fantasía.

Él y Tito seguían jugando juntos a la pelota. Seguían yendo y viniendo de sus casas en bicicleta. Todavía miraban los dibujos animados y programas cómicos en la televisión. Pero empezaron a hacer menos de todo eso porque cada vez que podían se iban al sótano de la casa de Tito para mirar las revistas.

En los próximos años, el interés de Marcos en diversiones como esas aumentó. Él y Tito encontraron videos "interesantes" en la colección de su padre y se las ingeniaron para hacer copias de las mejores, que Marcos escondió bajo el material aislante en el entretecho de su casa. Luego, un día, Marcos de pronto "se sacó la lotería".

A Marcos le gustaba "charlar" con sus amigos por el internet. Un día entró al sistema y se encontró con un mensaje de un desconocido dirigido a él. El mensaje contenía un archivo extraño e incluía instrucciones para descargarlo. Descargó el archivo y al minuto apareció en la pantalla de la computadora un juego de diez fotos de hombres y mujeres en distintas poses de actos sexuales heterosexuales y homosexuales.

Marcos guardó las imágenes y se enteró, por el autor del mensaje electrónico, de dónde podía encontrar otras fotos, cuentos y filminas parecidos —y más pervertidos— en el internet. Le mostró todo a su amigo Tito y ambos empezaron enseguida a juntar otra "pila" de materiales pornográficos: los programas y archivos de la computadora de la familia.

Lo que empezó como un juego "inofensivo" para Marcos cuando tenía once años ya era una obsesión para cuando cumplió los trece, y cuando tenía catorce resultó en su desaparición. La policía descubrió luego que Marcos había concertado una cita con alguien que había conocido por computadora, una cita de la cual nunca regresó.

El problema de la pornografía

La pornografía, "la descripción o retrato ya sea de una actividad sexual o de órganos sexuales con fines o recompensas monetarios", es una industria multimillonaria que incluye revistas y novelas pornográficas, películas y videos no aptos para menores, bares con mujeres semidesnudas y espectáculos de baile con mujeres y hombres desnudos, llamadas sexuales por teléfono y sexo por computadora. Las ganancias obtenidas por dichos productos y actividades se estiman en más de ocho a doce mil millones de dólares por año, y van en aumento.

La pornografía no se limita a las fotografías a todo color de modelos en revistas; el grueso de la pornografía es más lascivo, más pervertido y más depravado de lo que la mayoría cree.

Dicho material no es usado exclusivamente por adultos; una cantidad alarmante de niños y jóvenes están expuestos a él:

> En un reciente estudio del doctor Jennings Bryant, fueron entrevistados 600 varones y mujeres de primer año de secundaria en adelante sobre su... "involucración con la pornografía en la vida real". Encontró que el 91 por ciento de los varones, y 82 por ciento de las mujeres indicaron que habían sido expuestos a la pornografía dura.

Y los jóvenes vinculados a la iglesia iglesia —muchachos de hogares cristianos— están involucrados en la pornografía a un grado alarmante. La encuesta "Es bueno o es malo", realizada entre 3.765 jóvenes cristianos, reveló que uno de cada 6 (16 por ciento) habían visto una película pornográfica en los últimos tres meses antes de la encuesta. Esta realidad nos indica también que hoy es muy fácil para el joven obtener materiales pornográficos.

Las causas de la pornografía

✦ Curiosidad
La pornografía no es nada nuevo. Ha existido desde la antigüedad. Los seres humanos son criaturas que tienen curiosidad, y su curiosidad abarca también los asuntos sexuales. Jenofonte, el general y escritor griego, informó del descubrimiento de una tribu que "copulaban libremente en las calles como perros". A Jenofonte le repugnó dicha conducta, pero "aun Jenofonte", concluye el relato, "no apartó su vista inmediatamente".

✦ Deshumanización del sexo
Pero la curiosidad no es la responsable de la reciente explosión en la circulación y disponibilidad de materiales pornográficos para los menores y los jóvenes. Entran otros factores en juego también. Los autores Alexandra y Vernon H. Mark afirman:

> Una respuesta es que el sexo... ha sido deshumanizado. No se lo considera como una relación cariñosa, responsable, sino como un deporte y, en ese contexto, no es de sorprender que el acto carnal y los órganos sexuales sean considerados como cosas apropiadas para mirar.

✦ Obsesión cultural
La pornografía también es impulsada por la obsesión de la cultura moderna con cualquier cosa sexual y aprobación (tácita, si no activa) de toda clase de desviaciones. En un mundo que cambia constantemente, parece haber un mercado creciente para las formas "nuevas" e "imaginativas" de depravaciones. Muchos se involucran en la pornografía por curiosidad y erotismo".

Los efectos de la pornografía

Muchos defensores de la pornografía (en nombre de la libre expresión) insisten en que ésta es una diversión inofensiva, una actividad "sin víctimas" que no afecta a nadie. La pornografía sí afecta de muchas y perjudiciales maneras a los que participan en ella.

✦ Adicción sexual
La pornografía con frecuencia juega un papel importante en las adicciones sexuales. La persona —casi siempre varón— que se

mezcla en la pornografía al ir aumentando su exposición va aumentando su deseo de tener más materiales, hasta que se convierte en un adicto del alivio que logra como resultado del estímulo visual que la pornografía ofrece. A esto le sigue escalar al uso de un material más pervertido hasta que su adicción lo impulsa, no sólo a buscar un constante alivio a través de la pornografía, sino también por medio de poner en práctica lo que ahora lo estimula.

Este ciclo puede llevar semanas o meses. La experiencia que se relata a continuación, adaptada de un testimonio presentado por la Comisión de Pornografía del Fiscal General (EE.UU. de A., 1986), es típica:

En 1972, el año que nos conocimos, Tom me expuso por primera vez a la pornografía... Él consideraba esto como algo normal, así que procuré complacerlo.

Conversábamos sobre algunas de las técnicas descritas en las revistas y finalmente Tom empezó a experimentar... Durante los próximos 11 años llegué a preguntarme qué andaba mal conmigo sexualmente.

En el otoño de 1975 me enteré de que Tom tenía relaciones sexuales con muchas de nuestras amigas... Durante esa época me sentí rechazada... Tom me juraba que no se valía de prostitutas, pero admitió que fantaseaba mucho con las revistas... Una vez Tom me pidió que tuviera relaciones sexuales con una de mis amigas (la amante de él). Me sentía tan muerta interiormente que lo único que podía hacer era mirarlos y sentir disgusto y desprecio por mí misma, porque había permitido que nuestro matrimonio llegara a este punto.

En 1981 volvimos a radicarnos en Houston, después que que Tom ya no podía funcionar en su trabajo. En ese entonces creía que su jefe había sido malo con él y que el trabajo había sido demasiado. Ahora sé que él ya no podía dedicarse cada día y cada hora a las revistas, teatros y negocios pornográficos porque tenía que rendir cuenta de su tiempo.

Los años 1981-82 fueron también el comienzo de nuestra ruina financiera. El dinero había ido desapareciendo misteriosamente a lo largo de los años. Tom no me

daba acceso a nuestras finanzas. Yo pensaba... que a él le gustaba estar a cargo de pagar las cuentas y asentar los gastos... Pero, en realidad, muchas de nuestras entradas en conjunto habían sido utilizadas en prostíbulos, revistas pornográficas a 10 dólares el ejemplar, en habitaciones de hoteles y en cines que frecuentaba.

La esposa de Tom siguió declarando ante la comisión de cómo la adicción sexual de él le había costado su trabajo, su hogar, su esposa y su familia.

✦ **Sexualidad patológica**

El individuo que ha sido expuesto a la pornografía es susceptible a la sexualidad patológica. En el estudio del doctor Jennings Bryant ya citado leemos que:

Dos tercios de los varones y 40 por ciento de las mujeres informaron el deseo de probar algunas de las conductas sexuales que habían visto en los materiales pornográficos. Y el 25 por ciento de los varones y 15 por ciento de las mujeres admitieron haber realizado sexualmente algunas de las cosas que habían visto en la pornografía, en los días subsiguientes a haberlas visto. Esto demuestra a las claras el efecto del ejemplo, o el efecto de "aprender por imitación", que la pornografía puede tener sobre la conducta sexual. Además, la exposición masiva (o sea durante 6 semanas) a la pornografía podía cambiar las actitudes y sentimientos... haciendo que las indecencias y transgresiones sexuales parecieran menos malas, convenciéndolos de que las víctimas de tales transgresiones sufrían menos y que el mal que se les había hecho no era tan grave.

Este estudio también demostró la relación entre la pornografía y la desviación sexual y la promiscuidad entre los jóvenes:

En su estudio, impresionante en cuanto a su rigurosa metodología y tratamiento estadístico, concluyeron que: "Uno descubre que la exposición a la pornografía es el indicador más fuerte para predecir la desviación sexual entre los sujetos de corta edad que fueron expuestos (adolescentes menores). En el subgrupo de corta edad expuesto (a la pornografía), la cantidad de exposición se correlacionaba significativamente con la disposición a tener relaciones sexuales en grupo, la frecuencia de actos homosexuales y desviaciones sexuales serias; y se notaron tendencias en este sentido en cuanto a la cantidad tanto de parejas heterosexuales como en el total de parejas homosexuales (en jóvenes de secundaria) relacionadas positivamente con su exposición a la pornografía."

✦ Recuerdos indeseables

La exposición a estímulos pornográficos puede resultar en recuerdos vívidos de imágenes o experiencias, que pueden aflorar en momentos imprevisibles e indeseables. Según el *AFA Journal*:

Epinefrina es una sustancia química que es secretada a la sangre por la glándula suprarrenal cuando el adicto a la pornografía da rienda suelta a su hábito. La epinefrina va al cerebro y fija el estímulo visual (o auditivo) presente en el momento. La mente del adicto se contamina con imágenes sexualmente explícitas. Además, recordará estas imágenes sin querer, y las verá aunque quiera olvidarlas.

✦ Falta de respeto hacia las mujeres

El sicólogo Dolf Zillman, de la Universidad de Indiana, EE. UU. de A., estudió los efectos de las películas pornográficas no violentas sobre los espectadores y concluyó que:

Los hombres empezaban a ver a las mujeres como juguetes sexuales insaciables; que los hombres eran más agresivos hacia las mujeres y que empezaban a ver la violación como una ofensa trivial, algo que todas las mujeres querían secretamente. "No hay duda alguna", concluyó, "que la pornografía, como forma principal de diversión masculina, promueve el maltrato a las mujeres".

El sicólogo Edward Donnerstein, de la Universidad de Wisconsin, EE. UU. de A., que, como Zillman, es uno de los investigadores más respetados del país, realizó una investigación similar en que estudió los efectos de la violencia pornográfica (mutilación, violación, homicidios sexuales, etc.) sobre las actitudes de los hombres hacia las mujeres. Sus conclusiones son similares en el sentido de que una dieta constante de dicha pornografía insensibiliza a los hombres induciéndolos a la violencia e incitándoles a trivializar la violación.

✦ Expectaciones poco realistas

Los individuos que se mezclan con la pornografía a menudo demuestran expectaciones poco realistas, tanto en la apariencia física como en la conducta de sus parejas. El hombre cuya mente ha sido expuesta repetidamente a las fotos pornográficas sofisticadas no podrá apreciar debidamente la belleza sin retoques de su esposa, no importa lo atractiva que sea.

Exponerse a la pornografía también puede favorecer expectaciones poco realistas del acto sexual. Los momentos de intimidad sin libreto, sin ensayos, rara vez se parecen a las escenas en una película o revista, y la duración y actuación de auténticas parejas rara vez se parecen a las modelos y actrices pornográficas.

Además, la persona que se da a la pornografía puede sentirse frustrada al tratar de persuadir a otros que imiten las escenas y experiencias presentadas en los materiales pornográficos.

✦ Temor, sentimiento de culpabilidad y vergüenza

Agréguese a los otros efectos de la pornografía el temor generado por estar involucrado con la pornografía. Los jóvenes (al igual que muchos adultos) lo hacen en secreto y, en consecuencia, tienen que vivir con el perpetuo temor de ser descubiertos por sus padres, maestros o amigos de la iglesia, etc. Dicho temor no sólo causa problemas en el presente, sino que incide sobre el placer sexual sano en el futuro, haciendo que la persona asocie el temor con el placer sexual, llevando a otras conductas sexuales patológicas como voyeurismo (obsesión por mirar actos u organos sexuales), y exhibicionismo, etc.

El sentimiento de culpabilidad es otra secuela de la exposición a la pornografía.

Perspectiva bíblica de la pornografía

La palabra *pornografía* viene de la antigua palabra griega *porne*, sustantivo usado para referirse a una prostituta (vea Lucas 15:30; 1 Corintios 6:15, etc.). Es la raíz de *pronos*, la palabra griega que significa inmoralidad sexual.

No obstante, para arribar a una perspectiva bíblica del problema, tenemos que considerar lo que la pornografía logra: excitación sexual y alivio con la ayuda de alguien o algo fuera del esposo o la esposa. Esa es justamente la actividad que la Biblia prohíbe con los mandatos: "Huid de la inmoralidad sexual [*porneian*]" (1 Corintios 6:18) y "... que os apartéis de inmoralidad sexual [*porneais*]" (1 Tesalonicenses 4:3).

Las relaciones sexuales "sin personas" que la pornografía ofrece descartan el diseño de Dios para la sexualidad: "Por tanto, el hombre dejará a su padre y a su madre, y se unirá a su mujer, y serán una sola carne" (Génesis 2:24). Dios diseñó el sexo para ser usado dentro de la intimidad de la relación matrimonial con el propósito de tener hijos y una familia (Génesis 1:28), con el propósito de desarrollar una unidad de identificación entre esposo y esposa en tres importantes dimensiones: física, sicológica y espiritual (Génesis 2:24), y con el propósito de dar y obtener placer o esparcimiento (Proverbios 5:18, 19). La pornografía no cumple ninguno de estos propósitos.

Por último, la escala de valores que fomenta la pornografía es antibíblica y anticristiana. El doctor Bryant afirma que:

> La escala de valores que satura el contenido de la pornografía más aberrante involucra una total omisión de los tipos de juicios morales que han sido adoptados por los sistemas de valores de la mayoría de las sociedades civilizadas. Es como que nos dijeran: Olviden confiar en alguien.

Olviden la familia. Olviden la fidelidad. Olviden el amor. Olviden el matrimonio.

La pornografía promueve lo que la Biblia prohíbe y descarta lo que la Biblia ordena. Involucrarse en la pornografía es un pecado del tipo más perjudicial y malsano. El que cae en la pornografía debe recibir el consejo amable y cuidadoso para poder salir de ella.

La respuesta al problema de la pornografía

El líder de jóvenes, maestro, consejero o padre puede ayudar al joven que se ha expuesto a la pornografía por medio de implementar con paciencia y sensibilidad un plan como el siguiente:

ESCUCHAR. Es probable que el joven que ha caído en la pornografía no hable sobre ello voluntariamente. Con cuidado y diligencia proyecte una actitud de aceptación, comprensión y disposición a escuchar. Asegure al joven su absoluta discreción.

Anímele, con paciencia, a contarle cómo fue que empezó a caer, cómo continuó y sus últimos problemas en ese sentido. Trate especialmente de guiarle a dialogar sobre las razones por las cuales se vale de la pornografía.

EMPATIZAR. Trate de recordar sus propias experiencias y los problemas que tuvo que pasar al manejar sus propios cambios hormonales y el descubrimiento de su impulso sexual. El joven posiblemente se sienta solo; quizá cree que nadie puede realmente entender por lo que está pasando. Y quizá ni cuenta se ha dado de su situación. Un espíritu de empatía puede ayudarle inmensamente.

El adulto interesado puede crear un ambiente de cálida empatía de la siguiente manera:

- Mire al joven cara a cara (saliendo de detrás del escritorio, por ejemplo, si están en una oficina).

- Inclínese hacia adelante en la silla para comunicar su interés.

- Tóquelo apropiadamente si es una personas del mismo sexo (un toque consolador en el brazo, por ejemplo, o poner la mano sobre su hombro).

- Haga contacto visual sin mirarlo fijamente.

- Reafirme las declaraciones del joven ("Sientes que..." o "Me parece que estás diciendo que...")

- Espere pacientemente en medio del silencio o las lágrimas.

ALENTAR. Tenga en cuenta que el joven que ha confesado su involucración con la pornografía puede sentirse abrumado de vergüenza. Ayúdele a comprender que los deseos sexuales son normales, que son más fuertes durante la adolescencia y que aprender a controlarlos y encauzarlos es uno de los mayores desafíos de la adolescencia. Algunos de los pasos más alentadores que usted puede dar son:

- Conduzcalo suavemente a confesar y arrepentirse de sus pecados, teniendo el cuidado de dejar que el Espíritu Santo (no usted) lo convenza de pecado.

- Ayúdele a recibir y reconocer el amor y el perdón de Dios.

- Confirme con claridad que lo acepta y siente cariño por él.

- Guíelo a comprender que Dios lo ama y se deleita en él. (Vea el Salmo 18:19.)

- Subraye las características positivas y las habilidades del joven ("Valoro tu sensibilidad espiritual", "¡Qué bien expresaste eso!").

DIRIGIR. En cuanto el joven ha expresado verbalmente su necesidad y deseo de cambiar su conducta y se ha arrepentido y experimentado el perdón de Dios, puede estar listo para que se le guíe en un proceso de restauración. Hágale ver que no será fácil abstenerse de "la inmoralidad sexual", pero que es la voluntad de Dios para él. (Vea 1 Tesalonicenses 4:3.)

Recuérdele las razones que él identificó por las cuales quiso apartarse de la pornografía, y ayúdele a tener "una lluvia de ideas" para encarar y contrarrestar de otras maneras (ejercicio físico, reuniones sociales, etc.) esas necesidades o impulsos. Las ideas podrían incluir:

1. Que la comunión con Dios sea la primera prioridad. El hábito de la devoción constante es la primera línea de defensa contra el pecado. (Vea Colosenses 2:6-15 y Gálatas 5:16.)

2. Sé transformado por la renovación de tu entendimiento. (Vea Romanos 12:1, 2.) En el curso de química en la escuela aprendiste que el líquido expulsa el gas por el tubo de ensayo; de la misma manera, los pensamientos puros pueden expulsar de tu mente los pensamientos impuros. Cuando tu mente empieza a vagar, reemplaza inmediatamente tus pensamientos impuros con pensamientos puros. (Vea Filipenses 4:8.) Este proceso puede recibir aliento por medio de la música y los libros cristianos, por las amistades sanas y por la memorización de versículos bíblicos.

3. Memoriza por lo menos un versículo bíblico por semana (por ejemplo: Romanos 12:1, 2; Salmo 51:10; Colosenses 3:1-3; Salmo 119:9, 11; 1 Corintios 10:13 y Filipenses 4:8). Recita los versículos en voz alta cuando te ataca una tentación.

4. Huye activamente de la tentación. Destruye todos los materiales pornográficos que tengas. Identifica (y luego evita) los lugares donde abunda la tentación.

Evita los negocios que exhiben materiales pornográficos. Deja de mirar en la TV programas dudosos, novelas y los canales que pasan películas no aptas para menores. No entres en negocios de videos que alquilan material pornográfico. Entra al internet sólo cuando mamá y papá están en casa. Si mamá y papá están metidos en la pornografía, considera la posibilidad de pedirles que pongan todo el material bajo llave, que "bloqueen" ciertos canales, etc.

5. Contrarresta las raíces de la lascivia contrarrestando la inactividad con el ejercicio físico y con una dieta adecuada, y evitando estar mucho tiempo solo.

6. Cultiva amistades sanas con personas del sexo opuesto que te ayuden a verlas como dignas de respeto, no como objetos para ser usados.

7. Rinde cuentas. Santiago 5:16 dice: "Confesaos unos a otros vuestros pecados, y orad unos por otros de manera que seáis sanados." Ríndele cuentas a por lo menos una persona con el entendimiento de que se reunirán una vez por semana para informar sobre el éxito o fracaso en la batalla contra la pornografía.

8. Celebra y vive en victoria, pero si fracasas, recuerda que tienes a alguien que habla al Padre en defensa tuya, que es fiel y justo para perdonarte y purificarte nuevamente (1 Juan 1:9; 2:1).

COMPROMETER. Sutilmente guíe al joven a trazar su propio plan para manejar la tentación. Sugiérale que escriba sus metas y quizá hasta haga un "contrato" de las metas con uno de sus padres u otro adulto. Anímelo a que se sienta "dueño" tanto del problema como de la solución.

REFERIR. En cuestiones sexuales es mejor que sea un adulto del mismo sexo el que ofrezca el consejo. Ofrecer consuelo a un joven del sexo opuesto puede ser peligroso, tanto para el adulto como para el joven. Si el joven ya hace un tiempo está involucrado con la pornografía, anímelo a buscar el consejo bíblico de un consejero profesional (con el permiso de los padres). Los efectos de la pornografía pueden ser persistentes y pueden hacer daño mucho después de haberla dejado.

Pasajes bíblicos citados en este capítulo

- Lucas 15:30
- 1 Corintios 6:15, 18; 10:13
- 1 Tesalonicenses 4:3
- Génesis 1:28; 2:24
- Proverbios 5:18, 19
- Colosenses 2:6-15; 3:1-3
- Gálatas 5:16
- Romanos 12:1, 2
- Filipenses 4:8
- Salmos 51:10; 119:9, 10
- Santiago 5:16
- 1 Juan 1:9; 2:1

Otros pasajes bíblicos para leer

- Job 31:1
- Proverbios 6:23-28
- Mateo 5:27, 28
- 1 Tesalonicenses 4:3-7
- 2 Timoteo 2:22
- Santiago 1:14, 15
- 1 Pedro 2:11

RELACIONES SEXUALES PREMATRIMONIALES

CONTENIDO

Introducción

Melinda ni siquiera quería ir a la fiesta. Era creyente y evitaba las fiestas como la que iban a tener en la casa de Marcos, aprovechando que los padres de él no estaban. Pero Jorge, su novio, insistía en que fueran; y por fin cedió.

En la fiesta Jorge empezó a portarse "raro" y no le hacía caso a Melinda, quien repetidas veces le pidió que se fueran. Él empezó a tomar cerveza y le ofreció a ella. Se negó a aceptarla, pero parecía que todos los demás insistían en que tomara, así que por fin aceptó una cerveza de un muchacho que ni conocía.

Jorge había desaparecido de su lado al ratito de haber entrado en la casa; finalmente lo encontró en la cocina, saboreando su cerveza y charlando con Nancy, la linda rubia que era la envidia de todas las muchachas. Al ratito empezaron a tocar música lenta en la sala y, para sorpresa de Melinda, Nancy tomó del brazo a Jorge y se lo llevó a la sala. Melinda se quedó observando cómo bailaban, lentamente y abrazados; era evidente que Nancy disfrutaba del momento.

Melinda tenía ganas de escaparse, pero no quería volver a su casa sola de noche. "No puedo competir con Nancy", pensó.

La pieza de música terminó y Jorge se le acercó, apoyó una mano en la pared por arriba de la cabeza de ella y la besó en la mejilla.

—No te importa que bailé con Nancy, ¿no? Fue ella la que me sacó a bailar.

Melinda sacudió la cabeza y trató de sonreír. Él extendió su mano y la sacó a bailar. Ella dejó la cerveza en una mesita y se fue con él. La música —y la cerveza— la intoxicaron y pensó que no quería perder a Jorge. Apretó su cuerpo contra el de él, y bailaron lenta y apasionadamente. Ella sentía el calor del cuerpo de él, el aroma de su agua de colonia, escuchaba embelesada las palabras que él le susurraba y se apretó contra él como si nunca quisiera dejarlo ir. Cuando terminó la pieza musical y Jorge sugirió buscar un lugar donde pudieran estar solos, Melinda no titubeó.

Después de un rato Melinda se vestía en un dormitorio extraño mientras trataba de contener las lágrimas. Jorge la besó en la frente y le sugirió volver a la sala con los demás.

—Por favor, llévame a casa —rogó ella.

El problema de las relaciones sexuales prematrimoniales

Según una encuesta realizada por el Grupo de Investigación Barna en los Estados Unidos de América, sólo el 23 por ciento de los de la generación nacida después de la Segunda Guerra Mundial dicen ser vírgenes. Más de tres cuartos admiten haber tenido relaciones sexuales con otra persona soltera. Dos de diez solteros de esa generación dicen haber tenido relaciones sexuales con una persona casada y, entre los casados, uno de cada catorce había tenido relaciones sexuales fuera del matrimonio. Casi la mitad (47 por ciento) de los bebés nacidos de esa generación en 1992 eran de madres solteras. Y el periódico reporta: "Algunos estudios indican que tres cuartos de todas las jóvenes tienen relaciones sexuales durante su adolescencia y el 15 por ciento ha tenido cuatro o más parejas".

En la actualidad las jovencitas están teniendo relaciones sexuales a una edad más temprana; la edad promedio en que la joven tiene su primera relación sexual prematrimonial ha bajado de los diecinueve años en 1960 a los diecisiete en 1990. La doctora Liana Clark, médica en Filadelfia, EE. UU. de a. dice que la mayoría de sus pacientes empiezan la actividad sexual a los trece años.

La actividad sexual entre los jóvenes de familias de la iglesia es también alarmante. Para los dieciocho años, el 27 por ciento ha tenido relaciones sexuales y el 55 por ciento ha participado en caricias en los senos.

La investigación muestra que los jóvenes aparentemente se resisten menos a medida que van madurando. Desde el segmento más joven (once a doce años) hasta la próxima categoría de edad (trece a catorce), la proporción de jóvenes involucrados en besos eróticos se duplicó; las caricias de los senos aumentó cinco veces; las caricias de los genitales aumentó en un factor de siete y la incidencia de relaciones sexuales (del 1 por ciento del grupo más joven) aumentó ocho veces (a uno de cada once) en el transcurso de diez años.

La actividad en cada nivel de la actividad sexual —caricias de los senos y de los genitales, relaciones sexuales— se duplicó entre los jóvenes de quince a dieciséis años (en comparación con los del grupo menor que le sigue). Para los dieciséis años, dos de cada cinco (41 por ciento) ha acariciado (o permitido las caricias de) los senos, y casi uno de cada tres (30 por ciento) ha acariciado genitales; alrededor de uno de cada cinco (18 por ciento) ha tenido relaciones sexuales (vea la siguiente gráfica).

ACTIVIDAD SEXUAL CON PERSONAS DEL SEXO OPUESTO, POR GRUPO-EDAD (JÓVENES QUE ASISTEN A REUNIONES DE LA IGLESIA)

ACTIVIDAD	TODOS	11-12	13-14	15-16	17-18
Tomar de la mano	89%	74%	84%	92%	95%
Abrazar y besar un poco	73%	39%	65%	80%	86%
Besarse a la "francesa"	53%	15%	38%	61%	74%
Acariciar los senos	34%	4%	20%	41%	55%
Acariciar genitales	26%	2%	14%	30%	44%
Relaciones sexuales	15%	1%	8%	18%	27%

Tomado de *Es Bueno o Es Malo: Lo que usted necesita saber para ayudar a los jóvenes a tomar decisiones correctas*, por Josh McDowell y Bob Hostetler (Editorial Mundo Hispano, 1996).

La mayoría participa en besos eróticos y en la caricia de los senos para cuando llegan al grupo de los diecisiete a dieciocho años. Alrededor de dos tercios de los varones de esa edad han acariciado los senos de su pareja, un aumento del 34 por ciento en relación con el grupo anterior. Casi la mitad de los varones y las mujeres de diecisiete y dieciocho años han acariciado los genitales de por lo menos una persona: un aumento del 47 por ciento. Y, debido a un aumento del 50 por ciento en la incidencia de relaciones sexuales en el grupo de diecisiete a dieciocho años (en comparación con el grupo anterior por edad), más de uno de cada cuatro (27 por ciento) admite haberlo hecho "todo".

Las causas de las relaciones sexuales prematrimoniales

Se ha dicho que el típico estudiante de secundaria "¡enfrenta más tentaciones sexuales cada mañana camino a la escuela, que las que enfrentaba su abuelo un sábado en la noche cuando salía a buscarlas!" Los jóvenes de hoy parecen estar más conscientes del sexo, más se les bombardea con mensajes sexuales sugestivos, y son más susceptibles a las relaciones sexuales ilícitas que las generaciones anteriores.

Las causas de tales actividades sexuales entre los adolescentes son muchas, y tratar de desenredar las razones por las cuales empiezan a ser sexualmente activos muchas veces es como tratar de desatar un nudo gordiano. No obstante, aunque las diversas causas e influencias relacionadas con las actividades sexuales entre los jóvenes son numerosas y están interrelacionadas, algunas son más generalizadas y de más significancia que otras.

✦ Mensajes educativos y sociales
Los jóvenes empiezan sus actividades sexuales por muchas razones, no siendo la menor de ellas los mensajes que a menudo la sociedad en general y los programas educativos en particular le lanzan. La filosofía actual secular ("Si te hace sentir bien, hazlo") ha echado raíces y dado fruto en la sociedad occidental; los jóvenes se ven expuestos rutinariamente a imágenes y mensajes que fomentan las relaciones sexuales de todo tipo, incluyendo entre adolescentes y fuera del matrimonio.

Por ejemplo, un programa educativo para adolescentes preparado por una agencia de planificación familiar en Alameda-San Francisco, EE. UU. de A. hace referencia al "mito" de que "las mujeres que tienen más de una pareja sexual son mujeres fáciles. Algunas personas, tanto hombres como mujeres, prefieren relacionarse sexualmente con más de una persona a la vez. Esto es cuestión de preferencia individual". En una revista publicada con apoyo del Estado, el doctor Harvey Caplan escribió: "Si tenemos relaciones sexuales por nuestras propias razones y hemos tenido muy en cuenta el control de la natalidad, los riesgos de enfermedades venéreas y otras consecuencias, entonces las actividades sexuales no tienen nada de malo".

Tales mensajes, por supuesto, pueden contribuir a la decisión del joven de empezar a tener relaciones sexuales.

✦ Poca consagración religiosa
Thornton y Camburn (1989) han documentado la relación de dos filos entre la consagración religiosa y las actitudes y actividades sexuales. Su investigación apoya las conclusiones de investigaciones anteriores en el sentido de que "una asistencia más frecuente a los servicios religiosos predispone a actitudes más restrictivas en cuanto a las relaciones sexuales prematrimoniales y a menos experiencias sexuales".

Identificaron también la otra cara de la moneda: la relación entre una consagración religiosa y la conducta sexual. Por un lado la consagración religiosa afecta la conducta sexual y, por el otro, la conducta sexual afecta la consagración religiosa.

"Las estimaciones empíricas indican que las actitudes permisivas hacia las relaciones sexuales prematrimoniales reducen la asistencia a los servicios religiosos".

✦ **Estructura familiar**
Los efectos del divorcio, la separación y otros problemas familiares han sido documentados en numerosos estudios. Uno de esos efectos es la actividad sexual.

Flewelling y Bauman (1990) llegaron a la conclusión de que existe "una constante modalidad en las relaciones de significancia entre la estructura familiar y la involucración de los adolescentes menores en... el acto sexual". La ruptura matrimonial (separación, divorcio, etc.) y la estructura familiar (familia con un solo progenitor, familias mixtas, etc.) juegan un papel preponderante en la vulnerabilidad del joven hacia la actividad sexual.

Los hijos de familias intactas por lo general están más preparados para contrarrestar las muchas influencias y tentaciones relacionadas con el sexo. (Vea el capítulo 19: *Divorcio de los padres;* y el capítulo 20: *Familia con un solo progenitor.*)

✦ **Poca educación sexual en el hogar**
El sociólogo Brent Miller reporta que cuanto más abiertamente los padres dialoguen con el adolescente sobre sus escalas de valores y creencias relacionadas con la sexualidad, menos éste demostrará ya sea actitudes sexuales negativas o una conducta sexual promiscua.

Otra publicación informa:

La mayoría de los padres no aprendieron sobre la sexualidad por medio de sus propios padres y, por ende, carecen del ejemplo a seguir para ayudarles a encarar el tema con sus propios hijos; muchas veces se perciben a sí mismos faltos de información sobre la sexualidad y pueden sentirse confundidos en cuanto a los valores sexuales que quieren comunicar a sus hijos. Un sondeo realizado entre 1.400 padres con niños de 3 a 11 años demuestra que menos del 15 por ciento de las madres y 8 por ciento de los padres han hablado alguna vez con sus hijos sobre las relaciones sexuales prematrimoniales o sobre el acto carnal.

Otra investigación encontró lo siguiente:

En un estudio, el 80 por ciento de madres con hijas entre los 11 y 14 años habían hablado de la menstruación; pero sólo el 4 por ciento había explicado en algún detalle la relación entre la menstruación y el embarazo.

Los muchachos que no encuentran respuestas en su casa muchas veces las obtienen a través de experiencias dolorosas. En las palabras de un adolescente: "Los adolescentes no saben lo que hacen. Lo único que saben es que fueron hechos con ciertas partes corporales así que, ya que están, ¿por qué no aprender para qué se usan? Algo así como probar manejar un auto para ver qué tal funciona".

✦ **Necesidades relacionales**
Muchos jóvenes no están seguros del cariño de sus padres. Se les preguntó a varios miles de estudiantes de secundaria: "De todas las preguntas, ¿cuál quisieran que sus padres contestaran con veracidad?" El cincuenta por ciento respondió: "¿Me quieres de verdad?" Una jovencita escribe:

A los ocho años tuve mi primera relación sexual con un muchacho de 15. Lo hice porque carecía del amor y la atención de mis padres. Necesito cariño, y mis padres nunca me lo demuestran. Nada cambió en casa y, a los 15, quedé embarazada... y tuve un aborto. Ahora tengo miedo de salir en pareja, y todas las noches me duermo llorando.

Una educadora en el campo de la salud dice que los muchachos "son empujados a las relaciones sexuales, en muchos casos, no por compasión ni por amor ni por los otros impulsos que tienen sentido para los adultos, sino por su necesidad de intimidad que les ha faltado en sus familias...

La relación sexual es una manera fácil de conseguirla".

Una adolescente confiesa: "Andamos de acá para allá necesitando que nos abracen... El dilema para algunos... es que si quiero que me toquen, si quiero que me abracen, tengo que tener relaciones sexuales".

✦ Salir en pareja prematuramente

Salir en pareja prematuramente lleva a una relación sexual prematura, según una investigación realizada por Brent C. Miller, de la Universidad Estatal de Utah, y Terrence D. Olsen, de la Universidad Brigham Young (EE. UU. de A.) Estudiaron a 2.400 adolescentes, llegando a la siguiente conclusión:

> Cuanto más joven comienza una niña a salir en pareja, más es la probabilidad de que tenga relaciones sexuales antes de terminar la escuela secundaria. Lo mismo se aplica a muchachos y muchachas que en su noveno año escolar ya andan de novios. De las muchachas que empezaron a salir en pareja a los doce, el 91 por ciento había tenido relaciones sexuales para cuando terminó la secundaria, en comparación con 56 por ciento de las que empezaron a salir a los trece, 53 por ciento de las que empezaron a salir a los quince y 20 por ciento de las que empezaron a salir a los dieciséis. De los muchachos del noveno año escolar que tenían novia, 70 por ciento dijeron haber tenido relaciones sexuales en comparación con 60 por ciento de las muchachas. De los muchachos que salían en pareja en su primer año de secundaria, el 52 por ciento había tenido relaciones sexuales en comparación con el 35 por ciento de las muchachas.

✦ Presión de los amigos

Un estudio entre mil adolescentes muestra que el 75 por ciento está dispuesto a ir sexualmente al punto en que se cree con experiencia y que no se siente marginado. Aunque muchos afirman que la presión de los amigos es algo que los adultos exageran, la mayoría admite que la necesidad del joven de ser aceptado y de

recibir aprobación es la fuerza que impulsa a muchas de sus acciones.

El adolescente que no es sexualmente activo a menudo enfrenta una presión abrumadora por parte de sus amigos, de los medios de difusión y de otros para que "siga la corriente". Cuando alguien es virgen se le tilda de inmaduro o raro. La presión de los amigos funciona como una especie de chantaje moral, usando el poder del grupo para aceptar o rechazar como una manera de producir contemporización. Un artículo en una revista expresó el problema de esta manera:

> Antes la castidad era algo para conservar, o sobre la cual mentir cuando se perdía. Ahora el adolescente muy virtuoso miente para proteger su secretito sucio de que todavía es virgen. Hay más presión que nunca para que la jovencita "ya lo haga de una vez y asunto acabado".

A pesar de lo equivocada que pueda ser la percepción de que "todos lo hacen", la verdad es que la presión de los amigos influye sobre muchos jovencitos y jovencitas impulsándolos a tener relaciones sexuales prematuramente. (Vea el capítulo 14: *La presión del grupo de amigos*.)

✦ Alcohol y drogas

El uso del alcohol y otras drogas acelera la involucración de muchos adolescentes en actividades sexuales (Vea el capítulo 38: *Uso y abuso del alcohol;* y el capítulo 39: *Uso y abuso de las drogas*.). Un investigador tiene esto que decir sobre la relación entre las drogas y las relaciones sexuales del adolescente:

> Quizá lo más impresionante... es la conexión entre tomar bebidas alcohólicas y perder la virginidad.
> Quizá porque el alcohol es la droga más aceptable socialmente, nuestros encuestadores encontraron que tiene muchas relación con la primera experiencia sexual del adolescente. Esto se aplicaba especialmente al acto carnal no planeado... A veces eran los muchachos los que se

sorprendían (un jovencito de 13 años que "pensaba jugar un poco" perdió su virginidad cuando su pareja "había sacado una bebida del gabinete de licores de sus padres así que nos emborrachamos bastante"), pero la más de las veces eran las muchachas. Una de ellas de 15 años, de Nueva York, que ni siquiera había salido con algún muchacho, nos dijo: "Tuve una fiesta... en mi casa —mi mamá nunca está en casa los fines de semana así que tengo muchas fiestas— vinieron todos mis amigos y otros más. Y cuatro o cinco de ellos se quedaron a pasar la noche, tomamos bastante y nos quedamos dormidos juntos y fuimos intimando más durante la noche. Yo no creo que haya sido mi amigo quien tomó la incitativa; estoy bastante segura de que fui yo".

✦ Deseo de tener un hijo

Aunque en su mayoría las jovencitas quieren evitar a toda costa quedar embarazadas algunas empiezan a tener relaciones sexuales motivadas por el deseo de tener un hijo. Puede ser porque se sienten mal consigo mismas y tan malqueridas que tratan adrede de tener un hijo, alguien a quien puedan amar y que las ame a ellas. Pueden considerar el tener un hijo como una "declaración de independencia" de sus padres o como "un sello de madurez" entre sus amigas; puede ser un manera de obligar a un muchacho a casarse, y aun una manera de vengarse contra sus padres o un ex novio. (Vea el capítulo 29: *Embarazo no planeado*.)

Los efectos de las relaciones sexuales prematrimoniales

Los efectos de las relaciones sexuales prematrimoniales son muchos y peligrosos. Las consecuencias físicas pueden incluir:

- Pérdida de la virginidad.

- Un embarazo no deseado.

- Un hijo ilegítimo.

- Casamiento forzado.

- Aborto.

- Enfermedades venéreas.

Y más allá de los trágicos efectos físicos, están los devastadores problemas sicológicos y relacionales que a menudo acompañan o son secuela de las relaciones sexuales prematrimoniales, incluyendo sentimiento de culpabilidad, angustia, ruptura de relaciones, autodesprecio, adicción sexual y esclavitud espiritual.

✦ Sentimiento de culpabilidad

Al igual que cualquier tipo de inmoralidad y desobediencia a los mandatos de Dios, las relaciones sexuales fuera del matrimonio dan como resultado un sentimiento de culpabilidad. Una encuesta entre estudiantes universitarios muestra que casi el 60 por ciento de los que habían tenido relaciones sexuales fuera del matrimonio afirmaban que les había dado un "tremendo sentimiento de culpabilidad".

Como testificara una mujer: "Empecé a tener relaciones con mi novio. Estábamos convencidos de que estaba bien tener relaciones sexuales fuera del matrimonio ya que estábamos comprometidos, pero el Espíritu Santo me fue convenciendo de que era incorrecto. Me sentía terriblemente culpable". (Vea también el capítulo 3: *Sentimiento de culpabilidad*.)

✦Angustia

Las consecuencias emocionales de la inmoralidad sexual son imposibles de medir. Una adolescente explica los efectos de su vida sexual en estas palabras:

> El acto carnal prematrimonial fue la experiencia más horrible de mi vida. No fue la experiencia llena de satisfacción emocional que el mundo me había hecho creer. Sentía como que mis entrañas habían quedado expuestas y mi corazón había quedado olvidado... Sé que Dios me ha perdonado este obsesionante pecado, pero también sé que nunca podré recobrar mi virginidad.

Me horroriza pensar en el día cuando tenga que decirle al hombre que realmente ame y con el cual querré casarme que hubo otro antes, aunque hubiera querido que no fuera así... He manchado mi vida, con una mancha que nunca saldrá.

Otra jovencita describe su experiencia de esta manera:

Después de que lo haces, te sientes ligada al muchacho. Es como si él fuera tu vida; te sientes realmente vulnerable. Cuando terminó la relación me sentí realmente terrible. Como una semana después de tener la relación sexual, rompimos porque me enteré de que salía con otras muchachas. Me dolió muchísimo.

La inmoralidad sexual (sea prematrimonial o fuera del matrimonio) genera sospechas, desencantos, tristeza, estrés, vaciedad y muchas otras emociones destructivas.

✦ Ruptura de relaciones

La encuesta mencionada en este capítulo indica que el 50 por ciento de los varones atribuye la ruptura de sus noviazgos a sus relaciones sexuales; el 26 por ciento de las mujeres la atribuye a lo mismo.

En las palabras de un adolescente: "Las relaciones sexuales... perjudican al noviazgo y dificultan el que se corte". Las relaciones sexuales prematrimoniales a menudo hace que la pareja se sienta atrapada, impide la conversación y confianza íntima; puede causar que uno o los dos sientan que los usan y, cuando sucede la ruptura, puede ser "una experiencia terriblemente desgarradora emocionalmente".

✦ Autodesprecio

Las relaciones sexuales prematrimoniales tienen un efecto muy adverso sobre el concepto que la persona involucrada tiene de sí misma. Como dice la terapeuta sexual Shirley Zussman: "Ser parte del mercado de carne es espantoso para la autoestima."

Tener un concepto bajo de sí mismo,

que es una de las causas para caer en relaciones sexuales prematrimoniales, es también uno de sus resultados. Puede empeorar los sentimientos de duda en cuanto a uno mismo, de inseguridad, humillación y autodesprecio. (Vea el capítulo 6: *Concepto bajo de sí mismo*.)

✦ Adicción sexual

La encuesta citada que se realizara entre estudiantes universitarios también muestra que el 44 por ciento de los varones y 26 por ciento de las mujeres decían que el coito prematrimonial produce "un intenso deseo de hacerlo aun más".

Tratando de llenar un vacío espiritual con un placer físico (una imposibilidad), los adolescentes sexualmente activos pueden dejar que sus actividades sexuales los absorban completamente. La sexualidad que empezó como un deseo se convierte en amo que exige que lo satisfagan, sin lograrlo nunca.

Un joven relata su experiencia:

Empecé a notar que cuanto más lo hacía, más lo deseaba. Siempre había escuchado la excusa de que el coito era la manera de librarse de la tensión sexual, pero sucedía lo contrario. El coito aumentaba el deseo. Era como una droga. No podía dejar de hacerlo y, a la vez, nunca sentía ninguna satisfacción. La gente que yo conocía como promiscuos declarados eran peor que yo, no hablaban de otra cosa y evidentemente no pensaban en otra cosa. Eso los controlaba a ellos; ellos nunca lo controlaban [al acto sexual]. Lo sexual era un fuego que todo lo consumía pero que nunca se apagaba, más bien los apagaba a ellos.

✦ Esclavitud espiritual

La sexualidad es el medio del que se vale el adversario (ver 1 Pedro 5:8) para esclavizar espiritualmente a jóvenes varones y mujeres, y los incita hacia otros riesgos y conductas que los ponen en peligro física, emocional y espiritualmente. Caer en relaciones sexuales fuera del matrimonio perjudica el andar del joven con Dios, a veces motiva el que se aparte de su consagración religiosa *(vea el inciso "Poca consagración religiosa", ya presentado en este capítulo)*, y lo atrapa en un círculo vicioso de presiones e impotencia.

Además, hay estudios (Elliott y Morse, 1989) que han rastreado las relaciones entre el coito prematrimonial y otras formas de delincuencia e inmoralidad. El adolescente que se da a la actividad sexual ilícita es más susceptible a caer también en otras tentaciones.

La perspectiva bíblica sobre las relaciones sexuales prematrimoniales

Para colocar al sexo en la perspectiva de Dios necesitamos remontarnos al principio: "Entonces Jehovah Dios formó al hombre del polvo de la tierra. Sopló en su nariz aliento de vida, y el hombre llegó a ser un ser viviente" (Génesis 2:7). Adán fue la culminación del plan creativo de Dios. "Dios vio todo lo que había hecho, y he aquí que era muy bueno" (Génesis 1:31).

Aun así, después de crear al hombre Dios vio que algo no era bueno. "Dijo además Jehovah Dios: 'No es bueno que el hombre esté solo; le haré una ayuda idónea'" (Génesis 2:18). La creación de Dios, aunque era buena, estaba incompleta. Dios había creado "al hombre a su imagen" (Génesis 1:27). De allí que el hombre era un ser social, porque Dios mismo lo es. Cualquiera que es creado "a la imagen de Dios" tiene la habilidad dada por Dios de relacionarse con otros, con Dios y con otras criaturas parecidas a él. Por más buena que fuera la creación de Dios, no era bueno que el hombre estuviera solo.

Es bueno notar que Dios no resolvió el problema de la soledad de Adán creando a más hombres. En cambio, creó a la mujer. Eva era parecida a Adán, pero no era como él. La misma humanidad pero de distinto sexo. Su unidad no era una uniformidad que nacía de ser iguales sino una unidad que trascendía las diferencias. Con el debut del segundo sexo, la creación de Dios estaba completa.

Es importante que los jóvenes se sientan bien por ser varones y mujeres, y deben aceptar su sexualidad como un regalo de Dios. La creación del cuerpo humano, con sus impulsos y órganos sexuales, es algo por lo cual agradecer a Dios. No hay razón para sentirse avergonzados. Desde el principio la sexualidad humana fue considerada como un reflejo del carácter de Dios, y el hecho de que existe se describe como "muy buena".

Tres son las cosas que forman la perspectiva bíblica fundamental sobre el sexo:

1. Dios es pro sexo. Creó el sexo y quiere que el ser humano lo disfrute al máximo.

2. El coito tiene el propósito de lograr:

- *La procreación*, con el propósito de tener hijos y formar una familia. (Génesis 1:28).

- *Identificación*, con el propósito de desarrollar la "unidad" entre esposo y esposa en tres importantes dimensiones: física, sicológica y espiritual (Génesis 2:24).

- *Esparcimiento*, con el propósito de dar placer (Proverbios 5:18, 19).

3. Dios diseñó el sexo para el matrimonio. Es para practicarlo entre esposo y esposa. Cuando, siguiendo el plan de Dios, la relación sexual es dentro del contexto del matrimonio, el placer se lleva al máximo. En el compromiso que es el matrimonio —sin sentimiento de culpabilidad, vergüenza o inseguridad— el coito es indescriptiblemente placentero y hermoso.

La respuesta a las relaciones sexuales prematrimoniales

El líder o consejero puede ayudar a los jóvenes a encarar la actividad sexual prematrimonial implementando el siguiente plan:

ESCUCHAR. Es muy posible que el joven que tiene el problema de relaciones sexuales prematrimoniales necesite desesperadamente alguien que le escuche. Probablemente no le será fácil hablar libremente sobre lo que hace, así que sus esfuerzos iniciales deben centrarse en ayudar al joven a sentirse cómodo en su presencia. Empiece con preguntas inofensivas destinadas a lograr que hable de sí mismo o de las cosas que le interesan, antes de pasar a cuestiones sexuales.

EMPATIZAR. Esté atento a cualquier oportunidad para ponerse en lugar del joven. Trate de entender cómo y por qué comenzó a tener relaciones sexuales prematrimoniales. Mientras el joven habla, trate de imaginar lo que usted estaría pensando y sintiendo si estuviera en una situación similar. Aproveche toda oportunidad para comunicar su empatía y comprensión. Algunas maneras de hacerlo son:

● Mire al joven cara a cara (salga de detrás de su escritorio).

● Inclínese levemente hacia adelante en su silla.

● Mantenga el contacto visual.

● Indique con un movimiento de la cabeza que comprende lo que el joven está diciendo.

● Reafirme las declaraciones clave diciendo algo como: ("Sientes que..." y "Lo que estás diciendo es que...").

● Espere pacientemente durante los momentos de silencio o lágrimas.

ALENTAR. Tenga en cuenta que el sentimiento de culpabilidad y la vergüenza pueden ser abrumadores; el joven puede sentirse sucio y avergonzado. Que su prioridad sea confirmarlo como un hijo precioso de Dios que es de infinito valor. Hágale saber que disfruta de su compañía. Tenga cuidado de no proyectar actitudes o comentarios prejuiciosos. Ponga en práctica lo siguiente:

● Guíelo con cuidado y sensibilidad a arrepentirse y confesar sus pecados pasados, teniendo la precaución de que sea el Espíritu Santo (no usted) quien lo convenza de pecado.

● Ayúdelo a recibir y admitir el amor y el perdón de Dios.

● Confirme constante, clara y verbalmente el hecho que usted acepta y quiere al joven.

● Guíelo a comprender que Dios lo ama —y se complace— en él (vea el Salmo 18:19)... aun cuando no se complace en su conducta.

● Refuerce las características positivas y las habilidades del joven diciéndole algo como: ("Aprecio tu sensibilidad espiritual" o "¡Qué bien expresaste eso!")

DIRIGIR. El padre, madre, maestro, pastor o líder de jóvenes cariñoso y compasivo puede brindar valiosa dirección al joven que ha estado sexualmente activo (en el grado que sea), en tres formas:

1. Brindarle esperanza. El joven que ha estado sexualmente activo necesita un nuevo comienzo; puede haber perdido toda esperanza de poder alguna vez vivir una vida casta y pura. Pero un crimen no condena a la persona a vivir la vida de un criminal; por lo tanto, aliéntelo para que busque un nuevo comienzo. El amor y el poder de Dios son tan grandes que él puede restaurar espiritual y emocionalmente al joven. Primera de Juan 1:9 dice que "él es fiel y justo para perdonar nuestros pecados y limpiarnos de toda maldad".

2. Brinde sus consejos cariñosos pero firmes al joven, llevándolo a comprender y admitir las normas de Dios en el área de la sexualidad. Comparta el contenido bíblico de este capítulo con el joven, asegurándose de que entiende lo que Dios espera de él.

3. Brinde su apoyo. Asegúrese de que el joven sepa que usted está dispuesto a escuchar, hablar, llorar, orar, sufrir, ayudar y planear con él en sus esfuerzos por honrar a Dios con su cuerpo (vea 1 Corintios 6:20).

COMPROMETER. Consiga la participación del joven para trazar planes concretos que aseguren, en lo posible, un tren de vida más puro delante de Dios en el futuro. Esos planes podrían incluir:

1. Confiar en Dios. No se puede alcanzar la victoria apartados de Dios (Juan 15:5). Guíe al joven a establecer y man-tener una vida devocional sana que incluya oración, adoración y lectura bíblica en privado y en conjunto.

2. Establecer normas con anterioridad. Estimule al joven a establecer límites firmes y específicos para su vida sexual antes de su próxima salida en pareja. Anímelo a compartir con usted, en detalle, "hasta donde" piensa llegar en su próxima cita, y que luego comunique esas normas a la persona con quien sale.

3. Establecer metas al salir en pareja. Ayude al joven a pensar y repasar cómo quiere actuar en su próxima salida y lo que espera lograr en una cita (posibles metas podrían incluir: "Que mi pareja se sienta apreciada", y "Enterarme de qué cosas hacen reír y llorar a mi pareja").

4. Trazar planes concretos. Recalque la importancia de saber a dónde van a ir y lo que harán al salir. Es más fácil evitar las complicaciones en las citas cuando éstas son creativas, divertidas y evitan situaciones que pueden crear problemas.

5. Salir únicamente con alguien que comparte sus mismas convicciones. Sutilmente trate de guiar al joven para que comprenda la importancia de salir únicamente con alguien que tiene convicciones similares a las suyas, cuya fe, normas morales y metas al salir en pareja apoyen —no dificulten— las del joven.

6. Evitar estar solos. Conduzca al joven para que comprenda que una de las claves para evitar la tentación es esquivar las situaciones peligrosas. Salir en grupo, y salidas en pareja a lugares públicos y bien iluminados son algunas maneras de evitar el peligro.

7. Considerar la posibilidad de tomar un descanso. A veces, cuando a los adolescentes les resulta imposible romper una costumbre establecida que tiene que ver con actividades sexuales, lo mejor que pueden hacer es dejar de salir por un tiempo. Estimule al joven a tomarse unas "vacaciones" de las presiones de salir en pareja hasta que haya desarrollado convicciones más fuertes y haya logrado la distancia emocional y madurez espiritual que se necesita para poner en práctica esas condiciones.

REFERIR. En cuestiones sexuales, particularmente, es imprescindible que el adulto sea del mismo sexo que el joven a quien consuela y guía. Consolar y ayudar a un joven del sexo opuesto es peligroso, tanto para el adulto como para el joven; por esta razón, es correcto que un hombre aconseje al varón y que una mujer aconseje a la jovencita (vea Tito 2:1-8). En cualquier momento cuando se nota que el joven tiene problemas sexuales más graves que los que el pastor, madre, padre, maestro o líder de jóvenes puede manejar con eficacia, se recomienda referirlo a un consejero cristiano profesional (con permiso de los padres).

Pasajes bíblicos citados en este capítulo

- 1 Pedro 5:8

- Génesis 1:27, 28, 31; 2:7, 18, 24

- Salmo 139:14

- Proverbios 5:18, 19

- Salmo 18:19

- Juan 15:5

- 1 Juan 1:9

- 1 Corintios 6:20

- Tito 2:1-8

Otros pasajes bíblicos para leer

- Salmos 51:10; 119:9, 10

- Proverbios 6:23-28

- Romanos 12:1, 2

- Gálatas 5:16

- Filipenses 4:8

- 1 Tesalonicenses 4:3-7

- 2 Timoteo 2:22

- Santiago 1:14, 15

- 1 Pedro 2:11

EMBARAZO NO PLANEADO

CONTENIDO

Introducción

Sarita, de quince años, por teléfono le había dicho con voz temblorosa a su novio que tenía que contarle algo importante. Había insistido en decírselo en persona. Ahora, al encontrarse con Beto en un banco del parque, trató de controlar su agitación. Sonrió nerviosamente.

—Tengo una gran noticia para darte —dijo clavándole los ojos, que traslucían sus temores y esperanzas.

Beto frunció el ceño. No le devolvió la sonrisa.

—¿Sí? ¿Qué? —respondió, preguntándose qué pasaba y notando únicamente que aquí había algo raro.

—Estoy... —ella se detuvo, tratando de controlar su agitación. Enseguida, juntando fuerzas, empezó de nuevo.

—¡Vamos a tener un bebé! —dijo ampliando su sonrisa, mientras lo observaba detenidamente.

Beto se quedó boquiabierto y la miró con sorpresa. Todavía no había sonreído.

—¿Estás embarazada? —preguntó, con un tono que parecía un muchacho que recién empieza a cambiar la voz.

Sarita asintió vigorosamente con la cabeza y tragó antes de volver a hablar.

—¿Estás contento?

Esta vez Beto titubeó apenas un instante antes de contestar.

—Este... sí... claro. ¿Y tú?

—Sí —dijo Sarita bruscamente, queriendo desesperadamente convencer a Beto, y convencerse a sí misma, de que era así. Arrojó sus brazos alrededor de los hombros de él, apoyando su cabeza contra el cuello de él.

—Dime en serio, ¿estás contento? —preguntó con una vocecita que apenas se le oía.

Lentamente, Beto envolvió a Sarita en sus brazos y empezó a darle palmaditas como si fuera una bebita.

—Sí, claro que estoy contento. Si tú estás contenta, entonces yo también lo estoy.

Sarita cerró los ojos tratando de contener las lágrimas. Tenía miedo. Miedo de estar embarazada. Miedo de contarle a sus padres. Y miedo de lo que Beto realmente estaría pensando.

El problema del embarazo no planeado

Según una investigación realizada por el Instituto Guttmacher, una de cada cuatro jovencitas adolescentes queda embarazada antes de los dieciocho años; la mitad queda embarazada antes de cumplir veintiún años. El ochenta y cinco por ciento de los embarazos entre adolescentes son inesperados: la mitad llega a término, un tercio recurre al aborto intencional y el resto es víctima del aborto involuntario. *Cada año*, en EE. UU. de A., alrededor de un millón de jovencitas menores de veinte años quedan embarazadas. *Cada día*, mil adolescentes solteras dan a luz un hijo. De hecho, un tercio de todos los bebés nacidos de madres solteras son de muchachas adolescentes. Aunque estas estadísticas son de los Estados Unidos de América, reflejan una realidad aplicable a todo el mundo occidental.

La frecuencia de los embarazos y la paternidad y maternidad entre adolescentes en las últimas generaciones se ha convertido en una realidad de nuestra sociedad occidental, pero no por ser tan común es menos perjudicial culturalmente y personalmente trastornador.

Alrededor del mundo se invierten millones en el cuidado médico y otros servicios a familias iniciadas por mujeres que empezaron a tener hijos siendo adolescentes. Pero, más inmediato que su impacto sobre la economía y la sociedad, están las tragedias individuales: de una educación truncada, de relaciones destrozadas, promesas no cumplidas, traumas emocionales, y potencialidades no logradas que a menudo son las secuelas del anuncio de un embarazo inesperado.

Las causas del embarazo no planeado

El embarazo impensado entre adolescentes ocurre por diversas razones, algunas de las cuales rara vez comprenden los adultos. Los años de la adolescencia son tempestuosos para los jovencitos e incomprensibles para los adultos. La adolescencia se caracteriza por sensaciones nuevas e intensas, un ánimo imprevisible, emociones abrumadoras y demandas y expectaciones conflictivas. Por ello, tratar de identificar las razones por las cuales una adolescente queda embarazada (aparte de la razón puramente fisiológica) puede ser como tratar de deshacer el nudo gordiano. No obstante, existen varios factores que parecen contribuir a ello más que otros.

✦ Falta de educación sexual en el hogar

No hay sustituto para un hogar que enfoca la sexualidad franca y sensiblemente, en que las preguntas se aceptan con transparencia, en que la hermosura de las relaciones sexuales dentro del matrimonio y los peligros fuera de él son tratados dentro de un contexto bíblico, y en que se prepara calmadamente al adolescente para su llegada a la pubertad y los primeros indicios de sus impulsos sexuales.

Pero muchos muchachos no se desarrollan en hogares así. En sus casas se prohíbe hablar del tema del sexo ya sea explícito o implícito. A los padres, el tema les da vergüenza, o quizá miedo. Los cambios hormonales del adolescente nunca (o rara vez) se discuten.

Aun cuando un niño ha sido educado en cuanto a los aspectos técnicos de la conducta sexual —el sistema reproductivo, las mecánicas del coito, las maneras de controlar la natalidad— el niño cuyos padres no "estimulan conversaciones tranquilas, una aceptación calmada de la sexualidad humana y un tratamiento cariñoso de los dilemas de la adolescencia" estará mucho menos capacitado para evitar las relaciones sexuales prematrimoniales y el embarazo no planeado. (Vea el capítulo 28: *Relaciones sexuales prematrimoniales*.)

✦ Complejo de inferioridad

El doctor G. Keith Olsen, en su libro *Counseling Teenagers* (Aconsejando a los adolescentes) destaca que quedar embarazada es "por lo general a propósito". Continúa sugiriendo que: "El embarazo en las adolescentes a menudo representa un intento de sentirse íntegra y valiosa como mujer".

Las jovencitas que se sienten inseguras con respecto a sus cuerpos, incómodas con los cambios físicos que están experimentando, o en duda sobre quiénes son y dónde encajan pueden valerse de las relaciones sexuales y el embarazo para convencer a otros —y convencerse a sí mismas— que son capaces de ser queridas y amadas, que son tan "mujer" como cualquiera.

El embarazo puede también parecerle, a la adolescente insegura, una manera de aferrarse a su novio o de forzarlo a casarse con ella. Y, por supuesto, un bebé que ella puede amar —y que la ame a ella— representa una promesa de amor para muchas jovencitas que sufren de inseguridad y de un concepto bajo de sí mismas. (Vea el capítulo 6: *Concepto bajo de sí mismo*.)

✦ **Influencia del alcohol y las drogas**
Otro factor que se suma al peligro en la adolescencia es, para muchos, iniciarse en el uso del alcohol y las drogas.

Con frecuencia la joven que todavía está tratando de descubrir su sexualidad y buscando su primer "amor" con un muchacho, se encuentra en una fiesta o en un ambiente que donde hay alcohol o drogas.

Cuando su tercer vaso de cerveza se combina con sus hormonas y los susurros insistentes de su novio, su resistencia desaparece y pronto se encuentra cruzando la línea que se había propuesto no cruzar (Vea el capítulo 38: *Uso y abuso del alcohol;* y el capítulo 39: *Uso y abuso de las drogas.*)

✦ **Métodos anticonceptivos ineficaces**
Aun hoy, con las incontables campañas "educativas" públicas y privadas que aconsejan el uso de anticonceptivos para prevenir el embarazo y las enfermedades venéreas, muchos adolescentes siguen practicando una conducta sexual sin la susodicha "protección" de tales métodos.

Pero muchos de los jovencitos que usan métodos anticonceptivos los usan sólo parte del tiempo y muchas veces incorrectamente.

Una investigación de Planned Parenthood (Paternidad planeada) —reportada en su propia revista: *Family Planning Perspectives* (Perspectivas de la paternidad planeada)— demostró las realidades inquietantes de los métodos de control de la natalidad en 1986. La gráfica abajo de este párrafo, identifica algunos porcentajes de los embarazos no planeados en mujeres solteras. *Nota: Ninguno de los métodos, incluyendo el condón, era totalmente confiable.*

Porcentaje de embarazos no planeados dentro del primer año de uso de preservativos.

Edad	Píldora	DIU	Ritmo	Condón	Diafragma	Espermicida	Ninguno
Menos 18	11,0%	10,5%	33,9%	18,4%	31,6%	34,0%	62,9%
18-19	9,6%	9,3%	30,6%	16,3%	28,3%	34,0%	62,9%
20-24	7,2%	6,9%	23,9%	12,3%	21,7%	23,5%	14,2%
25-29	5,0%	4,8%	17,4%	8,6%	15,6%	17,0%	36,3%
30-44	1,9%	1,8%	7,0%	3,3%	6,2%	6.8%	15,7%
Todos	5,7%	5,4%	23,0%	10,0%	23,3%	19,4%	44,7%

De *Family Planning Perspective*, Tomo 18, Número 5, sept.-oct. 1986.

En otras palabras, según esta investigación, el adolescente que espera prevenir el embarazo con un condón se está arriesgando en un 18,4 por ciento a recibir en los próximos doce meses la sorpresa... ¡de un bebé!

Estudios más recientes dan los mismos resultados indicando que "150 parejas de cada 1.000 que usan condones aparentemente terminan en un embarazo inesperado durante los primeros 12 meses de dicho uso".

✦ Rebelión

Para algunas muchachas, el embarazo es la expresión definitiva de su rebelión contra la autoridad de sus padres. (Vea el capítulo 23: *Rebeldía*.) La mayoría de las jovencitas no comprende cabalmente sus acciones ni las razones que la motivan, pero (consciente o inconscientemente) su actividad sexual y el embarazo resultante se convierten en una forma de comunicación.

En la mente de la adolescente su embarazo puede significar comunicarle a sus padres: "No me pueden controlar". "No tengo que hacer lo que ustedes dicen". "Ya soy grande, ¿por qué no pueden entenderlo?" "¡Préstenme atención!"

✦ Deseo de libertad

Muchos adultos han expresado su desconcierto ante el hecho de que una jovencita escoja aguantar nueve meses de embarazo y las abrumadoras obligaciones de ser una madre adolescente. "¿Por qué renuncias a tu libertad?", pueden preguntar. "¿Por qué te quieres esclavizar con una criatura?"

Pero muchas adolescentes no razonan de esa manera. Tienen la noción de que el embarazo —y ser madres— las hará libres. Forzará a sus padres a aceptarlas como adultas. Las capacitará para controlar sus propias vidas. Las sacará de la pesadez que es la escuela. Y les permitirá tomar sus propias decisiones.

La investigación de Stiffman (1990) indica que:

Las jovencitas sexualmente activas, infelices y en busca de algo mejor llegan a la conclusión de que sus amigas que están criando hijos no están peor... que ellas. De hecho, como lo han sugerido otros, y como nuestros datos también lo indican, les parece que las madres adolescentes la pasan mejor que sus amigas en el sentido de haber logrado su independencia, de haber obtenido recursos económicos y de haber tenido una criatura a la que pueden amar y que las ama a ellas (McAnarny, 1985).

✦ Otras influencias

Lo antedicho no cubre todas las causas del embarazo de las adolescentes. Hay muchas y variadas razones por las que una muchacha puede quedar embarazada. El doctor G. Keith Olsen cita algunas:

Algunas jovencitas quedan embarazadas debido a su insuficiencia intelectual, una incapacidad de decirle "no" a la necesidad que su novio tiene de probar su potencia y, a veces, por su creencia equivocada de que Dios no puede dejar que suceda... Algunas adolescentes tienen la fantasía de que el matrimonio y las tareas domésticas les brindarán felicidad y estabilidad en un mundo confuso y exigente. Aun otras tienen la noción mágica de que es imposible que queden embarazadas, mientras otras dejan toda la responsabilidad en manos de sus novios, creyendo inocentemente cuando ellos les aseguran que han tomado las precauciones del caso.

La autora Karen J. Sandvig ofrece una perspectiva clave de las múltiples influencias y causas del embarazo entre adolescentes:

¿Por qué queda embarazada la adolescente? Muchas veces sucede como resultado de acontecimientos que se precipitan, uno encima del otro, que crean un vacío en la existencia de ella en que no se siente segura de ser amada y valorada simplemente por quién es ella, no importa lo irracional o errado que esto en realidad sea. Estos acontecimientos pueden ser accionados por los cambios hormonales en el cuerpo de la jovencita, una vida entera en un hogar lleno de problemas o cualquier cosa entre estos dos extremos. En cuanto la jovencita está embarazada, no hay forma de borrarlo. Es el momento de juntar recursos, fuerza y comprensión a fin de superar una situación muy difícil.

Los efectos de un embarazo no planeado

Además de las consecuencias socioeconómicas del embarazo entre adolescentes documentadas por Simkins (1984) y Rutter (1980), entre otras, incluyen una menor probabilidad de que terminen la escuela secundaria y una mayor probabilidad de divorcio, maternidad soltera, desempleo y dependencia de otros. Stiffman (1990) ha reportado que "los jovencitos activamente sexuales... tienen problemas mentales importantes que necesitan ser tratados". Aunque dichos problemas son variadísimos, podemos identificar una media docena de los problemas más generalizados que enfrenta la adolescente embarazada. Estos incluyen negación, temor, vergüenza y remordimiento.

✦ Negación
La negación es común entre adolescentes embarazadas, aun cuando el embarazo no es totalmente involuntario. Aun cuando los síntomas del embarazo parecieran incontrovertibles a un observador objetivo, muchas jovencitas demoran obtener un diagnóstico, muchas quizá con la esperanza de que ignorarlo lo hará desaparecer. El siguiente caso de una adolescente con seis semanas de embarazo antes de buscar atención médica, es bastante típico:

> Sabía que algo andaba mal; no me había venido la menstruación y sabía que tenía que ser "eso"... pero seguí como si nada... porque sabía lo que significaba.

Algunas demoran aun más en dejar su negación:

> Empecé a estar enferma en las mañanas y ya tenía cuatro meses y medio de

embarazo cuando fui a hacerme la prueba. Como a los tres meses y medio empecé a dudar. Sabía, pero pensaba: "Bueno, quizá no sea..." Tenía miedo.

✦ Temor
Otra reacción común al embarazo entre adolescentes (de hecho, en casi todos los casos de primerizas) es el temor.

La adolescente que sospecha o que descubre que está embarazada puede: tener miedo de cómo reaccionará su novio, temer el enojo y las represalias de sus padres, tenerles miedo a los cambios que sucederán en su cuerpo o a los dolores de parto. Puede temer la censura de sus maestros, vecinos e iglesia. Sus temores pueden ser específicos o indefinidos. En cualquiera de los casos sus temores en ocasiones pueden ser tan grandes como para provocar ataques de histeria o pánico, y aun tener consecuencias físicas, como ataques de asma o alergias. (Vea el capítulo 2: *Ansiedad*.)

✦ Sentimiento de culpabilidad
A menos que la conciencia esté cauterizada, el pecado invariablemente produce sentimiento de culpabilidad, y la adolescente que ha quedado embarazada a menudo se sentirá abrumada y culpable (Vea el capítulo 3: *Sentimiento de culpabilidad*). En algunos casos es tan intenso que ella casi no puede pensar en otra cosa que encontrar alivio de la culpa que siente, y que pronto (o ya) será evidente para todos.

Esa desesperada búsqueda por encontrar alivio a veces impulsa a la adolescente a buscar quien le haga un aborto o a hacerlo ella misma, a huir de su casa o a intentar suicidarse. El líder de jóvenes y los padres deben prestar atención a cualquier señal de desesperación en la adolescente como:

● Preguntas inusuales y/o mórbidas sobre la muerte

● Depresión extremada

● Comentarios o acciones autodestructivas

- Simulación maniática de alegría por su embarazo

- Preocupación súbita por el dinero

- Desaparición de dinero en la casa

✦ **Vergüenza**

A pocas jovencitas les gusta tener fama de ser *ese tipo de muchacha*. Aunque son sexualmente activas, quieren seguir teniendo fama de "buena muchacha", un ser humano de valor, amado y respetado. Por lo tanto, para muchas el embarazo representa el final de esa "ilusión"; el embarazo inevitablemente hace pública la actividad sexual de la jovencita.

Irónicamente, la misma jovencita que meses atrás se negaba tímidamente a admitir que fuera virgen ahora se aparta por *vergüenza* ante la realidad de que sus amigas, maestros y vecinos pronto sabrán (si es que no lo saben ya) que ella y su novio "lo hicieron".

La vergüenza puede ser tan intensa que es empujada ya sea a la negación (en cuyo caso simula alegría por su embarazo y habla entusiastamente de su bebé), o desesperación (en cuyo caso puede exteriorizar algunas de las ideas y conductas tratadas anteriormente en el capítulo 6: *Sentimiento de culpabilidad*).

✦ **Remordimiento**

Los niños y los adolescentes tienen una comprensión imperfecta de lo irrevocable que son algunas acciones o eventos. Los niños a veces no pueden comprender que un juguete roto no pueda ser reparado o reemplazado. Aun los adolescentes pueden no entender totalmente que algunas acciones no tienen remedio, algunas consecuencias son irrevocables. Para algunos el embarazo es una dura lección de irrevocabilidad.

Como resultado la adolescente embarazada puede sentirse llena de remordimiento. Puede sentir que ha arruinado su vida y la vida de su novio. Puede pensar que ha destrozado la reputación de sus padres en la iglesia o comunidad. Puede

—quizá por primera vez— sentir el dolor de tener que hacer frente a las consecuencias de una acción que no tiene remedio.

La perspectiva bíblica del embarazo no planeado

La intención de Dios para la humanidad incluía la procreación (vea Génesis 1:28). El embarazo —como el sexo— fue idea de Dios, y hasta podemos inferir algunas de sus bendiciones sobre esa condición en las palabras de Elisabet (una mujer embarazada) a su prima María (otra mujer embarazada) en ocasión de la visita de María descrita en Lucas 1:39-45.

Pero la manera como ocurre el embarazo es importante para Dios; lo dice bien claro repetidas veces en su Palabra. (Vea Génesis 1:24; Deuteronomio 5:18 y Colosenses 3:5.) La relación sexual fuera del matrimonio es pecado, y el embarazo fuera del matrimonio es muchas veces la prueba visible de ese pecado.

Pero las relaciones sexuales prematrimoniales no son el pecado imperdonable. (Vea Mateo 12:31, 32.) A pesar de lo trastornador y perjudicial que puede ser no solo para los principales interesados (la jovencita y su novio), sino para sus seres queridos (padres, hermanos, amigos, parientes, etc.), arrepentirse es lo correcto y recibir perdón es cosa posible.

Pero sea como fuere que ocurre el embarazo, Dios conoce y valora la vida en gestación dentro de la matriz de la mujer. Dios le dijo al profeta Jeremías:

> Antes que yo te formase en el vientre, te conocí; y antes que salieses de la matriz, te consagré y te di por profeta a las naciones (Jeremías 1:5).

La Palabra de Dios enfatiza claramente el valor que el Creador otorga a cada vida humana, y sus palabras a Jeremías (al igual que el testimonio de David en el Salmo 139:13-16) nos llevan a creer que su amor y cuidado de nosotros es prenatal en sus orígenes.

Aunque la relación sexual prematrimonial es un pecado del cual hay que arrepentirse, la respuesta bíblica incluirá cuidado de la joven embarazada, el joven que será padre de la criatura y la criatura misma. Los tres son apreciables a los ojos de Dios. Los tres deben contar con la mejor protección, el mejor consejo, el mejor cuidado posible en los días que han de venir.

La respuesta al problema del embarazo no planeado

El líder o consejero de jóvenes puede ayudar a la jovencita (o a su novio) a sobrellevar su embarazo impensado, implementando el siguiente plan:

ESCUCHAR. Deje que la jovencita hable libremente de sus problemas, sentimientos, temores, sentimiento de culpabilidad, etc. Trate de proyectar inmediatamente su aceptación y comprensión. Ayúdele con sus palabras y su amistad a sentirse tranquila y con esperanza; ayúdele a sentir que "no todo está perdido" y que el pánico es innecesario. Preguntas amables como las siguientes (en los casos que se aplican) pueden ayudar a la joven a expresarse:

● ¿Cómo sabes que estás embarazada? ¿Te faltó la menstruación? ¿Te hicieron una prueba?

● ¿Quién sabe de tu embarazo? (Si los padres de la jovencita no han sido informados, ofrézcase a acompañarla para decírselo; la notificación a los padres es imprescindible.) ¿Cómo te sientes en este momento? ¿Qué estás pensando?

● ¿Cómo puedo ayudarte?

EMPATIZAR. Trate de ver las cosas desde la perspectiva de la jovencita. Llore con ella, sienta con ella. Proyecte su empatía de la siguiente manera:

● Hable con ella cara a cara (saliendo de detrás de su escritorio).

● Escuche atentamente lo que comunica por medio de lo que dice y de lo que no dice.

● Haga contacto visual.

● Inclínese hacia adelante en su silla para demostrar su interés y preocupación.

● Hable en tonos tranquilizantes.

● Haga eco de afirmaciones más importantes ("Así que lo que estás diciendo es que...") o gestos ("Parece que eso te hace enojar bastante").

● Espere pacientemente en los momentos de lágrimas o silencio.

Esté atento para captar señales de desesperación (vea el capítulo 3: *Sentimiento de culpabilidad*) que puedan indicar la necesidad de una intervención inmediata (vea más adelante la sección "Referir").

ALENTAR. La adolescente puede estar luchando tremendamente con el concepto que tiene de sí misma y con sus sentimientos de valía. Trate de confirmar su valor por medio de estas cinco maneras:

● Comuníquele cuánto la ama Dios. Dígale repetidamente que Dios la ama incondicionalmente, embarazada o no, y que la ama ahora igual que siempre.

● Con sus palabras y acciones, convénzala del cariño incondicional que usted le tiene (abrazándola cuando llora, etc.).

● Confirme sus cualidades y habilidades. Aproveche cualquier oportunidad para confirmar sus cualidades (sentido de humor, sinceridad, solicitud por los demás, etc.) y habilidades (inteligencia, talento musical, habilidad de trabajar con niños, etc.).

● Ayúdele a saber que Dios puede tomar su situación y lograr algo bueno (vea Génesis 50:20). Recalque el hecho de que, aunque el problema de la adolescente es serio, no es algo que no puede ser sobrellevado.

● Recuérdele que no está sola y que hay tiempo para tomar decisiones cuidadosa y racionalmente. Ayúdele a identificar quienes pueden estar dispuestos a darle una mano en la práctica (padres, amigos, pastores, etc.).

DIRIGIR. Cuando esté lista y en el momento adecuado, trate de dirigir a la joven de las siguientes maneras:

1. Guíe a la joven hacia el arrepentimiento, confesión, perdón y restauración. Con sensibilidad guíele a orar (quizá orando usted primero) y estimule su restauración espiritual.

2. Aliéntela para que dependa de Dios a lo largo de su embarazo. Los recursos de él son ilimitados, y él puede aliviar inmensamente su carga. (Vea 1 Pedro 5:7.)

3. Ayúdele a identificar sus necesidades y preocupaciones emocionales que la llevaron al embarazo. Por ejemplo, ¿se estaba rebelando contra sus padres? ¿Esperaba poder retener a su novio? ¿Consideraba su embarazo como una manera de independizarse?

4. Ayude a la joven a considerar maneras constructivas de manejar las necesidades emocionales que la llevaron al embarazo. Por ejemplo, si quedó embarazada en un intento de retener a su novio, ¿qué necesidades emocionales estaba tratando de suplir con él? ¿Consideraba esa relación como una manera de sentirse mejor en cuanto a ella misma? En dicho caso, ¿qué cosas positivas puede hacer para suplir esa necesidad constructivamente? (Vea ejemplos en el capítulo 6: *Concepto bajo de sí mismo*.)

5. Trate de identificar los principales peligros para la salud mental y el bienestar de la joven: ¿Tiene inclinación hacia la negación? ¿Siente principalmente vergüenza? ¿La domina el temor? Trate de comprender y ayúdele a entender sus sentimientos.

6. Guíe a la joven para que pueda considerar sus opciones en la práctica, que incluyen:

Adopción. La adopción es un opción muchas veces olvidada por la facilidad con que se consigue el aborto. Pero permite que la jovencita actúe responsablemente a favor de su criatura por nacer, sin tener que aceptar la carga de una maternidad sin la madurez para poder hacerle frente. Las adopciones pueden ser tramitadas por medio del médico, de las agencias de adopción o de amigos o parientes (con la ayuda de un abogado). Tal decisión puede ser emocionalmente traumática, marcando "el final de lo que es probablemente la más íntima de todas las relaciones humanas".

Casamiento. "Los beneficios son importantes si la pareja es bastante madura y está profundamente enamorada", escribe el doctor G. Keith Olsen. "Los adolescentes casados a veces viven con la familia de uno o del otro, aunque por lo general es preferible que puedan tener un departamento propio, aun en el caso de necesitar temporariamente de algún apoyo económico. Esto les da la privacidad necesaria para la transición exitosa entre ser adolescentes solteros a ser una joven pareja casada. Los principales problemas relacionados con esta opción giran alrededor de su inmadurez relativa, la necesidad de terminar sus estudios, y el impacto tremendo sobre las relaciones con sus amigos. Estos impactos negativos son mayores en las más jóvencitas."

Ser madre soltera. Algunas madres adolescentes deciden quedarse con su hijo y criarlo solas. La mayoría lo hacen con la asistencia de sus padres, aunque algunas se van a vivir con otros parientes y otras hasta intentan establecer su propia casa. Algunos centros para mujeres embarazadas asisten a las madres a ubicarse en albergues especiales, donde pueden recibir ayuda y aconsejamiento durante el embarazo. Ser madre soltera puede ser una opción extremadamente difícil y requiere más diálogo sobre cómo terminar sus estudios, empleo, cuidado del niño en horas de trabajo, etc. (Vea también el capítulo 20: *Familia con un solo progenitor.*)

Aborto. El aborto no es sólo una opción bíblicamente aborrecible, puede también tener efectos perjudiciales emocionales, sicosociales y físicos. El doctor Olsen escribe: "Después de un aborto, especialmente si la jovencita sintió a su criatura moverse dentro de ella, puede sentirse como una asesina y necesitar aconsejamiento para ayudarle a resolver estos sentimientos. Algunas jovencitas recuerdan anualmente la fecha de su aborto, con nuevo sentimiento de culpabilidad, remordimiento y dolor". Olsen continúa aconsejando: "Los consejeros cristianos necesitan ayudar a las jovencitas a manejar efectivamente los aspectos espirituales del aborto. Necesitan trabajar con sensibilidad, aceptándolas totalmente y sin proyectar ningún juicio hacia ellas a la vez que las confrontan con la realidad de lo que el aborto realmente es".

COMPROMETER. Consiga la participación de la joven, hasta donde ella pueda, en la planificación de su futuro. Anímele a escribir un "plan de acción" detallando los pasos específicos que quiere lograr. Pregúntele qué medidas tomará para conseguir cuidado prenatal. Pregúntele qué cosas preferiría hacer ella y cuáles preferiría que hicieran sus padres para ayudarle. Pregúntele cómo irá adaptando su estrategia para lograr sus metas y sueños de largo alcance, y qué nuevas esperanzas y aspiraciones tiene para su criatura.

REFERIR. Trate de animar a los padres de la jovencita para que busquen cuidado médico para ella y su bebé, y haciéndoles conocer los nombres de profesionales cristianos en el campo de la salud mental que pueden brindar más dirección bíblica a la futura madre y al padre de la criatura. Si en cualquier momento la joven da muestras de desesperación (vea algunas ideas en el capítulo 3: *Sentimiento de culpabilidad*), se debe conseguir inmediatamente una intervención profesional.

Pasajes bíblicos citados en este capítulo

- Génesis 1:24, 28

- Lucas 1:39-45

- Deuteronomio 5:18

- Colosenses 3:5

- Mateo 12:31, 32

- Jeremías 1:5

- Salmo 139:13-16

- Génesis 50:20

- 1 Pedro 5:7

Otros pasajes bíblicos para leer

- Salmos 18:16-19; 51:1-17; 130:1-8; 139:13-16

- Romanos 12:1, 2

- 1 Juan 1:9

ABORTO

Introducción

Brenda tenía muchos planes para su último año en la escuela secundaria. Esperaba terminar seis meses antes de lo normal y empezar a tomar cursos en la universidad cerca de su casa. Trabajaba tiempo parcial en el departamento de publicidad del periódico local, y hasta se las había arreglado para ahorrar algo de dinero. Al final del año escolar pensaba asistir a la ceremonia de graduación con el resto de su clase y, luego, ella y su novio iban a trabajar en un campamento cristiano durante el verano.

"Después todo se vino abajo", dice ella. Le faltaban tres meses para terminar la secundaria cuando descubrió que estaba embarazada. Y, aunque era cristiana, consideró una sola opción: el aborto.

"Era demasiado joven para tener un hijo", dice, "hubiera arruinado todo..." Es verdad que estábamos comprometidos y todo, pero ninguno de los dos se encontraba preparado para semejante responsabilidad. Tenía que pensar en mis estudios universitarios. Y sencillamente no podía hacerles eso a mis padres.

Brenda nunca le contó a su novio del embarazo o el aborto. Ella misma hizo la cita en una clínica para mujeres en un pueblo cercano, y usó la mayor parte de sus ahorros para pagar el costo. Se fue sola al consultorio.

Para cuando llegó a la clínica un miércoles en la mañana, le temblaban tanto las manos que casi no podía abrir la puerta de entrada. Fue un alivio ver que la calle estaba desierta.

Brenda esperaba que el procedimiento tomara alrededor de una hora, como una visita al dentista. Eso fue lo que la voz tranquilizante le había dicho por teléfono cuando llamó para concertar la cita. Pero sólo la sesión de consejería llevó una hora.

"Supongo que querían asegurarse de que se trataba de mi propia decisión. Me explicaron un montón de asuntos médicos. Por mi parte, lo único que quería era ya acabar con el asunto".

"En ese momento no me dolió", dice Brenda ahora, dos años después, "pero tenía miedo. Quiero decir que me resultó muy traumático".

"Ahora, trato de no acordarme. Todavía me da vergüenza y me siento culpable. Tengo pesadillas. Y me preocupo mucho. ¿Podré volver a tener hijos? ¿Dejaré alguna vez de pensar en el que nunca tuve? Supongo que fui afortunada porque me hubiera podido ir peor. Pero no me siento tan afortunada."

NOTA DEL EDITOR: *Este capítulo ha sido enfocado mayormente considerando el contexto de los Estados Unidos de América donde el aborto es una práctica legal. A pesar de esto, el lector encontrará varias pautas aplicables al ambiente cultural de los países de habla hispana, donde el aborto en general es contra la ley, pero practicado "bajo cuerdas", con o sin ayuda profesional.*

El problema del aborto

El razonamiento de Brenda —y la decisión que tomó— son trágicamente típicos de muchas jovencitas en la actualidad. Según una investigación realizada en los EE. UU. de A. por el Instituto Guttmacher, una de cada cuatro adolescentes queda embarazada antes de los dieciocho años; la mitad queda embarazada antes de los veintiuno.

De las más de un millón de adolescentes que quedan embarazadas cada año, alrededor de la *mitad opta por tener un aborto*. Aproximadamente un tercio de todos los abortos registrados en los EE. UU. de A. —que exceden el millón y medio por año— son practicados en adolescentes. De hecho, el índice de abortos para muchachas de dieciocho y diecinueve años es el *doble* del promedio nacional. El doctor M. Balfin afirma que "más adolescentes están teniendo abortos en los Estados Unidos de América que en ningún otro país del mundo."

Pero tales estadísticas puede que sean sólo lo que se ve en la superficie. Un índice de un millón y medio de abortos vienen a ser 4.000 abortos por día. Pero hay por lo menos 4.000 clínicas dedicadas al aborto. Sería muy raro que esas clínicas hicieran sólo un aborto por día; en consecuencia, la cantidad de abortos probablemente excede por mucho la cantidad de un millón y medio tantas veces citada, y la cantidad de adolescentes que abortan pueden ser más de medio millón. Aun la organización

Planned Parenthood (Paternidad planeada) estima que casi dos tercios de los abortos entre adolescentes nunca se informan: "Se estima que las encuestadas entre 15-19 años de edad, sólo reportaron el 33 por ciento de los abortos que obtuvieron".

Al igual que en los EE. UU. de América, la cantidad de abortos en otros países, desde unos 70.000 por año en Canadá[7] a 180.000 en Inglaterra, sigue aumentando, sumándose a la cantidad de bebés abortados año tras año en un holocausto mundial.

Además, una de cada seis mujeres que ha tenido un aborto se describe a sí misma como cristiana evangélica.

Las causas del aborto

El aborto se ha convertido en el procedimiento quirúrgico más común en el mundo occidental. Ha llegado a ser trágicamente común entre las adolescentes, aun las cristianas, por diversas razones.

✦ Crisis de la sexualidad juvenil
La actividad sexual de los adolescentes y jóvenes sigue aumentando a un ritmo alarmante. Según el *New York Times*: "Algunos estudios indican que el 75 por ciento de todas las niñas ha tenido relaciones sexuales durante sus años adolescentes, y el 15 por ciento ha tenido cuatro o más parejas." Y, en la actualidad, las jovencitas tienen relaciones sexuales mucho antes; la edad promedio para el primer acto sexual prematrimonial para la joven ha bajado de los diecinueve años en 1960 a los diecisiete en 1990. La doctora Liana Clark, médica en Filadelfia, dice que la mayoría de sus pacientes comienzan a ser sexualmente activas a los trece.

✦ Facilidad del aborto
El aborto se ha convertido en una industria multimillonaria en muchos países occidentales, y muchos defensores del aborto se han dedicado a lograr que el

aborto esté a disposición de toda mujer, cualquiera sea su edad. Planned Parenthood (Paternidad planeada) tiene *empleadas de tiempo completo* dedicadas a informar a las adolescentes (entre otras) de la disponibilidad del aborto. Muchas clínicas escolares hacen una visita de seguimiento (a menudo tres o cuatro visitas) a cada adolescente que acude a la clínica para hacerse la prueba del embarazo, a fin de encontrar muchachas embarazadas a quienes practicarles un aborto. Además, muchos Estados (en los Estados Unidos de América) no tienen leyes que requieran el consentimiento de los padres; la joven puede quedar embarazada y tener un aborto sin que sus padres se enteren o den su consentimiento.

✦ **Clima cultural**

Aunque la mayoría de los estadounidenses se oponen al aborto, muchos ya lo aceptan. Por ejemplo, una encuesta del periódico *Los Angeles Times* muestra que el 57 por ciento de los encuestados consideraban al aborto como un homicidio; no obstante, el 74 por ciento favorece el aborto si la criatura abortada es defectuosa. Y aun entre estudiantes universitarios creyentes, sólo el 71 por ciento afirmó oponerse al aborto durante el primer trimestre de embarazo. Como escribe Randall Terry, Director de Operation Rescue (Operación rescate):

> Muchos creen que el aborto es un procedimiento quirúrgico, como cualquier otro, que extirpa un trozo de tejido superfluo del cuerpo de la mujer. Eso coloca al aborto en la misma categoría que las operaciones de apendicitis, amigdalitis y extracciones de muelas del juicio.

Terry continúa bosquejando dos tipos de abortos y las técnicas usadas al practicarlos:

> Aborto es expulsar una criatura humana de la protección y seguridad de la matriz de su madre. A veces esto se hace durante las primeras semanas del embarazo

cuando la criatura está en el proceso de formación. En otras ocasiones, la criatura ya tiene la edad suficiente para sobrevivir fuera de la matriz si no se la envenenara o se la quemara. Cientos de niños sobreviven el aborto. Algunos viven; a la mayoría se les niega asistencia médica y mueren.

Los abortos caen en dos categorías: *naturalmente espontáneos* o *artificialmente inducidos*. Los abortos naturalmente espontáneos son también llamados *involuntarios*. La palabra *aborto* —a secas— por lo general se refiere a procedimientos inducidos. Según el desarrollo del nonato pueden usarse una de seis técnicas para inducir el aborto.

Aspiración por succión. En este procedimiento la cervix se dilata con una serie de instrumentos que permiten la inserción de un poderoso tubo de succión en el útero. El aparato de vacío desprende al nonato y a la placenta de la matriz y deposita a la criatura desmembrada en un envase... Este procedimiento se usa en el noventa por ciento de todos los abortos inducidos.

Dilatación y legrado. La cervix se dilata en la misma forma que para el aborto por succión, pero un cuchillo de acero en forma de lazo es insertado para raspar las paredes del útero. El bebé y la placenta son cortados en pedacitos y raspados a través de la cervix. Este método se usa más comúnmente entre la séptima y duodécima semana de embarazo...

Dilatación y evacuación. Una sustancia hecha básicamente de algas marinas es insertada en la cervix para inducir la dilatación... Se insertan los fórceps en la matriz para cortar a la criatura pedacito por pedacito. Se usa una herramienta especial para aplastar y drenar la cabeza, que por lo general es demasiado grande como para ser sacada entera.

Inyección salitre. Este procedimiento es usado después de los cuatro meses cuando alrededor del nonato se ha acumulado una cantidad considerable de fluido amniótico. Una solución de sal concentrada se inyecta por el abdomen de la madre al saco en que está el bebé. El bebé traga esta solución letal y a menudo reacciona con violencia.

Por una o dos horas sufre convulsiones y finalmente muere envenenado por la sal, por deshidratación y por hemorragias internas. A menudo pierde, por quemarse, toda la capa de epidermis. La madre usualmente comienza el parto dentro de un día o dos y da a luz a un bebé muerto, quemado y encogido. Envenenar con sal es el segundo método entre los más comunes para inducir el aborto.

Prostaglandinas. Es un grupo de hormonas que inducen el parto. Productos químicos...se inyectan, durante el segundo trimestre, en el fluido amniótico para inducir el nacimiento de un infante que es todavía demasiado prematuro como para sobrevivir fuera de la matriz. Las contracciones son tan violentas que los bebés han sido decapitados durante este procedimiento.

Histerotomía. Por lo general se usa este procedimiento en los últimos tres meses de embarazo, o en el caso de que las inyecciones salitres o las prostaglandina no produzcan un bebé muerto. Al igual que en una operación cesárea, la matriz es penetrada por medio de una operación quirúrgica para sacar a la criatura. Sin cuidado médico inmediato el infante usualmente muere, aunque algunos bebés han nacido con vida.

Aparte de lo antedicho, las personas que promueven el aborto y las compañías farmacéuticas en los Estados Unidos de América y en otros países están trabajando, sin parar, para desarrollar nuevas drogas y nuevas técnicas para aprovechar la industria del aborto que ya da buenas ganancias.

Los efectos del aborto

El efecto más pertinente del aborto es, por supuesto, la pérdida premeditada y cruel de una vida humana a manos de su propia madre. Tal tragedia tiene ramificaciones espirituales, médicas, emocionales y sociales.

✦ Efectos espirituales
El pecado produce sentimiento de culpabilidad, tanto moral (o auténtica culpa)

como sicológico (sentimientos de culpa). Dos investigadores reportaron en el *American Journal of Psychiatry* (Periódico americano de siquiatría) que pacientes que "claramente funcionaban bien antes del aborto", después "sufrieron de sicosis precipitada por el sentimiento de culpa por el aborto". Este sentimiento de culpa que resulta de un aborto puede no sólo producir sentimientos profundos de pesar y autorecriminación, sino también perjudicar la relación del joven con Dios hasta que se haya arrepentido del pecado y recibido perdón.

✦ Efectos físicos
El Instituto de Medicina de la Academia Nacional de Ciencias reporta que "las complicaciones médicas asociadas con el aborto legal pueden ocurrir en el momento del aborto (inmediatas), dentro de los 30 días después del procedimiento (demoradas) o algún tiempo después (tardías)".

Además, el Instituto Nacional de la Salud, al comparar a mujeres que abortaron su primer bebé con mujeres que llevaron a su primer bebé a término, encontraron que las mujeres que habían abortado:

● Tenían un índice 85 por ciento más alto de abortos espontáneos (en embarazos subsiguientes).

● Sufrían un 47 por ciento más de complicaciones de parto.

● Sufrían un 83 por ciento más de complicaciones al dar a luz.

● Eran un 67 por ciento más propensas a tener bebés prematuros.

● Abortaban espontáneamente a los "bebés queridos" con el doble de frecuencia.

También, el Centro Nacional para Estadísticas de la Salud ha reportado que la esterilidad entre las mujeres estadounidenses, de veinte a veinticuatro años de edad, ha aumentado desde 3,6 por ciento a 10,6 por ciento desde 1965; las causas probables se listaron como enfermedades venéreas, DIUs y daño uterino causado por un aborto.

El doctor M. Balfin descubrió las siguientes consecuencias del aborto entre adolescentes:

- Daño a los órganos reproductivos: 42,6 por ciento

- Ruptura o perforación uterina: 5,6 por ciento

- Endometriosis: 13 por ciento

- Salpingitis, Piosálpinx: 13 por ciento

- Laceraciones cérvicas: 11,1 por ciento

- Hemorragia, incurable: 13 por ciento

- Dolor pélvico y dispareunia: 11,1 por ciento

- Esterilidad y repetidos abortos espontáneos: 7,4 por ciento

- Operaciones incompletas; subsecuente paso de partes y tejidos fetales: 74 por ciento

- Resección intestinal con colostomía: 1,9 por ciento

Otro experto afirma:

> Las jóvenes candidatas para el aborto difieren de su contrapartes sexualmente maduras, y estas diferencias contribuyen a una alta morbosidad... Las adolescentes corren el riesgo de una dilatación difícil, potencialmente traumática.

Balfin reporta que "las complicaciones más catastróficas ocurren entre adolescentes", y agrega en otro artículo que las complicaciones graves —aun muertes— debido al aborto muchas veces no se informan porque (1) en la mayoría de los Estados no es obligación reportar los abortos legales y sus consecuencias, (2) a menudo el médico que hizo el aborto no se entera de las complicaciones, (3) los datos relacionados con el aborto pueden ser omitidos del certificado de defunción y (4) el médico promedio no informa la complicación por todo el papeleo que involucra.

✦ Efectos emocionales

Investigadores de Planned Parenthood (Paternidad planeada), admiten (en su clásica subestimación): "Los embarazos que terminan en aborto inducido o espontáneo son, en el mejor de los casos, trastornadores y a veces traumáticos para la mujer embarazada".

El Instituto de Medicina de la Academia Nacional de Ciencias afirma que "el estrés emocional y sufrimiento... rodean todo el proceso del aborto". Y Kumar y Robson informan que "ocho de 21 mujeres que habían obtenido un aborto en el pasado sufrían de depresión clínica y ansiedad. Por el contrario, sólo ocho de 98 que no habían tenido abortos tenían depresión".

La doctora Ann Speckard de la Universidad de Minnesota publicó un estudio sobre las manifestaciones del estrés que surgen a la larga (entre cinco y diez años) como resultado del aborto. Aunque las mujeres estudiadas provenían de variados contextos, sus reacciones eran sorprendentemente similares:

- 81 por ciento reportó desasosiego por la criatura abortada.

- 73 por ciento reportó que "volvían a vivir" la experiencia del aborto.

- 69 por ciento reportó sentimientos de "locura" después del aborto.

- 54 por ciento reportó pesadillas relacionadas con el aborto.

- 35 por ciento tenía percepción de visitaciones de la criatura abortada.

✦ Efectos sociales

El aborto acarrea muchos efectos que por cierto perjudicarán irreparablemente a sociedades y culturas alrededor del mundo. Por ejemplo, en algunos países donde se valora altamente a los varones, los padres pueden abortar selectivamente a las bebés mujeres (según un estudio, por ejemplo, de 8.000 abortos en Bombay, India, 7.999 eran de fetos mujeres). Las implicaciones de tales tendencias a largo plazo son obvias.

Además, una realidad trágica de los abortos en los EE. UU. de A. es que "se abortan el doble de bebés negros que blancos... Las mujeres de raza negra constituyen sólo el 12 por ciento de la población femenina; no obstante, están teniendo aproximadamente el 30 por ciento de los abortos". Las mujeres hispanas "tienen una probabilidad 60 por ciento mayor de tener un aborto que las mujeres no hispanas, pero menos probabilidad de tener un aborto que las mujeres de raza negra".

Al mismo tiempo, el aborto está cambiando las actitudes de la sociedad hacia los discapacitados, los enfermos de muerte y los ancianos. Una reciente encuesta reveló que el 6 por ciento abortaría a un hijo propenso a contraer la enfermedad de Alzheimer en su vejez; el 11 por ciento manifestó que abortaría a un hijo que tuviera probabilidades de ser obeso.

El aborto ha contribuido para que "eduquemos a una generación de jóvenes a 'abortar' a sus hijos no queridos, discapacitados, inconvenientes y no productivos a fin de que la calidad de su propia vida no se vea perjudicada o interrumpida". Nurses for Life (Enfermeras en pro de la vida) hace esta lógica pregunta: "¿Cómo responderá esa generación al impacto económico de 70 millones de adultos mayores que son improductivos, una inconveniencia y médicamente dependientes?"

La perspectiva bíblica del aborto

Se han escrito muchos tratados útiles sobre la perspectiva bíblica del aborto. Entre los más completos y convincentes está *Abortion: Toward an Evangelical Consensus* (Aborto: Hacia un consenso evangélico) por Paul B. Fowler. En él, el autor ofrece la siguiente perspectiva:

> Mientras que los defensores del aborto a pedido tratan de trivializar la importancia de la concepción y niegan que sea un momento crucial que da inicio a la vida humana, las Escrituras dan gran importancia a la concepción...
>
> Por supuesto, los pueblos en épocas bíblicas no contaban con los beneficios de la biología moderna, pero sí tenían una comprensión básica de los procesos de la concepción, el embarazo y el nacimiento. La maldición profética sobre Efraín sigue un proceso de vida que se remonta a sus orígenes: "Cual ave volará la gloria de Efraín: *sin nacimiento, sin embarazo y sin concepción*" (Oseas 9:11).
>
> Los escritores bíblicos nunca dicen las palabras: "La vida se inicia en la concepción". Pero constantemente se refieren a la concepción como el punto de partida de la vida de la persona, o metafóricamente, de la vida de una idea. Su uso es constante a través de las Escrituras, aun con sus muchos escritores extendiéndose a lo largo de un lapso de unos mil quinientos años...
>
> A Dios se le presenta como activo en el hecho de la concepción misma. Como en el caso de Rut: "Jehovah le concedió que concibiera y diera a luz un hijo" (Rut 4:13). Y Ana quien, después de orar pidiendo un hijo, concibe y da a luz: "...y dio a luz un hijo. Y le puso por nombre Samuel, diciendo: "Porque se lo pedí a Jehovah" (1 Samuel 1:20)... El papel divino en la concepción sencillamente sirve para confirmar que es más que un mero fenómeno biológico. El comienzo de una vida humana es un acontecimiento especial en el cual toma parte Dios...
>
> Que la Biblia muestra que la vida empieza con la concepción presenta una cuestión aun más importante: ¿Qué valor le adjudica la Biblia a la vida humana una vez que ha sido concebida? El valor de nonato en las Escrituras puede ser estudiado de varias maneras: por su relación con la imagen de Dios, por su relación con Dios, por su continuidad con la vida después de nacer y por los conceptos sobre su muerte a destiempo.

318   MANUAL PARA CONSEJEROS DE JÓVENES

Su relación con la imagen de Dios. Varios versículos asumen explícita o implícitamente que el feto es hecho a la imagen de Dios. Génesis 5:3 dice: "Cuando Adán tenía 130 años, engendró un hijo a su semejanza, conforme a su imagen, y llamó su nombre Set". La mayoría de los comentaristas interpretan las frases "a su semejanza, conforme a su imagen" como significando la imagen de Dios.

Si esta traducción es correcta, entonces Adán y Eva fueron los que literalmente fueron creados según la imagen de Dios. Set (y todos los demás descendientes de Adán y Eva) recibieron la imagen de Dios por medio de la procreación. La humanidad esencial de Set ya se encontraba presente en su concepción.

Su relación con Dios. La Biblia muestra a Dios relacionándose con el feto de varias maneras íntimas. Primera, una cantidad de referencias coinciden en que Dios vigila el desarrollo del feto. (Vea: Job 31:13-15; Salmos 119:73; 139:13-16; Jeremías 1:5.) Una segunda manera como Dios se relaciona personalmente con el nonato es preparándolo como individuo para un llamamiento específico. (Vea: Romanos 9:11; Jueces 13:3-5; Jeremías 1:5 y Gálatas 1:15.)

Continuidad con la vida después de nacer. Una tercera manera en que las Escrituras indican el valor del feto es que se da por sentado una importante continuidad entre la vida humana prenatal y postnatal. Los mismos términos hebreos y griegos son usados a menudo para referirse tanto al nacido como al nonato... La Biblia comúnmente aplica un lenguaje personal al nonato...

Su muerte a destiempo. Una cuarta, aunque negativa, manera de comprobar el valor del nonato es observar el concepto bíblico de su "muerte a destiempo". Hemos visto que la concepción y el nacimiento eran considerados como bendiciones maravillosas del Señor. Lo opuesto también se aplica; el aborto espontáneo y el homicidio del nonato (mujeres embarazadas a quienes se les cortaba el vientre) eran considerados como una terrible maldición para cualquier pueblo. (Vea 2 Reyes 8:12; Amós 1:13 y Oseas 9:14, 16; 13:16.)

Cuando aplicamos estos pasajes a nuestros tiempos, resulta claro que es una gran responsabilidad esto de tomar la decisión de abortar el propio hijo... Por otro lado, la decisión de cuidar a los "tesoros" de la matriz (Oseas 9:16) concuerda con los propósitos y deseos de Dios.

La respuesta al problema del aborto

El aborto es una cuestión difícil y sensible porque involucra no sólo a un inocente que todavía no ha nacido sino también a la madre, que muchas veces se siente confundida, asustada y apenada. Lo más probable es que el consejero o el líder de jóvenes se vea ante una de dos situaciones, mencionadas por James Oraker: (1) la joven que ya ha tenido un aborto y está lidiando con las consecuencias o (2) la joven que hace poco ha descubierto que está embarazada y está contemplando la posibilidad de un aborto.

ESCUCHAR. Anime a la jovencita a hablar libremente de sus problemas, sus sentimientos, sus temores, su sentimiento de culpa, etc. Trate de proyectar tranquilidad y esperanza; ayúdela a sentir que "no todo está perdido" y que no debe dar lugar al pánico. Algunas preguntas útiles para la joven que está contemplando la posibilidad de un aborto son:

● ¿Cómo sabes que estás embarazada?

● ¿Cuándo/cómo supiste que estabas embarazada?

● ¿A quién le has contado de tu embarazo? (Si los padres de la joven no saben, ofrézcase para acompañarla y quizá usted sea aun el que habla con los padres; notificar a los padres es imprescindible.)

● ¿Qué dificultades crees que te causará el embarazo?

● ¿Qué dificultades crees que el aborto resolverá o te causará?

Las preguntas para la joven que ya ha tenido un aborto podrían incluir:

- ¿Cuánto hace que tuviste el aborto?

- ¿Qué te llevó a tomar esa decisión?

- ¿Cuáles han sido los efectos emocionales, físicos o espirituales de esa decisión?

EMPATIZAR. Trate de reaccionar empáticamente hacia la joven. Evite sermonear o discursear; en cambio, trate de comunicar su empatía, no sus condolencias. Procure sentir lo que ella siente, no sentirle lástima. Duélase con ella, no por ella. Llore con ella, no por ella. Recuerde que su empatía puede ser proyectada de muchas pequeñas maneras, como:

- Poniéndose directamente enfrente de la joven (saliendo de detrás del escritorio).

- Escuchando atentamente lo que comunica con y sin palabras.

- Asintiendo con la cabeza y usando breves expresiones de aliento ("ajá, "entiendo", etc.).

- Manteniendo el contacto visual.

- Haciéndose eco de afirmaciones clave como: "Suena como que..." o "Así que tuviste miedo cuando te enteraste...")

- Esperando pacientemente en los momentos de lágrimas o silencio.

ALENTAR. Una de las cosas más beneficiosas que el líder de jóvenes, pastor o progenitor puede hacer por la joven contemplando la posibilidad (o recuperándose) de un aborto es comunicar un amor y aceptación incondicionales. Si ya ha tenido un aborto, ayúdele a comprender que a pesar de ello, todavía es amada y estimada. Si está contemplando tener un aborto, comuníquele el mismo aliento. No tenga miedo de que aceptarla incondicionalmente resulte en que se le haga más fácil seguir adelante con el aborto; al contrario, negándole su apoyo en un momento así puede resultar en un daño mayor.

DIRIGIR. En el caso de la joven que contempla la posibilidad de tener un aborto, el líder de jóvenes, pastor, maestro o padre debe procurar ofrecer dirección en las siguientes áreas:

1. Ore con la joven. Ore con ella en voz alta, teniendo el cuidado de presentarse ante el trono de gracia intercediendo por ella (en lugar de usar la oración como una manera de enseñarle una lección a la joven). Anímela a orar en voz alta en su presencia, entregándole sus problemas al Señor quien la ama profundamente (1 Pedro 5:7).

2. Paciente y sensiblemente expóngala a la perspectiva bíblica sobre el aborto, como fue presentada ya en este capítulo.

3. Cuidadosa y sensiblemente expóngala a los efectos del aborto, como fueron presentados ya en este capítulo. Hágale comprender que parte de la motivación de Dios al prohibir ciertas conductas es protegernos del mal y brindarnos cosas que son buenas para nosotros. (Vea Deuteronomio 10:12, 13 y Juan 8:32.)

4. Trate de fomentar la comprensión de que, aunque el problema de la adolescente es serio, no es algo que no puede superarse. Ayúdela a entender que Dios puede sacar algo bueno de la situación aun más desesperante. (Vea Génesis 50:20.) Recuérdele que no está sola y que hay tiempo para tomar decisiones cuidadosas y racionales. Ayúdele a reconocer a quienes pueden estar listos para acercarse a ella y ayudarle en formas prácticas (anímela a escribir sus nombres en una lista).

5. Guíela a considerar cuidadosamente las alternativas al aborto:

Adopción. La adopción es una opción que permite que la joven actúe responsablemente con respecto a su criatura sin aceptar la carga de la maternidad antes de ser lo suficientemente madura como para asumirla. Las adopciones pueden ser manejadas a través del médico de la joven, a través de agencias de adopción, o amigos, o parientes (con la ayuda de un abogado). Tenemos que reconocer que tal decisión puede ser emocionalmente traumática, porque marca "el final de lo que probablemente sea la más íntima de todas las relaciones humanas".

Matrimonio. "Los beneficios son significativos si (la futura mamá y el futuro papá del bebé) son razonablemente maduros y se quieren profundamente", escribe el doctor G. Keith Olsen. "Los jóvenes casados a veces viven con la familia de uno o del otro pero, por lo general, es preferible que vivan aparte, ellos solos, aunque se les tenga que ayudar económicamente por un tiempo. Esto les dará la privacidad requerida para hacer una transición exitosa de ser solteros a una joven pareja casada. Los problemas principales con esta opción se relacionan con su relativa inmadurez, su necesidad de terminar sus estudios y el serio impacto sobre las relaciones con sus amigos. Estos impactos negativos aumentan en los casos de los más jóvenes."

Madres solteras. "Algunas madres deciden permanecer solas", escribe Gary R. Collins, "y llevar el bebé a término. Muchas encuentran hogares de maternidad, se hospedan en casas hogares, se van a vivir con parientes lejanos o permanecen en casa de los padres". Tal camino a menudo es difícil, por supuesto, y requerirá de pláticas adicionales sobre cómo terminará la escuela, el cuidado del bebé durante el día, el trabajo, etc.

En el caso de la joven que ya ha abortado su bebé, el adulto que se interesa por ella debe tratar de:

1. Guiar a la joven a través de las etapas del arrepentimiento (confesión, apartándose de su pecado, aceptando el perdón de Dios) y la restauración. Olsen escribe: "Los consejeros cristianos necesitan ayudar a las muchachas a enfrentar eficazmente los aspectos espirituales del aborto. Necesitan trabajar sensiblemente, aceptándolas totalmente y comunicándoles que no las juzgan aunque, a la vez, las confrontan con la realidad de lo que realmente es el aborto."

2. Animar a la joven a clamar a Dios, entregarle su corazón quebrantado y depender de él para que sane y restaure, porque "cercano está Jehovah a los quebrantados de corazón; él salvará a los contritos de espíritu" (Salmo 34:18).

3. Ayudar a la joven a sobrellevar su sentimiento de culpabilidad sicológica, que posiblemente recurra aun después de que su culpa moral ha sido borrada. (Vea el capítulo 3: *Sentimiento de culpabilidad.*) Si los sentimientos de culpa persisten, ayude a la joven a encararlos con el proceso de tres pasos explicados en el capítulo 3.

4. Trate de fomentar la realidad que aunque el aborto es una tragedia para el nonato y la madre, Dios puede sacar algo bueno de la situación más trágica. (Vea Génesis 50:20.)

COMPROMETER. En el caso de la jovencita embarazada, consiga su participación, en cuanto le sea a ella posible, en planificar su futuro. Pregúntele qué pasos estará tomando para obtener cuidado prenatal. Pregunte qué cosas preferiría hacer ella y con qué cosas quisiera que la ayudaran sus padres. Pregunte cómo adaptará su estrategia para lograr sus metas y sueños para el futuro y qué nuevas esperanzas y aspiraciones tiene para su criatura. En el caso de la joven que ya ha tenido un aborto, consiga que contribuya a las estrategias que la ayudarán a recordar el perdón de Dios, aliviar su desasosiego producido por el aborto (por ejemplo: ofrecerse como voluntaria para aconsejar a otras jóvenes sobre cómo evitar el error trágico que ella cometió) y evitar modos de comportarse y de pensar que contribuyeron a su embarazo (estableciendo nuevas normas para salir en pareja, etc.).

REFERIR. En el caso de la joven que ya ha tenido un aborto, se recomienda fuertemente que busque asesoramiento sicológico profesional (con el permiso de sus padres). Guíe amablemente a la joven hacia un consejero cristiano que la pueda ayudar a superar el trauma posterior al aborto. En cualquiera de los dos casos, considere conseguir inmediatamente atención médica (si no la tiene ya) para diagnosticar o prevenir complicaciones postaborto o para iniciar su cuidado prenatal.

Pasajes bíblicos citados en este capítulo

- Oseas 9:11
- Rut 4:13
- 1 Samuel 1:20
- Génesis 5:3
- Job 31:13-15
- Salmos 119:73; 139:13-16
- Jeremías 1:5
- Romanos 9:11
- Jueces 13:3-5
- Gálatas 1:15
- 2 Reyes 8:12
- Amós 1:13
- Oseas 9:14, 16; 13:16
- 1 Pedro 5:7
- Deuteronomio 10:12, 13
- Juan 8:32
- Génesis 50:20
- Salmo 34:18

Otros pasajes bíblicos para leer

- Génesis 9:6
- Exodo 23:7
- Salmos 18:16-19; 51:1-17; 130:1-8
- Proverbios 6:16, 17
- 1 Juan 1:9

31

HOMOSEXUALIDAD

CONTENIDO

Introducción

Miguel empezó a experimentar con su homosexualidad en un campamento cuando estaba en el segundo año de la secundaria. Siempre había tenido la sospecha de que era distinto de los otros muchachos desde cuando, a los siete años, un muchacho mayor le hizo hacer ciertas cosas, cosas que sabía eran malas pero que le daban una sensación misteriosa. Aquella semana en el campamento de verano sencillamente se lo confirmó. Pero durante sus años de secundaria siguió jugando el papel que todos esperaban de él y hasta a veces salía con Vanesa, una de sus mejores amigas.

"Pero a veces la tensión sexual era casi inaguantable", dice ahora. "Los demás muchachos de mi edad se fijaban en las muchachas; yo me fijaba en otros muchachos. Los otros jóvenes tenían posters de muchachas en sus habitaciones; yo escondía fotos de modelos masculinos en el último cajón de mi cómoda. Me acuerdo de una ocasión cuando estaba pasando el tiempo con un amigo y tenía ganas de tocarlo. Pero no me atrevía por miedo de que eso me delataría. Me tuve que quedar sentado allí, como si no pasara nada, pero algo pasaba".

Cuando se fue de casa para estudiar en una universidad cristiana, iba propuesto a cambiar.

"Pero al poco tiempo", sigue recordando, "empecé a notar a hombres parados en las sombras de un parque cercano. Acepté algunas de sus invitaciones y me asombré al encontrarme con que lo que me había causado frustración durante años, de pronto me resultara tan fácil y natural".

Miguel vivió una vida doble como estudiante cristiano y amante clandestino durante todos sus años en la universidad. Quizá porque mayormente no hizo amistades llegó a su último año sin que nadie descubriera su secreto, hasta que el periódico universitario publicó una entrevista anónima con un "estudiante homosexual".

El artículo fue una bomba. El director de la universidad llamó a asamblea a todo el alumnado y declaró enfáticamente la posición de la escuela: los actos homosexuales son malos.

Cuando terminó de hablar, Miguel se puso de pie.

"Supongo que tengo que decirles que el estudiante homosexual del que están hablando soy yo", dijo. Quizá no coincidan ustedes conmigo ni con mi manera de vivir, pero yo sé que Dios me ama tal como soy. Si no pueden aceptar eso, entonces el problema es de ustedes".

El discursito de Miguel no le ganó amigos, pero de cualquier manera pocos tenía antes. A los cuatro meses se recibió y juró nunca volver a una iglesia que no pudiera aceptarlo tal como era.

El problema de la homosexualidad

George Barna, investigador y encuestador, en su libro *The Invisible Generation* (La generación invisible), escribe sobre la generación que está llegando a la adolescencia y adultez:

> Relativamente pocos de esta generación admiten haber participado en actos sexuales homosexuales: 3 por ciento, la mayoría mujeres. Pero los conceptos sobre homosexualidad prevalecientes en esta generación de jóvenes reflejan una aceptación generalizada del tren de vida y prácticas homosexuales.
>
> Sólo un tercio de estos jóvenes (32 por ciento) aceptan el resultado de la reciente investigación que sugiere que se nace homosexual. Una escasa mayoría (55 por ciento) cree que las relaciones homosexuales son inmorales. La mitad opina que oponerse a los derechos y estilos de vida homosexuales es evidencia de una mente cerrada, y la otra mitad dice que tal oposición no es tal evidencia... Más de cuatro de cada diez jóvenes de esta generación (44 por ciento) dijo que se debiera permitir el matrimonio de las parejas homosexuales. Casi la misma cantidad (38 por ciento) opinaba que también se les debiera permitir adoptar y criar hijos.

Eso puede ser apenas el principio. Ante el ataque de las imágenes en los medios de difusión, las ofensivas de "homosexuales y a mucha honra", y un nuevo clima de aceptación —a veces de franco apoyo— en escuelas secundarias y universidades, en un momento cuando muchos jóvenes todavía tienen problemas en madurar en su sexualidad, algunos jóvenes se encuentran en un estado de confusión. Otros están jugando con la homosexualidad, y aún otros no están jugando. La revista *Newsweek* ha dicho:

> La impaciencia de los adolescentes y jóvenes por probar cosas nuevas ha hecho que la bisexualidad sea casi "popular" en algunas escuelas. "Donde estoy yo, está llegando a ser definitivamente más chic",

dice George Hohagen, investigador regional de mercados... En las reuniones de jóvenes homosexuales y lesbianas del área de Boston, Troix Bettencourt, de 19 años, líder de un grupo de apoyo y practicante de medicina, ha visto un aumento en la cantidad de adolescentes que se identifican como bisexuales.

El artículo de *Newsweek* sigue, citando a Carrie Miller, que dirige Generación Q, un grupo "rap" informal en Chicago para homosexuales y bisexuales. "La verdad es", dice Miller, "que los adolescentes están dispuestos a todo".

Otra edición de *Newsweek* se refería al clima que existe en muchas universidades como la de Oberlin en Ohio, Estados Unidos de América, considerada por muchos homosexuales como la meca de la homosexualidad. El artículo citaba la realización del "Baile de las Lesbutantes", del "Día de Concientización Homosexual", y muchos cursos universitarios sobre "la experiencia homosexual" como una muestra del clima universitario en muchas partes. El artículo después decía:

> En el ambiente actual de ser "políticamente correcto", dicen muchos estudiantes, lo popular es hacer experimentos sexuales. Para algunos, esto significaba tener relaciones [homosexuales].

Muchos jóvenes de todas las edades —incluyendo jóvenes de familias cristianas— libran una batalla monumental, no sólo contra influencias externas, sino también contra potencias que libran sus batallas dentro de sus almas, algunas de las cuales tienen su explicación y otras no.

Las causas de la homosexualidad

Se han propuesto (y algunas opuesto vigorosamente) razones para la homosexualidad. Las más comunes: se atribuye a factores genéticos, anomalías en las relaciones familiares, abuso o experiencias homosexuales prematuras y/o rebelión juvenil.

✦ Factores genéticos

La más reciente y ampliamente publicitada sugerencia es que la homosexualidad tiene una base genética. Stanton L. Jones, director del Departamento de Sicología de la Universidad Wheaton, EE. UU. de A. escribe:

> Las evidencias sugieren que los factores genéticos, posiblemente operando por medio de diferencias cerebrales, pueden dar a algunos un empujón en dirección de la homosexualidad.

Pero Jones no sugiere que los factores genéticos hagan a alguien homosexual, ni que esos factores desdigan "el llamado moral de Dios a nuestras vidas".

✦ Anomalías en las relaciones familiares

Otro factor contribuyente a la homosexualidad que se postula con frecuencia es el de las relaciones familiares anómalas, como explica John White, autor de *Eros Defiled* (El eros mancillado):

> Una madre dominadora y un padre pasivo e inefectivo son los villanos según algunas teorías analíticas (I. Berberet, *et al.*, "The Castration Complex" [El complejo de castración], J. Nerv. Ment. Dis. 129:235 1959). Por cierto que muchos hombres homosexuales describen a sus madres como controladoras y a sus padres como pasivos (I. Berberet, *et al.*, "Homosexuality" a Psychoanalytic Study ["Homosexualidad" un estudio analítico], Nueva York: Basic Books, 1962.
> La madre es la que está al mando. Como un galeón recorre la casa a toda vela, arrastrando en su estela a los barcos más pequeños (esposo e hijos). Habla con voz fuerte, decidida, empecinada, ambiciosa de que sus hijos triunfen en la vida...
> Por otro lado su control puede ser menos vocinglero. Quizá manda con sutileza pero con igual tiranía... Pero antes que le adjudiquemos el papel de villana, tenemos que observar que ella es sólo una de varios participantes... Su esposo la apoya por medio de su abdicación... Los hijos también pueden reaccionar de diferentes maneras.

Especialmente en aquellos casos donde el papel padre-madre es ejercido por la madre. Por ejemplo, de las muchas interacciones familiares, una puede llegar a ser de mucha influencia malsana: Si mamá elige a uno de sus hijos para ser su confidente especial, puede estar echando los cimientos para una futura vulnerabilidad a las tentaciones homosexuales. Pero también él tiene que cumplir su papel. Tiene que encajar en el molde complicado que ella espera de él.

Por lo general el hijo se convierte, no en un sentido físico o sexual sino emocional, en el esposo que ella nunca tuvo... Sin darse cuenta de lo que está pasando, baila al compás de la música de ella y reacciona a sus estados de ánimo... Si hubiera tenido un padre fuerte que lo apoyara y cuyo ejemplo seguir, las cosas podrían haber sido distintas... En un caso así, el joven no es homosexual. Ni es lo que Freud calificó como homosexual latente (expresión maliciosa y cruel). Si algún calificativo le cabe, es el que le da Lionel Ovesey: seudo homosexual (alguien que puede superficialmente parecerse a un homosexual pero que no lo es).

No obstante, es más vulnerable a la tentación homosexual que otros jóvenes pudieran serlo. Le falta aprender más a fin de establecer una relación sexual sana con una mujer, y le será más difícil aprender a ser un buen padre.

Su problema más profundo es el de la soledad, una soledad que lo impulsará en una de varias direcciones. Puede quedarse en casa, un solterón que va envejeciendo, esperanzado en formar un matrimonio pero encontrando que extrañamente lo elude, sintiéndose cada vez más insatisfecho de su relación con sus padres. Quizá encuentre su consuelo sexual en la masturbación o en las relaciones sexuales con mujeres mayores que él.

White admite que "las teorías analíticas que tratan de justificar la homosexualidad enfatizando a la madre dominante y el padre pasivo no son de ninguna manera las únicas. En todo caso, no explican por qué muchas madres dominadoras tienen hijos heterosexuales o por qué padres aparentemente normales crían hijos que adoptan una manera de vivir homosexual". Pero existen suficientes evidencias para sugerir que las anomalías en las relaciones familiares y la falta de ejemplos sanos del papel del varón y la mujer a menudo juegan un papel importante en la conducta homosexual.

✦ Maltrato sexual y experiencias sexuales en la infancia

Un tercer factor contribuyente a la homosexualidad es sugerido por Jerry Arterburn en su libro *How Will I Tell My Mother?* (¿Cómo se lo digo a mi mamá?):

> Las experiencias sexuales con personas mayores en la infancia son una clave para el desarrollo de la conducta homosexual. Yo considero este factor como la conexión común entre el desarrollo normal y el anormal. Llenas de secretos y vergüenza, afectan las relaciones y deseos futuros... La experiencia de estar expuestos a una conducta homosexual en la infancia es bastante común entre muchos homosexuales que he conocido.

✦ Rebelión

Por último, como destaca el autor Kent Philpott, la conducta homosexual puede ser una reacción al rechazo, manifestada en un espíritu de rebelión:

> Durante los años formativos... la persona que es rechazada... a menudo se rebela. La homosexualidad es el resultado de la rebelión. En realidad es la forma más extrema en que la rebelión puede tomar acción, porque es actuar en absoluta oposición a la manera como Dios nos creó.

Dicha rebelión puede ser una reacción a un progenitor autoritario. Puede ser el resultado de una percepción de rechazo originado en el divorcio de los padres. Puede ser dirigida a Dios, particularmente entre los sobrevivientes del maltrato, o puede ser más generalizada. Pero la ira y el espíritu de rebelión pueden, en algunos casos, ser la semilla que produce una conducta homosexual.

Las causas descritas aquí: factores genéticos, anomalía en las relaciones familiares, maltrato sexual y/o experiencias homosexuales en la infancia y la rebelión contra personas en posición de autoridad, son cuatro factores clave de la conducta homosexual. No son de ninguna manera los únicos factores, ni están presentes en todos los casos, y es posible que en algún caso dado ninguno de ellos sea el motivo. Pero las evidencias sugieren que estos factores merecen ser considerados y estudiados más a fondo.

Los efectos de la homosexualidad

Los efectos de la homosexualidad sobre el homosexual mismo, sobre su familia, sobre la sociedad en general, podría ser el tema de un largo libro. Pero a los fines de este manual, examinaremos los efectos más influyentes y los efectos potenciales sobre el homosexual mismo.

✦ Efectos físicos

El efecto más obvio (por la publicidad recibida) es el SIDA. Aunque el SIDA no se limita a la población homosexual, su propagación inicial y subsecuente proliferación son consideradas por muchos investigadores como teniendo una relación directa con el comportamiento homosexual. Pero las consecuencias físicas de la conducta homosexual son tan devastadoras como diversas:

> Los homosexuales representan sólo el 1 o 2 por ciento de la sociedad estadounidense, pero tienen el 50 por ciento de casos de sífilis y 60 por ciento de casos de SIDA. Entre el 50 y el 75 por ciento de hombres homosexuales ha tenido hepatitis B, un índice que es de 20 a 50 veces mayor que entre varones heterosexuales. La hepatitis A, amebiasis, shigellosis y giardiasis son tan comunes entre homosexuales que los médicos llaman a estas enfermedades "síndrome intestinal del homosexual".

✦ Promiscuidad

Las enfermedades venéreas representan

un gran peligro para los homosexuales porque la homosexualidad (de los hombres particularmente) tiende tanto a la promiscuidad. Stanton Jones escribe:

El famoso estudio de Bell y Weinberg (*Homosexualities* [Homosexualidades]) sugiere que alrededor de un tercio de homosexuales ha tenido más de 1.000 parejas sexuales a lo largo de su vida. Muy pocos homosexuales están comprometidos a tener relaciones duraderas; Bell y Weinberg encontraron que menos del 10 por ciento de los homosexuales tienen relaciones duraderas. Los que tienen relaciones estables no tienden a ser sexualmente monógamos. McWhirter y Mattison (*The Gay Couple* [La pareja homosexual]) descubrieron que el 0 por ciento entre 100 parejas estables de varones que estudiaron eran sexualmente monógamos después de los cinco años de estar juntos. Los autores de ese estudio, siendo ellos mismos una pareja homosexual, dicen que ser homosexual es ser polígamo.

El *AFA* Journal reportó un estudio de la homosexualidad en que se descubrió que "43 por ciento de los homosexuales dicen haber tenido 500 o más distintas parejas sexuales a lo largo de su vida. Sólo el 1 por ciento afirmaron haber tenido sólo de una a cuatro parejas sexuales diferentes en su vida."

✦ Caer en aberraciones sexuales

El tren de vida homosexual también fomenta otras aberraciones sexuales. Muchas de las cuales incluyen el abuso y el autoabuso. Jones explica:

Es posible que la comunidad homosexual no pueda abrazar la monogamia porque el acto sexual homosexual nunca puede producir aquello para lo cual Dios creó el sexo. En cambio, se vuelven a la promiscuidad y las perversiones para alcanzar su excitación sexual... Muchos saben del acto sexual oral y anal, pero menos son los que saben de las actividades practicadas comúnmente, aunque no universalmente, como prácticas sadomasoquistas de causarle dolor a la pareja durante el coito, el sexo grupal de todas clases y aberraciones extremas.

Cuando la relación sexual fuera de la voluntad de Dios no produce aquello para lo cual fue hecha, muchas personas, homosexuales y heterosexuales, buscan alguna manera para que el sexo produzca una excitación aun mayor, el fugaz orgasmo definitivo, que de alguna manera compense la ausencia de lo que el sexo fue creado para producir: la unidad.

✦ Soledad y rechazo

John White dice que:

Los homosexuales, por lo general, son personas infelices. Son infelices porque no importa lo exitosa que sea su lucha contra la discriminación, nunca lograrán ni la comprensión ni la aceptación del mundo heterosexual. También son infelices porque sufren más que los demás la soledad y el rechazo, aun de sus amigos homosexuales. Si la inconstancia y la infidelidad infestan el mundo heterosexual, cuánto más infestan al mundo homosexual.

✦ Sentimiento de culpabilidad y autodesprecio

No importa lo vehementemente que el homosexual activo trate de combatirlo o de negarlo, muchas veces está lleno de un constante sentimiento de culpabilidad y vergüenza. Quizá suponga que su sentimiento de culpabilidad se debe al rechazo de la sociedad a su estilo de vida. Puede pensar que es un vestigio de su formación religiosa. O hasta puede interpretar que es el resultado de una convicción que le ha dado el Espíritu Santo. O puede negar totalmente cualquier sentimiento de culpabilidad (y en esto puede tener razón). Pero el sentimiento de culpabilidad está casado con la homosexualidad, como lo está con todo pecado aunque no quiera ser reconocido. (Vea el capítulo 3: *Sentimiento de culpabilidad*.) Y aun cuando la conciencia del individuo ha sido silenciada o atrofiada, el sentimiento de culpabilidad a veces dará como resultado un concepto bajo de sí mismo y aun el autodesprecio. (Vea el capítulo 6: *Concepto bajo de sí mismo*.)

La perspectiva bíblica de la homosexualidad

Para el cristiano, el concepto correcto de la homosexualidad no depende de la opinión pública, los artículos de los medios de difusión, las políticas del gobierno ni los estudios sicológicos. Lo que importa es el concepto bíblico de la homosexualidad. Herbert J. Miles escribe:

Génesis 1:28 enlaza la sexualidad humana con la procreación: reproducir su mismo género. Dios les dijo a Adán y Eva: "Sed fecundos y multiplicaos. Llenad la tierra; sojuzgadla y tened dominio sobre todo... lo que se desplaza sobre la tierra."... El fruto de la humanidad —esposo y esposa— es otro ser humano. Por lo tanto, la homosexualidad no puede cumplir el primer mandamiento de Dios a la raza humana.

Génesis 2:24 enlaza la sexualidad humana con una relación unificadora entre personas del sexo opuesto, esposo y esposa. "Por tanto, el hombre dejará a su padre y a su madre, y se unirá a su mujer, y serán *una sola carne*" (cursivas agregadas). Esta unidad de una carne se refiere a la unión espiritual y corporal del esposo y la esposa en el coito... Jesús citó este pasaje de Génesis como un fundamento para sus enseñanzas sobre el matrimonio (Mateo 19:4, 5; Marcos 10:7, 8). Es evidente que la composición estructural de los cuerpos físicos de dos varones o dos mujeres imposibilita el que sientan la unidad de una carne. Por lo tanto, la homosexualidad es rechazada por el plan creativo y con propósito de Dios el Creador.

El capítulo 18 de Levítico nos da una lista de mandatos divinos que tienen como fin proteger la santidad del matrimonio y mantener el respeto moral por la familia como institución divina. Estas leyes levíticas se basan en el orden de la creación del Génesis. En medio de esta lista que condena el incesto (vv. 6 y ss.) y el adulterio (v. 20), se nos dice: "No te acostarás con un hombre como uno se acuesta con una mujer. Eso es una abominación" (v. 22).

En la epístola a los Romanos, Pablo describe la ira de Dios contra la impiedad de los gentiles. Parte de esta impiedad era el pecado de mancillar el cuerpo humano. Al condenar el mancillar el cuerpo, Pablo destaca la homosexualidad. Explica que por su impiedad:

Dios los entregó a la impureza, en las pasiones de sus corazones, para deshonrar sus cuerpos entre sí... sus mujeres cambiaron las relaciones naturales por relaciones contra naturaleza. De la misma manera, también los hombres, dejando las relaciones naturales con la mujer, se encendieron en sus pasiones desordenadas unos con otros, cometiendo actos vergonzosos, hombres con hombres, y recibiendo en sí mismos la retribución que corresponde a su extravío (Romanos 1:24-28).

Al escribir a los cristianos en Corinto, Pablo les mandó que no toleraran la inmoralidad entre sus hermanos cristianos: (1 Corintios 6:9, 10). Hay otros tres pasajes de la Biblia que asocian indirectamente la homosexualidad con la conducta pecaminosa (Génesis 19:4-9; Jueces 19:1-30; 2 Pedro 1:1-22; Judas 3-23).

Pero los activistas homosexuales y teólogos liberales ponen estos capítulos en tela de juicio. Jones ofrece un recuento de "lo que uno escucha de parte de los críticos del concepto tradicional":

Argumentan que Levítico 18:22; 20:13 y Deuteronomio 23:18, que condenan la conducta homosexual del varón, son irrelevantes porque no tienen nada que ver con los estilos de vida homosexuales de la actualidad... El único tipo de conducta homosexual que los israelitas conocían, argumentan, era la prostitución homosexual en los templos paganos. Eso es lo que allí se rechaza y no la supuesta relación cariñosa homosexual monógama de las personas con una orientación homosexual de ahora.

Contienden que el relato de Génesis 19, que cuenta de Sodoma y Gomorra, es irrelevante porque es la descripción de un intento de violación pandillera, lo cual era un indicador de la maldad general de la ciudad. La naturaleza homosexual de la violación pandillera es considerada como un detalle irrelevante de la narración.

A Romanos 1 muchas veces le restan importancia diciendo que es una condenación de únicamente personas heterosexuales que cometen actos homosexuales. Se rebelan contra Dios haciendo lo que es contra naturaleza para ellos. Este pasaje no tiene relevancia en la actualidad, argumentan, porque los homosexuales modernos están haciendo lo que es natural para ellos y, por ende, no se están rebelando contra Dios.

Las palabras griegas que en 1 Corintios 6:9 y 1 Timoteo 1:10 muchas veces se traducen como una referencia a prácticas homosexuales son, según dicen, poco claras y probablemente describen o prohíben solamente la pederastia, la posesión sexual de un adolescente varón por parte de un hombre adulto de las altas clases sociales.

Algunas de estas críticas tienen un elemento de legitimidad, pero la mayoría de los eruditos bíblicos evangélicos coinciden en que cada argumento va mucho más allá de lo razonable... Levítico, Romanos, 1 Corintios y 1 Timoteo son relevantes y obligatorios. Los estudios arqueológicos confirman que el mundo de la antigüedad conocía el deseo y la práctica homosexual, aun sin la presencia del concepto de una orientación sicológica.

Por lo tanto, es digno recalcar que *cada vez que la práctica homosexual es mencionada en las Escrituras, se la condena.* Existen sólo dos maneras de neutralizar el testimonio bíblico contra la conducta homosexual: por una burda interpretación errónea o por apartarse de un alto concepto de las Escrituras.

Pero un elemento definitivo y crucial para entender la perspectiva bíblica es explicado por Miles:

> La homosexualidad es una violación del mandato directo de las Sagradas Escrituras... *Pero la homosexualidad no es el pecado que no tiene perdón ni es el peor pecado.* (El peor pecado es el pecado de rechazar a Dios.) El homosexual *puede* cambiar su estilo de vida sexual y ser sanado en Cristo por medio del arrepentimiento y la fe. Pablo enumeró a la homosexualidad entre los pecados de las personas pecaminosas que no heredarían el reino de Dios (1 Corintios 6:9, 10). Luego le dijo a los cristianos en Corinto: *Y esto erais algunos de vosotros, pero ya habéis sido lavados, pero ya sois santificados, pero ya habéis sido justificados en el nombre del Señor Jesucristo y en el Espíritu de nuestro Dios* (1 Corintios 6:11).

El cristiano enfrenta un doble desafío al encarar al homosexual y al homosexualismo, el mismo equilibrio prescrito en 1 Juan: equilibrar la verdad (la verdad de la Palabra de Dios, que condena claramente a la homosexualidad como pecado) y el amor (amor por el individuo, que es una criatura valiosa para Dios, que necesita —y es apto para recibir— el perdón y la regeneración o la restauración por medio del poder de Cristo y la presencia del Espíritu Santo).

La respuesta al problema de la homosexualidad

Los padres, pastores, maestros y líderes de jóvenes pueden responder al joven que lucha con sentimientos homosexuales o con una conducta homosexual implementando lo siguiente:

ESCUCHAR. El adulto debe procurar crear un ambiente en el que las cuestiones sexuales —incluyendo los sentimientos y prácticas homosexuales— pueden ser confrontadas y tratadas abierta y sensiblemente. El adulto tiene que proponerse nunca demostrar indignación, horror, condenación o repulsión. Escuche no sólo a las palabras del joven, dé también especial atención a sus estados de ánimo, actitudes y emociones.

EMPATIZAR. Stanton L. Jones dice:

> La clave para la compasión es vernos en otros, ver nuestra común humanidad. Esto es lo que muchos de nosotros no podemos o no queremos hacer. Es cosa natural para el heterosexual sentir un cierto grado de repulsión natural a los actos homosexuales. Todos debemos dar gracias de que por lo menos hay algunas acciones

pecaminosas hacia las cuales no nos sentimos atraídos... Si no puedes empatizar con el homosexual porque le temes o sientes repulsión por él, estás fracasándole a nuestro Señor. Eres culpable de orgullo, temor o arrogancia... La gente homosexual que conozco es parecida a mí. Quiere amor, respeto, aceptación, compañía, ser de significación, perdón. Pero, como todos nosotros pecadores, eligen los medios equivocados para lograr lo que quieren.

ALENTAR. A menudo el homosexual enfrenta rechazo de la sociedad, de su familia o de sus amigos, tanto homosexuales como heterosexuales y por lo general lo esperan de la iglesia. Para algunos, su homosexualidad es en sí (por lo menos parcialmente) una reacción a la soledad y al rechazo. En consecuencia, les será difícil, si no imposible, que hagan frente a su pecado y se arrepientan sin recibir un fuerte sentido de aceptación y confirmación de parte del adulto que desea ayudarle. Necesitará de alguien que está dispuesto a orar con él, comer con él, abrazarle y consolarle, elogiarlo, ser visto con él y ser paciente con él contra viento y marea. Se le puede ofrecer aliento por medio de:

● Ayudarle a recibir y reconocer el amor y el perdón de Dios.

● Comunicarle clara y verbalmente su aceptación y cariño incondicional de él como persona.

● Guiarle a comprender que Dios le ama, de hecho, se deleita en él o ella (Salmo 18:19).

● Recalcar las características positivas del joven (temperamento alegre, sonrisa simpática, buen sentido de humor, etc.) y sus habilidades (atletismo, pericia en la computadora, talentos musicales, etc.).

DIRIGIR. La siguiente orientación, adaptada de los escritos de Jay Adams, Jerry Arterburn y John White, pueden ser de utilidad al adulto interesado y comprometido en ayudar al joven que lucha con sentimientos o conducta homosexuales:

1. Asegúrese de que el joven entienda el concepto de Dios sobre la homosexualidad. Llámela pecado. Guíelo a que él también la llame pecado.

2. Llámelo a arrepentirse. Exhórtelo con gentileza y con la autoridad de la Palabra para que confiese su pecado, busque el perdón de Dios y acepte ser libre del pecado.

3. Guíele con sugerencias prácticas a apartarse de la homosexualidad. White se dirige al joven: "Tu práctica de la homosexualidad... tiene que terminar ¡ahora! Y si no ha comenzado, nunca dejes que suceda... Dios está dispuesto a cambiar tu orientación sexual, él puede librarte y te librará de cualquier enredo homosexual y de toda actividad homosexual. Tu parte es sencillamente proponerte decir: ¡basta!"

4. Exhórtele a huir de la tentación. Anime al joven a que "rompa con sus asociaciones del pasado... con otros homosexuales". Ayúdele a "evitar la compañía de cualquiera que lo atraiga y a evitar lugares y situaciones que lo expongan a la excitación sexual". Que el joven decida decirles por qué está rompiendo con ellos, explicándoles que necesita librarse de las influencias del pasado. (Vea también sugerencias para dominar la lascivia en el capítulo 25: *Lascivia*.)

5. Aconséjele a no salir con muchachas por un tiempo. Arterburn destaca que las relaciones con el sexo opuesto pueden ser demasiado frustrantes en los primeros días del nuevo estilo de vida del individuo. Afirma que dichas relaciones pueden fracasar, haciendo que la persona justifique su regreso a la homosexualidad, diciendo: "Hice un intento".

"Al principio", aconseja Arterburn, "es mejor pasar el tiempo con nuevas amistades mientras va reafirmando quién realmente es y quién puede llegar a ser".

6. Recomiende oración y meditación en la Palabra de Dios. Aconseje al joven que encauce sus energías en la oración y en la lectura y memorización de la Biblia, no sólo como una distracción, sino como una fuente de poder. Arterburn sugiere: "Haz que las Escrituras sean una parte de tu vida. Medita en lo que te están diciendo. Te capacitarán para cambiar toda tu manera de pensar. Te mantendrán en marcha hacia las metas que Dios quiere que alcances".

COMPROMETER. Aproveche cualquier oportunidad para dejar que el joven tome sus propias determinaciones sobre abandonar el estilo de vida homosexual. Consiga que se involucre en generar ideas para cada nuevo paso a tomar, recordando que el hecho de que sea "dueño" del plan y del proceso es clave para que sea eficaz. Si el adulto es el único que quiere que haya una liberación, no sucederá.

REFERIR. Arterburn escribe:

La cuestión de la orientación sexual es compleja. El joven y el líder juvenil o padre necesitan ayuda para clasificarlo todo y para entender lo que ha sucedido. No sé de nadie que haya podido hacer esto solo sin sufrir muchas recaídas dolorosas. Hay consejeros y siquiatras que se especializan en esto y que pueden ser de gran ayuda. La cuestión es... ¿por qué intentarlo solo, cuando se puede contar con ayuda?

Algunos de los recursos dentro de los EE. UU. de A., a disposición (además de consejeros profesionales cristianos en la propia localidad) incluyen:

Minirth-Meier New Life Clinics
1-800-NEW-LIFE

Exodus International
P. O. Box 2121
San Rafael, California 94912
415-454-1017

Worthy Creations Ministry
3601 Davie Blvd.
Ft. Lauderdale, Florida 33312
305-463-0848

Desert Stream Ministries
c/o A.R.M. (AIDS Resource Ministries)
1415 Santa Monica Mall, Suite 201
Santa Monica, California 90401
213-395-9137

Homosexuals Anonymous Fellowship Services
P. O. Box 7881
Reading, Pennsylvania 19603
215-376-1146

Pasajes bíblicos citados en este capítulo

● Génesis 1:28; 2:24; 19:4-9

● Mateo 19:4, 5

● Marcos 10:7, 8

● Levítico 18:6-22

● Romanos 1:24-28

● 1 Corintios 6:9-11

● 1 Timoteo 1:8-10

● Jueces 19:1-30

● 2 Pedro 2:1-22

● Judas 3-23

● Salmo 18:19

Otros pasajes bíblicos para leer

● Salmo 119:9, 10

● Salmos 6; 32; 38; 51; 102; 130; 143

● Romanos 12:1, 2

● 1 Corintios 6:20

● Gálatas 5:16

● 1 Juan 1:9

● Judas 24, 25

SIDA

CONTENIDO

Introducción

Jackie empezó su primer año en una pequeña universidad en Manitoba, Canadá, llena de optimismo y emoción. Apenas había cumplido sus dieciocho años y se sentía como la más joven entre sus compañeros.

Se fijó en Zach desde el principio. Estaba en una de sus clases matutinas y le pareció que él también se había fijado en ella. Parecía un muchacho callado, pero era alto y buen mozo. El segundo o tercer día de clases se acercó a ella y se presentó, y Jackie pronto descubrió que era creyente. Estaba contentísima cuando, a la segunda semana de clases, la invitó a salir.

Empezaron a salir en pareja y en pocas semanas ya hablaban de noviazgo. A los seis meses habían empezado a tener relaciones sexuales, no cada vez que salían, pero con bastante regularidad.

Cuando llegó el verano, se separaron entre lágrimas prometiendo escribirse todos los días y ser fieles hasta que volvieran a verse en el otoño. Zach iba a trabajar en el verano en el taller de imprenta de su papá en Winnipeg, y Jackie se había anotado para integrar un grupo misionero que viajaría a Ucrania por seis semanas.

Había sentido cierta aprensión por la incomodidad y vergüenza de tener que someterse a un examen físico como requisito para el viaje, pero nunca hubiera imaginado que le cambiaría totalmente la vida. El médico la llamó por teléfono a los pocos días de haberse hecho el examen para pedirle que pasara por su consultorio para una breve consulta. Cuando ella le dijo que no podía, le dio la noticia por teléfono: Era portadora del virus del SIDA. Quería que se sometiera a otro examen.

Jackie se encontraba sola en casa cuando llamó el doctor; después de colgar el teléfono se sentó al borde de su cama, paralizada por el golpe recibido. Allí se quedó inmóvil y en "shock", pensando pero sin poder actuar. Por más que trataba, no podía entender el diagnóstico recibido. A medida que pasaban los segundos y minutos más distantes e imaginarias le parecían las palabras del doctor.

De pronto pensó en Zach. Se horrorizó al pensar lo que las palabras del doctor significaban para ambos.

Zach era la única pareja sexual que había tenido.

El problema del SIDA

Para 1994 más de un millón de casos de SIDA (síndrome de inmuno-deficiencia adquirida) habían sido reportados a la Organización Mundial de la Salud desde que empezara la epidemia a fines de la década de 1970 y a principios de la de 1980. Se estima que alrededor de cuatro millones de personas se han infectado de SIDA desde que la enfermedad fuera diagnosticada por primera vez, un total de dieciséis millones de adultos (y un millón de niños) han contraído el VIH, precursor del SIDA.

Aunque es difícil medir los alcances de la epidemia de SIDA (por falta de diagnóstico, errores al informarlos y demoras en reportarlos) en los Estados Unidos de América, se diagnostican 100.000 casos por año.

Además, la infección por VIH está ocurriendo entre los adolescentes en cantidades alarmantes. La pediatra Mary Ann Schafer de la Facultad de Medicina de la Universidad de California en San Francisco reporta: "Los adolescentes tienen más enfermedades venéreas que ningún otro grupo en los EE. UU. de A". Alrededor de dos millones y medio de personas menores de veinte años están infectadas con algún tipo de enfermedad venérea, incluyendo el SIDA. Un grupo de expertos reporta: "Los estadounidenses menores de 25 años, y más específicamente los menores de 20, son los que mayor riesgo corren de contraer enfermedades venéreas en la actualidad." (Vea el capítulo 33: *Enfermedades venéreas*.)

Las causas del SIDA

Es probable que no haya otra enfermedad que en los últimos años haya causado tanto temor o captado la atención pública como el SIDA. El origen de esta extraña y mortal enfermedad es dudoso. La investigación médica indica que el SIDA puede haber empezado en Africa Central. Fue en 1978 que el primer caso de SIDA fue reportado a los Centros de Control de Enfermedades en los Estados Unidos. El primer caso entre hombres homosexuales fue reportado en 1979 y, entre drogadictos que usan agujas, a principios de 1980; fue hasta 1981 que se reportara el primer caso de SIDA como resultado del contagio heterosexual.

✦ El adolescente puede ser más vulnerable que el adulto

Los expertos afirman que "la conducta sexual, incluyendo el coito con múltiples parejas y el uso infrecuente de condones, puede hacerlos más vulnerables que muchos adultos al VIH". Según los Centros de Control de Enfermedades (al igual que el Centro Federal del SIDA en Ottawa, Canadá), los hombres tienen más probabilidad que las mujeres de contraer el SIDA, y las adolescentes mujeres tienen más probabilidad que las mujeres adultas de ser diagnosticadas con esta enfermedad. Ellen Flax, escribiendo para *Education Week* (Semanario educativo) informa:

La información recogida muestra que el origen mayor de exposición al virus reportado por pacientes mujeres adolescentes era el contacto heterosexual, que fue citado por casi cuatro de cada diez de estas pacientes.

Una de cada cinco personas que sufren de SIDA tienen entre 20 y 30 años. Muchas de ellas fueron infectadas cuando eran adolescentes. La doctora Helene Gayle, de los Centros de Control de Enfermedades, informó que en 1988 el 7 por ciento de los casos de SIDA contrajeron la infección VIH cuando eran adolescentes.

✦ Influencia de múltiples parejas sexuales

Como es de esperar, la investigación indica que los que tienen muchas parejas heterosexuales tienen más probabilidad de desarrollar una infección VIH, que los que mantienen una actividad heterosexual estrictamente monógama (como la del matrimonio en que ninguno de los dos es infiel). De 400 individuos heterosexuales con relaciones monógamas sólo el 0,25 por ciento era positivo, mientras que el 5 por ciento de los hombres y 7 por ciento de las mujeres en un grupo de 400 heterosexuales, que habían tenido por lo menos seis parejas anualmente durante los cinco años anteriores al estudio, eran positivos.

✦ **Contacto sexual, compartir agujas hipodérmicas, transfusiones**

El virus VIH típicamente se propaga por medio del contacto sexual, el compartir agujas hipodérmicas y, con menos frecuencia, por medio de transfusiones de sangre o procedimientos afines. Los niños nacidos de madres que sufren de SIDA tienen un 30 a 60 por ciento de probabilidad de ser positivos. Y es posible que los exámenes de algunos individuos infectados con VIH no resulten positivos durante "meses o aun años".

Contrariamente al mensaje diseminado por algunos en el gobierno, en los medios educativos y los de difusión masiva, los condones no previenen eficazmente el contagio del SIDA. Como dijera Everett Koop, ex alto funcionario gubernamental en el campo de la medicina en los EE. UU. de A.: "La única manera de evitar el SIDA es por medio de la abstinencia". Y el doctor Thomas Elkins, director de obstetricia y ginecología de la Facultad de Medicina del Estado de Luisiana (EE. UU. de A.) dice que "en nuestro mundo actual el sexo sin riesgo para el adolescente equivale a la abstinencia".

Los efectos del SIDA

✦ **Infecciones y enfermedades oportunistas**

Un comentarista describe sucintamente esta enfermedad y sus efectos:

El SIDA se caracteriza por un defecto en la inmunidad natural contra las enfermedades. Las personas que tienen el SIDA son vulnerables a graves enfermedades que no representarían una amenaza para

alguien cuyo sistema inmunológico funciona normalmente. Estas enfermedades son denominadas infecciones o enfermedades "oportunistas". En los enfermos de SIDA las más comunes son: neumonía intersticial, una infección parasítica de los pulmones y un tipo de cáncer llamado sarcoma de Kaposi. Otras infecciones oportunistas incluyen inusuales infecciones graves de levadura, citomegalovirus, virus de herpes, y parásitos como es el toxosplasma o criptosporidiasis. Las infecciones leves de estos organismos no sugieren una deficiencia inmunológica.

✦ **Primeros síntomas**

Los primeros síntomas de SIDA incluyen:

● Fatiga crónica que dura varios meses.

● Pérdida de peso, siete kilos o más, sin motivo y progresiva.

● Glándulas linfáticas hinchadas en las ingles, axilas y el cuello.

● Diarrea crónica.

● Infecciones fungicidas crónicas, que en las mujeres a menudo se presentan en la forma de infecciones vaginales.

✦ **Síntomas del SIDA en pleno desarrollo**

Estos incluyen "una tos persistente, fiebre y dificultad en respirar. Múltiples manchas y protuberancias violáceas en la piel pueden ser indicio de sarcoma Kaposi. El virus también puede causar daños cerebrales".

La perspectiva bíblica del SIDA

En los primeros días en que apareció el SIDA —cuando la epidemia parecía confinada mayormente a los homosexuales —muchos predicadores y gente de la iglesia expresaba la creencia de que la enfermedad era una maldición de Dios sobre los homosexuales. Algunos lo siguen creyendo.

Sin embargo, por las evidencias que vemos, el SIDA no parece ser el juicio de Dios sobre los homosexuales, porque la gran mayoría de las personas alrededor del mundo que sufre de SIDA no es homosexual. La enfermedad aflige a los heterosexuales también. Ha atacado a personas que la recibieron por medio de transfusiones de sangre. Hay niños recién nacidos de madres con SIDA que se cuentan entre sus víctimas.

Pero el SIDA, al igual que las enfermedades venéreas, sí demuestra que los mandamientos de Dios son como un paraguas. Cuando uno usa el paraguas, se protege de la lluvia. Pero si uno se sale de debajo del paraguas durante una tormenta, seguro que se moja.

Mientras uno se queda debajo del paraguas de los mandatos de Dios, se protege de muchas consecuencias. Pero si uno se sale de debajo de esa cubierta protectora, no debe sorprenderse si sufre las consecuencias. Las enfermedades venéreas no son una maldición de Dios, pero se cuentan entre las muchas consecuencias de la conducta inmoral que Dios quiere que evitemos.

El doctor S. I. McMillen lo expresa muy bien en su excelente libro, *None of These Diseases* (Ninguna de estas enfermedades):

La ciencia médica con todos sus conocimientos es inadecuada para solucionar todos los problemas de las enfermedades venéreas del mundo. Pero milenios antes del microscopio, y antes de que el hombre supiera cómo se transmiten dichas enfermedades, Dios ya sabía todo lo que había que saber de ellas y le dio al hombre el único plan factible para evitar estos asesinos universales y devastadores. Jesús afirmó claramente que desde el principio, nuestro Padre ordenó que un hombre y una mujer debían ser los que constituyeran la unidad familiar. Este plan de dos, hombre y mujer, para constituir la unidad familiar es tan singular, tan distinto a los planes humanos y tan eficaz en la prevención de la gran mayoría de las complicaciones de enfermedades horribles, que una vez más nos vemos forzados a reconocer otra evidencia médica de la inspiración de la Biblia.

El conocimiento aun más superficial de los efectos de las enfermedades venéreas debe ser suficiente para convencer a cualquiera de la sabiduría de la Palabra de Dios que dice: "Huid de la inmoralidad sexual. Cualquier otro pecado que el hombre cometa está fuera del cuerpo, pero el fornicario peca contra su propio cuerpo" (1 Corintios 6:18).

Pero la perspectiva bíblica no sólo incluye sabios consejos que, si los seguimos, nos previenen de contraer una enfermedad venérea; sino que también nos da pautas sobre cómo considerar y relacionarnos con las víctimas del SIDA:

Ninguna palabra obscena salga de vuestra boca, sino la que sea buena para edificación según sea necesaria, para que imparta gracia a los que oyen. Y no entristezcáis al Espíritu Santo de Dios en quien fuisteis sellados para el día de la redención. Quítense de vosotros toda amargura, enojo, ira, gritos y calumnia, junto con toda maldad. Más bien, sed bondadosos y misericordiosos los unos con los otros, perdonándoos unos a otros, como Dios también os perdonó a vosotros en Cristo. Por tanto, sed imitadores de Dios como hijos amados, y andad en amor, como Cristo también nos amó y se entregó a sí mismo por nosotros como ofrenda y sacrificio en olor fragante a Dios (Efesios 4:29–5:2).

Y otro nos recomienda:

Por tanto, como escogidos de Dios, santos y amados, vestíos de profunda compasión, de benignidad, de humildad, de mansedumbre y de paciencia, soportándoos los unos a los otros y perdonándoos los unos a los otros, cuando alguien tenga queja del otro. De la manera que el Señor os perdonó, así también hacedlo vosotros. Pero sobre todas estas cosas, vestíos de amor, que es el vínculo perfecto (Colosenses 3:12-14).

El Señor Jesucristo, quien tuvo compasión por la mujer sorprendida en adulterio (Juan 8:1-11), que sanó a la mujer que sufría de una enfermedad detestable (Marcos 5:25-34), seguramente espera que sus seguidores se parezcan a él al relacionarse con personas que (aun cuando su condición es el resultado de su propio pecado) necesitan compasión, sanidad y aceptación (Juan 4:1-42).

La respuesta al problema del SIDA

El líder de jóvenes, el consejero o el padre del joven puede prevenir o encarar la tragedia de una infección de SIDA con un plan como el siguiente:

ESCUCHAR. Tómese el trabajo de enterarse de lo que el adolescente sabe acerca de esta enfermedad. Haga preguntas destinadas a determinar lo profundo y amplio de su educación sobre el tema: lo que el SIDA es, cómo se transmite, cómo se puede evitar. El joven que acaba de enterarse de que él o ella está infectado probablemente necesite exteriorizar su confusión, frustración o enojo. (El líder de jóvenes o padre necesita repasar otros capítulos pertinentes en este manual, tales como los que enfocan la ira y la perspectiva de morir.) No presione al joven para que exprese tales sentimientos, pero establezca un ambiente receptivo en que la expresión honesta se reciba sin condenarla.

EMPATIZAR. No trate de adivinar lo que siente el jovencito, pero trate de comprender sus reacciones. El puede creer que sabe lo suficiente sobre el SIDA; puede ser que esté cansado de oír del tema en la escuela y por televisión. Puede ser que le dé vergüenza hablar del asunto, o puede tener dudas sobre por qué su padre o madre u otro adulto le saca el tema. Si el joven tiene la infección, es probable que tenga vergüenza o que esté asustado. Tenga todo esto en cuenta. Sea perceptivo en cuanto a cómo proyectar una cálida empatía. (Vea la sección: *Cómo aprender a ofrecer el consejo cristiano,* en la página 17 de la introducción de este libro.)

A LENTAR. Tenga cuidado de no hacer nada que el adolescente pueda interpretar como una acusación o un enjuiciamiento. Ya sea que su propósito tenga que ver con educación y prevención o diagnóstico y tratamiento, comunique su aceptación del joven y su confirmación de que vale para usted, y para Dios. Procure grabar estas tres verdades en el corazón del joven: "Dios te ama incondicionalmente" y "Yo te amo incondicionalmente" y "Eres una persona de valor". Puede lograr esto por medio de:

● Lo que usted dice ("Eres tan importante para mí", "Con razón Dios piensa que valía la pena morir por ti", etc.).

● Lo que usted no dice (evitando frases que condenan o critican, no hacer a un lado los pensamientos y sentimientos del joven tildándolos de ridículos o sin importancia, etc.).

● Lo que usted hace (escuchando atentamente, dedicándole tiempo al joven, estando a su disposición, dándole importancia a sus ideas, etc.).

● Lo que usted no hace (evitando cancelar sus citas con él, evitando parecer aburrido cuando él o ella habla, etc.).

DIRIGIR. Si el propósito de aconsejar al joven es educación y prevención, las siguientes pautas pueden dar fruto:

1. Incluya e involucre a los padres. Las investigaciones han demostrado que la involucración del joven en actividades sexuales es menor cuando los padres supervisan:

● Con quién sale el adolescente.

● Adónde va el adolescente cuando sale en pareja.

● La hora de llegada de regreso a casa.

Las relaciones familiares cuidadosas y fuertes tienden a reducir la actividad sexual entre los jóvenes y, en consecuencia, la incidencia de enfermedades venéreas.

2. Inste al joven a que haga de la comunión con Dios su más alta prioridad. El hábito constante de oración, adoración y lectura bíblica en privado es la primera línea de defensa contra el pecado y sus consecuencias. (Vea Colosenses 2:6-15 y Gálatas 5:16.)

3. Enseñe cuáles son las consecuencias de la promiscuidad. Asegúrese de que el joven comprenda las consecuencias devastadoras y peligrosamente mortales de la promiscuidad sexual, como las descritas anteriormente.

4. Enseñe los beneficios de la abstinencia. Enfatice los beneficios positivos de la abstinencia sexual tanto a las jovencitas como a los varones también.

5. Elimine o contrarreste los mensajes dispares sobre abstinencia y "sexo sin riesgo". Aproveche toda oportunidad para contrarrestar los mensajes peligrosos o contraproducentes que reciben de la escuela, el Estado y los medios de difusión masiva.

6. Mantenga abiertas las vías de comunicación. No deje que el enojo, la impaciencia, las frustraciones o preocupaciones obstruyan las vías de comunicación con el joven. Siga hablando y consiga que él siga hablando.

Si el propósito es el diagnóstico y responder al joven que está (o puede estar) infectado con el VIH, las siguientes pautas pueden sugerir un punto de partida práctico:

1. Reaccione compasivamente. La gente que sufre no necesita sermones; necesita ayuda. Asuma una actitud de cariño y preocupación, no de condenación.

2. Ore. Ore por y con el joven. Pida a Dios su cuidado providencial; pídale que maneje su involucración y la de otros de manera que dé beneficios inmediatos y eternos.

3. Encamine hacia el arrepentimiento y la restauración (en los casos en que se aplique). Guíe al joven a hablar de su ne-cesidad y su deseo de cambiar su conducta, y trate de encaminarlo hacia el arrepentimiento y a ser objeto del perdón y restauración de Dios.

4. Explique la perspectiva bíblica del problema. Ayude al joven a entender que el SIDA no es una maldición de Dios, pero que tampoco es parte de su plan perfecto. Sea sensible a la oportunidad que se le presente de explicarle la motivación cariñosa de Dios al dar sus mandatos y también para poder hacer ver al joven la verdad de que Dios puede sacar algo bueno de algo malo.

5. Acompañe al joven en las distintas etapas del dolor. En cualquier circunstancia en que se sufre una pérdida (como la pérdida de la salud), es muy probable que produzca dolor. Ayude con amor al joven a ir superando su negación, ira y depresión que posiblemente preceda a la aceptación de su diagnóstico. (Vea el capítulo 8: *El dolor ante una pérdida*.)

6. Exponga al joven a los recursos disponibles para tratar la infección. El primero y principal es Dios mismo; estimule al joven, por medio de adoración y lectura bíblica diarias, a depender de Dios y su gracia y poder. Además, ayude al joven a identificar (preferiblemente por su nombre) a los que están o estarían dispuestos a ayudarle en un modo práctico.

COMPROMETER. Guíe al joven a tomar medidas preventivas para su tratamiento. Ayude al joven a definir maneras de escapar de la tentación; estimule al joven infectado a trazar su propio plan para sobrellevar el problema. Diríjale a considerar maneras en que puede ser de influencia para otros.

REFERIR. Si el joven ha contraído el virus del SIDA, notificar a los padres y empezar el tratamiento médico son las prioridades inmediatas; un diagnóstico temprano seguido de un tratamiento permanente es crucial. En los EE. UU. se puede llamar gratis al 1-888-232-3228 siete días por semana, desde las 8 de la mañana a las 2 de la mañana, hora estándar del este, para obtener información en español sobre el SIDA. La pericia y el asesoramiento de un consejero cristiano profesional es un recurso valioso que no se debe ignorar ni posponer.

Pasajes bíblicos citados en este capítulo

- 1 Corintios 6:18

- Efesios 4:29–5:2

- Colosenses 3:12-14

- Juan 8:1-11

- Marcos 5:25-34

- Juan 4:1-42

- Colosenses 2:6-15

- Gálatas 5:16

Otros pasajes bíblicos para leer

- Salmo 34:18

- Salmos 6; 32; 38; 51; 102; 130; 143

- Salmo 103:11-18

- Isaías 53:4-6

- 1 Juan 1:9

ENFERMEDADES VENÉREAS

CONTENIDO

Introducción

Dora anotaba sus experiencias sexuales en un cuaderno que guardaba en la mesita de noche junto a su cama. La primera vez fue cuando tenía doce años.

Ella y su amigo habían estado mirando los dibujos animados en la TV un sábado a la mañana en casa de él. Los padres de él todavía no se habían levantado.

"Sabía que iba a suceder", dice Dora ahora. "Empezamos a besarnos y después nos fuimos al dormitorio de él. Sacó una goma de un cajón de su cómoda. No sentía miedo. Tampoco me sentía excitada. No sentía nada".

"Después", dice Dora, "estaba contenta. Muchas de las muchachas de mi edad hablaban de hacerlo. Pero yo lo había hecho".

Después de aquella primera experiencia Dora empezó a guardar un registro de sus "encuentros" en el cuaderno. En su letra grande y redonda había asentado seis parejas sexuales antes de cumplir los dieciséis, completo con nombres, fechas y un sistema de calificación. Sólo dos de los muchachos usaron condones; de uno de los otros contrajo chlamidia, una enfermedad venérea que, si no se trata, puede causar abortos espontáneos y esterilidad. Una de sus parejas le dio una golpiza cuando se enteró de que ella tenía esa enfermedad.

Dora tuvo relaciones sexuales sin el uso de anticonceptivos con tres muchachos después de saber de su enfermedad.

"El médico me dio medicina y me dijo que volviera cada seis meses y que les dijera a los hombres con quienes había estado que se hicieran un examen. ¿Se imaginan que iba a hacer semejantes cosa? Ni sé donde viven algunos ahora".

La mamá de Dora no sabe del cuaderno, ni de la enfermedad de su hija. Cuando le preguntan si su hija es sexualmente activa, contesta:

"No sé. Espero que no. Por lo menos nunca me lo ha contado, pero ella sabe lo que yo pienso de eso".

Suspira y sigue diciendo:

"Las cosas son distintas ahora de lo que eran cuando yo era pequeña. Ya no se puede retener a los jóvenes en casa. No se los puede proteger de todo lo que pasa por allí. Lo único que ruego es que ella se cuide. No sé qué más hacer".

El problema de las enfermedades venéreas

En los últimos años la percepción pública y la investigación científica de las enfermedades venéreas han aumentado dramáticamente, y con buena razón: las enfermedades venéreas han alcanzado proporciones epidémicas. Las estimaciones mínimas de la Organización Mundial de la Salud sobre la incidencia mundial de las cinco principales enfermedades venéreas viricas y bacterianas en todo el mundo sobrepasan los cien millones de casos, y esa cifra no incluye otros cuarenta y cinco tipos identificables de enfermedades venéreas.

Si desglosamos estas estadísticas nos damos cuenta de que cientos de miles contraen una de estas enfermedades por día. Por ejemplo, uno de cada cuatro estadounidenses entre los quince y cincuenta y cinco años tarde o temprano contraerá una enfermedad venérea, y las cantidades están en constante aumento.

Los adolescentes y aun los preadolescentes están contrayendo enfermedades venéreas a una velocidad alarmante. La pediatra Mary Ann Schafer de la Facultad de Medicina en San Francisco, California, reporta: "Los adolescentes tienen más enfermedades venéreas que cualquier otro grupo en los Estados Unidos de América". Casi dos millones y medio de personas menores de 20 años están infectados de algún tipo de enfermedad venérea, incluyendo el SIDA. Un conjunto de expertos ha reportado: "Los estadounidenses menores de 25 años, y más específicamente los adolescentes, son los que corren el mayor riesgo de contraer enfermedades venéreas en la actualidad".

Como ya se ha mencionado, existen más de cincuenta enfermedades venéreas. A continuación aparece un resumen de algunas de las más generalizadas.

✦ Herpes
Fuera del SIDA quizá no exista otra enfermedad que haya sacudido al movimiento de liberación sexual tanto como el herpes. Por ejemplo, en los EE. UU. de A. en la década de 1950 la transmisión del herpes durante el coito era rara. Entre 1966 y 1979 la cantidad estimada de consultas médicas por esta enfermedad subió desde menos de 30.000 a más de 250.000. Para 1984 se estimaba que 20 millones de personas en ese país sufrían de herpes genital. El Instituto Nacional de Alergias y Enfermedades Contagiosas calcula que ahora hay alrededor de "30 millones de estadounidenses infectados, y que 500.000 más contraen el virus venéreo cada año". Además de esta enorme cantidad de casos sintomáticos hay muchos casos de infección de herpes genital en que el individuo no tiene ningún síntoma.

Los estudios muestran que entre el 25 al 65 por ciento de *todas* las mujeres tienen el virus sin saberlo, con un promedio del 50 por ciento de todas las mujeres mayores de 18 años. El periódico *USA Today* reportó sobre un estudio que indicaba que hasta un tercio de todos los adultos llevan el virus del herpes genital en la sangre. Un estudio de mujeres embarazadas en varias grandes ciudades indica que hasta un 65 por ciento tienen infecciones silenciosas (sin síntomas) de herpes.

El herpes puede dividirse en dos tipos: I y II. En el pasado, el tipo I se asociaba con infecciones contagiosas de la cintura para arriba, como el común y corriente fuego labial. El tipo II se asociaba con las infecciones en el área genital. Pero, con la creciente práctica del acto sexual oral, esta distinción ha cambiado. Según un grupo de estudio, entre el 26 al 40 por ciento del herpes genital es del tipo I.

Se ha calculado que entre un tercio y cincuenta por ciento de todas las infecciones iniciales del herpes carecen de síntomas o éstos son tan leves que pasan desapercibidos. Las víctimas que tienen los síntomas típicamente sufren de erupciones dolorosas que aparecen entre dos a doce días después del coito con una persona infectada. Las erupciones después se ulceran y por lo general se curan dentro de unas dos semanas.

Las infecciones primarias o iniciales pueden ser mucho más severas, causando hinchazón, inflamación de los ganglios linfáticos, fiebre, dolores de cabeza, dolores musculares y supuración de los órganos genitales. Después de haberse curado la infección aguda, el virus del herpes emigra desde las puntas de los nervios al ganglio nervioso y allí permanece en un estado latente.

Más adelante, después de alguna situación estresante, o de un trastorno emocional, o de las relaciones sexuales, o de la menstruación, o por cualquier razón aparente, el virus viaja nuevamente a las puntas de los nervios hasta la superficie de la piel y forma nuevas erupciones, causando la reaparición de la infección inicial. La frecuencia y gravedad de estos ataques recurrente del herpes varían considerablemente.

Durante el ataque agudo, los médicos recomiendan que los pacientes se abstengan sexualmente para evitar el contagio. Pero es digno de notar que la infección puede ser contagiada aun cuando el individuo infectado no tenga síntomas, ya que se ha descubierto que el individuo esparce los virus hasta un 20 por ciento del tiempo, aun cuando no tenga ningún síntoma de la enfermedad. De hecho, según una fuente médica, es posible que la mayoría de las infecciones del herpes se hayan transmitido durante estos períodos.

Aunque los condones ofrecen protección parcial contra el contagio de la infección del herpes, esta protección no es total. Puede haber contagio aun cuando se usen condones. Además, aunque la droga Aciclovir puede ayudar a modificar o reprimir una infección, no prevendrá completamente la transmisión de la infección de una persona a otra.

Además del dolor y la incomodidad resultante de la infección misma, el herpes puede causar otros problemas. Se ha estimado que los infantes nacidos de madres que tienen una infección activa tienen una probabilidad de entre 40 a 60 por ciento de contraer la enfermedad. Debido

a su sistema inmunológico subdesarrollado, un 40 por ciento o más de los infantes que contraen herpes mueren, y muchos otros sufren de daños cerebrales.

Para evitar estas tragedias los médicos prefieren hacer una operación cesárea en el caso de madres que tienen una infección activa, o que derraman el virus del herpes.

Aunque es raro, el herpes a veces infecta el cerebro causando una encefalitis localizada que puede causar graves daños cerebrales o la muerte. También es posible que el herpes sea conducente al cáncer cervical; se ha notado una conexión concreta entre los virus del herpes y las células cancerosas. Además, últimamente se ha notado una conexión entre los virus del herpes y el cáncer de la vulva (parte externa de los órganos genitales femeninos).

El dolor y los problemas relacionados con las infecciones del herpes hacen ver la importancia de evitar encuentros sexuales casuales, ya que aun una sola experiencia sexual con una persona infectada, pero sin síntomas, puede llevar a años de sufrimiento intermitente y de problemas con esta infección. Debemos enseñar a nuestros jovencitos la verdad sobre el herpes.

✦ **Chlamidia**

Este organismo es demasiado pequeño como para ser visto en un microscopio ordinario y es difícil hacerle un cultivo, y la persona infectada puede vivir años sin señales ni síntomas de la enfermedad. Por todo esto, ha sido un organismo difícil de detectar y reportar. Pero la investigación estima que ocurren anualmente alrededor de cuatro millones de casos en los EE. UU. de A. La Organización Mundial de la Salud estima un mínimo de 50 millones de casos en todo el mundo.

Estas infecciones pueden ser tan leves que la mujer ni nota que tiene una infección. No obstante, con el correr del tiempo, puede causar la obstrucción total de la trompa de Falopio e infertilidad debido a las cicatrices de la infección. Muchas de las mujeres en esta situación no sabrán lo que está pasando hasta que tratan de quedar embarazadas y descubren que no pueden.

La chlamidia tracomatis no es únicamente la causa de la inflamación pélvica, sino que también es a menudo responsable de los abortos espontáneos y nacimientos prematuros. Las mujeres que tienen esta infección también tienden a dar a luz a más niños muertos y tener infecciones posparto. En el recién nacido, la chlamidia puede causar infecciones en los ojos y pulmonía.

En los varones, la chlamidia puede causar infecciones crónicas de la próstata y otras infecciones de los órganos genitales masculinos, como la epididimitis que puede afectar seriamente la fertilidad del hombre. (El epidídimo está al lado de los testículos y sirve como depósito para los espermatozoides.)

Se ha calculado que cada año ocurren un cuarto de millón de casos de epididimitis causados por este organismo. Aunque la mayoría de las mujeres no tienen los síntomas de chlamidia, la mayoría de los hombres desarrollan una secreción lechosa y dolor al orinar. Se calcula que uno de cada 20 hombres adultos es portador silencioso de la infección. Es más común que la gonorrea y la sífilis juntas.

✦ **Enfermedad inflamatoria pélvica**
Esta es una infección inflamatoria de los órganos femeninos que sufren millones de mujeres cada año. Una cantidad de diferentes tipos de organismos o bacterias pueden causar dicha infección, como gonorrea o chlamidia tracomatis. En algunos casos se forma una severa infección dentro de la matriz y la trompa de Falopio. Si esta infección no se trata adecuadamente o a tiempo se puede formar un bolsillo de pus que tarde o temprano revienta, extendiendo la infección a toda la cavidad abdominal. Cuando esto ocurre, la víctima al principio quizá note un aumento leve de dolor y muy pronto entra en un estado de

"shock". Si no se la opera enseguida para combatir la infección, puede morir en cuestión de horas.

Las operaciones quirúrgicas en estos casos pueden involucrar extirpar todos los órganos femeninos internos, dejándola infértil. Además, por la extirpación de los ovarios tendrá que tomar estrógeno, un medicamento hormonal, durante muchos años.

En algunos casos puede presentarse como una infección muy leve, particularmente si es causada por chlamidia tracomatis. De las mujeres que sufren de inflamación pélvica causada por chlamidia, gonorrea u otra infección bacterial, se ha estimado que entre el 10 y el 15 por ciento que ha tenido una primera infección quedará permanentemente infértil. De las que tienen la inflamación por segunda vez se estima que tienen entre 30 y 35 por ciento de probabilidad de quedar infértiles. Y de las que sufren una tercera infección pélvica, la probabilidad de quedar infértil varía entre el 60 y 75 por ciento.

Pero la infertilidad no es el único problema de estas mujeres. Una investigación dio como resultado el hecho de que las mujeres con inflamación pélvica tenían cinco veces más probabilidad que lo normal de necesitar cirugía abdominal, y tres veces más probabilidad de sufrir dolores abdominales o dolores durante el coito. Lamentablemente, muchas mujeres no saben que un solo encuentro sexual casual puede producir dolor crónico e infertilidad.

Las inflamaciones pélvicas pueden producir otros problemas trágicos, como el embarazo extrauterino. Este es el embarazo que desarrolla el óvulo fertilizado o feto en la trompa de Falopio. En este caso, la trompa no se puede estirar como la matriz para acomodar al feto que va creciendo. Por lo general, entre las seis y ocho semanas, la criatura ya es tan grande que la trompa de Falopio se rompe súbitamente, causando una rápida hemorragia y "shock". Es típico que la víctima sienta agudos dolores y aun pierda el conocimiento. Si esta condición no es atendida, puede terminar en la muerte.

Aunque el embarazo extrauterino puede ser causado por diversos problemas de salud como adhesiones pélvicas que quedaron de alguna operación o endometriosis previa, alrededor del 50 por ciento de las mujeres que padecen de esta condición parecen haber tenido inflamación pélvica en el pasado.

Debido al tremendo aumento en la cantidad de embarazos extrauterinos, el embarazo con rotura de trompa se ha convertido en una causa principal de la muerte de mujeres embarazadas. El incremento en el número de estos embarazos ha sido tan grande que puede catalogarse como una verdadera epidemia. La mitad de las mujeres con embarazo extrauterino quedarán luego infértiles.

Parece que las inflamaciones pélvicas pueden causar embarazos extrauterinos al bloquear parcialmente la trompa de Falopio. En dicho caso, es posible que el pequeño espermatozoide pueda pasar por la trompa comprimida y cicatrizada, y llegar al huevo femenino y fertilizarlo. Pero después le es imposible al huevo fertilizado, que es mucho más grande, pasar por la trompa comprimida hasta la matriz donde el feto normalmente se desarrollaría.

Es de notar que la cirugía ha tenido un éxito limitado en reparar las trompas dañadas. También es digno de notarse que la fertilización *in vitro* (fertilizar el óvulo de la mujer con el espermatozoide de su esposo fuera del cuerpo de ella y colocarlo luego en la matriz) en estos casos ha tenido poco éxito.

Aunque el uso de condones se ha promovido como medio de protección contra la propagación de las inflamaciones pélvicas, un reciente estudio de la Universidad de Rutger entre los estudiantes con problemas genitales atendidos en el centro médico estudiantil hacen dudar de su eficacia en proteger contra infecciones chlamidiales. De los que usaban condones, el 35,7 por ciento había contraído chlamidia, en comparación con un 37 por ciento que usaba anticonceptivos orales y 44 por ciento que no usaban ningún anticonceptivo.

✦ **Citomegalovirus (CMV)**

El riesgo de infectarse con citomegalovirus es una razón más para evitar el contacto sexual casual. Aunque este virus se encuentra en la saliva y aparentemente puede transmitirse de diversas maneras, también se encuentra en el semen masculino y en las secreciones cervicales femeninas, y puede ser transmitido por medio del coito. A menudo las infecciones CMV no producen síntomas, pero pueden causar enfermedades similares a la influenza o mononucleosis.

Pero la situación más grave aparece cuando la mujer embarazada es infectada y luego le pasa la infección a su criatura antes de nacer. Se calcula que cada año nacen entre cuarenta y ochenta mil niños que sufren de infecciones congénitas CMV. Entre el 10 y el 20 por ciento de estos niños infectados, tendrán defectos físicos, como la microcefalia (cabeza de un tamaño menor del normal) o hidrocefalia, convulsiones, problemas auditivos, retraso sicomotor y problemas de aprendizaje.

Otros niños infectados durante el embarazo mueren antes de nacer. Nacen prematuramente o tiene problemas fatales como enfermedades del hígado y el bazo. En los EE. UU. de A., las infecciones congénitas CMV son una de las causas principales de problemas auditivos entre la niñez. Las madres infectadas también pueden transmitir su infección a sus bebés durante el parto. CMV puede causar pulmonía y problemas respiratorios en los bebés.

✦ **Hepatitis B**

La hepatitis B es otra infección viral que puede ser transmitida sexualmente. La incidencia de hepatitis B aumenta dramáticamente con el aumento de la cantidad de parejas sexuales. Un estudio dio como resultado que los que tenían sólo uno o dos compañeros sexuales tenían una incidencia de menos de 1 por ciento de hepatitis B, mientras que los que tenían diez o más compañeros sexuales tenían una incidencia de 7 por ciento.

Alrededor del 60 por ciento de homosexuales han sufrido de hepatitis, mientras que alrededor del 85 por ciento de varones homosexuales ya se han infectado antes de los 40 años. Afortunadamente, desde 1982 existe una vacuna contra la hepatitis B. Los Servicios de Salud Pública recomiendan esta vacuna a los grupos de alto riesgo como: prostitutas, varones homosexuales activos y personas heterosexualmente activas con múltiples contactos sexuales.

Algunas víctimas tienen casos tan leves de hepatitis que ni los notan, con síntomas, si los hubiera, parecidos a la gripe. Otros sufren daños graves, a veces fatales, al hígado. También se ha descubierto que la infección de hepatitis B produce cáncer del hígado en un porcentaje significativo de casos.

La hepatitis también puede ser transmitida de la madre a su criatura antes de nacer, resultando a veces en la muerte del feto, parto prematuro o hepatitis en el recién nacido con la consecuente infección a lo largo de su infancia. Otras investigaciones indican que el 90 por ciento de los bebés cuyas madres son portadoras crónicas del virus de hepatitis B se infectarán al nacer.

De estos bebés, alrededor del 90 por ciento pasarán a ser portadores crónicos del virus. Si no se hace tratar, un buen porcentaje de los portadores tarde o temprano desarrollará cáncer del hígado. Afortunadamente la vacunación de estos bebés expuestos al poco tiempo de nacer puede prevenirlo en un alto porcentaje de los casos.

✦ Verrugas venéreas

En comparación con el SIDA o el herpes, las verrugas venéreas (causadas por el virus del papiloma humano) han recibido poca publicidad. No obstante, en los últimos años ha habido un tremendo aumento en la incidencia de esta enfermedad. Las estadísticas indican que mientras que las consultas a doctores por la presencia de herpes aumentaron en un 300 por ciento, las consultas debido a las verrugas venéreas han aumentado en un 1.100 por ciento.

Se estima que hay un millón o más casos por año en los EE. UU. de A. Se calcula que alrededor del 10 por ciento de los hombres adultos y 5 por ciento de las mujeres adultas contraerán verrugas venéreas en alguna etapa de su vida.

En un estudio, el 48 por ciento de las mujeres en una clínica para enfermedades venéreas (con un Papanicolaou normal) presentaba evidencias de esta infección y, en otro estudio, 17 por ciento de un grupo de individuos, normales en todos los demás aspectos, daban evidencias de esta infección.

Sesenta por ciento o más de los compañeros sexuales de los pacientes que sufren de la infección del virus de papiloma humano han contraído la infección.

Aunque las verrugas venéreas son muy comunes, se cree que quizá las infecciones del virus de papiloma humano que no causan verrugas, o que no causan síntomas, son más comunes que las que sí los causan. Los estudios también sugieren que los homosexuales tienen una incidencia más alta de lo normal de verrugas venéreas.

Las verrugas venéreas se transmiten durante las relaciones sexuales. Por lo general aparecen entre dos y tres meses después de haber sido expuesto. Pero se han visto casos en que aparecen a las pocas semanas del contacto sexual y otros en que no aparecen hasta los dos años después de haber sido expuestos.

Las verrugas pueden aparecer en distintas partes de los órganos genitales masculinos o femeninos, aun dentro de la vagina o el cuello del útero en las mujeres o dentro del pene del hombre. Crecen rápidamente durante el embarazo y pueden interferir con el parto. Aunque es bastante infrecuente, los bebés nacidos de madres con verrugas pueden tenerlas alrededor del ano o en el área de las cuerdas vocales, lo cual puede causar ronquera o dificultades al respirar.

Además del virus del papiloma humano, un virus sifilítico (poxvirus) puede también causar otro tipo de verruga llamado *molluscum contagiosum*. Esta verruga más pequeña también ocurre en racimos y, aunque a menudo no es más grande que medio centímetro de diámetro, puede crecer hasta 2,5 cms. Esta verruga puede encontrarse también en otras partes del cuerpo y se propaga por contacto. Entre 1966 y 1983 la incidencia del *molluscum contagiosum* se multiplicó por diez.

✦ Cáncer pélvico

Aunque los médicos antes creían que las verrugas venéreas eran inofensivas, las investigaciones recientes indican que no es así. El doctor Ralph Reichert, de la Facultad de Médicos y Cirujanos de la Universidad de Columbia (EE. UU. de A.), hace notar que las mujeres con verrugas venéreas, secundario a la infección del virus del papiloma humano, tienen entre mil y dos mil probabilidades más de contraer cáncer del cuello del útero que las mujeres sin verrugas.

En el Segundo Congreso Mundial de Enfermedades Venéreas en 1986, un médico hizo notar que se encontraron ciertos tipos del virus del papiloma humano en más del 90 por ciento de los casos de cáncer del cuello del útero estudiados. En otra reunión de médicos especializados en medicina familiar, otro investigador predijo que "si los estilos de vida de liberalidad sexual continúan, hay probabilidad de que ocurra una epidemia de cáncer del cuello del útero".

La investigación médica ha indicado que varios factores de riesgo aumentan la probabilidad de que la mujer contraiga cáncer del cuello del útero. Estos incluyen múltiples parejas sexuales, tener relaciones sexuales con alguien que ha tenido múltiples compañeros sexuales y empezar a tener relaciones sexuales a una edad temprana (entre los 18 y 20 años).

El doctor Robert Kistner, director asociado del Hospital para mujeres en Boston (EE. UU. de A.), informó en 1972 que "el coito temprano y frecuente, especialmente con múltiples compañeros, parece aumentar la incidencia de este precursor del cáncer". Y agregó: "En 1950-51 el carcinoma *in situ* en mujeres menores de 25 años constituía sólo el 30 por ciento de los casos de cáncer del cuello del útero. Pero para 1967-68 esta cifra había aumentado en un 92,2 por ciento del total".

Sorprendentemente, empezar a tener relaciones sexuales a una edad temprana es considerado como un factor de riesgo mayor para el desarrollo de este tipo de cáncer que el tener compañeros múltiples. Este descubrimiento bastante sorprendente parece tener relación con la inmadurez de las células que revisten el cuello del útero de las mujeres más jóvenes.

Otro estudio descubrió que los casos de anomalías celulares en el cuello del útero eran cinco veces más en un grupo de adolescentes promiscuas que en un grupo de jovencitas vírgenes.

I. D. Rathin, investigador médico del Instituto de Investigaciones de la Fundación Kaiser, reportó: "Existen suficientes razones médicas para advertir a las jóvenes contra tener relaciones sexuales a una edad temprana. Estos diversos estudios se relacionan con las causas del cáncer en el cuello del útero, y los resultados van todos en una misma dirección... Todos los estudios coinciden en que el riesgo del cáncer del cuello uterino aumenta... con el primer coito a una edad temprana... La mujer adolescente puede abstenerse basándose en razones biológicamente válidas, sin requerir un apoyo moral o religioso".

Rodkin, otro investigador, también ha informado que: "La doble cantidad de pacientes (con cáncer del cuello del útero) empezó el coito entre los 15-17 años en comparación con un grupo de control... Las pacientes también diferían mucho del grupo de control con respecto a... la cantidad de maridos y el total de parejas sexuales... Muchas más pacientes que las del grupo de control tenían parejas sexuales múltiples."

En cuanto al factor de riesgo en las mujeres que tienen relaciones sexuales con un individuo que ha tenido múltiples contactos sexuales, las mujeres con cáncer del cuello del útero tenían mayor probabilidad de tener maridos que habían tenido contacto con prostitutas o que habían tenido relaciones fuera del matrimonio.

El doctor Irving I. Kessler, del Hospital Johns Hopkins, encontró que "la práctica sexual fuera del matrimonio por parte de la mujer o su esposo también se relaciona con el riesgo de cáncer del cuello del útero".

Además de que aparentemente ayuda a causar cáncer del cuello del útero, parece que el virus del papilloma humano también se relaciona con un aumento en el cáncer de la vulva, de los órganos genitales externos de la mujer. En menor grado, se relaciona con el cáncer del pene en el hombre. Y parece que los cánceres del área anal pueden tener relación con las verrugas, y los que contraen verrugas como resultado de la relación sexual oral pueden correr un riesgo mayor de contraer cáncer en las áreas del esófago, laringe o cuerdas vocales.

El doctor Joe McIlhaney, ginecólogo, declara: "He empezado a decirle a esos pacientes míos interesados en saber la causa de su displasia del cuello del útero, del cáncer del cuello del útero o de las verrugas venéreas, que son casi en su totalidad enfermedades venéreas."

✦ Sífilis

La sífilis, que ya se consideraba una enfermedad vencida, ha resurgido en todo el globo. Aunque es difícil obtener la cantidad exacta de los casos de sífilis por falta de informes, pareciera que, con el descubrimiento y uso de la penicilina, la cantidad había disminuido dramáticamente hasta alrededor de 1957. Pero entre 1957 y 1981 parecen haberse cuadruplicado, según los casos reportados. Hoy, los cálculos mínimos de la Organización Mundial de la Salud, son que hay 3,5 millones de casos de sífilis infecciosa en todo el mundo.

Aunque capaz de causar graves enfermedades y complicaciones, las infecciones sifilíticas empiezan con síntomas bastante leves. En las primeras tres etapas, sin incluir la etapa latente que ocurre entre la segunda y tercera, aparece un pequeño bulto quizá entre los nueve a noventa días de la transmisión de la infección por contacto sexual. Este bulto se va degenerando lentamente hasta formar una úlcera indolora.

Durante la segunda etapa, que a menudo ocurre tres semanas después del desarrollo de la primera, el individuo puede sufrir de síntomas gripales con fiebre, dolor de cabeza, nariz congestionada, dolores en el cuerpo, dolor de garganta y, a veces, una erupción cutánea en todo el cuerpo. Después de un tiempo estos síntomas desaparecen y el individuo pasa a lo que se llama la etapa latente en que se siente sano.

Algunos de estos individuos que tienen la infección latente con el tiempo pasarán a desarrollar una sífilis terciaria. Para algunos, esta tercera etapa puede tomar la forma de lesiones destructivas, llamadas goma, que causan la destrucción de los tejidos, de la piel y de los huesos. Aun después de diez años del comienzo de la etapa latente, otros individuos infectados pueden empezar a tener graves problemas cardíacos y arteriales. Se pueden dañar las válvulas del corazón y la aorta, la principal arteria por la cual fluye la sangre del corazón, puede empezar a hincharse al dañarse, formando un aneurisma. En otros casos puede obstruirse la circulación, causando angina.

En otros pacientes puede haber graves

daños al cerebro y a la espina dorsal. Algunos de estos pacientes pueden sufrir de bastante pérdida de la memoria, de confusión o demencia mientras que otros se convierten en sicopáticos. Parece que la sífilis en el cerebro puede imitar casi cualquier trastorno siquiátrico. El daño severo a la espina dorsal puede llevar a un sentimiento de desequilibrio en las piernas y a un paso inseguro. El daño a la espina dorsal también puede producir incontinencia e impotencia. También preocupante es la información que enlaza a la infección sifilítica con un aumento en la infección VIH (SIDA).

La sífilis en la mujer embarazada puede llevar a consecuencias desastrosas para su criatura antes de nacer. Los estudios indican que la cuarta parte de estos niños mueren antes de nacer, una cuarta parte más muere al poco tiempo de nacer y aun otros desarrollarán diversas complicaciones y problemas de salud debido a la sífilis.

Afortunadamente, la sífilis congénita, la infección de la criatura en la matriz de la madre, es bastante rara. Aunque las cantidades exactas de cuántos niños nacen con sífilis congénita son difíciles de obtener, pareciera que su número ha ido en constante aumento en los últimos años. Estos casos tienden a ser de jóvenes solteras que han recibido poco o nada de cuidado prenatal.

✦ Gonorrea

El doctor Gordon Muir, investigador médico, reporta que la gonorrea se ha convertido en "la enfermedad reportable más común en niños de edad escolar, sobrepasando a la varicela, al sarampión, a las paperas y a la rubéola combinadas".

"En 1987", explica *Education Week*, (Semanario educativo) "la gonorrea fue reportada en más del 1 por ciento de los jóvenes entre los 15 y 19 años. Aunque las personas entre los 20 y 24 años tenían un índice de infección de más del 1,5 por ciento, el Centro de Control de Enfermedades encontró que al hacer las modificaciones pertinentes a los índices de actividad, en realidad los adolescentes de 15 a 19 años tienen las incidencias más elevadas de gonorrea de todos los grupos de edades".

A diferencia de la sífilis, que causa algunos problemas más graves muchos años después de la infección inicial, la gonorrea tiende a causar problemas inmediatamente. Por lo común, causa supuración del pene o la vagina al igual que micción frecuente y dolorosa. En las mujeres, la gonorrea puede propagarse al útero y a la trompa de Falopio, causando la enfermedad inflamatoria pelviana. Estas infecciones pueden producir infertilidad, dolores abdominales, dolor durante el coito y embarazos extrauterinos. Las infecciones graves y descontroladas pueden hacer necesaria una intervención quirúrgica.

Según el doctor Grimes de la Facultad de Medicina de la Universidad de Misourí en la ciudad de Kansas, Estados Unidos de América, la gonorrea es la causa principal de la artritis en los jóvenes adultos. También es la causa más común de la artritis infecciosa en la gente en general. Aunque es raro, la gonorrea puede también causar infecciones del corazón o del cerebro y la espina dorsal.

Además de la gonorrea en los órganos genitales, el individuo puede tener gonorrea del recto o la faringe (garganta) si se ha involucrado en prácticas sexuales orales o anales.

Alrededor del 60 por ciento de las mujeres y el 20 por ciento de los hombres que sufren de gonorrea no tendrán ningún síntoma. Esto dificulta el control de la propagación de las infecciones, ya que el individuo infectado sin síntomas se la puede pasar a otro sin saber que tiene la enfermedad.

En el pasado la gonorrea se trataba enseguida con una inyección de penicilina, pero muchos tipos de gonorrea han desarrollado una resistencia a este medicamento. En los últimos años han aparecido una cantidad de distintos tipos resistentes de gonorrea, lo cual dificulta cada vez más su tratamiento.

En la actualidad la Organización Mundial de la Salud estima una incidencia mínima de veinticinco millones con esta enfermedad alrededor del mundo.

Es evidente que aunque algunos han tenido la tendencia a considerar la gonorrea como algo trivial, en vista de los datos ya explicados no es así. Un gran número de los más del "70 por ciento de las personas sexualmente activas para los 19 años, puede haberse expuesto inicialmente a una enfermedad venérea, haberse contagiado y haber pasado la infección a otro sin haberse sentido mal ni sabido que estaba infectado".

✦ Enfermedades venéreas misceláneas

Aunque no es nuestra intención incluir una descripción completa de todas las enfermedades venéreas, hay algunas más que habría que mencionar: Tricomoniasis, T-micoplasma, sarna y pediculosis púbica.

Tricomoniasis. La tricomoniasis es un pequeñísimo protozoario unicelular que afecta a alrededor de un quinto de todas las mujeres que son sexualmente activas con múltiples compañeros durante sus años reproductivos. En los EE. UU. de A. solamente se estiman en 3 millones o más los nuevos casos de esta infección cada año. Un estudio médico informa que: "se estiman en 8 millones los que cada año se contagian de tricomoniasis".

Parece que la tricomoniasis se propaga fácilmente por la actividad sexual, ya que se ha descubierto en el 85 por ciento de las mujeres que son compañeras sexuales de hombres infectados y en el 70 por ciento de los hombres que tienen relaciones sexuales con mujeres infectadas. Aunque los hombres muchas veces no tienen síntomas, pueden desarrollar una supuración del pene. La investigación ha demostrado que la movilidad del esperma puede reducirse por la infección y reducir la habilidad de tener hijos.

Esta infección es rara en las mujeres vírgenes, aunque puede ser transmitida por otros medios no sexuales. Alrededor de un cuarto de las mujeres no tienen ningún síntoma, mientras que otras sufren de una supuración vaginal amarillenta o verdosa mal oliente y también de mucha comezón. La infección puede causar dolor al orinar o tener relaciones sexuales al igual que problemas de la menstruación.

Parece que la tricomoniasis... puede aumentar la infertilidad en la mujer. Por lo general, puede ser tratada eficazmente con Metronidazole. Pero últimamente, algunos tipos de tricomoniasis han desarrollado una resistencia a las dosis pequeñas de esta droga.

T-micoplasma. A pesar de que estas infecciones han recibido poca publicidad, son muy comunes. Esta infección no se encuentra en jóvenes adultos que son vírgenes, pero se ha encontrando en más del 40 por ciento de los hombres y más del 70 por ciento de las mujeres que han tenido entre tres y cinco compañeros sexuales. Recientes investigaciones indican que es, cuando menos, una causa temporaria de la infertilidad en las mujeres. Las infecciones de T-micoplasma también pueden jugar un papel en el aborto involuntario.

En los hombres se cree que la infección de T-micoplasma causa algunos problemas de infertilidad al igual que supuración del pene, dolor al orinar y comezón. También en el hombre parece que esta infección puede causar el síndrome de Reiter, que incluye conjuntivitis, uretritis y artritis. La artritis en este síndrome puede a veces ser recurrente durante años.

Sarna. La sarna es producida por un pequeñísimo ácaro de ocho patas. Aunque esta infección muchas veces se contrae durante el coito, puede ser transmitida también por medios no sexuales. Por lo general, el ácaro hembra se entierra en la piel del individuo infectado para poner sus huevos en áreas del cuerpo como los órganos genitales masculinos, senos, entre las nalgas, axilas, muñecas, codos y cerca del ombligo. La picazón, que se cree que es por la reacción del cuerpo ya sea a los huevos o excrementos del ácaro, que deposita en la piel, es más pronunciada de noche en la cama. Afortunadamente, hay cremas especiales que son eficaces en la curación de esta infección en particular.

Pediculosis púbica. Esta es una infección similar a la sarna, pero causada por un insecto pequeño, sin alas llamado ladilla, apenas visible a simple vista. Este piojo tiene garras en el segundo y tercer par de patas que le permiten agarrarse a los pelos pubianos mientras se desplaza. A menudo hay una demora de entre una semana a un mes entre la infestación y la aparición de síntomas, que incluye una picazón que a veces es intensa. La ladilla se alimenta frecuentemente de la sangre del individuo infectado. Existen cremas que muchas veces son eficaces en el tratamiento de esta infección.

La perspectiva bíblica de las enfermedades venéreas

El doctor S. I. McMillen, en su clásico *None of These Diseases* (Ninguna de estas enfermedades), detalla los estragos de las enfermedades venéreas y luego dice:

La obediencia a la guía útil de Dios ha sido y sigue siendo la mejor manera de evitar los efectos calamitosos de las enfermedades venéreas. Todo el que tercamente trata de burlarse de las sugerencias de su Padre celestial, tarde o temprano tendrá que pagar el precio que el diablo se cobra... Hace tres mil años nuestro Padre celestial quiso salvarnos de tal final:

Hijo mío, pon atención a mi sabiduría... para que guardes la sana iniciativa, y tus labios conserven el conocimiento. Los labios de la mujer extraña gotean miel, y su paladar es más suave que el aceite; pero su fin es amargo como el ajenjo, agudo como una espada de dos filos... Ahora pues, hijos, oídme y no os apartéis de los dichos de mi boca. Aleja de ella tu camino y no te acerques a la puerta de su casa... Entonces gemirás al final de tu vida... "¡Cómo aborrecí la disciplina, y mi corazón menospreció la represión" (Proverbios 5:1-12).

El Señor no sólo da muchas advertencias para ayudar a la humanidad, sino que Jesús nos transforma y fortalece con la energía y el poder del Espíritu Santo, que nadie tiene una excusa válida para caer en el pecado sexual. El apóstol Pablo expresa el tema contundentemente en su epístola a los tesalonicenses:

Porque ésta es la voluntad de Dios, vuestra santificación: que os apartéis de inmoralidad sexual; que cada uno de vosotros sepa controlar su propio cuerpo en santificación y honor, no con bajas pasiones, como los gentiles que no conocen a Dios; y que en este asunto nadie atropelle ni engañe a su hermano; porque el Señor es el que toma venganza en todas estas cosas, como ya os hemos dicho y advertido. Porque Dios no nos ha llamado a la impureza, sino a la santificación (1 Tesalonicenses 4:3-7).

La ciencia médica, aun con todo su conocimiento, resulta inadecuada para solucionar el problema de las enfermedades venéreas. Pero milenios antes del microscopio y antes de que el hombre conociera el método de propagación de tales enfermedades, Dios las conocía y le dio al hombre un plan factible para prevenir la acción de estos asesinos universales y desoladores. Jesús declaró claramente que desde el principio nuestro Padre ordenó que un hombre y una mujer debían constituir la unidad familiar. Este plan de dos, y solamente dos, constituyendo una unidad familiar es tan singular, tan diferente de los planes humanos y tan eficaz en la prevención de las vastas complicaciones de horribles... enfermedades, que una vez más nos vemos forzados a reconocer otra evidencia médica de la inspiración de la Biblia.

Pero la perspectiva bíblica no sólo incluye sabiduría que, de ser atendida, prevendrá el contagio de enfermedades venéreas, sino que también nos guía en cuanto a cómo relacionarnos con víctimas de SIDA, chlamidia, herpes y otras.

> Ninguna palabra obscena salga de vuestra boca, sino la que sea buena para edificación según sea necesaria, para que imparta gracia a los que oyen. Y no entristezcáis al Espíritu Santo de Dios en quien fuisteis sellados para el día de la redención. Quítense de vosotros toda amargura, enojo, ira, gritos y calumnia, junto con toda maldad. Más bien, sed bondadosos y misericordiosos los unos con los otros, perdonándoos unos a otros, como Dios también os perdonó a vosotros en Cristo. Por tanto, sed imitadores de Dios como hijos amados, y andad en amor, como Cristo también nos amó y se entregó a sí mismo por nosotros como ofrenda y sacrificio en olor fragante a Dios (Efesios 4:29–5:2).

Y, una vez más:

> Por tanto, como escogidos de Dios, santos y amados, vestíos de profunda compasión, de benignidad, de humildad, de mansedumbre y de paciencia, soportándoos los unos a los otros y perdonándoos los unos a los otros, cuando alguien tenga queja del otro. De la manera que el Señor os perdonó, así también hacedlo vosotros (Colosenses 3:12-14).

El Señor Jesucristo, que tuvo compasión de la mujer sorprendida en adulterio (Juan 8:1-11), que sanó a la mujer que sufría de una enfermedad detestable (Marcos 5:25-34), que aceptó a la mujer samaritana rechazada por la sociedad (Juan 4:1-42), seguramente ha de querer que sus seguidores lo imiten a él al relacionarse con quienes necesitan (ya sea como resultado de su propio pecado o del de alguien más) compasión, sanidad y aceptación.

La respuesta al problema de las enfermedades venéreas

El líder de jóvenes o consejero puede ayudar a prevenir o encarar la tragedia de las enfermedades venéreas con un plan como el siguiente:

ESCUCHAR. Tómese el trabajo de ver cuánto sabe el adolescente acerca de las enfermedades venéreas. Haga preguntas destinadas a determinar la profundidad y el alcance de su conocimiento del tema: qué son las enfermedades venéreas, cómo se transmiten y cómo pueden prevenirlas. El joven que se haya enterado recientemente de que se ha contagiado quizá necesite exteriorizar su confusión, frustración o ira. No presione al joven para que exprese sus sentimientos; más bien propicie un ambiente receptivo en que la expresión honesta es aceptada sin condenación.

EMPATIZAR. No trate de adivinar lo que siente el jovencito, pero trate de comprender sus reacciones. El puede creer que sabe lo suficiente sobre las enfermedades venéreas; puede ser que esté cansado de oír del tema en la escuela y por televisión. Puede ser que le dé vergüenza hablar del asunto, o puede tener dudas sobre por qué su padre o madre u otro adulto le saca el tema. Si el joven ha sido contagiado con una enfermedad venérea, es probable que tenga vergüenza, que esté asustado o en una postura de negar todo. Tenga todo esto en cuenta. Proyecte su empatía por medio de:

● Hablar con el joven cara a cara (saliendo de detrás de su escritorio)

● Escuchar atentamente a lo que comunica con lo que dice y no dice.

● Hacer contacto visual.

● Inclinarse hacia adelante en su silla para demostrar su interés y preocupación.

- Hacerse eco de lo que el joven afirma.
- Esperar pacientemente en los momentos de lágrimas o silencio.

ALENTAR. Tenga cuidado de no hacer nada que el joven pueda interpretar como una acusación o un enjuiciamiento. Ya sea que su propósito tenga que ver con educación y prevención o diagnóstico y tratamiento, comunique su aceptación del joven y su confirmación de que vale para usted y para Dios.

DIRIGIR. Si el propósito de aconsejar al adolescente es educación y prevención, las siguientes pautas pueden dar fruto:

1. Incluya e involucre a los padres. Las investigaciones han demostrado que la involucración del joven en actividades sexuales es menor cuando los padres supervisan:

- Con quién sale.

- Adónde va cuando sale en pareja.

- La hora de regresar a casa.

Las relaciones familiares sanas y tienden a reducir la actividad sexual entre los jóvenes, y en consecuencia la incidencia de enfermedades venéreas.

2. Inste al joven a que haga de la comunión con Dios su más alta prioridad. El hábito constante de oración, adoración y lectura bíblica en privado es la primera línea de defensa contra el pecado sexual y sus consecuencias. (Vea Colosenses 2:6-15 y Gálatas 5:16.)

3. Enseñe cuáles son las consecuencias de la promiscuidad. Asegúrese de que el joven comprenda las consecuencias devastadoras y mortales de la promiscuidad sexual como las descritas anteriormente.

4. Enseñe los beneficios de la abstinencia. Enfatice los beneficios positivos de la abstinencia sexual; y no sólo a las jovencitas sino a los varones también.

5. Elimine o contrarreste los mensajes dispares sobre abstinencia y "sexo sin riesgo". Aproveche toda oportunidad para contrarrestar los mensajes peligrosos o contraproducentes que reciben de la escuela, el Estado y los medios de difusión masiva.

6. Mantenga abiertas las vías de comunicación. No deje que el enojo, la impaciencia, las frustraciones o preocupaciones obstruyan las vías de comunicación con el joven. Siga hablando, y consiga que él siga hablando.

Si el propósito es el diagnóstico y responder al joven que es (o pueda ser) infectado con el VIH, las siguientes pautas pueden sugerir un punto de partida práctico:

1. Reaccione compasivamente. La gente que sufre no necesita sermones; necesita ayuda. Asuma una actitud de cariño, no de desaprobación.

2. Ore. Ore por y con el joven. Pida a Dios su cuidado providencial; pídale que guíe su participación y la de otros de manera que dé beneficios inmediatos y eternos.

3. Encamine hacia el arrepentimiento y la restauración. Guíe al joven a hablar de su necesidad y su deseo de cambiar su conducta y trate de encaminarlo hacia el arrepentimiento y a experimentar el perdón y restauración de Dios. También ayude al joven en el desarrollo de una vida devocional sana, incorporando la oración privada, la adoración y la lectura de la Biblia; una relación sana con Dios es la mejor forma de defensa contra el pecado.

4. Explique la perspectiva bíblica del problema. Ayude al joven a entender que las enfermedades venéreas no son una maldición de Dios, pero que tampoco son parte del plan perfecto de Dios; muchas veces son el resultado natural de la desobediencia a los mandatos cariñosos de Dios. Sea sensible a la oportunidad que se le presente de explicarle la motivación cariñosa de Dios al dar sus mandatos y también para poder hacer ver al joven la verdad que Dios puede sacar algo bueno de algo malo.

5. Acompañe al joven en las distintas etapas del dolor. En cualquier circunstancia en que se sufre una pérdida (como la pérdida de la salud), es muy probable que produzca dolor, y un joven que ha sido contagiado de una enfermedad venérea puede necesitar ayuda en las etapas del dolor (negación, ira, rebeldía, depresión y aceptación). (Vea el capítulo 8: *El dolor ante una pérdida.*)

6. Exponga al joven al concepto de una "segunda virginidad". Si el joven ha participado en relaciones sexuales ha pedido su virginidad. Sin embargo, con la ayuda de Dios, puede comenzar nuevamente a obedecer a Dios, a ser puro sexualmente y a guardarse para su cónyuge futuro. Ayúdele a entender que posiblemente no sea fácil apartarse de "la inmoralidad sexual", pero que esa es la voluntad de Dios (ver 1 Tesalonicenses 4:3).

COMPROMETER. Guíe al joven a tomar medidas preventivas o para su tratamiento. Ayude al joven a que él mismo defina maneras de escapar de la tentación; estimule al joven infectado a trazar su propio plan para sobrellevar el problema. Diríjale a considerar maneras en que puede ser de influencia para otros.

REFERIR. Si el joven ha contraído una enfermedad venérea, el tratamiento médico, por supuesto, es una prioridad inmediata; un diagnóstico temprano seguido de un tratamiento permanente es crucial. La experiencia y dirección de un consejero cristiano profesional es un recurso importante que no debe ser ignorado o pospuesto.

Pasajes bíblicos citados en este capítulo

- Proverbios 5:1-12
- 1 Tesalonicenses 4:3-7
- Efesios 4:29–5:2
- Colosenses 3:12-14
- Juan 8:1-11
- Marcos 5:25-34
- Colosenses 2:6-15
- Juan 4:1-42
- Gálatas 5:16

Otros pasajes bíblicos para leer

- Salmos 34:18; 86:15-17
- Salmos 6; 32; 38; 51; 102; 130; 143
- Salmos 103:11-18; 119:50
- Isaías 53:4-6
- 1 Juan 1:9

ABUSOS

ABUSO SEXUAL

Introducción

T odo empezó cuando Marta tenía seis años. Su tío, de diecinueve años, quien vivía cerca y era como un hermano mayor para ella, solía llevarla cuando salía de paseo en su auto, a casa de sus amigos y a veces al cine.

Un día, cuando llegaron de vuelta a la casa de Marta y sus padres no estaban, el tío sugirió que fueran al cobertizo para jugar. Se ofreció para mostrarle un secreto y le mostró sus partes íntimas, recomendándole que guardara el "secretito" que sería de ellos y de nadie más. Desde entonces en adelante las cosas se fueron desarrollando poco a poco. Él empezó a "tocarla" y a besarla, y llegó el momento cuando la indujo a "acariciarlo" a él.

Marta se daba de cuenta que lo que su tío hacía no estaba bien, pero él le prometió que no le haría daño. Nunca era violento con ella, y Marta guardó su secreto, pero el abuso tuvo sus efectos.

En los años que siguieron Marta empezó a temer el contacto con su tío y hasta empezó a odiarlo. Hasta intentó contarle a su mamá lo que estaba pasando, pero su intento sólo produjo confusión. No sabía si su mamá no le había creído, o no le había entendido bien o si la culparía por lo que sucedía.

Marta y su familia se mudaron lejos del tío cuando ella tenía nueve años, pero esto no significó el final de sus problemas. Empezó a tener pesadillas y a retraerse de los demás. Para cuando llegó a la adolescencia tenía escasos amigos en la escuela o de la iglesia y, a veces, tenía que luchar contra una profunda depresión.

A los quince años empezó a salir en pareja —muy despacio al principio— pero pronto andaba con varios muchachos y tenía relaciones sexuales con ellos. Pero su nueva "popularidad" no le brindaba ninguna satisfacción.

"Me sentía como que jamás sería amada por alguien", comenta. "Por lo menos no en la forma como yo quería".

El problema del abuso sexual

Según algunas estimaciones cada dos minutos un niño es maltratado sexualmente. Más de una de tres mujeres adultas y uno en siete hombres adultos han sido maltratados sexualmente antes de los 18 años. Una organización para la prevención de la crueldad contra los menores ha descubierto que hasta un 85 por ciento de crímenes reportados contra menores son sexuales, y se estima que por cada víctima reconocida hay nueve que permanecen en el anonimato.

Por lo general, se define al abuso sexual como "cualquier forma de contacto o conversación sexual en que un niño es explotado sexualmente con el propósito de brindar una satisfacción sexual al explotador". Es un término que abarca una amplia gama de acciones y actividades, desde el "exhibirse" hasta el coito, como por ejemplo:

- Un adulto mostrándole sus partes íntimas a un niño.
- Un adulto pidiendo a un niño que se desvista para mirarlo o acariciarlo sexualmente.
- Un adulto tocándole las partes íntimas a un niño.
- Un adulto haciendo que el niño le toque sus partes íntimas.
- Contacto oral-genital.
- Masturbación forzada.
- Penetración del ano o la vagina con los dedos u otros objetos.
- Penetración anal.
- Coito.
- Uso del niño para la producción de materiales pornográficos.

El abuso sexual no siempre involucra un daño físico ni siquiera un contacto físico. "Dentro de la familia, pueden ocurrir incidentes que podrían catalogarse como abuso aunque no incluyan ningún contacto real", dice Emily Page, consejera especializada en salud mental. "Por ejemplo, si un padre... se desviste y masturba delante de su hija, está generando una fuerte presión síquica y emocional en la niña".

Dos estudios decisivos, dirigidos por David Finkelhor (1978) y Diana Russell (1983) reportaron la incidencia del abuso sexual de niños y jovencitos. El estudio de Finkelhor de 530 mujeres, dio como resultado que el 14 por ciento reportó maltrato sexual por parte de un familiar antes de los 18 años, y el 19 por ciento reportó maltrato por parte de alguien fuera de la familia. El estudio de Russell de 930 mujeres escogidas al azar, reveló que el 16 por ciento había sido víctima del abuso por parte de algún familiar y el 31 por ciento de alguien fuera de la familia.

Tales estadísticas reflejan una tragedia imposible de imaginar, una tragedia exacerbada por el hecho de que el maltrato sexual de los niños bien puede ser "el crimen que más se oculta", como lo ilustra el siguiente testimonio:

Jill, la hija de mi hermana, tiene 14 años. Su padrastro la ha estado hostigando sexualmente y entrando de noche en su habitación durante los últimos seis meses. Sé que ella dice la verdad porque él me hacía lo mismo a mí cuando vivía con ellos. Jill ya no aguantaba más y se lo contó a su maestra. La maestra se lo contó a la sicóloga escolar quien dijo que o la niña mentía y estaba muy enferma, o la familia estaba en un gran problema. El padrastro podía ir a la cárcel.

Al ser confrontado, el padrastro dijo que Jill había mentido. La mamá de Jill creyó a su marido. Retorciéndose las manos le rogó a su hija que "confesara". Si no lo hacía, ¿quién las mantendría a ellas y a sus hermanos menores? Jill trató de mantenerse firme, pero con la persistente presión y el creciente sentimiento de culpabilidad ante la posibilidad de privar a su familia de su sustento, por fin "confesó" que había mentido. Se le negó su pedido de venirse a vivir conmigo y la pusieron bajo cuidado siquiátrico.

Experiencias como esas pueden ser extremadamente perjudiciales para el niño o joven, y pueden acarrear efectos graves y permanentes.

Los efectos del abuso sexual

Los efectos del abuso sexual de menores son tan profundos y extensos que un tratamiento justo del tema llevaría cientos, quizá miles, de páginas. Pero en este espacio sólo podemos dar una vista panorámica a los efectos más comunes y de mayor importancia. (Vea también los efectos de otras formas de abuso que se describen en el capítulo 35.)

✦ Consecuencias físicas y médicas
Florence Rush, en su libro *The Best Kept Secrets* (Los secretos mejor guardados) (escrito desde una perspectiva decididamente anticristiana), presenta una lista horrenda de algunas de las consecuencias físicas del abuso sexual:

> Los casos de fisuras, lesiones del recto, falta de control del esfínter, vaginas laceradas... paredes anales y vaginales perforadas, muertes por asfixia, ahogos crónicos por gonorrea en las amígdalas casi siempre se relacionan con contactos sexuales de adultos con niños. De 20 casos de infección de gonorrea genital en niños de uno a cuatro años, 19 tenían antecedentes de relaciones sexuales adulto-niño. Lo mismo ocurrió en 25 casos de niños contagiados de cinco a nueve años de edad, y lo mismo se aplica a todos los 116 casos de jovencitos de 13 a 15 años. En otro estudio 160 de 161 casos de esta enfermedad en los niños se debía a contactos sexuales con adultos.

✦ Embarazo
"Aunque no es un hecho común", declaran las investigadoras Janice R. Butler de la Universidad Bucknell y Linda M. Burton de la Universidad Estatal de Pensilvania, "algunas jovencitas tienen hijos como resultado del abuso sexual. De-Francis (1969) reportó que de las 217 víctimas cuyos casos fueron presentados ante el tribunal de menores, 11 por ciento habían quedado embarazadas como resultado de la ofensa sexual". (Vea también el capítulo 29: *Embarazo no planeado*.)

✦ Sentimiento de culpabilidad
Las víctimas del abuso sexual tienden a tener un sentimiento de culpabilidad paralizante. (Vea también el capítulo 3: *Sentimiento de culpabilidad*.) "Si las personas en quienes confiamos y a quienes necesitamos nos maltratan de una forma que resulta una invasión a nuestra persona y una profunda traición a nuestro cuerpo, o es culpa de ellas y moriremos —porque dependemos de ellas para subsistir— o es culpa nuestra", dice Judith Wiler, terapeuta clínica. "Por eso, la mayoría nos adjudicamos la culpa".

Las investigadoras Butler y Burton reportan una reacción nada extraña entre las víctimas del abuso sexual: Una joven, cuyo maltrato por parte de sus parientes empezó a la edad de 7 años, comentó: "Me siento mal conmigo misma por haber dejado que pasara y que continuara durante tantos años".

✦ Vergüenza
La vergüenza es la prima del sentimiento de culpa, pero mientras la culpabilidad se enfoca en las acciones de la persona, la vergüenza se centra en el yo de la persona. Puesto que el abuso sexual es una invasión de la *persona* del individuo, por lo general va acompañado de un sentido abrumador de vergüenza.

Las víctimas a menudo describen su vergüenza con palabras como: "sucia", "inmunda", "repugnante" y "mala". "Fui maltratada y violada siendo una niña de once años", dijo una víctima. "Toda mi vida me he sentido sucia, una basura, que no valgo nada".

Tales sentimientos son trágicamente comunes entre las víctimas del abuso sexual.

✦ Sentimientos de impotencia
Pocas circunstancias hay en que el niño o adolescente se sienta más impotente que en los casos del abuso sexual cuando han guardado un secreto culpable y a menudo se han encontrado comprometidos en una especie de conspiración —engatusado,

amenazado y aun quizá sobornado para que guarde silencio— con un familiar o amigo considerado como digno de confianza. Estos sentimientos de impotencia se intensifican en los que han tratado de contárselo a un adulto quien no les hizo caso o no les creyó.

Para las víctimas del maltrato, como lo ilustra Holly Wagner Green en *Turning Fear into Hope* (Convirtiendo al temor en esperanza), tales sentimientos pueden convertirse en parte integral de su vida.

La consejera Lenore Walker describe experimentos en que animales de laboratorio y voluntarios humanos fueron confinados y luego expuestos, al azar, a estímulos dolorosos sobre los cuales no tenían control y de los cuales no podían escapar. En cuanto se dieron cuenta de que su conducta no tenía ningún efecto sobre lo que les pasaba, su motivación de querer ayudarse pareció morir. De hecho dejaron de tratar de escaparse o de buscar alivio. Ignorando avenidas obvias de escape, aun cuando se les indicaba. Cuando se enteraron de que eran impotentes, dejaron de esforzarse y pasaron a ser pasivos.

✦ Concepto bajo de sí mismo

Mucho después de haberse cortado el abuso, una de las secuelas es que las víctimas siguen sufriendo de un concepto bajo de sí mismas, "una triste y muchas veces paralizante pérdida del sentido del propio valor". Sus sentimientos de culpa, vergüenza e impotencia se combinan para producir un concepto bajo de sí mismos, a menudo tan severo que puede catalogarse como autodesprecio y odio. (Vea el capítulo 6: *Concepto bajo de sí mismo*.)

Dichas personas muchas veces llegan a la juventud y la adultez convencidas de que son malqueridas, antipáticas, que no son dignas de ser amadas. Les resulta difícil o imposible creer que Dios las puede amar, que su cónyuge pueda amarlas, aun que sus propios hijos puedan amarlas. Su concepto bajo de sí a menudo produce otros trastornos e incapacidades

(Vea los siguientes capítulos: *42 Anorexia nerviosa;* 43 *Bulimia;* y 9 *Pensamientos, tendencias y amenazas de suicidio.*)

✦ Trato discriminatorio

Algunas investigaciones reportan que las víctimas del abuso sexual en la niñez tienen el doble de probabilidades que las demás de sufrir una violación o un intento de violación más adelante en la vida, un fenómeno que la socióloga Diana Russell llama trato discriminatorio.

"Si una niña es maltratada", dice la terapeuta Linda Schiller, "puede quedarse atascada en esa edad en lo que a su desarrollo se refiere, por lo que: si fue maltratada a los cuatro años, no se puede proteger mejor a los catorce, veinticuatro o treinta y cuatro que lo que pudo a los cuatro. No aprendió cómo".

La autora y consejera Jan Frank sugiere:

> La víctima se siente atraída hacia las personas y/o circunstancias que cree se merece. Las víctimas no son diferentes de los demás cuando se trata de elegir lo conocido en oposición a lo desconocido... Pude comprobarlo claramente en mis primeros años como consejera en el departamento de protección al menor. Trabajé con niños maltratados y descuidados cuyas edades oscilaban entre recién nacidos y los diecisiete años. Muchos habían sido golpeados, desatendidos o maltratados sexualmente... Al hacer frente a la pregunta de volver a su ofensor, por lo general un progenitor, o a un albergue desconocido, la mayoría optaba por regresar a casa. Sabían lo que podían esperar allí.

✦ Otros efectos

Pocos tipos de traumas pueden producir tantos y tan graves efectos como los producidos por el abuso sexual, algunos de los cuales también van acompañados de otras formas de abuso, como:

- Agresividad
- Desconfianza en los demás
- Deficiencia en sus habilidades sociales

- Retraimiento emocional
- Escaparse de casa
- Conductas criminales, como la prostitución.

Otros efectos del abuso sexual incluyen:

- Depresión (Vea el capítulo 5)
- Ira (Vea el capítulo 4)
- Temor (Vea el capítulo 2)
- Ansiedad (Vea el capítulo 2)
- Tendencias suicidas (Vea el capítulo 9)

La perspectiva bíblica del abuso sexual

No es necesario decir que Dios odia el abuso sexual. El creó el sexo para que fuera un acto de amor mutuo entre esposo y esposa (vea Génesis 1:24 y Hebreos 13:4). Cualquier uso del sexo fuera de ese entorno es una transgresión contra su voluntad y designios.

Y cuánto más lo es la explotación y el hacer víctimas de niños y jovencitos para la satisfacción de un adulto. El abuso sexual distorsiona el concepto que el niño tiene del sexo y su propósito sano cuando se usa dentro de los designios de Dios. El abuso sexual interrumpe el delicado proceso de la maduración emocional, social y sexual del niño. El abuso sexual "crea confusión en la mente joven en la progresión de aceptar un amor humano sano a conocer el amor de Dios".

Más importante, quizá, es el hecho de que el abuso sexual es una transgresión contra la imagen de Dios y el templo de Dios, como lo destaca Ravi Zacharias, autor y apologista (aunque se está refiriendo a la violencia y el sexo en los medios de difusión, no al abuso sexual):

Dios nos dice que fuimos creados a su imagen. En el libro de Génesis, afirma con firmeza el castigo por homicidio porque es un ataque directo sobre la dignidad del hombre, creado a la imagen de Dios. Cuando observamos más detenidamente las Escrituras,

notamos que Jesús recordó a sus seguidores que la auténtica adoración no es dentro de un edificio de ladrillos y piedras. El cuerpo humano mismo es un templo.

Estas dos verdades —que la humanidad fue hecha a la imagen de Dios y que el cuerpo es el templo de Dios— son dos enseñanzas fundamentales de las Escrituras... La violencia desfigura la imagen de Dios, y la sensualidad profana el templo de Dios.

El abuso sexual incorpora ambas ofensas; desfigura la imagen de Dios y profana el templo de Dios. Es una conducta sexual ilícita enfocada contra la persona misma del niño.

El niño maltratado puede encontrar sanidad, y el perpetrador puede obtener perdón, pero ninguna de las dos cosas puede suceder sin reconocer las normas y los mandatos de Dios.

La respuesta al problema del abuso sexual

Quienquiera que haya sido maltratado sexualmente enfrentará dificultades enormes al tratar de sobrellevar el trauma y, aun más, al buscar sanidad. El líder que tiene que aconsejar a una víctima del abuso sexual tiene que enfrentar el desafío con oración y prudencia. El siguiente curso de acción puede ser de ayuda:

ESCUCHAR. Sea lento para hablar y rápido para escuchar. Deje que el joven hable libremente sobre sus problemas, sentimientos, pensamientos y dolores. Deje que vaya exponiendo su historia a su propio paso, sin que usted le insista. Al principio del proceso de intervención, no trate de dirigir o instruir al joven; en cambio, concéntrese en escuchar y empatizar. Trate de limitar lo que dice, por lo menos al principio, principalmente a preguntas como: "¿Te parece que puedes hablar de esto?" "¿Me puedes decir cómo empezó?" "Y después, ¿qué pasó?" "¿Cómo te hace sentirte?" "¿Estás enojado?" "¿Tienes miedo?"

EMPATIZAR. A cada paso preste atención a los efectos del abuso (como sentimiento de culpabilidad, vergüenza, etc.) que el joven pueda estar sufriendo. Lo último que una persona que sufre necesita es recriminación; lo que necesita es alguien que llore con él, alguien que lo quiera y que se duela con él. Recuerde que no es el sermonear lo que echa fuera el temor; lo que echa fuera el temor es el amor (1 Juan 4:18). Recuerde que el sermonear no mitiga el dolor; el consolar sí (2 Corintios 1:1-7). Sea especialmente sensible a las maneras en que puede proyectar su empatía y comprensión, tales como:

- Quitar lo que obstaculiza la conversación (salir de detrás del escritorio, por ejemplo).
- Inclinarse hacia adelante en su silla.
- Hacer contacto visual.
- Asentir con la cabeza, diciendo "sí", "sigue", etc.
- Hacerse eco de lo que el joven dice ("Así que sentiste..." o "Y eso te hizo enojar", etc.)
- Esperando con paciencia en los momentos de silencio, enojo o lágrimas.

ALENTAR. La víctima del abuso sexual necesita un aliento frecuente y sincero. Las afirmaciones como: "Es natural que te sientas así" y "Me alegro que me hayas dicho eso" pueden alentar al joven y favorecer su recuperación. Aproveche toda oportunidad posible para expresar su sincero cariño, estima y aprecio por el joven como una persona de valor infinito. Comente con frecuencia sus puntos fuertes, concentrándose en sus cualidades internas en lugar de las externas; confírmelo como persona más que por su aspecto personal o conducta.

DIRIGIR. Tenga en cuenta las palabras de la sicoterapeuta Susan Forward, quien dice: "Revelar un trauma mayor... es sólo el principio... Las personas a veces encuentran tanto alivio en la

revelación inicial que abandonan prematuramente su tratamiento." Confiarle su experiencia a un consejero de confianza es un paso enorme, pero no es el paso final. Aunque la intervención profesional es importante y urgente en los casos de maltrato, el maestro, padre, líder de jóvenes o pastor interesado en ayudar puede hacerlo de las siguientes maneras antes y durante la intervención profesional:

1. Guíe al joven a admitir que ha sido maltratado, y ayúdele a identificar los efectos que el abuso está teniendo sobre su vida. Anímelo a hablar o escribir sobre cada experiencia de maltrato —aun repetidamente— hasta que el abuso sea admitido y sus efectos reconocidos.

2. Si el abuso no se ha cortado, ayude al joven a tomar los pasos para cortarlo inmediatamente... notificando a las autoridades competentes y consultando a un consejero cristiano profesional. Vea más adelante la sección "Referir". Tenga en cuenta que guardar silencio en este sentido puede ser una contravención a la ley.

3. Ayude al joven a adjudicar la responsabilidad del abuso al perpetrador... y a cualquier otro factor que haya contribuido a la situación, no a sí mismo. Con suavidad pero constantemente desafíe cualquier esfuerzo por culparse a sí mismo o a sus acciones, y ayude a la víctima a identificar exactamente a las personas responsables y a otros factores que hayan contribuido al abuso.

4. Inste al joven a acercarse a Dios como la fuente de curación y sanidad. Ayúdele a admitir que Dios no causó el abuso pero que él es la solución del trauma causado por el abuso. (Vea el Salmo 18:2-6, 25-30.)

5. Guíe y acompañe al joven a través de las etapas del sufrimiento y de otras emociones y reacciones. La pérdida (de su inocencia, de su integridad, etc.)

sufrida como resultado del abuso necesita ser sentida; el adulto interesado puede ayudar al joven en su paso por las etapas del dolor (negación, ira, negociación, depresión y aceptación) a confrontar, expresar y resolver tales sentimientos, y por medio de aceptar al joven comprendiéndolo y confortándolo. (Vea también el capítulo 8: *El dolor ante una pérdida*.)

6. Fomente un compañerismo de oración. Anime al joven a desarrollar y mantener una comunión diaria con Dios a fin de depender de su fuerza, aprender de su Palabra y combatir los pensamientos y sentimientos destructivos con la mente de Cristo. (Vea Filipenses 4:4-9.)

7. Exponga al joven a los recursos disponibles para superar su trauma. Ayúdele a reconocer (preferiblemente por nombre) a las personas que están o estarían dispuestas a ayudarle: un progenitor comprensivo, un buen amigo, organizaciones, amigos por correspondencia, etc.

8. Anime al joven o a la joven a aceptar el hecho de que curarse llevará tiempo. Déle esperanza. Aunque el proceso de superación puede ser doloroso y requerir bastante tiempo, la víctima ha sobrevivido al abuso en sí; puede también superar el trauma, con la ayuda de Dios.

COMPROMETER. Consiga la colaboración del joven para responder a la pregunta: "¿Y ahora qué?" Ayúdele a entender que bajo ninguna circunstancia debe permitirse que el abuso continúe, ni que interprete que el haber hablado del abuso constituye la solución. Aunque la solución puede ser casi instantánea, en la mayoría de los casos es un proceso largo e intencional. Dependiendo de si el abuso es en el presente, o reciente, o fue en el pasado, ayúdele a considerar qué tipo de intervención necesita y las organizaciones que pueden ayudarle. Cerciórese también en cuanto a las leyes que rigen en su país

en cuanto al maltrato sexual. Por ejemplo, en algunos países el maltrato y descuido de menores, por ley, tiene que ser reportado por ciertos profesionales: trabajadores sociales, personal médico, educadores y personal al cuidado de los niños.

En algunos lugares se requiere o se sugiere que el público en general reporte los incidentes en que se sospecha que hay abuso. Es imprescindible que *usted conozca la ley* de su Estado o país; si no reporta el abuso o descuido, *puede estar desobedeciendo la ley*. Averigüe también cuáles son las autoridades competentes a las que deben reportarse tales casos.

REFERIR. Así como un trauma físico severo (como una herida grave o un derrame cerebral) requiere la atención de un médico para tratarlo, el trauma producido por el abuso sexual requiere la atención de un consejero profesional cristiano que pueda conducir a la víctima por los pasos que lo lleven a la curación. Es posible superar el abuso sexual, pero se logra mejor con ayuda profesional.

Pasajes bíblicos citados en este capítulo

- Génesis 1:24
- Hebreos 13:4
- 1 Juan 4:18
- 2 Corintios 1:1-7
- Salmo 18:2-6, 25-30
- Filipenses 4:4-9

Otros pasajes bíblicos para leer

- Salmos 34:18; 86:15-17; 103:11-18; 107:20; 119:50; 139:1-24
- Isaías 53:4-6
- Mateo 5:1-12
- Juan 14:27
- 1 Juan 1:9

35

OTRAS FORMAS DE ABUSO

Introducción

Alberto, de trece años, quería que lo "agarraran". Le arrojó una piedra al parabrisas del ómnibus y esperó en la vereda para que la policía lo detuviera y lo llevara a la comisaría.

Todos: la policía, sus padres y el sicólogo del Departamento de Menores le preguntaron lo mismo: "¿Por qué le tiraste una piedra al ómnibus?" Y su respuesta fue la misma para todos: "No sé". Pero sí lo sabía.

Alberto estaba harto de vivir con sus padres alcohólicos. Estaba harto de despertarse a la mañana para encontrarlos tirados en el suelo o con la cabeza desplomada sobre la mesa de la cocina. Estaba harto de ver que a ellos no les interesaba si iba o no a la escuela. Y, sobre todo, estaba harto del abuso que sufría de su padre.

Cuando era más pequeño su papá solía presumir delante de sus amigos borrachos llamándolo a su lado y luego poniéndole un cigarrillo encendido en un brazo o pierna para ver si se estremecía y hacía un gesto de dolor. Pero Alberto ni pestañeaba. Se aguantaba el dolor, desesperado por recibir algún indicio de aprobación por parte de su padre.

Pero al ir creciendo, el abuso se fue haciendo más impredecible. A su papá le agarraban ataques de furia, generalmente cuando estaba borracho y a veces mientras estaba sobrio, y empezaba a golpear a Alberto. Este trataba de protegerse el rostro con las manos y los brazos; podía esconder los moretones en el cuerpo mejor de lo que podía explicar el porqué de los moretones e hinchazones en la cara. Pero no siempre tenía éxito.

Ultimamente, Alberto ha empezado a tratar de devolver los golpes, puñetazos y patadas. Pero eso no hace más que aumentar la furia de su padre, a pesar de su edad y de estar en mala forma física, Alberto le sigue teniendo miedo a su papá. Pero lo peor del caso, pensaba Alberto, era que la mamá no hacía nada para defenderlo. Ella observaba, nerviosa y llorando, mientras Alberto se aguantaba la golpiza. A veces salía corriendo de la habitación. A veces le rogaba a su esposo que dejara tranquilo a Alberto. Pero nunca intervenía para detenerlo, y Alberto la culpaba a ella tanto como a su padre.

"No sé", le dijo a las autoridades cuando le preguntaron por qué le había arrojado una piedra al ómnibus. Pero sí sabía por qué. Cuando el juez dictó la sentencia para que fuera enviado al reformatorio de menores, dejó la sala sin decir palabra y sin mirar a sus padres.

El problema de otras formas de abuso

No dista de la verdad decir que segundo a segundo un niño es maltratado o descuidado alrededor del mundo.

Se cuentan en millones los niños maltratados, y muchos de ellos mueren como consecuencia del maltrato. Y sacar a los niños y jovencitos de su hogar no siempre es la solución. Un estudio por Trudy Festinger, directora del Departamento de Investigaciones de la Universidad de Nueva York (Facultad de Obra Social), revela que el 28 por ciento de los niños puestos en otros hogares para su tutela sufren algún tipo de maltrato. Otro estudio estima que el niño bajo la tutela del Estado tiene diez veces más probabilidad de ser maltratado que los que están bajo la tutela de sus padres.

El maltrato puede asumir muchas formas. La autora Angela R. Carl define el abuso infantil como:

> actos específicos de comisión u omisión por parte de los padres u otros adultos... que llevan a un daño no accidental o a una amenaza de daño al desarrollo de su estado físico, mental o emocional.

El abuso físico incluye todo acto que produce un daño físico o representa un riesgo sustancial de dicho daño. Sacudir violentamente o abofetear, empujar, patear o dar puñetazos son todos formas de abuso físico. Amarrar al jovencito o encerrarlo bajo llave son comportamientos abusivos. Quemar a un niño con un cigarrillo encendido o con un fósforo (cerillo) es también abuso. No todo contacto físico o castigo corporal es abusivo, pero cualquier acto que deja moretones, cortaduras o cicatrices son, por cierto, abusivos, tal como lo son los actos físicos destinados a causar daño o humillación.

Pero no todo maltrato es físico. Carl define *el abuso emocional* como:

> la costumbre de culpar, menoscabar, atacar verbalmente o rechazar al niño o exigir que el niño asuma responsabilidades que no tiene la capacidad de cumplir.

Por lo general, el abuso emocional es más difícil de identificar y probar, pero no por eso deja de ser abuso o de ser perjudicial. Incluye palabras o actitudes con el intento de provocar, deshonrar o avergonzar al niño o jovencito. Incluye abuso verbal, como: gritar e insultar. Incluye dar portazos y arrojar objetos. Hasta puede incluir bromas o cosas dichas en son de broma.

"La mayoría de los padres en algún momento u otro son culpables de comportamientos emocionalmente abusivos", dice Carl, "y la sociedad acepta cierta cantidad de abuso emocional. Pero, para algunos padres, el maltrato emocional de sus hijos se convierte en *una modalidad* de su vida a diferencia de alguna explosión de frustración ocasional seguida de un pedido de perdón y expresión de cariño".

La negligencia de los padres para con los niños es otra forma de abuso, considerada por los expertos como la más común. Casi la mitad (47 por ciento) de los casos verificados de abuso se deben a la negligencia, y el 40 por ciento de las muertes se deben a la negligencia (55 por ciento son debido al abuso físico, 5 por ciento a ambos).

A lo que llamamos negligencia es el hecho de que un padre u otra persona responsable por el niño no le brinde el cuidado *adecuado* para suplir sus necesidades y para su bienestar. Carl define la negligencia como el no brindar:

> ...ni siquiera el cuidado mínimo de comida, ropa, techo, cuidado médico, educación y supervisión. Siempre hay ocasiones en que los niños dejan de comer una comida, visten ropa sucia o rota, van a la escuela con la nariz que les chorrea o sufren accidentes que hubieran podido ser prevenidos por los padres. Pero la negligencia involucra una falta de atención crónica a las necesidades básicas del niño.

Los padres que dejan solos a los niños pequeños, que no se aseguran de que sus hijos asisten a la escuela, o que dejan que una enfermedad grave siga sin atención médica, que a sabiendas dejan que sus hijos estén en peligro, con un familiar abusivo, por ejemplo, son culpables de la negligencia. Los padres que ignoran a su hijo, que no expresan interés o cariño, son culpables de negligencia. Sea cual fuere la forma que asume el abuso, debe ser tratado con seriedad y encarado con sensibilidad.

Las causas de otras formas de abuso

El abuso ocurre por muchas razones. En la mayoría de los casos una combinación de factores contribuye a la conducta abusiva. Entre ellos se cuentan el abuso del alcohol o de las drogas, un pasado abusivo, ira o pobreza:

✦ Abuso del alcohol o las drogas
Los padres u otras personas afectadas por el alcohol o las drogas con frecuencia descuidan o maltratan a los niños. A veces el uso de drogas o alcohol por parte de los padres es también un factor que incide sobre el abuso en sí. Hay padres que incitan a sus hijos a tomar bebidas alcohólicas, o que usan a sus hijos para esconder o comprar drogas ilícitas.

✦ Un pasado abusivo
Los niños que se han criado en un hogar abusivo, aun siendo ellos mismos las víctimas, a menudo (no siempre) imitan la conducta abusiva al llegar a adultos. Muchos aprendieron a ser violentos (físicamente o no) como una manera de relacionarse con otras personas y como una manera de "resolver" conflictos.

✦ Ira
Algunos padres abusivos se sienten tan desconcertados y sorprendidos por la profundidad de su ira, dice John White, autor de *Parents in Pain* (Padres que sufren). "Su furia a menudo los toma de sorpresa y los humilla, explotando como un mar embravecido sobre los rompeolas que han levantado para contenerla. Llegan a temer su ira tanto como la temen sus hijos, y se sienten profundamente avergonzados... Cuanto más tratan de dominar sus arrebatos, más tremendos pueden llegar a ser; cuanto más grande es el remordimiento paternal, peor es el comportamiento subsiguiente".

✦ Pobreza
"La pobreza se entrelaza fuertemente con la negligencia", reportó el diario *USA Today* en un artículo en 1994. Numerosos estudios han documentado también una correlación entre la pobreza y otras formas de abuso. Pero no resulta claro si la pobreza es una causa, o si el abuso y la pobreza son ambos efectos que se acompañan de otras condiciones o conductas.

Los efectos de otras formas de abuso

El líder o consejero de jóvenes procurará entender los efectos del abuso en las víctimas a fin de brindar una ayuda más competente.

Aparte de los efectos más obvios e inmediatos (moretones o laceraciones en el caso de un abuso sexual, por ejemplo), la víctima de abuso físico o emocional, o de negligencia, probablemente sufra de algunos de los siguientes:

✦ Sentimiento de culpabilidad
Cualquier observador objetivo puede comprender fácilmente que los niños y jóvenes que sufren abuso son víctimas y no tienen la culpa de los daños que les ocasionan. No obstante, los niños mayores y adolescentes tienden a sentirse culpables como resultado del abuso que sufren.

"Cómo quisiera no hacer enojar tanto a mamá", puede decir el hijo.

"Si fuera una muchacha decente, él no me hubiera hecho eso", puede pensar una jovencita.

"¿Por qué me odian mis padres?", quizá se pregunten.

Dichas declaraciones son un efecto común del abuso. A veces son conscientes; a veces existen únicamente en el subconsciente del joven. Pero, siempre, afectan la habilidad de la víctima de comprender y de superar el abuso. (Vea el capítulo 3: *Sentimiento de culpabilidad.*)

✦ Desconfianza de los demás

Debido a la confianza natural que los hijos tienen a sus padres (y por lo general a otros adultos, particularmente otros familiares), cuando esa confianza se ha perdido por algún abuso, es devastador. El niño o adolescente que ha sido maltratado a menudo jura: "Jamás volveré a confiar en nadie", y con frecuencia vivirá y funcionará dominado por una actitud de desconfianza y recelo.

El joven en estas condiciones se encuentra a menudo ante un cruel dilema: tiene hambre de afecto, de cualquier expresión de cariño o interés, pero se siente incapaz de confiar en dichas expresiones, no importa quién las inicia ni lo fervientes que sean. A menos que se realice una intervención, el joven seguirá siendo escéptico de las intenciones afectuosas ajenas e inseguro de su propio valor.

✦ Agresividad

Los jóvenes víctimas de la violencia doméstica son más agresivos y violentos "no importa si pertenecen a familias pudientes o pobres, si viven en hogares con dos o un progenitor, o si observan una conducta cooperativa o de violencia física entre adultos".

Alrededor de un tercio de dichos jóvenes "expresa continuamente enojo y provoca los conflictos (en la escuela). Los niños maltratados a menudo interpretan equivocadamente los encuentros sociales frustrantes, siempre atribuyen a los demás intenciones hostiles, y consideran la agresividad como la única solución a sus problemas con maestros y compañeros de escuela".

✦ Habilidades sociales deficientes

El maltrato puede llevar también a tener habilidades sociales deficientes entre las víctimas. Un estudio multiuniversitario por Kenneth A. Dodge (Universidad de Vanderbilt), John E. Bates (Universidad de Indiana) y Gregory S. Pettit (Universidad de Auburn) arribó a la conclusión de que "más de uno de cada tres niños maltratados mostraba niveles excepcionalmente altos de... habilidades sociales deficientes, en comparación con uno de cada ocho entre los demás jovencitos".

El joven que ha sido maltratado puede tener dificultad en relacionarse con los demás. Puede tener dificultad en comprender las motivaciones y conducta de terceros. Puede tener dificultad en confiar o en sincerarse con otros. Es posible que no sepa cómo manejar apropiadamente situaciones sociales, y puede sufrir el maltrato de sus compañeros como resultado de la falta de habilidad social.

✦ Retraimiento emocional

Es típico que las víctimas del abuso muestren más síntomas de retraimiento emocional y aislamiento social que sus compañeros, según el sicólogo Kenneth A. Dodge de la Universidad de Vanderbilt. Son menos propensos a sentirse cómodos en un grupo y a tener amigos, y aun menos, a tener amigos íntimos.

Es una cruel ironía que los jóvenes que quizá más necesiten de amigos íntimos, dignos de confianza son menos propensos que sus compañeros a tenerlos. En lugar de ellos, a menudo se aíslan y rehuyen (a veces pasivamente, a veces activamente) la compañía de los demás.

✦ Huir del hogar

Más de un millón de jovencitos huyen de su hogar cada año, y los estudios muestran que muchos huyen por el maltrato que reciben en su hogar. (Vea el capítulo 24: *Amenazas e intentos de escaparse de la casa.*)

Una investigación a estudiantes realizada por Mark-David Janus y sus colegas en la Universidad de Connecticut revela que para la gran mayoría de los jovencitos entrevistados que se habían escapado de sus hogares su "casa" era un lugar peligroso. El 86 por ciento reportó alguna forma de maltrato físico. La mitad de ellos habían sido golpeados con suficiente fuerza (con una mano o cinto) como para dejar un moretón, y el 13 por ciento había sido golpeado con tanta fuerza que habían tenido que ser llevados al hospital.

El estudio de Janus sugiere que el maltrato en el hogar puede poner a los jóvenes, especialmente a los adolescentes, en mayor peligro de escaparse de casa.

✦ Criminalidad

Existen algunas evidencias, aunque no son de ninguna manera concluyentes, de que los niños y jovencitos maltratados o descuidados con frecuencia se meten en actividades criminales. Un estudio por Cathy Spatz Widom de la Universidad de Indiana muestra que "casi el 29 por ciento de los que fueron maltratados o descuidados de niños fueron arrestados por algún delito como adultos, en comparación con 21 por ciento de los que no fueron aislados como víctimas".

Aunque la diferencia entre los dos grupos reportada por Widom no es estadísticamente significativa, otros estudios infieren una correlación, y los expertos en justicia criminal a menudo citan la frecuencia con que los criminales acusados y hallados culpables citan experiencias de maltrato en su pasado.

La perspectiva bíblica sobre otras formas de abuso

Algunos voceros en la lucha por detener el abuso infantil y juvenil han criticado la Biblia (y otros escritos "religiosos", como el Talmud), afirmando que incita al abuso infantil con frases como las de Proverbios 13:24.

Pero ese versículo (y otros parecidos) no incita el abuso físico de los niños. No

excluye el castigo corporal, pero claramente coloca todas las formas de disciplina infantil en el contexto del cariño.

En ninguna parte la Biblia defiende la conducta abusiva, sea física u otra. Al contrario, repetidamente presenta a los niños como bendiciones a ser estimadas:

> He aquí, heredad de Jehovah son los hijos; recompensa es el fruto del vientre (Salmos 127:3).

Las Escrituras presentan a la relación padre-hijo como una que debe distinguirse por el cariño, la ternura y el respeto:

> ¿Acaso se olvidará la mujer de su bebé, y dejará de compadecerse del hijo de su vientre? (Isaías 49:15a).

La Biblia repetidamente ordena a los padres que cuiden a sus hijos cariñosamente:

> Y vosotros, padres, no provoquéis a ira a vuestros hijos, sino criadlos en la disciplina y la instrucción del Señor (Efesios 6:4).

> ...de manera que encaminen en la prudencia a las mujeres jóvenes: a que amen a sus maridos y a sus hijos (Tito 2:4).

Y la Palabra de Dios da advertencias espantosas a los que hacen mal a un niño:

> Mejor le fuera que se le atase una piedra de molino al cuello y que fuese lanzado al mar, que hacer tropezar a uno de estos pequeñitos (Lucas 17:2).

El estudiante serio y sincero de la Biblia no puede escaparse de estas verdades: Dios ama a los niños, ordena a los padres que los amen y los cuiden y juzga severamente a los que los perjudican.

La respuesta a otras formas de abuso

El líder o el consejero de jóvenes que está trabajando con una víctima de maltrato hará bien en seguir el siguiente curso de acción:

ESCUCHAR. Escuche con atención al joven. Trate de obtener todos los hechos sin exigir los detalles. Ayude al joven a comunicar clara y completamente todas sus acusaciones de abuso; asegúrese (en lo posible) de que él no está diciendo generalidades y de que usted no malentiende lo que le está contando. No importa lo alarmado o alterado que usted esté, procure descubrir toda la verdad. Pero tenga cuidado de no aguijonear o provocar al joven.

Interróguele con gentileza, y escuche pacientemente antes de hacer la próxima pregunta. Las preguntas como las siguientes pueden ser de ayuda: "¿Te parece que puedes hablar del asunto?" "¿Me puedes decir cómo empezó todo?" "¿Me puedes decir cuánto hace que viene sucediendo esto?" "¿Qué pasó después?" "Todo esto, ¿cómo te hace sentirte? ¿Sientes enojo o miedo?, etc."

EMPATIZAR. Sea sensible a la posibilidad de que el joven no está buscando tanto respuestas como un amigo comprensivo, compasivo y cariñoso. El que sufre no necesita instrucciones tanto como alguien con quien llorar, alguien que lo quiera y que se duela con él. Recuerde que la predicación no es la que quita el temor; el amor echa fuera el temor (1 Juan 4:18). Recuerde que la instrucción no mitiga el dolor; el consuelo sí (2 Corintios 1:1-7). También sea sensible a las maneras como puede proyectar su empatía y comprensión, como:

- Quitando los obstáculos que dificultan la conversación (saliendo de detrás de su escritorio, por ejemplo, o apagando la música).

- Inclinándose hacia adelante en su silla.

- Haciendo contacto visual.

- Asintiendo con la cabeza, diciendo "sí", "continúa", etc.

- Haciéndose eco de las cosas que dijo el joven ("Así que te sentiste..." o "Dices que te hizo enojar", etc.)

- Esperando pacientemente en los momentos de silencio, enojo o lágrimas.

ALENTAR. La confirmación sincera de que lo que el joven dice vale es una de las reacciones más terapéuticas para el joven víctima de maltrato. Esfuércese por alentar al joven en formas como las siguientes:

- *Trate de no demostrar vergüenza, incredulidad o que se siente ofendido ante el relato o experiencia del joven.* Es imprescindible que tome en serio lo que el joven cuenta sobre el maltrato, no importa el golpe o la incredulidad que sienta, y haga saber al joven que toma en serio lo que le cuenta.

- *Proteja y mejore el sentido de autovalía del joven.* Las afirmaciones como: "Me parece que es natural que te sientas así" y "Me alegro de que dijeras eso", pueden alentar al joven y promover su sanidad. Aproveche toda oportunidad que se le presente para expresar su sincero cariño, estima y aprecio por el joven. Exprese con frecuencia las cualidades y habilidades que nota en él. Asegúrese de que sepa que lo considera como una *persona de valor*, que no se merece lo que le sucedió o lo que le está sucediendo.

- *Ofrezca una relación incondicional.* Dígale al joven que Dios lo ama incondicionalmente y que usted lo ama de la misma manera.

DIRIGIR. Aunque una intervención profesional es importante y urgente en casos de abuso, un maestro, padre, líder de jóvenes o pastor interesado puede brindar dirección de las siguientes maneras antes o durante la intervención profesional:

1. Guíe al joven a admitir (en voz alta, en sus propias palabras) que ha sido maltratado. Ayúdele a identificar los efectos que el abuso está teniendo sobre su vida. Anime al joven a contar o escribir sobre cada experiencia de abuso, aun repetidamente, hasta que el abuso haya sido admitido y los efectos reconocidos. Con suavidad y sensibilidad (tomándose todo el tiempo que sea necesario) guíe al joven a confesar y enfrentar sus propios sentimientos hacia el perpetrador, hacia otros adultos, hacia las personas en general y hacia Dios. ¿Está enojado con mamá por no detener el abuso? ¿No está dispuesto a confiar en nadie? ¿Está enojado con Dios por lo que pasó?

2. Ayude al joven a dar pasos definitivos como: notificar a las autoridades o a los servicios de protección, o consultar con un consejero cristiano profesional. (Vea más adelante la sección "Referir".) Sepa que guardar silencio puede ser una contravención de la ley.

3. Ayude al joven a no culparse. Ayúdele a devolver la responsabilidad del abuso al perpetrador y a cualquier otro factor contribuyente, no a ella o a él mismo. Con gentileza pero firmeza desafíe cualquier intento por culparse a sí mismo o a sus acciones, y ayude a la víctima a identificar con precisión a las personas responsables y a otros factores contribuyentes.

4. Vuelva al joven hacia Dios como el origen de su sanidad e integridad. Ayúdele a reconocer que Dios no causó el abuso, pero que él es la solución al trauma causado por el abuso. (Vea el Salmo 18:2-6, 25-30.)

5. Acompañe al joven a pasar por las etapas de sufrimiento y otras emociones y reacciones. La pérdida (de su inocencia, su integridad, etc.) sufrida como resultado del abuso necesita generar dolor; el adulto cariñoso puede auxiliar al joven al ir pasando por las etapas del dolor (negación, ira, negociación, depresión y aceptación) por medio de ayudarle a enfrentar, expresar y resolver dichos sentimientos y por medio de aceptar al joven con comprensión y consuelo. (Vea el capítulo 8: *El dolor ante una pérdida.*)

6. Fomente un compañerismo diario de oración por y con el joven. Anime al joven a desarrollar y mantener un compañerismo cotidiano con Dios a fin de apoyarse en su poder, aprender su palabra y contrarrestar, con la mente de Cristo, los pensamientos y sentimientos destructivos. (Lea Filipenses 4:4-9.)

7. Exponga al joven a todos los recursos disponibles para superar el trauma. Ayúdele a reconocer (preferiblemente por nombre) a las personas que están o pueden estar dispuestas a ayudar en formas prácticas: un progenitor comprensivo, un amigo íntimo, teleamigos, organizaciones, amigos por correspondencia, etc.

8. Anime al joven o a la joven a aceptar la realidad de que sanar llevará tiempo. Bríndele esperanza. Aunque el proceso de curarse puede ser doloroso y puede llevar bastante tiempo, la víctima ha sobrevivido el abuso en sí; puede también superar el trauma, con la ayuda de Dios.

COMPROMETER. Consiga la colaboración y participación del joven para contestar la pregunta: "¿Qué hay que hacer ahora?" Obtenga del joven sugerencias e ideas, pero ayúdele a comprender que bajo ninguna circunstancia se debe permitir que el maltrato continúe. En esta disyuntiva es probable que enfrente usted mucha vacilación. El joven puede horrorizarse ante la noticia de que es necesaria una intervención de alguna clase, pero consiga que activamente considere las formas de intervención a su disposición:

(Primero debe usted cerciorarse de las leyes que rigen en su país y de los organismos del Estado y organizaciones privadas que existen para ayudar en estos casos.)

Si en su país la ley exige que ciertos profesionales (trabajadores sociales, personal médico, educadores, personas que cuidan niños, etc.) reporten el maltrato y la negligencia tenga esto en cuenta. También puede ser que la ley requiera que el público en general reporte posibles incidentes de abuso. Para reportarlos, asesórese sobre cómo debe hacerlo recurriendo a las autoridades competentes.

En algunas comunidades existen programas de asistencia a víctimas de crímenes que pueden brindar ayuda en casos de abuso y negligencia.

REFERIR. Muchas personas vacilan en reportar casos de abuso físico y emocional o negligencia. Razonan (especialmente cuando la familia es activa en la iglesia) que reportarlo podría ser un apresuramiento y causar vergüenza y sufrimiento a la familia. Angela R. Carl ofrece su consejo para esta situación:

> Es cierto, los individuos interesados pueden brindar su asistencia a la familia antes de hacer su denuncia. Pero, con frecuencia, las familias abusivas sufren de tantos problemas que necesitan varios tipos de asistencia profesional. Los padres pueden sentirse demasiado frustrados como para aceptar por sí mismos una ayuda. La denuncia oficial es un grito pidiendo ayuda, tanto para el niño como para su familia.

Además, como ya se ha mencionado, el que un adulto no denuncie el maltrato puede constituir un crimen en algunos países. Por cierto, por lo menos el adulto interesado debe consultar con un profesional en el campo de aconsejamiento, quien puede determinar si se necesita más intervención o aconsejamiento.

Pasajes bíblicos citados en este capítulo

- Proverbios 13:24

- Salmo 127:3

- Isaías 49:15a

- Efesios 6:4

- Tito 2:4

- Lucas 17:2

- 1 Juan 4:18

- 2 Corintios 1:1-7

- Salmo 18:2-6, 25-30

- Filipenses 4:4-9

Otros pasajes bíblicos para leer

- Salmo 34:18; 86:15-17; 103:11-18; 107:20; 119:50; 139:1-24

- Isaías 53:4-6

- Mateo 5:1-12

- Juan 14:27

- 1 Pedro 5:7

36

VIOLACIÓN

CONTENIDO

Introducción

Nora y Manuel se conocieron en una reunión social de estudiantes a principio del año universitario, y salieron juntos durante el primer semestre. Nora, en su primer año, estaba impresionada con la sofisticación de Manuel que ya cursaba el último año. Le encantó saber que, como ella, él era creyente y asistían juntos a las reuniones de la iglesia. Pasaron seis meses antes que él la besara y admitieran que estaban enamorados.

A los siete meses tuvieron una fiesta importante de la universidad en un club social en la avenida costanera. A medianoche dejaron la fiesta, pero en lugar de emprender el regreso a casa se pusieron a caminar y, cuando llegaron a un lugar oscuro y solitario, empezaron a besarse. Caminaron hasta la arena donde se recostaron. Manuel se quitó el saco y se desabotonó el cuello de la camisa. "Te quiero, Nora", dijo suavemente, "y hace rato que quiero hacer esto contigo". Empezó a besar y acariciar a Nora con más pasión que nunca.

Nora ansiaba el afecto de Manuel y, por un lado, quería que él siguiera. Pero, por otro lado, se daba cuenta de que Manuel se estaba pasando e intentando lo que ella reservaba para el matrimonio. "Yo también te quiero, Manuel", susurró. "Pero creo que por esta noche basta".

Manuel pareció no oírla. Sus besos y caricias se hicieron más intensos. Nora trató de empujarlo para que la dejara, pero él era demasiado fuerte. De pronto, se sintió vulnerable y con miedo en la presencia del hombre que amaba y en quien confiaba. "Esto no puede estar sucediéndome a mí", pensó desesperada. Trató de zafarse de Manuel, pero él la tenía atrapada contra la arena. "¡Basta, Manuel! ¡Esto no está bien!", insistió, casi gritando. "¡No quiero hacer esto!" Pero Manuel no se detuvo.

Unos minutos después Manuel estaba sentado con la cabeza entre las manos, atontado y en silencio, lleno de remordimiento. Nora estaba encogida en la arena, sollozando. Su hermoso vestido estaba roto y manchado y sus muñecas y cuello ardían por como la había apretado Manuel. "¿Por qué a mí, Dios?, lloró para sus adentros. "Siempre me he cuidado tanto con extraños y he mantenido mis normas al salir con los muchachos. ¿En qué me equivoqué? Y ahora, ¿qué hago?"

El problema de la violación

Un estudio recientemente realizado por el departamento siquiátrico de la Universidad Médica de Carolina del Sur, en los EE. UU. de A., informa que un promedio de 683.000 mujeres son violadas anualmente en ese país. El estudio también determinó que la mayoría de las violaciones son cometidas por alguien que la mujer conoce, y que casi la mitad de las víctimas temían que las mataran durante o después de la violación. Además, el estudio informa que las violaciones son, en su gran mayoría, una "tragedia juvenil", como lo expresa Dean Kilpatrick, coautor del estudio; el 61 por ciento de las víctimas de violación son violadas por primera vez antes de cumplir los 18 años.

Existen dos categorías de violaciones:

Violación por un extraño, en que la víctima no conoce a su agresor. Las violaciones por un extraño a menudo van acompañadas de violencia, y a veces al extremo del homicidio; son del tipo que uno lee, escucha o ve en las noticias. Es el temor a ser violadas por un extraño lo que impulsa a muchas mujeres a tomar cursos de defensa personal, poner múltiples llaves y candados en las puertas, comprar un revólver para tener junto a la cama, y llevar en su cartera o bolsa un gas para la defensa personal.

Violación por un conocido, en que el agresor es conocido de alguna manera por la víctima. Puede ser un vecino, un compañero de escuela, de trabajo, un maestro o un pariente. Puede ser el hermano de una amiga o alguien que una conoció en una fiesta. Puede ser un amigo o un novio. Las violaciones por conocidos son mucho más comunes que las violaciones por extraños, aunque estas últimas son las que más se denuncian (aunque no lo suficiente).

Digamos que la universidad en la que estudian Nora y Manuel es una típica de dos mil alumnos: mil hombres y mil mujeres. Si aplicamos los resultados de los estudios nacionales de más importancia en los EE. UU. de A., a esta universidad, descubriremos que:

- Alrededor de 800 mujeres (esto es ocho de diez... ¡80 por ciento!) han sido víctimas de algún tipo de agresión sexual al salir en pareja en la escuela secundaria o la universidad. (Agresión sexual involucra contacto sexual no deseado, presión sexual, intento de violación o violación.) Las mujeres entre los 16 y 19 años constituyen el grupo víctima más numeroso, y las mujeres entre los 20 y 24 años les siguen muy de cerca. El promedio de víctimas dentro de estos dos grupos es cuatro veces mayor que para el resto de las mujeres.

- Más de 500 estudiantes varones de esa universidad típica (50 por ciento) han perpetrado alguna forma de agresión sexual en sus salidas en pareja en la escuela secundaria y la universidad.

- Aproximadamente 250 mujeres (1 en 4) han sufrido un intento de violación, y 125 (1 en 8) han sido violadas.

- Alrededor de 250 hombres de la universidad típica (1 en 4) han intentado forzar a su pareja a tener relaciones sexuales contra su voluntad. A pesar de los ruegos, lágrimas y resistencia de sus parejas, alrededor de 150 de ellos, como Manuel, logran su intento.

- Alrededor de 100 de esas víctimas de violación (80 por ciento) fue por alguien que conocían bien o con quién habían salido en pareja, alguien que conocían desde hacía un año cuando fueron violadas. Casi la mitad de los hombres eran, en su primera salida, parejas casuales o parejas románticas.

- Más de 100 de las 125 violaciones por parte de parejas ocurrieron fuera de la universidad, la mitad de ellas en "territorio" del hombre (su departamento, su auto, etc.). Alrededor de 65 de las víctimas (más del 50 por ciento) fueron violadas durante o al final de una salida planeada en pareja.

La violación, sea por un extraño o por un conocido, es devastadora. Y la ley en muchos países es clara: La relación sexual no deseada, aun cuando es perpetrada por un conocido, pareja o esposo es un delito cuyo castigo es la cárcel. No obstante, la violación es, entre todos los delitos, el menos denunciado. Hay agencias estatales que estiman que ocurren entre tres y diez violaciones por cada una que es denunciada a las autoridades.

Un estudio demuestra que sólo 5 por ciento de más de 1.500 mujeres que fueron víctimas de una violación o de un intento de violación en el ambiente universitario lo denunciaron a las autoridades. Otros expertos estiman que, en el mejor de los casos, la mitad, y quizá tan pocos como el 10 por ciento de todas las violaciones son alguna vez denunciadas a la policía.

Las causas de la violación

Muchos afirman que los hombres como Manuel, que violan a víctimas como Nora, lo hacen porque son maníacos cuyos instintos están fuera de control. Ese no es realmente el caso.

✦ **Actitudes equivocadas**
Muchos estudios importantes han demostrado que los violadores, incluyendo aquellos conocidos por sus víctimas, actúan en respuesta a tres actitudes identificables que son parte de su personalidad y que los convierten en una bomba de tiempo para la agresión sexual.

La actitud "Yo soy el rey". El hombre que cree firmemente en la dominación masculina y la subordinación femenina es un violador en potencia. Este hombre exagera el papel masculino. Acepta como cierta la idea de que una mujer sólo respetará al hombre que la domina. Cree que el hombre tiene que demostrarle a la mujer quién manda, si no terminará siendo títere de ella. Este hombre no viola para satisfacer su instinto sexual, sino por satisfacer sus ansias de poder. Su pasión es controlar y conquistar mujeres, a quienes considera como adversarias en busca de superioridad. Y si este hombre empieza a recurrir a la fuerza, hostilidad y aun violencia para expresar su dominación, más probable será que lastime y humille a mujeres en sus encuentros sexuales.

La actitud "Actúa ahora, piénsalo después." Los hombres que violan característicamente son irresponsables. Van al ataque sin detenerse a pensar en las consecuencias de su conducta. Siguen sus caprichos e instintos en lugar de practicar dominio propio y moderación. Pueden ser sexualmente agresivos esta noche sin pensar en cómo explicarán su conducta mañana, o cómo tendrán que encarar las consecuencias legales y emocionales obvias en los meses y años venideros.

La actitud "No me importas tú." Los hombres propensos a violar por lo general carecen de conciencia social. Hacen lo que ellos quieren sin importarles los sentimientos y el bienestar de los demás. Razonan: "Si te cruzas en mi camino y sales lastimada, mala suerte para ti". En el encuentro sexual pueden sentirse indiferentes al dolor físico y emocional que están causando a su víctima con tal de obtener lo que ellos quieren.

✦ **Mitos sexuales**
El hombre que tiene las tres actitudes del violador en potencia también cree una cantidad de mitos masculinos que consciente o subconscientemente usa para dar validez a su agresión sexual. Estos son algunos de los mitos más comunes:

En realidad, las mujeres quieren que las violen. Este mito es una extensión de la actitud de dominación masculina ya mencionada. Los medios de difusión a menudo condicionan a los hombres a ver a las mujeres como objetos a ser violados, como seres cuyo único mérito es la incitación sexual. Los hombres que aceptan este mito creen que las mujeres disfrutan de ser dominadas sexualmente, que se sienten estimuladas cuando los hombres las tratan con dureza porque (consciente o subconscientemente) realmente quieren ser conquistadas. Esto, por supuesto, es un mito. Ninguna mujer quiere ser una víctima sexual.

La mujer le debe favores sexuales a los hombres que han gastado dinero en ellas. Una encuesta entre estudiantes de los primeros años de secundaria demostró la prevalencia de este mito entre los jovencitos. En ella, 51 por ciento de los muchachos y 41 por ciento de las jovencitas dijeron que el hombre tiene derecho a forzar a la mujer que lo bese si ha gastado mucho dinero en ella. El 25 por ciento de los muchachos y 17 por ciento de las muchachas dijeron que la relación sexual forzada está bien si el hombre ha gastado dinero en ella.

Las mujeres pueden controlarse sexualmente, los hombres no. Muchos hombres afirman que pueden ser románticos hasta cierto punto antes de "zafarse" y perder el control de sus impulsos sexuales. En esa instancia, razonan, no son responsables de sus actos. Tal es así que el hombre a menudo le echa la culpa a la mujer por violarla al salir en pareja, argumentando que es culpa de ella porque lo estimuló más de la cuenta.

Las mujeres dicen que no, pero sus acciones dicen que sí. Muchos hombres afirman que las mujeres se visten y actúan seductoramente a fin de estimularlos sexualmente. Cuando la mujer se resiste a sus intentos sexuales, el hombre quizá

diga: "Me dices que pare, pero todo lo demás en ti me dice que siga adelante. Te vistes con ropa provocativa. Flirteas conmigo con tu mirada. Te acurrucas junto a mí en el auto. Sólo te estoy dando lo que realmente quieres". En la mayoría de los casos, estos hombres están interpretando erróneamente las acciones de las mujeres. Los estudios muestran que los hombres tienden a ver la simpatía de la mujer como un interés en tener una relación sexual. Por lo tanto, el hombre puede sobrestimar las expresiones amistosas de la mujer y subestimar sus protestas ante los avances sexuales de él.

Si la mujer no es virgen, no es violación. Casi un tercio de los estudiantes de secundaria en la encuesta ya mencionada no veían nada de malo en violar a una mujer que ya era sexualmente activa. Esta reacción refleja otro mito común que descarta la violación de una mujer que no es virgen con un: "Aquí no pasó nada, ella ya era una 'mala mujer'".

La violación, ya sea por un conocido o un extraño no es principalmente un acto sexual sino un acto de agresión. Y es un acto violento. Un estudio demostró que el 87 por ciento de los violadores amenazaban a sus víctimas con un arma, hacerles más violencia o quitarles la vida.

En otro estudio de estudiantes universitarias que habían sido víctimas de agresiones sexuales, se notan diversos niveles de violencia sufridos. El 48 por ciento de los agresores simplemente hicieron caso omiso de las protestas de sus víctimas y de sus pedidos de que se detuvieran. El 32 por ciento obligó verbalmente a sus víctimas a someterse a un acto ofensivo o contrario a su voluntad. El 15 por ciento usó represión física, y el 6 por ciento se valió de diversos tipos de amenazas o agresiones físicas.

Los efectos de la violación

✦ Efectos físicos
Para muchas víctimas el impacto más

inmediato y notable es físico. Algunas han sido golpeadas y lastimadas. Algunas se quejan de dientes flojos, moretones y abrasiones, ya sea por el ataque o por sus intentos de escapar. Aun las que escapan de heridas obvias reportan que les duele todo el cuerpo.

Otras dicen que ciertas áreas duelen más que otras por la presión ejercida por el perpetrador, como la nuca, la garganta, el pecho, las costillas, los brazos y piernas, la pelvis o el área genital. Algunas víctimas reportan que les ha afectado el sueño, especialmente si el ataque sucedió de noche o en su propia cama. Les cuesta conciliar el sueño. A veces se despiertan gritando, atormentadas por pesadillas recurrentes del ataque, y les es imposible volver a dormirse.

Algunas reportan que se odian a sí mismas, lo que hace que aborrezcan sus propios cuerpos. Cuando esto sucede, surgen otros problemas que pueden incluir la falta de apetito, lo que puede llevar a trastornos compulsivos como comer demasiado, bulimia (ataques de comer y vómitos autoinducidos) o anorexia (matarse de hambre).

Las víctimas de violaciones caen también en otras conductas físicas compulsivas, como el ejercicio físico compulsivo, querer triunfar a toda costa, abuso de drogas y otras. Algunas mujeres batallan con actitudes o tendencias sexuales extremas. Muchas también sufren de migraña o trastornos estomacales.

✦ **Efectos emocionales**
Aunque los efectos físicos de la violación son traumáticos, las heridas y cicatrices emocionales que deja muchas veces son más horribles y más difíciles de superar. A continuación aparecen algunas reacciones que las víctimas de violaciones, tanto por extraños como por conocidos, muy probablemente tengan.

Dolor. Las víctimas de violaciones tienen un profundo sentimiento de pérdida y dolor en una cantidad de áreas.

Quizá el violador había sido un amigo en quien confiaban, pero ahora la víctima lucha con el hecho de que la traicionó y se pregunta si podrá volver a confiar en alguien. Puede no sólo sufrir por haberle perdido la confianza al agresor, sino por desconfiar ahora de todos los hombres.

También tienen sus problemas al venirse abajo el concepto que tienen de sí mismas; la violación trágica de su persona les hace cuestionar si valen y si son importantes para los demás. Y, por último pero no de menor importancia, está la percepción de que si la víctima era virgen antes de la violación, ha perdido algo que estaba reservando para el que un día sería su esposo. Con todas estas pérdidas que acompañan la violación, es natural que haya un periodo de profundo sufrimiento. (Vea el capítulo 8: *El dolor ante una pérdida*.)

Sentimiento de culpabilidad. Una de las reacciones emocionales más profundas después de una violación, quizá en una salida en pareja, es el sentimiento de culpabilidad. Las víctimas a menudo se sienten parcialmente responsables por lo que les ha pasado. Se atormentan con ideas como: "si al menos yo..." que les producen sentimiento de culpabilidad: *Si al menos yo no me hubiera prestado para estar sola con él... Si al menos yo no hubiera usado ese vestido... Si al menos no hubiera flirteado con él... Si al menos no me hubiera sentido sexualmente estimulada... Si al menos no le hubiera seguido la corriente...* La percepción de que tuvo parte en un mal, no importa el hecho de que *ella* fue la víctima, puede producir sentimientos de culpa en la víctima de una violación. (Vea el capítulo 3: *Sentimiento de culpabilidad*.)

Negación. Muchas mujeres no pueden creer que alguien que conocen puede haberlas violado. La idea es demasiado dolorosa. Y, por lo tanto, emocionalmente tratan de enterrar el episodio en su subconsciencia y negar que haya sucedido.

En el caso de violación en una salida en pareja, la víctima a menudo se dice a sí misma: "No fue violación. No puede haber sido una violación. El no era algún extraño que me secuestrara apuntándome con un revólver; era mi novio. La violación no ocurre entre novios".

Temor. El temor, especialmente al estar con varones, es una reacción natural a la violación. Algunas víctimas de pronto tienen miedo de la compañía de cualquier hombre, de estar sola o de vivir sola. Si el agresor era alto, la víctima a menudo teme a cualquier hombre alto que ve. Si tenía bigote, puede temer a cualquier hombre con bigote. Aun el olor del agua de colonia usado por el violador puede generar un ataque de pánico. (Vea el capítulo 2: *Ansiedad.*)

Algunas mujeres temen que su agresor vuelva a atacarlas. Una encuesta anota que el 41 por ciento de las mujeres violadas creen que serán violadas nuevamente. En consecuencia, se inscriben en cursos de defensa personal, cambian su número de teléfono, instalan todas las llaves y alarmas posible, duermen con las luces prendidas o se van a vivir con una amiga. Cuando el temor que acompaña a la experiencia de violación no es tratado debidamente, puede desencadenar serios problemas que afectarán todas las relaciones futuras con el sexo opuesto, aun con su esposo o su padre.

Pérdida de la autoestima. Muchas víctimas de violaciones sienten un dolor y desesperación interior profundos que las lleva a considerarse como "mercadería estropeada". Se sienten sucias, usadas y maltratadas. La imagen que tienen de sí mismas ha sufrido, y se preguntan si volverán a valer algo. (Vea el capítulo 6: *Concepto bajo de sí mismo.*) Un estudio demostró que el 30 por ciento de las víctimas de violaciones contemplaban suicidarse después del incidente, el 31 por ciento tuvo que valerse de sicoterapia y el 82 por ciento manifestó que la experiencia las había cambiado para siempre.

✦ **Efectos sociales**
La víctima de una violación también enfrentará reacciones sociales por lo que le pasó. Verá que algunos evitan su compañía. Sus actividades sociales, o falta de ellas, pueden estar dominadas por su temor de que todos saben que fue violada. Puede preferir quedarse en casa en lugar de salir con sus amigas. Puede sentirse tentada a no ir a clase o no ir al trabajo por las miradas y las preguntas que se tendrá que aguantar. Puede rehusar salidas mixtas, temiendo cualquier cosa que se parezca a una situación sexual. Puede evitar ir a las reuniones de la iglesia, no queriendo estar con la gente... y no queriendo tener que "encontrarse delante de Dios".

✦ **Efectos espirituales**
La víctima de una violación se enfrenta inmediatamente con las ramificaciones espirituales de su dura prueba. Enseguida empezará a hacer preguntas como: *¿Dónde estaba Dios cuando me agredían? ¿Sabía él lo que me estaba pasando? ¿Le importaba yo? ¿Esto me pasó porque Dios realmente no me ama? ¿O porque no soy digna de ser amada por él?* Preguntas como éstas no sólo son un problema en sí para la víctima, sino que también pueden producirle más sentimientos de culpabilidad, si la víctima razona: "No debiera estar pensando tal cosa, no debiera tener estas dudas".

La perspectiva bíblica de la violación

Hay muchos temas en la Biblia que pueden interpretarse de varias maneras, pero la conducta sexual correcta no es uno de ellos. Dios claramente diseñó el sexo para ser disfrutado por un hombre y una mujer en una relación cariñosa, comprometida y monógama dentro del matrimonio. Cualquier actitud o acción que no está dentro de la norma de Dios es inmoralidad sexual, como los siguientes versículos lo afirman:

- No cometerás adulterio (Exodo 20:14).

- Habéis oído que fue dicho: *No cometerás adulterio.* Pero yo os digo que todo el que mira a una mujer para codiciarla ya adulteró con ella en su corazón (Mateo 5:27, 28).

- No os engañéis: que ni los fornicarios, ni los idólatras, ni los adúlteros, ni los afeminados, ni los homosexuales... heredarán el reino de Dios... Huid de la inmoralidad sexual (1 Corintios 6:9, 10, 18).

- Pero la inmoralidad sexual y toda impureza o avaricia no se nombren más entre vosotros, como corresponde a santos (Efesios 5:3).

- Por lo tanto, haced morir lo terrenal en vuestros miembros: fornicación, impureza, bajas pasiones, malos deseos y la avaricia, que es idolatría (Colosenses 3:5).

- Porque ésta es la voluntad de Dios, vuestra santificación: que os apartéis de inmoralidad sexual (1 Tesalonicenses 4:3).

- Honroso es para todos el matrimonio, y pura la relación conyugal; pero Dios juzgará a los fornicarios y a los adúlteros (Hebreos 13:4).

Además de ser contraria a las pautas de Dios sobre pureza sexual, la violación (de hecho, toda violencia) viola la ley suprema de Dios: la ley del amor. La palabra principal del Nuevo Testamento para indicar amor es *agape*, palabra que significa la expresión más elevada del amor. Es un amor generoso, que se da. *Agape* es lo opuesto al ansia de poder y de gratificación sexual que motiva la violación. Esta ansia toma lo que quiere, el amor da lo que los demás necesitan.

Es imposible dejar de notar el énfasis que el Nuevo Testamento pone en el amor altruista. La ley de Dios sobre el amor no deja lugar para el egoísmo de la violación:

- Jesús enseñó: "Un mandamiento nuevo os doy: que os améis los unos a los otros... En esto conocerán todos que sois mis discípulos, si tenéis amor los unos por los otros... Nadie tiene mayor amor que éste, que uno ponga su vida por sus amigos" (Juan 13:34, 35, 15:13).

- Pablo escribió: "Amándoos los unos a los otros con amor fraternal; en cuanto a honra, prefiriéndoos los unos a los otros... Porque los mandamientos —*no cometerás adulterio, no cometerás homicidio, no robarás, no codiciarás,* y cualquier otro mandamiento— se resumen en esta sentencia: *Amarás a tu prójimo como a ti mismo*" (Romanos 12:10; 13:9).

- Pedro escribió: "Habiendo purificado vuestras almas en obediencia a la verdad para un amor fraternal no fingido, amaos los unos a los otros ardientemente y de corazón puro" (1 Pedro 1:22).

- Y Juan escribió: "Amados, amémonos unos a otros, porque el amor es de Dios. Y todo aquel que ama ha nacido de Dios y conoce a Dios" (1 Juan 4:7).

La Palabra de Dios es muy clara en el sentido de que el violador, o el que intenta violar es culpable de un gran pecado. Y hemos de enfatizar igualmente, que Dios hace responsable al violador, no a la víctima. "El que justifica al impío y el que condena al justo, ambos son abominables a Jehovah" (Proverbios 17:15). La iglesia y el cristiano tienen que cuidarse de no caer en esto al enfrentar el problema de la violación.

La Escritura también es clara en decir que Dios está dispuesto y esperando brindar su amor y perdón al violador que se arrepiente y confiesa su pecado y se hace responsable de su acción.

- La Biblia promete: "Aunque vuestros pecados sean como la grana, como la nieve serán emblanquecidos. Aunque sean rojos como el carmesí, vendrán a ser como blanca lana. Si queréis y obedecéis, comeréis de lo mejor de la tierra. Pero si rehusáis y os rebeláis, seréis consumidos...." (Isaías 1:18b-20a).

Lo más importante, quizá, es que la Palabra de Dios no deja ninguna duda de que ansía brindar su amor, gracia y consuelo a la víctima de una violación:

● Librará al necesitado que suplica, y al pobre que no tiene quien le socorra (Salmo 72:12).

● Juzgará a los pobres del pueblo; salvará a los hijos del necesitado y quebrantará al opresor (Salmo 72:4).

● Ciertamente tú ves la vejación y la provocación; las miras para dar la recompensa. A tus manos se acoge el desdichado; tú eres el amparo del huérfano (Salmo 10:14).

La respuesta al problema de la violación

La violación es una experiencia trágica y traumática incalificable, y ayudar a la víctima en este caso es un desafío aun para el consejero cristiano más califica-do. La meta del líder de jóvenes ha de ser involucrar lo antes posible a un consejero profesional cristiano (preferiblemente del mismo sexo de la víctima). Sugerimos los siguientes pasos:

ESCUCHAR. Resulta asombroso comprobar cuántas víctimas de una violación nunca le cuentan a nadie lo sucedido. En un estudio de mujeres que habían sido violadas, el 42 por ciento dijo no haberle contado a nadie. Si una joven le ha confiado a usted que fue violada, sea cuidadoso en:

● Escuchar atenta y comprensivamente.

● Evitar expresar duda o incredulidad.

● Dar instrucciones a la joven.

● Limitar lo que dice inicialmente a preguntas suaves, como: "¿Te parece que puedes hablar de esto?" y "¿Puedes decirme qué pasó después?" Con paciencia, ayude a la joven a contar cuidadosa y completamente el incidente. Ayúdela a expresar no sólo lo que pasó sino cómo se siente por ello y cómo la ha afectado física, emocional y espiritualmente.

EMPATIZAR. A cada paso, en sus conversaciones, aproveche toda oportunidad posible para comunicar su empatía y su aceptación sin enjuiciamientos de los sentimientos de la joven en maneras tales como:

● Asintiendo con la cabeza.

● Haciendo contacto visual.

● Inclinándose hacia adelante en su silla para demostrar interés.

● Hablando en tonos calmados, estimulando quietamente ("sí..." "continúa", "cuánto lo siento", etc.)

● Haciendo eco de sus afirmaciones clave ("Así que lo que estás diciendo es que...") o gestos ("Te sentiste impotente...").

● Esperando con paciencia en los momentos de lágrimas o silencio.

La víctima de una violación puede sentirse tentada a reprimir sus sentimientos de ira, impotencia, odio, temor, vergüenza o el deseo de venganza, pensando que dichos sentimientos son pecaminosos. Ayúdele a entender que sus sentimientos son amorales; no son correctos ni incorrectos, ni buenos ni malos. Son meramente el sistema de advertencia dado por Dios para indicar que algo no anda del todo bien en nuestro interior. Enfatice que la cuestión es enfrentar sus sentimientos, expresarlos y responder a ellos apropiadamente.

A LENTAR. Aproveche al máximo toda oportunidad para asegurar a la víctima que no importa lo que hizo, dijo, pensó o cómo se vistió, ella no pidió que la violaran. Recuérdele que ella ha sido víctima de un crimen, pero que el crimen no fue culpa de ella.

Comuníquele repetidamente, con palabras y acciones, que es amada incondicionalmente por Dios y por usted y que es una persona de valor infinito. En el momento apropiado, trate de hacerle comprender las siguientes verdades bíblicas: Eres valiosa porque fuiste creada a la imagen de Dios (Génesis 1:27). Vales tanto para Dios que dio a su Hijo para salvarte (Juan 3:16; 1 Pedro 1:18, 19). Tú (si eres cristiana) eres hechura de Dios, su obra maestra (Efesios 2:10). Eres tan valiosa que la Palabra de Dios dice que él se ha enriquecido porque tú le fuiste dada (Efesios 1:18).

D IRIGIR. La víctima de una experiencia traumática como la violación puede sentirse incapaz de buscar ayuda o tomar decisiones. El adulto interesado en ella quizá tenga que guiarle con paciencia y suavidad a través de los siguientes pasos hacia la recuperación:

1. Ayude a la joven a buscar a Dios como el origen de su recuperación y sanidad. A la víctima de una violación le puede ser imposible orar, especialmente al principio; puede sentir como que Dios no la escucha. Una manera de ayudarla en este período es hacerle leer algunos salmos; anímela a leerlos en voz alta, a usarlos para expresar su dolor y enojo; finalmente, anímela a orar. Entre los salmos que ayudan están los siguientes: 6; 27; 28; 31; 57; 70; 91; 130; 142 y 143.

2. Acompañe a la víctima a través de las etapas de sufrimiento y otras emociones y reacciones. La pérdida sufrida como resultado de la violación tiene que expresarse en el dolor; el adulto interesado puede auxiliar a la joven al ir pasando por las etapas del dolor (negación, ira, negociación, depresión y aceptación) al ayudarla a enfrentar, expresar, resolver y aceptar dichos sentimientos con comprensión ofreciendo consuelo. (Vea el capítulo 8: *El dolor ante una pérdida.*)

3. Fomente un compañerismo diario de oración por y con la joven. Prometa que la apoyará diariamente y anímela a desarrollar y mantener una comunicación diaria con Dios a fin de apoyarse en su fuerza, aprender de su palabra y contrarrestar los pensamientos y sentimientos destructivos (Filipenses 4:4-9).

4. Prevenga a la joven de los posibles efectos que la violación seguirá teniendo en ellos. Anímela para que se mantenga alerta y se pregunte periódicamente: "¿Soy menos sociable que antes?" "¿Le tengo miedo a los hombres?" "¿Soy más tímida o más vergonzosa?" Estas preguntas pueden ayudar a identificar actitudes o temores latentes y no resueltos como consecuencia de la agresión.

5. Exponga a la joven a los recursos disponibles para sobrellevar el trauma. Ayúdele a reconocer (preferiblemente por nombre) a las personas que están o pueden estar dispuestas a ayudar en maneras prácticas: un progenitor comprensivo, una amiga íntima, organizaciones, amigas por correspondencia, etc.

6. Anime a la joven a aceptar el hecho de que la curación llevará tiempo. Déle esperanzas. Aunque el proceso de recuperación puede ser doloroso y llevar bastante tiempo, la víctima ha sobrevivido la violación en sí; puede también superar el trauma, con la ayuda de Dios.

COMPROMETER. Consiga la colaboración de la joven para que establezca prioridades claves en su recuperación:

1. Obtener atención médica. Si la violación fue hace poco, la víctima puede todavía estar en *shock*; puede ignorar algunas de las lesiones físicas sufridas. Instela (con el permiso y la involucración de sus padres) a que obtenga la ayuda de su médico, de la sala de emergencia en el hospital o de una clínica que atiende casos de urgencia para que se haga un examen. La mayoría de los expertos recomiendan que la víctima no se bañe antes de ver a un doctor para no perder evidencias valiosas a fin de poder identificar al agresor. También, es necesario hacer exámenes de embarazo y enfermedades venéreas a fin de determinar qué tratamientos necesitará en el futuro.

2. Denunciar la violación. Asegúrese de que la víctima comprende que su denuncia a la policía puede llevar a una investigación, arresto y procedimientos legales contra el criminal. A ella le puede resultar difícil decidirse a denunciarlo. Pero ayúdele a comprender que el violador —aun siendo alguien a quien ella conoce y en quien confiaba— cometió un crimen. Recurrir a la ley puede ser la única manera de asegurar que el agresor obtenga ayuda antes de que viole a otra víctima.

3. Encontrar un lugar seguro en donde recuperarse. El adulto interesado puede sugerir que una parienta o amiga acompañe a la víctima hasta que haya superado el *shock* inicial del ataque, particularmente si hay una remota posibilidad de que el agresor vuelva a repetir su ataque.

4. Seguir un tratamiento y educación continuos. ¿Se presta la joven para reunirse con un grupo de apoyo a víctimas de violaciones e incesto? ¿Se beneficiaría de un grupo de mujeres piadosas que le brinden un ambiente propicio y apoyen su crecimiento espiritual durante el tiempo que lleve su recuperación? ¿Le sería de ayuda determinar (y aun escribir) un plan específico de recuperación con ella?

REFERIR. Como ya se ha mencionado, una prioridad urgente del progenitor, maestro o líder de jóvenes debe ser guiar a la joven víctima de una violación a consultar a un consejero profesional cristiano (con permiso de sus padres). El trauma extremo causado por la violación, sea por un extraño o por un conocido, requiere el auxilio de un consejero profesional que acompañe a la víctima a través de los muchos pasos hacia su total recuperación.

Cómo ayudar al agresor

La persona que ha cometido una violación, sea un extraño o un conocido, necesita desesperadamente el consejo sabio y piadoso. Si es culpable de forzar un acto sexual con una muchacha, ha pecado contra Dios y ha sido terriblemente injusto ofendiendo a una de las criaturas de Dios. Puede él mismo, estar sufriendo mucho dolor, dolor que puede ser tanto la causa como el efecto de su crimen. El líder de jóvenes que se encuentra en una posición de poder ayudar al violador puede empezar con lo siguiente:

ESCUCHAR. Deje que el joven hable. Permítale contarle lo que hizo. No trate de impedir que ofrezca explicaciones o defensas, más bien deje que se exprese libremente sin censurarlo.

EMPATIZAR. El adulto que escucha puede sentirse abrumado por el horror y repulsión ante la acción del agresor, pero es importante que en este momento comunique su apoyo cristiano. El líder de jóvenes tiene que evitar ayudarle a excusar sus acciones, pero éste no es el momento para sermones. El agresor muy probablemente tenga miedo, está sufriendo y necesitando desesperadamente un apoyo cariñoso (pero firme).

ALENTAR. Trate de comunicar su amor incondicional al agresor de una manera que pueda distinguir entre la aceptación de él (como persona) por parte del adulto y la aceptación de su crimen.

DIRIGIR. Trate de guiar al perpetrador a través de los siguientes pasos. (Algunos o todos quizá no puedan lograrse hasta estar bajo el cuidado de un profesional, pero representan un paso crucial para ayudar al agresor.)

1. Reconciliarse con Dios. Ayude al infractor a comprender que su ofensa contra la mujer que violó fue un pecado contra Dios; por lo tanto, el primer paso hacia la resolución de su problema es confesar su pecado a Dios y recibir su perdón. Quizá quiera sugerirle que se siente con una hoja de papel en blanco y le escriba una carta de confesión a Dios. Puede destacarle el Salmo 51 como modelo de una oración de confesión.

2. Dar media vuelta. La confesión es importante, pero no basta. Tiene que haber también un cambio de conducta a fin de que el delito nunca vuelva a repetirse. El delincuente debe arrepentirse. Arrepentirse significa literalmente dejar de ir en la dirección en que uno anda, dar media vuelta y tomar una nueva dirección. La mejor manera de que el violador haga esto es valiéndose de un consejero profesional cristiano.

3. Dedicarse a un compañerismo diario de oración por y con el joven. Prométale que lo apoyará diariamente en oración, y anímele a desarrollar y mantener una comunión diaria con Dios a fin de apoyarse en su fuerza, aprender de su Palabra y contrarrestar los pensamientos y sentimientos destructivos con la mente de Cristo (Filipenses 4:4-9).

4. Confesarse a la víctima y, de ser necesario, a las autoridades. En algún momento, el agresor tiene que determinar la mejor manera de pedirle perdón a la mujer que violó. Puede decidir escribirle una carta confesándole llanamente lo que hizo, expresando su pesar por ello y explicarle los pasos que está tomando para cambiar, estipulando claramente que la culpa fue de él, no de ella. En la carta también quizá quiera ofrecer restitución (como pagar por las sesiones de aconsejamiento, las cuentas médicas, etc.) Si la víctima opta por denunciarlo, el agresor puede ser sentenciado por un tribunal de justicia. Guíele a entender la necesidad de ser totalmente veraz y dispuesto a colaborar con la policía, los abogados, el juez y otros oficiales. Puede comunicarles que está buscando ayuda para su problema, pero tiene que estar listo para cumplir la sentencia que se le dé por su crimen.

5. Orar pidiendo reconciliación. Cuando la confesión, el arrepentimiento y la restitución son aceptados con el perdón por parte de la víctima, la reconciliación es posible. Esto no significa que la relación del violador con la víctima volverá a ser lo que era antes del ataque. Pueden pasar años antes de que la mujer le dirija la palabra, mucho menos tendrá ningún tipo de contacto con él. Pero si el agresor ha buscado sinceramente el perdón y ha hecho su parte de todo corazón, su conciencia puede estar limpia y la posibilidad de reconciliación es real.

COMPROMETER. Consiga la colaboración del agresor para implemen-tar los pasos que se acaban de explicar. En lo posible, deje que él trace sus planes y les ponga fecha. El líder de jóvenes quizá quiera presionarlo con gentileza y exigirle que rinda cuentas, pero final-mente el agresor es el factor clave en su propia recuperación.

REFERIR. Lo antes posible, guíe al joven agresor a involucrar a sus padres y que se ponga en las manos de un consejero cristiano que esté capacitado para trabajar con violadores. Dicho profesional le puede ayudar a superar la raíz (o raíces) de su problema, un proceso que puede llevar varios meses o años. Es indispensable tener en cuenta que aunque el camino a la recuperación sea largo, a menos que las causas subyacentes de su delito sean expuestas y tratadas, es mucha la posibilidad de que vuelva a repetirse.

Pasajes bíblicos citados en este capítulo

- Exodo 20:14

- Mateo 5:27, 28

- 1 Corintios 6:9, 10, 18

- Efesios 5:3

- Colosenses 3:5

- 1 Tesalonicenses 4:3

- Hebreos 13:4

- Juan 13:34, 35; 15:13

- Romanos 12:10; 13:9

- 1 Pedro 1:22

- 1 Juan 4:7

- Proverbios 17:15

- Isaías 1:18b-20a

- Salmos 10:14; 72:4, 12

- Génesis 1:27

- Juan 3:16

- 1 Pedro 1:18, 19

- Salmos 6; 27; 28; 31; 57; 70; 91; 130; 142 y 143

- Efesios 1:18; 2:10

- Filipenses 4:4-9

- Salmo 51

Otros pasajes bíblicos para leer

- Salmos 34:18; 86:15-17; 103:11-18;107:20; 139:1-24

- Isaías 53:4-6

- Mateo 5:1-12

- Juan 14:27

- 1 Pedro 5:7

ABUSO RITUAL SATÁNICO

Introducción

A los 18 años Aurora tuvo la valentía de recordar la pesadilla que sufría de niña. Pocas veces podía descansar bien de noche. No había palabras que pudieran darle la tranquilidad que necesitaba. Para Aurora no había nada que hacer para quitarle el impacto abusivo de su pesadilla. Es claro, hay que reconocer que la pesadilla de Aurora era distinta de la mayoría. Lo que se le aparecía mientras dormía no era algo producto de su imaginación. Su pesadilla no era un sueño. Era realidad.

Aurora se llamaba a sí misma sobreviviente del abuso ritual. Como niña dada para adopción soportó varios años en un albergue, hasta que finalmente fue adoptada por un matrimonio involucrado en el ocultismo. Como parte de la familia, Aurora cumplía un papel en numerosos rituales del culto a Satanás. Era maltratada emocional, física y sexualmente. Sus padres adoptivos procuraban garantizar su fidelidad a los más oscuros poderes.

Aurora fue violada, en su cuerpo introducían distintos objetos. Se aguantaba largas horas acostada en cajas que parecían ataúdes, llenos de materia fecal. Echaban sangre sobre su cuerpo. Sus oídos se llenaban de las ruidosas y macabras conjuraciones. Las amenazas contra su vida eran cosa de todos los días. Pero lo peor era cuando la forzaban a observar sacrificios de animales y de seres humanos.

Con el correr del tiempo el abuso tangible cesó. Los recuerdos de los hechos habían sido reprimidos y no parecían influir sobre su vida cotidiana. Su vida era mayormente normal. Luego, cierto día sin que lo esperara, le volvieron los recuerdos de los horribles actos.

Debajo de la apariencia de una vida normal había una frágil persona a punto de sufrir un colapso total. Al seguir apareciendo los recuerdos durante las próximas semanas vivía en un estado constante de temor y tensión que iba en aumento. Creía que le darían muerte si contaba las atrocidades sufridas. Anhelaba suicidarse en los momentos cuando no sentía ninguna esperanza.

Aurora intentó emprender el largo camino hacia la recuperación tratando de hacerse fuerte y recobrar su vida. Como parte de su proceso de recuperación, cautelosa y cuidadosamente reveló su experiencia a los que consideraba dignos de confianza. La mayoría no le creyó. A veces, ni ella misma lo podía creer.

El problema del abuso ritual satánico

Aunque la validez del abuso ritual siempre ha sido atacada, lo han calificado de síndrome de falsos recuerdos (y el síndrome de falsos recuerdos, en algunos casos, es un trastorno reconocido), la pesadilla del abuso ritual es muy real. Numerosos testimonios publicados, como los documentados por las autoras Lauren Stratford (1988) y Rebecca Brown, doctora en medicina (1966), apoyan la realidad de tal abuso. Muchos informes policiales documentan la evidencia de la actividad ritualista satánica. Los informes médicos de niños maltratados, y los informes impresionantemente similares recibidos por consejeros, sicólogos y siquiatras dan credibilidad a dichas pretensiones.

Técnicamente, el abuso ritual no se deriva necesariamente de prácticas satánicas. No obstante, la meta del abuso ritual parece reflejar el fundamento básico del culto y las creencias satánicos. La víctima es adoctrinada dentro de un sistema donde lo bueno es malo y lo malo es bueno. También puede haber una sumisión forzada a rendir culto a un dios en particular. Además, la creencia en poderes sobrenaturales como demonios y monstruos es usada para controlar y aterrorizar.

¿Debe implicarse al satanismo? Absolutamente. La Iglesia de Satanás está viva y activa. Fundada por Anton Szannzar LeVey en 1966 y localizada en San Francisco, California, representa el movimiento del satanismo moderno. Está bien organizada y tiene una creciente membresía de decenas de miles en todo el mundo.

Existe una biblia satánica, un calendario de fiestas rituales satánicas y, por supuesto, rituales específicos para obtener poder y dignidad. Muchos rituales incluyen sacrificio animal, sangre, sexo, uso de drogas y homicidios. La Iglesia de Satanás no admite públicamente ni apoya estas atrocidades, pero uno no tiene que adherirse a los nueve preceptos satánicos ni activar en el satanismo como una religión organizada para ser perpetrador de un abuso ritual.

Hay cuatro niveles de involucración satánica:

1. Los que prueban y juegan con sus conceptos

2. Grupos independientes que hacen las cosas a su manera

3. Grupos tradicionales u organizados

4. Grupos internacionales, ortodoxos o generacionales

En definitiva, es extremadamente difícil determinar la involucración en el abuso sexual a cualquier nivel. Para evitar incriminarse, los abusadores mayormente escogen víctimas menores de seis años, una estrategia que hace muy difícil tener pruebas y poder entablar una acción judicial.

Los niños rara vez tienen la valentía de hablar del abuso del que son objeto. Algunos al principio no se dan cuenta de que sea malo. Después de todo, el abuso es realizado por lo general por un adulto en quien confía, y muchos niños simplemente no tienen el vocabulario para poder describir un abuso tan horroroso.

Los niños maltratados ritualmente por lo general han sido amenazados valiéndose de técnicas de control mental o se han convertido en víctimas de éstas. Dichas técnicas son usadas para convencer a las pequeñas víctimas de que si revelan cualquier información ellos, sus animalitos domésticos o sus padres serán lastimados o matados. Si un niño cuenta cualquier abuso, la mayoría de sus relatos son puestos en tela de juicio. Las descripciones que un niño de seis años hace de sacrificios y demonios parecen increíbles. Pero, con demasiada frecuencia, no sólo son creíbles sino son la verdad.

Las causas del abuso ritual satánico

Tenemos que hacer dos preguntas. Primera, ¿por qué una persona o grupo maltrataría ritual y sistemáticamente a un niño? Segunda, ¿cómo es posible que un abuso tan horrible ocurra? Lo siguiente puede responder a tales preguntas.

✦ ¿Por qué existe el abuso ritual satánico?

La maldad es una realidad de nuestro mundo que sufre. Satanás es real y su existencia, combinada con los corazones atormentados de la humanidad, pueden llevar a mucha crueldad y daños. Cuando alguien ha sido objeto de maltrato es más propenso a abusar de otros. Si el abuso de esa persona fue extremo o percibido como intencional, la probabilidad de que maltrate en una forma sistemática es mayor. Se podría decir que el abuso de este tipo es lo único que la persona sabe hacer para relacionarse con los demás. Además, procurará lograr algo de retribución o significancia haciendo mucho daño a otros. Los que alguna vez fueron maltratados pueden repetir las atrocidades perpetradas contra ellos en una forma más ritualista, sistemática o intencional.

El ritual satánico requiere abuso y sacrificio. Para adorar y demostrar lealtad a la maldad, uno tiene que hacer maldad. Numerosas confesiones han revelado la creencia (común en el abuso ritual) de que Satanás mismo requiere actos brutales por parte de sus seguidores. Además, a menudo se cree que es una manera de que el satanista obtenga mayores poderes demoníacos.

La propagación del satanismo es internacional y está bien organizada. Están los que, dentro de la iglesia satánica organizada, han sido nombrados e identificados como reclutadores. Su tarea es obtener nuevos miembros para el servicio de Satanás. Con frecuencia lo hacen destruyendo el sentido de libre albedrío del niño por medio del abuso ritual.

✦ ¿Cómo es posible que el abuso ritual satánico ocurra?

El abuso es reservado en su naturaleza. Dicho simplemente, nadie admite francamente que abusa de los niños, y a nadie le gusta hablar de este tema horrible. Podemos estar seguros de que en todos los casos de abuso ritual los niños son instruidos o manipulados cuidadosamente para que guarden el secreto. Creen que deben callar a toda costa los incidentes de abuso, a fin de protegerse ellos mismos o a sus seres queridos de quienes más dependen. Creen que si no lo hacen, habrá graves consecuencias.

El satanismo en sí es reservado. El satanismo tradicional siempre ha estado lleno de secretos. Ha sido sólo después de la fundación de la Iglesia de Satanás en 1966, y de la publicación de la biblia satánica dos años después, que el satanismo moderno ha recibido la atención pública.

Los padres quizá sean demasiado confiados en lugar de ser apropiadamente vigilantes. Con demasiada frecuencia los padres desconocen los peligros potenciales de confiar en un individuo o grupo el cuidado total de su hijo. Los padres deben permanecer vigilantes en su esfuerzo por investigar razonablemente a individuos y grupos dedicados al cuidado de los niños, y necesitan ser sensibles a los síntomas que advierten del abuso ritual.

Los efectos del abuso ritual satánico

Son numerosos los efectos del abuso ritual. En general, los niños maltratados ritualmente tienen dificultad en confiar y relacionarse con los demás. Las víctimas de este trauma tienden a desarrollar problemas emocionales y de conducta que también duran toda la vida.

Los efectos inmediatos del abuso ritual pueden servir como una advertencia de lo que está ocurriendo. Las categorías se mencionan a continuación e incluyen ejemplos de las mismas. Note que un síntoma en sí no significa que necesariamente el niño sea objeto del abuso ritual.

✦ **Cambios en los hábitos en el baño y en su higiene**
El niño puede tratar de evitar, por miedo, entrar en el baño; puede agitarse al entrar en el baño o sentir miedo y estar agitado al bañarse. Puede resistirse a que le laven el área genital. Puede estar desmedidamente preocupado de estar limpio, cambiándose la ropa interior excesivamente o puede demostrar preocupación por su orina y materia fecal (hasta tocarlas).

✦ **Indicios sexuales**
Una niña puede quejarse de un dolor inusual en la vagina o en el ano; si una niña ha sido maltratada ritualmente a menudo tiene laceraciones o cicatrices en la vagina. Es posible que use un vocabulario sexual inapropiado para su edad, que por lo general no se usa en su familia. El niño puede masturbarse compulsiva o públicamente, hablar de actos sexuales entre adultos u otros niños y/o hablar con temor de cosas dentro de su cuerpo (como monstruos, bombas, insectos).

✦ **Cambios emocionales**
El niño puede tener cambios extremos y rápidos en su estado de ánimo, principalmente los que se relacionan con el enojo. Puede sufrir de frecuentes e intensas pesadillas y tenerle miedo al sueño o a la cama misma. El niño que ha sido maltratado ritualmente por lo general es miedoso, aferrado a sus mayores, retraído o deprimido y puede tener una conducta regresiva (por ejemplo: al caminar o hablar).

✦ **Temores y dificultades en sus relaciones**
El niño puede temer que sus padres ya no lo quieran o que no puedan protegerlo, o puede temer que sus padres quieran matarlo. Puede hablar de ir a casas u otros lugares que no son los acostumbrados en la rutina de la guardería infantil o escuela. Puede parecer inusualmente distante y evitar contactos físicos, parecer temeroso de que alguien se los lleve o se meta en casa y mate a sus padres. También es posible que hable de "mi otra mami" (refiriéndose a relaciones con sus abusadores).

✦ **Cambios en sus hábitos alimenticios**
El niño puede hablar de que lo forzaron a comer cosas raras o expresar el temor de que la comida esté envenenada. Puede resistirse a comer ciertos alimentos, como carne o bebidas de color rojo u otras comidas de color castaño oscuro o negro.

Estos síntomas e indicios no indican necesariamente en sí que existe un abuso ritual. Pero pueden, junto con otros cambios de comportamiento, alertar a los padres o a otros adultos de esta posibilidad.

La perspectiva bíblica del abuso ritual satánico

No hay duda en cuanto a la intolerancia de Dios con respecto al maltrato infantil. Los pequeños son de él. Los ama de una manera singular. Las Escrituras nos dicen de su valor para Dios y de su retribución si se les perjudica:

> Mejor le fuera que se le atase una piedra de molino al cuello y que fuese lanzado al mar, que hacer tropezar a uno de estos pequeñitos (Lucas 17:2).

La actitud airada e intolerante de Dios hacia el abuso ritual lo demuestran los siguientes pasajes:

Hizo pasar por fuego a su hijo, practicó la magia y la adivinación, evocó a los muertos y practicó el espiritismo. Abundó en hacer lo malo ante los ojos de Jehová, provocándole a ira (2 Reyes 21:6).

No actuarás de esa manera con respecto a Jehová tu Dios. Ciertamente ellos hacen con sus dioses todo lo que Jehová aborrece, pues aun a sus hijos y a sus hijas queman en el fuego para sus dioses (Deuteronomio 12:31).

Sin lugar a dudas el abuso ritual es una abominación al Señor. Los líderes de jóvenes, pastores, maestros y padres cristianos deben oponerse a él, prevenirlo y procurar, con todas sus energías, superar sus efectos profundos y duraderos.

La respuesta al problema del abuso ritual satánico

Tratar con una víctima —o posible víctima— de un abuso ritual es un desafío que cualquier persona razonable encarará con mucha oración y cautela. El líder de jóvenes, padre, madre, pastor o maestro que espera ayudarle hará bien en tomar el siguiente curso de acción:

ESCUCHAR. Preste atención al vocabulario del jovencito. Sería raro que contara directamente del abuso sufrido. Su comunicación del asunto puede que no sea verbal sino bastante simbólica, o puede proyectarla por medio de sus acciones. Manténgase alerta para percibir indicaciones, síntomas y símbolos que usa o muestra. Consiga la ayuda de aquellos en quienes puede confiar que están directamente involucrados con el joven, particularmente sus padres. Permítales saber de su preocupación y sea receptivo a lo que ellos opinan. Haga preguntas para verificar sus preocupaciones y percepciones. ¿Habrá otros que han notado cosas en el joven que pueden indicar la presencia del abuso ritual? A menudo es fácil interpretar incorrectamente los comentarios y conductas de los jóvenes. Puede ser necesario conseguir la colaboración de un profesional o experto en abuso ritual para ayudarle a obtener más información esclarecedora. En cualquier caso, si sospecha que algo malo sucede, entre en acción. Cuando se lo cuentan verbalmente, escuche sin demostrar que no lo cree. Cuídese de hacer preguntas capciosas. Sencillamente escuche.

EMPATIZAR. Diga claramente que entiende los temores, la confusión y otras emociones del joven. Asegúrese de no restar importancia a sus sentimientos, percepciones y experiencias. La profundidad del maltrato ritual es extrema. El que el joven perciba su empatía le ayudará a establecer confianza y facilitará la comunicación que de otra manera sería difícil de lograr. La empatía a menudo puede proyectarse en maneras tan sencillas, como:

● Respondiendo a las lágrimas o al enojo con palabras y un abrazo consolador.

● Quitando los obstáculos que dificulten una conversación íntima (como un escritorio, teléfono, etc.).

● Escuchando atentamente y asintiendo con la cabeza.

● Haciendo contacto visual y comentarios alentadores (como: "Continúa", "Cuánto lo siento", etc.)

● Un toque apropiado (un abrazo, una mano sobre el hombro, etc.)

● Haciendo eco de afirmaciones y gestos reveladores ("Te sentías como...", "Eso sí que fue difícil para ti", etc.).

ALENTAR. Cualquier víctima de abuso ritual necesita de aliento, afecto y aprecio sinceros. Lo siguiente brindará maneras de darlos:

- Asegurar al joven que uno le cree, se sentirá alentado al saber que lo toman en serio.

- Asegurar al joven que usted se compromete a hacer todo lo que pueda para ayudarle; de otra manera, no existe una base para una relación de ayuda.

- Comunicarle al joven que es amado incondicionalmente por Dios y por usted.

- Comunicarle con sus palabras (por ejemplo: "Admiro tu valentía") y con sus acciones (abrazos, palmadas en la espalda, respetando sus opiniones, etc.), de que el joven es una persona de valor.

DIRIGIR. El adulto interesado puede ayudar a la víctima de un abuso ritual ofreciéndole un sentido de dirección en áreas clave, como las siguientes:

1. Guíe al joven a admitir que ha sido maltratado. Ayúdelo a identificar los efectos que el maltrato está teniendo sobre su vida. Suave y sensiblemente dirija al joven para que pueda dialogar abiertamente con usted y con otros adultos dignos de confianza sobre los acontecimientos y sus sentimientos. Procure hacerle ver que, aunque le resulte vergonzoso o doloroso, contarle sus sentimientos y experiencias a otros le será de ayuda.

2. Si el abuso sigue, ayude al joven a tomar los pasos necesarios para cortarlo inmediatamente. De hecho, en la mayoría de los países el maltrato físico o sexual debe reportarse a las autoridades. Sea consciente de que mantener el silencio puede ser una contravención a la ley. Esté seguro de conocer —y obedecer— las leyes que tienen que ver con denunciar casos de abuso.

3. Ayude al joven a adjudicar la responsabilidad del abuso al que lo hizo y no a sí mismo. Con gentileza pero con firmeza, desafíe cualquier intento por culparse a sí mismo o a sus acciones, y ayúdele a identificar exactamente a las personas responsables y otros factores que han contribuido al maltrato.

4. Vuelva al joven hacia Dios como el origen de su recuperación y sanidad. Ayude al joven a descubrir que Dios puede ser una roca, una fortaleza y un libertador, y que puede transformar a la noche en día (Salmo 18:2-6, 25-30).

5. Acompañe a la víctima a través de las etapas de sufrimiento. La pérdida (de la inocencia, paz, sanidad, etc.) sufrida como resultado del abuso tiene que expresarse en el dolor; el adulto interesado puede auxiliar al joven al ir pasando por las etapas del dolor (negación, ira, negociación, depresión y aceptación) al ayudarle a enfrentar, expresar y resolver dichos sentimientos y aceptándolos con comprensión ofreciendo consuelo. (Vea también el capítulo 8: *El dolor ante una pérdida.*)

6. Dedicarse a un compañerismo diario de oración por y con el joven. Anime al joven a desarrollar y mantener una comunicación diaria con Dios a fin de apoyarse en su fuerza, aprender de su Palabra y contrarrestar los pensamientos y sentimientos destructivos con la mente de Cristo (Vea Filipenses 4:4-9).

7. Exponga al joven a los recursos disponibles para sobrellevar el trauma. Ayúdele a reconocer (preferiblemente por nombre) a las personas que están o pueden estar dispuestas a ayudar en maneras prácticas: un progenitor comprensivo, una amiga íntima, organizaciones, amigas por correspondencia, etc.

8. Anime al joven a aceptar el hecho de que la curación llevará tiempo. Déle esperanzas. Aunque el proceso de recuperación puede ser doloroso y llevar bastante tiempo, la víctima ha sobrevivido la violación en sí; puede también superar el trauma, con la ayuda de Dios.

COMPROMETER. Consiga la colaboración y participación del joven en contestar la pregunta: "¿Qué debemos hacer ahora?" Obtenga sus sugerencias e ideas, pero ayúdele a comprender que bajo ninguna circunstancia debe permitirse que el abuso siga y que será necesario realizar algún tipo de tratamiento continuo. En esta disyuntiva puede ser que el joven se resista. Le puede resultar horroroso que tenga que haber algún tipo de intervención, pero involúcrelo en adoptar un plan para su tratamiento y recuperación.

REFERIR. La mayoría de los países tienen leyes que rigen el procedimiento a seguir en caso de maltrato a niños, jovencitos y jóvenes. Cerciórese de estas leyes en base a las cuales sabrá qué acción tomar. Es posible que al denunciar el caso, las entidades de protección al menor asignarán un trabajador social para investigar el caso y tomar las medidas que dicta la ley.

A menudo es necesario referir al joven a un consejero cristiano que se especializa en la recuperación del abuso ritual o abuso infantil en general. Esté seguro de conocer la reputación de cualquier consejero al que refiere al joven. No sea tímido en hacer preguntas a fin de recibir recomendaciones.

Encontrar al consejero adecuado es imprescindible para lograr la recuperación del joven. El consejero puede representar la única relación digna de confianza que puede tener por largo tiempo. El proceso de curar las cicatrices del abuso ritual es de por vida. Es mejor no intentarlo solo.

Pasajes bíblicos citados en este capítulo

- Lucas 17:2
- 2 Reyes 21:6
- Deuteronomio 12:31
- Salmo 18:2-6, 25-30
- Filipenses 4:4-9

Otros pasajes bíblicos para leer

- Salmos 34:18; 44:5; 86:15-17; 103:11-18; 107:20; 139:1-24
- Salmos 6; 27; 28; 31; 57; 70; 91; 130; 142 y 143
- Isaías 53:4-6
- Mateo 5:1-12
- Lucas 10:19
- Juan 14:27-31
- Efesios 6:10-18
- Hebreos 2:14-18
- 1 Pedro 5:7
- 1 Juan 3:8
- Apocalipsis 20:1-10

ADICCIONES

USO Y ABUSO DEL ALCOHOL

Introducción

Quico y Julio bajaron las escaleras de puntillas unos minutos después de la una de la mañana. Quico llevó a su amigo a un rincón que llamaban "el estudio", aunque allí nadie estudiaba. Se oyó un *clic* metálico cuando Quico, de 12 años, hizo girar la llave en la cerradura del gabinete de licores de su padre.

—Se va a dar cuenta que te metiste en el gabinete —advirtió Julio.

—De ninguna manera —insistió Quico. —Sólo saco lo que sé que no extrañará.

Movió algunas botellas en el frente y sacó una botella de vodka de atrás. Le sacó la tapa, se llevó la botella a los labios y tomó un sorbo del líquido transparente.

Le pasó la botella a Julio, y los dos tomaron unos cuantos sorbos más antes de volver a poner la botella en su lugar.

La aventura nocturna pronto se convirtió en una rutina cuando Julio venía de visita o cuando pasaba la noche en casa de Quico. Al poco tiempo, Quico también tomaba bebidas del gabinete de su papá cuando estaba solo en casa. Para cuando cumplió sus 14 años, estaba tomando todos los días.

Quico tenía pocos amigos aparte de Julio, y la mayoría de las noches después de la cena la pasaba solo, mientras su papá trabajaba hasta tarde y su mamá iba al templo, a algún estudio bíblico, o a algún otro lugar cuando su papá no estaba en casa. A Quico le parecía que siempre estaba solo y aburrido, y beber, en cierta forma, le ayudaba a llenar el vacío. Por alguna razón le daba un sentido de calidez y seguridad.

Ni su padre —que Quico sospechaba era alcohólico— ni su madre parecían notar las bebidas alcohólicas que regularmente desaparecían de su casa. Si lo notaban, nunca lo comentaron.

El problema del uso y abuso del alcohol

El 90 por ciento de jóvenes en el último año de secundaria dice haber tomado bebidas alcohólicas alguna vez en su vida; el 67 por ciento afirma haber tomado dentro del último mes y el 38 por ciento dice haber tomado cinco o más copas seguidas dentro de las últimas dos semanas.

Estos índices tan altos de familiaridad con el alcohol no se limitan a los estudiantes del último año. Un sondeo de aproximadamente 11.000 estudiantes de los primeros años de secundaria reveló que ocho de cada nueve (88 por ciento) jovencitos en el octavo año han probado el alcohol.

Uno de cada cuatro (25 por ciento) había tomado cinco o más copas en por lo menos una ocasión en los últimos dos años, y casi ocho de cada nueve (84 por ciento) afirmaron que era relativamente fácil conseguir bebidas alcohólicas. Y el 36 por ciento de niños de cuarto año de la escuela primaria —*de nueve y diez años*— ¡dicen que han sido presionados por sus compañeros a tomar bebidas alcohólicas! Aunque el sondeo fue de jovencitos estadounidenses, sin duda refleja la tendencia de los adolescentes alrededor del mundo.

Esto quiere decir que para muchísimos jovencitos el alcohol ya es un problema. Sin ir más lejos, en los EE. UU. de América se estima que los alcohólicos adolescentes llegan a los 3,3 millones.

Thomas Seessel, director ejecutivo del Concilio Nacional sobre Alcoholismo en los EE. UU. de América ha dicho: "El abuso del alcohol entre los adolescentes ha llegado a ser... una epidemia devastadora. Casi 100.000 muchachos de diez y once años se emborrachan por lo menos una vez por semana".

Empieza, por supuesto, con la experimentación. Un adolescente o un joven descubre una botella de vino en el refrigerador o lo empujan para que pruebe la cerveza en la casa de un amigo. Muchos jóvenes, después de probarla, sienten que su curiosidad ha sido satisfecha y no vuelven a probar el alcohol. Pero otros siguen tomando a escondidas, con sus amigos, o bebiendo un traguito de la botella en el refrigerador. Algunos de estos siguen hasta crear un hábito, a veces tomando para emborracharse, y quizá hasta manejando el auto estando intoxicado. Y otros caen en el alcoholismo.

Frank Morán, administrador de servicios para adolescentes en una importante institución en California, resume todas las estadísticas y los estudios con una advertencia: "Es difícil lograr un cuadro exacto del abuso del alcohol por parte de los muchachos, pero la realidad es que *miles de preadolescentes ya están a mitad de camino hacia el desastre*". Y muchos adolescentes y jóvenes ya lo han recorrido todo.

Las causas del uso y abuso del alcohol

Los problemas complejos rara vez tienen causas simples; el alcoholismo es un problema complejo. Muchos profesionales en distintas especialidades difieren en cuanto a las causas primarias del alcoholismo, pero las siguientes son generalmente reconocidas como factores:

✦ Fisiología

Numerosos estudios apoyan la idea de que el alcoholismo es de origen fisiológico. Es decir, algunos tienen una predisposición congénita hacia el alcoholismo. Puede ser que esta predisposición nunca se descubra en personas que nunca prueban el alcohol pero, por razones fisiológicas, los que sí lo prueban tendrán una reacción diferente que la de muchos de sus amigos.

✦ Antecedentes

El sicólogo Gary Collins destaca tres factores que inciden sobre la probabilidad de que alguien se convierta en un alcohólico:

1. El ejemplo de sus progenitores. Cómo se portan los padres a menudo influye sobre la conducta posterior de los hijos. Cuando los padres beben en exceso o andan en drogas, los hijos a veces juran que nunca harán los mismo. Pero, lo más común es que sigan el ejemplo de sus padres. Se ha estimado que "a menos que haya una intervención, entre 40 y 60 por ciento de los hijos de padres alcohólicos terminarán siendo alcohólicos".

2. Actitudes de sus progenitores. Dejar que los hijos hagan lo que quieran o ser demasiado estrictos puede estimular el uso y abuso del alcohol. Cuando a los padres no les importa si sus hijos toman, no hay preocupación alguna por los peligros de las drogas o el alcohol y, a menudo, esto resulta en que los muchachos tomen...

3. Expectativas sociales. Si una cultura o un grupo social tiene pautas claras sobre el uso del alcohol o las drogas, es menos probable que haya abuso. Entre los italianos y judíos, por ejemplo, se les permite a los jóvenes beber, pero la embriaguez se condena, y el índice de alcoholismo es bajo. Por el contrario, en otras culturas hay más tolerancia hacia la embriaguez... Como emborracharse es aceptable, se dan las condiciones que llevan a muchos al abuso del alcohol.

✦ Influencias externas

Otro factor que contribuye al alcoholismo es la influencia de fuerzas externas como el ambiente de una familia desunida, la presión de los amigos y el estrés como consecuencia de los problemas sociales. Por cierto que muchos han aguantado la presión de sus amigos o muchísimo estrés sin convertirse en alcohólicos, pero estos factores se cuentan entre los que pueden influir sobre el abuso de las bebidas alcohólicas por parte del joven.

Los efectos del uso y abuso del alcohol

Mucha gente cree saber sobre los efectos del alcoholismo: embriaguez y disolución. Pero asumir esto no sólo es incompleto, es también incorrecto. Una persona borracha no siempre es alcohólica, y algunos alcohólicos rara vez parecen borrachos. Pero hay algunos efectos del alcoholismo que pueden aplicarse en general.

✦ Angustia

El alcohólico a menudo siente una combinación de dolor físico y mental que sólo puede caracterizarse como angustia. El alcohólico se pregunta si se está volviendo loco, temiendo haber perdido control de sus actos, o que está por perderlo. El alcohólico se siente intensamente frustrado con su vida. Empieza a pensar que Dios lo ha abandonado o que quiere castigarlo. Steve Arterburn, autor de *Growing Up Addicted* (Criándose como un adicto) dice: "Es como si una nube negra y grande de todo lo negativo y desagradable de la vida estuviera asentada sobre el alcohólico".

✦ Confusión y desorientación

El alcohólico sentirá una variedad de efectos mentales. Un alumno brillante puede encontrarse con que le es difícil o imposible concentrarse. Puede rutinariamente olvidarse de nombres, fechas, detalles y horarios. Puede aun tener lagunas ocasionales (una laguna, que no debe confundirse con un desmayo, es un estado en que la persona parece estar funcionando consciente y normalmente, pero después no puede recordar nada de lo que pasó durante la laguna.) Muchos expertos consideran al "apagón" como el principal indicador del alcoholismo.

✦ Pérdida del dominio propio

"Perder el dominio propio es el indicador clásico del alcoholismo", dice el autor Steve Arterburn. Y escribe más sobre esto:

> La pérdida del dominio propio se caracteriza por la inhabilidad de predecir la conducta una vez que se ha empezado a beber. No significa que alguien no pueda dejar de tomar por dos o tres semanas. Cuando se empieza a beber, las dos copas deseadas se convierten en las incontrolables veinte... También se refiere a no

poder dominar las emociones... El alcohólico puede comenzar a llorar o a reír ruidosamente en momentos inapropiados.

✦ Depresión

El alcohólico conoce bien la depresión, el ataque grave y prolongado de tristeza y desesperanza. (Vea también el capítulo 5: *Depresión.*) Se siente paralizado, patético e impotente de volver a manejar su vida, y ese sentido de impotencia le compele a beber, lo que aumenta su depresión. El dolor de dichos sentimientos, aumentados por los componentes químicos que pasan a afectar su sistema, muchas veces excede a los de otras formas de depresión.

✦ Concepto bajo de sí mismo

El alcohólico típicamente sufre golpes fatales contra su autoestima. Siente que su vida es un lío, que es por su culpa y que no puede cambiarla. A menudo llega a la conclusión de que si valiera algo, si tuviera algo de carácter, no se encontraría en esas condiciones. Siente como que no tiene poder, ni fuerza, ni valor. Cree que los amigos que ha perdido, los exámenes que no ha pasado, las personas a quienes ha desilusionado es porque ella se lo merecía, porque no vale nada. Trágicamente, dichos sentimientos de poca valía no hacen más que incitarlo a tomar, lo cual a su vez profundiza su convicción de que no vale nada. (Vea también el capítulo 6: *Concepto bajo de sí mismo.*)

✦ Distorsión de la personalidad

Es típico que el alcohólico llegue a ser casi un extraño para muchos familiares y amigos, "otra persona", no la "que era antes". Las cosas que antes eran prioridades ahora ya no le importan. Los valores e intereses del pasado se han dejado a un lado. La joven que antes era meticulosa en su apariencia personal a menudo anda como un espantajo y despeinada, el joven que antes se dedicaba al piano ahora ni se interesa en la música.

✦ Madurez atrofiada

El adolescente (o preadolescente) alcohólico sufrirá de un deterioro en su proceso de maduración. "El alcohol atrofia el desarrollo emocional", afirma un experto en la materia. "Los muchachos que toman mucho no desarrollan el juicio ni la habilidad de hacer frente a las contingencias de la vida como adultos".

El alcohólico fácilmente se aflige, fácilmente se enoja y fácilmente se ofende, a menudo como un niño. El camino hacia la madurez emocional y social no sólo puede atrofiarse; puede en realidad mostrar una regresión.

✦ Vergüenza

"En los alcohólicos bajo tratamiento", escribe Arterburn, "el sentimiento de culpabilidad parece prevalecer sobre todas las demás emociones". El alcohólico puede sentirse culpable porque está convencido (muchas veces por las actitudes de su familia, de la iglesia, etc.) de que su alcoholismo es algo que se infligió a sí mismo. Su alcoholismo puede haberlo separado de su familia, sus amigos y aun de Dios. Es posible que sepa que sus reiteradas borracheras son un pecado que la Biblia prohíbe y condena. Estas cosas muy probablemente generen profundos sentimientos de culpa. (Vea también el capítulo 3: *Sentimiento de culpabilidad.*) En la medida que relacione sus acciones con él mismo y su mal con su persona, sentirá también vergüenza porque es alcohólico, porque está borracho, porque es un fracaso, porque no es normal; según él y a menudo según los que le rodean.

✦ Remordimiento

Con frecuencia, el remordimiento domina al alcohólico. Mientras que el sentimiento de culpabilidad enfoca las acciones de la persona y la vergüenza enfoca el yo, el remordimiento se enfoca en el daño que la persona le ha causado a algo o a alguien. Puede sentir remordimiento ante las lágrimas que su madre ha vertido por él. Puede sentir remordimiento por las mentiras que han lastimado a sus amigos. Puede lamentar profundamente la vergüenza que ha causado a su familia y los problemas que siente le ha causado a su pastor. Este remordimiento, junto con el sentimiento de culpabilidad y el de la vergüenza, puede llevarlo a un sincero arrepentimiento o a la desesperación total.

✦ Separación y aislamiento

Muchos de los efectos mencionados: un concepto bajo de sí mismo, sentimiento de culpabilidad, vergüenza, remordimiento pueden crear un sentido de aislamiento paralizador en la mente y el corazón del joven alcohólico. Se siente solo, incapaz de acercarse a nadie, incapaz de pedir la ayuda de nadie. Arterburn escribe:

> El alcohólico, separado de Dios y de los demás, se queda solo en su sufrimiento... "Realmente no le importa". "No ha pasado lo que yo he tenido que pasar". "¿Cómo puedes ayudar a alguien como yo?" Todos se convierten en el grito de batalla del constante aislamiento. Una por una, el alcohólico encuentra alguna excusa para echar a todos de su vida.

✦ Desesperanza

El joven que se encuentra en las etapas avanzadas del alcoholismo tarde o temprano caerá en la desesperanza. La situación parece imposible. Ya no tiene vida. Parece no haber salida. Muchos alcohólicos en esta situación tienen éxito en suicidarse. Pero aun si no lo hacen, las perspectivas —aparte de una intervención— son poco prometedoras. "La progresión", dice Arterburn, "el ciento por ciento de las veces, termina en la muerte por enfermedad, accidente, suicidio o una locura total".

La perspectiva bíblica sobre el uso y abuso del alcohol

"La Biblia condena con mucha claridad los males de la embriaguez", escribe Stephen Arterburn, "pero guarda silencio en cuanto al alcoholismo y la adicción".

Pero muchos creyentes y pastores han apartado a algunos y quizá perjudicado a otros por condenar lo que la Biblia no condena y aprobar lo que la Biblia no aprueba. No obstante, la perspectiva bíblica del alcoholismo es de ayuda en lo que condena y en lo que permite.

La Biblia no condena explícitamente las bebidas alcohólicas. Aunque existen muchas diferencias culturales entre las épocas bíblicas y la nuestra, tenemos que reconocer que la Biblia no condena el alcohol. Al contrario, el Salmo 104 incluye "el vino que alegra el corazón del hombre" en una lista de las bendiciones de Dios. Es también evidente que Jesús tomaba vino. (Vea Juan 2:9; Mateo 26:27-29 y Lucas 7:33, 34.) El apóstol Pablo recetó vino a un joven pastor por sus beneficios medicinales. (Vea 1 Timoteo 5:23.)

La Biblia condena enérgicamente el abuso del alcohol. "El vino hace burla; el licor alborota. Y cualquiera que se descarría no es sabio", dice Proverbios 20:1. Proverbios 23:20a agrega: "No estés con los bebedores de vino". Pablo ordenó "Y no os embriaguéis con vino, pues en esto hay desenfreno. Más bien, sed llenos del Espíritu" (Efesios 5:18). El doctor Anderson Spickard, hijo, del Centro Médico de la Universidad de Vanderbilt, presenta la posición bíblica sobre el abuso del alcohol:

> El abuso del alcohol, aun el que no tiene graves consecuencias, es tratado muy específicamente en las Escrituras. Tanto Jesús como Pablo nos advierten repetidamente que los borrachos no heredarán el reino de Dios (Lucas 21:34; 1 Corintios 6:10; Gálatas 5:21). No es difícil comprender por qué hablan con tanta firmeza: el abuso del alcohol está involucrado en la mayoría de los homicidios, la mayoría de las agresiones, la mayoría de los casos de maltrato infantil, la mayoría de los accidentes de tránsito fatales. Y nos perjudicamos a nosotros mismos y a nuestra sociedad entera cuando nos reímos de la embriaguez o no le damos importancia.

La Biblia enseña la abstinencia.

Aunque tomar vino responsablemente no era prohibido, la Biblia sí toma una posición favorable hacia la abstinencia. El voto nazareo (Números 6:2-4), en que el hombre se consagraba al Señor, incluía la abstinencia del vino y de otras bebidas alcohólicas. Los recabitas fueron felicitados por Dios por su fidelidad a las órdenes de sus antepasados, específicamente la orden de no beber vino nunca (Jeremías 35:1-19). Juan el Bautista (quien quizá hizo el voto nazareo) (Lucas 7:33). Gary R. Collins dice: "Muchos cristianos en la actualidad afirman que la moderación es buena, pero que la abstinencia es mejor, especialmente en vista de los evidentes peligros inherentes al beber".

La Biblia no trata directamente el estado de alcoholismo o los problemas del alcohólico. La Biblia categóricamente prohíbe la borrachera y condena al borracho. Pero no toda borrachera proviene del alcoholismo, y no todos los alcohólicos son "borrachos". Además, aunque algunos cristianos alegan que lo único que el alcohólico tiene que hacer es arrepentirse y reconciliarse con Dios, muchos profesionales insisten en que, porque el alcoholismo incluye componentes fisiológicos y emocionales, tanto como espirituales, la solución no es tan simple. Una vez más, el doctor Spickard ofrece una respuesta razonada en vista de la falta de un imperativo bíblico:

> El abuso del alcohol —la embriaguez— es un pecado. La Biblia es clara en este respecto. Pero cuando una persona es alcohólica, cuando ya ha dejado que su voluntad sea capturada por el alcohol por medio del abuso, lo suyo es una enfermedad. Ya no se puede ayudar a sí mismo. Decirle a un alcohólico que se componga y que deje de tomar es como decirle a un hombre que se ha arrojado de un edificio de nueve pisos que caiga sólo tres pisos. Sencillamente no sucederá.
> Si definiéramos el alcoholismo como una enfermedad física, sin su dimensión espiritual, eso sería humanismo. Pero el

alcoholismo afecta a la persona física, mental y espiritualmente. No se curará a menos que se trate en estos tres aspectos.

La respuesta al problema del uso y abuso del alcohol

El joven que lucha con un problema de alcoholismo necesita urgentemente que lo ayuden. Aun si el joven no ha llegado al punto del alcoholismo, aun si no percibe que necesita ayuda, el líder de jóvenes tiene que procurar sabia y diligentemente brindarle ayuda y la manera de recuperarse. Antes de detallar un plan como respuesta, puede ser de ayuda citar la lista de cosas preparada por Collins que no serán de ayuda: la crítica, la zalamería, tratar de obligar a la persona a que prometa dejar la bebida, las amenazas... instándole a usar la voluntad propia, sermonearla o hacerla sentirse culpable. Por otro lado, las siguientes sugerencias pueden ser de ayuda:

ESCUCHAR. Escuche atentamente, no sólo lo que el joven dice sino también lo que sus palabras y acciones indican. Recuerde que el alcohólico (aun los jóvenes) a menudo es un experto en negar y manipular. Resista la tentación de sermonear o discutir; en cambio, trate de comunicarse sin palabras ("Si el adicto cae al piso en la sala", sugiere Collins, "déjelo allí en lugar de ayudarle a llegar a la cama".) o valiéndose de preguntas que no sean amenazadoras ("¿puedes contarme más?" o "¿por qué estás tan enojado?").

EMPATIZAR. Trate de ver más allá de las palabras y acciones del joven a fin de darse una idea de lo que siente y piensa. Procure concentrarse (por lo menos al principio) en comprender, no en corregir. "Vuestra amabilidad sea conocida por" (Filipenses 4:5) el joven y manténgase alerta a las maneras en que puede proyectar empatía y disposición de comprender, como:

● Estando a disposición del joven.

● Haciendo contacto visual.

● Inclinándose levemente hacia adelante en su silla cuando él o ella habla.

● Asintiendo con la cabeza para indicar que comprende.

● Haciéndose eco de sus afirmaciones clave.

● Esperando pacientemente en los momentos de silencio, enojo o lágrimas.

ALENTAR. Tenga muy en cuenta que la mayoría de los alcohólicos sienten una intensa ansiedad y tienen un concepto pobre de sí mismos. En consecuencia, cuídese de criticar o condenar al joven; en cambio, comunique su aceptación y su aprecio por él (aunque no de su conducta). Sea gentil, aceptador, alentador —pero no crédulo— en su trato con él.

DIRIGIR. El adulto interesado puede ayudar mejor al joven que lucha con el abuso del alcohol guiándolo de la siguiente manera:

1. Amablemente, pero con firmeza, guíe al joven a reconocer y admitir el problema. Las ocho siguientes preguntas pueden ser de ayuda:

● ¿A veces estás queriendo tomar cuando deberías estar haciendo otra cosa?

● Cuando tomas, ¿tomas todo lo que puedes lo más rápido posible?

● ¿Alguna vez terminas tomando más de lo que tú (o los demás) crees es más de la cuenta? (Si la respuesta es afirmativa a esta pregunta indica un 90 por ciento de probabilidad de que tiene un problema con las bebidas alcohólicas.)

● ¿Alguna vez bebes solo (no necesariamente estando solo; puede estar en compañía de otros que no están tomando)?

● ¿Tratas de proteger tu fuente de alcohol a fin de asegurarte que no te falte cuando lo necesites?

● ¿Cuando estás alterado o triste, piensas alguna vez: "Si al menos pudiera tomar una copa me sentiría mejor"?

● ¿Puedes ahora tomar más que antes y a la vez seguir funcionando razonablemente bien?

● ¿Alguna vez te cuesta recordar cosas que hiciste o dijiste mientras tomabas?

Si el joven contesta afirmativamente a cuatro o más de dichas preguntas, es muy probable que tenga un problema con el alcohol. Si se niega a contestar honestamente o si se resiste, hágale ver calmadamente las constantes evidencias, adhiriéndose lo más posible a un estilo de cuestionar que no es amenazante. Presente ejemplos específicos: (¿Tu intención anoche era descontrolarte?) en lugar de emitir generalizaciones acusatorias ("¡Nunca estás sobrio!").

2. Acerque al joven a Dios. Llévelo a confesar y arrepentirse de su pecado, y ayúdele a recibir y reconocer el amor y perdón de Dios. Recalque que hay gracia y poder en la relación con Dios por medio de Jesucristo. Guíele a establecer un hábito diario de oración y lectura bíblica.

3. Informe e involucre a los padres del joven. Lo más pronto posible se debe involucrar a los padres del joven. Aunque a veces los padres son reacios a reconocer la verdad de que su hijo o hija tiene este problema, la colaboración y el apoyo de ellos será imprescindible para lograr un tratamiento y recuperación efectivos.

4. Presente las opciones para su tratamiento. Ayude al joven (y a sus padres) a considerar la posibilidad de una intervención médica, a valerse de grupos de apoyo (como Alcohólicos Anónimos) y otros tratamientos. Una de las maneras más eficaces de lograrlo es sugiriendo que tiene opciones ("¿Te sentirías más cómodo consultando al médico de tu familia sobre este problema o prefieres que te sugiera a alguien más?").

COMPROMETER. En cuanto el joven ha reconocido su problema (lo cual puede llevar bastante tiempo y esfuerzo, suyo y de él), concentre sus esfuerzos en conseguir su colaboración en planear su recuperación. Ofrezca pautas y guíelo amablemente, según sea necesario, pero obtenga toda la participación posible por parte del joven. Aunque éste pueda sentirse impotente al principio, condúzcalo hacia las soluciones, pero asegúrese de que las decisiones tomadas sean las de él.

REFERIR. El alcoholismo en el adolescente es un problema complejo y grave. Es imperativo que, lo antes posible, el joven sea referido a un profesional calificado que pueda brindarle el consejo bíblico y la dirección que necesita. Bajo ninguna circunstancia debe dejar que el alcohólico trate de superar su problema sin mucha ayuda profesional. Existen diversas organizaciones (como Alcohólicos Anónimos) y programas de tratamientos que pueden ayudar, y el médico o sicólogo informado puede ayudar al joven y al líder de jóvenes a valerse de ellos.

Pasajes bíblicos citados en este capítulo

- Salmo 104:15

- Juan 2:9

- Mateo 26:27-29

- Lucas 7:33, 34

- 1 Timoteo 5:23

- Proverbios 20:1; 23:20a

- Efesios 5:18

- Lucas 21:34

- 1 Corintios 6:10

- Gálatas 5:21

- Números 6:2-4

- Jeremías 35:1-19

- Filipenses 4:5

Otros pasajes bíblicos:

- Proverbios 21:17; 23:29-31

- Eclesiastés 10:17

- Isaías 5:11

- Lucas 21:34

- Romanos 6:12; 13:13

- Gálatas 5:16-25

- Efesios 6:10-18

- 1 Tesalonicenses 5:4-11

- Santiago 3:2

- 2 Pedro 1:5-7

USO Y ABUSO DE LAS DROGAS

CONTENIDO

Introducción

Justin Sawyer, de 12 años, enfiló la bicicleta para la zona de negocios cerca de su casa. Él y sus amigos muchas veces se encontraban en la playa de estacionamiento para andar en bicicleta y en patinetas en el amplio sector asfaltado. Allí es donde le dijo a sus padres que iba, y le habían dado permiso; era cerca de casa y Justin siempre regresaba a casa antes de las 9:00 de la noche.

Pero Justin no se detuvo en la playa de estacionamiento. Siguió hasta llegar a un negocio unos metros más adelante, en un esquina muy transitada.

Justin había estado ahorrando su dinero y se las había ingeniado para juntar una suma considerable. Su meta era descubrir por sí mismo eso de que hablaban algunos jovencitos en la escuela. Quería saber lo que ellos sabían. Quería sentir lo que ellos sentían. Quería poder alardear que él también lo había hecho. Quería probar el "crack".

Frenó delante de un hombre que hablaba por un teléfono público enfrente del negocio. El hombre miró a Justin, cuando éste hizo un movimiento de cabeza colgó el aparato.

El empleado del negocio le dijo más adelante a las autoridades que había visto un intercambio de algo entre Justin y el hombre antes que aquel se fuera pedaleando en su bicicleta.

A las 9:30 esa noche, apenas tres horas después de haber salido de su casa, dos muchachos encontraron el cuerpo de Justin en el fondo de un zanjón de desagüe. Dos frasquitos vacíos, un tubo de vidrio y un encendedor de cigarrillos yacían a su lado, indicando la causa de su muerte aun antes de que su cuerpo fuera llevado a la *morgue* para una autopsia.

Justin había muerto de una sobredosis la primera y única vez que probó el "crack"; la cocaína resultó ser demasiado pura, produciendo una reacción fisiológica demasiado intensa que el corazón de Justin no pudo superar.

El hombre que le había vendido la droga a Justin fue detenido, procesado y condenado a cinco años de prisión. Recobró su libertad a los dos años y medio por su buena conducta. Justin nunca recobró su libertad. Su condena nunca tendrá fin.

El problema del uso y abuso de las drogas

Cada vez son más los jovencitos que usan marihuana diariamente. Y aumenta la cantidad de los que han probado cocaína o "crack". En los EE. UU. de A. uno de cada veinte estudiantes de secundaria ha usado cocaína en alguna oportunidad. Todos los días, alrededor del mundo, miles de adolescentes empiezan a usar drogas.

Tomemos como ejemplo las estadísticas de los EE. UU. de A. sabiendo que son indicativas de lo que pasa en todas partes. El Instituto Nacional de Abuso de Drogas reporta que el 30 por ciento de los estudiantes universitarios usarán la cocaína por lo menos una vez antes de terminar sus estudios, y que hasta un 80 por ciento de todos los habitantes probarán algún tipo de droga ilícita antes de los 25 años. Dos de cada tres estudiantes usarán drogas ilícitas antes de terminar la escuela secundaria.

Pero el uso de drogas no se limita a jóvenes de edad de secundaria o universitaria. Una encuesta realizada entre medio millón de alumnos de primaria reveló que el 39 por ciento de los estudiantes en cuarto grado afirma que "el uso de drogas es un problema grande en esa etapa de la vida". Según otro sondeo de reconocida seriedad: "La edad promedio en que los jovencitos prueban por primera vez las bebidas alcohólicas o la marihuana es de 12 años." Y el 12 por ciento de los muchachos entre 12 y 17 años usa marihuana habitualmente (por lo menos veinte veces por mes). Otra encuesta nos dice que uno de cada diez de los muchachos que asisten a los cultos de una iglesia evangélica o a un grupo juvenil cristiano admite haber usado alguna droga ilícita.

Las drogas son cada vez más accesibles y visibles entre los jóvenes. "Más de cuatro millones de jovencitos entre los 13 y 17 años afirmaron que alguien les había ofrecido drogas ilícitas en los últimos treinta días". Más de la mitad de los estudiantes de último año de secundaria encuestados manifestaron que les era "bastante fácil" o "muy fácil" conseguir marihuana o cocaína. Y más de uno en cuatro muchachos de 16 y 17 años indicaron que habían estado expuestos al uso y a la venta de drogas.

Drogas ilícitas son sustancias adictivas, que alteran el estado de ánimo cuyo uso es controlado (como drogas recetadas) o prohibidas (como la heroína o el LSD). Vienen en muchas formas: inhalantes (vapores de pegamentos, líquido corrector, pintura en aerosol, etc.), narcóticos, alucinógenos, estimulantes y depresivos. (Ver cuadros de "drogas y sustancias" en las páginas 418 y 419 para un panorama general de algunas de las drogas más prevalentes.)

Las causas del uso y abuso de las drogas

Los jovencitos se meten en drogas por diversas razones. Aunque a menudo son variadas y complejas, muchas son sorprendentemente constantes, como:

✦ **Presión de los amigos**

"Las drogas se han compenetrado tanto en nuestra cultura", escribe el doctor Armand M. Nicholi, hijo, "que los estudiantes dan por sentado que todos toman drogas, y si uno no las toma está realmente entre la minoría". Cierto joven describía así la influencia de la presión de sus amigos sobre su primera experiencia con las drogas: "No quería fumar ni siquiera un cigarrillo de marihuana, cuanto menos drogarme con ellos todos los días, pero en una fiesta una muchacha preciosa me ofreció uno y no pude negarme. Los estoy consumiendo desde entonces". (Vea también el capítulo 14: *La presión del grupo de amigos.*)

✦ **Abuso sexual o físico**

En la revista *AFA Journal* se ha reportado: "Entre los jóvenes que han sido maltratados física o sexualmente, muchos se vuelven a las drogas. En un estudio reciente de 400 menores en un centro de detención juvenil en el Estado de Florida, un equipo de investigadores estableció que hay una fuerte correlación entre el abuso infantil y el uso de drogas más adelante." (Vea también el capítulo 34: *Abuso sexual;* y el 35: *Otras formas de abuso.*)

✦ **Mucho tiempo solos en casa**
La investigadora Jean Richardson, de la Universidad de California del Sur, reporta que "los adolescentes menores que llegan de la escuela a una casa vacía tienen el doble de probabilidades, que los que son supervisados por adultos, de usar alcohol, marihuana y cigarrillos".

✦ **Ejemplo de los padres**
"Es difícil que los jovencitos le digan no a las drogas y al alcohol cuando se enteran de que sus padres y parientes los están usando." El conferencista de jóvenes y autor Bill Sanders cita los sentimientos de un joven que dijo: "Mis padres beben cada vez que salen a comer o cuando invitan a sus amigos a casa. Yo bebo y uso drogas. ¿Qué tiene de diferente?"

✦ **Necesidad de escapar**
La complejidad y turbulencia de la adolescencia y la vida moderna hace que muchos jovencitos consideren las drogas como una manera de escapar de las presiones. "Cuando me drogo" explica un jovencito, "es como si no hubiera escuela, no tuviera espinillas, ni preocupaciones. Soy sólo yo y nadie me molesta. Es fantástico".

El sicólogo Gary Collins cita cinco consideraciones que hacen que una persona tenga más predisposición a caer en el abuso y la adicción a las drogas:

1. Personalidad, herencia y fisiología...
Existen ciertas características que se dan con mayor frecuencia que lo común en los que abusan de las drogas. Estas incluyen un alto nivel de ansiedad, inmadurez emocional, problemas en aceptar que alguien ejerza autoridad sobre ellos, poca habilidad de aguantar las frustraciones, un concepto bajo de sí mismo... sentimientos de aislamiento, perfeccionismo, de culpa y una personalidad compulsiva... A pesar de estas conclusiones, no todos los especialistas coincidirían en las características de la personalidad de los que abusan de las drogas. No existe lo que podría llamarse personalidad típica del alcohólico o drogadicto... Su personalidad, herencia y fisiología pueden hacer que algunos tengan más predisposición a la drogadicción pero, en sí, estos factores no la causan.

2. Antecedentes y cultura. El ambiente familiar y la sociedad en que nos formamos también pueden aumentar o disminuir la probabilidad de que caigamos en una adicción.

a. Ejemplo de los padres. Cómo se comportan los padres con frecuencia tiene influencia sobre la subsecuente conducta de los hijos.

b. Actitudes de los padres. El que los padres den mucha libertad o que rechacen a sus hijos puede estimular el uso y abuso de las drogas. Cuando a los padres no les importa si los hijos toman o no, no hay ninguna preocupación por el peligro que representan las drogas o el alcohol, el resultado a menudo es que se den a estos vicios. Si los padres descuidan a sus hijos o son demasiado estrictos, los chicos se rebelan. Con frecuencia, esto da como resultado la delincuencia y el abuso excesivo de las drogas y el alcohol.

c. Expectativas culturales. Si una cultura o un grupo dentro de una cultura tiene pautas claras sobre el uso del alcohol o de las drogas, existen menos probabilidades de que haya abuso. No obstante, si el que los jovencitos y jóvenes universitarios beban se acepta como parte de su proceso de maduración... y "drogarse" es lo popular, las condiciones son propicias para hacer caer a muchos en el abuso de las drogas.

3. Tensiones del presente. Las raíces de las adicciones a menudo se encuentran en los años de la adolescencia... Las drogas son utilizadas como una manera de escapar temporariamente de las presiones y disfrutar de un sentido de tranquilidad y euforia que más adelante se convierte en una muleta indispensable de la que uno se vale para negar el estrés y mitigar los dolores de la vida.

4. Influencias que perpetúan el problema. Al tratar de comprender una adicción es importante considerar qué factores inciden sobre la vulnerabilidad de la persona (incluyendo su personalidad, medio social y antecedentes), qué la motiva a empezar a usar drogas (principalmente presiones de sus compañeros y las tensiones) y qué hace que la adicción siga.

En alguna etapa del proceso de adicción, ocurren cambios endocrinos y bioquímicos que dificultan cortar el hábito. Y más poderosos aun son los cambios sicológicos que se han ido teniendo a lo largo de los años. La droga se ha convertido en el núcleo alrededor del cual se organiza la vida...

Otra influencia que perpetúa el problema incluye a la familia del adicto. El alcoholismo y, en menor grado, la drogadicción se han descrito como enfermedades de familia... El tratamiento se verá demorado si las familias perpetúan el problema negando su realidad, escondiéndola de los demás y protegiendo al adicto de su conducta irresponsable y egoísta.

5. Influencias espirituales. Cierto escritor cristiano ha enfatizado que la causa más importante del abuso de las drogas... es la existencia de un vacío espiritual, religioso y existencial... Dicho concisamente, el ser humano tiene una necesidad interior de disfrutar de una relación cada vez mayor con Dios. Cuando este anhelo se niega, no se reconoce y no se llena, se empieza a buscar alguna otra cosa para llenar el vacío. En ninguna parte se declara esto con tanta claridad como en la Biblia: "Y no os embriaguéis con vino, pues en esto hay desenfreno. Más bien, sed llenos del Espíritu" (Efesios 5:18). Aquí, en una oración, vemos una advertencia, la sugerencia de una causa y la respuesta al problema de la adicción.

Los efectos del uso y abuso de las drogas

Explicar los efectos del abuso de las drogas requiere que hagamos una distinción entre los efectos fisiológicos producidos por distintas sustancias y los efectos a largo plazo: físicos, espirituales y sociales de la drogadicción.

Don Korem, autor de *Streetwise Parents, Foolproof Kids* (Padres avispados, hijos infalibles), ha desarrollado un cuadro útil en el que detalla los efectos fisiológicos de diversas sustancias controladas y da una rápida vista panorámica de la relación entre drogas específicas y sus características básicas. (Vea: *Drogas y sustancias controladas, usos y efectos* en las páginas 418 y 419.)

Los efectos a largo plazo pueden incluir ramificaciones físicas; sentimiento de culpabilidad, vergüenza y remordimiento; actividad sexual; abandonar los estudios; problemas de conducta; suicidio y delincuencia.

✦ Ramificaciones físicas

Los efectos físicos de la drogadicción incluyen: cutis seco, dolor de garganta crónico, enfermedades del hígado y el páncreas, entre otros. Pero hay otros efectos de largo alcance que no son tan fáciles de detectar. Además de correr el riesgo de una sobredosis por parte del adicto y las trágicas consecuencias del uso de drogas para las mujeres embarazadas y sus bebés, el drogadicto enfrenta ramificaciones físicas como la leucemia, ataques al corazón, infertilidad, daño a los tejidos y desnutrición.

Leucemia. Un estudio patrocinado por el Instituto Nacional de Cáncer en los Estados Unidos sugiere que la marihuana aumenta once veces el riesgo de contraer leucemia no linfoblástica.

Ataques al corazón. Un estudio realizado por el doctor David Hills del Centro Médico del sudoeste de Texas descubrió que aun pequeñas cantidades de cocaína pueden disminuir el flujo de sangre al corazón, aumentado el riesgo de sufrir un ataque al corazón.

Infertilidad. Un estudio publicado en la revista *Fertility and Esterility* (Fertilidad y esterilidad) sugiere que el uso a largo plazo de la cocaína puede ser un importante factor que contribuye a la infertilidad en los varones.

Daño a los tejidos. Los inhalantes destruyen las neuronas y dañan los tejidos; la cocaína se encuentra entre las drogas que causan un daño permanente a los pulmones, que termina en enfisema.

Desnutrición. El uso de ciertas drogas como la cocaína produce pérdida del apetito, que a veces resulta en un estado de desnutrición.

✦ Sentimiento de culpabilidad, vergüenza y remordimiento

El que abusa de las drogas y/o es adicto a ellas a menudo se siente culpable, avergonzado y con remordimiento. A pesar de la vehemencia o arrogancia con que el que abusa de las drogas o ya es drogadicto pueda explicar o defender su conducta, con frecuencia estará dominado por un sentimiento de culpabilidad (reacción interior a una mala acción), vergüenza (un sentido de insuficiencia o indignidad como reacción a una mala acción) y remordimiento (un sentido de pesar por el daño que la persona causó a algo o alguien). Dichos sentimientos pueden llevar al arrepentimiento, o a la desesperación y más abuso. (Vea también el capítulo 3: *Sentimiento de culpabilidad.*)

✦ Actividad sexual

Los investigadores Elliott y Morse de la Universidad de Colorado han documentado la correlación entre el uso de drogas por parte de los jovencitos y su actividad sexual. Reportaron que "el riesgo de tener relaciones sexuales depende mucho de... cuánta droga usa. Similarmente, entre los que son sexualmente activos, la frecuencia de las relaciones sexuales es constantemente mayor entre los que están involucrados... en el uso de drogas".

(Vea también el capítulo 28: *Relaciones sexuales prematrimoniales;* y el 29: *Embarazo no planeado.*)

✦ Abandono de los estudios

Un estudio realizado por Jeffrey Fagan de la Universidad Rutgers y Edward Pabon de la Universidad de Columbia (ambas en los EE. UU. de A.) establece la correlación entre el uso de drogas y el abandonar los estudios. "Tanto varones como mujeres que abandonan sus estudios están más seria y frecuentemente involucrados en el consumo de drogas", informaron. Aunque pocos de estos jovencitos admitieran tener problemas de drogas, el uso de drogas entre los varones que dejaron de ir a la escuela era casi el triple que los que seguían estudiando y "las jovencitas que habían abandonado sus estudios estaban más seriamente involucradas en el uso de drogas que los estudiantes varones y mujeres". (Vea también el capítulo 44: *Abandono de los estudios.*)

✦ Problemas de conducta

Ralph y Barr (1989) identificaron lo que llamaron "síndrome de la conducta adolescente debido a su dependencia de las drogas", una condición que puede incluir un aumento de rebeldía contra los padres, un rechazo de la escala de valores del hogar, una declinación en los logros escolares, faltar a la escuela sin permiso, compulsiones, depresión e hiperactividad. Tales comportamientos son a veces resultado de más (u otras) cosas aparte del uso de la droga, pero con frecuencia se asocia con ésta.

✦ Depresión

Varios investigadores, entre ellos Norbert Ralph y Kimberly Ann Morgan, han documentado una correlación entre el abuso de las drogas y la depresión. Aunque el uso de drogas a menudo es causado por la depresión, la depresión también puede ser el resultado del abuso de las drogas. (Vea el capítulo 5: *Depresión.*) Los cambios en el estado de ánimo producidos por la droga pueden llevar a una depresión grave y prolongada que, potenciada por los efectos de la droga y/o abstinencia de la misma, puede provocar una depresión de una profundidad casi imposible de imaginar.

✦ Suicidio

La depresión y desesperación que muchas veces acompañan al uso de las drogas pueden llevar a pensamientos, amenazas y acciones suicidas. Medina, Wallace, Ralph y Goldstein (1982) demostraron que el abuso químico es un contribuyente principal de la mortandad adolescente (fatalidades por manejar un auto en estado de ebriedad y los suicidios). Ultimamente, el *Marijuana Report* (Informe sobre marihuana) de Peggy Mann dice:

> Según el informe *Healthy People* (Pueblo saludable) del Cirujano General [autoridad médica máxima del gobierno de los EE. UU. de A.], los adolescentes estadounidenses constituyen el único grupo por edad en ese país cuyo índice de mortandad ha subido en las últimas dos décadas. Las razones principales son el manejar estando incapacitado por el alcohol o las drogas y los suicidios relacionados con las drogas. El índice de suicidios entre muchachos de 10 a 14 años ha aumentado casi con la misma rapidez que el índice entre los de 15 a 24 años. Además, hay centenares de intentos de suicidio entre los jóvenes por cada uno que lo logra. Los índices de suicidios entre adolescentes se ha triplicado en las últimas dos décadas, lo cual coincide con la epidemia de uso de marihuana entre nuestros jóvenes. (Vea también el capítulo 9: *Pensamientos, tendencias y amenazas de suicidio.*)

✦ Delincuencia

El uso y abuso de las drogas a menudo fomenta la delincuencia y criminalidad, no sólo entre adultos, sino también entre los jóvenes. Una importante publicación reporta: "Alrededor de dos tercios de las personas arrestadas en las grandes ciudades por hechos delictivos, como es el robo, resultan con análisis positivos por el uso de drogas ilícitas, y *alrededor de la mitad de los menores en la cárcel están allí por delitos relacionados con drogas*".

La perspectiva bíblica sobre el uso y abuso de las drogas

La Biblia no trata específicamente el uso y abuso de las drogas. Guarda silencio, por supuesto, en cuanto a toda droga, aparte del alcohol, principalmente porque las drogas modernas eran desconocidas o poco comunes en las épocas bíblicas. Pero dicho silencio no significa que la Palabra de Dios nos deje sin dirección. Al contrario, la Biblia ofrece varias perspectivas muy claras sobre el tema del abuso de las drogas.

La Biblia condena explícitamente el abuso de distintas sustancias. La embriaguez se condena con firmeza (Proverbios 20:1 y 23:20) y es listada como evidencia de la naturaleza pecaminosa (Gálatas 5:21). Pablo escribe que los ebrios no heredarán el reino de Dios y emite la orden directa: "sed llenos del Espíritu" (Efesios 5:18). El abuso de sustancias —sea la sustancia vino o cocaína, whiskey o heroína— es contrario a los principios bíblicos.

Los mandatos de la Biblia son incompatibles con el abuso de las drogas. La Palabra de Dios claramente ordena tener actitudes y conductas que contradicen o niegan el uso y abuso de las drogas. Por ejemplo, la carta de Pablo a la iglesia en Corinto registra su determinación en el sentido de que "no me dejaré dominar por" nada (1 Corintios 6:12); y la persona que abusa de las drogas invariablemente será dominada por ellas. El abuso de las dro-gas es igualmente incompatible con los mandatos bíblicos de evitar los excesos (Efesios 5:18), practicar el dominio propio (1 Pedro 5:8), obedecer la ley (Romanos 13:1-5) y honrar a Dios con nuestro cuerpo, el cual es su templo (1 Corintios 6:15-20).

Drogas y sustancias controladas, usos y efectos

NARCÓTICOS/DROGAS		NOMBRE COMERCIAL U OTROS	USOS MÉDICOS	DEPENDENCIA Física	Sicológica
NARCÓTICOS					
Opio	II, III, V	Polvo de Dover Prepectolin Paregórico	Analgésico, antidiarreico	Alta	Alta
Morfina	II, III	Morfina, MS-Contin Roxanol, Roxanol-SR	Analgésico, antitusígeno	Alta	Alta
Codeína	II, III, V	Tylenol c/Codeína Empirina c/Codeína Robitussin A-C Fiorinal c/Codeína	Analgésico, antitusígeno	Moderada	Moderada
Heroína	I	Diacetilmorfina Caballo, heroína	Ninguno	Alta	Alta
Hidromorfón	II	Dilaudid	Analgésico	Alta	Alta
Meperdina (Petidina)	II	Demerol, Mepergan	Analgésico	Alta	Alta
Metadón	II	Dolofine, Metadone Metadose	Analgésico	Alta	Alta-baja
Otros narcóticos	I-IV	Numorfán, Percodán Percocet, Tylox, Tussonex Pentanil, Darvón, Lomotil Talwin*	Analgésico, antidiarreico Antitusígeno	Alta-baja	Alta-baja
DEPRESIVOS					
Clorhidrato	IV	Noctec	Hipnótico	Moderada	Moderada
Barbitúricos	II, III, IV	Amital, Butisol, Fiorinal Lotusac, Nembutal, Seconal Tuinal, Fenobarbitol	Analgésico, anticonvulsivo, sedante agente hipnótico veterinario eutanasia	Alta-Moderada	Alta-Moderada
Benzodiacepina	IV	Ativan, Dalmane, Diazepán Librium, Xanax, Serax Valium, Tranxexe, Veratrán Versed, Halción, Paxipan Restoril	Ansiolítico, anticonvulsivo, sedante, hipnótico	Baja Alta Alta	Baja
Metaqualone	I	Qaalude	Sedante, hipnótico	Alta	Alta
Glutatimide	III	Doriden	sedante, hipnótico	Alta	Moderada
Otros depresivos	III, IV	Equanil, Miltown Noludar, Pacidyl, Valmid	ansiolítico sedante, hipnótico	Moderada	Moderada
ESTIMULANTES					
Cocaína**	II	Cocaína, Flake, Nieve, Crack	Anestesia local	Posible	Alta
Anfetaminas	II	Bifetamina, Delcobese Desoxyn, Obetrol	Tratamiento para la atención dispersa, narcolepsia, control de peso	Posible	Alta
Fenmetrazina	II	Preludín	Control de peso	Posible	Alta
Metilfenidate	II	Ritalín	Tratamiento para desórdenes de la atención	Posible	Moderada
Otros estimulantes	III IV	Adipex, Cylert, Didrex, Ionamín, Melfiat, Plegine Sanorex, Tenuate Tepanil, Prelu-2	Control de peso	Posible	Alta
ALUCINÓGENOS					
LSD	I	Acido, Microdot	Ninguna	Ninguna	Desconocida
Mescalina y Peyote	I	Mexc, Botón, Cactus	Ninguna	Ninguna	Desconocida
Mezcla de anfetamina	I	2.5-DMA, PMA, STP, MDA, MDMA, TMA, DOM, DOB,	Ninguna	Desconocida	Desconocida
Fenciclidin		PCP, Polvo de ángel, Hog	Ninguna	Desconocida	Alta
Fenciclidina Analogue	II I	PCE, PCP Y *TCP	Ninguna	Desconocida	Alta
Otros alucinógenos	I	Bufotenina, Ibogaína, DMT DET, Psilocybin, Psilocyn	Ninguna	Ninguna	Desconocida
CANABIS					
Marihuana	I	Pot, Acapulco Gold, Gass Reefer, Sinsemilla, Thai Sticks	Ninguna	Desconocida	Moderada
Tetrahidrocanabinol	I, II	THC, Marinol	Cáncer Prevenir náuseas por la quimioterapia	Desconocida	Moderada
Hachís	I	Hachís	Ninguna	Desconocida	Moderada
Aceite de Hachís	I	Aceite de Hachís	Ninguna	Desconocida	Moderada

* No ha sido designado como narcótico bajo la CSA

** Designado como narcótico bajo la Ley de Substancias Controladas (CSA)

Drogas y sustancias controladas, usos y efectos

	TOLERANCIA	DURACIÓN (Horas)	MÉTODOS COMUNES DE ADMINISTRACIÓN	POSIBLES EFECTOS	EFECTOS DE LA SOBREDOSIS	SÍNDROME DE ABSTINENCIA
NARCÓTICOS	Sí	3-6	Oral, fumado			
	Sí	3-6	Oral, fumado, inyectado			Ojos llorosos, nariz que chorrea, bostezar pérdida de apetito, irritabilidad, temblores, pánico, dolores de estómago, náusea, escalofríos y sudar
	Sí	3-6	Oral, inyectado	Euforia, somnolencia respiratoria, depresión, constricción de pupilas, náusea	Lerdo y frívolo piel sudorosa, convulsiones, en coma, posible muerte	
	Sí	3-6	Inyectado, inhalado fumado			
	Sí	3-6	Oral, inyectado			
	Sí	3-6	Oral, inyectado			
	Sí	12-24	Oral, inyectado			
	Sí	Variable	Oral, inyectado			
DEPRESIVOS	Sí	5-8	Oral			
	Sí	1-16	Oral			
	Sí	4-8	Oral	Arrastrar las palabras, desorientación, comportamiento de borracho sin oler a alcohol	Falta de respiración, piel sudorosa, pupilas dilatadas, pulso rápido y débil, en coma posible muerte	Ansiedad, insomnio, temblores, delirio, convulsiones posible muerte
	Sí	4-8	Oral			
	Sí	4-8	Oral			
	Sí	4-8	Oral			
ESTIMULANTES	Sí	1-2	Inhalado, fumado, inyectado			
	Sí	2-4	Oral, inyectado	Creciente actitud de alerta, excitación, euforia, pulso acelerado y alta presión, insomnio, pérdida de apetito	Agitación, aumento en la temperatura del cuerpo, alucinaciones, convulsiones, posible muerte	Apatía, largos períodos de sueño, irritabilidad, depresión, desorientado
	Sí	2-4	Oral, inyectado			
	Sí	2-4	Oral, inyectado			
	Sí	2-4	Oral, inyectado			
ALUCINÓGENOS	Sí	8-12	Oral			
	Sí	8-12	Oral			
	Sí	Variable	Oral, inyectado			
	Sí	Días	Fumado, oral, inyectado	Ilusiones y alucinaciones, percepción pobre del tiempo y la distancia	Episodios de "viajes" más largos e intensos, sicosis, posible muerte	Síndrome de abstinencia no reportado
	Sí	Días	Fumado, oral, inyectado			
	Posible	Variable	Fumado, oral, Inyectado, inhalado			
CANABIS	Sí	2-4	Fumado, oral	Euforia, inhibiciones relajadas, más apetito, comportamiento desorientado	Fatiga, paranoia, posible sicosis	Insomnio, hiperactividad, pérdida de apetito de vez en cuando
	Sí	2-4	Fumado, oral			
	Sí	2-4	Fumado, oral			
	Sí	2-4	Fumado, oral			

Cuadro tomado de *Streetwise Parents, Foolproof Kids*. Colorado Springs, CO: NavPress, 1992, págs. 198-199.

La Biblia muestra claramente que el consuelo se encuentra sólo en Cristo. Muchos jóvenes se vuelven a las drogas en un esfuerzo por escapar de sus problemas, pero las drogas no son una salida, son una trampa. "Venid a mí", dice Jesús al que busca alivio por medio de las drogas, "y yo os haré descansar" (Mateo 11:28; vea también Jeremías 6:16 e Isaías 55:1-3).

La Biblia presenta una alternativa para el abuso de las drogas. "Y no os embriaguéis con vino, pues en esto hay desenfreno", escribió Pablo. "Más bien, sed llenos del Espíritu" (Efesios 5:18). El joven o la joven que vive por el Espíritu no gratificará los deseos de la naturaleza pecaminosa (Gálatas 5:16). Aunque la drogadicción es un problema complejo y desafiante, puede prevenirse —y superarse— con el poder de Dios a través de la vida en el Espíritu.

La Biblia ordena acercarse al adicto con compasión pero también con firmeza. "De algunos que vacilan tened misericordia;" escribió Judas, "a otros haced salvos, arrebatándolos del fuego; y a otros tenedles misericordia, pero con cautela" (Judas 22, 23). El cristiano es llamado a restaurar amablemente a quienes han tropezado y están luchando por levantarse (Gálatas 6:1), un llamado que ciertamente incluye al joven que ha caído en la drogadicción.

La respuesta al problema del uso y abuso de las drogas

"Nadie puede esperar que el drogadicto", escribe el consejero y autor Stephen Arterburn, "pueda superar solo su problema de adicción hasta recuperarse". El joven involucrado en el uso y abuso de las drogas necesita ayuda urgentemente. El pastor, maestro, líder de jóvenes o padre no tendrá éxito sermoneando al joven ni instándole a que se "controle". El siguiente plan puede ayudar a lograr excelentes resultados:

ESCUCHAR. "Al que responde antes de oír, le es insensatez y deshonra", dijo Salomón (Proverbios 18:13). Resista toda tentación de aconsejar o criticar. Trate de guiar al joven para que hable de su uso de drogas, recordando que los adictos a menudo son expertos en negar y manipular. Amablemente, pero con firmeza, guíe al joven a reconocer y admitir el problema, quizá haciéndole las siguientes preguntas:

- ¿A veces estás queriendo usar drogas cuando deberías estar haciendo otra cosa?

- Cuando las usas ¿tomas todo lo que puedes lo más rápido posible?

- ¿Alguna vez terminas usando más de lo que tú (o los demás) crees es más de la cuenta? (Si la respuesta es afirmativa a esta pregunta indica un 90 por ciento de probabilidades de que tiene un problema con el abuso de drogas.)

- ¿Alguna vez usas las drogas a solas (no necesariamente estando solo; puede estar en compañía de otros que no la están usando)?

- ¿Tratas de proteger tu fuente de drogas a fin de asegurarte de que no te falte cuando la necesites?

- Cuando estás alterado o triste, ¿piensas alguna vez: "Si al menos la tuviera, me sentiría mejor"?

- ¿Puedes ahora tomar más droga que antes y a la vez seguir funcionando razonablemente bien (no se aplica a la marihuana que tiene el efecto opuesto)?

- ¿Alguna vez te cuesta recordar cosas que hiciste o dijiste mientras tomas las drogas (sólo se aplica a las drogas sedantes)?

Si el joven contesta afirmativamente a cuatro o más de dichas preguntas, es muy probable que sea adicto a las drogas. Si se niega a contestar honestamente o si se resiste, hágale ver calmadamente las constantes evidencias, adhiriéndose lo más posible a un estilo de cuestionar que no sea amenazante.

EMPATIZAR. en lugar de tratar de entender la conducta del joven, procure entender (en lo posible) el sufrimiento y la confusión por los que está pasando. ¿Cuáles son sus sufrimientos? ¿Sus inseguridades? ¿Sus temores? ¿Sus frustraciones? Hasta no obtener una percepción de éstos, usted no se encuentra preparado para ayudar. También recuerde que la empatía puede ser proyectada en formas sencillas y prácticas, por ejemplo: escuchando atentamente, haciendo contacto visual y asintiendo con la cabeza cuando el joven habla, estando frente a frente (en lugar de detrás de un escritorio), haciendo gestos empáticos, como son: colocarle una mano sobre el hombro cuando el joven llora, o esperando pacientemente mientras él o ella lucha por encontrar las palabras para decir.

ALENTAR. Recuerde que el adicto por lo general siente una intensa ansiedad y tiene un concepto bajo de sí mismo. En consecuencia, cuídese de criticar o condenar al joven; en cambio, comunique su aceptación y aprecio por él o ella (aunque no por su conducta). Sea amable, aceptador y alentador —pero no crédulo— en su trato. Procure cimentar tres verdades en su mente:

● Dios ama al joven incondicionalmente.

● Usted ama al joven incondicionalmente.

● El o ella es una persona de inestimable valor a los ojos de Dios y de los suyos.

DIRIGIR. El adulto interesado puede ser de máxima ayuda guiando en la siguiente dirección al joven involucrado en el uso de drogas:

1. Dirija la atención del joven hacia Dios. Guíelo a arrepentirse y confesar su pecado, y ayude al joven a recibir y reconocer el amor y perdón de Dios. Recalque, al conversar con el joven, que hay gracia y poder en una relación con Dios por medio de Jesucristo. Guíele a desarrollar y mantener una comunión diaria con Dios a fin de apoyarse en su poder, aprender de su Palabra y contrarrestar las tentaciones con la mente de Cristo (Filipenses 4:4-9).

2. Informe e involucre a los padres del joven. Lo antes posible debe involucrar a los padres del joven. Aunque a veces los padres se muestran renuentes a aceptar la verdad del problema de un hijo o hija, su colaboración y apoyo son indispensables para que el tratamiento y la recuperación sean eficaces.

3. Presente las opciones para el tratamiento. Stephen Arterburn identifica tres elementos importantes del tratamiento que son esenciales para lograr la recuperación del adicto:

Primero, la persona tiene que eliminar la droga de su sistema. Se debe permitir al cuerpo recobrar su normalidad.

Segundo, se debe tener un sistema de apoyo positivo. Este sistema de apoyo tiene que educar, brindar terapia y reforzar el proceso de recuperación.

Tercero, establecer cosas que vale la pena hacer, cosas que dan significado y satisfacción. Si la persona no se va a drogar, algo tiene que llenar el vacío. Estos tres elementos en el tratamiento son muy importantes si se ha de establecer un programa eficaz de recuperación.

COMPROMETER. Aunque nadie puede esperar que un adicto salga adelante sin ayuda de nadie, haciéndolo por sí solo, es importante contar con la cooperación del joven en planear su recuperación. Puede ser que el adulto interesado necesite hacer los arreglos y aun proveer dirección firme e insistente, pero se debe aprovechar toda oportunidad para permitir que el joven tome las decisiones y determinaciones acerca de su tratamiento. Examine las opciones para el tratamiento (que sin duda incluirán los tres elementos ya mencionados), pero asegúrese de que el joven sea el "dueño" de cualquier decisión que se tome. Una de las formas más efectivas de lograr esto es sugiriendo opciones "esto/o aquello" ("¿Te sentirías más cómodo viendo al médico de la familia o te gustaría que yo sugiera uno?").

REFERIR. Bajo ninguna circunstancia debe el padre o líder de jóvenes intentar guiar al adicto en su recuperación sin ayuda profesional. Lo más pronto posible haga que el joven esté en manos de un profesional especializado en el campo de adicciones. Hay una variedad de organizaciones (Como Narcóticos Anónimos) y programas de tratamiento que pueden ayudar, y cualquier médico o sicólogo informado puede ayudar al joven y al líder a valerse de tales recursos.

Pasajes bíblicos citados en este capítulo

- Proverbios 20:1; 23:20

- 1 Corintios 6:12, 15-20

- Gálatas 5:16, 21: 6:1

- Efesios 5:18

- 1 Pedro 5:8

- Romanos 13:1-5

- Mateo 11:28

- Jeremías 6:16

- Isaías 55:1-3

- Judas 22, 23

- Proverbios 18:13

- Filipenses 4:4-9

Otros pasajes bíblicos:

- Romanos 6:12, 13:13

- Gálatas 5:16-25

- Efesios 6:10-18

- 1 Tesalonicenses 5:4-11

- 2 Pedro 1:5-7

JUEGOS DE AZAR

Introducción

E mpezó inocentemente: juego de cartas en los primeros años de la secundaria jugando por monedas, y apostando unos pesos de cuando en cuando al jugar al billar en la casa de un vecino. Pero David no se daba cuenta del efecto que ganar tendría sobre él.

En sus últimos años de secundaria David ya estaba haciendo apuestas en el lugar donde trabajaba algunas horas por semana. Al poco tiempo alguien le dio el número de teléfono de un corredor de apuestas. Empezó a hacer apuestas con él. Cuanto más ganaba, más quería ganar; cuanto más perdía, más quería recuperar lo perdido. Empezó a descontrolarse.

Los primeros dos años David las más de las veces tenía suerte. Se jactaba con sus amigos de lo que ganaba. Su hábito lo hacía sentirse poderoso y como si tuviera dominio sobre su vida. Pero hacia el final del segundo año David empezó a perder. Parecía que ya no tenía suerte. Cierto fin de semana los padres de David recibieron un llamado del departamento de policía informándoles que su hijo —excelente alumno, deportista destacado, e integrante "perfecto" del grupo juvenil de la iglesia— había sido detenido por robo de un auto.

Su mamá, al borde del pánico y su padre, literalmente al borde de un ataque al corazón, llamaron al líder de jóvenes de la iglesia y le pidieron que los acompañara para sacar a David de la cárcel bajo fianza; así lo hizo. En el triste camino a casa, David no hacía más que repetir: "Lo hice para protegerlos a ustedes". Ni sus padres ni el líder de jóvenes entendían lo que quería decir hasta que David pidió hablar a solas con éste. David le confesó su secreto. Admitió haber robado cosas de poco valor una que otra vez durante los últimos seis meses con el fin de tener dinero para sus apuestas que se habían convertido en un hábito. Le explicó que había tratado de robar el auto porque había acumulado una fuerte deuda con el corredor de apuestas. Este había amenazado a David que lastimaría a su familia si no pagaba inmediatamente.

Con el sacrificio financiero de sus padres y las oraciones, el apoyo y los consejos de otros, David pudo seguir adelante y terminar sus estudios secundarios, y empezó también a recorrer el largo camino hacia la recuperación.

El problema de la adicción a los juegos de azar

Las apuestas en los juegos de azar no son un problema nuevo entre los jovencitos, pero los expertos coinciden en que está empeorando. Un informe de la Asociación para un Mejor Gobierno en Chicago estima que, en los EE. UU. de A. únicamente, siete millones de menores juegan a las apuestas. En la zona noroeste de dicha nación, hasta un total del 50 por ciento de estudiantes de secundaria reporta haber hecho apuestas de dinero en el último año.

Una reciente encuesta realizada por la Facultad de Medicina de la Universidad de Harvard demostró que entre un 6,4 y 8,5 por ciento de estudiantes de secundaria, en el área suburbana de Boston, se clasificaban como jugadores compulsivos. Entre el 75 por ciento que expresó haber jugado, el 32,5 por ciento había hecho su primera apuesta antes de cumplir los 11 años. El 56 por ciento lo había hecho entre los 11 y 15 años.

Un estudio nacional del problema, realizado por Durwood Jacobs, vicepresidente del Concilio nacional sobre problemas de juego, dice: "Nuestras conclusiones iniciales eran que de 4 a 6 por ciento de los jovencitos de una edad promedio de 16 años, eran probables jugadores patológicos en el momento cuando fueron encuestados".

Los estudios de seguimiento han arribado a conclusiones similares, pero un estudio reciente en Ontario, Canadá, después de que se legalizara el juego en los casinos, demostraba un aumento de esta actividad entre los jóvenes. Según Jacobs, al pasar el joven a la universidad, el problema tiende a empeorar por diversas razones:

> Tienen más dinero, los padres los supervisan menos, tienen más libertad de acción. Esto ha sido así por mucho tiempo. Apostar por dinero tiende a disminuir generalmente cuando los varones van llegando al final de su segunda década y al principio

de la tercera porque es entonces cuando realmente tienen que hacer frente a la vida. La vida universitaria es meramente una extensión de la adolescencia.

El problema de los juegos de azar entre los adolescentes y jóvenes está empeorando. Se están viendo cada vez más jugadores entre los adolescentes. En Nueva Jersey, en los EE. UU. de A., hace poco la policía desbarató una banda de 30 a 40 jovencitos que apostaban entre *5.000 y 7.000 dólares por semana.*

Las causas de la adicción a los juegos de azar

Los expertos en el tema creen que los juegos de azar entre los adolescentes son estimulados por una creciente aceptación de los mismos en la sociedad. Abundan los casinos y las loterías administradas por el Estado. Los corredores de apuestas dan créditos fáciles a los jovencitos. Y los mortificados padres tienen que pagar las deudas de sus hijos, temiendo a las represalias.

✦ Razones sociales principales

Las razones sociales principales por las cuales se ve que los juegos de azar van en aumento entre los adolescentes son cinco: una desintegración en la moralidad en general, lo accesible que son los juegos de azar y el síndrome de "hacerse rico rápidamente", la legalización de los juegos de azar, la falta de educación sobre los peligros de los juegos de azar, y la falta de control o de acabar con las operaciones de apuestas ilegales de las que se pueden valer personas de cualquier edad.

Los adolescentes caen en la adicción a los juegos de azar por diversas razones. Muchos, como David, empiezan haciendo apuestas sobre eventos deportivos. La posibilidad de ganar nueve pesos arriesgando sólo uno puede ser muy tentadora. Los adolescentes que llegan a ser jugadores compulsivos tienden a tener en común cinco características:

✦ **Los adolescentes que juegan compulsivamente...**

A menudo ya vienen con problemas. El juego les brinda una manera de escape. El juego actúa como una anestesia para el que tiene problemas en la escuela, con sus amigos, con la familia o con el concepto que tiene de sí mismo. Al jovencito que le va mal en la escuela alcanza un sentido de logro al ganar una apuesta. El joven sin amigos no tiene ninguna dificultad en encontrarlos en el mundo del juego. El joven que tiene graves problemas familiares puede encontrar un oasis temporal de escape en el juego; un sentimiento de ejercer control sobre algo. El joven que cree que no vale nada a veces se siente triunfador porque "logró" ganar. (Vea el capítulo 6: *Concepto bajo de sí mismo.*)

Generalmente ya tienen indicios de conducta adictiva. La adicción al alcohol y a las drogas tiene una fuerte relación con el síndrome del juego. Los jovencitos que juegan compulsivamente comparten características adictivas que se pueden identificar fácilmente:

1. Su respuesta a los conflictos, problemas o sufrimiento es "escapar".

2. Sienten la necesidad de contar con algo en su vida que pueden "controlar totalmente".

3. Son egocéntricos y no aguantan demorar una satisfacción.

4. Son impulsivos, rara vez piensan antes de actuar.

5. Para ellos no hay términos medios. Sólo piensan en ganar o perder.

6. "Negar" es su defensa favorita cuando se les confronta.

Tienden a estar deprimidos. Las investigaciones no están seguras de que la depresión sea una causa o un síntoma, pero la mayoría coincide en que existe una correlación entre la depresión y el jugar compulsivamente. (Vea también el capítulo 5: *Depresión.*)

Tienden a tener una predisposición por la "sociopatía". Los adolescentes que juegan compulsivamente tienden a estar predispuestos a la sociopatía. El sociópata es la persona que no aprende de sus experiencias, carece de lealtad personal y grupal, tiene poco sentido común y de responsabilidad, justifica su conducta inapropiada y tiene una mente que no le advierte cuándo está equivocado.

Por lo general están dominados por el anhelo de querer excitación y acción. Los adolescentes que juegan compulsivamente por lo general andan siempre en busca de "acción" y "excitación". La vida cotidiana normal es aburrida para ellos. Encuentran sentido para su vida por medio de una primitiva estimulación física.

Los efectos de la adicción a los juegos de azar

La mejor manera de examinar los efectos del jugar compulsivo sobre los jóvenes es observando cómo se desarrolla la compulsión por jugar. La progresión típica está compuesta de tres etapas reconocibles: la etapa cuando gana, la etapa cuando pierde y la etapa cuando se desespera.

✦ **La etapa cuando gana: En busca de la acción o un escape**
Jugar por dinero es divertido, emocionante y agradable para el jovencito. Quiere excitación más que cualquier otra cosa. "Ganar" —aun en un juego de azar— le atrae. La mayoría de los jugadores considera que ganar es como una indicación de sus propias habilidades. El riesgo de perder sólo acrecienta la emoción. Y jugar también les brinda una manera de huir, de olvidar o eludir la "vida real".

✦ La etapa cuando pierde:
Los apuros

Jugar continuamente por dinero en última instancia da como resultado más pérdidas, lo cual es una amenaza para su concepto de sí mismo. Para salvarlo, para recuperar el dinero perdido y para disimular sus pérdidas, el jugador tiene que encontrar maneras de conseguir más dinero. Como resultado, el juego puede empujarlo a los extremos: para cubrir sus cuantiosas pérdidas, puede "empezar a pedirle prestado dinero a su novia, luego robar dinero y alhajas de sus padres y, por último, robar casas y autos". Es posible que recurra también a:

● Usar las tarjetas de crédito de sus padres para conseguir dinero.

● Vender drogas.

● Convertirse en corredores de apuestas.

● Robar y empeñar cosas.

● Trabajar horas extra.

✦ La etapa cuando se desespera:
Pánico y el final del camino.

La desesperación se va desarrollando a medida que el jugador se obsesiona con la idea de recuperar lo perdido y pagar sus deudas. Pero ahora las apuestas usando dinero prestado o robado y perdiendo el dinero con el que pensaba pagar sus deudas lo meten cada vez más en el pozo. Sus pagarés empiezan a amontonarse. Al llegar a este punto, el juego domina toda la vida y tenderá a mostrar los siguientes síntomas:

● Falta a la escuela; calificaciones bajas.

● Más mentiras.

● Aislamiento de la familia y los amigos.

● Echarle la culpa a otros.

● Un fuerte sentido de culpa e ira.

● Pánico y ansiedad.

● Aumento en el uso de drogas o alcohol.

● Aumento en pedir prestado.

● Aumento del nivel de los robos.

● Depresión nerviosa.

● Desesperanza y depresión.

● Pensamientos o gestos suicidas.

● Problemas con la ley.

El joven que juega por dinero está fuera de control cuando refleja tres de los siguientes diez criterios que se aplican al jugador compulsivo:

1. Preocupación por los juegos de azar o por obtener dinero para apostar.

2. Fuera de control (se nota por repetidos intentos fallidos por jugar menos o dejar de jugar).

3. Tolerancia (cuando las apuestas son por mucho dinero, las apuestas por menos cantidades no producen la emoción deseada).

4. Retraimiento (incluyendo intranquilidad e irritabilidad, antojos e indicios sicológicos).

5. Regresar otro día a fin de desquitarse ("corriendo" tras lo que ha perdido).

6. Jugar por dinero como una manera de huir de sus problemas o de sentimientos inaguantables.

7. Mentir a su familia y a otros sobre cuánto juega.

8. Arriesgar sus relaciones, su educación o su carrera a fin de seguir con la actividad.

9. Caer en actividades ilícitas a fin de financiar el juego o pagar sus deudas de juego.

10. Depender de otros o de instituciones para aliviar la situación financiera producida por el juego.

La perspectiva bíblica sobre los juegos de azar

La Biblia no enfoca específicamente el tema de los juegos de azar, pero jugar por dinero sí se relaciona con varias cuestiones bíblicas.

La Biblia prohíbe explícitamente la avaricia. Los juegos de azar se basan en el amor al dinero y el deseo de tener más, lo cual la Biblia claramente identifica como "raíz de todos los males" (1 Timoteo 6:10). El juego incita "todos los males" como la avaricia, el materialismo y la codicia, que son contrarios a los mandamientos bíblicos (Lucas 12:15; Proverbios 15:7).

Los juegos de azar son contrarios a la ética bíblica del trabajo. La intención de Dios es que el ser humano obtenga su sustento por medio del trabajo honesto (Lucas 10:7; Exodo 20:9; Efesios 4:28; 2 Tesalonicenses 3:10-12), no por medio de los juegos de azar.

El juego es destructivo y adictivo. Los que "desean enriquecerse caen en tentación y trampa, y en muchas pasiones insensatas y dañinas que hunden a los hombres en ruina y perdición" (1 Timoteo 6:9). No hay caso donde sea más evidente la verdad contenida en las palabras de Pablo a Timoteo que los anhelos necios y dañinos que muchas veces lanzan al jugador compulsivo hacia la desesperanza, depresión, pensamientos y gestos suicidas.

La Biblia receta una alternativa para los juegos de azar. Dios ya ha bendecido al cristiano con "toda bendición espiritual" y le ha dado en abundancia "las riquezas de su gracia" (Efesios 1:3, 7). Sea cual fuere el motivo por el cuál el joven cayó en el juego de azar —escapar, control o emoción— Dios puede suplir "toda necesidad vuestra" (Filipenses 4:19). Aunque el juego compulsivo es un problema complejo y desafiante, la mejor manera de prevenirlo y superarlo es con el poder de Dios, a través de una vida sometida al control del Espíritu Santo (Gálatas 5:16).

La Biblia ordena tratar al jugador compulsivo con compasión pero con firmeza. Los creyentes son llamados a llevar las cargas los uno a los otros y restaurar con gentileza a los que han tropezado o tienen problemas. (Vea Gálatas 6:1, 2.) El que ha caído en el vicio del juego debe ser reprendido con firmeza, pero debe ser tratado con cariño y compasión.

La respuesta al problema de los juegos de azar

El padre o líder de jóvenes que quiere ayudar a un joven que es un jugador compulsivo hará bien en seguir los siguientes pasos de acción:

ESCUCHAR. Al tratar con un jugador joven, la primera meta es obtener los datos correctos para determinar el nivel de su problema. Esto puede lograrse haciendo las siguientes preguntas (siete respuestas afirmativas lo califican como jugador compulsivo):

1. ¿Pierdes horas de trabajo (o de estudio) debido al juego?

2. El juego, ¿alguna vez hace que tu vida de hogar sea infeliz?

3. ¿Afecta el juego tu reputación?

4. ¿Alguna vez sientes remordimiento después de jugar por dinero?

5. ¿Alguna vez juegas por dinero a fin de ganar lo que necesitas para pagar deudas o resolver alguna dificultad financiera?

6. ¿Jugar por dinero incide sobre tu ambición o eficiencia?

7. Después de perder, ¿sientes que tienes que regresar lo antes posible para recuperar lo que perdiste?

8. Después de ganar, ¿sientes un fuerte impulso por volver para ganar más?

9. ¿Con frecuencia juegas hasta que has perdido todo el dinero que tenías?

10. ¿Alguna vez pides prestado dinero para jugar?

11. ¿Alguna vez vendes algo para poder jugar?

12. ¿Eres renuente a gastar "dinero para el juego" en compras normales?

13. ¿El juego te hace indiferente al bienestar de tu familia, amigos y el tuyo propio?

14. ¿Alguna vez juegas más tiempo del que habías planeado?

15. ¿Alguna vez juegas por escapar de las preocupaciones o problemas?

16. ¿Alguna vez cometes o consideras la posibilidad de cometer una acción ilegal para financiar el juego?

17. Hace el juego que tengas dificultades para dormir o para funcionar en la escuela?

18. Las discusiones, los desengaños o frustraciones ¿crean en ti un anhelo de jugar por dinero?

19. ¿Alguna vez sientes el impulso de querer celebrar cualquier cosa que te salió bien con unas horas de juego?

20. ¿Alguna vez consideras a la autodestrucción como un resultado del juego?

EMPATIZAR. Como la persona involucrada en el caso de un joven que juega compulsivamente, usted es literalmente su cuerda salvavidas. El suicidio es una opción para un jugador que pasa por la etapa de la desesperación (la etapa en la cual es más probable que busque ayuda). El jugador en este punto tocó fondo y está pidiendo ayuda, no condenación. Empatice con él al punto de poder edificar un puente de confianza. Después de todo, el joven jugador tendrá que confiar en usted para que acceda a involucrar a los padres y a las autoridades, si fuere necesario.

AFIRMAR. El jugador compulsivo necesita varias cosas si es que espera escapar de la adicción. Amor, gracia y paciencia deben ser el punto de partida del adulto que se interesa por él, ya que la falta de estos pueden ser la causa verdadera de su adicción. Elógielo por su valentía en enfrentar el problema y pedir ayuda. Siempre recalque al jugador que al admitir su problema, ya ha tomado el paso más difícil. Ofrézcale estímulo y afirmación cuando vea cualquier señal de progreso.

DIRIGIR. El padre, maestro, pastor o líder de jóvenes que se preocupa debe simpatizar con el joven, pero debe ser firme contra la adicción. Dirigir toma en cuenta varias etapas específicas:

1. Amable pero firmemente, guíe al joven a reconocer y admitir su problema. Rompa la barrera del sistema de negación del jugador. Si el joven rehúsa contestar honestamente o se resiste, ofrezca evidencia calmada pero consecuente, apegándose hasta donde sea posible a un estilo de preguntas que no lo amenacen. Presente ejemplos específicos ("¿Qué le pasó al dinero de la venta del automóvil?") y no acusaciones generales ("¡Tú has perdido el control!"). Con sensibilidad y firmeza comparta la información de este capítulo sobre los efectos que los juegos de azar tienen en los jóvenes.

2. Anime al joven a acercarse a Dios como fuente de ayuda. Guíelo a confesar y arrepentirse de su pecado, y ayúdele a recibir y reconocer el amor y el perdón de Dios. Recalque que hay gracia y fortaleza en una relación personal con Dios a través de Jesucristo. Guíelo a establecer el hábito diario de oración y compañerismo con Dios, los cuales llenarán las necesidades internas que el joven trató de llenar anteriormente con los juegos de azar y suplirá la fortaleza contra la tentación.

3. Informe e involucre a los padres del joven lo más pronto posible. Aunque es posible que los padres rehúsen enfrentar la verdad del problema de un hijo o hija, su cooperación y apoyo serán importantes para el tratamiento y recuperación efectivos.

4. Analice las opciones de tratamiento. Ayude al joven (y a su padres) a considerar buscar consejería profesional, grupos de apoyo y otras formas de tratamiento.

COMPROMETER. Si el joven ha admitido que existe un problema y está dispuesto a buscar ayuda; el padre, pastor, líder de jóvenes o maestro interesado debe permitir que participe en planear tal paso. Resista la tentación de pensar o hacer el trabajo por él; procure tener la participación activa del joven en trazar e implementar un plan que le ayudará en su propia recuperación.

REFERIR. Si el joven es un jugador compulsivo tendrá que ser referido a un consejero profesional. Sin embargo, usted tendrá una tarea crucial: convencer al joven de que necesita ayuda profesional. Si usted determina que el joven no es un jugador compulsivo, puede ayudarlo ofreciendo información sobre los peligros y mitos de los juegos de azar. Si el jugador no quiere ir a una agencia o a un consejero que le puedan ayudar, refiéralo al programa local de Jugadores Anónimos. De cualquier forma, esto se debe hacer con el permiso de los padres y, de preferencia, con el apoyo de la familia. A menos que usted sea un experto en los juegos de azar, prepárese para conseguir la ayuda de varias agencias que ofrecen tratamiento, información, educación y apoyo.

Pasajes bíblicos citados en este capítulo:

- 1 Timoteo 6:9,10
- Lucas 10:7; 12:15
- Proverbios 15:7
- Exodo 20:9
- Efesios 1:3, 7; 4:28
- 2 Tesalonicenses 3:10-12
- Filipenses 4:19
- Gálatas 5:16; 6:1, 2

Otros pasajes bíblicos para leer

- Isaías 58:11
- Jeremías 6:16
- Romanos 6:12; 13:13
- Gálatas 5:16-25
- Efesios 6:10-18
- Filipenses 4:4-9
- 1 Tesalonicenses 5:4-11
- 1 Pedro 5:8

TRASTORNOS

ATENCIÓN DEFICIENTE

Introducción

Rubén era un muchachito alegre y divertido. Pero a veces parecía un imán que atraía problemas. Con sus quince años, sus hoyuelos en las mejillas, tez oscura y ojos oscuros era muy atractivo, aunque no era alto ni tan desarrollado como otros chicos de su misma edad. Tenía amigos, pero hubiera tenido más a no ser por su extraordinaria capacidad de irritar a los demás. A veces parecía que lo primero que se le ocurría lo decía. Y lo decía de una manera graciosa que hacía que sus interlocutores pasaran por alto su falta de tacto y, a veces, parecía no darse cuenta de cuánto irritaba a la gente.

La escuela era una batalla para Rubén. Era desorganizado y descuidado en sus tareas escolares. Sus profesores usaban palabras como *distraído, perezoso y olvidadizo* al describirlo. Aunque de cuando en cuando demostraba saber mucho, por lo general obtenía calificaciones bajas en los exámenes. La calificación por "comportamiento" era siempre pobre porque parecía que le era imposible quedarse quieto en clase.

Los padres de Rubén eran buenos cristianos que trataban de guiar bien al muchacho. Lo habían hecho exitosamente con su hermano y hermana mayores y, aunque Rubén parecía querer obedecer a sus padres, su naturaleza impulsiva a menudo se lo impedía. Si lo sorprendían con una orden que no esperaba, perdía los estribos. Parecía no tener concepto del tiempo y siempre llegaba tarde. Tanto se concentraba en el "ahora" que una virtud como ahorrar dinero para él era un castigo.

La mamá y el papá de Rubén encaraban su problema de maneras dispares. Su mamá con frecuencia trataba de justificar su conducta, aceptando la responsabilidad de llevarle a la escuela lo que había olvidado, siempre recogiendo sus cosas que dejaba por todas partes, pero regañándole continuamente por sus faltas. Por otra parte, su papá era un hombre ocupado que le prestaba poca atención hasta que ocurría una crisis; entonces por lo general explotaba, enojado por el problema, haciendo demandas estrictas y a veces irrazonables. Rubén respondía al desafío de ver quién podía gritar más fuerte y metiéndose en discusiones que nunca parecía poder ganar. El muchacho alegre y divertido se estaba convirtiendo rápidamente en un adolescente amargado, frustrado que no hacía caso a sus padres... y que lentamente iba rechazando la escala de valores de ellos.

El problema de la atención deficiente

Los muchachos como Rubén muchas veces son incomprendidos. Los adultos suponen que los muchachos como él conscientemente dejan que sus impulsos los dominen. En realidad, Rubén y otros igual que él (hasta cierto punto, dos de cada diez personas) tienen problemas causados por la atención deficiente. Este trastorno tiene su origen en problemas biológicos. Los niños, los jóvenes y los adultos (no es un problema que pasa con el correr del tiempo) que sufren de atención deficiente funcionan principalmente usando el lado derecho de su cerebro. Esta área del cerebro contiene nuestra creatividad y capacidad de resolver problemas, nuestro pensamiento intuitivo, nuestros sentimientos e impulsos, nuestra habilidad de "ver todo el panorama".

Por otro lado, el lado izquierdo del cerebro contiene nuestro pensamiento lógico, ordenado (Paso 1, Paso 2, Paso 3, etc.), nuestra habilidad de prestar atención a los detalles y nuestros sistemas de valores. Los que tienen este trastorno no carecen totalmente de las habilidades del lado izquierdo del cerebro, pero los neurotransmisores que conectan los dos lados del cerebro funcionan sólo esporádicamente; o puede haber un foco de saturación del cerebro izquierdo mientras que otros sectores no funcionan bien. Por lo tanto, ocasionalmente vemos a alguien extremadamente dotado en un área en particular, como matemáticas, mientras que el resto de la información que procesa es guiado por el lado derecho del cerebro.

Como los neurotransmisores entre los dos lóbulos están "apagados", por así decirlo, las personas con atención deficiente tienen dificultad en prestar atención selectivamente a los aspectos más importantes de su ambiente. Muchos describen a sus mentes como algo vertiginoso, nebuloso o abrumado por los estímulos que van entrando. Sus impulsos, sentimientos y creatividad juegan un papel dominante en su modo de pensar. Pensar paso a paso y en orden es más difícil para ellos; los valores, consecuencias y metas no surgen automáticamente en sus mentes cuando se encuentran en situaciones tensas o cruciales. Por lo general, tienen la mayoría de las siguientes características:

1. Incapacidad de concentrarse (por largo rato)

2. Se aburre fácilmente, intranquilo

3. Desorganizado

4. Impulsivo

5. Intuitivo

6. Le cuesta controlar su enojo

7. Creativo

8. Piensa a saltos en lugar de hacerlo linealmente

9. Puede captar rápidamente todo el panorama

10. No es sensible a los detalles

11. Problemas con el concepto que tiene de sí mismo

12. Puede incluir la hiperactividad

13. Distraído

14. Se frustra fácilmente

15. Memoria a corto plazo

16. Le gusta correr riesgos

17. Aprende mejor por medio de escuchar y/o cuando está en movimiento.

Las causas de la atención deficiente

Desafortunadamente, muchos cristianos tienden a catalogar a los muchachos parecidos a Rubén como revoltosos y aún "perdidos" y se desentienden de ellos. O le echan la culpa a los padres, a la falta de disciplina o a la presión de los "amigos" por la conducta del jovencito. Pero esos juicios son totalmente inadecuados —y generalmente equivocados— en lo que a jovencitos que sufren de atención deficiente se refiere.

✦ Problema biológico

La atención deficiente es un problema biológico que generalmente puede ser rastreado a los padres, tíos, tías o abuelos que luchaban con los mismos síntomas. En otras palabras, es un trastorno congénito. Los problemas que surgen por la atención deficiente pueden intensificarse, por supuesto, cuando el niño que los sufre tiene un progenitor que también los sufre.

✦ Raíces históricas

Hay quienes cuestionan por qué en el continente americano parece haber más gente diagnosticada con atención deficiente, mientras que en países como Alemania y Japón parecen tener pocos problemas con esto. Las respuestas pueden ser dos, tomando en consideración tanto la historia como el ambiente.

Los tipos de exploradores y colonizadores que llegaron a playas americanas eran (hablando en general) hombres y mujeres visionarios dispuestos a arriesgarse y aceptar nuevas ideas y nuevas maneras de hacer las cosas. Muchas veces necesitaban ser creativos en todos los aspectos de la vida a fin de poder sobrevivir. Resulta fácil ver que muchos de los que en la actualidad serían diagnosticados como teniendo atención deficiente se sentirían atraídos por ese tren de vida; es posible que, por esta razón los antepasados que cruzaron el océano hacia el Nuevo Continente hayan tenido una mayor concentración de atención deficiente que otras nacionalidades.

✦ Raíces ambientales

Pero, ¿por qué de pronto se ha convertido la atención deficiente en un diagnóstico tan popular? Algunos argumentarían que sencillamente estamos queriendo justificar el que los padres no disciplinan a sus hijos. Sin embargo, antes de aceptar esto como un hecho tenemos que analizar muy bien nuestro ambiente. En las sociedades mayormente rurales del pasado, una persona con atención deficiente probablemente hubiera tenido menos problemas en calzar bien dentro del ambiente. De hecho, su energía y creatividad, y su necesidad de andar en muchas diferentes actividades para no aburrirse hubiera sido considerado como un beneficio para la mayoría de las tareas del campo.

Pero a medida que la sociedad se hace más y más especializada, la mayoría de las personas obligadamente tienen que concentrar sus esfuerzos en un área durante muchas horas, tarea que es muy difícil para una persona que sufre de atención deficiente

Además del enfoque limitado, muchas cosas en nuestra vida son ahora automáticas, y nuestro nivel de actividad física ha disminuido considerablemente. En estas circunstancias, la energía de la persona que sufre de atención deficiente no tiene salida. Esto resulta especialmente difícil para los que sufren de ADH (atención deficiente hiperactiva). Estar sentado en el ómnibus camino a la escuela, estar sentado en el aula todo el día y después irse a casa y estar sentado frente a la TV o un juego de video o haciendo las tareas escolares, es conducente a que el joven con atención deficiente empiece a dar problemas. Cuando se agrega a esta mezcla todas las influencias que distraen y que son violentas que nuestra sociedad presenta a muchos niños en la forma de hogares destruidos, el cine, TV, calles llenas de pandillas, no es de sorprender que sus diferencias en cómo aprenden y cómo se relacionan se conviertan en trastornos de enormes proporciones.

Los efectos de la atención deficiente

El niño que sufre de atención deficiente empieza a sentirse como el único corredor en una carrera a quien se le obliga correr con pesas en los pies. Empieza a preguntarse por qué los demás corren la carrera sin tener que esforzarse, mientras él se va quedando atrás luchando por alcanzarlos.

✦ Creativo, ingenioso

Cualquier persona que se interesa por estos jóvenes siente esa misma lucha. La familia de un niño con atención deficiente descubre muy pronto que éste vive en un mundo interesante pero volátil. Al principio, los padres quizá disfruten de la creatividad y el ingenio del niño, pero esos mismos rasgos pueden ser también causa de desesperación en algunos casos. Dado que su habilidad de considerar las consecuencias, de pensar en su sistema de valores o de adoptar metas de largo alcance a menudo es escaso, estos jóvenes necesitan más dirección y control de sus padres y otros adultos en sus años formativos.

✦ Aparentemente decidido a destruir

Aun teniendo abundante supervisión los jóvenes que sufren de atención deficiente pueden parecer decididos a destruir lo que sea. También parecen decididos a desobedecer (o parecen sordos). A veces daría la impresión que los labios de su mamá y su papá se mueven pero que no captan el significado de sus palabras. En realidad, eso es lo que pasa. Sus pensamientos andan en otra cosa, y realmente están procesando muy poco de lo que se les está diciendo. Arranques de ira, sensibilidad al azúcar y la incapacidad de quedarse quietos de noche y de levantarse por la mañana son cosas que los jóvenes con atención deficiente tienen en común. Como resultado, sus padres muchas veces se sienten exhaustos, frustrados y cada vez más desesperados porque se consideran un fracaso en el aspecto más importante de su vida.

Carolina y Guillermo expresan sus sentimientos de culpabilidad, confusión y aun temor en relación con la forma como Carlos, su hijo, se porta durante el culto familiar. Aunque trataban de que ese momento fuera creativo y agradable, Carlos parecía empecinado en arruinar el ambiente. Siendo una nueva creyente, Carolina había soñado en tener ese momento quieto y especial con su familia, compartiendo la verdad y el gozo de la Palabra de Dios. Pero su realidad es un chico inquieto, disruptivo que parece indiferente a las cosas espirituales. Carolina ha empezado a darse por vencida con el culto familiar.

✦ Dificultades escolares

Si una madre puede llegar al punto de "darse por vencida", es fácil ver cómo maestros y escuela harían lo mismo. Si estos jóvenes van a tener éxito, puede ser únicamente en el deporte o como el payaso de la clase. Por ser olvidadizos y malos organizadores a menudo obtienen calificaciones bajas aunque su nivel de inteligencia sea elevado (lo cual muchas veces es el caso). Uno de cada cuatro jóvenes con atención deficiente es niña, pero con frecuencia no será diagnosticada sino catalogada como sencillamente distraída, porque por lo general es más callada y se esfuerza más por complacer que los varones con el mismo trastorno. Al seguir en la escuela, año tras año de fracasos y frustraciones en un mundo que funciona con el lado izquierdo del cerebro hace que muchos caigan en un segundo nivel de problemas relacionados con el concepto que tienen de sí mismos. Pueden sufrir de depresión o de rebeldía y correr más peligro de caer en adicciones, en la cárcel o en el suicidio. (Vea los capítulos: 6, *Concepto bajo de sí mismo;* 5, *Depresión;* y 9, *Pensamientos, tendencias y amenazas de suicidio.*)

✦ Frustrante, falto de tacto

La iglesia a menudo reacciona sin simpatía hacia el niño que sufre de atención deficiente. Es muy probable que los obreros de la escuela dominical y los líderes de la congregación cataloguen a estos jovencitos que tienen problemas de disciplina como "malos". Estos jovencitos pueden ser frustrantes y carecer de tacto. Mientras que otros muchachos han aprendido a disimular su aburrimiento, el joven impulsivo que sufre de atención deficiente "lo dice todo". No tienen la habilidad de muchachos que usan el lado izquierdo del cerebro de decir lo correcto en el momento correcto.

En cierta ocasión, Jesús contó a sus discípulos una parábola de dos hermanos. El padre les pidió a ambos que fueran a trabajar en la viña. El primero dijo: "Sí, iré" pero luego decidió no ir. El segundo dijo: "No, no quiero ir" pero fue. Luego Jesús preguntó cuál había hecho la voluntad de su Padre. Por supuesto, era el hermano cuya respuesta había sido negativa.

Muchos muchachos que sufren de atención deficiente son como ese hermano. Sus corazones son sensibles, pero sus respuestas impulsivas los pueden meter en líos en la estructura muy ordenada de la iglesia y las muchas respuestas específicas que allí se esperan.

La perspectiva bíblica de la atención deficiente

¿Existe una perspectiva bíblica sobre la atención deficiente? La Biblia precede unos dos mil años al diagnóstico clínico de atención deficiente. ¿Cómo, entonces, puede ofrecer alguna perspectiva del mismo o una dirección al problema?

Para contestar esa pregunta, consideremos si podemos catalogar como rebelión a la impulsividad, el fácil aburrimiento y los olvidos que son típicos de muchachos (y adultos) que padecen de atención deficiente. Podemos argumentar que sí: quizá no disfrutan de leer y memorizar la Biblia porque sencillamente no son del Señor. Quizá se portan mal en el culto porque son irreverentes y no los disciplinan en su casa. Esta es la salida fácil, pero acalla la conciencia de maestros y líderes de jóvenes y les permite sentirse bien cuando tienen la esperanza secreta de que Juancito el Terrible deje de participar en las actividades del grupo juvenil de la iglesia.

Pero puede ser de ayuda observar la reacción de Jesús a su discípulo descarado impulsivo, llamado Pedro. Quizá Pedro no haya tenido este trastorno, pero parece haber tenido mucho en común con los jóvenes de hoy diagnosticados con este mal. Este gran pescador cuya boca muchas veces parecía funcionar con más rapidez que su cerebro (Mateo 16:21-23), probablemente había sido la desesperación del grupo juvenil de la sinagoga; era arriesgado (Mateo 14:28-30) que prometía una cosa y hacía otra (Lucas 22:33, 34, 54-62), luchaba por controlar sus arranques de ira (Juan 18:10, 11) y *corría* cuando otros caminaban de puntillas (Juan 20:1-6).

Pero Jesús no se dio por vencido ante el temperamento de Pedro; el Señor era pacientemente cariñoso, alentador sin dejar de corregir a su impetuoso discípulo. Al contrario, Jesús vio potencialidades en el pescador galileo y parece que el Señor estaba empeñado en labrar a Simón, hijo de Jonás, hasta verlo convertido en Pedro, la roca que Jesús sabía que un día sería (Mateo 16:17, 18).

Los adultos cristianos interesados en la juventud harán bien en cultivar una actitud similar hacia muchachos que sufren de atención deficiente. Cada uno cuenta con una notable creatividad, habilidad, percepción y audacia. Es nuestra tarea como líderes de jóvenes y padres discipularlos con paciencia, creer en ellos y corregirlos. La atención deficiente nunca puede ser una justificación para una conducta pecaminosa, pero el padre, pastor, maestro o líder de jóvenes con discernimiento sabrá distinguir entre la conducta y el trastorno.

No necesitamos justificar los problemas de disciplina o inmoralidad de estos jóvenes, pero tampoco hemos de exigir que se conformen completamente a nuestro mundo que "funciona con el lado izquierdo del cerebro". Dios los hizo diferentes con un propósito. Ellos y sus dones especiales son de inmenso valor para él y para su iglesia. ¿Quién puede decir si

Dios un día usará la audacia de ellos para darnos un avivamiento? ¿Quién puede decir si usará su facilidad de tener fe y su energía sin límites para tomar pasos gigantes para la causa de Cristo?

La respuesta al problema de la atención deficiente

ESCUCHAR. Cuando un joven que sufre de atención deficiente viene para aconsejamiento, una gran variedad de problemas puede haber precipitado su necesidad de consejo. Puede tener más que los problemas comunes, como son dificultades en la interacción con sus compañeros y con sus padres. O puede haberse ya lanzado a un segundo nivel de problemas que incluyen relaciones sexuales ilícitas, adicción a las drogas y otros problemas con la ley que resultan de decisiones impulsivas y desacertadas. Permita que el joven exteriorice sus sentimientos sabiéndose seguro con usted. Parecerá que algunos se gozarán procurando escandalizarlo o desafiarlo; demuéstreles que nada de lo que digan o hagan cambiará el amor que Dios le ha dado por ellos, ni cambiará su convicción en la habilidad que ahora tienen de tomar decisiones acertadas.

EMPATIZAR. Si usted ha visto siempre la vida desde la perspectiva que le da "el lado izquierdo de su cerebro", le será difícil empatizar con un joven que tiene atención deficiente. A usted puede parecerle que no se está esforzando; esto se debe generalmente a los mecanismos de defensa que el joven usa para sobrevivir emocionalmente cada día. Escucharle contar de sus frustraciones sin emitir juicios puede empezar a ablandar el corazón de sus mecanismos de defensa.

Estos muchachos son muy perceptivos; si ven que usted los quiere; si saben que usted es auténtico, se ganará su confianza. Puede comunicar su empatía por ellos en formas prácticas, como escuchándoles pacientemente, haciendo (y manteniendo)

contacto visual, conduciéndoles amablemente para que vuelvan al tema cuando "se les va la onda" y procurando que sus propios comentarios sean cortos y al grano (nada de conferencias, por favor). Si lo considera apropiado, puede acercar su rostro al del joven al hablar (quizá hasta sosteniéndole el rostro en sus manos) para ayudarle a mantenerse enfocado.

ALENTAR. La mayoría de los muchachos que tienen este problema son como el pasto que crece en la arena: crecen bien con mucho riego —el riego del aliento. En casi todos los casos, entre más aliento y más confirmación positiva recibe, mejor andará en cualquier aspecto, la escuela, relaciones sociales, los deportes o el trabajo. Recibir aliento los hace florecer y seguir floreciendo. Por supuesto, la otra cara de la moneda también se aplica. Si perciben que su actitud hacia ellos es negativa, más probable será que reaccionen con una conducta que refleja ese negativismo. Esto no quiere decir que el adulto que lo va a guiar tenga que eliminar las consecuencias de la mala conducta.

DIRIGIR. El joven que sufre de atención deficiente por lo general necesita más corrección y orientación que otros que usan el lado izquierdo del cerebro. El adulto compasivo puede ayudar recordando lo siguiente:

1. Guíe, no regañe. Concéntrese en guiar a estos jovencitos en lugar de regañarlos. Piense en la forma más positiva de orientarles o de pedirles que cambien de conducta. Trate de "pescarlos" haciendo algo bien y elógielos en lugar de esperar que hagan algo mal para criticarlos o corregirlos.

2. Use preguntas orientadoras para lograr que piensen en actitudes o conducta que necesitan cambiar, especialmente con preguntas que incluyan "preferirías". ("¿Preferirías ayudarme a decorar la sala o hacer algo solo?") Las preguntas proceden del lado derecho del cerebro y ayudan al que sufre de atención deficiente a captar lo que usted está diciendo. Evite el sarcasmo y el "paternalimo".

3. Aliéntelo a que dependa de Dios. Este trastorno no impide tener una relación significativa con Dios. Ayude al joven a descubrir maneras de orar que su síndrome no frustre (puede dar vueltas en su habitación mientras ora en voz alta, puede tener momentos de oración más breves, puede usar música cristiana y videos musicales, etc.) Ayúdele a depender de Dios para sobrellevar su situación y vencer la tentación (Gálatas 5:16).

4. Aproveche las actividades y pasatiempos en que el joven demuestra interés y enfoque su atención y energía en ellos. Es más eficaz encaminar al joven *hacia* ocupaciones positivas que constantemente tratar de corregir su mala conducta.

5. Ayude al joven a concentrarse en mejorar, no en tratar de ser perfecto. El joven que sufre de atención deficiente puede sentirse muy frustrado al tratar de cumplir con las expectaciones y demandas de todo el mundo (Santiago 3:2). Guíele a considerar un día a la vez y a procurar mejorar (lo cual puede lograr), no en tratar de ser perfecto (lo cual no puede lograr).

6. Trate al joven como una persona que merece respeto y que le confían responsabilidades, y lo más probable será que pondrá de su parte para ser digno de su confianza.

COMPROMETER. Procure conseguir que el joven mismo se sume al equipo; involúcrelo en identificar conductas problemáticas y en aportar ideas que las solucionen. También, consiga la ayuda de jóvenes espiritualmente maduros para que extraoficialmente sean sus compañeros. Pídales que ayuden al joven que tiene atención deficiente a recordar fechas, horarios y otros detalles que fácilmente olvidará. Pídales que ayuden a alentarlo hacia conductas positivas de las cuales es capaz. Cuando la persona que sufre de atención deficiente empieza a sentir que la comprenden y aceptan, su entusiasmo natural animará a otros a acercarse y disfrutar de actividades con ella.

REFERIR. A veces los problemas de conducta y de aprendizaje están enraizados tan profundamente que las actitudes y acciones son difíciles de cambiar. Los padres, en su lucha con la atención deficiente, quizá se beneficien consumiendo suplementos alimenticios recomendados por un nutricionista. También existen medicamentos como Rizalina y Tofranil. Básicamente, estos medicamentos estimulan los neurotransmisores entre el lado derecho y el izquierdo del cerebro de manera que puedan tener más rápido acceso a cosas como memoria, lógica, habilidades organizativas y la escala de valores que le han inculcado. Es también importante saber que ciertas alergias y problemas mentales (como la depresión y el trastorno maniaco/depresivo) pueden ser muy parecidas a la atención deficiente. Por esto, el diagnóstico siempre debe venir de un consejero profesional.

Pasajes bíblicos citados en este capítulo

- Mateo 14:28-30; 16:17, 18, 21-23
- Lucas 22:33, 34, 54-62
- Juan 18:10, 11; 20:1-6
- Gálatas 5:16
- Santiago 3:2

Otros pasajes bíblicos para leer

- Colosenses 1:9-12
- 1 Tesalonicenses 5:14
- 1 Pedro 5:6-10

ANOREXIA NERVIOSA

CONTENIDO

Introducción

Ccuando era bebé, Linda era gordita. De chica, sus padres la llamaban "nuestro osito" porque era blandita y rechoncha. Una de las fotos favoritas de ellos era la de Linda sonriendo de oreja a oreja, con sus bracitos que parecían globos inflados saliendo de su blusa sin mangas y mal abotonada sobre su pancita que la hacía parecer embarazada. Linda odiaba esa foto y todos los recuerdos conectados con haber sido catalogada como "la gorda". Prometió que un día iba a sacar esa foto del álbum y la iba a quemar.

Varios meses antes de que Linda empezara su tratamiento, se había presentado en una competencia en que serían elegidas las integrantes del equipo de baloncesto. Sus amigas le decían que era la mejor jugadora de todas las que se presentaban. El día de la competencia llegó y ella jugó maravillosamente y no tuvo ni una sola falta. Todos, incluyendo Linda, creían que sería seleccionada.

La mañana siguiente salió para la escuela, entusiasmadísima porque estaba segura de que su nombre estaría en la lista del nuevo equipo. Luego, vino el golpe. Su nombre no figuraba en la lista. No podía creerlo. ¿Qué habría pasado? Sabía que había sido la mejor de la competencia. ¿Por qué no aparecía su nombre en la lista en el tablero de anuncios?

Linda salió corriendo en busca de la profesora de gimnasia. Quizá ella podría decirle qué pasó. La profesora se puso de pie cuando Linda entró en la oficina.

¿Qué pasó, ¿por qué no fui incluida en el equipo cuando todos, incluyendo usted, dijeron que jugué tan bien?

La respuesta franca de la profesora hirió profundamente a Linda:

—Sí, juegas muy bien. Pero también pesas demasiado. No podemos tener chicas gordas en el equipo que se tiene que presentar en público. Además, no tenemos un uniforme que sea bastante grande para ti.

Estupefacta, Linda dio media vuelta y se retiró. Se odiaba. Odiaba el hecho de que era gorda. Resolvió, en ese mismo instante, que nunca más en su vida se llevaría a la boca un bocado de comida que engordara. Durante las semanas que siguieron vivió de agua, lechuga y apio.

A los dos meses Linda había bajado veinte kilos, la ropa le quedaba grande y ahora usaba el número más chico que existía. Midiendo más de 1.60 m. de altura, pesaba apenas 42 kilos. Tenía 15 años, pero ya era anoréxica.

El problema de la anorexia nerviosa

Alrededor de ocho millones de personas (en los EE. UU. de A.) sufren de anorexia nerviosa. La anorexia, caracterizada por una pérdida intencional del peso original de la persona, ocurre con mayor frecuencia entre jóvenes adolescentes afectando a una entre 100 a 200 mujeres jóvenes. La incidencia mayor, dice la doctora Liliana R. Kossoy, es entre muchachas de 16 a 18 años.

Pero existe también entre los varones. Alrededor de un millón de los 8 millones de víctimas son varones. Cynthia Adams, profesora de salud mental de la Universidad de Connecticut, destaca que los deportistas jóvenes en un esfuerzo por competir y lograr cierto peso, son los que corren más riesgo de desarrollar serios trastornos alimenticios.

La expresión: "trastornos alimenticios", escriben las autoras Joan Sturkie y Siang-Yang Tan, "se refiere al mal uso de la comida incluyendo no comer lo suficiente, comer demasiado y vómitos inducidos. Una persona normal puede caer en una de estas conductas temporariamente, pero cuando pasa a ser algo habitual, se convierten en trastornos alimenticios".

Robert S. McGee, fundador y presidente de Rapha (una organización cristiana para el cuidado y recuperación de la salud), aclara el significado de la expresión "trastornos alimenticios" estableciendo, en primer lugar, lo que no son:

Trastornos alimenticios no son los extraños antojos de comida que la mujer puede tener durante el embarazo. No son el hábito personal de comer demasiado con un consecuente aumento de peso, ni son necesariamente los hábitos de saltarse las comidas con la consecuente pérdida de peso. Un trastorno alimenticio no es la incapacidad de mantenerse en dieta... Trastornos alimenticios son modalidades de conducta compulsivas adictivas en que la sustancia que la persona escoge para abusar es la comida.

La anorexia nerviosa, para ser más específicos, es: "dieta adictiva, matarse de hambre deliberadamente, usando de una parte del impulso compulsivo para lograr la perfección y el control, comunes a todas las adicciones". Sturkie y Tan enumeran varias características de la anorexia:

● El que sufre de anorexia practica "matarse de hambre", y el cuerpo es el de alguien que se está muriendo de hambre. La persona siempre siente que no es lo suficientemente esbelta.

● Tiene un interés exagerado en la comida, pero a la vez niega tener hambre.

● Al concentrarse en su gordura (o esbeltez), evita encarar los problemas relacionados con su yo, sus relaciones con los demás, sus emociones y habilidades y limitaciones intelectuales.

● Cree que rebajar unos kilos más resolverá sus problemas. Cree que será más atractivo o atractiva y, por ende, más popular.

● Puede desarrollar preferencias alimenticias extrañas y a menudo limita su dieta a sólo ciertas comidas. Pone mucho énfasis en contar calorías.

● Tiende a ser muy ambicioso y quiere ser perfecto en todo lo que hace.

● Puede excederse en el ejercicio físico en un esfuerzo por bajar de peso. Sus rutinas de ejercicio sobrepasan lo que sería un acondicionamiento físico normal...

● Prepara comidas para su familia pero opta por no comer con ella y prefiere comer solo.

Vivian Meehan, fundadora de la Asociación Nacional de Anorexia Nerviosa y Trastornos Alimenticios, se refiere a la anorexia como algo que "empieza como una manera de encarar la vida (y) luego domina (a la persona)".

Las causas de la anorexia nerviosa

Existen muchos factores que pueden llevar al joven a la anorexia, pero los siguientes son los principales:

✦ Influencias socioculturales

Es aproximadamente siete veces más común que sean las mujeres las que sufran de más trastornos alimenticios que los hombres. Las razones para ese desequilibrio son debatibles, pero el doctor Arnold Anderson, profesor de siquiatría en la Universidad de Iowa, sugiere que las influencias socioculturales juegan un papel importante. "Vemos claramente que en general hay menos énfasis en la esbeltez y las dietas entre los varones que entre las mujeres. Pero cuando subgrupos de varones se ven expuestos a situaciones que requieren perder peso —como ocurre con los que practican lucha libre, natación, los corredores y 'jockeys'— entonces surge un aumento substancial en las conductas de dejar de comer y de bulimia, sugiriendo que el refuerzo que recibe una conducta, no el sexo, es el elemento crucial".

En una cultura donde la hermosura física, particularmente para las mujeres se enfatiza y valora tanto, ser esbelta significa ser querida, aceptada y valorada como una persona de valor e importancia.

✦ Dolor

"La comida no es la cuestión en la anorexia", dicen los autores de *The Thin Disguise: Understanding and Overcoming Anorexia and Bulimia* (El disfraz esbelto: Comprendiendo y superando la anorexia y bulimia). Y agregan:

> El ciclo siempre empieza con un dolor. Ese dolor puede tener su origen en algún trauma importante en su vida, cuestiones familiares o un concepto bajo de sí mismo.

La anorexia a veces se relaciona con el maltrato o la negligencia sufrida de niño

(vea el capítulo 34: *Abuso sexual* y el capítulo 35: *Otras formas de abuso*), o con una situación creada por una familia dividida o con un sentido de inseguridad y un concepto malsano de sí mismo (vea también el capítulo 6: *Concepto bajo de sí mismo*).

✦ Perfeccionismo

McGee destaca que uno de los "componentes emocionales y espirituales clave que dan comienzo y mantienen los trastornos alimenticios es el perfeccionismo". El enfermo cree que debe —o tiene que— ser perfecto: atractivo, delgado, atlético, popular. Este perfeccionismo muchas veces es proyectado por los padres, como destaca el doctor G. Keith Olson:

> A menudo las madres del que sufre de anorexia son perfeccionistas. Tienen muchas metas para sus hijas: que sean triunfadoras, que sepan expresarse bien, que sean las más populares. Los padres de estas chicas a menudo son exitosos en sus ocupaciones.

El perfeccionismo engendrado en tal ambiente a menudo aumenta las frustraciones del jovencito, contribuyendo al círculo vicioso de dolor que lleva al desarrollo de un trastorno alimenticio.

✦ Necesidad de ejercer control

El trastorno alimenticio también a menudo representa una expresión simbólica de la necesidad de ejercer control sobre algo, aun si es únicamente un control sobre el propio cuerpo del jovencito. Para el enfermo de anorexia sus modalidades en cuanto a comer —o no comer— a veces representa una manera de lograr el orden donde hay caos. Esto se aplica especialmente al enfermo que ha sido víctima del maltrato. (Vea el capítulo 34: *Abuso sexual* y el 35: *Otras formas de abuso*.)

✦ Razonamiento defectuoso

Los autores de *The Thin Disguise* (El disfraz esbelto) mencionan una docena de "creencias irracionales" que típicamente pone leña al fuego de la obsesión que la víctima de anorexia tiene con la comida y con la pérdida de peso:

1. "La mejor manera de permanecer delgada es la manera como lo estoy logrando ahora".

2. "Lo peor que me puede suceder es aumentar de peso y ser gorda".

3. "Este comportamiento alimenticio es mi vida. Si renuncio a él no tendré nada que hacer".

4. "La manera favorita de escapar de mis problemas es la comida. Si renuncio a esta área de mi vida, tendré que encararlos, y no quiero".

5. "Estoy contenta con mi vida así como es".

6. "Tengo que seguir con esta manera de hacer las cosas porque mis amigos ya no me querrán si ya no tengo este problema".

7. "No quiero ser objeto de insinuaciones sensuales por parte del sexo opuesto. Si renuncio a mi trastorno alimenticio, seré más atractiva y no sé cómo podría manejar una insinuación. De esta manera puedo ignorar mi sexualidad".

8. "Mi familia se preocupa tanto por la forma como me alimento, que si empiezo a comer otra vez, todos me fastidiarán por cada cosa que me ponga en la boca".

9. "Ahora puedo usar mi trastorno alimenticio como una excusa. Si los demás me rechazan, puedo decir que es por mi anorexia... Si renuncio a ella, no tengo nada seguro a qué echarle la culpa".

10. "Sería mejor matarme que tratar de luchar contra este trastorno alimenticio".

11. "Mi trastorno alimenticio no afecta a los demás".

12. "No quiero esforzarme por renunciar a esta conducta porque sé que volverá a ocurrir."

Los efectos de la anorexia nerviosa

Muchos suponen equivocadamente que los efectos de la anorexia nerviosa están a la vista. En realidad, además de la evidente pérdida de peso existen muchos y más importantes efectos físicos y sicológicos.

✦ Efectos físicos

Los efectos físicos de la anorexia son tanto numerosos como serios. Incluyen:

Amenorrea. La anorexia nerviosa puede causar anormalidades en el ciclo menstrual. "A menudo el período menstrual se les demora tres meses o más."

Anemia. La anemia (disminución de la cantidad de glóbulos rojos) o la disminución de la cantidad de leucocitos en la sangre son resultados frecuentes de la anorexia.

Mal funcionamiento glandular. Ciertos problemas como anormalidades tiroideas y otras anomalías glandulares han sido identificados con la anorexia y otros trastornos alimenticios.

Estreñimiento. El no ingerir o retener suficientes alimentos y líquidos puede causar problemas de estreñimiento.

Desnutrición. Un efecto es la desnutrición acompañada de letargo y retención de agua.

Mal funcionamiento o colapso de los riñones. Cuando la pérdida de peso es extremada, existe el peligro de que dejen de funcionar los riñones —al verse privados, junto con otros órganos, de nutrientes y proteínas vitales.

Convulsiones. "Por alguna razón que no se entiende del todo", escriben los autores de *The Thin Disguise,* "las personas con trastornos alimenticios tienen más convulsiones que la población en general".

Osteoporosis. Causada por deficiencia de vitaminas (al igual que otros problemas musculares y oseos), la osteoporosis puede ser uno de los resultados de la anorexia.

Además de las consecuencias físicas mencionadas, pueden ocurrir los siguientes problemas:

> El cutis seco es común. Pueden tener poco cabello (inclusive se les puede caer cuando lo lavan o se lo peinan), y puede aparecer una pelusilla en otras partes del cuerpo... El cabello del anoréxico es débil y fino, y la pelusilla aparecerá en su cuerpo para protegerlos del tiempo frío porque ya no tienen tejido adiposo natural. Siempre tiene las manos, los pies y otras partes del cuerpo fríos... Vasos capilares faciales rotos y bolsas debajo de los ojos son otros dos síntomas físicos de la enfermedad. También son comunes los desmayos y el pulso rápido o irregular.

✦ **Efectos sicológicos**

Aunque a veces las diferencias entre los efectos físicos y sicológicos de la anorexia no son muy claros, y algunas consecuencias físicas ya mencionadas puedan ser por otra razón física, los siguientes son síntomas incluidos generalmente entre las ramificaciones sicológicas de la anorexia:

Trastornos en el control de los impulsos. Este problema es "la pérdida del control sobre uno mismo, lo cual resulta en acciones impulsivas y emociones extremas, como el enojo y la furia". Puede ser tanto una causa de la anorexia como un efecto; o puede ser ambos.

Sentimiento de culpabilidad y vergüenza. Son también efectos poderosos de la anorexia. El enfermo se siente intensamente culpable por su comportamiento, al igual que intensamente avergonzado. Es típico que se odie a sí mismo y odie su conducta. Trata de reprimir sus sentimientos muy dentro de sí mismo, con la esperanza de que desaparezcan. Pero, por supuesto, no sucede así. Sólo produce dolor y problemas más graves. (Vea también el capítulo 3: *Sentimiento de culpabilidad.*)

Razonamiento defectuoso. Otro problema común entre los anoréxicos es que ya no razonan bien. El que sea debido a su condición física o sicológica es tema que se discute, pero sí se sabe que el anoréxico que mide 1,50 m. y pesa 40 kilos se puede mirar al espejo y afirmar que es gordo. Este razonamiento defectuoso se extiende también a otras áreas, haciendo que el enfermo parezca desorientado, olvidadizo, etc.

Retraimiento social. El enfermo rutinariamente esconde sus hábitos alimenticios y a menudo también miente sobre ellos. El círculo vicioso de engañar, al igual que el sentimiento de culpabilidad y vergüenza que la conducta produce, induce a muchos a retraerse de sus amigos y familiares. Se convierten en seres solitarios, prefiriendo comer —o no comer— solos.

La perspectiva bíblica de la anorexia nerviosa

Podemos afirmar a ciencia cierta que no es el deseo de Dios que ninguno de sus hijos sufra los estragos de la anorexia. Nuestros cuerpos son templos del Espíritu Santo, y la Palabra de Dios nos ordena honrar a Dios con nuestro cuerpo (1 Corintios 6:19, 20), lo que hacemos con él y cómo lo tratamos. La anorexia es una forma de autoabuso y, por lo tanto, es una violación de la voluntad de Dios. El quiere que nuestros cuerpos sean ofrecidos "como sacrificio vivo, santo y agradable a Dios" (Romanos 12:1), no que los matemos de hambre en un esfuerzo por aliviar un dolor o en pro de algún ideal poco realista.

No obstante, el problema de la anorexia no se resuelve con sermones porque, en su origen, la anorexia es una reacción a un dolor. Dicho dolor puede haber sido causado por el maltrato, abandono o algún otro trauma. Puede relacionarse con el perfeccionismo o el concepto bajo de sí y a menudo es el resultado de vivir en una familia dividida. Trágicamente, el dolor que lleva a la anorexia a menudo impide comprender el problema a la luz de la Biblia. Los autores de *The Thin Disguise* escriben:

> El anoréxico frecuentemente tiene dificultades en considerar a Dios como un compañero y amigo. Lo ve como un juez en su toga negra (o como un padre criticador) que le echa la culpa por los problemas que tiene. El anoréxico o bulímico tiene dificultad en comprender que Dios le ama aun cuando se está matando de hambre... El amor incondicional es un concepto extraño para casi todos los que se han formado en una familia dividida, pero cuando ese concepto es comprendido y adoptado, resulta en una tremenda liberación...

Dios comprende el dolor del anoréxico. "Porque no tenemos un sumo sacerdote que no puede compadecerse de nuestras debilidades, pues él fue tentado en todo igual que nosotros, pero sin pecado" (Hebreos 4:15).

Dios siente el dolor del anoréxico. La Biblia llama a Jesús: "varón de dolores" y afirma que "llevó nuestras enfermedades y sufrió nuestros dolores" (Isaías 53:3, 4). Jesús no sólo conoce el dolor del anoréxico, él mismo lo carga. Se duele con los hijos de Dios cuyas vidas han sido destrozadas; está muy cerca de aquellos cuyos espíritus han sido quebrantados (Salmo 34:18). Anhela curar sus corazones quebrantados y restaurar totalmente sus vidas.

Dios puede curar el dolor del anoréxico. "Sana a los quebrantados de corazón y venda sus heridas" (Salmo 147:3). Los autores de *The Thin Disguise* dicen que él puede tomar los escombros de nuestra vida y transformarlos "en algo fuerte y hermoso. Puede tomar las áreas de nuestra vida que parecen ser inservibles por los años de enfermedad y destrucción, y restaurarlas".

La respuesta al problema de la anorexia nerviosa

El líder de jóvenes, pastor, padre o maestro que sospecha y sabe que un jovencito sufre de anorexia debe primero acercarse a Dios en oración pidiéndole discernimiento y sensibilidad para luego implementar la siguiente respuesta:

ESCUCHAR. Converse con el joven, pregúntele qué opina de sí mismo. Amable y sensiblemente pregúntele acerca de sus hábitos alimenticios. Puede ser manipulador y disimular el hecho que no come. Hable con sus padres; pregúnteles que costumbres han visto en él, si han hablado con él sobre sus hábitos alimenticios y con qué resultado. Válgase de preguntas, no para acusar al joven, sino para tratar de dirigir su atención, de abrirle los ojos (o los de sus padres). Escuche atentamente al joven (y, si así fuera el caso, a sus padres) y preste atención no sólo a lo que dice verbalmente sino también a las formas no verbales. Las siguientes preguntas, sugeridas por McGee, pueden ser de ayuda:

- (Para mujeres) ¿Tienes una menstruación irregular, o se te ha retirado completamente por lo menos tres meses cuando hubiera sido normal tenerla?

- ¿Te has puesto de dieta, no porque peses demasiado (según las normas basadas en tu edad, sexo y altura), sino porque deseas parecer más delgado?

- ¿Afirmas "sentirte" gordo cuando los demás te dicen que es evidente que no lo estás?

- Cuando los demás te dicen que no estás gordo, ¿te enojas o te irritas, percibiendo que están tratando de controlar tu cuerpo, que tienen celos o que sencillamente no pueden comprender las necesidades de tu vida y de tu cuerpo?

- ¿Piensas a menudo en la comida, calorías, peso corporal, nutrición y cocinar, al punto que te distrae de otras obligaciones o tareas importantes, aunque no relacionadas?

- ¿Ocupa el ejercicio físico una cantidad exagerada de tiempo cada día?

- ¿Te pesas con frecuencia, aun al punto de ir por donde no tenías que ir, a fin de subirte a una balanza y ver cuánto pesas otra vez durante el día?

- ¿Ayunas, induciéndote vómitos, o usando laxantes o diuréticos a fin de bajar de peso?

- ¿Vas al baño inmediatamente después de las comidas?

- ¿A menudo escondes o guardas comida, o tienes otra conducta relacionada con el alimento que a ti te parece lógica pero de la que prefieres que los demás no se enteren?

- ¿Sientes náuseas o como que estás hinchado cuando comes en una comida normal, sin haber probado algún bocado antes?

- ¿Te da por hartarte de comida y después te sientes apenado y remedias el haber comido demasiado matándote de hambre por un tiempo?

EMPATIZAR. Evite discutir con el joven; trate de estar a su lado en un espíritu de amor y comprensión. No se ponga en competencia con él queriendo controlar lo que come. No trate de motivarlo haciéndole sentirse culpable o avergonzado. No dé respuestas triviales. En cambio, concéntrese en comprender y proyectar empatía. Algunas maneras prácticas de lograrlo incluyen:

- Hablar suave y pausadamente.

- Hacer contacto visual.

- Inclinarse levemente hacia adelante en su silla cuando él o ella está hablando.

- Hacerse eco con afirmaciones clave ("Sientes..." o "Estás diciendo que...")

- Esperar pacientemente en los momentos de silencio o lágrimas.

ALENTAR. Como el origen de los trastornos del anoréxico puede ser el autoconcepto o cómo se ve a sí mismo; cuidadosamente y en oración concéntrense en confirmar el sentido de valor del joven. Poco bien hará si insiste en afirmarle que se ve muy bien, o que ya es bastante delgado; en cambio, trate de concentrarse en crear una relación aceptadora, cariñosa, en que el joven pueda desarrollar un sentido de seguridad y de que es aceptado.

DIRIGIR. La anorexia es un problema complejo y presenta un gran desafío aun al consejero profesional más competente; el siguiente curso de acción no debe tomarse en remplazo de una intervención profesional. Pero puede ser útil al padre o a otro adulto interesado que está preparando al joven para referirlo a un profesional:

1. Guíelo a reconocer y a admitir el problema. Esto puede llevar tiempo, pero el adulto interesado debe ser paciente y persistente (sin regañar).

2. Aliéntelo a depender de Dios. Si el joven no es creyente, guíelo a aceptar el perdón y a recibir la salvación a través de Cristo, un primer paso indispensable hacia su recuperación. Ayúdele a desarrollar y mantener una comunión diaria con Dios a fin de apoyarse en su fuerza, aprender de su Palabra y contrarrestar los pensamientos y sentimientos destructivos con la mente de Cristo (vea Filipenses 4:4-9). Proponga ser compañero de oración con el joven para orar juntos y el uno por el otro.

3. Involucre a los padres del joven. Si usted no es uno de los padres del joven, haga todo lo posible para informarles e involucrarlos lo antes posible. Su discernimiento, apoyo y aprobación serán cruciales para poder ayudarle eficazmente.

4. Ayude al joven a dialogar sobre las causas del problema. ¿Qué le provoca esta conducta? ¿Es una manera de sobrellevar un dolor? ¿Siente que tiene que ser perfecto a los ojos de su madre o de su padre? ¿Demuestra su conducta un ansia de ejercer control? Ayude al joven a conversar sobre estas cuestiones y trate de fomentar una comprensión por las razones de su proceder.

5. Inste a reconocer las premisas falsas que promueven su conducta. Anime al joven a hablar honestamente sobre sus razonamientos, y ayúdele a evaluar cada uno.

6. Ayude al joven a formular un plan diario para combatir su trastorno. Instele a desarrollar un plan que incluya tres comidas nutritivas (un menú escrito de lo que piensa comer al día siguiente) y un conjunto de estrategias prácticas para lograr hábitos alimenticios sanos (como "Voy a comer solamente a la mesa", "Recordaré que es normal sentirme lleno después de la comida" y "Guardaré la báscula en el ropero".)

7. Aliente al joven a identificar los momentos vulnerables y desarrolle un plan de batalla para la victoria. Por ejemplo, ¿estar en compañía de ciertas personas genera sentimientos que contribuyen a su problema? ¿Cómo puede evitar a esas personas o reaccionar mejor ante ellas? ¿Está dominado por un "odio hacia su cuerpo" en cuanto se levanta por la mañana? ¿Hay alguna persona clave a quien puede llamar cuando se siente peor? Anímele a escribir los planes específicos para manejar los momentos de vulnerabilidad.

8. Consiga el apoyo de terceros. Haga ver a sus familiares, sus mejores amigos, sus maestros, etc. las maneras como pueden ayudar. Anímelos a ser sinceros cuando se refieran a la apariencia del joven: "Se te ve más saludable", "Se te ve demacrado, ¿estás comiendo bien?" Evite comentarios negativos sobre su propio peso. Enfatice lo bueno del joven.

9. Ayude al joven a aceptar el hecho de que cambiar llevará tiempo. Promueva paciencia, perseverancia y esperanza. Recuérdele al joven la promesa de Dios: "¡Esforzaos y sed valientes!... porque Jehovah tu Dios va contigo. El no te abandonará ni te desamparará" (Deuteronomio 31:6).

COMPROMETER. Sea usted líder de jóvenes, pastor, padre, maestro o abuelo, no puede esperar que haya un cambio en la vida del anoréxico a menos que la joven o el joven mismo se sume a la causa. No puede forzarle a recuprarse; él o ella tiene que ser un participante activo. Ayudando al joven a hablar libremente, confirmándole que vale y dirigiéndole a reconocer su problema es posible que pueda conseguir que se decida a buscar ayuda. Eso será un logro importante, que probablemente pueda salvarle la vida.

REFERIR. Es de vital y urgente importancia involucrar a profesionales médicos y psiquiatras (al igual que a los padres) en la recuperación del anoréxico. Puede ser necesario internarlo en un nosocomio para trastornos alimenticios, pero el que le den de alta no indica que haya completado el tratamiento; el joven necesitará el aconsejamiento continuo de un sicólogo profesional cristiano para evitar una recaída. En muchas localidades existen entidades dedicadas a curar este mal. Investigue si los hay donde usted vive y cómo puede valerse de sus servicios.

Pasajes bíblicos citados en este capítulo

- 1 Corintios 6:19, 20

- Romanos 12:1

- Josué 1:5

- Filipenses 4:4-9

- Hebreos 4:15

- Isaías 53:3, 4

- Salmos 34:18; 147:3

- Deuteronomio 31:6

Otros pasajes bíblicos para leer

- Salmos 62:5-8; 63:1-5

- Lucas 12:22-31

- 1 Corintios 10:31

- Efesios 6:10-18

- Filipenses 4:6-8

BULIMIA

CONTENIDO

Introducción

Empezó durante su último año en la Universidad de Harvard. Ellen Hart era corredora en el equipo atlético universitario, y su entrenador le sugirió que bajara de peso durante las vacaciones de invierno. La haría más competitiva, dijo él...

Desde ese momento, cambiaron los hábitos alimenticios de la joven corredora. Comía poco y se pasaba el resto del tiempo corriendo. "Pero después me atacaba este impulso incontrolable, demoníaco de comer helados, galletitas dulces, buñuelos —cualquier cosa con muchas calorías. Y comía hasta hartarme. Después, no podía aguantar el pensamiento de que eso quedaría en mí y se convertiría en gordura, así que me tenía que purgar. En los peores períodos, me excedía y me deshacía de lo comido cuatro o cinco veces al día, desde el instante cuando me despertaba hasta que me iba a dormir. A los cuatro meses, pesaba apenas 50 kilos, y parecía un cadáver..."

Para cuando se graduó, Ellen sabía que tenía un problema. Este la afectaba físicamente, afectaba sus relaciones y le afectaba emocionalmente al grado que dijo: "A veces lamentaba que mis trastornos alimenticios no me mataran y pensaba: 'Por favor, simplemente sáquenme de esto.' "

Todos sus esfuerzos por controlar su problema fracasaban hasta que —cinco meses después de casarse con Federico Peña— Ellen se enteró de que estaba embarazada. Siguió hartándose y purgándose durante el embarazo, y a los seis meses empezó a tener contracciones. "Ese fue el momento cuando me dije: "Basta. Tienes que cuidar tu cuerpo, y tu cuerpo ahora está gestando un bebé". Aún dice: "Estoy absolutamente convencida de que si no hubiera estado (ya) en terapia por mucho tiempo, no hubiera podido superar el problema".

Hoy Ellen —una corredora a nivel mundial quien estableció el récord en la carrera de 30 kilómetros en 1982 y esposa del que fuera secretario de transporte del gobierno norteamericano— dice: "Estoy corriendo y hasta compitiendo otra vez pero, por primera vez puedo correr meramente porque lo disfruto. También he aprendido a controlar mi peso, que ahora es de 57 kilos, sin caer en una total compulsión... Todavía hay momentos cuando me siento tentada a hartarme y purgarme, y pienso 'Quizá por hoy, no más...' Pero soy bastante fuerte como para resistir. No volveré a caminar cerca de ese precipicio porque caer por él era mi infierno privado. No puedo volver".

El problema de la bulimia

Ellen Hart Peña sufre de bulimia, un trastorno alimenticio que se estima afecta al 3 por ciento de las mujeres estadounidenses de 14 a 40 años de edad. Aunque la gran mayoría de los bulímicos diagnosticados (85 por ciento) son mujeres, los varones —particularmente luchadores jóvenes, corredores, "jockeys" y otros atletas— pueden también ser víctimas.

Alrededor de ocho millones de personas en los EE. UU. de A. sufren de trastornos alimenticios, siendo la bulimia nerviosa el más común. El 86 por ciento de los enfermos reportan el comienzo del trastorno antes de los 20 años; sólo la mitad reporta haberse curado. Seis por ciento de los casos graves mueren a consecuencia de este mal.

La bulimia "es un trastorno siquiátrico cuyas víctimas comen incontrolablemente para aliviar su ansiedad y apetito, luego inducen el vómito, toman demasiados laxantes o se exceden en el ejercicio físico para contrarrestar el subir de peso", dice la doctora Katherine Halmi, directora del Programa de Trastornos Alimenticios del Centro Médico de la Universidad de Cornell, División Westchester, en los EE. UU. de A. Dice que una diferencia clave entre la bulimia y anorexia es "que las bulímicas permanecen cerca de su peso normal y siguen menstruando, mientras que las anoréxicas pierden muchísimo peso y dejan de menstruar. Alrededor de la mitad de los pacientes con anorexia sufren también de bulimia".

Las causas de la bulimia

Entre los muchos factores que pueden causar que el adolescente sea bulímico están las siguientes:

✦ Influencias socioculturales
Los autores de *Love Hunger* (Hambre de amor), un libro sobre trastornos alimenticios, atribuyen el problema, por lo menos parcialmente, a las influencias culturales que constantemente bombardean a la gente con mensajes que enloquecen:

> Nunca antes en la historia se ha invertido tanto tiempo, dinero y energía para impulsar a la gente a que coma y, a la vez, demandando a que sean delgados. La siquiatría llama a estos: "mensajes de empujar/jalar", "mensajes de doble lazo", mensajes paradójicos o, mejor aun: "mensajes que enloquecen". Y esos mensajes nos han llevado a convertirnos en la sociedad más obsesionada con la comida, y la más plagada de obesos en el mundo.

La incidencia trágica y frecuente de bulimia no es de extrañar en una cultura donde la belleza física —particularmente en las mujeres— es enfatizada y altamente valorada, pero a la vez el comer es algo que se persigue con fervor.

✦ Abuso
Las mujeres que sufren de bulimia tienen tres veces más probabilidades de haber sido maltratadas sexualmente de niñas que las mujeres que no sufren de trastornos alimenticios, según un estudio realizado por medio de una encuesta en Ontario, Canadá.

Paul Garfinkel, presidente del Instituto Clarke de siquiatría de Toronto explica: "El abuso produce sentimientos de impotencia en el mundo y disgusto por nuestro cuerpo. Sienten que si de alguna manera pueden cambiar su exterior, se sentirán mejor por adentro".

Otros estudios muestran que el abuso no sexual puede contribuir a la probabilidad de la bulimia en las mujeres. Un estudio realizado por Joel Yager de la Universidad de California, sugiere que el prolongado abuso físico y sicológico son característicos de las primeras experiencias familiares de muchos bulímicos. (Vea el capítulo 34: *Abuso sexual* y el capítulo 35: *Otras formas de abuso*.)

✦ Trauma
La bulimia puede ser fomentada por

otros traumas además del trauma del abuso en el hogar. La doctora Katherine Halmi dice que "hasta un 50 por ciento de bulímicos han tenido problemas traumáticos y estresantes en su familia o en el pasado, como la muerte de un familiar, o un suceso traumático en casa o en la escuela".

✦ **Perfeccionismo**
El consejero y autor Robert S. McGee destaca que uno de los "componentes emocionales y espirituales clave que dan comienzo y mantienen los trastornos alimenticios es el perfeccionismo. Los que sufren de bulimia a menudo han sido criados por padres exitosos en un ambiente familiar de muchas expectativas. Este perfeccionismo puede producir una compulsión sobre el peso y la apariencia personal.

✦ **Necesidad de ejercer control**
"El problema principal que alimenta a la bulimia", según el doctor Peter D. Bash, profesor asistente clínico de medicina en la Universidad de California, "invariablemente tiene que ver con una necesidad de estar en control". Ellen Hart Peña ha dicho que sus problemas alimenticios empezaron como resultado de "cambios que estaban sucediendo que yo no podía controlar". La necesidad del bulímico de sentir que ejerce control pronto crea un problema que, irónicamente, está fuera de control.

✦ **Razonamiento defectuoso**
Los sicólogos Barbara Bauer y Wayne Anderson han identificado nueve razonamientos irracionales que comúnmente cree la gente que sufre de bulimia:

1. "Pesar demasiado es lo peor que me puede pasar".

2. "Creo que hay alimentos buenos, como verduras y pescado y alimentos malos, como los dulces y carbohidratos".

3. "Tengo que ejercer control sobre todas mis acciones para sentirme segura".

4. "Tengo que hacer todo a la perfección o lo que hago no vale nada".

5. "Todos saben y se interesan en lo que estoy haciendo".

6. "Todos me tienen que querer y aprobar lo que hago".

7. "La validación externa es crucial para mí".

8. "En cuanto ocurra un suceso en particular, como terminar mis estudios o casarme, mi conducta bulímica desaparecerá".

9. "Tengo que ser dependiente y sumisa, pero también competitiva y agresiva".

✦ **Concepto bajo de sí mismo**
Los autores de *Love Hunger* destacan que muchas personas caen en la bulimia en un esfuerzo, consciente o inconsciente, de mitigar el dolor causado por tener un concepto bajo de sí mismo. Buscando una manera en que el dolor sea tolerable, la gente se vuelve a un agente narcótico que anestesie su dolor, aunque sea por poco tiempo. Para algunos es el alcohol, para otros, las drogas, el sexo, la ira o el gastar dinero. Para otros aun... es la comida. (Vea el capítulo 6: *Concepto bajo de sí mismo*.)

Lo antedicho no pretende ser una presentación de las únicas causas de la bulimia ni tampoco se han de considerar los síntomas como los únicos que caracterizan a la persona que sufre de bulimia, pero la investigación indica que con frecuencia se encuentran en muchos bulímicos.

Los efectos de la bulimia

A diferencia de la anorexia nerviosa que muchas veces puede ser identificada por la rápida pérdida de peso de la víctima, la bulimia no se nota enseguida; los bulímicos no son excesivamente delgados. Pero, mantenerse alerta a los siguientes efectos puede ayudar al padre, pastor, líder de jóvenes o maestro interesado a identificar y/o aconsejar al joven:

✦ Efectos sociales

Algunos de los efectos de la bulimia se hacen aparentes en la conducta del joven. Muchos bulímicos comen hasta hartarse en secreto, cada vez se van retrayendo más de sus amigos y familiares. Quizá lo mas extraño es que en muchos casos se valen del robo para mantener su conducta.

En secreto. El bulímico a menudo se niega a comer, o come muy poco cuando está en compañía de amigos y conocidos. Juega con la comida y muchas veces la mueve de una lado a otro en el plato para que parezca que estuviera comiendo; lo que realmente come lo come en secreto, con frecuencia en cantidades increíbles. Hacia el final de la comida, o justo después, a menudo se excusa para ir al baño donde, a puerta cerrada, se libra de lo que comió.

Retraimiento. Con frecuencia, el bulímico empezará a evitar la compañía de los demás, aun la de sus mejores amigos, a fin de (literalmente) alimentar su trastorno. Aunque puede salir en pareja, tiende a no entablar una relación de verdadera amistad, y a veces inexplicablemente rompe una relación aparentemente buena, por temor a que su hábito sean descubierto.

Robar. Reportes e investigaciones indican que el 24 por ciento de los que sufren de trastornos alimenticios roban compulsivamente. Es posible que roben laxantes o píldoras dietéticas o comida.

✦ Efectos físicos

Los efectos físicos de la bulimia incluyen:

Amenorrea. La bulimia puede causar anormalidades en el ciclo menstrual.

Anemia. La anemia (disminución de los glóbulos rojos) o la disminución de la cantidad de leucocitos en la sangre son resultados frecuentes de la bulimia.

Estreñimiento. El no ingerir o retener suficientes alimentos y líquidos puede hacer que los bulímicos tengan problemas de estreñimiento.

Problemas dentales y periodontales. Los vómitos frecuentes del bulímico resultan en una erosión del esmalte de los dientes, descoloramiento de los dientes y trastornos periodontales causados por el ácido hidroclórico del estómago. Otro resultado frecuente es el daño al esófago.

Mal funcionamiento glandular. Ciertos problemas como anormalidades tiroideas y otras anomalías glandulares han sido identificados con la bulimia y otros trastornos alimenticios.

Hipoglucemia. "La persona que sufre de trastornos alimenticios puede tener poca azúcar en la sangre como una reacción al exceso de comidas dulces, de altas calorías. El cuerpo sobrecompensa por medio de producir una cantidad excesiva de insulina, lo cual entonces reduce el contenido del azúcar en la sangre. En consecuencia, el cuerpo pide más azúcar. La hipoglucemia puede producir fatiga y ansiedad. Los mareos y dolores de cabeza son comunes".

Desnutrición. Un efecto es la desnutrición acompañada de letargo y retención de agua.

Mal funcionamiento o colapso de los riñones. Cuando la pérdida de peso es extremada existe el peligro de que dejen de funcionar los riñones, al verse privados, junto con otros órganos, de vitales nutrientes y proteínas.

Convulsiones. "Por alguna razón que no se entiende del todo, las personas con trastornos alimenticios tienen más convulsiones que la población en general".

Osteoporosis. Causada por deficiencia de vitaminas, al igual que por otros problemas musculares y óseos.

Otros peligros. Otros peligros asociados con la bulimia incluyen: úlceras, trastornos estomacales e intestinales, irritaciones en la boca y en la garganta. Purgarse regularmente puede trastornar los componentes químicos del cuerpo haciendo que el pulso sea irregular. El esófago puede herniarse, y el bulímico puede desangrarse y morir.

✦ **Efectos sicológicos**

La bulimia tiene muchos de los mismos efectos sicológicos que la anorexia y, como en el caso de la anorexia, algunos de los efectos sicológicos de la bulimia pueden ser originados por una enfermedad. Los siguientes se cuentan por lo general entre las ramificaciones sicológicas de la bulimia:

Trastornos en el control de los impulsos. Este problema es "la pérdida del control sobre uno mismo, lo cual resulta en acciones impulsivas y emociones extremas, como el enojo y la furia". Puede ser tanto una causa de la bulimia como un efecto; o puede ser ambos.

Sentimiento de culpabilidad y vergüenza. Los sentimientos de culpabilidad y vergüenza son también una causa y un efecto de la bulimia. La mayoría de los doctores piensa que en algún nivel todas las adicciones tienen su base en la vergüenza. El bulímico arrastra una doble carga de culpabilidad: porque se avergüenza de su obesidad y de comer demasiado, además de la vergüenza anterior de sus antecedentes familiares. Las dos se juntan, y la vergüenza es abrumadora. (Vea también el capítulo 3: *Sentimiento de culpabilidad.*)

Depresión y ansiedad. El doctor Paul Garfinkel dice que los bulímicos son "personas que realmente están sufriendo.

Estas no son personas que vomitan una que otra vez y luego siguen felices su camino. Tienen problemas serios con la depresión y la ansiedad". (Vea el capítulo 2: *Ansiedad;* y el capítulo 5: *Depresión*).

La perspectiva bíblica de la bulimia

El cuerpo del cristiano es el templo del Espíritu Santo, y la Biblia nos ordena honrar a Dios con nuestro cuerpo (1 Corintios 6:19, 20): lo que hacemos con él y cómo lo tratamos. La bulimia es una forma de automaltrato y, por lo tanto, es una violación de la voluntad de Dios.

Pero el problema del bulímico no tiene que ver con la comida, no es una sencilla glotonería (Proverbios 23:20, 21). El bulímico usa la comida para esconder otro profundo problema; por lo general, el dolor causado por los abusos, traumas, perfeccionismo o un concepto bajo de sí mismo.

No obstante, el dolor del bulímico no está fuera del alcance de un Dios cariñoso y compasivo. "Sana a los quebrantados de corazón", dice la Biblia, "y venda sus heridas" (Salmo 147:3). Sufre por sus hijos cuyas vidas han sido aplastadas, cuyos corazones han sido quebrantados. Su deseo es ver sus vidas reconstruidas y restauradas a su propósito y diseño original. Anhela ver al bulímico curado y restaurado.

Dios es el Dios de toda consolación (2 Corintios 7:6). Pero también llama a sus hijos para que respondan compasivamente a sus prójimos, especialmente a los que sufren, cuyas vidas están fuera de control, que se encuentran atrapados por un trastorno destructivo. "¡Consolad, consolad a mi pueblo!" (Isaías 40:1) Y, en las palabras de Pablo a la iglesia en Tesalónica: "Hermanos, también os exhortamos... a que déis apoyo a los débiles, y a que tengáis paciencia con todos" (1 Tesalonicenses 5:14).

El bulímico necesita consolación y ayuda para superar lo que puede ser un trastorno que pone en peligro su vida. Puede superarlo confiando en Dios y con la ayuda sabia de su pueblo.

La respuesta al problema de la bulimia

El líder de jóvenes, pastor, padre o maestro que sospecha o sabe que el joven sufre de bulimia debe primero acercarse a Dios en oración pidiendo discernimiento y sensibilidad para luego implementar la siguiente respuesta:

ESCUCHAR. Converse con el joven y averigüe cómo se siente en cuanto a sí mismo, cómo se siente en cuanto a la comida y la frecuencia con que come. Puede ser muy manipulador y disimular la verdad acerca de sus hábitos alimenticios. Es conveniente hablar con los padres. ¿Qué modalidades han observado? ¿Le han hablado sobre las mismas? ¿Se trata de un problema físico? Válgase de preguntas, no para acusar a la víctima, sino para tratar de encaminar su atención, para abrirle los ojos (o los de sus padres). Las siguientes preguntas pueden ser de ayuda:

- ¿Tienes miedo de engordar, pensando que ser gordo o gorda es "un pecado"?

- ¿Tratas de ponerte a dieta repetidamente, para luego sabotear tus planes comiendo demasiado, lo cual te produce mucha vergüenza?

- ¿Tiendes frecuentemente a sobreestimar tu necesidad de alimentos, especialmente comiendo demasiado cuando estás bajo estrés?

- ¿Escondes y acumulas comida para luego poder comer hasta hartarte?

- ¿Comes mayormente comidas "prohibidas" de alto contenido de calorías o comidas "sanas" como ensaladas?

- ¿Guardas en secreto tu hábito de comer demasiado, por temor a que alguien escudriñe tu manera de comer?

- ¿Te sientes avergonzado y/o deprimido cuando comes?

- ¿Pasas mucho tiempo pensando en tu próximo "ataque de comer", planeándolo (quizá en detalle), cuando debieras estar realizando otras tareas o actividades?

- ¿Dedicas mucho de tu tiempo a pensar en comidas?

- Cualquier interrupción de dichos pensamientos ¿hace que te enojes o irrites, todo lo cual tienes que disimular para que nadie lo note?

- ¿Te induces vómitos a fin de librarte de lo que comiste en uno de tus "ataques"?

- ¿Haces ejercicio físico para contrarrestar lo que comiste?

- ¿Usas laxantes y/o diuréticos en formas diferentes que las recetadas a fin de librarte de la comida que has comido?

- ¿Te encierras en el baño o en otro lugar donde puedas vomitar inmediatamente después de las comidas? ¿Te enojas o te sientes ansioso si está ocupado o si no puedes usarlo por alguna otra razón?

- ¿Tienes "ataques de comer" y de librarte de lo que comiste más de tres veces por semana?

- ¿Alguna vez alguien te ha hecho comentarios sobre tu conducta (que no admitiste) resolviendo luego guardar tu distancia con tus amigos y familiares a fin de evitar confrontaciones futuras sobre tu modo de comer?

EMPATIZAR. Trate de estar a su lado en un espíritu de comprensión (en lugar de enfrentarlo en una actitud de autoridad). Evite discutir con el joven. No se ponga en competencia con él. No trate de motivarlo haciéndole sentir culpable o avergonzado. No dé respuestas triviales. Concéntrese en comprender

458 MANUAL PARA CONSEJEROS DE JÓVENES

mejor y proyectar empatía. Algunas maneras prácticas de lograrlo incluyen:

- Inclinarse hacia adelante en su silla para comunicar su interés.

- Hacer contacto visual sin mirarlo fijamente ni dejar que la mirada se distraiga.

- Evitar expresiones de escándalo, desaprobación, desacuerdo o juicio acerca de lo que dice.

- Esperar pacientemente en los momentos de silencio o lágrimas

- Ayudarle a expresarse preguntando: "¿Qué pasó después?" o "Explícame lo que quieres decir con..."

- Reflejar las declaraciones del joven diciendo: "Sientes que..." o "Me parece que estás diciendo que..."

ALENTAR. Joan Sturkie nos hace recordar "que no emitamos juicios al tratar a una persona con trastornos alimenticios. La actitud de que 'es culpa del aconsejado' no es aceptable. Las personas solitarias, aisladas y hambrientas necesitan apoyo". Como el origen de los trastornos del bulímico podría ser en cómo se ve a sí mismo o en el concepto que tiene de sí mismo, cuidadosamente y en oración concéntrense en confirmar el sentido de valor del joven. Poco bien hará si insiste en decirle que es linda o que ya está bastante delgada (en el caso de las mujeres); en cambio, trate de concentrarse en crear una relación de aceptación cariñosa, en que el joven pueda desarrollar un sentido de seguridad y de que es aceptado.

DIRIGIR. La bulimia es un problema complejo y presenta un gran desafío aun al consejero profesional más competente; el siguiente curso de acción no debe tomarse en remplazo de una intervención profesional. Pero puede ser útil al padre u otro adulto interesado que está preparando al joven para referirlo a un profesional:

1. Guíe al joven a reconocer y admitir el problema. Esto puede llevar tiempo, pero el adulto interesado debe ser paciente y persistente (sin regañar).

2. Aliéntelo a depender de Dios. Si el joven no es creyente, guíelo a aceptar el perdón de los pecados y la salvación a través de Cristo. Es un primer paso indispensable hacia su recuperación. Ayúdele a desarrollar y mantener una comunión diaria con Dios a fin de apoyarse en su fuerza, aprender de su Palabra y contrarrestar los pensamientos y sentimientos destructivos con la mente de Cristo (vea Filipenses 4:4-9). Proponga ser compañero de oración del joven para orar juntos y el uno por el otro.

3. Involucre a los padres del joven. Si usted no es uno de los padres del joven, haga todo lo posible para informarles e involucrarlos lo antes posible. Su discernimiento, apoyo y aprobación serán cruciales para poder ayudarle eficazmente.

4. Ayude al joven a dialogar sobre las causas del problema. ¿Qué le provoca esta conducta? ¿Es una manera de sobrellevar un dolor? ¿Siente que tiene que ser perfecta o perfecto a los ojos de su madre o padre? ¿Demuestra su conducta una ansia de ejercer control? Ayude al joven a conversar sobre estas preguntas y trate de fomentar una comprensión por las razones de su proceder.

5. Inste a reconocer las premisas falsas que promueven su conducta. Anime al joven a hablar honestamente sobre sus razonamientos, y ayúdele a evaluar racional y bíblicamente las premisas.

6. Ayude a formular un plan que sea efectivo para combatir su trastorno. Anímele a desarrollar un plan diario apuntando al éxito que incluya tres comidas nutritivas (un menú escrito de lo que piensa comer al día siguiente) y un conjunto de estrategias prácticas para lograr hábitos alimenticios sanos como: "Voy a comer solamente en la mesa", "eliminaré mis comidas favoritas pero que son perjudiciales de la casa" y "guardaré la báscula en el ropero".

7. Aliente al joven a identificar los momentos vulnerables y desarrolle un plan de batalla para esos momentos. Por ejemplo, ¿hay ciertas horas del día o de la semana que son más difíciles que otras? ¿Cómo se puede preparar para esos tiempos? ¿Qué piensa hacer cuando le vengan las ganas de comer (ir a caminar, leer un libro o llamar a un amigo?) Hay una persona clave a la que le puede llamar cuando se siente más mal? Anímele a *anotar por escrito* los planes específicos para enfrentar los tiempos difíciles.

8. Consiga el apoyo de terceros. Haga ver a sus familiares, sus mejores amigos, sus maestros, etc. las maneras como pueden ayudar: Los padres pueden quitar el candado de la puerta del baño (que habían puesto para evitar que vaya a vomitar después de comer); sus amigos pueden evitar comentarios sobre el peso y otros pueden recalcar todo lo bueno del joven, etc.

9. Ayude al joven a aceptar el hecho de que cambiar llevará tiempo. Promueva paciencia, perseverancia y esperanza. Anime al joven a esforzarse y ser valiente... "porque Jehovah tu Dios va contigo. El no te abandonará ni te desamparará" (Deuteronomio 31:6).

COMPROMETER. Ya sea usted un líder de jóvenes, pastor, padre, maestro o abuelo, no puede esperar que haya un cambio en la vida del bulímico a menos que la joven o el joven mismo se sume a la causa. Puede ayudarle a reconocer y/o admitir que tiene un problema, pero no puede forzar su recupera-

ción; él o ella tiene que ser participante activo. Ayúdele a responder por sus propias acciones. Permítale tomar todas las decisiones clave que sean necesarias. Involucre al joven en escoger el tratamiento que necesita.

REFERIR. Es de vital y urgente importancia involucrar a profesionales médicos y siquiatras (al igual que a los padres) en la recuperación del bulímico. Puede ser necesario internarlo en un hospital para trastornos alimenticios, pero el que le den de alta no indica que haya completado el tratamiento; el joven necesitará el aconsejamiento continuo de un sicólogo profesional cristiano para evitar una recaída. En muchos lugares existen entidades dedicadas a curar este mal. Investigue si los hay donde usted vive y cómo puede valerse de sus servicios.

Pasajes bíblicos citados en este capítulo

- 1 Corintios 6:19, 20
- Proverbios 23:20, 21
- Salmo 147:3
- 2 Corintios 7:6
- Isaías 40:1
- 1 Tesalonicenses 5:14
- Filipenses 4:4-9
- Deuteronomio 31:6

Otros pasajes bíblicos para leer

- Salmos 62:5-8; 63:1-5
- Lucas 12:22-31
- 1 Corintios 10:31
- Efesios 6:10-18

ASUNTOS
EDUCATIVOS

ABANDONO DE LOS ESTUDIOS

Introducción

Hacía rato que Raúl lidiaba con su problema. Le iba mal en la escuela, y su mamá ya no sabía qué hacer para forzarlo a estudiar y a colaborar con sus profesores. Su papá nunca estaba en casa y, con las cuentas que tenía que pagar, su mamá trabajaba en lo que podía. El dinero nunca alcanzaba y Raúl no tenía un centavo para gastar. Consideraba la escuela como puro aburrimiento y una pérdida de tiempo.

El mejor amigo de Raúl había abandonado sus estudios dos meses antes para trabajar en un taller de carrocerías de autos. Ya se había podido comprar una moto y hablaba de comprarse un coche.

Raúl razonaba que si dejaba de ir a la escuela y conseguía un trabajo podría por fin hacer lo que quisiera. Sería fantástico ya no tener que aguantar las presiones: ya no más peleas en la escuela, ya no más discusiones con mamá, ya no más clases aburridas. La tentación era abrumadora; los beneficios, indudables. Pronto, sí muy pronto sería "independiente".

Nota del Editor: El lector notará que en los próximos dos capítulos el autor usa el término "escuela y colegio" para referirse a lo que en muchos países del mundo hispano sería "colegio de secundaria, universidad, liceo, preparatoria". El autor no se refiere a la "escuela" primaria que es el término que identifica a los centros de educación primaria o elemental; sino a la "escuela" secundaria, técnica o universitaria tal como se usa en el contexto educativo del país del autor del libro.

El problema del abandono de los estudios

Son demasiados los jóvenes que, teniendo la oportunidad de ir a la escuela, abandonan sus estudios. El índice de los que lo hacen es mucho mayor en las ciudades grandes. Un análisis de la situación muestran que los colegios con los índices más bajos son los que enfatizan claramente la importancia de que los alumnos sigan sus estudios con sentido de responsabilidad, premian los logros académicos y dependen mucho del apoyo de los padres para cumplir los objetivos de la escuela.

Las estadísticas muestran que las escuelas que enfocan seriamente la disciplina, el carácter, el orden, el sentido de responsabilidad y la excelencia en la enseñanza y el aprendizaje tienen un índice mucho más bajo de alumnos reprobados y de los que abandonan sus estudios.

Con el aumento constante de avances tecnológicos y la necesidad más grande que nunca de estar capacitado en una vocación, el joven que abandona sus estudios se encontrará, a largo plazo, desplazado en lo que a poder avanzar se refiere. Por no estar capacitado en lo más mínimo corre el grave riesgo de tener serios problemas financieros y en sus posibilidades de triunfar, lo cual puede tener malas consecuencias para él cuando se case y tenga una familia.

Las causas por las cuales abandonan los estudios

✦ Exigencias escolares y requisitos sociales

La escuela presenta desafíos, frustraciones y tensiones que aun a los mejores alumnos a veces les resulta difícil superar. Las exigencias de las materias como álgebra, química y hasta los cursos básicos como castellano e historia (particularmente para esta generación criada frente a un televisor donde todo parece resolverse en minutos) pueden causar frustraciones.

Los requisitos sociales en el vestir, la forma de hablar y comportarse también pueden ser cansadores, y hasta desconcertantes para algunos adolescentes.

Pero los desafíos que enfrentan los que son más propensos a abandonar sus estudios, en la mayoría de los casos, son idénticos a los que enfrentan los que siguen sus estudios hasta terminar. Lo que los diferencia es la intensidad de sus frustraciones, desalientos y, finalmente, su rechazo del "sistema".

✦ Programas de estudio experimentales y métodos de enseñanza ineficaces

Muchos educadores y sociólogos han indicado que los programas de estudios experimentales que continuamente son puestos a "pueba" son un trastorno para el aprendizaje y contraproducente para lograr que los estudiantes completen sus estudios. Los alumnos que han sido perjudicados por los métodos ineficaces de enseñanza corren más riesgo de abandonar sus estudios.

✦ Aburrimiento y frustración

Los estudiantes que abandonan sus estudios consideran su decisión como una solución a una larga historia de aburrimiento y frustraciones. Un estudio demuestra que la mitad de los encuestados abandonaron sus estudios como una reacción a problemas relacionados con la escuela, por ejemplo: repetidos fracasos en las materias, consecuencias de una mala conducta (suspensiones y expulsiones) y una percepción de ser rechazado por las autoridades escolares.

✦ Otros problemas

El adulto interesado también debe prestar atención a otros problemas que pueden incidir sobre el joven que corre el riesgo de abandonar sus estudios. Los problemas académicos siempre han sido sintomáticos de problemas más grandes o serios del adolescente. El abuso de bebidas y drogas (vea el capítulo 38: *Uso y abuso del alcohol;* y el capítulo 39: *Uso y abuso de las drogas*), la amistad de otros jovencitos con mentalidad de perdedores y las consecuencias de vivir en una familia dividida también puede alertar al adulto sensible a la posibilidad de un problema que incite al estudiante a abandonar sus estudios. El joven que no recibe suficiente aliento y orientación ante sus frustraciones escolares también será más propenso a dejar la escuela.

La pregunta sobre qué hace que el estudiante abandone sus estudios trae a la mente otra que quizá sea más importante: ¿Qué factores contribuyen al éxito del estudiante en la escuela? Esta se convierte en la cuestión principal al tratar de prevenir y corregir el problema de los jóvenes que abandonan sus estudios.

Los efectos de abandonar los estudios

✦ Capacidad limitada de ganarse la vida

El estudiante que considera que abandonar sus estudios es la solución a sus frustraciones escolares pronto verá los efectos dolorosos de su decisión. Su capacidad limitada de ganarse la vida e inevitable carencia que acompañan el ganar escaso dinero generan más frustraciones, desilusiones y tensiones que la mayoría de los adolescentes pueden imaginar. Las investigaciones demuestran que los que abandonan sus estudios no sólo tendrán menos posibilidad de ser *triunfadores* en el mundo laboral, sino que tendrán menos posibilidad de *encontrar* trabajo con la consecuente pobreza.

✦ Analfabetismo funcional

La sociología considera la falta de una formación escolar como un problema social singular de consecuencias trascendentales. Las estadísticas son distintas en distintos países pero son demasiados los que leen a un nivel por debajo del sexto año escolar. Son también demasiados los que no han desarrollado la habilidad de leer y escribir, necesaria para funcionar

adecuadamente en la sociedad. Agreguemos a eso los que apenas saben leer.

✦ Pérdida de interés en querer superarse en otras áreas

Aparte del impacto a gran escala de fracasar en la escuela, está el fracaso importante en la vida personal del que abandona sus estudios. A menudo, deja de procurar triunfar en otros aspectos de su vida. Con frecuencia asume una actitud de indiferencia, va disminuyendo su potencialidad y no desarrolla sus habilidades.

Es alentador notar que muchos de los que abandonan sus estudios llegan a darse cuenta de que su decisión fue mala. Muchos, tarde o temprano, vuelven al aula para completar sus estudios o se capacitan en institutos especializados. Aunque esto da un rayo de esperanza, es obvio que prevenir es mejor que tener que corregir.

La perspectiva bíblica sobre el abandono de los estudios

Dios ha dado a cada ser humano la curiosidad y el deseo de aprender. Uno siente satisfacción y alegría cuando descubre algo nuevo o cuando aprende más sobre el ambiente que Dios ha creado. La capacidad de pensar y aprender se cuenta entre sus dones más preciados, y Dios espera que el hombre use su don al máximo dentro de su habilidad. Pablo le escribió a Timoteo:

> Nadie tenga en poco tu juventud; pero sé ejemplo para los creyentes en palabra, en conducta, en amor, en fe y en pureza. Entre tanto que voy, ocúpate en la lectura, en la exhortación y en la enseñanza. *No descuides el don* que está en ti, que te ha sido dado por medio de profecía con la imposición de las manos del concilio de ancianos (1 Timoteo 4:12-14, *énfasis agregado*).

Aunque la exhortación de Pablo a Timoteo para que no descuidara su don se refería específicamente a un don sobrenatural que le fuera dado para usar en su ministerio, las palabras de Pablo expresan claramente que Dios da dones para *ser usados*, y eso ciertamente incluiría el don del intelecto.

La Palabra de Dios da primera importancia al estudio y la educación:

> Bienaventurado el hombre que halla sabiduría y el que obtiene entendimiento (Proverbios 3:13).

> Más vale el sabio que el fuerte; y el hombre de conocimiento, que el de vigor (Proverbios 24:5).

> Procura con diligencia presentarte a Dios aprobado, como obrero que no tiene de qué avergonzarse, que traza bien la palabra de verdad (2 Timoteo 2:15).

No desarrollar la auténtica habilidad del individuo es despilfarrador e improductivo. Pero hemos de reconocer también que la decisión de abandonar los estudios no hace que la persona sea estúpida o sin valía; sigue teniendo infinito valor y una potencialidad sin límites a los ojos de Dios. Es posible y bíblico encarar la cuestión sin atacar (de hecho, *alentando*) a la persona (Juan 8:1-11).

La respuesta al problema del abandono de los estudios

ESCUCHAR. Los problemas en la escuela son a menudo una indicación de que existen problemas en otras áreas de la vida del joven. Establezca una buena relación de confianza con el jovencito y demuestre su disposición de escuchar sin criticar o corregir. No importa lo fácil que le parezca a usted la solución, adopte una actitud de escuchar. Escuchar activamente le dará, con el tiempo, una mejor comprensión del adolescente y sus problemas.

EMPATIZAR. Las tareas escolares son difíciles para la mayoría de los jovencitos. Rara vez se aprende sin esfuerzo, aun en el caso de los mejores alumnos. Al empatizar con el estudiante para quien sus estudios son un desafío o un aburrimiento, puede usted abrir las puertas a la esperanza. Esto no quiere decir que debe coincidir con todas las quejas del adolescente; significa que se identifica con sus sentimientos y frustraciones y que reconoce que muchos tienen problemas de aprendizaje y que algunos alumnos tienen quejas valederas sobre estilos y técnicas de enseñanza. Establezca una relación de confianza, escuche cuando habla de sus frustraciones y problemas, empatice con las expresiones emotivas de esas frustraciones y, por último, entre en acción para corregir los problemas de aprendizaje. La empatía es el puente entre el problema y su solución.

ALENTAR. Procure comunicarle al adolescente que la meta del que va a la escuela no es lograr la perfección sino el desarrollo. Dé al estudiante indiferente una clara confirmación de que su lugar es en la escuela y que tiene todo el derecho de obtener buenos resultados.

Cuando se aplican conductas de aprendizaje y se usa un sistema de apoyo que pida cuentas al estudiante, no hay límites a lo que se puede lograr. Confirme al joven su valor, cualidades y puntos fuertes, teniendo cuidado de no presionarlo para que rinda más allá de su capacidad. A menudo, si al joven se le presiona para que rinda más allá de lo que tiene capacidad de rendir, surge un sentido de incapacidad, pierde la esperanza, lo domina el pesimismo y se da por vencido. Por otra parte, tenga cuidado de no dirigir al estudiante hacia un curso de estudio por debajo de su nivel de capacidad.

DIRIGIR. Cuando el adulto interesado ha establecido un fundamento fuerte de confianza por escuchar atentamente, empatizar y alentar al joven, puede proceder a ofrecer un sentido de dirección del cual puede beneficiarse. El siguiente bosquejo puede ser de ayuda:

1. Involucre a los padres del jovencito. Si usted no es el papá o la mamá, haga todo lo posible para informar e involucrar a los padres lo antes posible. Sus percepciones, su apoyo y aprobación son indispensables para poder ayudar eficazmente al joven.

2. Involucre a Dios. Ponga a Dios a cargo de sus esfuerzos por ayudar al joven, y confíe en su sabiduría y poder. Inste al joven a depender también de Dios, pidiéndole su ayuda para el presente y el futuro. (vea Santiago 1:5). Ayude al joven a desarrollar y mantener una comunicación diaria con Dios a fin de depender de su fuerza, aprender de su Palabra y buscar su voluntad. Proponga ser su compañero de oración orando el uno por el otro y uno con el otro.

3. Anime al joven a dialogar sobre las causas de los problemas. Invítelo a conversar libremente sobre las cuestiones que contribuyen a su disconformidad con la escuela. Al adolescente frustrado, la posibilidad de independizarse de la escuela y de trabajar y tener una entrada (aunque sea un trabajo que paga poco) es una tentación fuerte. Verifique y admita la existencia de los problemas y frustraciones escolares.

4. Facilite el poder "negociar" para resolver los problemas. Trabaje con los padres para que estén en contacto con las autoridades educativas y los maestros de su hijo, con el fin de dialogar sobre alternativas que ayuden a resolver los problemas.

5. Ayude al estudiante a evaluar sus necesidades y metas. Invite al joven a hablar de sus intereses y metas. Al ir sabiendo los planes del joven para el futuro (y sus aptitudes), estará usted en una posición más adecuada para clarificar el papel de la educación y la responsabilidad del alumno para capacitarse a fin de poder dedicarse a esos intereses. Muchas veces el joven aguantará las frustraciones en la escuela si tiene un concepto más cabal de lo que una educación le puede brindar.

6. Ayude al joven a formular un plan. Anímele a elaborar un conjunto concreto de propósitos objetivos y metas. Los propósitos definen las aspiraciones del joven (por ejemplo: Propósito: llegar a ser un jugador de tenis profesional). Los objetivos definen los pasos principales que el joven tiene que tomar para lograr sus aspiraciones (Objetivos: integrar el equipo de tenis de la escuela; llegar a ser el capitán del equipo, etc.). Las metas definen los pasos intermedios que deben tomarse para poder lograr los objetivos (Metas: Seguir en la escuela; obtener el promedio de calificaciones necesario para ser admitido en el equipo de tenis; encontrar una pareja para jugar al tenis, etc.). Elimine la noción de que pueda fracasar; lo que se necesita es un plan que apele al joven.

7. Ofrezca un aliento práctico. Considere programar una visita a una compañía o industria que incluye posiciones dentro del interés del estudiante. Programe una excursión de las instalaciones y asegúrese de que pueda hablar con empleados y jefes que puedan estimular su interés en seguir una carrera y que le hagan ver los requisitos educativos para esa carrera y sus beneficios (sueldo, beneficios, etc.). Considere la posibilidad de un programa de trabajo y estudio o curso vocacional.

8. Consulte con terceros. Involucre a su consejero en la escuela, padres, maestros, pastores y otros en un esfuerzo por generar una alternativa original a los problemas del estudiante.

COMPROMETER. Resista cualquier tentación de tratar de obligar al joven a seguir en la escuela o volver a integrarse a ella (lo cual, de cualquier manera, sería imposible). En cambio, busque conseguir su participación en comunicar qué cambios, adaptaciones y motivaciones harían que la escuela fuese más aceptable y satisfactoria.

REFERIR. De ser posible, el joven se beneficiaría de una serie de pruebas psicoeducativas. Un educador, o sicólogo especializado familiarizado con los problemas de falta de rendimiento sería el más adecuado para evaluar los niveles de rendimiento y habilidad del estudiante; esta información puede brindar una retroalimentación útil a todos los interesados a fin de volver a formular un programa educativo adecuado para el joven. Se debe tener en cuenta que existen muchas posibilidades al tratar de explicar la causa de problemas de aprendizaje. No es siempre la falta de motivación lo que impide el aprendizaje. Con los resultados de las pruebas en mano, consejeros y sicólogos pueden ofrecer directivas concretas para resolver el problema.

En muchos lugares las escuelas a menudo patrocinan seminarios y talleres sobre cómo mejorar en la lectura y en la habilidad de estudiar.

Por lo general, las bibliotecas también tienen una variedad de materiales de referencias y guías para mejorar el rendimiento escolar.

Pasajes bíblicos citados en este capítulo

- 1 Timoteo 4:12-14

- Proverbios 3:13; 24:5

- 2 Timoteo 2:15

- Juan 8:1-11

- Santiago 1:5

Otros pasajes bíblicos para leer

- Proverbios 1:7, 22; 8:10; 17:16

- Filipenses 1:9-11

- Tito 3:14

BAJO RENDIMIENTO ACADÉMICO

Introducción

Josefina Mendoza es hija única. También podemos decir que es un prodigio. Durante la mayor parte de su joven vida vivió en una casa sin agua corriente. Su papá trabaja en el campo y su mamá en una lavandería.

Josefina empezó a leer libros de primera lectura a los dos años, devorándoselos como la mayoría de los chicos se "devoran" los dibujos animados por televisión. A los cinco años ya leía novelas románticas. A su mamá le resultaba difícil llenar su insaciable apetito por los libros.

Para cuando empezó el cuarto grado Josefina se anotó en un curso preliminar de álgebra. Completó tres años de matemáticas en tres semanas en un campamento para niños prodigio. Se graduó de la escuela secundaria a los quince. Obtuvo una beca completa para estudiar en la universidad. Quiere ser escritora.

Patricio Borders ha sido reconocido por sus padres, maestros y amigos como un muchacho inteligente, algunos dirían brillante. No sólo es inteligente, es también muy buen mozo y tiene una personalidad irresistible. Parecía tenerlo todo, excepto las calificaciones en la escuela que necesitaba para pasar de año.

Patricio parecía tener pocos problemas con el estudio —cuando le daba su atención— y sus profesores le sermoneaban y le rogaban a menudo que empezara a lograr su potencialidad. Siempre escuchaba con cortesía y después seguía descuidando sus tareas escolares, entregando trabajos escandalosamente deficientes y reprobando todos los exámenes que tomaba.

Pudo, a duras penas, terminar sus estudios secundarios cuatro meses antes de cumplir los veinte años, gracias a un programa vocacional. Consiguió un trabajo con sueldo mínimo en un taller mecánico. Aunque no muestra ningún interés en los aspectos financieros y administrativos del taller, espera un día ser el jefe y quizá en el futuro, ser dueño de su propio negocio.

El problema del bajo rendimiento académico

¿Qué hizo que Josefina y Patricio fueran tan diferentes? La diferencia mayor no era su inteligencia; ambos tenían una mente privilegiada. ¿Qué, entonces, llevó a resultados tan distintos? ¿Y qué pueden hacer padres, maestros, pastores y líderes de jóvenes para ayudar a éstos a lograr resultados satisfactorios tanto en sus estudios como en su vida personal?

Una tarea importante en el desarrollo del joven es descubrir y desarrollar los talentos y habilidades que Dios le dio. Sus puntos fuertes, intereses y aptitudes se descubren y practican por medio de diversas oportunidades de superarse en el hogar, la iglesia y la escuela.

Algunos jovencitos parecen madurar sin problemas logrando una comprensión clara de sus potencialidades y limitaciones. Otros se resisten al desafío de desarrollar sus potencialidades. El estudiante cuyo rendimiento es por debajo de su capacidad no sólo fracasará en la escuela sino que generalmente tendrá numerosos problemas que pueden durar la vida entera.

Para el joven cuyo rendimiento es por encima de lo esperado, su perfeccionismo, temor de fracasar, conducta compulsiva y ansiedad lo llevan al cansancio y, finalmente, a la insuficiencia. Aunque el rendimiento exagerado por lo general se trata como algo muy positivo, las consecuencias pueden ser bastante destructivas.

La ley Yerkes-Dodson (a veces llamada escala de la "U invertida"), que muestra una relación curvilíneal entre el nivel de estímulo y el nivel de rendimiento, ilustra la necesidad de tener equilibrio y moderación. Supongamos que se tome a tres alumnos con los mismos conocimientos y habilidades y se los compare según su rendimiento escolar. A uno de los alumnos no le interesa si le va bien o no. El segundo quiere hacer lo mejor posible y, aunque algo tranquilo, se siente

presionado para hacer todo lo que está a su alcance para salir aprobado. El último alumno está muy motivado, tenso y ansioso, sintiendo que si le va mal (en un examen, por ejemplo), eso influirá negativamente sobre su concepto de sí mismo y de lo que vale como ser humano. ¿Cuál de los tres logrará un rendimiento más competente? El segundo alumno, porque tendrá un rendimiento más eficaz cuando su nivel de estímulo es moderado. El que está motivado y se siente seguro andará mucho mejor en la escuela que los estudiantes aburridos y sin motivación y que los estudiantes que están demasiado ansiosos o sienten una presión intensa por obtener los mejores resultados.

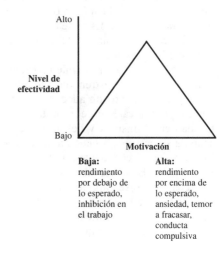

Alto

Nivel de efectividad

Bajo

Motivación

Baja: rendimiento por debajo de lo esperado, inhibición en el trabajo

Alta: rendimiento por encima de lo esperado, ansiedad, temor a fracasar, conducta compulsiva

Se estima que el 20 por ciento de los alumnos de escuela secundaria se sienten inhibidos en algún aspecto. El 75 por ciento de los estudiantes con un rendimiento insuficiente son varones. Estos no sufren de problemas cognoscitivos ni del sistema nervioso central, tampoco tienen problemas de aprendizaje. Son capaces; pero su rendimiento simplemente no concuerda con sus capacidades.

Se necesitan tres cosas para lograr un buen rendimiento escolar: habilidad, buenos métodos de trabajo e interés. Las habilidades, por supuesto, varían entre una persona y otra. Pero los buenos métodos de trabajo o estudio se aprenden y, al convertirse en hábito y al llegar a ser parte integral del estudiante, éste logra ser más eficiente en el uso del tiempo y en su facilidad para estudiar. El tercer requisito para triunfar en la escuela es tener interés y motivación.

Un problema común entre los que fracasan es que no han llegado a conocer realmente sus habilidades y puntos fuertes, ni han aprendido habilidades y técnicas sobre cómo estudiar, ni han desarrollado el interés y la motivación que son un requisito para triunfar. Muchos educadores coinciden en que el no esforzarse en la escuela es una fuerte indicación de un sentido de poca valía y de inferioridad. (Vea el capítulo 6: *Concepto bajo de sí mismo*.) Estos se encuentran entre las causas fundamentales de un rendimiento insuficiente.

Los que logran un rendimiento exagerado, aunque demuestren que dominan los requisitos para rendir adecuadamente, aun así pueden carecer del sentido de seguridad en sí mismos y de un concepto sano de su persona. Tienden a relacionar lo que valen directamente con la perfección escolar. En consecuencia, el más leve fracaso representa una amenaza contra su integridad e identidad, lo cual produce ansiedad, sentimiento de culpa y, tarde o temprano, un bajo rendimiento.

Las causas del bajo rendimiento académico

Los problemas académicos son con frecuencia indicadores de problemas mayores, a menudo relacionados con la personalidad y el estilo de vida, factores sociales y económicos y la familia.

✦ Factores relacionados con la personalidad y el estilo de vida

Los estudios sobre los factores relacionados con la personalidad y el estilo de vida de los que tienen un rendimiento insuficiente, por lo general muestran que

éstos tienen todas o algunas de estas características:

- Inmadurez emocional

- Incapacidad de adaptarse

- Temor y ansiedad en exceso

- Concepto bajo de sí mismo

- Profundos sentimientos hostiles

- Resentimiento

- Negativismo

- Percepción de que lo tratan injustamente

- Rechazo de la autoridad del adulto

✦ Factores sociales y económicos

La mayoría de los adolescentes, por supuesto, luchan alguna vez con la mayoría o todos los problemas recién mencionados. Vacilan en querer hacer lo que se les manda y en querer cumplir horarios que les imponen. Quieren hacer valer su independencia y a menudo se jactan de: "Yo sé lo que mejor me conviene". No obstante, las luchas y tensiones normales de la adolescencia no siempre obstaculizan el rendimiento; pero pueden ser agravadas por otros factores.

Richard Jaeger, profesor de investigación educativa en la Universidad de Carolina del Norte en los EE. UU. de A., cita factores sociales y económicos como pobreza, falta de trabajo y divorcio de los padres como impedimentos para el buen rendimiento del adolescente. Según Jaeger: "El mantenimiento económico y la estabilidad familiar son... esenciales para lograr el éxito escolar".

✦ Factores familiares

Los factores relacionados con la familia juegan un papel crítico en el éxito del joven en la escuela. Un estudio sobre modalidades de interacción dentro de la familia de estudiantes con un rendimiento insuficiente, en comunidades de clase media, identificó cuatro modalidades de interacción que representan un peligro para el estudiante.

Falta de armonía y conflictos entre los padres. La primera modalidad es la de una falta de armonía en general entre los padres en cuanto a las normas a aplicar en la disciplina de los hijos y en las prácticas de criarlos. La confusión en la familia resultaba en un negativismo, inmadurez emocional y malas calificaciones en la escuela. Las necesidades básicas de los hijos simplemente no eran suplidas por los padres que gastaban más energías en discutir que en cumplir sus obligaciones de padres.

Indiferencia de los padres. La segunda modalidad que contribuye a una inhibición del trabajo era la de los padres indiferentes a los logros de sus hijos. (Vea el capítulo 17: *Padres despreocupados.*) Al concentrarse en sus propias carreras e intereses, le daban la impresión al hijo de que no lo querían ni apreciaban. Los muchachos rinden cuando se suplen sus necesidades básicas. Cuando estas necesidades son ignoradas o negadas, los síntomas resultantes de un estudiante con problemas en la escuela se proyectan con calificaciones bajas o abandonando sus estudios. Los síntomas incluyen falta de respeto, incapacidad de concentrarse, rebeldía contra personas en posición de autoridad, dejar de rendir en la escuela, falta de motivación propia y falta de disposición de perseverar en tareas de aprendizaje.

En el centro mismo de la causa de un rendimiento por debajo o por encima de lo esperado están las necesidades no suplidas de los niños. Los padres que esperan demasiado o que son demasiado indulgentes a menudo no fomentan un sano sentido de superación entre sus hijos. Cuando a los jóvenes se les trata en una forma que suple sus necesidades emocionales, se puede esperar de ellos un rendimiento escolar satisfactorio. Note estas importantes necesidades emocionales:

1. Amor incondicional. El niño depende del padre para recibir apoyo y aprobación continuamente.

2. Constancia y conducta previsible. La inconstancia puede ser un problema para un hijo cualquiera sea su edad. La conducta imprevisible puede generar confusión en cuanto a lo que constituye una conducta aceptable e inaceptable.

3. Jovialidad. El niño necesita tener la libertad de reír, de ser feliz y de sentirse tranquilo; esa libertad le puede ayudar a adaptarse a las presiones y demandas escolares.

4. Aprobación. Reconocer los logros personales establece una base para desarrollar un sentido de sano orgullo y superación. El sentido de superación y de aprobación puede fomentar un buen concepto de sí mismo.

5. Responsabilidad. El desarrollo del carácter se logra cuando se les da a los niños una dirección piadosa y se les requiere que logren metas, como ser productivo en la escuela, de manera que honren al Señor.

6. Un ejemplo de excelencia. Los jóvenes observan e imitan los estilos de vida que se les presentan. La influencia de la actitud y conducta depende totalmente del ejemplo de los adultos. Los padres y maestros que demuestran negativismo, perfeccionismo, indiferencia o cinismo tienden a generar esas mismas actitudes en los jóvenes.

Presión de los padres. La tercera modalidad familiar que contribuye a los problemas de rendimiento es la de los padres sobreprotectores, perfeccionistas, dominantes y autoritarios. (Vea el capítulo 16: *Padres sobreprotectores.*) La expectativa constante de que los niños rindan más y más sin prestar atención a sus logros y capacidades es muy perjudicial. Si se presiona a un niño para que rinda más allá de lo que es capaz de rendir, surgen sentimientos de incapacidad y desesperanza.

Desinterés de los padres. El cuarto estilo de interacción familiar que perjudica el desarrollo de motivaciones para el rendimiento del estudiante es el desinterés de los padres. (Vea el capítulo 17: *Padres despreocupados.*) Algunos de estos padres pueden estar interesados y preocupados por el éxito escolar de su hijo, pero no pueden o no quieren tomar los pasos necesarios para estimular la productividad. Es necesario tener una clara visión del futuro, de cimentar la seguridad en sí mismo y de un liderazgo adecuado a fin de motivar al joven para que quiera lograr un rendimiento correcto.

Los efectos del bajo rendimiento académico

✦ Bajas calificaciones, opciones limitadas

El bajo rendimiento académico en la escuela tiene muchos efectos, algunos de los cuales son obvios. El estudiante que anda mal en la escuela recibirá bajas calificaciones y sus opciones de seguir una carrera, de obtener becas, de trabajo y de lo que puede ganar trabajando en el futuro serán muy limitadas.

✦ Pérdida de confianza y del buen concepto de sí mismo

Los efectos emocionales y sicológicos, que son mucho mayores que las consecuencias ya mencionadas pueden, a la larga, ser aún peores. El joven que fracasa en los estudios puede perder toda confianza en su habilidad de superarse (condición que ha sido llamada "alienación estudiantil"). Es muy posible que luche

con sentimientos de que no vale nada (vea el capítulo 6: *Concepto bajo de sí mismo*), de que nada tiene sentido y de impotencia. Es muy posible también que sufra de aislamiento social.

✦ Problemas sociales

El bajo rendimiento escolar durante las últimas décadas también ha generado serios problemas sociales. A menudo las familias y comunidades caen en un círculo vicioso de bajos logros lo cual lleva a no conseguir trabajo o conseguir trabajos inferiores, pobreza y otros problemas. La potencialidad no lograda en la juventud se traduce en una pérdida de eficacia y competencia en muchos ministerios, industrias y negocios.

✦ Otros problemas

En el caso del que busca un alto rendimiento, la obsesión crónica de ser perfecto en la escuela puede llevar al agotamiento y, tarde o temprano, a la ineficacia. Las compulsiones e inseguridades emocionales que a veces impulsan a querer lograr un rendimiento exagerado pueden también causar el aislamiento de los demás y afectar las relaciones del joven por el resto de su vida.

La perspectiva bíblica del bajo rendimiento académico

La Palabra de Dios, en Romanos 12:6-8, habla de los dones espirituales, pero lo que se aplica a los dones espirituales se aplica también a los dones intelectuales:

> De manera que tenemos dones que varían según la gracia que nos ha sido concedida: Si es de profecía, úsese conforme a la medida de la fe; si es de servicio, en servir; el que enseña, úselo en la enseñanza; el que exhorta, en la exhortación; el que comparte, con liberalidad; el que preside, con diligencia; y el que hace misericordia, con alegría.

No todos tienen una aptitud para las matemáticas. No todos se pueden destacar en la música o la ciencia. No todos pueden obtener la calificación máxima en literatura.

Pero Dios sí anhela que cada uno de sus hijos use los dones (espirituales e intelectuales) que le ha dado. Si es el poder hacer cálculos matemáticos, que lo haga. Si es escribir poesías, que las escriba. Si es memorizar o conceptualizar o leer o cantar, que lo haga. Y que lo haga lo mejor que puede:

> Procura con diligencia presentarte a Dios aprobado, como obrero que no tiene de qué avergonzarse, que traza bien la palabra de verdad (2 Timoteo 2:15).

Pero hemos de recalcar que "Jehovah no mira lo que mira el hombre: El hombre mira lo que está delante de sus ojos, pero Jehovah mira el corazón" (1 Samuel 16:7). Dios da diferentes dones y aptitudes intelectuales a cada uno, pero ninguno de ellos ni el uso que hagamos de ellos es un reflejo de lo que valemos a los ojos de Dios.

Al que no rinde lo suficiente, Dios lo llama a aceptar y usar todos los dones que le dio: intelectuales tanto como espirituales, físicos y emocionales. Al que busca un rendimiento exagerado, Dios lo llama a recordar que el amor de Dios, y el valor del individuo es incondicional; no puede ni ganarlo ni perderlo.

La respuesta al problema del bajo rendimiento académico

Existen muchos recursos a disposición del joven que navega sin rumbo en un mar de confusión y expectativas escolares. La escuela puede resultarle demasiado difícil o aburrida al joven; pero esto no justifica la pereza, apatía, indiferencia o negligencia. A pesar de los problemas de aprendizaje o de actitudes, hay ayuda.

ESCUCHAR. Dado que los que tienen un bajo rendimiento académico no saben trabajar independientemente en

la escuela y se valen de cualquier cantidad de mecanismos de defensa, el adulto interesado debe brindar al estudiante la oportunidad de expresar lo que no le gusta o lo que lo frustra en la escuela. ¿Demuestra hostilidad? ¿Inmadurez? Pregunte: ¿Sientes miedo o enojo cuando tienes que elegir entre dos opciones? ¿Por qué te parece que te sientes así? Ayúdele al joven a verbalizar y expresar sus sentimientos. Escuche de corazón. Capte el dolor y la clave del mismo que, aunque sea señal de inmadurez, es importante para el joven. Anime a los padres a que consideren cómo deben mejorar su manera de comunicarse con su hijo. Mantenga a un mínimo los conflictos y las objeciones.

EMPATIZAR. Es fácil que el adulto pase por alto la cuestión principal al escuchar las quejas del joven sobre su escuela. Muchos adultos interesados escuchan para poder responder; es de mucha más ayuda escuchar para poder entender. El padre, maestro u otro adulto interesado en el joven querrá, por supuesto, ayudarle con su problema, pero primero tiene que haber empatía. Ore pidiendo compasión y la habilidad de responder con empatía al problema del joven; luego confíe en que el Espíritu le ha de guiar momento tras momento.

ALENTAR. Los padres de los jóvenes que tienen poco éxito en sus estudios, deben esforzarse por elogiar a sus hijos en aquellos aspectos positivos que poseen. Pero también, al demostrarles su aprobación, su interés y su comprensión, les harán sentir que son aceptados y que se identifican con ellos. La responsabilidad, el respeto y el aliento se entrelazan en la vida escolar del joven estudiante.

Otro paso importante al responder a los problemas de rendimiento es alentar al estudiante por sus aptitudes y capacidades individuales. Cuando el joven ha verbalizado su dolor y el adulto interesado ha empatizado con sus sentimientos y ha alentado al joven por sus capacidades, el estudiante puede empezar a entender que le es posible y que puede triunfar. Estos pasos son indispensables y pueden llevar tiempo, pero a menos que primero se logren, no se pueden cumplir las próximas etapas.

DIRIGIR. El primer paso en dirigir al joven para que triunfe en sus estudios es hacerle comprender las actitudes y motivaciones correctas para estudiar. Tiene que haber primero el deseo de querer estudiar y la convicción de que puede triunfar. Hay que ayudarle a tener una actitud positiva y autodisciplina a fin de obtener los beneficios máximos de sus estudios. Cualquier resentimiento, frustración no solucionada o mala actitud puede anular cualquier intento de éxito.

1. Tómese el tiempo y trabajo para evaluar lo que el alumno es capaz de lograr. Compare esto con su actual nivel de rendimiento.

2. Defina el problema escolar en términos de metas. Tome una meta a la vez y explique lo que el estudiante puede hacer y cómo puede lograr esta meta. Valerse de un tutor y desarrollar buenos hábitos de estudio pueden ser aplicados a las áreas de problemas específicos que se han descubierto.

3. Relacione al estudiante con otros estudiantes que son entusiastas, están interesados y contentos con sus logros en sus estudios. Los estudiantes displicentes son (en la mayoría de los casos) infelices, aburridos y marginados. Cuando los padres, maestros y otros adultos interesados ponen al niño en contacto con influencias sanas, entusiastas, tendrán más probabilidad de triunfar.

4. Mantenga su paciencia, su firmeza cariñosa y apoyo cuando el jovencito comete errores. Elógielo y demuéstrele su aprobación cuando triunfa. Al alumno displicente que logra un triunfo auténtico en sus estudios le resultará más fácil cumplir y lograr más triunfos.

5. En cuanto el joven ha adoptado buenos hábitos de estudio, esté atento a su próximo triunfo logrado por sí solo. Aproveche la oportunidad para recalcar su triunfo.

6. Concéntrese en desarrollar buenas prácticas en el estudio. Use gráficas y listas de chequeo para identificar conductas productivas de aprendizaje.

7. Ayude en el desarrollo de buenos hábitos de estudio. El próximo paso al dirigir al joven para que mejore sus habilidades es examinar de cerca los hábitos y habilidades de que se vale el estudiante. Hay técnicas de probada eficacia para acortar el tiempo de estudio al mismo tiempo que se mejora la calidad del mismo. Los educadores afirman que la *calidad* del estudio es más importante que la *cantidad* de tiempo dedicado al estudio. Todos quieren atajos, especialmente los estudiantes que son activos. Se puede realmente estudiar menos si se aplican ciertas estrategias organizacionales y técnicas para estudiar. Comparta con el joven los siguientes principios, que implementados fielmente y observados con diligencia sin duda darán como resultado una mejora perceptible:

● Estudia en un lugar libre de distracciones, interrupciones y ruidos (nada de radio, ni CDs, ni televisión, etc.).

● Un escritorio o mesa limpia, con luz adecuada y una buena postura son importantes. Saca de tu escritorio cosas que distraen, como fotos, juguetes, recuerdos y ordena lo demás.

● Haz que estudiar sea algo alegre, ¡no una imposición! Sé positivo teniendo una buena actitud. Empieza tu sesión de estudio en oración pidiendo que Dios utilice este momento para la superación de tu mente.

● Personaliza y aplica lo más posible a tu vida diaria lo que estás aprendiendo.

● Haz las tareas más difíciles primero. Las tareas más fáciles hazlas a lo último, cuando estés más cansado.

● Tómate unos minutos de descanso. Estudia treinta minutos y descansa cinco. Vuelve a tu tarea puntualmente después de los cinco minutos.

● Reconoce que la parte más difícil al estudiar es *empezar*. No esperes sentirte inspirado para estudiar. Comienza AHORA y luego te sentirás inspirado al ver cómo vas avanzando en lo que estudias.

● Estudia a un ritmo que te resulte cómodo. No vayas demasiado despacio; sé activo en tu estudio y aplícate a él. Está seguro de lo que haces ¡y sigue adelante!

● Observa las reglas generales para la buena salud. Duerme ocho horas, come bien, haz ejercicios físicos todos los días y mantente en comunión con Dios.

● Considera la escuela como el lugar adecuado donde lograrás la mejor preparación para la vida. Cada tarea es un paso que te acerca al triunfo.

● Sé organizado. Escucha en clase, toma notas claras. Concéntrate y planifica cumplir tus tareas con tiempo.

● Estudia con una mente inquisitiva. Siempre pregunta: ¿Quién?, ¿qué?, ¿cuándo?, ¿dónde?, ¿por qué? y ¿cómo?

● Demuestra un justo orgullo en tus tareas escolares porque, aunque no indican tu valor como ser humano o como hijo de Dios, las tareas escolares bien realizadas demuestran admirables cualidades.

● La clave para aprender es: repetición, repaso y refuerzo.

● Aun cuando no entiendas algo, esfuérzate por entenderlo.

● Capta lo que el profesor está tratando de lograr. Demuéstrale que estás aprendiendo. Muéstrale que estás progresando.

COMPROMETER. Existe la necesidad de trabajar intensamente tanto con los padres como con los maestros si los hábitos o patrones que llevaron al estudiante al bajo rendimiento han de ser corregidos; pero, más importante aun, no puede haber mejora sin la participación del joven mismo. "Se debe enseñar al estudiante a considerar que su éxito o fracaso en sus estudios le pertenece directamente a él. Muchos jóvenes tienen problemas en sus estudios debido a su rebelión consciente o subconsciente, creyendo que si fracasan, sus padres, no ellos mismos sufrirán también". Hay que conseguir la colaboración del joven mismo en la determinación y el plan de mejorar su rendimiento académico.

REFERIR. Es imperativo referir al estudiante a un profesional calificado. Existen muchos exámenes para evaluar la habilidad mental, cognoscitiva y otras áreas de problemas. La información suministrada por estas series de exámenes sicoeducativos son de gran valor para formular un plan de aprendizaje individual. En muchos centros educativos tienen consejeros que cuentan con abundante información sobre talleres, referencias y literatura para ayudar a los padres y al alumno a mejorar su habilidad de estudiar. Se recomienda conseguir un tutor cuando el alumno corre el peligro de ser reprobado. También se recomiendan programas adicionales para mejorar la habilidad de leer y desarrollar la memoria, siempre y cuando el alumno esté dispuesto a participar.

Pasajes bíblicos citados en este capítulo

- Romanos 12:6-8

- 2 Timoteo 2:15

Otros pasajes bíblicos para leer

- Proverbios 1:7, 22; 3:13; 8:10; 17:16; 24:5

- Filipenses 1:9-11

- 1 Timoteo 4:12-14

- Tito 3:14

- Santiago 1:5

- 1 Samuel 16:7

PROBLEMAS
FÍSICOS

46

EL JOVEN MINUSVÁLIDO

CONTENIDO

Introducción

S tacy Brennan ha tenido veinte operaciones quirúrgicas, y no ha terminado con ellas. Tenía ocho años cuando empezó a quejarse de que le dolía la mandíbula. Una consulta con el doctor de la familia mostró que el dolor era causado por un tumor. Stacy sufría de un sarcoma de Ewing, una forma de cáncer rara y muchas veces fatal.

Sus padres siguieron el consejo del doctor y la hicieron operar para quitarle el tumor. Esa primera operación le desfiguró el rostro, y los años de tratamiento de quimioterapia y radiación le causaron la pérdida del cabello. Stacy se sentía como un monstruo.

Le tenía miedo a los tratamientos de quimioterapia que tenía que aguantar cinco días por semana, pero los prefería a lo que tenía que enfrentar en la escuela. Sus compañeros de tercero y luego cuarto año le ponían apodos. A uno de los muchachos le encantaba declararla "la chica más fea del mundo". Se fue aislando cada vez más de los muchachos de su edad. Aun sus padres, abrumados por la enfermedad de su hija, parecían querer distanciarse de ella y el uno del otro; se divorciaron cuando ella tenía trece años.

A los quince, Stacy empezó una serie de injertos de hueso y tejidos con la intención de corregir su deformidad facial. Cada vez que la operaban se llenaba de esperanza, rogando tener un rostro normal que los demás pudieran mirar sin espantarse o burlarse. Pero la primera serie de injertos fue un fracaso; con cada uno aumentaba su amargura y desesperanza.

Hoy, después de veinte operaciones, el rostro de Stacy sigue desfigurado. Al sonreír, el lado derecho de su rostro baja, y su labio inferior es apenitas más grueso que una línea trazada por un lápiz. Pero Stacy, que enseña música en una universidad del Estado, ya no siente amargura.

"Me llevó mucho tiempo", dice, "pero estoy aprendiendo a encontrar la felicidad en otras cosas, cosas que no dependen de un rostro perfecto. Sé que nunca seré una modelo, supongo, pero estoy aprendiendo a quererme a mí misma."

El problema del joven minusválido

Millones de personas alrededor del mundo sufren de algún tipo de deformidad e incapacidad que afecta su apariencia y/o limita gravemente su habilidad de realizar sus actividades cotidianas. Muchas de esas deformidades e incapacidades son defectos congénitos, enfermedades, accidentes y otras lesiones. Las incapacidades visibles pueden tomar la forma de ceguera, sordera, un rostro desfigurado, problemas motores y parálisis, entre muchos otros. Las incapacidades que no son tan visibles incluyen problemas de desarrollo, de aprendizaje y enfermedades (como diabetes o artritis).

La gran cantidad de jóvenes minusválidos —aun en los casos leves— a menudo enfrentan luchas gigantescas encima de las ya difíciles tareas y adaptaciones de la etapa adolescente. El impacto de una deformidad o incapacidad física puede aumentar a niveles críticos por las pasiones y presiones que enfrentan. David Veerman escribe:

> Durante la adolescencia las emociones se enfocan en el sentido de identidad. Esta es la etapa de la vida en que "se investiga el yo", cuando el jovencito está tratando de descubrir "quién soy" y "dónde encajo". Estos son años de dudas y de momentos de "enfrentar la verdad". Considere a la niña cuyos parientes siempre le comentaban qué linda era —pero ahora está en la secundaria, tiene el cutis lleno de acné y no tiene nada de linda. O el muchacho cuyo padre lo empujó para que jugara fútbol; todo estuvo bien hasta que su glándula pituitaria se negó a colaborar. Mientras todos los demás se ven cada día más altos, más fornidos y musculosos, él se quedó atrás porque sigue "chiquito". A los quince años ya es un fracasado.

Si el acné o la baja estatura representa un desastre para la mente y el corazón del muchacho, con más razón una deformidad o incapacidad seria es muy probable que cause muchas dificultades, fomente

un agudo sentido de inferioridad y genere serios problemas.

Las causas que dificultan que el joven minusválido pueda sobrellevar su condición

Aunque las razones físicas o médicas que causan la minusvalidez pueden ser obvias —cáncer, quizá, o espina bífida, por ejemplo— los desafíos y problemas relacionados con la condición del joven empeoran debido a cuatro factores clave:

✦ Presiones sociales

La sociedad moderna valora muchísimo la salud y la belleza y devalúa a los que no cuadran dentro del "molde de Hollywood" de dientes perfectos, cabello perfecto, cuerpo perfecto y coordinación perfecta. La sociedad apoya el aborto de los niños que corren peligro de nacer con un defecto, aprueba (por lo menos tácitamente) el suicidio asistido del anciano que ya no puede ser útil a la sociedad y, de miles de maneras demuestra su desprecio por los que no son lo que ellos consideran "normales". El autor Les John Christie escribe:

> Piense en los cuentos que les enseñamos a nuestros niños: "El patito feo" (¿pero qué de los muchachos que siempre serán "patitos feos"?), "La bella durmiente", "Blanca nieves", "La cenicienta" tienen como personajes centrales damitas hermosas. ¿Y qué de "Rodolfo el reno de nariz colorada" y "Dumbo, el Elefante". Ambos tenían problemas físicos y tenían que dar pruebas de su valor ante la sociedad haciendo algo espectacular que equilibrara sus deformidades. Desde los cuatro años, los niños ya captan perfectamente los mensajes de estos cuentos.

✦ Búsqueda de identidad

Los jóvenes viven obsesionados con su apariencia física y sus habilidades porque para la mente joven (y mucha gente sigue con la misma mentalidad, aun siendo adultos) "mi apariencia" y "lo que puedo hacer" es igual a "quién soy". En consecuencia, los años juveniles a menudo incluyen una competencia sin fin, muchas veces interior, por establecer un sentido de identidad. El joven minusválido tiende a compararse con los demás y usa los resultados de esa comparación para dar forma a una "hipótesis práctica" de su identidad. Desafortunadamente, la incapacidad del joven a menudo empaña su verdadera identidad a tal punto que la respuesta a la pregunta "¿Quién soy?" termina siendo "Soy cojo", o "Soy raro", o "Soy feo".

✦ Expectativas poco realistas

Los adultos, con buenas intenciones, a menudo cargan al minusválido con expectativas poco realistas. Los padres pueden estar luchando casi tanto como su hijo por sobrellevar la condición de éste. Pueden perder la paciencia con los tratamientos largos, o no creen el llanto de dolor o frustración del joven. Le instan a que "se esfuerce más". Pueden exhortarle a "no dejarse vencer". Pueden sentirse amargados porque sus esperanzas y sueños para su hijo se han evaporado. Estas reacciones y expectativas dificultan aun más la vida del jovencito minusválido.

✦ Reacciones de sus "amigos"

Veerman escribe: "El problema es agravado por sus 'amigos'. Ellos están luchando, también, con 'egos que están en peligro' y la competencia llega a ser brutal. La aprobación de sus compañeros es muy importante, pero los muchachos pueden ser muy crueles". El joven minusválido con frecuencia es víctima de la persecución y las burlas, del rechazo silencioso y la exclusión, de un paternalismo condescendiente bien intencionado y de la mal disimulada lástima de sus "amigos", todo lo cual es muy perjudicial.

Los efectos que sufre el joven minusválido

El doctor James Dobson sugiere: "La belleza, la inteligencia y el dinero son los tres atributos más preciados en nuestra sociedad. Y cuando el joven descubre por primera vez que le falta una (o las tres) de estas características, empiezan a venirse abajo en su desesperación".

El joven minusválido *quizá no carezca de ninguna de las tres*. Pero los cuatro factores mencionados anteriormente pueden producir en él un sentido de que le falta belleza y quizá también inteligencia. Esta carencia percibida —sea auténtica o no— afecta tres áreas principales:

✦ Su autoidentidad

Tom Perski, escribiendo en su práctico libro *Parents and Teenagers* (Padres y jovencitos), dice: "Una de las combinaciones más difíciles del 'crecimiento' es tratar de establecer su identidad teniendo una incapacidad física. Contestar a la pregunta: '¿Quién soy?' es una importante tarea para el joven hasta bastante después de haber cumplido sus veinte años". El muchacho puede asociar su identidad exclusivamente con su minusvalía: "Soy feo" o "Soy sonso". O puede tratar de negar su discapacidad al dar forma a su identidad: "Yo podría correr tan ligero como Antonio si se me diera la gana", o "Yo podría ser linda como Cindy si usara tanto maquillaje como ella". Lo saludable es, por supuesto, ni negar ni obsesionarse con la discapacidad, sino aceptarla y reconocer que es irrelevante en lo que a "quién soy" se refiere.

✦ Su autoestima

Todos los jovencitos tienen que aguantar una cierta cantidad de bromas y burlas. Algunos pueden enfrentar golpes fuertes que hieren su estima propia por algo sobre lo cual tienen algo de control, como salir reprobado en una materia o errar un puntapié a la pelota de fútbol. Pero los jóvenes minusválidos enfrentan malos tratos por algo sobre lo cual no tienen control. "Las burlas generalmente tienen la finalidad de producir conformismo".

Pero el minusválido no puede amoldarse; en consecuencia, en la mayoría de los casos toma a pecho las críticas o burlas y las interpreta como una indicación de lo que vale como individuo. (Vea el capítulo 6: *Concepto bajo de sí mismo*.)

✦ **Su perspectiva mental y emocional**
Las presiones mencionadas a menudo tienen un efecto perjudicial sobre la perspectiva mental y emocional del joven que vive con una incapacidad o deformidad. Puede reaccionar con enojo, viendo su vida y sus relaciones con los demás a través de un lente de resentimiento, listo para ofenderse a la menor señal de crítica o rechazo. O puede reaccionar con desesperación, retrayéndose de los demás, manteniéndose en una depresión y abandonando toda esperanza de vivir una vida "normal". Es posible que algunos jovencitos alternen entre estas reacciones, pero lo más común es que una de ellas predomine.

La perspectiva bíblica sobre el joven minusválido

Dios no causa las deformidades o discapacidades. No causa espina bífida en los bebés. No ataca con sarcoma de Ewing a niñas de ocho años. No atormenta a los varones con diabetes juvenil. Pero tampoco promete que ninguno de nosotros escapará de tales cosas. No promete que las bacterias no invadirán nuestro cuerpo, que los tornados no pegarán sobre nuestra casa, ni que podemos esperar escaparnos de sufrir una lesión, una calamidad, deformidad o discapacidad.

La Palabra de Dios explica claramente que todos, cristianos e inconversos, hombres y mujeres, niños y adultos, sufrirán por igual los efectos de una humanidad caída. "A todos les llegan el tiempo y el contratiempo", escribió Salomón (Eclesiastés 9:11). Todos sufrimos las acciones del tiempo y los peligros del destino.

Es claro que reconocer esa realidad rara vez hace que sea más fácil aguantar una deformidad o discapacidad. Pero la Palabra de Dios es también explícita en cuanto a lo que Dios considera de primera importancia. Primero de Samuel 16:7 registra las palabras del Señor a Samuel:

> No mires su apariencia ni lo alto de su estatura,... Porque Jehovah no mira lo que mira el hombre: El hombre mira lo que está delante de sus ojos, pero Jehovah mira el corazón.

Esto no quiere decir que Dios considere que el dolor de la persona que vive una deformidad o discapacidad sea inconsecuente. Al contrario, él es un "Dios compasivo y clemente,... grande en misericordia y verdad" (Salmo 86:15). Sin embargo, sí considera que lo que está *dentro* de una persona es mucho más importante que la apariencia o habilidad física de la persona.

Dios mira el corazón. A él le impresiona el corazón misericordioso. Le conmueve el espíritu sensible. Busca características como el dominio propio, gozo, paz, paciencia, benignidad, bondad, fe y mansedumbre (Gálatas 5:22). Él sabe, como debe saberlo el creyente, que "nuestros días son como una sombra" (1 Crónicas 29:15), que nuestros cuerpos son como "vasos de barro" y que el verdadero tesoro está *adentro* (2 Corintios 4:7). *Y* eso, por supuesto, es *quiénes somos*: el tesoro que Dios ve adentro, no el vaso de barro que los demás ven por fuera.

La respuesta al problema del joven minusválido

El joven que está tratando de sobrellevar una deformidad o discapacidad no necesita discursitos ni soluciones triviales. La realidad es que vive una situación que pocos adultos podrían sobrellevar eficazmente. Pero, siendo sensible y paciente, el padre, la madre, el pastor, el líder de jóvenes o el maestro, posiblemente pueda ayudar poniendo en práctica, con espíritu de oración y con cuidado, el siguiente plan:

ESCUCHAR. El joven minusválido puede objetar los esfuerzos del adulto por ayudar o comprender. "¡Usted no puede saber cómo me siento!", quizá diga. Y tiene razón, nadie puede saber cómo se siente. Por esa razón, el punto de partida (y de llegada) con el joven minusválido es animarle a expresar honestamente sus pensamientos y sentimientos (quizá con preguntas motivadoras como: "¿Cómo es?", "¿Cómo te hace sentirte?", etc.). No dé consejos queriendo ayudar; escuche queriendo comprender.

EMPATIZAR. Sienta su dolor. Es fácil desestimar su situación (y ofrecer soluciones fáciles), pero el dolor es real. Póngase en el lugar del joven y trate de ver las cosas como él las ve. Dios llama a los cristianos a gozarse con los que se gozan (Romanos 12:15); simplemente compartir su dolor y ofrecer sensiblemente el consuelo son las maneras más sencillas y eficaces de ministrar al minusválido. Además, sea sensible a las maneras prácticas en que puede proyectar su empatía, como:

● Quitando obstáculos (sentándose o arrodillándose junto a la persona en silla de ruedas, por ejemplo, o aprendiendo lo básico de la comunicación por señas para comunicarse con alguien con problemas auditivos).

● Asintiendo con la cabeza.

● Haciendo contacto visual.

● Inclinándose hacia adelante en su silla.

● Hablando en un tono tranquilizante.

● Quietamente estimulándole a seguir hablando.

● Haciéndose eco de declaraciones o gestos clave.

● Esperando con paciencia en los momentos de lágrimas o de silencio.

ALENTAR. Donald Mardock enfatiza que los jóvenes:

Tienen que saber que son singulares. Esto les ayuda a dejar de comparar su belleza, habilidad deportiva, inteligencia y personalidad con las de los demás... Tenemos también que ayudar a cada joven para que comprenda que es aceptado tal cual es. No tiene que imitar a otra persona para ser de valor. Tenemos que reconocer a los jóvenes como personas de habilidades y talentos singulares. No existen dos iguales, y Dios pensaba en cada persona cuando lo entretejió en el vientre de su madre (vea Salmos 139:13)... Por último, tenemos que apreciarlos por lo que son y por lo que hacen. Con cuánta frecuencia criticamos a nuestros muchachos cuando creemos que podrían rendir más, pero nos olvidamos de decirles que los apreciamos por lo que hacen bien.

DIRIGIR. El pastor, padre, maestro u otro adulto interesado puede guiar al joven que trata de sobrellevar un defecto o discapacidad, de las siguientes maneras:

1. Sea compañero de los padres. Los padres del joven constituyen el componente más importante del éxito al ayudar al minusválido. Si usted no es el padre del joven, no deje de consultar con ellos. Involúcrelos todo lo posible en responder a las luchas del joven, teniendo en cuenta que los padres con esta vivencia muchas veces están agotados y necesitan también de su compasión y comprensión.

2. Aliente al joven a depender de Dios. Si el joven no es creyente, acérquelo a Dios quien promete dar salud (espiritual) por intermedio de Cristo. Ayude al joven a desarrollar y mantener una comunión diaria con Dios a fin de apoyarse en su fuerza, aprender de su Palabra y encontrar solaz en la oración. Enseñe al joven a usar los Salmos como libro de oración, orando en voz alta Salmos como: 31; 41; 42; 61; 62 y 71; por nombrar algunos. Propóngale ser su compañero de oración.

3. Enfatice la aceptación y el amor total de Dios. Para la mayoría de los jovencitos Dios es un concepto, y eso es difícil de amar o de generar interés. Pero Dios es la Persona que los creó, los acepta y ama, y quiere el mayor bienestar para sus vidas. Jesús, Dios en la carne, fue la personificación del amor incondicional. Tocó a los leprosos, las prostitutas y los marginados. Hacerles recordar estas realidades quietamente y con cariño (no sermoneando) les brindará comprensión y sanidad a nuestros jóvenes.

4. Aliente el cultivo de cualidades más profundas. Ayude al joven a reconocer y cultivar cualidades más profundas. Facilite el desarrollo de características como amabilidad, comunicación, honestidad y disciplina, y estimule estas cualidades en sus vidas cuando quiera y como quiera que se expresen.

5. Conduzca al joven hacia situaciones alentadoras. Hay muchas actividades que pueden brindar satisfacciones y aliento al joven minusválido. Es necesario investigar las posibilidades en escuelas, clubes y distintas instituciones en su comunidad. Los pasatiempos como empezar a coleccionar algo (monedas, estampillas, etc.), o ir de pesca, o aprender a tocar un instrumento musical, o a cantar, o escribir, al igual que grupos juveniles cristianos pueden poner al joven minusválido en una situación en que es aceptado por sus compañeros y por adultos.

COMPROMETER. El doctor Foster Cline y el autor Jim Fay abogan en pro de dejar que los jóvenes "se apropien de sus propios problemas, sus propios sentimientos, sus propias desilusiones y sus propias recompensas... Es responsabilidad del joven hacerse cargo de su problema y encontrar su solución". No se limite a aconsejar al jovencito; lo antes posible, llévelo a reconocer la necesidad de que él sea el que programe una estrategia para lograr una mejora en su situación.

REFERIR. Los problemas y desafíos relacionados con la minusvalía a veces son extensos y, en consecuencia, son encarados mejor con la ayuda de un profesional capacitado. Debe valerse lo antes posible de la ayuda de un consejero profesional cristiano (con el permiso y la involucración de los padres) y de departamentos de asistencia estatales o privados si los hubiera.

Pasajes bíblicos citados en este capítulo

- Eclesiastés 9:11

- 1 Samuel 16:7

- Salmo 86:15

- Gálatas 5:22

- 1 Crónicas 29:15

- Romanos 12:15

- Salmo 139:13

- 2 Corintios 4:7

- Salmos 31, 41, 42, 61, 62, 71

Otros pasajes bíblicos para leer

- Salmos 16; 18; 40; 57; 86; 88; 91; 102; 116; 121; 139; 142

- Eclesiastés 3:1-11; 4:9-12

- Lamentaciones 3:22-33

- Isaías 53:4-6

ENFERMEDADES CRÓNICAS

Introducción

Susana era una chica hermosa, de ojos expresivos y cálida sonrisa. Parecía, con sus diecisiete años, tenerlo todo. Su familia era cariñosa y cristiana. Estaba siempre en el cuadro de honor en la escuela, tocaba en la banda de la escuela y era considerada la más popular entre sus compañeros.

Su último año de secundaria fue perfecto. Todo parecía favorecerla. Terminó la secundaria, consiguió un trabajo durante el verano y empezó a prepararse para cumplir su sueño de estudiar en la universidad.

La universidad donde se matriculó también la consideró una joya y le otorgó una beca. Susana estaba en camino a una carrera prometedora. Efectivamente, al entrar en la universidad, comenzó a tener los mismos éxitos que en la secundaria. Era la favorita de sus profesores y cada día se sentía más segura de sí misma. Es decir, cada día hasta el día 12 de noviembre. El 12 de noviembre fue un día que Susana nunca olvidará.

Esa mañana se despertó con un cosquilleo en los pies. Al principio, no le dio importancia, pero siguió teniendo la sensación durante todo el día. Susana empezó a preocuparse y llamó a sus padres para pedirles consejo. Le aconsejaron que viera a un médico y, después de aguantar una serie de exámenes, Susana descubrió que tenía lupus.

Lupus es una enfermedad progresiva. Es un mal que va afectando el cuerpo aunque puede entrar en remisión. El lupus que Susana contrajo no sólo le afectó su habilidad de caminar, también le arruinó el cutis facial. Y peor, el tratamiento médico le producía una hinchazón considerable.

Los sueños entusiastas de Susana se vieron truncados; tuvo que abandonar sus estudios (aunque sólo por un tiempo). No podía caminar sin bastón. Susana se sentía desalentada y deprimida, y su difícil situación produjo tensiones en sus relaciones con sus amigos y familiares.

Susana y su familia reconocieron que necesitaban hacer algunos cambios. Fueron sabios en no esperar demasiado tiempo. Consultaron a un consejero cristiano y, aunque sigue sufriendo de la enfermedad, Susana y su familia están aprendiendo a adaptarse a la realidad de una enfermedad crónica e irreversible.

El problema de las enfermedades crónicas

Contraer una enfermedad crónica arrasa con las esperanzas, los sueños y las ilusiones de muchos adolescentes. Esto puede ser un desafío intimidante al adolescente, ya sea de origen congénito o ambiental.

Los años de la adolescencia constituyen una etapa cuando la mayoría lucha tenazmente para sencillamente lograr manejar las cosas propias de la adolescencia: acné, cambios hormonales, el despertar de nuevos intereses y la formulación de un concepto sano de sí mismo y de su propia identidad; "es la etapa de la vida de 'buscar el yo', cuando los jovencitos tratan de descubrir 'quién soy' y 'dónde encajo'...años de dudas y 'ratos de vislumbrar la verdad'". Agregar a todo eso una enfermedad crónica puede trastornar todo: y una cantidad considerable de jóvenes tiene que soportar justamente eso, como lo indica el siguiente cuadro:

el lupus o la diabetes, por ejemplo. Los efectos obvios son los físicos, por supuesto, pero se estima que en más de la mitad de los casos que recurren al aconsejamiento profesional, el problema físico no es la causa principal del estrés en la vida del paciente; muchas veces una crisis no sólo crea nuevos problemas, también expone los antiguos.

✦ Efectos físicos

Las consecuencias físicas de una enfermedad crónica muchas veces se extienden más allá de los efectos intrínsecos a la enfermedad o condición en sí. Hartman-Stein y Reuter, por ejemplo, destacan que "la desfiguración del lugar donde una joven recibe sus inyecciones de insulina" puede hacer que la adolescente diabética se sienta menos atractiva que sus amigas.

La diabetes también representa un riesgo para la mujer embarazada y el feto, de tener diversas anomalías y anormalidades. Cada una de las condiciones físicas de la lista del cuadro tiene implicaciones físicas aparte de los síntomas de la condición misma.

Enfermedades crónicas entre jóvenes menores de 18 años
(Indice prevaleciente de casos activos por cada 1.000 habitantes)

Artritis	15,0	Enfermedades cardíacas	18,9
Sinusitis crónica	56,7	Problemas auditivos	21,0
Dermatitis	31,0	Problemas ortopédicos	28,8
Diabetes	0,6	Ulceras	1,6

Los problemas mencionados en el cuadro anterior no pretenden incluir todas las enfermedades crónicas que afligen a muchos jóvenes, pero la lista sí da un panorama estadístico que muestra la frecuencia con que vienen algunas enfermedades.

Los efectos de las enfermedades crónicas

Son muchos los problemas que sufre un joven cuando se encuentra ante la perspectiva de una enfermedad crónica como

✦ Efectos sicológicos

1. Una etapa de insensibilidad. Quizá es la reacción más previsible después de una crisis. Y si el evento ha sido precedido por un difícil período de espera o de incertidumbre, a menudo surge un paradójico sentimiento de alivio cuando la realidad reemplaza la ansiedad. La medicina ha descubierto que durante un momento de crisis extrema, el cuerpo humano muchas veces produce una droga similar al valium. La persona bajo la influencia de lo que una mujer ha descrito como la "novocaína emocional de Dios" puede sonreír con valentía y mantenerse serena. Sus amistades entonces comentan que "anda muy bien emocionalmente" y vuelven, en lo posible, a su rutina normal. Más adelante, la realidad la abruma y la persona se viene abajo emocional, espiritual y/o físicamente.

Perder la salud trae aparejado mucho dolor. Cada uno maneja las cinco etapas del dolor (negación, ira, negociación, depresión y sentimiento de culpa) en formas diferentes y con diferentes duraciones, pero pasar por cada etapa es imprescindible para lograr una recuperación emocional. (Vea el capítulo 8: *El dolor ante una pérdida*.)

El principio del proceso del dolor se caracteriza usualmente por los sentimientos extremos; amigos y parientes deben tener en cuenta que encontrar un equilibrio puede llevar tiempo y, por lo tanto, no deben darle una importancia desmedida a la conducta durante ese lapso.

2. Relaciones tirantes. La confianza o inseguridad del individuo y sus amistades y familiares, al igual que las maneras anteriores de relacionarse y las experiencias del pasado, son causas comunes de discordia.

Optar por encarar los problemas negándolos es un mecanismo común para sobrevivir, que también puede generar nuevos problemas y afectar las relaciones. Si la familia niega lo que está pasando o niega el dolor que causa, habrá tirantez en las relaciones.

Cuando alguien se niega a reconocer el impacto de los acontecimientos importantes en su vida, la comunicación se convierte en algo superficial y falso. Negar el problema no hace más que generar distanciamientos en las relaciones.

3. La tendencia a ir a los extremos en las relaciones. El joven puede mostrar una tendencia a retraerse y aislarse de los demás; pero algunos tienden a ser demasiado dependientes de los demás durante esta etapa, por lo que se necesita establecer una

rutina social que agregue estabilidad; por ejemplo: ir al templo todos los domingos, comer al mediodía con un amigo los martes, etc.

Como Susana, la mayoría de las personas tiende a ser hipersensible a los desplantes reales o percibidos al ir adaptándose a su situación. Susana recuerda que en los primeros días después de que volvió a casa, de la universidad, sus peores tensiones eran causadas por sus bien intencionados amigos, conocidos y parientes. "Ellos me demostraban su sincero pesar", dice. "Pero en la mayoría de los casos agregaban comentarios o preguntas innecesarias como: '¿Vas a poder volver a manejar el auto?' o 'Espero que esto no signifique que no tendrás novio' o '¿Qué vas a hacer ahora que no puedes ir a la universidad?' Yo necesitaba el amor y la comprensión de ellos; en cambio, sus comentarios me hacían sentir que no valía y que era inferior. Ahora reconozco que en el momento del dolor, cualquier cuestión sensitiva se hace más sensitiva que nunca, y poder manejar un auto era el asunto donde más vulnerable me sentía".

Por último, otro efecto común después de un importante y serio diagnóstico médico es la vulnerabilidad en cuanto a la autoidentidad y el concepto que se tiene de sí mismo. (Vea el capítulo 6: *Concepto bajo de sí mismo*.)

La persona presionada es cada vez más sensible a las percepciones y opiniones ajenas. Este puede ser un momento de un cambio de su identidad. El individuo puede seguir dramatizando su situación durante años, perpetuando los papeles que asumió en el momento de crisis. Los que tenían una red social fuerte y bien establecida antes de la crisis son menos susceptibles a este problema. Por ejemplo, si de niños fuimos queridos por nuestros logros o rendimiento en lugar de ser aceptados incondicionalmente, podemos sentir ansiedad, inseguridad o aun que no valemos nada cuando nuestros logros y rendimientos se ven amenazados. El problema entonces llega a ser uno en que percibe que ha perdido su identidad o su sentido de quién es, no sólo la pérdida exterior de su salud, posibilidad de estudiar o de cumplir su vocación.

✦ Efectos financieros

Millones alrededor del mundo carecen de seguro médico. Aun los que lo tienen muchas veces se encuentran con que no incluye ciertas condiciones y contingencias. Como resultado, muchas familias tienen no sólo el problema de un diagnóstico difícil, sino también de las dificultades financieras causadas por la condición. Las tensiones financieras pueden generar mucho estrés emocional y también dificultades en las relaciones con los demás.

✦ Efectos teológicos

Muchas veces, encontrarse de pronto enfermo de diabetes, artritis o de alguna otra enfermedad puede llevar al joven a dudar de Dios, de su amor, de su justicia y aun de su existencia. El joven que lucha por sobrellevar lo que será una dificultad permanente naturalmente se preguntará por qué Dios ha "determinado" que tal cosa le sucediera. Algunos jóvenes pueden ir más allá y rebelarse activamente contra Dios. Algunos seguirán rebeldes, pero muchos, después de una etapa de dudas y cuestionamientos, resolverán sus interrogantes y —aunque no sepan las respuestas— confiarán en Dios quien *sí* las sabe.

Las tensiones y luchas son resultados naturales, aun saludables, del comienzo de una enfermedad crónica larga. El joven puede esperar tener momentos buenos y malos; la recuperación del golpe de un diagnóstico desalentador por lo general consiste en un progreso gradual salpicado de retrasos temporarios.

La perspectiva bíblica sobre las enfermedades crónicas

Las personas que nunca han vivido una tragedia a un nivel personal tienen una fe general en la buena fortuna, son despreocupadas y no tienen ansiedades dando por sentado que "a mí nunca me puede suceder". Cuando ocurre una crisis, como una enfermedad crónica, a esa persona le pasa algo tremendo.

Hace algunos años, Elizabeth Berg fue diagnosticada con cáncer de su sistema inmunológico. En un artículo titulado *"Moments of Ease"* (Los momentos cuando todo era fácil), ella escribió:

> Miras fotografías de ti misma como eras antes, y te duele. Es como si la esencia de ti misma se ha ido, dejando atrás la frágil cáscara que espera en vano ser lo que era antes. Piensas que nunca volverás a reír con ganas, o a descansar en tu silla suspirando y sonriendo, con los ojos cerrados, los brazos relajados a tus costados, llena de una especie de ingenua confianza que no sabías que tenías hasta que la perdiste.

Aun el cristiano maduro puede confundir sutilmente esa "ingenua confianza" pensando que es fe. Cuando ya no puede aceptar que todo va a andar bien, cree que ha perdido su fe en Dios. Algunos confunden a Dios con la vida; cuando se desilusionan con la vida, se desilusionan también con Dios. Cuando la vida no es buena, llegan a la conclusión de que Dios no es bueno.

Aunque podemos sentirnos vulnerables y tremendamente sacudidos cuando perdemos nuestro sentido de seguridad, la pérdida de nuestra falsa seguridad no tiene por qué interrumpir nuestra relación con Dios. Dios nunca dio una garantía perpetua de buena salud. Al contrario, nada menos que una autoridad como Job dijo: "El hombre, nacido de mujer, es corto de días" (Job 14:1).

Es lógico que cualquiera que sufre una enfermedad o condición crónica exclame como el salmista; "¡Vuelve, oh Jehovah! ¿Hasta cuándo?" (Salmos 90:13), y aunque nuestros Dios es "nuestro pronto auxilio en las tribulaciones" (Salmos 46:1) y el Dios que "nos consuela en todas nuestras tribulaciones" (2 Corintios 1:4), la fe madura tiene que afirmarse en un nivel más profundo de amar a Dios por quien él es y no sólo por lo que hace o deja de hacer en este momento en particular para aliviar el dolor.

La enfermedad crítica quita la delgada capa de percepción que llega a la conclusión falsa de que estamos en control de nuestra vida. Descubre nuestra total dependencia del Creador de la vida. Durante el momento frágil de tratar de resolver nuestros interrogantes sobre el papel de Dios, Dios está presente (sea que su presencia se sienta o no) y su gracia es suficiente (2 Corintios 12:9), porque:

Bueno es Jehovah para los que en él esperan, para el alma que le busca...
Bueno le es al hombre llevar el yugo en su juventud.
Se sentará solo y callará, porque Dios se lo ha impuesto.
Pondrá su boca en el polvo, por si quizás haya esperanza.
Dará la mejilla al que le golpea; se hartará de afrentas.
Ciertamaente el Señor no desechará para siempre.
Más bien, si él aflige, también se compadecerá según la abundancia de su misericordia.
Porque no aflige ni entristece por gusto a los hijos del hombre.
(Lamentaciones 3:25, 27-33)

La respuesta al problema de las enfermedades crónicas

El joven diagnosticado con una enfermedad o condición que promete durar mucho tiempo —quizá toda la vida— se ve forzado a enfrentar una situación que sería intimidante aun para el adulto. Pero un sensible y paciente padre, pastor, líder de jóvenes o maestro quizá pueda ayudar siguiendo el siguiente plan en oración y con cuidado:

ESCUCHAR. Una necesidad primordial de cualquiera que está tratando de sobrellevar un diagnóstico desalentador es contar con alguien que le escuche. El joven probablemente reacciona a los consejos o expresiones de consuelo con: "¡Usted no sabe como me siento!" (lo cual es cierto; nadie sabe cómo se siente). No se puede ayudar al joven —por lo menos al principio— haciéndole saber lo que usted piensa; puede ayudarle, sin embargo, si sencillamente está dispuesto a escuchar cómo se siente.

EMPATIZAR. Si usted trabaja con jóvenes debe "sentir su dolor". Vea las cosas a través de los ojos juveniles y a través de los ojos de este joven. No se apure en aconsejar; sea paciente y empatice con él. También sea sensible a las maneras como puede proyectar su empatía y comprensión:

• Quitar obstáculos que estorben la conversación (salir de detrás del escritorio, por ejemplo, o arrodillarse al lado de la silla de ruedas del joven).

• Inclinarse levemente hacia adelante en su silla.

• Mantenga el contacto visual.

• Asentir con la cabeza, diciendo "sí", "continúa", etc.

• Hacerse eco de afirmaciones clave ("Así que quieres decir que..." o "Te sentiste...", etc.).

• Esperar pacientemente en los momentos de silencio, enojo o lágrimas.

AFIRMAR. El joven que sufre probablemente no aceptará (por lo menos al principio) sus expresiones de que él vale; en cambio, hasta que pueda aceptarlas, deje que el joven vea que usted lo considera importante. Muéstrele cuánto lo valora y estima; deje que el joven sienta su aprecio tratándolo con respeto, como un adulto, como alguien que merece ser amado y que es capaz. Expresiones como las siguientes pueden ayudar: "Tu amistad es un regalo que Dios me dio", "Doy gracias a Dios por ti".

DIRIGIR. Para salir adelante en una situación que parecía sin salida, Susana decidió enfrentar su enfermedad "activamente". "Sugiero a los que están pasando por una enfermedad crónica que no sigan fantaseando sobre el pasado", dice ella. Aprender a vivir con una enfermedad permanente requiere realismo con una dosis de esperanza. El padre, pastor, maestro o líder de jóvenes puede ayudar al joven ofreciéndole dirección como la siguiente:

1. Ayude al joven a comprender que no es responsable de su enfermedad o condición. Muchas personas se culpan de su condición, razonando (consciente o subconscientemente) que esto les ha pasado porque se lo merecían. Con suavidad y firmeza presente sus objeciones a tales opiniones y ayude al joven a entender y adoptar una perspectiva bíblica sobre su enfermedad o condición.

2. Acerque al joven a Dios como su fuente de paz y consuelo. Ayude al joven a clamar a Dios, que es padre del huérfano (Salmo 68:5), defensor de los que no tienen defensa (Proverbios 23:10, 11), y Consolador en los momentos de dolor (Jeremías 8:18).

3. Pase con el joven por las etapas del dolor y otras emociones y reacciones. Perder la salud implica la pérdida de tiempo y el bienestar general. El adulto interesado puede ayudar al joven al ir pasando por las etapas del dolor (negación, ira, negociación, depresión y aceptación) ayudándole a confrontar, expresar y resolver tales sentimientos y aceptándolos con comprensión y consolándose con el poder de Dios y una sincera amistad y compañerismo. (Vea también el capítulo 8: *El dolor ante una pérdida*.)

4. Fomente una comunión diaria de oración por y con el joven. Anime al joven a desarrollar y mantener una comunión diaria con Dios a fin de depender de su fuerza y valerse de su ayuda. (Vea Isaías 41:10.)

5. Exponga al joven a todos los recursos disponibles para enfrentar el trauma. Ayúdele a reconocer (preferiblemente por nombre) a las personas que pueden estar dispuestas a ayudar en formas prácticas: un padre comprensivo, un amigo cercano, organizaciones que ministran a jóvenes, amigos epistolares, etc.

6. Ayude al joven a planear cuidadosamente, incluyendo cambios de planes, si fuere necesario. Susana con el tiempo pudo volver a la universidad, y tomar sólo dos cursos a la vez. Ayude al joven a decidir: (a) qué planes y metas prioritarias pueden quedar en pie, (b) qué planes y metas tienen que ser adaptados o aplazados, y (c) qué nuevos planes y metas deben formularse para ayudarle a enfrentar la situación y perseverar en medio de ella.

7. Fomente una esperanza realista. Ayude al joven a comprender que probablemente no es realista esperar volver a "como las cosas eran antes"; en cambio, busque fomentar el concepto que la meta no es recuperarse totalmente ni ser perfecto, sino progresar.

8. Encamine al joven hacia una actividad altruista. Susana dice que cuando pudo ayudar a otros necesitados, el "aguijón" de su enfermedad irreversible pareció esfumarse. Ayude al joven a saber que Dios "nos consuela en todas nuestras tribulaciones. De esta manera, con la consolación con que nosotros mismos somos consolados por Dios, también nosotros podemos consolar a los que están en cualquier tribulación" (2 Corintios 1:4). Al pasar el tiempo, las emociones se estabilizarán; a diferencia de los dramas en la televisión, las crisis de la vida real rara vez se resuelven en media hora.

COMPROMETER. No se limite simplemente a aconsejar al joven; procure que él (lo más pronto posible) se "haga cargo" de su proceso de recuperación, que "se apropie" del plan. Una manera efectiva de lograrlo es animar al joven a que tenga un diario espiritual en el cual escribir. Según Susana, hacerlo le ayudó a "organizar todo el proceso de recuperación". Aquí van otras sugerencias que puede hacerle al joven:

1. Que empiece escribiendo cuáles son las causas de sus mayores tensiones en su vida; aspectos problemáticos, metas personales, luchas emocionales, etc.

2. Que lea todos los días porciones breves de la Biblia durante quince o veinte minutos con el propósito específico de encontrar una "pepita de oro" que le dé una mejor comprensión de por lo menos una de las causas de sus mayores tensiones identificadas.

3. Que escriba en su diario la fecha de la lectura, la referencia del versículo y/o lo que pudo comprender mejor sobre esa tensión (colocándolos en las categorías correctas según sus intereses).

4. Que antes de acostarse por la noche, haga una lista de todas las cosas positivas y las negativas de ese día. ¡Que se asegure de enfocar su actitud en encontrar más cosas positivas que negativas! Luego, al lado de las cosas negativas, que escriba un antídoto para cada una. La siguiente pregunta puede ayudar: "Si esto volviera a suceder, ¿cómo debo reaccionar?"

REFERIR. El médico y el hospital del joven debieran poder dar información sobre recursos (como grupos de apoyo, organismos locales y nacionales) que pueden brindar más ayuda. Además, se debe involucrar a un consejero profesional cristiano lo antes posible, con el permiso y la participación de los padres del joven.

Pasajes bíblicos citados en este capítulo

- Job 14:1
- Salmo 90:13
- Salmo 46:1
- 2 Corintios 1:4; 12:9
- Lamentaciones 3:25, 26, 28-33
- Salmo 68:5
- Proverbios 23:10, 11
- Jeremías 8:18
- Isaías 41:10

Otros pasajes bíblicos para leer

- Salmos 16; 18; 31; 40; 41; 42; 57; 61; 62; 71; 86; 88; 91; 102; 116; 121; 139; 142
- Salmo 145:17, 18
- Isaías 53:4-6
- Eclesiastés 3:1-11; 4:9-12
- Lamentaciones 3:22-33

LA VOCACIÓN

CÓMO CONOCER LA VOLUNTAD DE DIOS

CONTENIDO

Introducción

El resto de los muchachos del grupo juvenil de la iglesia se fue retirando del restaurante donde habían ido a tomar un refresco después de la reunión del domingo por la noche. Pero Brenda y Manuel seguían sentados, frente a frente, en una de las mesas.

Manuel se tomó el último trago del refresco, suspiró y dijo:

—Qué bueno que te quedaste. Necesito hablar con alguien.

Brenda no contestó, pero se inclinó hacia adelante, mostrando su disposición de escucharle. Ella y Manuel habían sido amigos desde la escuela primaria y ahora los dos cursaban su último año de secundaria.

—Es sobre los estudios —dijo él frunciendo el seño y colocando su vaso sobre la mesa—. No sé qué hacer. Esta decisión afectará el resto de mi vida, ¿sabes? Supongo que es bueno tener tantas opciones de distintas universidades, pero eso complica más las cosas. ¿Cómo puedo saber a cuál ir? En fin, he orado y orado sobre el asunto, pero no tengo idea de lo que Dios quiere que haga. Hasta le he pedido que me mande una señal, pero...

Se quedó pensativo mientras un mozo limpiaba el piso alrededor de ellos.

—Te comprendo perfectamente —contestó Brenda—. Ya sabes que Quico se me ha declarado y quiere que me case con él. Lo quiero y todo eso pero, ¿cómo puedo saber si él es el que Dios tiene para mí?

Manuel asintió con la cabeza. Después de una pausa, Brenda preguntó:

—¿Y? ¿Qué vas a hacer?

—No sé. Sinceramente, no sé —contestó Manuel.

El problema de cómo conocer la voluntad de Dios

"¿Cómo puedo conocer la voluntad de Dios?" Esta es una de las preguntas que se le hace con mayor frecuencia a los líderes cristianos, particularmente a los que trabajan con adolescentes y jóvenes adultos.

Muchos jóvenes tienen serios cuestionamientos sobre la voluntad de Dios. El tema produce no pocos conflictos para ellos. Hablan del asunto, se preocupan por él, y hasta pierden el sueño tratando de encontrar respuestas.

Esto se debe principalmente porque los años de la adolescencia y juventud constituyen la etapa cuando la mayoría tiene que enfrentar las tres decisiones más importantes de su vida: "la decisión sobre su salvación, la decisión sobre su matrimonio y la decisión sobre su vocación: salvación, matrimonio y vocación". Es fácil para los adultos olvidar o restarle importancia a la presión y la urgencia que muchos muchachos sienten sobre estos asuntos; pero son reales y tienen que ser enfrentados lo antes posible.

Las causas por las cuales no se conoce la voluntad de Dios

Muchos jovencitos ni saben que Dios tiene una voluntad para sus vidas. Adrian Rogers, un conocido predicador bíblico ha dicho que:

> El punto de partida del joven que quiere encontrar la voluntad de Dios es sus padres, no él mismo... Es muy importante que los padres enseñen a sus hijos que Dios realmente tiene una voluntad para la vida de cada uno. Muchos jóvenes viven toda su vida sin saberlo.

Por otro lado, la Biblia dice en el Salmo 32:8:

> Te haré entender y te enseñaré el camino en que debes andar. Sobre ti fijaré mis ojos.

Algunos muchachos cristianos quizá tengan la idea de que Dios tiene una voluntad para sus vidas, pero no saben cómo o dónde discernirla. Muchos dirán: "Creo que nunca he sentido el consejo de Dios. Vivo día tras día sin contar con el consejo de Dios". Pero la voluntad de Dios y su consejo están a la disposición de cada uno. Pero a menudo se pasa por alto, se ignora o se malinterpreta debido a actitudes equivocadas que muchos tienen en cuanto a la voluntad de Dios. Estas actitudes pueden proyectarse de distintas maneras, pero a menudo se expresan así:

La voluntad de Dios "se perdió" y tengo que encontrarla. Encontrar la voluntad de Dios no es como jugar a la búsqueda del tesoro... en que Dios la esconde y tú tratas de descubrir dónde está. Nuestra tarea no es encontrar la voluntad de Dios. Es tarea de Dios revelarla, y la nuestra es la de ser receptivos y estar listos para captarla.

En realidad no quiero conocer la voluntad de Dios porque le tengo miedo. Algunos, en las profundidades de su ser, le tienen miedo a la voluntad de Dios. Tienen miedo de que les demandará algo que no pueden dar o que los enviará a alguna parte a donde no quieren ir. Pero Romanos 8:32 tiene una magnífica definición de la actitud de Dios hacia sus hijos:

> "El que no eximió ni a su propio Hijo, sino que lo entregó por todos nosotros, ¿cómo no nos dará gratuitamente también con él todas las cosas?"

Dios no juega con nuestras vidas. No quiere que nos sometamos a su voluntad para poder quitarnos las cosas buenas y hacernos infelices; quiere, en su gracia, darnos todas las cosas que suplan nuestros más profundos anhelos.

Quiero cumplir parte de la voluntad de Dios y no hacer caso al resto. El joven que tiene esta actitud probablemente nunca conocerá la voluntad de Dios hasta que no esté dispuesto a querer cumplirla. Esta actitud es como manejar un auto pisando simultáneamente el acelerador y el freno, diciendo primero: "Señor, muéstrame tu voluntad" y, luego: "No quiero hacer esa parte de tu voluntad". La persona que no está haciendo lo que sabe que es la voluntad de Dios *ahora mismo* no puede esperar que él le revele más de su voluntad.

Quiero conocer la voluntad de Dios para así poder decidir si quiero cumplirla o no. Buscar la voluntad de Dios no es como salir de compras; no es como probarse un traje o un vestido para luego decidir si lo compra o no. Si ésta es la actitud del joven, no llegará a conocer la voluntad de Dios. Cuando empiece paso a paso a querer de verdad hacer la voluntad de Dios y no la suya, entonces la conocerá.

Estoy dispuesto a hacer la voluntad de Dios, sea cual sea. La actitud apropiada hacia la voluntad de Dios —y la única que será recompensada— es estar dispuesto a aceptar su voluntad aún antes de conocerla. Es la actitud que el salmista expresó cuando dijo: "El hacer tu voluntad, oh Dios mío, me ha agradado; y tu ley está en medio de mi corazón" (Salmo 40:8). De no ser así, ¿para qué se va a molestar Dios en revelar su voluntad? ¿Para qué va a dar Dios su consejo si después no se lo tiene en cuenta o se descarta?

La perspectiva bíblica acerca de cómo conocer la voluntad de Dios

La voluntad de Dios puede dividirse en dos categorías distintas: su voluntad universal que se aplica a todos, y su voluntad específica que se aplica al individuo. La mayoría de los creyentes nos preocupamos sinceramente de esta última y somos más o menos indiferentes a la primera. Pero ambas, aunque diferentes, tienen una estrecha relación entre sí.

✦ La voluntad universal de Dios

La voluntad universal de Dios es clara e indisputable porque está explicada en la Palabra de Dios. Por ejemplo, es la voluntad de Dios que sus hijos oren. 1 Tesalonicenses 5:17 dice: "Orad sin cesar". Dios quiere que desarrollemos una actitud de oración y comunión con él constante y consecuente. Las palabras de Jesús en Juan 13:34, 35 también destacan algo que todos sabemos que es la voluntad universal de Dios:

> Un mandamiento nuevo os doy: que os améis los unos a los otros. Como os he amado, amaos también vosotros los unos a los otros. En esto conocerán todos que sois mis discípulos, si tenéis amor los unos por los otros.

Otra área en que sabemos la voluntad universal de Dios tiene relación con dedicar tiempo especial a la lectura y estudio de la Biblia. Pablo en 2 Timoteo 3:16, 17 declara claramente que leer y estudiar la Palabra de Dios es su voluntad para todos los creyentes.

La mayoría no se ha percatado de que la porción principal de la voluntad de Dios ya ha sido revelada. No tenemos que orar sobre ella ni buscarla. Los puntos principales de la voluntad de Dios —salvación, sumisión, obediencia a los padres, compartir la fe, pureza sexual y ser llenos del Espíritu Santo— están claramente explicados en la Biblia.

Salvación. El primer aspecto de la voluntad revelada de Dios es que todos, hombres y mujeres confíen en Cristo como su Salvador. Es lo que declara 1 Timoteo 2:3, 4

> Esto es bueno y aceptable delante de Dios nuestro Salvador, quien quiere que todos los hombres sean salvos y que lleguen al conocimiento de la verdad.

Sumisión. La voluntad de Dios para cada persona que se entrega a Cristo es que se consagre a él, que someta su vida, su futuro y su propia voluntad a Cristo. Este es el próximo paso en la voluntad revelada de Dios para todos. Romanos 12:1, 2 dice:

> Así que, hermanos, os ruego por las misericordias de Dios que presentéis vuestros cuerpos como sacrificio vivo, santo y agradable a Dios, que es vuestro culto racional. No os conforméis a este mundo; más bien, transformaos por la renovación de vuestro entendimiento, de modo que comprobéis cuál sea la voluntad de Dios, buena, agradable y perfecta.

Obediencia a los padres. La voluntad de Dios para cada creyente es que obedezca a sus padres. La razón es que Dios a veces revela su voluntad a una persona por medio del consejo o ejemplo de sus padres. Si esa persona no obedece a sus padres, esa relación no puede ser un cauce para la voluntad de Dios. Efesios 6:1 dice:

> Hijos, obedeced en el Señor a vuestros padres, porque esto es justo.

Compartir la fe. Es la voluntad universal de Dios que los cristianos compartan su fe con los demás. El joven cristiano nunca necesita preguntar en oración: "¿Debo testificarle a mi amigo?" o "¿Debo compartir mi fe con esta persona?" La voluntad de Dios ya se ha revelado en cuanto a esto, a todos los creyentes. Es su voluntad que compartamos nuestra fe con *todas* las naciones; no sólo con los que viven al otro lado del océano, sino también con los que están al otro lado del pasillo o de la mesa. Mateo 28:19, 20 afirma:

> Por tanto, id y haced discípulos a todas las naciones, bautizándolos en el nombre del Padre, del Hijo y del Espíritu Santo, y enseñándoles que guarden todas las cosas que os he mandado. Y he aquí, yo estoy con vosotros todos los días, hasta el fin del mundo.

Pureza sexual. El joven cristiano no tiene que buscar la voluntad de Dios en cuanto a su comportamiento sexual; eso ya fue revelado en su Palabra. Su voluntad para sus hijos es que sean sexualmente puros, no sexualmente inmorales. 1 Tesalonicense 4:3 asegura:

> Porque ésta es la voluntad de Dios, vuestra santificación: que os apartéis de inmoralidad sexual.

Ser llenos del Espíritu. La voluntad de Dios para su pueblo es que sea lleno del Espíritu Santo. El Espíritu Santo entra en la vida de cada creyente en el mismo instante en que es salvo. El creyente no necesita buscar "más" Espíritu Santo; el Espíritu Santo sí busca controlar más la vida del creyente. Anhela *saturar* al cristiano, controlar cada parte y cada rincón de su vida porque ya mora en él. Es la voluntad universal de Dios que el joven cristiano sea lleno (o controlado) del Espíritu. Efesios 5:17, 18 revela:

> Por tanto, no seáis insensatos, sino comprended cuál es la voluntad del Señor. Y no os embriaguéis con vino, pues en esto hay desenfreno. Más bien, sed llenos del Espíritu.

✦ La voluntad específica de Dios

Es natural que la mayoría de los jóvenes anhelen conocer la voluntad de Dios *para ellos* sobre cientos de asuntos y decisiones aparentemente urgentes e importantes que enfrentan: Quieren saber cosas como:

- Con quién quiere Dios que salgan.

- Con quién quiere Dios que se casen.

- En qué universidad quiere Dios que estudien.

- Cuál es la vocación que Dios tiene para ellos.

- Qué quiere Dios que hagan durante las vacaciones de verano.

- Qué carrera quiere Dios que escojan.

Es importante, primero, comprender que Dios a menudo revela su voluntad un día a la vez. Muchos quieren conocer la voluntad de Dios para un futuro distante. Oran: "¿Cuál es tu voluntad para el mes que viene, el año que viene, *para mi vida*?" Pero Dios rara vez lo revela todo. En Juan 16:12, Jesús dijo a sus discípulos:

> Todavía tengo que deciros muchas cosas, pero ahora no las podéis sobrellevar.

Pocos somos los que aguantaríamos conocer la voluntad de Dios para los próximos quince años; esto podría abrumarnos. Pero Dios en su misericordia guarda "muchas cosas" de su voluntad para el momento cuando podemos afrontarlas, y nos revela su voluntad un día a la vez, un paso a la vez.

Es importante también comprender que la voluntad específica de Dios *depende* de su voluntad universal. La joven que no está obedeciendo la voluntad universal de Dios pierde su tiempo si le pide que le escoja un novio o esposo que no es cristiano. El joven que no está obedeciendo la voluntad universal de Dios pierde su tiempo si pretende averiguar si Dios quiere que vaya al concierto de rock o al baile de primavera. Si el joven no hace caso a la voluntad de Dios que se aplica a todos, ¿por qué Dios le iba a revelar lo que es particularmente para él?

Pero el joven que está cumpliendo obedientemente la voluntad universal de Dios —el joven que quiere hacer la voluntad de Dios con respecto a la salvación, sumisión, obediencia a los padres, compartir su fe, pureza sexual y vida en el Espíritu— puede empezar a buscar la voluntad de Dios que se relaciona específicamente con él. Lo puede hacer más

eficazmente por medio de un proceso de cuatro pasos:

1. Las Escrituras. Conocer las Escrituras es fundamental al tratar de buscar y discernir la voluntad de Dios. No es preciso, por ejemplo, que el joven cristiano se pregunte si Dios quiere que se case con un inconverso; la Palabra de Dios es clara en cuanto a esto. (Vea: 2 Corintios 6:14, 15; vea también el capítulo 11: *Salir en pareja*.) Dios nunca indicará al joven que haga algo que contradiga su Palabra.

2. Oración. En Mateo 6:8-10, Jesús ordenó a sus discípulos:

> Por tanto, no os hagáis semejantes a ellos, porque vuestro Padre sabe de qué cosas tenéis necesidad antes que vosotros le pidáis. Vosotros, pues, orad así: Padre nuestro que estás en los cielos: Santificado sea tu nombre, venga tu reino, sea hecha tu voluntad, como en el cielo así también en la tierra.

Jesús siempre buscaba conocer la voluntad del Padre por medio de la oración. De la misma manera, el cristiano interesado puede buscar discernir y someterse a la voluntad de Dios por medio de la oración como lo hizo Cristo (Mateo 26:39).

3. Consejo. El próximo paso en lograr discernir la voluntad de Dios es buscar el consejo espiritual de creyentes maduros (los padres, el pastor o un maestro bíblico de la iglesia). El consejo ayuda de dos maneras al joven creyente: le ayuda a no tomar una decisión puramente emocional (ofreciendo un punto de vista objetivo), y le ayuda a superar su falta de experiencia (brindando un punto de vista maduro).

4. Circunstancias. Dios a menudo guía por medio de las circunstancias externas. En Romanos 1:13, Pablo escribió:

> Pero no quiero, hermanos, que ignoréis que muchas veces me he propuesto ir a

vosotros (y hasta ahora he sido impedido) para tener algún fruto también entre vosotros, así como entre las demás naciones.

Dios le cerró puertas a Pablo; lo guió por medio de las circunstancias. Por supuesto, se debe actuar con cautela a fin de evaluar las circunstancias porque no siempre indican claramente la voluntad de Dios; si un curso de acción se pone difícil, por ejemplo, no significa necesariamente que no sea la voluntad de Dios. Lo opuesto también se aplica; si en un curso de acción todo anda de maravillas no es necesariamente una indicación de que sea la voluntad de Dios. Hay que equilibrar las circunstancias con el conocimiento de las Escrituras, con la oración sincera y con el consejo sabio.

El joven que está cumpliendo la voluntad universal de Dios (salvación, sumisión, obediencia a los padres, compartir la fe, pureza sexual y vida en el Espíritu) *y* que ha buscado su voluntad específica al evaluar una opción o decisión en particular a la luz de las Escrituras, oración, consejo y circunstancia, puede tomar el próximo paso: *Hacer lo que desea hacer.* El Salmo 37:4 promete:

> Deléitate en Jehovah, y él te concederá los anhelos de tu corazón.

Cuando el joven enfrenta una decisión específica y *ha obedecido la voluntad universal de Dios y buscado sinceramente su voluntad a la luz de las Escrituras, la oración, el consejo y las circunstancias,* el paso final a tomar es hacer lo que quiere, seguir los deseos de su corazón. El hombre o la mujer que se deleita en el Señor y en la voluntad del Señor querrá hacer lo que Dios quiere.

La respuesta al problema de cómo conocer la voluntad de Dios

El líder de jóvenes, el pastor, el padre o el maestro llamado a brindar su consejo al joven que busca la voluntad de Dios puede implementar la siguiente respuesta:

ESCUCHAR. Como siempre, será necesario escuchar al joven. En ocasiones, el joven que busca consejo sobre "la voluntad de Dios" quiere meramente que alguien apoye su conducta o tome decisiones por él. Deje que el joven hable, y escuche con cuidado.

EMPATIZAR. Muchos adultos olvidan lo urgente que parecen las cosas cuando uno es joven; se olvidan lo impacientes que ellos mismos estaban de tomar decisiones, y lo difícil que era "esperar en Dios" cuando todos a su alrededor parecían tener novio, casarse, escoger su carrera, dedicarse al ministerio, etc. El adulto sabio procurará recordar dichos sentimientos y dejar que esos recuerdos contribuyan al espíritu de empatía hacia el joven.

ALENTAR. Resista la tentación de encaminar al joven hacia el ministerio o de aconsejarle sobre lo que a usted le parece mejor; en cambio, concéntrese en generar una relación cariñosa en que el joven se sienta cómodo y motivado para tomar una decisión por sí mismo.

DIRIGIR. El padre u otro adulto interesado pueden ofrecer dirección útil en cuatro formas principales:

1. Que sea obediente a la voluntad universal de Dios. Desafíe al joven a obedecer la voluntad revelada de Dios con respecto a la salvación, sumisión, obediencia a los padres, compartir la fe, pureza sexual y vida en el Espíritu.

2. Que se informe sobre la voluntad específica de Dios. Comparta con el joven las ideas presentadas en este capítulo. Ayúdele a someter cualquier posible decisión al proceso de los cuatro pasos presentado anteriormente (Las Escrituras, la oración, el consejo y las circunstancias).

3. Que primero se someta a la voluntad revelada de Dios, luego podrá hacer lo que desee. Ayude al joven a cultivar un andar de fe diario, creyendo que si lo que anhela no es la voluntad de Dios, *él* se lo hará ver claramente.

4. Alíviate de las presiones. En cuanto el joven ha hecho sinceramente lo que hemos estipulado en los tres primeros puntos, tiene que dejar de preocuparse; desaparecerán las presiones. Bill Bright, fundador de Cruzada Estudiantil para Cristo, aconseja decirle al joven: "En realidad no tienes que resolver qué hacer con tu vida... Si Dios es soberano, los pasos del hombre o mujer buenos y en correcta relación con Dios son ordenados por el Señor. Lo único que realmente tienes que hacer por el resto de tu vida es simplemente estar seguro cada día de que estás haciendo lo que él quiere que hagas ese día. No te preocupes con quién te casarás o por tu profesión. Di sencillamente: 'Señor, yo quiero hacer lo que tú quieres'. Luego depende de que él obre en ti".

COMPROMETER. Desafíe al adolescente o joven adulto a que se dedique, en primer lugar, a obedecer la voluntad universal de Dios y, en segundo lugar, a buscar sinceramente su voluntad específica a la luz de las Escrituras, la oración, el consejo y las circunstancias. Si no se dedica él mismo a estos quehaceres, el consejo de usted probablemente resulte ineficaz.

REFERIR. Considere la posibilidad de conseguir la ayuda de un compañero de oración espiritualmente maduro para reunirse regularmente con el joven, para buscar juntos a Dios y su voluntad en oración y haciendo que ambos rindan cuenta de sí.

Pasajes bíblicos citados en este capítulo

- Salmo 32:8
- Romanos 8:32
- 1 Tesalonicenses 5:17
- Juan 13:34, 35
- 2 Timoteo 3:16, 17
- 1 Timoteo 2:3, 4
- Romanos 12:1, 2
- Efesios 6:1
- Mateo 28:19, 20
- 1 Tesalonicenses 4:3
- Efesios 5:17, 18
- Juan 16:12
- 2 Corintios 6:14, 15
- Mateo 6:8-10; 26:39
- Romanos 1:13
- Salmo 37:4

Otros pasajes bíblicos para leer

- Salmos 40:8; 143:10
- Hebreos 13:20, 21
- 1 Juan 2:17

CÓMO ELEGIR UNA CARRERA

Introducción

Grande y alto, Diego parecía querer encogerse en la silla para que nadie lo viera hablando por teléfono desde la pensión de estudiantes universitarios. No quería que lo oyeran.

—Papá, escucha...

—Mira, papá, ya sé que quieres que sea oculista como tú, pero...

Diego hizo una mueca de desesperación mientras la voz de su padre volvía a interrumpirle.

—Sí, te entiendo, sería ideal —dijo en cuanto tuvo oportunidad de volver a hablar—. Sí, sé que significaría mucho para ti que yo fuera tu socio.

Diego volvió a quedar en silencio. Por último dijo:

—No, no es sólo cuestión de mis calificaciones, papá. ¿Cuántas veces tengo que decirlo? Me va mal en los estudios porque ¡me aburren! Nada de esto me importa ni un pepino ni una lechuga. Eso es lo que estoy tratando de hacerte entender. No quiero pasar el resto de mi vida en un trabajo que me aburre.

La puerta de la sala de la pensión se abrió y entraron tres estudiantes, riendo a carcajadas. Pasaron al lado de Diego sin prestarle atención y desaparecieron por el zaguán que llevaba a los cuartos.

—No, no pude escucharte, eso es todo —dijo Diego después de un momento—. ¿Qué?

Después de escuchar un instante, dijo:

—No, *no* sé que carrera quiero seguir. Simplemente se que ésta no es para mí.

—Sí —dijo suspirando después de otro momento de escuchar a su padre. Su voz ahora proyectaba su desaliento:

—Sí, papá. Sí, supongo que... Bueno, déjame hablar con mamá por favor...

El problema de cómo elegir una carrera

Empieza a los cuatro o cinco años: "¿Qué vas a ser cuando seas grande?" Es una ironía que la mayoría de los muchachos parece tener una idea más concreta a esa edad que más adelante, cuando tiene 18 o 20 años y están al umbral de una carrera.

La mayoría de los jóvenes eligen su carrera en los últimos años de su adolescencia, hacia el final de la escuela secundaria. De allí pasan a la universidad o a un trabajo decididos sobre a dónde quieren llegar.

Pero muchos otros terminan la secundaria y siguen sus estudios universitarios sin saber realmente a dónde quieren llegar. Algunos cambian de estudios varias veces; otros van de un trabajo a otro. Muchos toman decisiones apuradas que los dejan atrapados y lamentándose para toda la vida.

El doctor Gary Collins escribe:

> Las opciones vocacionales son crucialmente importantes y frecuentemente difíciles... Son importantes porque la elección de la carrera determina mayormente lo que uno ganará, su nivel de vida, su posición en la comunidad, su satisfacción general con su vida (es difícil ser feliz si uno odia su trabajo), sus contactos sociales, su bienestar emocional, su concepto de sí mismo y el uso de su tiempo (cómo empleamos por lo menos un tercio de las horas que pasamos despiertos como adultos). Elegir una carrera muchas veces resulta difícil debido a la abundancia de carreras posibles, la vasta gama de trabajos y la gran potencialidad de cometer errores.

Elegir un ministerio o una carrera es una de las muchas decisiones importantes que deben tomarse en los años juveniles. Es una decisión que preocupa a muchos jovencitos, ante la cual se justifica el consejo maduro y piadoso.

Las causas de los problemas al elegir una carrera

Muchos jóvenes no sólo consideran que es importante elegir una carrera, sino que es también urgente. Tener que elegir la carrera correcta es algo que produce ansiedad y un cierto grado de desesperación en los jóvenes; muchos temen que "no haya suficientes trabajos" o que "no haya trabajos buenos" y que tendrán que conformarse con algo inferior.

La elección de una carrera se ve influida por varios factores como: presiones familiares, presiones sociales, las circunstancias y su actuación en el pasado.

✦ Presiones familiares

Aunque mucho ha cambiado en las últimas generaciones —ya no se espera que el hijo necesariamente siga los pasos de su padre— las expectativas en el seno de la familia siguen jugando un papel importante en la elección de una carrera. Muchos jóvenes se sienten presionados, "en un momento cuando son inmaduros, idealistas y no tienen experiencia", a elegir una carrera lo antes posible. Aun cuando no insisten en que un hijo siga en los pasos de su mamá o de su papá, los padres a menudo empujan a sus hijos para que tomen prontas decisiones (sabiendo de qué becas pueden depender o de las oportunidades existentes y la competencia).

Aunque las investigaciones demuestran que los jóvenes que de muy corta edad escogen una carrera por lo general logran más éxito, las presiones irrazonables de su mamá y de su papá pueden impedir una planificación bien pensada y resultar en elecciones apuradas y desacertadas.

✦ Presiones sociales

El muy conocido escritor y sicólogo cristiano, doctor James Dobson escribe:

Recuerdo a una estudiante que cursaba el último año de sus estudios universitarios y que me vino a consultar sobre sus planes para después que se graduara. Conversamos sobre diversas oportunidades de trabajo y la posibilidad de seguir con estudios de posgrado. Entonces, de pronto, hizo una pausa y miró sobre su hombro. Se inclinó hacia mí y dijo, casi en un susurro:

—¿Puedo ser sincera con usted?

—Por supuesto, Debbie...

—Bueno —siguió diciendo ella—, resulta que no quiero tener una carrera. Lo que realmente quiero es casarme, ser esposa y madre y dedicarme totalmente al hogar.

Le pregunté:

—¿Por qué me cuentas esto como si fuera una especie de secreto? Es tu vida...

—¿Habla en serio? —me interrumpió ella—. Si mis profesores y compañeros en la universidad supieran que esos son mis sueños, se morirían de la risa.

Las presiones de la sociedad a menudo ejercen una influencia poderosa sobre las decisiones que los jóvenes toman sobre sus carreras. Los amigos importunan al joven que todavía vacila sobre su carrera. En la escuela recalcan la importancia de decidirse lo antes posible. La iglesia o los líderes del grupo juvenil pueden presionarlo tratando de persuadir a un joven prometedor a que se dedique al ministerio.

✦ **Circunstancias**

Algunos jóvenes toman decisiones importantes para su futuro en base a sus circunstancias. Pueden ser circunstancias familiares: una situación familiar infeliz y tensa puede impulsar al joven a tomar un camino fácil, que le brinda una manera de escaparse ya. Pueden ser presionados por aprietos financieros; un embarazo no planeado o un casamiento que les ofrece lo que en el momento parece una excelente alternativa.

✦ **Actuación en el pasado**

Al joven que no tiene facilidad para el estudio lo acobarda la idea de seguir estudiando en la universidad o de aspirar a una carrera que requiera estudiar. Las bajas calificaciones en la secundaria o en la universidad pueden limitar —o parecen limitar— las opciones que uno tiene. Por otra parte, el éxito en la secundaria y en la universidad abre las puertas a más opciones en cuanto a las carreras a su disposición.

Aunque una decisión sabia en cuanto a la carrera a seguir por lo general depende de algunos de los factores mencionados (que comúnmente caracterizan a la decisión apurada y desacertada), a menudo entran en juego otros factores también, como ser: la personalidad, los intereses y las habilidades, los valores y la teología del joven.

Personalidad. La personalidad del individuo es un elemento esencial en la elección de una carrera. Si el joven tiene una personalidad muy sociable, por ejemplo, es posible que quiera seguir una carrera diferente de la que escogería alguien que es predominantemente analítico y emprendedor.

Intereses y habilidades. Es cosa sabida que una persona rinde más en una ocupación que coincide con sus intereses, aptitudes y habilidades. Si el joven considera que los libros y revistas son un aburrimiento y una pérdida de tiempo, es muy probable que no prospere como editor. Si una joven no demuestra una inclinación por las matemáticas o la ciencia, no se sentirá inclinada a estudiar medicina.

Valores. En un estudio se descubrió que tres escalas de valores influyen sobre las decisiones que toman los estudiantes universitarios en relación con sus carreras: *ayudar al prójimo, ganar dinero o lograr una posición social o económica y tener la oportunidad de ser creativos.* Otros quieren cambiar la sociedad, lograr una máxima independencia, encontrar las mejores condiciones laborales y tener la mayor influencia posible para Cristo.

Teología. Para el joven cristiano un factor clave en la elección de su carrera que incluya una vocación ministerial ha de ser su disposición y obediencia a la voluntad de Dios. (Vea el capítulo 48: *Cómo conocer la voluntad de Dios*.) Algunos se embarcarán en una carrera convencidos de que Dios personalmente ha elegido por ellos. Otros se someterán, ellos mismos y sus opciones, totalmente a Dios y luego seguirán "los deseos de su corazón". En cualquiera de los casos, ser sensible a la dirección de Dios puede brindarles libertad y seguridad en el proceso de escoger un ministerio o carrera vocacional.

Los errores al elegir una carrera

El joven que elige una carrera desacertadamente sentirá los efectos de muchas maneras, pero los más importantes se verán en cinco áreas: insatisfacción, inestabilidad, dificultades emocionales, baja autoestima y consecuencias espirituales.

✦ Insatisfacción

Los efectos de una decisión vocacional desacertada serán sentidos no sólo en una insatisfacción con el trabajo en sí, sino también en una forma más general. Los que no gustan de su trabajo a menudo se sienten insatisfechos con la vida en general. Cuando uno no es feliz en su trabajo, esta infelicidad puede saturar toda su vida.

✦ Inestabilidad

El individuo que empieza mal en su camino vocacional tendrá más probabilidad de cambiar frecuentemente de trabajo, y de carrera. Esta inestabilidad ha venido a caracterizar a toda una generación de jóvenes que se integran al mundo laboral. George Barna, encuestador e investigador dice, de los hijos de padres nacidos después de la Segunda Guerra Mundial, lo siguiente: "Es de esperar que cambien de carrera (no solo de trabajo, sino de carrera) hasta seis veces durante su vida laboral.

✦ Dificultades emocionales

El hombre o la mujer que no se siente satisfecho y recompensado en su carrera o ministerio tiene más probabilidades de sufrir de niveles más altos de estrés, frustración, resentimiento y arrepentimiento que el individuo que está contento con la carrera que eligió. Dichos sentimientos pueden generar o empeorar los problemas emocionales.

✦ Concepto bajo de sí mismo

El individuo insatisfecho y frustrado en su trabajo se hace vulnerable a un deterioro de su sentido de autovalía. A algunos hombres o mujeres les cuesta más triunfar en un trabajo que no les gusta, y aun los que se las arreglan para cumplirlo bien se pueden sentir tentados a descontar su eficiencia, razonando que su falta de satisfacción refleja una deficiencia en ellos mismos. (Vea también el capítulo 6: *Concepto bajo de sí mismo*.)

✦ Consecuencias espirituales

La naturaleza de nuestro trabajo y el grado de nuestro éxito afectan muchas áreas de la vida y hasta tienen un impacto sobre nuestro desarrollo espiritual. Cuando creemos que Dios nos guía en una carrera, podemos estar contentos en el trabajo y mejor capacitados para manejar las complejidades de la vida. Por el contrario, sentir que uno "erró" o que Dios le ha "fallado" puede tener un efecto perjudicial en las actitudes hacia la vida. Muchos guardan resentimiento contra Dios porque tienen que trabajar haciendo cosas que "no les gusta" y ese resentimiento, por supuesto, afecta la vida espiritual y emocional.

La perspectiva bíblica sobre cómo elegir una carrera

La Biblia presenta al mundo del trabajo y a las carreras de muchas diferentes maneras. Adán era jardinero y luego agricultor. Noé fue constructor de un barco, entre otras cosas. Josué fue soldado. David fue un pastor que avanzó al puesto más alto en su país: rey. José, Ester y Daniel tuvieron su impacto en el gobierno. Mateo era un cobrador de impuestos que más adelante se dedicó tiempo completo al ministerio. Lucas era médico e historiador. Pablo era fabricante de tiendas de campaña y misionero. El trabajo ha sido parte del plan de Dios desde el principio (Génesis 2:15).

La Biblia brinda una clara perspectiva sobre el trabajo:

1. Ordena trabajar y condena la pereza. Aun antes de la caída, "Tomó, pues, Jehovah Dios al hombre y lo puso en el jardín de Edén, para que lo cultivase y lo guardase" (Génesis 2:15). La Biblia condena severamente la pereza *(Proverbios 6:6-11; 13:4; 20:4 y 2 Tesalonicenses 3:10-12); pero ordena y exalta el trabajo arduo (Proverbios 14:23 y 1 Tesalonicenses 4:11).*

2. El trabajo honesto es honorable. Los que trabajan con sus manos (Efesios 4:28 y 1 Tesalonicenses 4:11), y los que trabajan en su casa (Proverbios 31:10-31), y los que trabajan en el ministerio son mencionados en la Biblia como dignos de honor (1 Timoteo 5:17, 18). Como dijo Jesús (y Pablo citó): "porque el obrero es digno de su salario" (Lucas 10:7 y 1 Timoteo 5:18).

3. El trabajo no debe ser incesante. Dios "reposó en el séptimo día de toda la obra que había hecho", no porque estuviera cansado sino para ordenar que hubiera un día de descanso *(Génesis 2:2, 3 y Exodo 20:8-11).* Dios mandó trabajar, pero también ordenó descansar del trabajo, particularidad bíblica que fue observada por Jesús y los que le seguían.

4. El trabajo debe hacer uso de los dones y del temperamento del individuo. La Biblia especifica claramente que cada individuo tiene dones diferentes que debe desarrollarlos (Romanos 12:3-8; 1 Corintios 12:4-31 y Efesios 4:7-13). En su máxima expresión, el trabajo debe hacer uso de esos dones. Aunque esto no es indispensable para que el trabajo sea honorable y bendecido, por cierto que es lo preferible *(Isaías 55:2).*

5. La excelencia debe caracterizar al trabajo del cristiano. La Biblia dice: "Y todo lo que hagáis, hacedlo de buen ánimo como para el Señor y no para los hombres" (Colosenses 3:23). Un trabajo mal hecho, un esfuerzo desganado y las prácticas deshonestas son claramente antibíblicas *(Efesios 6:5-9; Colosenses 3:22-25 y 1 Tesalonicenses 4:11, 12).*

6. Dios puede guiar en la elección de la carrera y bendecirla. Dios llamó a Isaías y a Jeremías a ser profetas aun antes de nacer *(Isaías 49:1, 5 y Jeremías 1:5).* El trabajo de Juan el Bautista como precursor del Mesías fue anunciado a su padre antes de que Juan fuera concebido *(Lucas 1:11-24).* Aunque Saulo se había capacitado como rabino y más adelante lograba su sustento como fabricante de tiendas, Dios lo llamó (siendo adulto) a ser apóstol de los gentiles *(Hechos 9:1-19).* Aunque la Biblia no dice específicamente que éste siempre sea el caso, es cierto que Dios sí llama a hombres y mujeres a tareas y vocaciones específicas. También es cierto que, sea cual fuere la decisión del individuo sobre su carrera, Dios anhela que la use como un medio para honrarlo a él *(Colosenses 3:23).*

La respuesta al problema de cómo elegir una carrera

Elegir una carrera es una decisión intensamente personal; nadie debe tomar esa decisión en lugar de otra persona. Aun así, el líder de jóvenes, pastor, padre o maestro puede ayudar al joven a aclarar cuáles son sus opciones y a tomar una decisión inteligente recordando las siguientes ideas:

ESCUCHAR. El primer paso es escuchar al joven. Los exámenes de la personalidad y vocaciones se dedican mayormente a conocer al individuo por medio de sus respuestas a muchas preguntas. Procure hacer algo similar preguntando sobre sus anhelos, intereses, habilidades, esperanzas y sueños; y escuche no sólo las respuestas sino a los sentimientos; temores, ansiedad, culpabilidad, etc., que expresa el joven.

EMPATIZAR. Procure ver las cosas desde la perspectiva del joven. ¿Cómo se sentiría usted si estuviera en la situación de él? ¿Cómo se sentía usted a la edad de él? ¿Qué simpatía y compasión puede generar su experiencia? Recuerde también, que puede proyectar la calidez de su empatía por medio de:

● Escuchar atentamente a la comunicación verbal y no verbal.

● Asentir con la cabeza.

● Hacer contacto visual.

● Inclinarse hacia adelante en su silla para indicar interés y preocupación.

● Hablar en un tono tranquilo.

● Hacerse eco de afirmaciones clave y diga algo como: "Así que quieres decir que..."; o gestos, y diga algo como: "Parece que esto te hizo enojar bastante".

ALENTAR. Procure identificar y mostrar su aprobación hacia la personalidad, los intereses, aptitudes y habilidades del joven. Cuando trabajamos en consejería vocacional primero preguntamos a los estudiantes si les gusta trabajar con objetos, números o personas. Por lo general esto es algo que se puede determinar enseguida... Cada una de estas áreas es de valor, así que no obligue a un joven que le gustan los números a que trabaje con personas. Empiece a confirmar a su adolescente en el área que le resulta más cómoda. Elogie toda evidencia de éxito en ese campo.

DIRIGIR. Jon Clemmer aconseja: Al aconsejar... sobre asuntos relacionados con la elección, evaluación o cambio de carrera, trate de concentrarse en los siguientes asuntos:

● Dialogue sobre la voluntad de Dios según los principios bíblicos. (Vea el capítulo 48: *Cómo conocer la voluntad de Dios".*)

● Incluya el placer personal como un criterio.

● Maneje las presiones inapropiadas de la sociedad, familia y otros.

● Evalúe sus experiencias pasadas en el campo laboral.

● Solicite las opiniones de amigos cercanos y parientes.

● Tome un examen sobre *personalidad* dado por un consejero cristiano reconocido y calificado.

● Tome un examen *vocacional* dado por un consejero reconocido y calificado.

● Considere cualquier limitación en sus habilidades y educación.

● Determine si necesita capacitarse más.

● Conozca la realidad de las posibilidades en el campo laboral.

● Mantenga firme su andar con Cristo *(Santiago 1:6-8).*

● Conozca los principios que rigen el llamado a un ministerio cristiano de tiempo completo.

COMPROMETER. No es tarea del consejero decirle al aconsejado qué hacer con su vocación. En cambio, se debe ayudar al aconsejado a tomar y evaluar sus propias decisiones basadas en la información a su disposición. No se espera que el aconsejamiento revele el trabajo único y singular para el aconsejado. Más bien, debe conducir a ir identificando las oportunidades vocacionales limitándolas a unas pocas categorías de trabajos potencialmente satisfactorios. Las oportunidades educativas, los deseos y motivaciones del aconsejado, la existencia de trabajo y otras circunstancias similares luego determinarán el tipo de trabajo que pueden escoger.

REFERIR. Como ya se ha mencionado, podrían necesitarse exámenes de personalidad y vocación, así como un aconsejamiento adicional por parte de un consejero profesional preferiblemente que sea cristiano maduro. Puede ser de ayuda involucrar a los padres, a los consejeros de la escuela o de la universidad y a personas que trabajan en las áreas de interés del joven.

Pasajes bíblicos citados en este capítulo

- Salmo 37:4

- Génesis 2:2,3, 15

- Proverbios 6:6-11; 13:4; 14:23; 20:4; 31:10-31

- 2 Tesalonicenses 3:10-12

- 1 Tesalonicenses 4:11, 12

- Efesios 4:7-13, 28; 6:5-9

- 1 Timoteo 5:17, 18

- Lucas 1:11-24; 10:7

- Exodo 20:8-11

- Romanos 12:3-8

- 1 Corintios 12:4-31

- Isaías 49:1, 5; 55:2

- Colosenses 3:22-25

- Jeremías 1:5

- Hechos 9:1-19

- Santiago 1:6-8

50

CÓMO DECIDIR DÓNDE CONTINUAR ESTUDIOS SUPERIORES

CONTENIDO

Introducción

Sandra echó un vistazo por el espejito retrovisor a los altos edificios de la universidad que se alejaban más y más. Se iba... en serio. Sandra había empezado el primer año de estudios con muchas esperanzas, decidida a destacarse en todas sus clases, a tener muchos amigos entre sus compañeros y a graduarse con las mejores calificaciones.

Pero a las tres semanas de haber comenzado las clases, Sandra sabía que se había equivocado. No era sólo que extrañara su casa y su pueblo, aunque sí los extrañaba. Había muchas otras cosas también. Le iba bien en la mayoría de los cursos, pero no había encontrado ni una sola amiga. Su compañera de cuarto andaba en cosas raras: naipes para adivinar la suerte, sesiones de espiritismo y cosas así.

Sandra tenía miedo de salir de noche porque el vecindario era muy oscuro y no le inspiraba confianza. En consecuencia, su vida social era un desastre, apenas consistía de breves conversaciones con compañeros entre las clases.

En esas semanas había llamado por teléfono a sus padres varias veces, pero le daba la impresión de que se estaban cansando de sus llamadas, su llanto y sus ruegos para que la dejaran volver a casa. Simplemente la aconsejaban a que "no se diera por vencida", que las cosas andarían mejor a medida que se iba acostumbrando y que tuviera paciencia.

Esa mañana, siendo domingo, había tomado su decisión. Se había ido caminando al templo de una iglesia cerca de la casa donde vivía, con la esperanza de tener algo de compañerismo cristiano y quizá conocer a otros jóvenes. Entró en el templo, se sentó y participó del culto, luego se fue, y en todo ese tiempo nadie la saludó.

Le llevó menos de una hora empacar todas sus cosas; en realidad no las había desempacado todas aún. Cargó las cajas en su auto y se fue sin que nadie notara ni comentara nada. No le hacía mucha gracia pensar en cómo les caería a sus padres el que abandonara sus estudios, pero las horas de viaje le darían tiempo para pensar en qué decirles.

Nota del Editor: La mayoría de los conceptos e ideas prácticas de este capítulo están relacionados con el ambiente universitario del país del autor del libro. Lo importante es que cada joven tome en cuenta los requisitos que las universidades de su país tienen para el ingreso y apliquen a su propia realidad las ideas aquí sugeridas.

El problema de cómo decidir dónde continuar estudios superiores

Se cuentan en millones los jóvenes que cada año tienen que escoger dónde continuar sus estudios superiores o universitarios. Las estadísticas indican que "un porcentaje alarmantemente alto de estudiantes que empiezan sus estudios universitarios descubren que se han equivocado al elegir dónde estudiar. En una encuesta nacional en los EE. UU. de A., realizada por el Instituto de Estudios Superiores de la Universidad de California, casi uno de cada tres estudiantes manifestó que no escogerían la universidad en la cual estudiaban si tuvieran que volver a escoger."

En otras palabras, hablando desde el punto de vista de las estadísticas, los jóvenes que se preparan para seguir sus estudios universitarios tienen una probabilidad de uno a tres de sufrir una desilusión por la universidad que escogieron. Algunos siguen en ella y aprenden a vivir con su mala decisión. Otros luchan a través de los años en una universidad que limita no sólo su sentido de satisfacción, sino también su rendimiento, y oportunidades para el futuro. Algunos cambian de universidad por lo general perdiendo el reconocimiento por algunas materias. Y otros simplemente abandonan sus estudios.

Las causas de los errores al decidir dónde continuar estudios superiores

¿Por qué tantos jóvenes toman decisiones lamentables y pasan por experiencias tan deprimentes en el proceso de elegir una universidad? Aunque las posibles razones son muchas, algunas son dignas de notarse como:

✦ Presión de los padres
La presión de sus padres juega un papel muy importante en la decisión que algunos jóvenes toman sobre dónde continuar sus estudios universitarios o superiores. Puede ser presionado a estudiar en la universidad a la que fue su mamá o su papá. O que estudie en un lugar principalmente porque queda cerca de su casa o porque cuesta menos. En algunos casos, los padres mismos eligen dónde estudiará su hijo. David Elkind tiene este mensaje para los padres de estudiantes que contemplan una carrera universitaria:

> Traten de hacerse a un lado cuando su hijo toma sus decisiones... ustedes pueden y deben brindar dirección, pero es importante que resistan la tentación de determinar cuáles universidades son aceptables... Quizá tengan que morderse los labios y aceptar algunas de las razones aparentemente irracionales por las cuales a su hijo le gusta o no le gusta una universidad... Tengan en cuenta que su hijo puede estar en mejores condiciones para saber lo que quiere estudiar y dónde se sentiría más a gusto.

✦ No informarse
Algunos jovencitos eligen una universidad sin informarse bien. Muchos lo hacen sin darle importancia. Otros lo hacen porque uno de sus padres o un hermano mayor estudió allí o porque allí es donde se va a inscribir un amigo. Nunca se les ocurrió estudiar en ninguna otra parte. Otros basan su decisión mayormente en un solo factor, como por ejemplo que les queda cerca de casa.

✦ Promoción sagaz
Un artículo en la revista *Money* (dinero) habla con franqueza del asunto:

> Prácticamente todas las universidades tienden a presentarse como el centro de estudios ideal... mientras que ignoran la realidad: ofrecen cursos con demasiados alumnos, la taza de violaciones es aterradora o no tienen espacio para vivir. Ante la disminución de inscripciones, los encargados de las mismas son como empleados de un hotel, su prioridad es llenar el espacio.

✦ Recursos limitados

Particularmente en esta época de precios que suben, muchos estudiantes y sus familias se ven obligados a escoger una universidad principal o únicamente en base a lo que pueden pagar. Aunque el costo es por cierto un factor —y uno importante para la mayoría de las familias—, dejar que las consideraciones financieras primen sobre todas las demás puede, a la larga, resultar mucho más caro que lo que se pensaba (si resulta en un mal rendimiento, transferencia o abandono de los estudios, por ejemplo).

Cómo prevenir errores al decidir dónde continuar estudios superiores

Los jóvenes que se preparan para ingresar a la universidad necesitan evitar errores en las siguientes áreas y asuntos:

✦ Al presentar la solicitud de ingreso

Las universidades en todas partes tienen sus propias reglas en cuanto al ingreso de estudiantes, los costos y las fechas para hacer los trámites correspondientes. Lo importante aquí es que el estudiante no deje para el último día el hacer todos los trámites correspondientes a su ingreso.

✦ Al elegir la universidad

Los criterios que se mencionan con más frecuencia como base para elegir una universidad son: dónde está, costo y reputación. Cada uno de éstos es muy importante, por supuesto, y será considerado por el estudiante o los padres. Pero existen muchos otros factores importantes a considerar como:

Profesores. Muchas universidades hacen alarde de sus profesores, pero un listado de nombres de profesores respetados no necesariamente refleja la calidad de la enseñanza. Averigüe específicamente sobre los antecedentes académicos y morales de los profesores.

Cursos que ofrecen. El estudiante querrá estudiar en una universidad que ofrezca los cursos en la especialidad que a él le interesa; por ejemplo: bellas artes o ingeniería. Pero, la consideración de su programa de estudios debe abarcar más que lo superficial. Aun en las universidades privadas más caras los cursos que más se buscan tienen una larga lista de espera, o el alumnado se determina por una especie de lotería. Y, por cuestiones de presupuesto, no todos los cursos se ofrecen durante cada ciclo de estudio. En algunos casos el alumno se ve obligado a estudiar un año más para poder tomar los cursos que necesita para graduarse.

Ambiente universitario. El ambiente de la universidad es un factor que se debe tener en cuenta. Esto debe incluir no sólo un predio seguro, atractivo y confortable, sino también el ambiente social. Todas las universidades tienen su particularidad social. Algunas, especialmente las seculares, tienen fama de ser "escuela de fiesta" en que los estudios son algo secundario. Otros, aunque tengan fama de ofrecer una enseñanza excelente, pueden tener una vida estudiantil que es una constante bacanal.

Lugares para vivir. Muchas veces sucede que, para continuar con sus estudios universitarios, el joven tiene que dejar su hogar porque en su comunidad no hay ninguna, o las que hay no ofrecen la carrera que quieren seguir. Esto puede causar varios problemas por ejemplo: que sus padres objeten que deje el hogar y se vaya "tan lejos y solo", por lo que el joven se tiene que conformar con otra carrera o abandonar la idea de seguir estudiando; que el costo de una vivienda cerca de la universidad sea muy caro; que el ambiente en la residencia universitaria sea de una moralidad relajada y arrastre el joven inmaduro, etc. Muchas universidades tienen hospedaje pero no alcanzan a recibir a todos.

Seguridad en las instalaciones universitarias. En una encuesta realizada recientemente dio como resultado que más de un tercio de los encuestados reportaron haber sido víctimas de un robo y/o un asalto en la universidad cuando eran estudiantes. La falta de seguridad personal en los alrededores de la universidad puede ser un problema que hay que considerar con seriedad.

Factores intangibles. Lo más difícil de captar y anticipar sobre una universidad son los diversos factores intangibles que contribuyen (o impiden) a una experiencia de aprendizaje y desarrollo. Cosas que parecen pequeñeces pero que tienen una influencia importante, como calidad de los comedores en la universidad o sus alrededores, la limpieza de las aulas y laboratorios, la iluminación de noche y el sentido de compañerismo entre estudiantes, empleados y profesores sólo se puede medir visitando la universidad. Es una empresa costosa y no es para todos, pero ver de primera mano la vida en la universidad puede ser decisivo para saber si es la adecuada para uno.

Ponte en contacto con la oficina de inscripciones por lo menos una semana antes de tu visita. Esto es importante si deseas una entrevista. Otras ideas son:

—Asiste a una sesión informativa y a un "tour" guiado por los estudiantes.

—Toma el tiempo necesario para conocer toda la universidad.

—Come una comida en el comedor universitario.

—Asiste a por lo menos una clase dentro del programa de estudio que te interesa.

—Si juegas algún deporte, trata de reunirte con el entrenador.

—Consigue ejemplares recientes del periódico estudiantil o de ex alumnos.

—Habla con todos los estudiantes que puedas. Haz muchas preguntas.

—Anota tus impresiones de la universidad. Toma fotos.

Preste atención a lo antedicho, además de una consideración cuidadosa de los costos, el sitio y la reputación puede ser de gran ayuda para que el joven tome una decisión sabia.

La respuesta al problema de cómo decidir dónde continuar estudios superiores

¿Cómo puede el líder de jóvenes, pastor, padre, madre o maestro ayudar al joven o a la joven a tomar una decisión acertada al escoger dónde continuar sus estudios superiores? En primer lugar, tendrá que apoyarse en la oración y ser sensible a la dirección del Espíritu Santo y tener en cuenta lo siguiente:

ESCUCHAR. Escuche atentamente al joven. Averigüe lo que considera importante en una universidad, cuáles son sus intereses y prioridades, cuáles sus temores. Escuche no solamente a lo que el joven dice sino cómo lo dice (tenga en cuenta los sentimientos y motivaciones que sus palabras expresan).

EMPATIZAR. Si se ha tomado el trabajo de escuchar y tratar de comprender al joven, estará en una mejor posición para empatizar con él. Procure ver las cosas desde la perspectiva del joven. ¿Cómo se sentiría usted en la situación de él? ¿Cómo se sentía a su edad? Si fue usted a la universidad, ¿qué factores determinaron en cuál estudiaría? Deje que su propia experiencia genere comprensión y compasión más que sus consejos.

ALENTAR. El joven cuyas opciones de una carrera universitaria son limitadas por diversos factores como: calificaciones bajas en la escuela secundaria, puede sentir vergüenza. Si se le ha negado la inscripción a la universidad escogida es probable que se sienta rechazado. Un rechazo es un golpe al concepto que el adolescente tiene de sí mismo por más indiferente que sea. Es de especial importancia en este momento que sepa que usted lo quiere y cree en él, no importa dónde siga estudiando.

Los padres podrán ser más comprensivos si tienen en cuenta que el rechazo no tiene nada que ver con su éxito como padres. Y el joven puede recibir aliento del hecho de que, en definitiva, somos medidos no por las instituciones educativas a las que vamos sino más bien con lo que hacemos con la educación que recibimos.

DIRIGIR. El adulto cariñoso, interesado en el joven puede guiarle de distintas maneras, como las siguientes:

1. Involucre a los padres. Si usted no es la mamá o el papá del joven, obtenga el apoyo y las opiniones de ellos.

2. Ore por y con el joven. Ore pidiendo sabiduría *(Santiago 1:5).* Anímele a someterse a Dios y buscar su voluntad en este asunto (Vea también el capítulo 48: *Cómo conocer la voluntad de Dios.)* Considere ser socio de oración del joven para apoyarlo durante este período de decisión.

COMPROMETER. Es imprescindible no sólo que consiga la participación del joven en la toma de la decisión sobre sus estudios universitarios, sino que se asegure de que es realmente la decisión de él (o ella). Una perspectiva útil para los padres, parte de la cual puede también ser de guía para otros adultos interesados es la que ofrece Elkin:

Cuando ya ha determinado los parámetros financieros, trate de hacerse a un lado mientras su hijo toma sus decisiones. Recuerde, éste ha estado practicando para ellas por medio de las muchas decisiones que ha tomado durante su adolescencia... Si usted toma la decisión en lugar de dejar que él la tome, es muy posible que sea un golpe para su naciente sentido de autonomía e identidad. En cambio, trate de ver su decisión como algo positivo: Demuestra que sabe lo que quiere y está dispuesto a defender su posición.

REFERIR. No dude en aprovechar los muchos recursos que existen para ayudar al joven en su toma de la decisión. Puede ser muy beneficioso involucrar a los padres, consejeros escolares, consejeros universitarios, estudiantes en la universidad a la que está considerando ir, ex alumnos y personas empleadas en la carrera que interesa al joven.

Pasajes bíblicos citados en este capítulo

- Hechos 4:13; 7:22, 23
- Santiago 1:5

Otros pasajes bíblicos para leer

- Salmos 32:8; 37:4; 40:8; 143:10
- Proverbios 1:7, 22; 3:13; 8:10; 17:16; 24:5
- Mateo 6:33
- 2 Timoteo 2:15
- Hebreos 13:20, 21

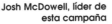

11083

11082

11082—**LA VERDAD SÍ IMPORTA PARA USTED Y LA GENERACIÓN DEL MAÑANA. Edición para Adultos.** Libro de trabajo para estudio individual y en grupo. *208 pp.*

11083—**LA VERDAD SÍ IMPORTA. Guía del Líder.** *60 pp.*

11084

11084—**ESCAPA DEL LABERINTO MORAL. Edición para Jóvenes Mayores.** Libro de trabajo para estudio individual y en grupo. *176 pp.*

LA CAMPAÑA QUE ESTÁ CAMBIANDO EL FUTURO DE NUESTRA JUVENTUD

LA CAMPAÑA QUE ESTÁ CAMBIANDO EL FUTURO DE NUESTRA JUVENTUD

11085—LIBRE PARA DECIDIR Y ELEGIR LO BUENO. Edición para Jóvenes Menores. Libro de trabajo para estudio individual y en grupo. *144 pp.*

11086—LIBRE PARA DECIDIR Y ELEGIR LO BUENO. Guía del Líder. *48 pp.*

Josh McDowell, autor

11087—SIGUE LA VERDAD Y TRIUNFA. Niños mayores. Actividades de aprendizaje para trabajo en grupo. *40 pp.*

11088—SIGUE LA VERDAD Y TRIUNFA. Niños menores. En sesiones breves con otros niños, su hijo hará parte de su vida esta práctica. *40 pp.*

11089—SIGUE LA VERDAD Y TRIUNFA. Guía del líder. Niños mayores y menores. *128 pp.*

Josh McDowell, autor

37028

37028—**ASESINOS DE LA VERDAD. La batalla entre lo bueno y lo malo.** ¿No sería maravilloso poseer la clave que garantice aprender a decidir entre lo bueno y lo malo y siempre escoger lo bueno? Esta novela escrita para jóvenes le dice dónde está "el quid del asunto".

Josh McDowell y Bob Hostetler, autores

32094

48284

32094—**SIEMPRE LA VERDAD.** Una cantata para niños que les enseña en forma creativa la importancia de decir siempre la verdad. Ideal para iglesias, escuelas o colegios de niños.

48284—**SIEMPRE LA VERDAD. Casete.** Versión vocal y pista de acompañamiento.

32637—SIEMPRE LA VERDAD. (Juego) Ambos productos (32094 y 48284) a precio especial.

Dennis Allen, autor

LA CAMPAÑA QUE ESTÁ CAMBIANDO EL FUTURO DE NUESTRA JUVENTUD